남북사회문화교류와 북한의 한국학

한국정신문화연구원 편
이서행　신법타　최문형　이완범
강석승　우상렬　김창겸　이애순

2004
백산서당

간 행 사

21세기 한민족의 통일이 가까워 오고 있습니다. 우리가 추구하는 통일은 민족 구성원 모두의 자유와 복지, 인간의 존엄성이 보장되고 인류공영에 기여하는 민족공동체를 이루는 것입니다. 통일논의에 대한 이해 중에서 먼저 고찰해 볼 것은 '통일한국의 미래'에 대한 문제입니다. 통일 직후 사회통합 과정에서 야기될 것으로 예견되는 문제로는 남의 '열린 체제'와 북의 '닫힌 체제'에서 비롯된 사고방식과 가치관의 차이를 극복하는 문제를 지적할 수 있고, 보다 고차원적으로는 다양한 사회적 균열을 치유할 수 있는 '사회적 관계'의 통합에 있다고 보는 견해가 있습니다.

그러나 무엇보다 주의해야 할 부분은 문화 및 심리적 차원의 통합과정에서 발생하는 문제의 해결입니다. 남한 주민의 의식형태의 부정적 측면은 연고 정실주의, 가족주의, 지역감정, 공·사 영역의 불분명 등으로 거론되며, 북한이 폐쇄적·억압적 전체주의 사회라는 점을 인정할 때 북한 주민의 자아 정체성 결핍은 당연시됩니다. 이를 볼 때 통일에 따르는 남북한 주민들의 정서적·심리적 통합의 문제는 더욱 심각하게 느껴집니다.

따라서 통일은 정치·경제·사회·문화·예술·지리 등 우리 민족의 삶을 둘러싼 여러 측면을 미래의 새로운 상황과 접목시켜 하나의 민족국가를 만들어 나가는 과정이 돼야 합니다. 민족의 화해와 협력을 통한 민족의 동질성 회복과 민족공동체 형성은 우리 민족에게 주어진 지상의 과제입니다. 특별히 사회·문화적 측면에서 볼 때 통일은 국민의 통합이며 문화적 동질성을 회복하는 것을 뜻합니다. 따라서 통일논리의 모색에서 정치·사회적인 논의 못지 않게 문화·종교·사상적 접근이 절실히 요청됩니다.

연구자들은 이러한 필요성에 입각해 북한의 종교정책과 문화예술 동향을 분석하는 한편, 북한의 한국학 연구성과를 분석해 통일에 대한 종교 및 문화, 학술교류의 역할을 자리매김하고자 했습니다. 제1부에서는 불교, 기독교 및 민족종교의 이념을 우리 민족 내부에서 구현하는 길이 통일을 지향하는 진정한 가치론적 접근이라는 전제에서 출발해 각 종교의 인도주의적 성격의 전개와 특징을 살펴보고, 구체적이고 현실적인 접근으로서 각 종교간의 활발한 교류를 통해 민족의 화해와 협력을 도모할 수 있는 종교정책과 문화예술의 패러다임을 모색하고자 했습니다.

제2부에서는 북한의 한국학(조선학, 고려학, 민족학) 중 인문분야의 연구성과와 각 학문간 교류현황 분석을 토대로 남북 학술교류 발전방안을 모색하였습니다. 북한의 고대사상 연구성과로는 단군신화에 대한 인식변화 및 단군사상, 기사상, 선인사상 등을 다루었고, 북한의 고조선사 연구동향에서는 요동설의 모색기, 확립기, 정설기, 평양설로의 급선회기 등으로 구분해 조명했으며, 북한의 근대사상 성과에서는 실학연구를 중점적으로 조명했습니다. 북한의 어문성과에서는 광복 후 주체조선어 연구 50년사 성과와 한국문학의 연구성과를 계량적으로 분석했고, 북한의 민족예술 연구성과는 총체적인 접근법으로 해방에서 1990년대까지의 연구를 분석했습니다.

본서가 민족의 화합과 통일에 작은 디딤돌이 되기를 기원하면서 연구에 참여한 연구자들과 출판에 적극적으로 참여해 주신 관계자들에게 감사를 드립니다.

2004. 5.

한국정신문화연구원 원장

장 을 병

남북사회문화교류와 북한의 한국학 / 차 례

간 행 사 · 3

제1부 종교 · 문화 · 예술교류를 중심으로

남북 종교교류의 현황: 북한 기독교의 실상과 전망 / 이서행 ……………… 13
  1. 머 리 말 · 13
  2. 한반도 기독교문화의 전래와 정착화과정 · 15
    1) 선교의 역사와 기독교문화의 유래 · 15
    2) 일제시대 기독교와 민족운동 · 17
    3) 해방 전후 교회의 사정과 재건의 과제 · 21
  3. 북한의 종교정책과 기독교의 실상 · 24
    1) 헌법상의 규정과 종교정책의 기조 · 24
    2) 북한의 종교정책 전개 · 29
    3) 북한종교의 현실과 선교방향 · 39
  4. 남북 종교분야 교류현황 · 42
    1) 남북한 인적 교류증가 · 43
    2) 사회문화 분야 접촉과 교류현황 · 44
    3) 종교분야의 북한 주민접촉과 교류현황 · 46
  5. 맺음말: 종교교류 활성화를 위한 제언 · 54

평화통일과 북한불교: 남북 불교도의 역할 / 신법타 61

1. 머 리 말 · 61
2. 분단에서 통일로: 민족고의 해결 · 63
    1) 평화통일의 당위성 · 65
    2) 평화통일을 위한 실질적 접근방안 · 66
3. 북한의 종교정책 · 68
    1) 종교관련 법률의 변화 · 68
    2) 북한종교의 흐름 · 70
    3) 북한불교의 현황 · 72
    4) 주체사상과 불교 · 76
    5) 변화하는 종교관 · 80
    6) 북한의 사찰 · 82
4. 평화통일과 불교의 역할 · 84
    1) 평화통일과 불교의 역할 · 84
    2) 남북불교계의 교류와 협력 · 86
    3) 북한 식량난해소 지원사례 · 89
    4) 남북한 불교교류 방안의 모색 · 92
5. 맺 음 말 · 101

민족종교와 남북교류: 천도교 · 대종교를 중심으로 / 최문형 105

1. 머 리 말 · 105
2. 민족종교의 전개와 특징 · 109
    1) 민족종교의 태동 · 109
    2) 민족종교의 전개 · 116
3. 민족종교의 민족사적 의의 · 122
    1) 민족종교의 역사적 의의 · 122
    2) 민족종교의 정신사적 의의 · 124
4. 교류 · 협력시대 민족종교의 현황 · 135
    1) 천도교의 현황 · 135
    2) 대종교의 현황 · 140
    3) 민족종교 교류의 방향과 전망 · 144

6. 맺음말 · 149

남북 문화교류의 정치적 기초: 대결에서 연합으로 / 이완범 153
  1. 머리말 · 153
  2. 남북관계의 변화단계 · 155
  3. '남북연합'의 고찰: 대한민국의 연합제안을 중심으로 · 159
    1) 1980년대 후반 이전 중립국 연합제안에 대한 평가 · 159
    2) 노태우 · 김영삼의 연합제안 · 162
    3) 김대중의 연방 · 연합안 · 164
    4) 각 연합제안의 공통점과 차이점 · 166
    5) 남북연합의 법적 성격 · 171
    6) 6·15선언의 연합제안이 지칭한 안 · 173
  4. 맺음말 · 174

남북 문화예술 교류의 현황과 과제 / 강석승 183
  1. 머리말 · 183
  2. 남북한 문화예술관 및 정책의 비교 · 185
    1) 한국의 문화예술관 및 정책 개관 · 185
    2) 북한의 문화예술관 및 정책 개관 · 189
    3) 남북한의 문화예술관 및 정책 비교 · 194
  3. 남북한 문화예술 교류의 추진현황 · 196
    1) 시대구분의 필요성 · 196
    2) 정상회담 이전의 교류현황 · 198
    3) 정상회담 이후의 교류현황 · 200
  4. 남북한 문화예술의 당면과제 및 활성화방안 · 205
    1) 문제점 및 당면과제 · 205
    2) 활성화 방안 · 208
    3) 전망 · 211
  5. 맺음말 · 212

제2부 북한의 한국학 연구와 남북학술교류의 현황

북한의 한국어문 연구성과와 남북한 어문학 교류현황 분석 / 우상렬 ······· 217
1. 머 리 말 · 217
2. 언어편 · 220
    1) 『광복후 조선어논저 목록지침서』를 통해 본 통계학적 분석 · 220
    2) 『주체 조선어연구 50년사』를 통해 본 한국어 연구성과 · 223
3. 문학편 · 251
    1) 한국문학 발굴 · 수집 · 정리사업 · 251
    2) 북한의 한국문학 연구성과 · 255
    3) 북한의 한국문학 연구성과 검토 · 263
4. 어문학교류 현황분석편 · 287
    1) 정부차원의 협의를 통한 교류 · 287
    2) 민간 및 국제학술회의를 통한 교류 · 288

북한의 한국 고대사상 연구성과와 남북한 학술교류 현황 / 이서행 ·········· 303
1. 머 리 말 · 303
2. 북한학과 민족학을 포함한 한국학의 연구경향 · 305
    1) 한국학의 성립과 연구방향 · 306
    2) 북한학의 성립과 통일 이후 한국학의 명칭문제 · 307
3. 북한의 고대사상 연구경향: 주체사상과 고대사상의 실체 · 311
    1) 시대별 연구동향 · 312
    2) 고대사상의 주요내용 · 318
4. 남북한 학술연구 교류현황 · 337
    1) 남북 학술교류 개관 · 337
    2) 한반도문제에 관한 학술교류 현황 · 340
5. 맺 음 말 · 342

북한의 고조선사 연구동향과 남북한 학술교류 / 김창겸 ················ 361

1. 머 리 말 · 361
2. 북한의 각 시기별 고조선사 연구동향 · 362
   1) 제1기: 요동설 모색기 · 364
   2) 제2기: 요동설 확립기 · 366
   3) 제3기: 요동설 보완 · 정설기 · 370
   4) 제4기: 평양설 급선회기 · 374
3. 남북한 역사학분야의 교류현황 · 381
   1) 6·15정상회담 이전의 교류 · 381
   2) 6·15정상회담 이후의 학술교류 · 385
4. 고조선 관련 남북한 학술교류의 성과 · 395
   1) 남북 고고 · 역사학자 학술대회 · 395
   2) 단군 및 고조선에 관한 남북공동 학술토론회 · 396
   3) 고인돌 남북공동 전시회 · 400
5. 맺 음 말 · 401

북한의 근대사상 연구성과와 남북한 학술교류 현황분석 / 최문형 ······ 411

1. 머 리 말 · 411
2. 북한의 근대사상 연구현황 · 414
   1) 북한의 실학 연구현황 · 414
   2) 북한의 실학 연구성과 분석 · 417
3. 남북한 학술교류 현황 · 446
   1) 남북한 학술교류 성과 · 446
   2) 남북한 학술교류 성과분석 · 448
4. 맺 음 말 · 449

북한의 한민족예술 연구성과 및 남북 예술교류 현황분석 / 이애순 ······ 455

1. 서언: 연구의 의의 및 기존연구 검토 · 455
2. 북한의 한민족예술연구성과 분석 · 460
   1) 분단 이후 1960년대 이전 연구성과의 총체적 접근 · 460

2) 1970년대 이후 연구성과에 대한 총체적 접근·476
3. 남북한 예술교류 현황 및 향후 보완대책·489
   1) 남북한 예술 및 학술교류 현황·489
   2) 남북한 예술교류의 향후 보완대책·493

제 1 부

●

종교 · 문화 · 예술 교류를 중심으로

남북 종교교류의 현황: 북한 기독교의 실상과 전망

이 서 행

1. 머리말

　한국인들은 오랜 역사를 통하여 민간신앙부터 불교, 유교, 기독교, 민족종교 등 다양한 종교를 신봉해 왔다. 한국인들은 종교에 대한 신념이 대단히 높고 종교에 의한 영향력도 대단히 크며 종교로 인한 사회문제가 사회적 주목을 받기도 한다.
　1984년 한 갤럽조사연구소의 조사결과에 의하면, 한국사회에서는 종교인, 비종교인을 막론하고 종교교리 개념에 대한 신뢰도가 대단히 높고, 생활 속에서 종교의 중요성을 긍정적으로 평가한 사람이 67.7%로 나타났다.
　그런데 1971년까지만 해도 북한에서는 "종교가 없다"고 시인했다. 막상 북한과 종교교류에 관해서 살펴보려고 하니 자료의 빈곤과 그 한계가 느껴진다. 여기서는 한정된 자료를 바탕으로, 한반도에 기독교문화의 전래와 종교 일반에 대한 북한의 관점과 정책, 남북교류 현황을 고찰하고, 해방 이후부터 오늘날까지 북한 기독교의 변화과정을 서술해 보고자 한다.
　2000년 남북정상회담 개최를 비롯해서 그 동안 우리가 이룩한 성과는 남북분단 극복과 통일운동사에 새로운 이정표를 마련했으며, 남과 북이 대화와 협력을 통해 우리 민족의 미래를 개척해 나갈 수 있는 가능성을 열어 놓았다. 2001년에는 남북 장관급회담을 포함해 총 8차례의 남북회담이 개최됐고, 남북교류협력이 꾸준히 증진됐으며, 이산가족 상봉과 함께 민간 차원의 다양한 남북 공동행사가 성사되는 등 남북관계 개선을 가져왔다. 그러나 남북간 평화와 화해협력의 대세에도 불구하고, 다른 한편으로는 전환기적 상황에 따른 우여곡절이 있으며 남북관계의 진전을 지속시키는 데 대내외적 난관이 있는 것도 사실이다. 그러나 지난해 반테러전쟁의 긴박한 국제정세하에서도 한반도에 평화가 유지되고, 우리 국민들이 안보 위기감 없이 생업에 종사할 수 있었던 것은 그 동안 대화와 교류·협력을 통해 남북간 평화유지와 관계개선 노력을 지속해 온 결과라 할 것이다.

특히 대북정책 추진에서 가장 중요한 것은 국민적 합의다. 우리 국민의 뜻과 의지가 한반도 평화유지와 남북관계 개선의 가장 큰 추동력이며, 국민적 합의가 뒷받침되지 않는다면 대북정책도 실효를 거두기 어려울 것이다. 한반도 평화통일을 위해서는 무엇보다도 먼저 북한체제에 대한 정확한 진단과 올바른 연구분석이 이루어져야 하는데, 북한에 대한 보다 객관적인 연구를 위해서는 체제적 접근(system approach) 행태적 접근(behavioral approach), 역사적 접근(historical approach)은 물론 철학적·윤리적·종교적 접근이 함께 이루어져야 한다.

현재 북한체제는 거대한 우상 신권체제적 특징을 가지고 있으므로[1] 종교적 접근을 통해 진단이 이루어질 때 북한을 보다 객관적으로 정확하게 이해할 수 있다.

더욱이 민족의 평화적 통일을 이룩하는 데는 종교적 접근이 우선돼야 한다. 왜냐하면 남북한 동포가 마음이 하나되어 진정한 통일을 이룩하는 데는 종교가 가장 큰 변수로 작용할 것이기 때문이다.

그래서 본 연구에서는 한반도 기독교 전래와 일제시대, 해방 전후의 기독교 상황, 북한의 종교정책과 종교의 위치를 중심으로 고찰해 보고, 민족의 평화적 통일에 대비해 한국 기독교인들이 어떤 자세로 임해야 할 것인가를 제언하고자 한다.

---

1) 박완신, 『북한종교와 선교통일론』(지구문화사, 1994), 182쪽.

2. 한반도 기독교문화의 전래와 정착화과정

1) 선교의 역사와 기독교문화의 유래

한국 개신교의 역사는 19세기 중반까지 거슬러 올라가지만, 본격적인 개신교의 활동은 한국의 문호가 개방되는 과정에서 들어온 선교사들로부터 시작된다. 미국 개신교 선교본부는 1882년 조선과의 통상조약이 체결되자마자 서둘러 '금지된 땅' 조선에 선교사를 파송했다. 1885년 4월 5일에는 한국 최초의 개신교 선교사인 미국 북감리회의 아펜젤러(Henry G. Appenzeller) 부부와 미국 북장로회의 언더우드(H. G.Underwood)가 인천에 도착했다. 하지만 당시 외국의 종교는 배척되는 분위기였기 때문에 이들은 처음부터 개신교의 복음을 선교할 수 없었다. 그래서 아펜젤러는 1885년 8월에 '배재학당'을 세워 최초의 근대교육의 문을 열어 놓았다.[2] 개신교[3]를 통해 유입된 근대문명은 유교적 가치관과 사회질서에 묶여 있던 당시 사람들에게 새로운 세계에 대한 자각을 불러일으켰으며 한국사회에 미치는 영향과

---

[2] 당시 배재학당은 1887년 6월 8일 고종이 직접 '배재'(培材)란 이름을 지어 주었을 만큼 세간의 주목을 끌었다. 감리교 선교사인 스크랜턴(M. F. Scranton)은 1886년 5월 30일 정동에 여학당을 설립했는데, 이 학교는 1887년 명성황후의 사명(賜名)으로 '이화학당'(梨花學堂)으로 불리게 됐다. 우리나라 근대식 고등교육의 출발은 1886년 4월 29일 제중원의 의학부로 개설된 후 1899년 정식 의학교로 발전된 세브란스의학교다. 이 학교는 최초의 의학교인 동시에 고등교육기관이었다는 점에서 의의가 있다.

[3] 선교 초기의 개신교는 당시 사람들에게 종교라기보다는 근대문명의 산파로 생각됐다. 결국 개신교로 인해 도입된 근대문명은 한국사회와 문화체계를 변화시키는 하나의 계기를 제공했다. 개신교는 봉건사회에서 양반에 의해 억눌렸던 상인, 천민, 여성들에게 인권, 자유와 평등의 관념을 제공했던 것이다. 선교사들이 주재하고는 있으나 그 거주지역을 제한하고 있는 티베트지방을 제외하면 조선은 가장 짧은 선교역사를 갖고 있는 국가다.

당시 사람들에게 미친 파급효과는 강력할 수밖에 없었다.

한국의 전통사회와 이질적 성격을 띤 기독교가 유입되는 데는 여러 가지 장애와 어려움이 뒤따를 수밖에 없었다. 천주교의 여러 차례에 걸친 수난은 말할 것도 없고 개신교의 경우도 1856년 제너럴 셔만호를 타고 왔던 토마스 목사는 대동강에서 순교했다.4) 정통과 이단이라는 사고의 패턴을 강하게 간직하고 있던 전통적 유학자들이 척사위정의 원리에 근거해 이단이며 사(邪)에 해당하는 기독교를 부정적으로 대한 것은 당연한 일이었다.5) 1880년 김홍집이 황준헌의 『사의조선책략』(私擬朝鮮策略)을 가져와 양반들 사이에 널리 읽힌 적이 있다. 이 책 속에는 천주교와 야소교를 구분하면서 야소교, 즉 개신교의 종지(宗旨)는 정치에 관여하지 않으며 신자 역시 순박하고 선량하기 때문에 받아들여도 좋다는 내용이 들어 있었다. 이에 대해 유학자들은 격렬한 반대의 상소를 올렸는데, 홍재학은 서양의 종교나 문물의 도입을 격렬하게 거부했을 뿐 아니라 더 나아가 이 문제와 관련해 국왕까지 규탄하다가 처형을 당하기까지 했다.6) 척사위정파 유교 선비들은 말할 것도 없고 개항 당시의 개화파 관리들까지도 기독교의 유입을 매우 꺼렸다. 한일수호조약, 한미수호조약, 한일통상장정 등을 체결하면서 서교의 금지, 서교서적의 수입금지 등의 내용을 조약에 넣기 위해 매우 애썼으나 일본이나 중국의 이해관계 때문에 결국 조항 속에 넣지를 못했다. 그러자 1888년 한국관리들은 기독교를 공허한 항목이 조약문에 들어 있지 않기 때문에 기독교 전도를 금지한다는 공한을 서구 여러 나라의 대표들에게 보낼 정도로 기독교에 대해 부정적인 태도를 가지고 있었다.7)

---

4) 민경배, 「로버트토마스: 한국 초기 선교사의 한 유형과 동서교섭의 문제」, 『教會와 民族』(大韓基督教出판사, 1981).

5) 구한말 정통적 유학자에게 정통과 이단의 의미에 대해서는 Chai-Sik Chung, "Tradition and Ideology: Korea's Initial Response," 『아시아문화』, 제4호(한림대학 아시아문화연구소, 1988), 120-126쪽. 위정척사 사상에 대한 사회과학적 연구로는 정재식, 「유교문화 전통의 보수이론」, 『종교와 사회변동』(연대출판부, 1982) 참고.

6) 이광린·신용하 편저, 「홍재학의 상소」, 『사료로 본 한국문화사: 근대편』(일지사, 1984).

7) 이광린, 「개화파의 개신교관」, 『한국 개화사상 연구』(일조각, 1979), 201-209쪽.

기독교가 한국 전통사회의 경직된 구조 속에 들어가 자리를 잡기가 얼마나 어려운 일이었던가를 보여주는 예라고 할 수 있겠다. 그러나 이러한 구조는 구한말의 경우 상당히 강한 도전에 직면해 무너지고 있는 상태였다. 즉 체제 외부로부터는 근대적인 무기로 무장한 군함을 앞세우고 선진 자본주의 나라들이 식민지화의 위협을 가했다. 또한 체제 내부로부터는 민란으로 대표되는 농민층의 체제개혁 요구가 나타났으며, 이에 호응해 종래 노비신분층, 광산노동자, 유민(流民), 모군(募軍) 등이 체제개혁을 요구했고 상공인층을 비롯한 새로이 대두된 시민계층도 체제개혁 요구를 지지했다. 이러한 내외적인 동요 속에서 기존의 체제를 보수하기 위한 위정척사 사상이 나타났고 상황타파를 위한 개화사상, 동학사상 등이 등장했다. 이러한 내외적인 압력에 의해 유교가치 체제를 중심으로 사회의 각 부분이 견고하게 융해되어 있던 전통사회 구조가 무너져 가는 상황이었기 때문에, 개신교는 천주교에 비해 쉽게 한국사회에서 자리를 잡을 수 있었다. 만약 전통사회의 구조가 견고하게 유지되고 있었다면 개신교 역시 한국사회에서 뿌리를 내리기 위해서는 많은 박해와 시련을 당해야만 했을 것이다.

2) 일제시대 기독교와 민족운동

3·1운동 이후 한국사회에 본격적으로 등장한 공산주의는 일제하 한국기독교 민족운동이 전개되는 데 직·간접으로 영향을 미치는 중요한 구조적 조건이 됐다. 공산주의자들은 기독교회에 대해 이념적으로 비판할 뿐 아니라 실제적으로 공격을 가하기도 했다. 이에 대한 반응으로 기독교 역시 공산주의에 대해 부정적인 태도를 취했다. 양자 사이의 대립적인 관계에서 진행된 사회문제에 대한 이념논쟁을 통해, 민족문제나 사회문제에 대한 한국기독교의 태도가 분명히 나타나게 됐고 또한 그러한 태도가 보다 강화되는 결과를 가져왔다. 또한 한국기독교가 전개한 여러 사회운동이 공산주의운동과 경쟁적인 성격을 띠거나 그것을 의식하면서 수행되는 모습도 볼 수 있다. 신간회사건을 계기로 한국의 민족해방투쟁 노선은 민족주의 계열

과 공산주의 계열로 뚜렷하게 분화되기 시작했다. 민족해방과 아울러 사회계급의 해방도 함께 수행해야 한다고 주장하는 공산주의는 3·1운동 이후 한국사회에 다음과 같이 강력한 영향력을 행사했다.

첫째, 3·1운동을 통해 독립을 쟁취하는 데 실패함에 따라 새로운 민족해방 노선을 추구하는 기운이 높아졌다.

둘째, 베르사유조약이나 워싱턴회의 등을 통해 한국 독립운동가들의 서구에 대한 환멸이 커진 반면, 코민테른 2차 회의(1920. 7. 1~8.7)에서 신생 공산주의 소련은 한국 독립운동가들을 환대했고,[8] 그래서 공산주의에 대해 확실한 지식이나 신념이 없는 사람들도 독립운동이라는 목적을 위해 공산주의에 가담하는 경우도 적지 않았다.[9]

셋째, 일제의 잔혹한 식민지정책은 다수의 절대빈곤층을 만들어 냈고, 그들의 민족분열 정책은 하층민에 대한 민족주의자의 영향력을 약화시켰다.

따라서 공산주의가 성장할 수 있는 구조적 조건이 형성돼 있었다. 이와 같은 이유로 일제시대에 세력을 크게 떨칠 수 있었던 공산주의자들에 대해 서대숙 교수는 다음과 같이 정리했다.

> 그들은 한국혁명의 지도권을 민족주의자들로부터 탈취하는 데 성공했다. 결국 그들은 한국민들 사이에, 특히 학생, 청년단체, 노동자, 농민들 사이에 공산주의의 영향을 뿌리 깊이 심었다. 그들이 보여준 불굴의 정신과 때때로 보여준 성공에의 강한 결의는 한국의 지식인 각자에게 깊은 영향을 주었다. … 연로한 한국인들에게 공산주의는 새로운 희망이었고 … 젊은 사람들에게 공산주의는 오랜 세월 누적된 사회문제와 계층문제를 해결하기 위한 하나의 새로운 접근방식이었다.[10]

---

[8] 이정식·스칼라피노, 『한국공산주의 운동사』(한국연구도서관, 1961), 53쪽.
[9] 이동휘의 경우가 대표적인 예로, 레닌의 공산주의에 대한 여러 물음에 하나도 충분히 대답하지 못했지만 독립운동을 목적으로 공산주의에 참여했다. 4차 공산당사건으로 검거된 자들의 공산주의운동 가담동기를 보면 민족주의적 요소가 22.7%로 두 번째로 높은 비율을 차지하고 있다(이정식·스칼라피노, 위의 책, 185쪽). 진덕규 교수도 제3세계의 민족주의는 사회주의와 결합하는 경향이 강하다고 했다. 진덕규, 「제3세계와 민족주의」, 송건호 외, 『민족주의와 기독교』(민중사, 1981), 41-46쪽.

이와 같이 공산주의 계열이 득세하게 되면서 이들은 기독교에 적대적인 태도를 나타내기 시작했다. 공산주의의 기독교에 대한 적대적인 태도는 둘 사이의 관계를 대립적인 것으로 만들었고, 그것은 한국교회 민족운동이 더욱더 우파 민족주의 계열로 기울게 만드는 구조적인 조건이 됐다. 공산주의의 한국교회에 대한 비판11)은 마르크스주의 종교이론의 무비판적 적용, 한국교회가 지닌 문제점, 사회문제, 민족문제에 대한 견해차 등이 서로 뒤섞이면서 행하여졌다. 사실 기독교인 가운데 많은 사람들이 내세신앙, 재림신앙 등을 통해 일제의 가혹한 정치적 억압과 수탈로부터 피난처를 얻고자 했으며, 이러한 기독교인의 태도가 사회주의자의 입장에서 볼 때 아편처럼 여겨지는 것은 당연했다.

한국교회는 공산주의자들의 이념적 공격에 대해 반격을 가했는데, 이러한 모습 속에서 한국교회가 지향하는 사회운동 혹은 민족운동의 성격이 드러나게 된다. 다음으로 기독교인들은 사회주의자들의 폭력혁명 이론에 더욱더 비판적이었다. 독립선언서에 서명한 33인 중 한 사람인 김창준은 마르크스주의와 기독교를 비교하면서 "맑스주의는 계급의 이익 위에서 계

---

10) 서대숙, 『한국공산주의운동사 연구』(대구: 화다, 1985), 127쪽.
11) 공산주의자들의 기독교에 대한 비판은 말이나 글에 그치지 않고 직접 행동으로 나타났다. 만주에서는 1923년부터 일제관헌과 동맹관계에 있다는 이유로 감리교 목사가 생명의 위협을 받고 있다는 보고가 나타났다. 1925년 9월에는 침례교의 윤학영, 김이주, 박문기 등이 만주에서 공산당에게 순교했고 그 해 10월 22일에는 한양청년동맹이 주최한 반기독교대회가 격렬하게 열렸다. 공산주의자들은 김익두 목사의 부흥집회를 반대하면서 1926년 2월 25일에는 용정 중앙교회 앞에서, 같은 해 5월 17일에는 이리에서 격렬한 반기독교운동을 폈다. 1930년대 들어 만주, 간도, 시베리아 등에서는 공산주의자들에 의한 무자비한 공격이 가해졌다. 1931년 동만지방에서 교회당 13채가 방화되고 4명의 교인이 피살됐으며, 길림 부근에서는 최대봉외 7명이 순교했다. 1932년 남만지방 장로교 안에서만도 25인이 순교했다. 1933년에는 남만에서 헨더슨 선교사가, 시베리아에서 김영학 목사가, 간도에서 김영진 목사가 순교했다. 1935년에는 북만지방에서 한경희 목사가 순교했다. 간도의 기독교병원에는 공산당에게 총상을 입고 입원한 환자가 없는 날이 '하루도' 없었다고 했다. 이 시기 나병원에서는 공산당에 의한 방화소동이 일어나기도 했다. 이와 같은 한국기독교에 대한 공산주의자들의 공격은 한국교회와 공산주의의 관계를 적대적으로 만들었고, 그 결과 한국기독교의 민족운동은 공산주의와는 다른 노선을 가게 됐다.

급적 지배계급에 향하여 투쟁을 주장"하고 "그 방법에 있어서는 혁명적 폭력을" 주장하지만, 이와 같이 사람이 서로 미워해 "피차 물고 먹으면 결국은 둘 다 망하고 말 것"이라고 하면서 폭력혁명을 반대했다.[12] 그 대신 교육을 통해 점진적으로 영적 세력으로 신사회를 건설해야 한다는 전형적인 기독교적 사회운동의 원리를 제시했다.[13]

공산주의와 한국교회의 대립적 관계라는 구조적 조건은 한국교회 민족운동의 이념이나 방법론 형성에 중요한 작용을 했다. 예를 들어 한국교회의 민주·민권사상은 계급적 성격을 띠기보다는 자유주의적 성격으로 더욱 기울어지게 됐다. 공산주의에 대한 대응이 한국교회가 민족운동의 이념이나 방법론을 결정하는 데 가장 중요한 변수였다고 할 수는 없다. 그러나 사회문제와 관련된 공산주의와의 이념적 공방은 한국기독교로 하여금 우파적 성격이 짙은 민족운동 이념이나 방법론을 간직하도록 작용했다. 그리하여 한국기독교는 일제하 민족운동의 양대 흐름 가운데서 공산주의 계열이 아닌 민족주의 계열과 발맞추어 민족운동에 참여하게 됐다. 그러나 공산주의에서 제기하는 문제, 곧 식민지적 상황에서 가장 큰 고통을 당하는 하층 노동자, 농민에 대한 권익과 해방에 대한 주장은 기독교의 인도주의적 관점에서 보아도 무시해 버릴 수 있는 문제가 아니었다. 그리하여 한국교회는 어떤 활동을 펼 때 항상 공산주의를 의식하지 않을 수 없었다.

이와 같이 한국교회가 공산주의를 의식해 농촌운동 등을 전개했지만, 공산주의와의 대립적인 관계 때문에 공산주의 계열의 사람들이 많이 주도한 과격한 소작쟁의나 노동쟁의 등에는 별로 참여하지 않았다. 또한 물산장려운동을 둘러싼 논쟁에서도 한국교회는 그 운동을 지지하는 민족주의 계열에 속하는 모습을 보였다. 그리고 한국기독교인들 가운데 일부 진보적인 인물들은 공산주의에서 제시하는 문제의식을 받아들여 그것을 기독교적인 방식으로 해결하려고 했는데, 이러한 노력의 산물로 나타난 것이 기독교사회주의 사상이었다.

---

12) 김창준, 「맑스주의와 기독교」, 『신학세계』, 제17권 4호, 56쪽.
13) 위의 글, 57쪽.

3) 해방 전후 교회의 사정과 재건의 과제

해방 당시 북한지역에는 어느 정도 기독교 신자가 살고 있었고, 지역적 분포실태는 어떠했는가? 개신교의 경우 이를 정확히 알 수 있는 자료는 거의 없다. 참고로 1940년 신·구파 기독교의 지역별 교세분포와 개신교 각 교파별, 지역별 교세분포를 살펴보면 <표 1-1>,[14] <표 1-2>와 같다.

〈표 1-1〉 1940년 신·구파 기독교의 지역별 교세분포

구 분	개 신 교			천 주 교		
	교당수	교직자수	신자수	교당수	교직자수	신자수
평안남도	608	521	68,170	60	28	14,862
평안북도	549	782	87,407	43	13	2,967
황 해 도	561	346	48,078	66	19	9,589
함경남도	249	205	13,375	14	71	7,434
함경북도	130	129	11,309	9	11	2,094
계	2,097	1,983	228,339	192	142	38,946

<표 1-1>에서 보듯이, 1940년 북한지역에는 약 23만 명의 개신교 신자가 살고 있고, 교회수는 약 2천 1백 개소, 교직자수는 약 2천 명에 이른다. 또한 같은 시기에 북한지역 개신교 신자들의 68.1%가 평안도에 21.1%가 황해도에, 10.8%가 함경도에 살고 있다. 북한지역 개신교 인구의 약 9할이 평안도와 황해도를 포함한 서북지역에 거주하고 있다. 북한지역에 소재한 교회수의 약 82%, 교직자수의 약 83%가 역시 서북지역에 몰려 있어 개신교 교세의 서북 중심성을 입증해 주고 있다. 같은 시기에 개신교 신자수의 약 16%에 해당하는 3만 7천여 명의 천주교 신자가 북한지역에 거주하고 있고, 교회는 190여 개소, 교직자는 140여 명에 이른다. 개신교 각 교파를 고려하면 천주교는 북한에서 장로교에 이어 두 번째의 교세를 갖고 있는 셈이다.

---
14) 『기독교대사전』(기독교문사, 1992)에서 재구성.

<표 1-2> 1940년 북한지역 개신교 각 교파의 지역별 교세분포(신자수/교당수/교직자수)

	평안남도	평안북도	황해도	함경남도	함경북도	계
조선예수교 장로회	49,584 (402/373)	81,975 (481/747)	40,893 (352/251)	9,365 (180/153)	9,436 (92/97)	191,254 (1,507/1,621)
기독교조선 감리회	13,471 (105/81)	3,203 (36/8)	5,453 (130/42)	1,014 (12/10)	124 (1/)	23,265 (284/141)
동양선교회 (성결교)	474 (6/13)	2,029 (10/11)	229 (10/7)	1,565 (20/22)	1,155 (12/15)	5,452 (58/68)
안식교회	1,639 (41/12)	(4/1)	289 (12/7)	661 (14/3)	76 (7/4)	2,665 (78/27)
성공회	1,386 (30/13)		424 (14/19)			1,810 (44/32)
구세군	100 (3/3)	(1/1)	247 (14/13)	291 (6/7)	75 (3/1)	713 (27/25)
조선회중교회	430 (2/2)	(6/5)	(1/1)			430 (9/8)
조선기독교회		(1/1)	413 (21/2)			413 (22/3)
하느님의 교회	386 (3/1)	(1/1)	(1/2)			386 (5/4)
동아기독교회 (침례교)		(1/1)		34 (2/3)	125 (2/1)	159 (5/5)
예수교회	(2/3)		(3/)	137 (2/1)		137 (7/4)
나세렛교회	92 (1/2)					92 (1/2)
기독교조선 복음교회				(1/1)	87 (6/1)	87 (7/1)
그리스도의 교회				50 (7/)		50 (7/)
기타 (일본계포함)	608 (13/18)	200 (8/6)	129 (3/2)	258 (5/6)	231 (7/10)	1,426 (36/42)
계	68,170 (608/521)	87,407 (549/782)	48,078 (561/346)	13,375 (249/205)	11,309 (130/129)	228,339 (2,097/1,983)

북한지역 천주교 신자는 평안도에 48.3%에 이르는 등 서북 중심성이 강하게 나타난다. 교회의 분포에서도 서북지방이 북한 전체의 88.0%나 차지해 서북지방 편중성을 보여주지만, 교직자는 오히려 전체의 57.7%가 관북지방에 거주하는 기형적 모습을 보여주고 있다.

또 <표 1-2>에서 보듯이, 1940년 북한지역에서 1천 명 이상의 신자를 보유한 개신교 교파는 모두 5개로서, 장로교·감리교·성결교·안식교·성공회의 순서로 나타난다. 장로교와 감리교의 양대 교파를 합치면 북한지역에 거주하는 개신교 전체의 94.0%를 차지하고, 5대 교파를 합치면 98.3%에 이르러 거의 모든 개신교 신자가 이 다섯 교파 소속임을 알 수 있다. 장로교는 북한지역 개신교 신자 전체의 83.8%를 차지하고, 평북지역 개신교 신자의 93.8%, 황해도의 85.1%, 함북의 83.4%, 평남의 72.7%, 함남의 70.0%가 장로교 신자다. 평안북도와 황해도·함경북도에서 장로교 신자의 비율이 특히 높게 나타난다. 감리교는 북한지역 개신교 신자 전체의 10.2%를 차지하고 있고, 각 도별로는 평남의 19.8%, 황해도의 11.3%, 함남의 7.6%, 평북의 3.7%, 함북의 1.1%로 나타나 평안남도와 황해도에서 평균 이상의 분포를 보이고 있다. 성결교는 북한 개신교 신자의 2.4%로, 함경남도(11.7%)와 함경북도(10.2%)에서 높은 분포를 보이는 반면, 평안남도(0.7%)와 황해도(0.5%)에서는 매우 낮은 분포를 보였다. 안식교는 북한지역 개신교 인구의 1.2%(함남 4.9%, 평남 2.4%, 함북 0.7%, 황해 0.6%, 평북 0.0%), 성공회는 0.8%(평남 2.0%, 황해 0.9%, 평북과 함경도 0.0%)를 차지한다.

앞에서 언급했듯이 일제시대 말기에 교회활동 전반이 심각한 정체상태에 빠졌으므로 신자수 역시 크게 감소됐다. 장로교의 경우를 살펴보더라도 1938년에 이르러 362,077명까지 증가했던 신자수는 1939년부터 감소추세로 돌아서, 1939년(360,838명)에는 전년도보다 근소하게 감소하며(전년대비 -0.3%), 1940년(328,648명)에는 큰 폭으로 감소했다가(-8.9%), 1942년(249,666명)에는 엄청난 비율로 감소했다(-29.7%).[15] 교단 자체를 해산당한 성결교와 안식교에 대해서는 말할 필요도 없을 것이다. 성공회의 경우도 1939년에는

---

15) 노치준, 「일제하 한국 장로교회 총회 통계에 대한 연구」, 한국사회사연구회 편, 『현대 한국의 종교와 사회』(문학과지성사, 1992), 68쪽 참조

신도 9,750명, 영성체자 5,522명, 입교예비자 580명이었던 교세가 1946년 9월경에는 신도 4,961명, 영성체자 2,462명, 입교예비자 214명으로 절반 가량 줄어들었다.

천주교 신자는 1938~41년 사이에 매년 3.4%의 비율로 성장을 계속했고, 독일계 선교사들의 활동이 완전히 자유로웠던 함경도지역(함흥 및 덕원 교구)에서도 1938~42년 사이에 동일한 증가추세를 확인할 수 있다. 여기에는 개신교에 비해 신사참배로 인한 내외적 갈등도 덜했고, 국내에서 민족운동에 참여한 분파도 사실상 부재했으며, 선교사 추방도 부분적으로만 이루어졌던 천주교의 특성이 크게 작용했을 것이다.

3. 북한의 종교정책과 기독교의 실상

1) 헌법상의 규정과 종교정책의 기조

북한사회과학원 철학연구소에서 편찬한 『철학사전』 종교항에는 종교를 "반동적이고 비과학적인 세계관"16)이라고 규정하고 있다. 종교는 세계와 사람의 운명이 초자연적인 힘에 의해 지배된다는 신비주의를 설교한다는 것이다. 또한 종교는 "본질에서 일종의 미신"17)이라고 단정짓고 있다. 어떤 형태의 종교든 그것은 현실이 인간의식에 왜곡돼 반영된 것으로서 그 내용은 전체가 허위적이라고 한다. 종교의 본질에 대한 이러한 북한의 관점은 마르크스와 레닌의 본질규정과도 같다. 그래서 종교는 역사적으로 "지배계급의 수중에 장악돼 인민을 기만하며 착취 억압하는 사상적 도구로 이용"18)됐다고 주장하고, 나아가 "제국주의자들은 종교를 후진국가의

---

16) 북한사회과학원 철학연구소 편, 『철학사전』(도서출판 힘, 1988), 647쪽.
17) 위의 책.
18) 위의 책.

인민을 침략하는 사상적 도구로 이용하였다. 그들은 종교를 이용하여 약소국가 인민들의 계급적 및 민족적 의식을 마비시켜 승려, 선교사들을 이용하여 간첩, 파괴, 암해, 책동을 감행하고 있다"[19]고 주장하고 있다.

북한은 종교의 계급적 측면을 인정하면서도 그보다는 민족적 측면을 유난히 강조하고 있다. "오늘날의 종교는 '미제를 우두머리로 하는 제국주의자들'이 식민지 민족해방운동을 말살하는 책동에 이용"하고 있다는 점을 강조하고 있는 것은 이와 관련해서 이해할 수 있다. 그들의 이러한 관점은 아마도 주체사상을 바탕으로 하고 있는 것이라고 보겠다. 주체사상에 의하면 인간이나 사회, 국가나 모두 자주성을 기본으로 해서 존재한다. 그러한 자주성이 결여된 국가 사회는 노예와 다름이 없다는 것이다. 이때 자주성 혹은 자주의식은 마르크스가 말한 계급의식보다 더 포괄적인 개념으로 이해된다. 그래서 종교는 "착취사회가 청산되고 사회주의제도가 수립되면 그 사회적 근원은 없어지지만, 사람들의 머릿속에 남아 있는 사상적 잔재인 종교적 편견은 강제적 방법으로는 없앨 수 없고, 오직 사상교육을 강화하여 사람들로 하여금 세계와 자기 운명의 주인으로서의 자각을 높이도록 하는 것을 통해서만"[20] 절멸시킬 수 있다고 본다.

이러한 북한의 종교관은 민족의 자주성을 고양시키는 데 도움을 주는 종교와 그렇지 않고 '제국주의 침략'을 도와주는 종교를 구별하는 데서도 나타난다. 물론 모든 종교를 근본적으로 미신적인 것으로 취급해 비판하고 있는 것은 분명하지만, 그에 대한 비판의 강도에서 다소 차이가 난다고 볼 수 있다. 다음에서 북한문헌에 나타난 각 종교에 대한 서술을 비교해 보면 그러한 점을 알 수 있다. 1992년 개정된 북한의 새 헌법 68조에는 종교에 관해 다음과 같이 규정하고 있다.

> 공민은 신앙의 자유를 가진다. 이 권리는 종교건물을 짓거나 종교의식 같은 것을 허용하는 것으로 보장된다. 누구든지 종교를 외세를 끌어들이거나 국가사회질서를 해치는 데 이용할 수 없다.

---

19) 위의 책.
20) 위의 책, 648쪽.

이러한 헌법규정은 종교의 자유를 인정하는 것 같으면서도 사회주의체제 유지의 범위 내에서만 종교의 자유가 허용된다는 것을 알 수 있다. 1972년에 개정된 헌법 54조에서는 "공민은 신앙의 자유와 반종교 선전의 자유를 가진다"고 규정하고 있었다. 북한은 종교의 자유를 인정한 듯하면서 반종교 선전의 자유에 의해 종교를 탄압할 수 있는 합법적·정책적 근거까지 마련했던 것이다. 그러나 초헌법 규정인 노동당 규약에는 종교에 관한 규정이 없는 것이 특색이다. 또한 1987년도에 발간한 해외 홍보책자인 『조선개관』에도 북한의 정치, 경제, 사회, 문화 등 모든 분야는 소개돼 있지만 종교에 대한 소개는 하지 않고 있다. 다만 북한의 『정치사전』에는 종교에 대한 개념을 다음과 같이 설명하고 있다.

즉 "종교란 신이나 하나님을 맹목적으로 믿고 숭배하는 것이다." 또한 "기독교란 예수를 믿는 종교로 환상적이며 사회적 불평등과 피착취 노동대중의 해방투쟁을 말살하고 천당을 미끼로 인민들에게 순종을 강요하는 일종의 미신이다"고 기술하고 있다. 이처럼 종교를 부정적 시각에서 개념을 규정함으로써 북한은 종교를 말살하기 위한 정책적 기조를 마련한 것이다. 특히 1928년에 김일성의 직접 지도하에 공연됐다는 소위 혁명연극 '성황당'에서는 공산주의혁명을 위해 종교를 없애 버리는 하나의 연극을 연출하게 된 것이다. 북한에서는 공산혁명과 김일성, 김정일 신권 독재체제를 유지하기 위해서 종교와 미신을 동일시하며 김일성, 김정일 신격화·우상화에 반대하는 모든 종교를 없애려 한 것이 이 연극 이면에 깔린 숨겨진 의도라고 하겠다. 이렇게 해서 북한당국은 북한에 종교가 완전히 사라졌다고 장담하고 있다.21)

북한은 "종교의 근절을 목적으로 한 철두철미한 비타협적 투쟁"을 그 '종교정책'의 기본으로 삼고 있다. 정하철의 「우리는 왜 종교를 반대해야 하는가?」에 의하면, 북한측의 종교에 관한 '원칙적 입장'은 두 가지로 구분되고 있음을 알 수 있다. 즉 일반적인 종교신자에 대해서는 점진적인 교양 등을 통해 종교신앙으로부터 격리시키려고 했으나, 북한정권과 그 공산주

---

21) 박완신, "통일의 그날," 『북한선교』, 2권(엠마오, 1989), 35쪽.

의체제에 반대하는 '반혁명 악질 종교인'들에 대해서는 즉각적인 적발, 처단을 원칙으로 했다는 것이 바로 그것이다.

이와 같은 원칙 속에서 북한 공산주의자들은 몇 가지의 실제적인 '구체적 과업'을 제시하기도 했다.22) 이러한 종교정책의 원칙은 북한의 한반도 공산화 목표달성을 위한 기본노선인 3대 혁명역량을 강화하기 위해 제시된 것이다. 특히 북한에서 종교를 없애고 어려서부터 김일성주의자로 자라게 한 것은 대내 혁명역량을 강화하기 위한 것이다. '평양산원' 3층 복도에는 김정일이 쓴 다음과 같은 글을 붙여 놓았다고 한다.

> 신격화, 절대화, 신조화, 무조건성, 이것은 수령님에 대한 충직한 혁명전사, 참다운 김일성주의자의 가장 기본적인 품성이다.

이상 기술한 종교정책의 기조와 원칙에 입각해 북한은 현재 종교정책을 구현하고 있다. 북한은 종교정책의 실제 추진에서 종교 말살정책과는 별도로 대내외적인 정치적 필요성을 계산해 위장된 어용 종교단체를 존속시켜 오면서 종교활동과는 무관한 정치활동을 하고 잇는 것이다. 북한은 그들의 정권 장악과성에서 송교의 '반공 생리와 신앙열'이 공산주의를 전면 부정하는 최대의 적이라고 단정하고 가혹한 탄압을 가했다. 즉 '변증법적 유물론'에 입각해 반종교활동을 전개한 것이다.

원래 1945년 해방 이전부터 북한지역은 종교의 영향력이 다른 지역보다 강한 편이었다. 때문에 북한의 공산주의자들은 종교에 대한 탄압이 완화되거나 미약해지면 종교인들이 반공운동의 주류가 될 것이라고 우려했고, 또

---

22) 첫째, 종교의 잔재를 청산하기 위해서는 낡은 종교적 사상잔재와의 사상투쟁을 강력히 진행해 종교인들을 과학적인 세계관으로 무장시키기 위한 교양을 꾸준히 진행해야 한다는 것이다. 둘째, 독서, 영화관람 및 강연회 참석 등을 통해 종교의 허망성, 해독성, 반동성 등을 인식시켜야 한다는 것이 다. 셋째, 종교인들을 '사회주의건설'을 위한 실천적 노동에 적극 참가케 해 자연과 사회를 개조하는 과정에서 인간의 창조력을 인식시킴으로써 종교적 편견과 그 관념을 청산하게끔 할 수 있다는 것이다. 그러나 이상은 일반 종교인들의 경우이고, 북한의 정권과 제도를 반대하는 이른바 '일부 악질 종교인들'에 대해서는 그 '반혁명적 행위'를 제때에 적발·폭로하고 처단해야 한다고 주장하고 있는 것이다.

한 월남한 종교인들의 가족, 친척, 친지들이 북한지역에 많이 잔류하고 있었으므로 자유사조의 파급을 미리 방지해야겠다는 입장에서 종교탄압은 불가피하다고 생각했던 것이다. 이에 따라 북한은 1945년 해방 이후부터 종교에 대해 ① 제한, ② 탄압, ③ 말살, ④ 역이용의 4단계 정책을 통해 1959년까지 모든 종교단체와 종교의식을 말살했고, 모든 종교인들을 '반동분자'라는 죄목으로 살해하거나 박해를 가했던 것이다.[23]

북한 공산주의자들은 종교인들의 존립기반을 파괴시킬 목적으로 종교단체 소유의 토지를 몰수하는 한편, 종교관계 건물이나 시설(교회, 성당, 사찰) 등은 철거해 버리거나 협동농장, 창고, 유치원, 탁아소, 휴양소 등으로 변조해 사용하기도 했다. 북한은 오늘날 모든 주민을 핵심·동요·적대의 3대 계층으로 크게 구분하고, 이를 다시 51개 계층으로 세분하고 있는데, 적대계층 중에는 종교인, 중소상공인, 월남자 가족, 국군 진주시 협력자, 숙청자, 구인텔리 및 지주, 자본가와 그 자녀들을 망라하고, 이들을 다시 일반감시와 특별감시 대상자로 구분해 철저한 감시, 통제를 실시하고 있다. 특히 종교인과 그 자녀는 특별감시 대상자들로 등록돼 고등교육 수혜금지, 직장에서의 발언권 박탈 등 가혹한 제재를 받고 있다.

북한은 외형적으로는 종전의 구헌법에서 '신앙 및 종교의식 거행의 자유' 조항을 설정해 놓고서도 신앙생활이 북한주민 내부에 개별적으로 내면화하고 있다는 사실을 인식케 되면서부터는 '요해사업' 명목으로 위협과 탄압을 자행해 왔다.[24] 북한의 마르크스주의적 종교 말살정책의 주요 변화단계를 보면 다음과 같다.[25]

2) 북한의 종교정책 전개

1945년 8월 15일 조국광복 이전 북한지역에서 종교의 영향력은 매우 컸

---

23) 박완신, 앞의 책, 128쪽.
24) 위의 책, 129쪽.
25) 고태우, 『북한의 종교정책』(민족문화사, 1988), 53-103쪽 참조.

다. 기독교는 일제치하에 신사참배 거부운동을 전개했다가 200여 교회가 폐쇄됐고, 2,000여 성도들이 체포 투옥됐다. 주기철·최봉석·최향점 목사 등 50여 명이 순교하기도 했다. 일제의 기독교 탄압 결과 당시 70여만의 신자들이 거의 반수로 줄어들었다. 당시 북한에는 2,000여 교회와 30여 만의 기독교 신자가 있었다고 한다(1,530개 교회와 35만 성도라는 설도 있음). 8·15해방과 더불어 각 교단에서는 교회 재건과 각종 단체 결성을 시도했다. 그 중에서도 평양을 중심으로 한 관서지방이 가장 활발하게 움직였다. 북한 5도 연합노회 결성과 함께 교회재건과 교단조직은 더욱 활발하게 움직였다.

천주교는 조선조 때부터 혹심한 탄압을 받아 오다가 일제치하에서도 많은 수난을 겪었지만 이러한 수난 속에서 성장한 천주교는 해방 전에는 19만여 신도를 확보하고 있었는데, 북한에는 8개 교구 중 3개 교구(평양, 함흥, 덕원 교구)와 5만여 신도가 있었다. 평양 대성당은 후에 소년궁전으로 사용될 만큼 큰 규모였다. 천주교에 대한 북한정권의 정책은 다른 종교와는 조금 달랐다. 즉 외국인 성직자들이 많았기 때문에 기독교도연맹이나 불교도연맹 같은 어용단체를 만들어 정치적 도구로 이용하지는 않았던 것이다.

(1) 제1단계(1945~49): 정권수립기

앞에서 살펴본 바와 같이 1945년 해방 이전 북한지역에는 종교의 영향력이 매우 컸다. 그것은 대체로 중국대륙을 거쳐 북한지역에 먼저 종교가 전파됐기 때문이다. 그리고 해방 이후 공산주의자들이 구소련의 지원하에서 정권을 수립하고자 했을 때 이를 반대한 민주·민족진영의 대다수 인사들은 종교인이었다. 전후의 상황이 이러했으므로 북한 공산주의자들은 민주·민족진영을 분열·와해시키기 위해 종교인들을 대상으로 그들의 신앙생활 및 교단의 단결, 화합을 방해했던 것이다.

북한의 종교정책이 갖는 기본원칙은 존립기반 그 자체를 청산하는 데 있었으므로, 원칙적으로는 종교인들의 제거와 종교단체의 활동금지가 북한정권의 진정한 의도였다고 할 것이다. 그러나 북한 권이 수립된 지 얼마 되지 않아 정권의 기반이 확고하지 않은 상태에서 각계각층의 연계를 갖고 있는 종교인 세력을 탄압하는 것은 시기가 적당하지 않다고 판단해 초기에는 종교활동을 제한하는 정책을 전개했다. 그래서 종교정책 전개 초기에 북한은 우선 종교단체의 경제적 기반을 무너뜨려 전도 등 종교활동에 필요한 경제적 입지여건을 박탈하는 작업에 착수했다. 즉 1946년 3월 5일부터 실시된 '토지개혁' 조치시에는 종교단체가 소유한 토지 15,195정보를 무상 몰수했으며 1948년에 단행된 '중요산업 국유화'정책 시행시에는 종교인 또는 종교단체가 운영하던 기업재산 일체를 몰수해 종교인들에 대한 억압을 본격화했던 것이다.

뿐만 아니라 교회, 성당, 사찰 등에서 신자들로부터 기증받아 오던 모든 금품의 출납을 금지함으로써 종교단체의 재원마저 차단시켜 버렸다. 한편 종교시설은 그대로 내버려두면서도 그곳에서 종교의식은 갖지 못하게 공산당원들로 하여금 길목을 막아 싸움을 걸어 구타하게 하는가 하면 종교의식 도중에 뛰어들어 난동을 부리고 종교의식상의 설교가 '반동적'이라고 트집을 잡는 등 온갖 방해책동을 자행했던 것이다.

이와 같이 처음 얼마 동안은 교회, 성당, 사찰 등 옥내에서 진행하는 종교집회와 의식은 그래도 어느 정도 허용했으나, 1946년 후반기부터는 천주교와 기독교에 대해서는 옥내집회와 의식마저 제한하는 조치를 취하기 시작했다. 즉 찬송가 소리가 시끄러워 주민생활에 지장이 있다는 이유로 교회를 다른 장소로 옮기도록 압력을 가했고, 당원을 교회에 투입시켜 공공연히 집회를 방해했으며 성직자들에 대해서는 평상시 지주계급이란 오명이나 여타 죄과를 조작해 괴롭혔다. 그리고 불교의 경우에는 사찰을 문화재로 보존한다는 명목 아래 승려는 이를 관리하는 요원으로 규정해 시주와 탁발도 일체 금지시키는 등 종교활동을 제한하는 양상을 보였다.

한편 빈농과 중농층에 강력한 기반을 두고 있던 천도교에 대해서는 다소 호의적이었는데, 이는 북한지역에 공산당의 기반이 확고하지 못하던 당시 실정으로서는 이들 천도교 신자 계층이 북한 공산주의자들에게 일시적으로 이용가치가 있다고 판단됐기 때문이다.

(2) 제2단계(1950~53): 전쟁기간의 탄압기

1950년 들어서면서부터 북한은 종교의식이 발각되기만 하면 모조리 체포했고, 수시로 종교인들의 가택을 수색해 종교관계 서적만 발견돼도 이를 불온문서로 취급해 연행하는 등 직접적인 탄압조치를 시작했다. 이러한 조치는 6·25 남침준비의 일환으로 후방의 공고화를 도모하려는 저의에서 나온 것이었다. 그 이후 6·25전쟁시에는 이미 많은 종교인이 전쟁 발발 이전에 자유를 찾아 월남했거나 혹은 북한에 남아 있던 사람들도 강제징병을 피해 은신했기 때문에 비교적 피해는 적었다.

그러나 전세의 변화에 따라 인민군이 패퇴하고 한국군과 유엔군이 진주하자 숨어 있던 종교인들이 앞장서서 환영하고 협조를 하게 되면서 피해가 확대되게 됐다. 중공군의 개입으로 또다시 밀고 나온 인민군은 가장 먼저 종교인 색출에 나섰고, 발견만 하면 공개적으로 총살하는 만행을 서슴지 않았으며, 평남 순천군에서는 미처 피신 못했거나 산 속에 숨어 있다 발견된 종교인 수십 명이 한꺼번에 학살당하는 참상이 벌어지기도 했다.

그리고 북한은 1950년 10월까지도 방치해 두었던 종교관계 건물을 파괴해 버리거나 구조를 변경해 군수물자 창고 등 다른 목적에 이용하기 시작했고, 심지어는 평양을 비롯해서 지방도시, 농촌의 교회당과 예배당 부근에 못 쓰는 대포나 전차 등을 내버려둠으로써 고의적으로 공습의 표적이 되게 하는 등의 교활한 수법까지 동원했다. 당시 파괴됐던 교회 터에서 가마니를 쓰고 기도하는 성도들이 있어 발각되면 성도들은 처단되고 교회 터까지 없애 버렸다고 한다. 평북 박천군과 같이 종교의 영향력이 비교적 강했던 지방에서는 유엔군이 종교인 시설물은 폭격하지 않는다는 소문을 유포해 공습시 주민들을 그곳으로 집결시키고 고사포 진지를 구축해 응사하게 함으로써 피격되도록 조작하기도 했다.

한편 1950년 9월 28일 유엔군의 서울수복 직선 북한은 "교직자를 모두 살해하라"는 지령을 내리고 50여 명의 신부와 60여 명의 목사를 납치해 서울 근교에서 총살시켰다. 또한 황해도 신천에서 자행한 종교인 집단학살 사건은 그 유례를 찾아보기 힘들 정도의 만행이었다. 신천군은 종교적인 영향력이 강한 곳으로 북한당국으로부터 '반혁명적 요소'가 많은 위험지역의 하나로 지목돼 왔다. 유엔군이 진격해 들어오자 인민군은 패주하면서 이 지역의 많은 군민들을 연행해 갔는데, 유엔군이 철수한 후에는 더 많은 군민들이 연행돼 행방불명이 됐다. 이때 연행돼 간 사람들은 대부분이 부녀자이거나 노약자들이었고, 이 중 대다수가 과거에 종교를 믿었거나 종교적인 가정에서 생활한 사람들이었다. 바로 이들 행방불명자가 휴전 후 1956년에 생매장된 시체로 발견된 것이다.

북한은 이를 유엔군의 만행으로 선전하면서 추도회를 조직하고 신천군에 '신천혁명박물관'을 만들어 피묻은 의류, 끔직한 시체들의 사진을 전시하며 반미감정을 고취시키는 한편 자신들의 죄상을 감추었다. 또한 신천복수여단까지 만들어 미군과 한국군에 대한 복수심을 고취시켰다. 이 기간에 북한에 의해 저질러진 기타 종교탄압 사례는 많다.[26]

(3) 제3단계(1954~60년대): 전후 복구기간의 말살기

북한은 전쟁 말기부터 1955년까지 이른바 '후퇴시기 반동행위자' 색출이라는 구실 밑에 패전의 원인이 마치 종교인들의 반전운동에 있었던 것처럼 후퇴시 피난가지 않은 사람들은 모두 종교의 영향을 받았다는 관점에

---

26) <사례1> 여의사 인민재판 사건: 개성에 김정옥이라는 기독교 신자 여의사가 있었는데, 밀고에 의해 간첩으로 몰려 인민재판을 받고 자남산성에서 처형당했다. 밀고자는 김정옥 의사의 명성을 시기한 다른 의사였다. 김정옥 의사는 처형당하기 전에 "기독교인이 된 것이 무엇이 죄가 되느냐"고 묻고, 이어 "나는 기독교 정신에 기초를 두고 사상, 이념을 초월해 인술을 베풀어 왔다"고 당당히 밝혔다. 이 사건은 6·25동란 직후에 일어났다. <사례2> 북한이 6·25남침 이후 남한 각처에서 천주교 성직자에 대한 학살과 체포를 자행한 사건: 그들은 1950년 7월 서울에서 교황사절 방(Byure) 주교를 비롯한 외국인 성직자들까지 납북해 갔는데, 그 숫자는 42명이었고 그들 중 살아서 송환된 사람은 단지 8명에 불과했다. 한편 덕원수도원을 필두로 원산 등지에서 붙잡힌 외국인 신부, 수사, 수녀들도 4년간의 강제수용소 생활 등으로 그간 25명이 희생돼 총 67명 중 42명의 생존자만이 본국으로 송환됐다. 이렇게 해서 해방 후 6·25를 전후한 전쟁기간에 체포 혹은 학살된 내외국인 신부, 수녀, 신학생의 숫자는 남북한을 통해 모두 150명에 달하는데, 그 가운데 96명은 북한교구 소속이었다.

서 조치해, 먼 친척 중에라도 과거 신앙생활을 한 사람이 있었다는 혐의만 있어도 '반동분자'로 몰아 '인민재판'에 넘겨 버렸다. 이렇듯 북한정권은 휴전을 전후해 1955년까지 북한 전역에서 종교를 완전 말살하기 위해 수단과 방법을 가리지 않았을 뿐 아니라 종교를 믿지 않는 사람도 종교인과의 연고관계 사실 하나만으로 죽음을 강요하는 무자비한 말살, 탄압을 서슴지 않았다.

그러한 북한의 종교인 학살만행으로 말미암아 1955년 이후에는 표면상 북한 전역에 한 사람의 종교인과 하나의 종교시설도 없는 문자 그대로 신앙생활의 불모지대로 전락하고 말았다. 따라서 6·25동란 이후 북한은 모든 종교의식을 금지시켰고 전쟁중에 파괴된 모든 종교 시설물에 대한 복구사업을 허락하지 않았으며, 다행히 전화를 면한 종교 시설물은 종교 이외의 목적에 사용했다. 즉 교회당은 탁아소나 창고로 이용됐고 절은 휴양소로 이용됐다.

1955년 4월에는 「계급교양을 더욱 강화할 데 대하여」라는 슬로건하에 종교인들을 공산주의 계급교양 명목으로 말살했다. 이때부터 지하교회 활동이 시작됐다. 1959년에는 「우리는 왜 종교를 반대하여야 하는가」라는 반종교 활동지침서를 내놓고 종교를 말살하기 시작했다. "악질 종교인들이 종교의 간판 밑에서 반혁명적인 행위를 조작하여 종교적 사상을 우리들 속에 부식시키려 기도하므로 우리는 이것과 철저히 투쟁하여야 한다"고 종교 반대이유를 밝히고 있다. 특히 1958년부터 1960년 초까지 진행된 '중앙당 집중지도'라는 명목의 주민들에 대한 성분조사시에는 종교인과 그 가족을 '반혁명계층'으로 분류해 특수지역에서 거주토록 제한하고 특별감시 대상으로 규정하는 한편, 주민들에게는 반종교 선전활동과 종교의 무용성을 계속 주입시켰다. 1959년에는 반종교 선전책자를 집중적으로 발간했으며, 반종교 선전을 내용으로 하는 영화를 제작해 반종교 사상학습을 강화시켰다.

이와 같이 종교활동을 완전히 말살했음에도 불구하고 종교단체만은 형식상 대외관계를 의식한 나머지 1960년대 초까지 존속시켜 그들의 정치적 필요성에 따라 이용해 왔다. 그러다가 1966년 이후 71년의 기간에는 종교의 활용가치가 없어지자 일체의 종교단체가 잠적하는 양상을 보였다. 그러나 1970년대 들어와 「7·4공동성명」 발표와 함께 위장 평화전술의 필요성이 강력히 요구되자 조선기독교연맹, 조선불교도연맹, 천도교중앙지도본부 등 사이비 어용 종교단체를 수시로 내세웠는데, 이는 대외적으로 북한에도 마치 종교의 자유가 있는 것처럼 위장하고 특히 한국 내 종교인들을 현혹시켜 반정부투쟁으로 유도하기 위한 선전수단으로 이용하려는 목적에서 비롯된 것이었다.

(4) 제4단계(1970년대~현재): 남북대화 시작과 역이용기

종교 역이용정책은 1960년대 후반부터 차츰 표면화되기 시작했다. 그러다가 1972년 남북대화가 이루어지면서 본격화됐다. 긴장이 완화되고 개방화를 치닫는 국제환경 질서 속에서 북한은 그들의 교조만을 더 이상 고집할 수 없게 된 것이다. 개방화와 해빙무드가 구소련과 동구, 중국대륙에 깊어지고 숨을 죽였던 그곳의 기독교나 카톨릭, 동방정교가 미약하나마 활동하기 시작하면서 북한도 대외적인 입장을 고려해 종교를 역이용하는 정책을 펴게 됐다.

그리하여 그들은 기독교도연맹, 천도교중앙본부, 천주교인협의회(1988. 6. 30 결성)등 어용 종교단체를 대외적으로 내세우게 됐다. 신자들의 예배활동과 교회의 존재를 부인하면서 그들은 종교단체의 이름을 내세워 활동하기 시작했다. 종교를 부인·말살하고 나서 한편으로 관제 종교단체를 내세우고 대외선전을 주로 하는 것이 북한의 위장 종교활동의 하나였던 것이다. 구소련, 중국 등에서도 개방화 초기에는 공인교회, 어용교회가 있어 기성 교회간의 이간과 반목을 조장시켜 교세를 약화시키며 당의 앞잡이 노릇을 했다.

북한에서 이와 같은 사이비 관제 어용 종교단체는 첫째, 종교 말살정책에 앞장세워 지하종교인 색출에 이용하며, 둘째, 마치 종교의 자유가 있는 것처럼 보이는 위장물로 이용하고, 셋째, 한국 종교인들을 반정부투쟁으로 선동하기 위한 목적에서 만들어진 것이다. 종교를 부르주아의 착취용 도구라고 맹렬히 비난·공격한 공산주의는 이제는 종교, 특히 기독교를 자기들의 프롤레타리아독재 사회를 이룩하기 위한 도구로 사용하고 있다. 1975년 1월 북한의 기독교연맹은 3명으로 구성된 대표단을 인도에서 개최하는(1. 8~1. 13) 제1차 '아세아기독교평화회의'에 파견해 세계 종교단체의 일원으로 활동하려고 노력한 바 있다. 이 회의에 북한이 어용 종교단체의 대표를 참석시킨 것은 우회적인 방법으로 한국 종교계에 침투해 '통일전선' 형성 공작을 꾀하고자 한 것이었다.

동구 공산권의 종교 완화정책과는 대조적으로 북한이 계속 종교 말살정책을 고집해 온 것은 그들의 반민주성과 교조주의적 행태에서 나온 것이기는 하나, 다른 한편 김일성, 김정일 우상화에 신앙생활이 방해가 되고 있기 때문이기도 하다. 김일성·김정일사상을 원시종교의 교리처럼 믿게 해 족벌독재의 세습화, 즉 봉건 군주제도의 재현을 꾀하고 있는 데 참다운 종교가 방해가 된다고 믿고 있는 것이다.

1972년 7·4공동성명 이후 남북적십자회담이 평양에서 개최됐을 때 우리 대표단을 수행한 기자들이 전직 목사로 김일성의 외종조부이자 당시 부주석이었던 강양욱(1983년 사망)에게 "어찌하여 북한에는 교회가 하나도 없느냐, 북한에는 기독교가 있느냐"고 질문하자, 강양욱은 "미제국주의가 도발한 6·25침략전쟁에 미제의 폭격으로 교회가 다 불타고 파괴되어 없어졌다. 따라서 신앙을 포기한 자가 많아서 믿는 자가 있기는 하지만 그들이 어디에 있는지 모르겠다"고 대답했다고 한다.

1985년 9월 20~23일 고향방문단의 일원으로 평양을 다녀온 황준근 목사는 평양에서 예배를 드리기 전에 82세 된 어머니를 만났다고 한다. 32년 전 평양에 있던 중화장로교회를 지키기 위해 피난길도 마다했던 어머니는 아들에게 예배를 드리지 말라며 마음에도 없는 말을 했다고 한다. 이러한 사실에서 볼 때 북한에는 아직 기독교의 생명력이 남아 있음이 사실이라고 하겠다. 이것은 또한 종교의 탄압과 종교적 생명의 씨앗은 그 탄압의 장벽을 뚫고 반드시 신앙의 열매를 맺게 될 것임을 보여주는 좋은 예이기도 하다. 더욱이 놀라운 것은 비록 전시용이긴 하지만 1983년에는 신약전서와 찬송가가 출판됐고 1984년에는 구약성경이 출판됐다고 하는 점이다.

물론 이것은 북한 권력층이 기독교를 허용해서가 아니라 그의 종주국인 구소련이나 중국이 근년에 기독교에 대해 관용 내지 허용하는 태도를 취하자, 이러한 대세에 맞추어 자기들도 신앙의 자유를 보장한다는 것을 국제적으로 보이기 위한 하나의 전시용에 불과하다. 그것은 북한이 그들의 형식적인 헌법과는 달리 이때까지 실질적으로 기독교를 탄압·말살해 왔고, 또 '성경'을 출판한 소위 '조선기독교도연맹'이라는 단체도 순전히 노동당의 전위대 역할을 하는 단체에 불과하기 때문이다. 다만 북한에서 성경을 발간하게 된 동기와 과정이야 어찌됐든, 성경이 출판됐다는 사실을 계기로 북한동포들의 가슴속에 하나님의 말씀이 새겨져 언젠가는 하나님을 대적하는 우상화체제가 무너지는 계기가 될 것을 기대한다.

북한정권은 1988년에 봉수교회를, 1992년에는 칠골교회를 헌당했다. 한편 북한의 대외 위장 종교활동의 주요사례를 고찰해 보고자 한다. 1974년 8월 북한의 권력계층은 조선기독교연맹 명의로 세계기독교회협의회(WCC)에 가입신청을 냈다. 그러나 WCC측에서는 북한지역 내에 기독교 신자, 성직자, 교회 등의 종교실태를 파악하지 못하고 있다는 이유로 가입신청을 기각했다. 또한 1976년 11월 18~25일 체코의 부르노에서 아시아, 아프리카, 유럽 등의 지역국가들이 참가한 가운데 개최된 세계기독교평화회의에 북한은 조선기독교도연맹 부위원장을 파견했다.

이 회의는 세계기독교평화회의 산하의 5개 분과위원회 하나인 정치·경제위원회 회의이며 매년 2회씩 개최돼 왔는데, 북한은 이 회의에서도 '조선에 관한 결의문'과 '성명'을 채택하게 하고 한국을 중상모략하고 비방하면서도 신앙문제와는 전혀 관계없는 주한미군 철수, 한국의 종교탄압 중지 등을 주장하는 등 반미·반한활동을 자행했다.

한편 북한은 '종교'라는 미명하에 해외에 거주하는 종교인 교포들에 대한 접근도 시도해 왔다. 구체적으로 보면, 북한이 사주한 이른바 '조국통일을 위한 해외동포, 기독교 신자간의 대화'가 1981년 11월 오스트리아의 빈에서 첫 회담을 가진 데 뒤이어 1982년 12월에는 핀란드의 헬싱키에서 제2차 회의를 가졌다. 이 회담에는 북한 노동당 비서이자 '조국전선' 의장이며 해외동포를 대상으로 하는 공개적인 공작부서인 조선해외동포원호위원회 위원장이기도 한 허정숙과 조선기독교도연맹부위원장 김득룡 등이 참석했다. 이 회의는 공동성명과 호소문 등 선동문서를 발표했는데, 그 내용이 북한이 그 동안 줄곧 선전해 온 '고려연방제' 내용과 일치한 것이어서 북한이 그들의 위장 평화통일 안의 합리화 선전을 위해 얼마나 해외교포 종교인에 대한 침투에 열을 올리고 있는가를 알게 해 준다. 1986년 2월 26일에는 기독교연맹, 불교도연맹이 함께 팀스피리트 86 훈련을 반대하는 담화문을 발표했다.

1980~1990년대에 들어오면서 수 차례에 걸친 남북 기독교 교류협력이 이루어졌다.27) 한국교회의 남북 기독교 교류와 평화통일 논의는 1984년 10월 29일부터 11월 2일 사이에 「동북아시아의 정의와 평화」라는 주제하에 일본 도잔소에서 열린 것(WCC국제위원회 주최)을 시초로 1986년 9월 2일부터 5일까지 사이에 스위스 글로운에서 「평화에 대한 기독교적 관심의 성서적, 신학적 근거」를 주제로 개최됐는데(WCC 주최), 이때 북한 기독교연맹 대표단 5명과 KNCC대표단 8명이 초청돼 최초로 남북한 교회대표들의 교류가 이루어졌다.

1988년 2월 29일에는 KNCC 제3차 총회에서 민족통일과 평화에 대한 한국기독교회선언이 나오게 됐고 1988년 4월 25일부터 29일 사이에 인천에서 세계기독교한반도평화협의회가 모여 KNCC선언문을 전적으로 지지하면서 그 실천과정에 세계에큐메니칼공동체가 동참하기를 결의한 바 있다. 그후 WCC의 주선으로 1988년 11월 23~25일 사이에 제2차 스위스 글리온회의가 개최됐고, 남북 기독자들은 KNCC의 선언을 지지하고 1995년을 통일의 희년으로 함께 선포했으며, 평화통일 기도주일을 8·15 직전 주일로 정하고 공동기도문을 제정·채택하기에 이르렀다. 그후 1990년 7월 10일부터 13일 사이에 '제1차 조국의 평화통일과 선교에 관한 남북기독자 도쿄회의'가 재일본 한국YMCA에서 열려 제2차 글리온 공동선언을 재확인하고, 남북 양측은 나음부터는 서울과 평양에서 직접 만나는 데 함께 노력하기로 했다.

평양의 대성당은 1972년 남북대화 당시에도 그대로 소년궁전으로 사용

---

27) 박완신, 「남북한 종교교류 협력의 실상과 과제」, 민주평화통일자문회의 주제강연 내용(1993. 11. 25), 55-63쪽.

되고 있었다고 한다. 탄압·말살정책으로 활동을 하지 못한 천주교는 1988년 평양에 장충성당이 새로이 세워졌다고 한다. 그러나 아직 카톨릭 성도나 사제가 거의 없으며 로마 바티칸 무르바노신학교에서 사제수업을 받는 신학생이 약간 있었다고 한다. 한편 1988년 6월 30일에는 천주교인협의회를 결성했다. 1985년 9월 22일에는 평양을 방문중인 고향방문 예술단원들이 고려호텔 3층에서 35년 만에 처음 미사를 드리기도 했다. 현재에는 평양의 장충성당에서 1주 1회 40분씩 미사가 행해지고 있다. 1988년에 세운 장충성당 2백 석인데 약 120명 정도의 남녀 신도가 미사를 드리고 있고 이 신도들은 50대 전후의 연령층이라고 한다. 그러나 장충성당에는 상주하는 신부가 없어 해외에서 평양을 방문하는 신부가 있어야 미사를 드릴 수 있다고 한다. 1992년 3월에는 일본기독교협의회 대표단과 함께 옵서버 자격으로 북한을 방문했던 일본 천주교의 소마 주교가 평양 장충성당을 찾아 견진성사를 주기까지 했다고 한다.

북한에서 기독교는 봉수교회, 칠골교회가 세워졌지만, 천주교의 경우는 장충성당밖에 없어 교세확장이 아직도 미흡한 실정이다. 그러므로 남북한 천주교 교류협력마저 활발하게 이루어지지 못하고 있다. 최근 정충성당의 신자들은 노인층이 점점 줄고 젊은층이 더 많아지고 있는 것으로 알려지고 있다. 해방 당시 북한사회에 천주교 신자가 몇만 명이 살고 있었고 아직도 상당수가 남아 있다고 볼 때 북한 천주교회의 당면과제는 이들과의 연결이 가능한 노인층의 복원력을 바탕으로 이루어져야 할 것이다.

북한에서는 1992년 조선천주교인협의회 중앙위원회 명의로 교리서 2종을 발간했다고 한다. 이 교리서는 현재 한국천주교에서 사용하고 있는 교리서의 기본틀을 그대로 받아들이고 있고 교리의 내용도 별다른 수정 없이 나름대로 풀이해서 사용하고 있다고 한다. 교리서 중 하나는 『천주교를 알자』는 제목이고 다른 하나는 『신앙생활의 걸음』이라는 책인데, 내용은 한국천주교가 사용하고 있는 교리서의 기본틀을 그대로 담고 있다.

3) 북한종교의 현실과 선교방향

김일성은 1948년 행해진 「우리 당단체들의 과업에 대하여」라는 연설에서 기독교에 대해, "미국은 오래 전부터 종교의 간판을 든 선교사들을 우리나라에 파견하여 … 자유를 침해한다 하더라도 반항할 것이 아니라 복종하여야 한다는 것을 의미합니다. … 그런데 일부 목사들과 장로들 속에는 이러한 종교선전에 넘어가 미국을 받들면서 우리 조국을 달러에 팔아 먹으려는 자들이 있습니다"라고[28] 하였다.

이러한 김일성의 연설은 기독교를 제국주의자들의 첨병으로 취급하는 북한의 태도를 적나라하게 보여준다. 『철학사전』도 기독교를 "미신적인 교리로써 사람들을 회유기만 하는 반동사상의 독소이며 인민의 아편"[29]이라고 강하게 비판하고 있다. 기독교는 특히 우리나라에 들어와 "우리 인민들 속에 노예적 굴종과 숭미 사대주의사상을 퍼뜨림으로써 침략의 길을 닦았다"[30]는 점을 강조하고 있다. 북한이 중시하는 것이 자주적 사상의식이고 그와 대립되는 것이 사대의식과 노예적 굴종의식이라고 본다면, 기독교는 다른 무엇보다도 북한에서 부정돼야 할 것이라고 볼 수 있다.

북한의 종교상황은 주지하는 바와 같이 전적으로 정부의 종교정책에 의해 결정되며 북방 전교와 관계해 북한의 종교정책은 1988년을 기점으로 나누어진다. 1980년대 중반부터 북한정부는 주로 재미 한인교포들을 북한에 초청하면서 이른바 가정교회를 선보여 주기 시작했다. 북한의 가정교회는 외교적인 대외 선전용이라는 것을 말해 준다. 1970년대에 재일교포들을 남한으로 초청하던 '고향방문단'의 성공사례를 북한이 80년대에 들어와서는 재미한인들에게 적용한 첫 번째 일이 가정교회였다. 우리의 고향방문단

---

[28] 「우리 당단체들의 과업에 대하여」, 『김일성저작선집』, 1권(평양: 노동당출판사, 1967), 173쪽.
[29] 『철학사전』, 99쪽.
[30] 앞의 책.

과는 달리 처음부터 가정교회는 매우 교묘하게 외교적으로 이용됐기 때문에 이들을 방문한 사람들도 그 소식을 접하고 가슴 저려 하던 우리들도 모두 본의 아니게 오판을 하기가 일쑤였다.

1988년부터는 봉수교회[31]를 건축하고 여기서 예배를 보았으며 불교 사찰에서도 예불을 하기 시작했다. 1988년 이전에는 북한을 방문하는 교포들에게 보이기 위해 종교 신앙인들로 하여금 종교의식을 갖도록 말하자면 필요에 따라 허용했던 것이다. 이 시기의 가정교회는 그러므로 사회적으로는 비밀집회의 성격을 넘을 수 없었던 것이다. 그러나 1988년부터는 그 수가 매우 제한적이기는 하지만 종교건물에서의 종교의례를 공적으로 허용했다. 이는 종교신앙의 공식적 승인이라는 가시적 의미를 갖는다. 오늘날에도 여러 가지 측면으로 고려할 때, 북한에서 종교가 활성화됐다고 할 수 없다. 적어도 한 국가사회 차원에서 종교가 있다고 할 때는 그 사회에 자율적인 교단운영과 신념의 자유가 자율적으로 유지·운영되는 종교단체가 있다는 것을 의미하는 것이다. 북한에는 그런 의미의 자율 신앙단체가 있다고 하기는 어려운 실정이다. 이는 다시 말해 북한의 종교는 준자율 종교단체라는 것을 말해 주는 것이다. 1992년 11월에 헌당한 칠골교회는 김일성의 어머니 강반석 권사가 다녔던 교회인 하리교회 터에 김일성의 지시로 세웠다고 한다. 이 칠골교회는 150석 규모로 건축을 했는데 지금 약 100명이 출석한다고 한다. 칠골교회는 유병철 담임목사, 오경우 부목사, 그 외 전도사 등이 함께 시무하고 있다고 한다. 또한 북한에는 가정교회가 약

---

[31] 지금 북한에는 평양에 교회가 세워지고 가정교회가 공공연히 활동하고 기독교도연맹이 활발하게 움직이고 있다. 특히 1988년에 서평양 봉수리에 우뚝 선 평양의 봉수교회는 전통한옥과 서구 건축양식을 조화해서 지은 아담한 교회인데, 40대, 50대 남녀로 구성된 약 300명이 예배를 드리고 있다고 한다(규모는 450석이라 함). 봉수교회에는 이성봉 담임목사, 박춘근 부목사 외 전도사, 장로 9명, 권사 7명, 집사 15명이 있다고 한다. 또 평양의 봉수교회에서는 북한에서 출판한 성경과 찬송가를 사용하고 있다. 북한에서는 1983년 10월에 신약성경과 찬송가가 새로이 출판됐고 1984년에는 구약성경이 따로 출판됐다. 그리고 1990년도에는 성경전서가 발간됐다. 성경은 모두 1만 부 정도 발행됐다고 한다. 공산주의국가, 그 중에서도 기독교를 가장 가혹히 박해해 온 북한에서 성경이 출판됐다고 하면 우리에게 실로 경악할 소식이 아닐 수 없다.

500개소가 있는데 평양특별시, 남포·개성 직할시에는 각 30개소씩 있고 평안남·북도에 각 60개소, 그 외의 도에는 40여 개씩 있다고 한다. 다만 양강도, 자강도는 산간지역이어서 가정교회가 아직 없다고 한다.

최근 해외교포들이 북한교회를 방문해 예배를 드렸는데 그 내용은 다음과 같다. 찬송가 382장「시온의 영광이 빛나는 아침」으로 시작하여 조일남 목사가 「에베소서」 2: 14-16을 본문으로 하여 '화해로 분단의 장벽을 헐자'는 제목의 설교를 했다. 설교내용은 분열의 담을 헐고 하나로 통일되는 것이 하나님의 뜻이며, 아담과 하와를 뱀이 이간질했듯이 뱀과 같은 외세를 몰아내고 하나님의 창조섭리에 따라 통일을 이루자는 요지였다. 그 밖에 헌금, 광고, 축도 등 한국교회의 예배와 다를 바가 없었다. 이 예배에서 한국교회의 예배와 다를 바 없다 하더라도 설교내용이 너무나 정치성이 강하게 내포돼 있음을 엿볼 수 있다. 이처럼 북한의 종교는 지금 비밀집회의 단계에서 준자율단계로 이전하고 있는 상태다. 이제 남한의 종교인들은 이러한 북한의 종교와 북한의 종교인들과 접촉하고 있는 것이다.

그런데 상당히 다양한 성격의 단체가 우후죽순처럼 북방선교에 나서고 있으며, 이들의 수는 날로 늘어가고 그 활동의 성격 역시 매우 다양해져 간다. 우리는 북한의 종교인을 돕는 것과 북한정권을 돕는 것을 엄격하게 그리고 슬기롭게 가려서 대응해야 한다. 이런 점에서 우리는 지금까지의 북방선교에 대한 자세에 대해 심각하게 반성하지 않으면 안 될 것이다.

북한에 대한 선교 및 대화의 자세는 두 가지로 나타났다. 첫째는 일방적인 원조나 선교활동이었다. 여기에는 물론 북한이 정상적인 인적·물적 교류를 허용하지 않기 때문에 그럴 수밖에 없다는 해석도 가능하다. 그러나 이러한 일방적인 태도는 앞에서 언급한 바와 같이 본의 아니게 북한 종교인의 입지를 약화시키는 결과를 초래한다. 그리고 이러한 일방적인 태도에는 시혜자의 자만심이 도사리고 있다는 점을 겸허하게 반성해야 한다.

둘째는 북한의 제안에 대한 무조건적인 수용이다. 언제 어디에서 어떤 행태로든 북한의 종교 대표자와 만날 수만 있다면, 남한의 종교인과 종교단체들은 형식에 구해됨 없이 만나 왔다. 한마디로 저자세 대화를 했다. 혹시 남북 종교인들의 만남에 왜 저자세를 따지느냐고 말할 수도 있다. 그러나 우리는 겸허하게 스스로를 살펴보자. 지금까지의 현실로 보아서 북한 종교인들과 만나서 선교나 대화에 실질적인 진전이 있을 것을 기대하는 사람이 있었는가. 그렇다면 북한 종교인과의 만남은 결국 북방선교에 대한 국내의 경쟁적 입지를 높이는 데 더 큰 몫이 있었던 것 아닌가.

결론적으로 북방 선교활동의 경쟁적 혼선은 남한교회의 경쟁적 난립의 현주소에 그 원인이 있다는 사실을 우리 모두 인정하지 않을 수 없다. 이러한 경쟁적 혼선은 개신교 전체의 발전을 위해서도 그리 바람직한 일은 아니다.

4. 남북 종교분야 교류현황

분단 이후 정부는 북한의 대남도발을 억제하는 한편, 분단을 극복하고 통일을 이루어 나가기 위해 부단히 노력해 왔다. 그러나 그 구체적인 통일정책이나 대북정책의 내용은 당시의 국제정세와 남북간 역학관계 등 환경적 요소에 따라 변해 왔으며, 다소 시차는 있지만 크게 볼 때 국제냉전의 확산·조정·해체 등의 변화과정과 그 궤를 같이해 왔다. 정부는 1998년 2월 김대중 대통령 취임 이후 '민족공동체 통일방안' 등 역대정부가 추구한 정책목표와 통일방안을 발전적으로 계승하고 탈냉전의 국제정세와 남북간 국력격차 심화 등 달라진 환경에 부응하는 대북 화해협력정책을 수립해 '한반도 평화정착과 남북관계 개선'을 추진했다. 대북 화해협력정책은 당장 통일을 이루기보다는 남북간 평화공존과 화해협력을 통해 '사실상의 통일상황'을 실현하려는 구체적 실천전략에 중점을 둔 대북정책[32]이다.

---

32) 정부는 현시점에서 통일정책보다는 대북정책, 구체적으로는 대북 화해협력정책이라는 용어를 사용하고 있다. 엄밀히 말한다면, 대북정책은 북한을 상대로 해 전개되는 정책을, 통일정책은 통일문제와 관련한 제반정책을 뜻한다고 할 수 있다. 그러나 북한과 직·간접적으로 관련되지 않은 통일정책이 없다는 점에서 보다 느슨한 의미로 대

대북 화해협력정책을 일관되게 추진한 결과 2000년 6월 분단 55년만에 최초로 역사적인 남북정상회담을 개최하고 6·15남북공동선언을 채택하는 등 남북관계는 획기적인 변화과정에 진입하고 있다. 먼저 대북 화해협력정책 추진의 가장 중요하고 의미 있는 성과는 한반도 평화가 증진됐다는 점이다. 2001년도에 테러와의 전쟁으로 국제적 긴장이 고조됐음에도 불구하고 남북간에는 긴장이 발생하지 않은 것은 평화증진을 목표로 한 인적 교류, 사회문화 교류, 인도적인 종교분야 교류의 대북정책이 성과를 발휘하고 있음을 입증하는 것이다.

1) 남북한 인적 교류증가

1989년 6월 12일 '남북 교류협력에 관한 기본지침' 시행 이후 남북한 왕래는 주로 남한주민의 북한방문 위주로 이루어져 왔다. 2003년 북한방문은 신청 1,060건(16,161명), 승인 1,028건(15,697명), 성사 983건(15,280명)으로 1989년 방북이 허용된 이래 한 해 동안 가장 많은 사람들이 북한을 다녀왔다.33) 또한 경제·사회문화·이산가족·관광·대북지원 등 방북목적도 다양해졌다.

북정책은 통일정책과 혼용되고 있다. 대북 화해협력정책은 '대북 포용정책', '햇볕정책' 등 다른 이름으로도 불리는데, 튼튼한 안보에 바탕을 두고 남북간에 화해와 교류협력을 실현해 이 땅에 평화를 정착시키려는 정책이다. 현시점에서 북한과 화해·협력함으로써 스스로 북한이 평화공존과 변화의 길로 나올 수 있는 환경과 여건을 만들어 주어 전쟁을 근원적으로 방지하고 평화통일의 기틀을 마련하자는 것이다. 불신과 적대감을 해소하고 민족의 동질성을 회복해 나가기 위해서는 남북간에 보다 많은 대화와 접촉, 협력이 이루어져야 하는데, 비정치적인 종교를 위시한 문화예술 분야의 교류협력이 활성화돼 나가는 것이 중요하다.

33) 통일부, 『통일백서』, 2004, 192쪽

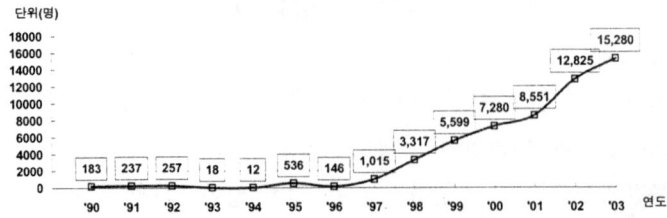

한편, 북한주민의 남한방문 현황을 보면, 2003년 한 해 동안 11건(1,023명)이 신청 승인돼 남한방문이 성사됐다. 장관급회담, 각종 경제회담, 대구 하계U대회 참가 등 다양한 분야에서 이루어졌지만, 전년도 1,052명에 비해 감소했다.

2) 사회문화 분야 접촉과 교류현황

사회문화 분야의 북한주민 접촉은 학술, 문화예술, 체육, 종교, 언론·출판 등 다양한 분야에서 꾸준히 계속돼 왔다.[34] 1989년 6월 12일 '남북 교류

---

[34] 2001년도의 주요 접촉사례로는 남북 경기도 문화교류 및 도자기엑스포에 북한초청(1. 18), 남북 공동사진전 개최협의(3. 31), 만화교류 협의(7. 30), 남북 미술교류 협의(11. 17), 학술대회 및 한일 고전예능제 조총련 초청협의(12. 7) 등이 있다. 체육분야의 북한주민 접촉은 1989년 이후 2001년 12월 말까지 신청 248건(1,151명), 승인 238건(1,111명), 성사 84건(612명)이다. 2001년에는 신청 26건(84명), 승인 24건(80명), 성사 11건(27명)의 북한주민 접촉이 이루어져 전년도의 40% 수준을 나타냈다. 제2차 통일염원 국제랠리 협의(2. 8), 남북 태권도시범단 교환문제 협의(3. 3), 제46회 세계탁구선수권대회 남북단일팀 참가문제 협의(3. 22), 제18회 부산 아·태 장애인경기대회에 북한측 초청(9. 13), 하버드대 주관 학술회의(1. 25~28, 호놀룰루), 우리말컴퓨터처리 국제학술회의(2. 22~24, 옌지), 유럽한국학회 제20차 학술대회(4. 4~8, 영국 런던대), 만주사변 70주년 기념 국제학술회의(8 .7~8, 하얼빈), 21세기 민족문헌자료의 발굴과 연구 제1차 학술회의(9. 21~22, 옌지), 남북한 언어동질성 회복을 위한 제1차 국제학술회의(12. 14~14, 베이징), 제5회 한·조·일 자연체험캠프 참가(12. 23~1. 1, 일본 돗토리), 2002년 부산아시아경기대회 북한참여 (11. 21) 등이 있다.

협력에 관한 기본지침' 시행 이후 2003년 12월말까지 사회문화 분야와 관련한 남한주민의 북한방문은 신청 595건(5,927명), 승인 546건(5,399명), 성사 464건(4,790명)이었다. 2003년에는 신청 125건(1,752명), 승인 118건(1,505명), 성사 100건(1,400명)이 이루어졌는데, 이는 2002년 방북인원 1,193명에 비해 17.4% 증가한 것이다.

2003년도 상반기에는 사스(SARS)의 영향으로 남북간 왕래가 일시적으로 제한되기도 했으나, "보다 많은 접촉과 교류협력 추진" 기조하에 민간단체를 중심으로 각계각층에서 다양하게 사회문화 교류가 추진되면서 방북인원도 꾸준하게 증가했다. 특히 대규모 남북 공동행사, 학술토론회 등이 서울과 평양을 오가며 개최되면서 대규모 방북이 많이 이루어졌다. 학술·체육분야의 방북은 1989년 이후 2003년 12월 말 현재까지 신청 262건(3,498명), 승인 253건(3,472명), 성사 224건(3,162명)이며, 2003년에는 신청 43건(1,589명), 승인 43건(1,556명), 성사 41건(1,550명)이 이루어졌는데, 참고로 2002년 주요 접촉행사와 비교할 필요가 있을 것이다.35) 특히 2003년도 주요 방북사례로

---

35) 2002년에 성사된 남북 학술행사를 살펴보면, 한국정신문화연구원은 선양에서 '한민족 전통문화의 현대석 소냉'을 주세로 국세학술회의(10. 17~18)를 남·북·중 공동 개최했고, 한국아동학회는 옌지에서 21세기를 열어 갈 아동교육 학술회의(5. 30~6. 1)를 열었다. 한국학술진흥재단은 블라디보스톡에서 개최된 아태국가간 협력증진을 위한 TSR 역할회의(7. 24~25)에 후원 참가했으며, 남북언어정보표준위원회는 베이징에서 남북언어정보 표준회의(8. 4~6)를 개최했다. 선문대학교는 선양에서 21세기 한반도 평화의 새로운 조건과 구상 학술회의(10. 16~18)를 개최했고, KDI 국제정책대학원은 프놈펜에서 열린 동아시아국가의 경제개발 워크샵(12. 13)에 후원 참가했으며, 이화여대 한국여성연구원은 옌지에서 남·북·중 여성학 학술회의(12. 23~24)를 개최하는 등 다양한 학술행사가 성사됐다. 북한의 산업기술 발전을 위한 전람회도 개최된 바 있다. 독일 뮌헨 국제전람사는 평양에서 평양 국제기술·기간산업 전람회(9. 17~20)를 열었으며 행사기간중 유럽회사들의 한국지사 임원 17명이 방북했다. 이외에도 장을병 한국정신문화연구원장은 7월 방북해 제1회 세계한국학대회(8월, 서울)에 북한 사회과학원장 등의 초청문제를 협의했으나 북한의 사정상 성사되지 못했다. 2001년에 이어 2002년에도 평양정보과학기술대학 건립사업이 계속 추진됐다. 동북아교육문화협력재단은 6·12착공식(2001. 6. 5 협력사업 승인)을 실시한 뒤 부지정리 공사를 해 왔다. 2004년 가을까지 박사원(석사과정) 개교에 필요한 건물 7개 동이 먼저 건축될 예정이다. 한양대학교도 북한 김책공대와 2001년 5월 체결한 학술교류 협정에 따라 백남공학관 건립

는 유경정주영체육관 개관행사 참가를 위해 1,072명이 방북한 것이 있다.

언론·출판분야 방북은 1989년 이후 2003년 12월말까지 신청 88건(807명), 승인 76건(661명), 성사 68건(625명)이었다. 2003년에는 신청 27건(374명), 승인 23건(261명), 성사 21건(253명)이 이루어졌다.

2003년도 주요 방북사례로는 KBS의 전국노래자랑 평양편 개최, 방송위원회의 남북방송인 토론회 및 방송영상물 소개모임 개최, 영진닷컴의 도서번역출판 협력사업 추진, 한겨레통일문화재단의 어린이 통일문고사업, 사단법인 통일맞이에서 추진한 문익환목사 10주기 추모행사 개최협의와 백범정신실천겨레연합의 백범유적 답사사업, 대통령특사 파견, 당국간회담 참가, 8·15남북공동행사 등 남북 공동행사 참가, 남북청년학생대회 참가, 부산시 대표단 방북 및 자치단체 차원의 교류협력사업 협의, 남북노동자교류 협의 등이 있다. 문화·예술분야의 방북은 1989년 이후 2003년 12월말까지 신청 85건(1,096명), 승인 78건(1,053명), 성사 57건(916명)이었다. 2003년에는 신청 22건(88명), 승인 22건(88명), 성사 11건(34명)이 이루어져 전년도에 비해 방북인원이 크게 감소했다.

3) 종교분야의 북한 주민접촉과 교류현황

(1) 종교교류 추진현황

종교분야의 방북은 1989년 이후 2003년 12월말까지 신청 120건(1,305명), 승인 103건(1,090명), 성사 84건(981명)이었다. 2003년에는 신청 27건(715명),

---

사업을 추진하고 있다. 양측은 대학부지의 위치와 건축규모에 대해 협의했으나 아직 구체화에 이르지는 못하고 있다. 2002년의 교육학술 분야 성과 중 크게 눈에 띄는 것은 대북 IT교육 실시다. 한양대는 8주간(7. 1~8. 23) 김책공대·김일성대 학생 120명을 대상으로 IT교육을 성공리에 실시하고 한양대 총장 명의의 수료증을 수여했다. 이외에 Global Knowledge Korea, 통일미래연구원, 재외동포연구원 등도 대북 IT교육사업에 대해 북한과 협의를 추진하고 있어 향후 이 분야의 교류협력이 증가할 전망이다.

승인 25건(621명), 성사 22건(584명)으로 인적 교류가 매년 큰 폭으로 증가하고 있다.

종교분야 교류는 북한주민들에 대한 선교차원의 관심과 대북지원 등 인도적 차원의 관심을 바탕으로 기독교, 불교, 민족종교 등 각 종단·교단을 중심으로 꾸준하게 증가해 왔다. '국민의 정부' 출범 이후 남북관계 진전에 따라 더욱 활기를 보이고 있다. 2002년에 성사된 주요 교류사업의 내용을 살펴보면 다음과 같다.

기독교계는 각 교단대표와 북한 조선그리스도교연맹 관계자, 재일대한기독교회 관계자가 참석해 제8차 조국의 평화통일과 선교에 관한 기독자 동경회의(7. 22~7. 25)를 개최하고, 각 교단별 남북교회 교류협력문제 등을 협의했다. 기독교대한감리회 서부연회는 2001년 평양신학원 관련 협력사업 승인을 받고 운영비를 지원하는 등 사업을 추진하고 있으며, 한국기독교교회협의회(KNCC)는 1997년 이래 조선그리스도교연맹과 부활절 남북 공동기도문을 매년 합의해 사용하고 있다. 또한 동북아시아선교회, 아세아선교회, 광성교회, 한국기독공보사 등 교회 관계자들은 북한방문 계기 때마다 평양 봉수교회·칠골교회·가정교회에서 남북 공동예배를 지속적으로 개최해 왔다. 조국통일기도동지협의회는 2002년 5월에 조선그리스도교연맹과 조국평화통일기원 금강산 남북 공동기도회를 개최했다.

천주교는 정의구현사제단 주관하에 2000년부터 조선카톨릭교협의회와 중국 따렌에서 안중근 의사 순국기념 남북공동 학술세미나를 연례적으로 개최하고 있다.

한국불교종단협의회는 조선불교도연맹측과 함께 1997년이래 해마다 부처님오신날 봉축 남북불교도 공동발원문을 채택해 남북공동법회를 개최해 왔다. 2002년 4월에는 묘향산 보현사에서 조선불교도연맹 관계자와 남북불교도 공동법회를 개최했으며, 불교계는 북한사찰 59개소의 단청사업을 추진하고 있다.

천도교 등 민족종교는 개천절 남북공동행사 준비위원회를 결성하고 북한 단군민족통일협의회와 2002년 10월 평양에서 개천절 공동행사 및 단군학술토론회를 개최했다.

2003년도 주요 방북사례는 대한불교 조계종의 북한사찰 단청불사 협력사업, 천태종의 개성 영통사 복원 협력사업, 민족종교 단체에서 추진한 개천절 남북 공동행사, 대한예수교장로회의 평양신학원 건립사업, 대한감리회 서부연회의 평양신학원 운영사업 추진 등이 있다.

종교분야의 북한주민 접촉은 1989년 이후 2003년 12월말까지 신청 442건(2,156명), 승인 385건(2,003명), 성사 176건(1,247명)으로 나타났다. 2003년에는 신청 21건(79명), 승인 21건(79명), 성사 9건(25명)이 이루어져 전년도에 비해 접촉 신청건수가 대폭 감소했다.

2003년도 주요 접촉사례로는 남북간 기독교 교류 및 선교 협력방안 협의, 조총련계 조선학생 초청사업 추진, 제3회 통일염원 순례행사 참가 등을 들 수 있다.

종교교류 현황에 대해 구체적으로 돌이켜보면 1989년 6월 '남북 교류협력에 관한 기본지침' 제정 이후 1996년 6월까지 남북한 종교교류 신청건수는 207건(989명)으로 이 가운데 163건(884명)이 승인돼 46건(478명)이 성사됐다. 남북 종교교류는 고 마태오 신부(1984. 3), 하와이 대원스님(1988. 7), 법타스님(1989. 6), 장익·정의철 신부(1988. 10), 박창득·남해근·조영희 신부와 미주 가톨릭신자 9명(1989. 12), 이대경 목사(1989), 곽선희 목사(1991. 9, 95. 8), 문선명 목사(1991. 11), 권호경 목사(1992. 1) 등 일부 남한 종교인들의 방북이 이루어진 가운데 주로 미국, 일본 등 제3국에서의 종교행사 공동참가를 통해 이루어져 왔다.

1996년 2월 26~28일 중국 베이징에서는 '남북종교인회의'가 개최됐으며, 국내 10개 종단 협의기구인 한국종교협의회와 북한종교인협의회 관계자들이 참석해 남북 종교교류 문제를 논의했다.

전반적인 남북교류의 흐름과 마찬가지로 종교교류도 1991년과 95년에 활발했다. 1991년 남북 고위급회담이 진행되면서 종교분야의 접촉이 이루어졌으며, 95년에는 광복 50주년을 계기로 대북교류 기대가 고조된 데다 인도적 차원에서 북한수재와 관련한 대북 지원사업이 추진됐기 때문이다. 그 외의 시기에는 전반적으로 교류가 미약했는데, 이러한 교류의 부진은 일차적으로 북한측이 사회개방의 여파가 큰 인적 교류에 대해서는 소극적인 태도를 견지하는 데 기인하는 것으로 보인다.

종교별로 보면 개신교가 전체 종교교류의 약 ⅔를 차지하고 있는 것으로 나타나고 있다.36) 1993년까지의 경향을 보면 개신교가 전체의 약 62%를 차지하며, 불교가 16%, 천주교와 천도교가 각각 7%를 차지했으며, 이러한 경향은 최근까지도 크게 변하지 않은 것으로 보인다.

남북 기독교인 교류는 세계교회협의회(WCC)의 주선으로 제1차 글리온회의(1986 .9, 스위스)에서 남한의 KNCC 대표단과 북한의 조선기독교도연맹 대표단이 만남으로써 남북 종교인간 최초의 접촉이 이루어졌으며, 1990년 7월부터는 '조국의 평화통일과 선교에 관한 기독교인 동경회의'가 시작된 후 1996년 6월 5일~6월 7일 5차 모임까지 이어져 남북한간 기독교 교류방안과 해외교회의 연대 및 평화통일 운동에 대해 논의해 오고 있다. 한편 개신교 보수교단들의 경우 북한선교나 인도적 차원의 북한지원 등에 많은 관심을 보이고 있으며 백두산 통일기도회, 성경 보내기 운동 등의 활동을 하고 있다. 또한 보수교단이 주축이 되고 일부 진보적 교단도 동참한 '평화통일을 위한 남북 나눔운동'도 북한 어린이에게 분유 보내기와 나진·선봉지역에 예배소, 병원, 탁아소 건립을 논의하는 등 남북교류에 참여하고 있다.

천주교의 남북교류는 교황청을 통한 간접교류이거나 외국인 신분의 한국출신 신부들의 개인적인 방북사례가 주를 이루고 있으며, 남북 천주교 대표들간의 공식적인 접촉은 아직까지 이루어지지 않고 있다. 한국천주교 중앙위원회는 1989년 서울에서 개최된 제44회 세계성체대회에 북한 천주교신자를 초청했으나 무산됐으며, 그후 김수환 추기경도 방북의사를 표명한 바 있으나 아직까지 실현되지 않고 있다.

남북 불교교류는 1988년 7월 남한출신 승려로 하와이에 거주하는 대원스님이 북한을 방문한 이후 1991년 10월에는 미국 LA에서 미주불교협의회가 주선한 '남북불교대표자회의'를 통해 남북한 불교인의 접촉이 이루어졌다. 1995년에는 광복 50주년의 8·15행사를 위해 95년 5월 북경에서 남북불

---

36) 윤성민, 「남북한 사회문화교류에 관한 연구: 종교교류를 중심으로」(현대사회연구소, 1994), 33쪽.

<표 1-3> 남북 종교교류 현황 (1989. 6. 12~1996. 6. 30), 건(명)

	신청	승인	접촉성사
1989	10(10)	5(5)	
1990	16(97)	15(96)	2(51)
1991	40(155)	37(142)	13(86)
1992	38(140)	30(117)	7(54)
1993	19(65)	16(62)	1(1)
1994	23(97)	16(85)	4(68)
1995	42(213)	33(187)	12(94)
1996	19(212)	11(190)	7(124)
계	207(989)	163(884)	46(478)

교종단대표 회담이 개최돼 송월주 조계종 총무원장과 북한 박태호 조선불교도연맹 위원장이 접촉했다. 그러나 북한측이 남한 내 핵무기 철수와 보안법 철폐 등을 전제로 하는 불교교류를 제의함으로써 남북한간의 견해차이만 노출하고 별다른 진전을 거두지 못했으며, 송 총무원장의 방북도 무산됐다.

천도교와 대종교도 북한과의 교류를 추진하고 있는데, 북한이 민족종교 차원에서 진지한 반응을 보이고 있어 주목된다. 단군릉 발굴을 계기로 대종교와 두 차례(94. 3. 12, 14) 접촉을 가져 양자간 상호교류를 위한 공동합의문을 발표했으며 대종교의 안호상 총전교와 김선적 총무원장은 1995년 4월 북한의 어천절 행사에 참석한 후 판문점을 통해 귀환해 물의를 일으킨 바 있다.

(2) 종교교류의 문제점

남북한은 그 동안 종교교류를 통해 북한체제의 특수성을 이해하고 대북선교의 가능성과 방법에서 보다 합리적이고 장기적인 안목을 갖출 수 있었다. 그럼에도 불구하고 남북한간 종교교류는 여러 문제점을 노정하고 있다. 가장 두드러진 문제점으로는 남북간의 종교교류가 지나치게 통일논의 위주의 교류에 국한되고 있다는 점이다. 남북 종교인들이 만나는 자리에서는 언제나 '통일'에 관한 주제가 다루어지는데, 이 주제하에 남한 및 해외 종교인과의 통일전선 구축이라는 정치적 활동이 이루어지고 있는 것이다.

북한은 남북 종교교류가 통일에 기여해야 한다고 주장하면서 보안법 철폐, 비전향 장기수 송환 등 정치적인 문제를 전제하고 있다. 이에 대해 남한 종교인의 관심은 주로 선교나 포교 등 교세확장에 쏠려 있기 때문에 통일을 앞세운 북한의 정치적 의도를 묵인하면서 제한적인 교류를 추진하고 있는 실정이다. 그 다음으로는 종교교류가 다양한 종교단체들에 의해 여러 통로를 통해 이루어지고 있기 때문에 종교단체들간의 소모적인 경쟁이 이루어지고 있다는 점이다. 다원주의 민주사회에서 종교현실도 다원화돼 있는 것은 자연스러운 일이지만, 대북선교의 교두보를 구축하려는 의욕이 지나쳐 가시적 성과에 집착하는 교파주의적 분열상도 나타나고 있다. 북한은 모든 종교단체가 조국평화통일위원회와 조선종교인협의회와 긴밀한 유대관계를 갖고 단일화된 목소리를 내면서 대남교류에 임하고 있다. 이런 상황에서 남한의 여러 종교단체가 다양한 방법으로 교류를 추진할 경우 어떻게 보조를 맞추고 상호 협조할 수 있는가 하는 문제가 제기된다.

(3) 교류협력에 대한 입장

북한은 폐쇄적이며 종교활동이 제한돼 있는 체제의 속성상 대폭적인 종교교류를 추진하는 데는 매우 신중한 입장을 취하고 있다. 북한은 교류협력을 통해 남한을 비롯한 외부세계의 실상이 알려짐으로써 개방분위기가 확산될 것을 우려하고 있다. 또한 남한과의 접촉과 인적 교류가 자본주의 사조 및 민주적 사고의 유입을 가져옴으로써 체제붕괴를 초래할지도 모른다는 두려움 때문에 종교교류를 매우 민감하게 인식하고 있다.

따라서 북한은 종교교류의 국내적 파급효과를 최소화하면서 그 동안 손상된 국가이미지를 회복하고 대외관계를 개선하는 데 신중하게 활용하고 있다. 북한은 서방세계와의 경협증진과 대외무역 확대의 필요성이 커짐에 따라 종교교류를 통한 국제협력을 강화하고 있다. 또한 서방세계의 종교세력 및 남한 종교인의 동향과 사회변화에 대한 태도가 중요한 변수로 작용하자, 종교단체의 대외적 활동을 통일해 통일전선 구축을 시도하고 있다.

북한은 특히 대미관계 개선을 겨냥해 종교인들을 대미 외교활동에 활용하고 있으며 종교인들의 교류를 통해 정치적 실리를 챙기겠다는 계산을 하고 있는 것으로 보인다. 조선천주교연맹위원장 장재철을 단장으로 한 종교인·학자 대표단을 미국에 보내(1995) 외교전선에 나서게 하고 리종혁과 박승덕 주체사상연구소장 등 일행이 북미주기독자협회 주체 세미나(1996. 4)에 참석하게 해 대미협상 및 관계개선을 측면 지원하게 하는 등 미국과의 관계개선을 위해 종교단체들을 외교적 창구로 이용하고 있다. 러시아의 경우도 마찬가지인데 '러시아의 소리' 방송은 10월 22일 러시아를 방문중인 북한 조선종교인협의회 대표단[37]의 언급을 인용, "평양에 러시아정교 교회가 건설된다"고 밝혔다.

한편 남한정부 배제전략을 전개하는 데 북한은 종교인을 활용하고 있다. 북한당국은 조국통일을 위한 종교인의 역할강화를 촉구하고 있으며, 종교교류시 보안법 철폐, 방북인사 석방 등 정치적 선결조건을 제시하도록 하고 있다. 또한 최근 북한이 직면한 식량난 해결을 위해 남한의 종교단체에 전략적으로 접근하고 있다. 한국정부와 종교계가 대북 쌀지원 문제로 마찰이 계속되는 상황에서 북한당국은 한국정부를 비난하는 동시에 기독교, 가톨릭, 불교, 원불교, 유교, 천도교로 구성된 '범종단북한수재민돕기추진위원회'(범종추)에 쌀을 포함한 수재 지원품을 보내달라고 요청하는 등 가능한 한 한국정부와 종교계간의 마찰을 증대시키고 있다.

북한 조선불교도연맹은 조국통일 3대원칙과 연방제통일을 실현하기 위한 통일투쟁을 선동(96. 1)했고, 조선천도교중앙지도위원회는 천도교청우당 중앙위원회와 합동전원회의(1996. 2. 2)를 갖고 정당·단체연합회의(1996. 1. 24)에서 제기된 대민족회의 소집을 위한 남북간 종교인들의 대화접촉을 촉구했다.

---

[37] 러시아방송은 "대표단은 8일 평양을 떠나 모스크바 총주교의 초청으로 러시아를 방문하고 있다며, 협회 위원장이며 조선천주교인협회 회장인 장재언을 단장으로 하는 대표단은 러시아정교 교회 성지들을 참관하고 구세주사원과 모스크바 크렘린사원 등 여러 교회당을 방문했다"고 전했다.

북한은 종교인의 애국적 투쟁사를 강조하며 종교인이 조국통일과 연방제를 지지하도록 종교인의 역할을 강조하고 있다.

> 종교인들은 신앙인이기 전에 먼저 민족의 한 성원이며…… 따라서 종교인들은 민족의 한 성원으로서 조국통일의 주인으로 나서서 그 실현을 위하여 주동적으로 투쟁하지 않으면 안 된다. 조국통일 성업에서 종교인들이 가져야 할 다른 하나의 중요한 자세는 련방제통일의 지지자로 나서서 그의 적극적인 추진자로 되는 것이다.[38]

북한 종교단체를 이끌고 있는 사람들은 종교인이 아니라 정치인이다. 1990년 4월 실시된 최고인민회의 제9기 대의원(687명) 가운데 종교단체 대표 6명도 포함돼 있다. '조선기독교도연맹' 위원장 강영섭과 '조선불교도연맹' 위원장 박태호는 최고인민회의 통일정책위원회 위원인 동시에 '조국평화통일위원회' 위원이며, '조선천주교인협회' 위원장 장재철 역시 최고인민회의 외교위원회 위원이다. 이들은 당의 지시에 의해 움직이는 정치인들로서 이들의 움직임은 신앙적 의미의 종교활동으로 볼 수 없다. 북한은 남한 종교계와의 실질적인 교류·협력은 원하지 않고 있으며 체제의 특성상 교류·협력이 극히 제한적이라고 볼 수 있다. 다만 정치군사적 경쟁과 대립구도 속에서 남한 종교계와 선별적인 접촉을 통해 보안법 철폐, 핵무기 철수, 방북인사 석방 등 정치적 조건을 내세우거나 연방제통일을 지지하도록 하는 통일전선 구축에 활용하고 있을 뿐이다.

(4) 종교교류의 방향

종교교류는 분단된 사회체제에서 파생되는 남북한간의 이질화 및 갈등을 해소함으로써 민족통합을 이루는 데 긍정적으로 작용해야 한다. 뿐만 아니라 통일사회에서 민족공동체로 의미 있게 살아가는 데 필요한 삶의 가치를 정립하는 데 기여해야 한다.

---

38) 홍경란, 「조국통일과 종교인의 자세」, 『조선사회민주당』(1993년 3월), 56-75쪽.

이런 맥락에서 종교교류의 기본방향은 첫째, 남북한의 종교현실에 대한 정확한 이해를 증진시키는 방향으로 추진돼야 한다. 남북한은 전체 종교인구와 규모 면에서 큰 차이가 있다. 남한에는 북한인구만큼의 종교인구가 있고 다양한 반면, 북한의 종교현실은 남한과 비교할 수 없을 정도로 열악한 형편이다. 남북한 종교교류는 남북간의 객관적인 종교현실에 대해 충분히 이해함으로써 남북간의 동질성을 제고하는 데 목표를 둬야 할 것이다.

둘째, 남북한 종교교류는 점진적·단계적으로 모색돼야 할 것이다. 남북한간의 종교적 차이가 크기 때문에 문화적 충격을 완화시키고 상호이해를 도모하기 위해서는 점진적인 교류증대가 이루어져야 할 것이다. 북한종교에 대한 연구를 바탕으로 화해·협력단계에서 남북 종교계 상호간의 화해와 협력을 준비하고 남북연합 단계에서는 종교교류를 제도화하도록 노력해야 할 것이다.

셋째, '남북기본합의서'와 '교류·협력 부속합의서'에 명시된 관련조항의 이행에 그 기초를 두어야 한다. 남북기본합의서에는 종교교류를 명시하지 않고 있기 때문에 향후 '남북기본합의서' 등에 종교교류를 포함시키도록 노력하되, 현재로서는 사회문화 교류의 일반원칙에 준해 적용해야 할 것이다. 즉 민족구성원들의 자유로운 왕래와 접촉을 실현하기 위해 노력하며 문화교류와 인도적 문제를 해결하는 데 기여해야 할 것이다.

5. 맺음말: 종교교류 활성화를 위한 제언

북한에서는 종교를 "반동적이고 비과학적인 세계관," "본질에서 일종의 미신," "역사적으로 지배계급의 수중에 장악돼 인민을 기만하며 착취 억압하는 사상적 도구로 이용되었다"고 보고 있으며, 종교적 편견은 오직 사상교육을 통해서만 없앨 수 있다고 확신하고 있다.

북한의 종교는 당국의 종교정책에 따라 1946년 토지개혁으로 불교를 완전히 붕괴시켰고, 6·25동란으로 교회와 성당의 완전소멸 지경에까지 이르렀다. 1958년에서 60년 사이에는 거침없는 중앙당 집중지도 사업인 종교탄압으로 종교단체들이 완전히 해체됐을 뿐 아니라 주민 재등록사업으로 종교인들에게도 등급번호를 부여해 그들을 감시하고 처벌함으로써 종교의 자유를 완전히 박탈했다.

1972년 남북적십자회담을 계기로 북한사회에서는 필요한 종교조직을 만들어 남한과 국제사회에 북한에 종교가 있다는 것을 선전하게 되고, 중앙 종교조직은 따라서 그들이 대표하는 종교의 이름을 공산당에게 이용당하는 결과에 이르렀으며, 1980년대에 들어와서는 외부의 북한 방문자들에게 가정교회를 소개하기까지 했다. 1988년 이후에는 사찰, 교회, 성당 등을 복구·건립해 종교적 성소에서 종교 고유의 의식을 갖게 했는데, 이렇게 된 것은 북한당국의 종교정책에 의한 것이지 종교조직의 자율에 의한 것이 아님을 주목할 때, 북한의 사회주의헌법 제54조의 "공민은 신앙의 자유와 반종교 선전의 자유를 가진다"는 규정이 없어지지 않는 한 한국과 같은 완전한 종교의 자율성은 기대하기 어렵다고 하겠다.

한국 종교계의 역할로서는 첫째, 사회·심리적 통일의 주역이 돼야 한다. 기독교를 위시한 한국 종교계는 북한의 한국 종교계를 대상으로 한 대남 심리전을 바로 인식하고 북한의 심리전에 말려들지 않도록 철저한 대응책을 강구해 가야 한다. 정치 제도적으로 아무리 통일이 이루어졌다고 해도 마음이 하나되지 않고는 진정한 의미의 통일이 됐다고 할 수 없다. 정치 제도적 통일은 통일의 시작일 뿐이요 사회 심리적 통일이 통일의 완성이라 할 수 있으므로 최선의 노력을 다해야 한다.

둘째, 분파성 행태의 배격이다. 한국국민들은 물론 한국 종교계 이면에는 분파성 행태가 작용하고 있는 것도 사실이다. 이 분파성 행태는 민족통일의 가장 큰 저해요인으로 작용할 것이기 때문에 철저히 배격해야 한다.

셋째, 통일로 향한 건전한 생활분화 창출이다. 종교세는 사회공의를 실현하는 역할을 수행하는 데 앞장서야 한다. 북한에서는 각종 심리전 매체를 동원해 한국사회의 부정부패, 부익부 빈익빈 현상을 비난하는 심리전을 강화해 계급갈등을 조장하고 있으므로, 북한보다도 건전한 생활문화 창출에 주도적으로 역할을 해야 할 것이다.

넷째, 조직적이고 체계적인 선교·심리전 정책개발이다. 한국 종교계는 각 종단별로 북한동포를 향한 방송, 전도지 개발, 물품전달, 식량지원 등 다양한 선교활동을 전개하기 때문에 이러한 산만한 대북 선교활동보다 조직적이고 체계적인 심리전 측면의 선교활동이 이루어져야 하겠다.

한국 종교계는 민족의 통일을 앞두고 민족의 마음을 하나로 묶는 사회심리적 통일을 이루는 데 중추적 역할을 해야 할 것이다. 정치 제도적 통일은 정부가 주도적으로 그 역할을 담당해야 하겠지만, 남북한 동포의 마음을 하나로 통일하는 데는 종교계의 역할이 크게 작용할 수밖에 없다. 나아가 한국 종교계는 남북의 사회심리적 통일을 이루는 데 창조적 변동의 역군으로서 최선의 노력을 기울여야 한다. 북한은 대내적으로 아직도 거대한 우상 신권체제를 유지하면서 종교를 탄압하거나 정치·심리전적으로 종교를 이용하고 있다.

결론적으로 비록 북측의 정치적 의도와 남측의 선교 등의 의도가 엇갈리는 마당에 만날 때마다 과연 남북간 종교대화는 지속될 수 있을까 하는 의문을 갖게 하지만, 우선 무엇보다도 만남 자체에 큰 의의를 두어야 한다고 본다. 우리가 언젠가 남북통일의 날을 전제하고 북한동포들과의 진정한 공동체 형성을 추구한다면 종교적 정서의 차이를 극복하고 영적인 성숙화를 통한 상호 참된 영성생활의 준비가 있어야 할 것이다. 북한의 비정치적인 영적 유산이 겨자씨만큼이라도 있다면 그것은 적어도 이해되고 인정돼야 한다. 더구나 오늘날 남한의 개신교는 평양의 기독교 시대를 빼놓고 논할 수 없으며, 또 북한의 천도교청우당 활동을 모르고 올바른 천도교 역사를 쓸 수 없는 것이 우리의 현실인 것이다. 그리고 종교 같지도 않은 종교들이지만 그래도 자칭 종교인이라 하고 있는 오늘날 북한측의 종교인들은 그나마 장래의 남북 영성교류의 중요한 촉매역할을 할 수 있는 존재들이라는 점에서 우리가 관심을 가져야 할 사람들이라 하겠다. 남북화합과 민족의 번영, 그리고 종교교류 활성화를 위해 몇 가지 경험론적 제언을 하면 다음과 같다.

첫째, 남한 종교인 및 종교단체들간의 협조체제 구축이다. 북한 종교인들과 종교단체의 활동은 단일화돼 있고 대화의 통로도 종교별 혹은 종교단체별로 통일돼 있다. 반면 남한은 각 종교별로 무수히 많은 종파와 교파, 종교단체가 있어 각각 북한의 단일한 단체들과 교류를 시도하고 있다. 이런 현실에서는 북한의 입장대로 끌려갈 소지가 많다. 적어도 종단별로는 여러 교단이나 교파 혹은 단체가 긴밀한 협조관계를 형성해 일관된 태도로 교류에 임하는 것이 바람직하다.

1993년 7월 '민족의 화해와 통일을 위한 종교인협의회'가 결성돼 활동하고 있는 것은 고무적이지만 실질적 통합기구로 기능하기에는 불충분하다. 효율적인 남북한 종교 교류·협력정책을 추진하기 위해 민주평화통일자문회의 종교분과위원회나 한국종교평화회의 등의 기능이 강화돼야 한다는 점은 이미 지적된 바 있다. 각 종단별로 협력체계를 구축하고 이를 바탕으로 범종단적·초당파적 종교인 협의회가 내실 있는 조직력을 갖출 수 있도록 민주평통 종교분과위원회가 지원하고 유기적인 협력관계를 형성해 나가야 할 것이다. 정부는 남북한의 사회문화적 민간교류 확대라는 차원에서 종교인들의 유기적 협력체계 구축을 적극 지원해야 할 것이다.

둘째, 창구단일화의 효율적 운영문제다. 정부는 남북교류에서 줄곧 창구단일화 방침을 견지해 왔으며 북한수재 지원과 관련해서 1996년 6월 11일 적십자사를 통해 인도적 차원의 지원을 단일화했다. 종교단체들은 그 동안 정부의 창구단일화 정책에 대해 인도적 문제가 정치적으로 이용될 수 있다는 점에서 대북지원 창구의 다변화를 주장해 왔다. 또한 적십자사를 통해서 대북지원을 할 경우 쌀과 같은 품목이 제외되는 등 종교단체의 의사가 반영되지 못한다고 주장한다. 그러나 남부관계는 상대가 있는 것이고 주지하다시피 북한은 창구가 일원화된 사회다. 남한식의 교류는 북한의 입장에서 보면 혼란의 소지가 있고 남한사회에 여러 가지 긴장과 갈등의 원천이 될 수 있다. 다원적 민주사회에서 획일적인 창구단일화를 강요할 수는 없지만, 남한의 다원적 교류방식으로 접근하면 어떤 송류의 교류는 중단될 확률이 높거나 역효과를 가져올 가능성이 크다. 따라서 정부가 대북접촉창구를 조정하는 것은 정부의 고유업무로서 존중돼야 할 것이다.

남북관계에서 인도적 문제에 적십자사가 개입하는 것은 남북한간의 오랜 관례이자 합의사항이라 볼 수 있다. 남북한, 특히 북한은 인도주의문제에 적십자가 개입하는 것을 당연하게 여기고 있으며, 남북기본합의서의 제3장 교류협력 이행을 위한 부속합의서에서도 인도적 문제에 관해서는 쌍방의 적십자사가 하는 것을 가정하고 있다. 남북한 종교단체는 북한과 다양한 접촉을 시도하되 수재물자 제공 같은 특정 목적을 가진 인도주의적 대북지원에 관해서는 적십자사를 통한 지원방식이 남북관계를 정상궤도에 올려놓는 데 효과적인 역할을 할 수 있다는 점도 고려해야 할 것이다.

셋째, 비정치적 교류의 정착문제다. 남북한은 종교교류와 같은 사회문화적 교류가 성사될 때에는 정치적 사안을 다루지 않기로 합의했음에도 불구하고 북한은 항상 통일을 내세운 정치적 주장을 거론하기 때문에 교류가 제한되거나 무산되는 일이 빈번하다. 이런 문제점을 해결하기 위해서는 통일에 대한 논의를 하더라도 종교적 행사의 일환으로 진행하는 것이 바람직할 것이다. 즉 종교적 신앙으로 승화되고 신학적으로 재고되는 통일논의로 이끌어 감으로써 북한의 주장에 호도되지 않을 수 있을 것이며, 이러한 노력을 통해 가능한 한 종교교류가 비정치적으로 정착될 수 있도록 노력해야 할 것이다.

또한 남한의 종교인들이 통일에 대해 북한 종교인들과 논의하고 어떤 합의된 결론에 도달한다 하더라도 그것이 민간차원의 견해 중 일부라는 것을 분명히 하는 것이다. 북한은 정부의 통일방안과 민간단체의 통일방안이 구별되지 않지만, 우리는 다양한 통일논의와 방안이 민간차원에서 제시될 수 있다는 점을 밝힐 필요가 있다고 본다. 따라서 종교교류를 통해 남한사회의 다원성을 북한에 전달하고 남한의 종교적 다원성을 이해시킴으로써 민주주의적 협력과 교류의 기틀을 마련해 나가야 할 것이다.

넷째, 종교와 민족주의에 대한 입장정리 문제다. 북한이 종교를 민족주의적 관점에서 해석하고 접근하고 있기 때문에 남한의 종교인들은 종교와 민족주의의 관계를 정리함으로써 북한의 주장에 대비해야 한다. 예컨대 북한은 평양에 단군릉을 만들고 민족주의적 입장에서 정통성을 주장하고 있는데, 종교의 입장이 서로 다르다 하더라도 민족문제로서의 단군릉에 관해서는 일정한 해석과 평가를 내리며 각 종교의 입장을 북한에 명확히 전달

할 필요가 있다.

또한 '전민족대단결 10대원칙' 같은 민족주의노선을 종교교류의 전제조건으로 천명할 경우 '10대원칙' 제1항은 연방제 통일방안을 암시하는 것이기 때문에, 이에 대해 정치적 의미의 '연방제'를 고집하지 말고 순수한 민족사랑과 독립정신의 원칙론적 입장에서 민족주의를 견지해야 할 것이다. 나아가 남북한 종교인은 '연방제'건 '남북연합'이건 만남과 교류의 장을 확대함으로써 화해·협력단계를 정착시키는 것이 종교교류의 일차적 목표임을 강조하고, 화해협력을 바탕으로 북한이 주장하는 연방제와 크게 다르지 않은 남북연합 단계에 진입할 수 있다는 것을 주지시킬 필요가 있다.

다섯째, 남북 종교인 교차방문 추진문제다. 지금까지 종교교류는 남북의 종교인이나 종교단체들이 주도적인 교류의 장을 마련하지 못하고 국제 종교단체의 도움을 받아 제3국에서 간접적으로 만남의 장을 마련하고 있는 실정이다. 또한 남한 종교인의 북한방문은 있었지만 북한 종교인의 남한방문은 이루어지지 않는 불균형한 교류를 하고 있다. 따라서 이제는 교류의 지속성과 자주성을 확보하기 위해 점차 남북의 종교인들이 남한이나 북한에서 직접 접촉하고 북한 종교인들의 남한방문에 적극 노력해야 할 것이다. 이를 위해서 남북 종교인들의 교차방문이 적극 추진될 필요가 있다.

여섯째, 종교문헌 및 종교문화재의 교류 확대문제다. 성경이나 불상 등 경전, 종교상징물, 종교서적, 종교문화재의 교류는 정치적 문제가 야기될 소지가 없기 때문에 가능한 많은 양을 상호 교환하거나 알리는 것은 손쉬운 교류의 방법이 될 것이다. 이미 상당량의 종교서적이 북한에 들어갔고 종교상징물의 교환사업도 추진됐으나, 앞으로 각 종단별로 다양하고 깊이 있는 종교문헌과 문화재 교류사업이 이루어져야 할 것이다.

일곱째, 종교의 통일기여 가능성의 적극적 확대. 독일의 경우 통독과정에서 보여주었듯이 동독의 성 니콜라이교회 지하에서 시작된 통일 촛불시위와 평화기도회가 라이프치히 다운타운의 시가지로 확대돼 마침내 동독 전 지역 사람들을 통일시켰고, 그 통일된 힘이 베를린장벽을 무너뜨렸던 것이다. 이처럼 한반도의 통일도 남과 북의 지속적인 교류협력으로 신앙의 힘이 하나돼 분단의 장벽을 무너뜨릴 수 있는 가능성이 있는 것이다.

참 고 문 헌

【국내 출판물】

고태우,『북한의 종교정책』(민족문화사, 1988).

박완신,『북한종교와 선교통일론』(지구문화사, 1994).

_____,「통일의 그날」,『북한선교』, 2권(엠마오, 1989).

송건호 외,『민족주의와 기독교』(민중사, 1981).

서대숙,『한국공산주의운동사 연구』(대구: 화다, 1985).

이정식·스칼라피노,『한국공산주의운동사』(한국연구도서관, 1961).

김창준,「맑스주의와 기독교」,『신학세계』, 제17권 4호.

노치준,「일제하 한국 장로교회 총회 통계에 대한 연구」, 한국사회사연구회 편, 『현대한국의 종교와 사회』(문학과지성사, 1992).

민경배,「로버트 토마스: 한국 초기 선교사의 한 유형과 동서교섭의 문제」,『教會 와 民族』(大韓基督教出版社, 1981).

박완신,「남북한 종교교류 협력의 실상과 과제」(민주평화통일자문회의 주제발표, 1993. 11. 25).

이광린·신용하 편,「홍재학의 상소」,『사료로 본 한국문화사: 근대편』(일지사, 1984).

이광린,「개화파의 개신교관」,『한국개화사상 연구』(일조각, 1979).

윤성민,「남북한 사회문화 교류에 관한 연구: 종교교류를 중심으로」(현대사회연구소, 1994).

정재식,「유교문화 전통의 보수이론」,『종교와 사회변동』(연대출판부, 1982).

Chai-Sik Chung, "Tradition and Ideology: Korea's Initial Response,"『아시아문화』, 제4호(한림대학 아시아문화연구소, 1988).

【북한 출판물】

『김일성저작선집』, 1권,「우리 당단체들의 과업에 대하여」(평양: 노동당출판사, 1967).

사회과학원 철학연구소 편,『철학사전』(도서출판 힘, 1988).

홍경란,「조국통일과 종교인의 자세」,『조선사회민주당』(1993년 3월).

평화통일과 북한불교 : 남북 불교도의 역할

신 법 타

1. 머 리 말

> 백가의 서로 다른 쟁론을 화해시켜 일미(一味)의 법해(法海)로 돌아가게 한다.[1]

우리 민족은 반만년의 유구한 역사와 찬란한 문화와 전통을 이어 왔고 발전해 왔다. 그 동안 수많은 사상과 주장과 문화와 문명이 한반도를 지나갔고 유사 이래 크고 작은 외침이 1,000회가 넘는다 한다. 최소한 3년 내지 5년 사이에는 외국 타민족에게 침략을 당했다는 결론이다. 이러한 지정학적·역사적 시련과 위기 속에서도 민족 고유문화와 전통은 조상들의 위대한 감인력(堪忍力)과 지혜, 고도의 정신문화를 유지·발전시켜 가면서 단일민족 일국가의 통일국가, 통일민족을 이루어 왔다. 단군성조(檀君聖祖)를 시조로 하여 개국을 했고, 고급종교인 불교를 받아들여 그 정신적 기틀을 고급문화로 공고히 히는 기운데 통일 고려국을 건국했고 불교사상을 융성케 하여 문민화(文民化)를 가져왔으며 노·장자를 통해 현실의 고통을 승화시켜 오늘에 이르렀다.

---

[1] 和百家之異諍하야 歸一味之法海니라(元曉의 십문화쟁론 일부).

비록 근세 40년 일제의 잔혹한 식민통치와 그 후유증인 분단 60년이 가까워 오지만 이는 반만년 개국기원과 1천년 이상의 통일국가에 비하면 짧디 짧은 시간일 뿐이다. 오늘 우리 민족의 전통문화의 프리즘을 통해 남북한간에 공감대를 형성함으로써 '하나의 민족', '하나의 문화', '하나의 국토', '하나의 언어'임을 확신하며, 그 공통분모의 현대화 공동작업은 오늘의 숙제이자 민족번영의 미래와 직결되는 평화통일의 당위성과 절박성은 더욱 드러날 것이며 이를 앞당기는 민족적 거사가 될 것이다. 특히 이천년에 가까운 한국 불교사가 이 민족에 선물한 것은 독특한 '호국불교'(護國佛敎),[2] '호족호민불교'(護族護民佛敎)를 근간으로 민족의 통일에 기여해 온 빛나는 전통이다. 오직 불교를 굳게 믿음으로써 국가와 민족을 번영시킨다는 확신으로 호국안민의 경세를 이어 온 현세불교의 전통이, 오늘날처럼 발전되고 다변화된 문명 속에서도 남북분단을 '하나로' 치유하는 특효약이자 처방으로 확신한다. 그렇기 때문에 남한의 반쪽인 미지의 북한불교를 살펴보고 남북한 불교가 통일에 어떻게 기여할 수 있는가를 논술코자 하는 데 뜻이 있다.

현대그룹 고(故) 정주영 명예회장의 1,001마리 통일 소떼의 북행이 금강산관광을 열었다. 역사적인 남북정상 선언으로부터 발전된 남북관계는 북한의 핵개발문제에도 불구하고 그 어느 때보다 다방면에서 다양하게 회합·교류·협력이 이루어지고 있어 조국 평화통일이 머지 않은 징조로 보

---

2) 호국불교의 사례. ◎ 신라 : 선덕여왕시 황룡사 구층탑 건립, 문무왕시 사천왕사 창건. 사후에는 감포 앞바다 호국용(護國龍)이 되기를 발원했고 그의 아들 신문왕이 부왕(父王)을 천혼코자 감은사(感恩寺)를 창건., 원효는 회삼귀일(會三歸一)과 화쟁사상(和諍思想)을 전파해 신라 중심의 삼국통일에 기여함. ◎ 고려 : 태조는 훈요십조(訓要十條)에서 "우리 국가의 대학은 반드시 제불(諸佛) 호위의 힘에 보존한다"고 하여 비보사원(裨補寺院)을 많이 창건함,. 문종은 흥왕사(興王寺)를 창건, 고종은 몽고와 거란의 누차 침입을 불력(佛力)으로 막기 위해 세계문화유산인 고려대장경(1236~1251)을 16년간에 걸쳐 완성. ◎ 조선 : 억불숭유의 고통 속에서도 임진·정유왜란과 병자·정묘호란 등 국가 누환의 위기 속에서 서산(西山)·사명(泗溟)·영규(靈圭)·처영(處英) 등 호국의승장졸(護國義僧將卒)이 출전해 구국(救國)함. ◎ 일제 식민통치시 : 3·1만세운동의 주역인 한용운(韓龍雲, 1879~1944)·백용성(白龍城 聖師) 등이 독립운동에 적극 가담했다.

인다.3) 이제 정말 남과 북이 물과 기름처럼 적대·냉전관계가 아니라 물과 우유처럼 화합4)해 자주적·평화적으로 남북한 8,000만 민족의 대단결 속에서 동족상쟁에서 동족상생으로, 공멸공사에서 공생공영 가운데 통일을 앞당겨야 한다.

2. 분단에서 통일로: 민족고의 해결

현재 우리 민족 남북 해외 7,500만의 공통적인 최고 고통은 남북분단이며, 이로 인해 민족적 역량을 허비하고 정치·군사적으로는 세계 유일의 냉전을 계속하고 있다. 경제적으로도 민생보다는 군비강화·유지와 국내외의 정치적인 상황에 소모되고 있는 안타까운 현실이 57년간 계속되고 있다. 남북간의 문화와 언어, 예술까지도 표현과 상이(相異)의 격차가 점점 커져 가고 있다. 이러한 남북분단으로 인한 파행적 제반 상황을 총합해 민족고(民族苦)로 정의했다. 한반도의 분단은 민족구성원들의 의사나 의지와는 상관없이 세계 제2차대전의 전후처리에서 당시의 4대 강국인 미국, 영국, 소련, 중국에 의해 이루어졌다.

카이로·얄타·포츠담회담에서 남반부는 미국이, 북반부는 소련이 점령하게 된 것이다.5) 만약 이 4강국의 지도자들이 한국민의 통일독립 염원과

---

3) ① 수차의 남북장관급 회담, 경제회담, 5차 이산가족 상봉, 개성공단 건설합의, 경의선, 동해북부선 동시착공, 남(南) 쌀 40만t, 비료 10t지원. ② 분단 이후 최초로 서울 워커힐호텔에서 북한 민간대표 126명이 참석해 6·15선언 2주년 합동행사(200.2 8. 15~17). ③ 분단 최초로 2002년 10월 3일 개천절에 평양 단군릉에서 불교 대표와 민족종교 남측 102명과 북측 대표 수친 명이 합동 단군 추모제례 봉행(2002. 10. 1~5). ④ 부산 아시안게임 (2002. 9. 30~10. 15)에 북한 선수 응원단 700여 명 동참, 동시입장, 한반도기를 하나로 해 남북 합동으로 응원.
4) 부처님 유교경구중(遺敎經句中).
5) 한국 독립관련 국제회담: ① 카이로회담(1943. 11. 23~27, 이집트 카이로). 참석자: 루

역량을 감안했더라면 당연히 1체제 1국가로서 독립국가가 되도록 후원해야 했다. 승전대가로 땅을 나눠먹기로 한다면 2차대전의 3대 원흉인 일본제국 정권의 땅인 일본열도를 양분했어야 옳다. 한반도의 분단은 미·소 양대국의 욕심에 찬 일방적·제국주의적인 폭거다. 이로 인해 1953년에는 남북간에 3년에 걸친 피비린내나는 동족상쟁을 치러야 했고, 4~5백만의 사상자와 1천만 이산가족이 생겨났으며, 상호간에 불신과 증오와 냉전의 장벽이 반세기가 넘도록 계속돼 오고 있지 않는가. 이로 인한 정신적·물질적 고통과 손해는 계산할 수 없는 엄청난 것이고, 민족의 미래에 대한 불투명성은 또다시 전쟁의 불안과 공포 속에서 나날을 지새우고 있는 형편이다. 더구나 분단을 핑계로 한 통일을 빌미로 역대 남북 독재정권의 횡포와 인권유린 비민주적 행태에 얼마나 무고한 사람과 지사(志士)가 희생되었던가. 체제유지와 정권안보를 꾀한 분단으로 인한 폐해는 언설로 표현할 수 없다.

스벨트(미국), 처칠(영국), 장제스(중화민국). 대일전(對日戰) 협력에 대해 협의, 일본의 영토문제에 대한 연합국의 기본방침 결정→카이로선언 발표. ② 카이로선언(1943. 12. 1 발표). 의의: 연합국이 제2차 세계대전 후 일본의 영토방침을 처음으로 공식 성명한 것으로 처음으로 한국의 독립이 국제적인 보장을 받았다. ※ 특별조항: 전기(前記) 3개국은 조선인민의 노예상태에 유의하여 '적절한 과정을 거쳐' 조선을 자유 독립케 할 것을 결정한다. ③ 얄타회담(크림회의라고도 함, 1945. 2. 11). 참석자: 루즈벨트(미국), 처칠(영국), 스탈린(소련). 전쟁수행과 전후처리, 국제연합의 창설 등. 독일에 대해 분할점령, 비무장화, 전쟁범죄자 처리, 폴란드에 대해 동부 국경은 거의 19년의 카존선, 서부 국경은 잠정적으로 오데르·나이세선으로 하고 신정권에 대해서는 소련이 지지하는 루브린정권과 런던 망명정부의 교섭에 맡기기로 했다. ※ 소련의 대일참전에 대한 비밀협정도 체결되었음. ④ 포츠담회담(1945. 7. 17~8. 2, 베를린시 교외의 포츠담). 참석자: 트루먼(미국), 처칠(영국), 스탈린(소련). 중국은 이 회담에 불참했으나 장제스 총통이 트루먼의 통고에 동의함. 일본에 대한 포츠담선언이 발표돼 일본에 항복을 요구함과 동시에 항복 후 일본처리 방안제시와 독일의 전후처리에 관해 회담. ⑤ 포츠담선언(1945. 7. 26). 2차대전 종전 직전에 있었던 미·영·중 3개국 수뇌회담의 결과로 발표된 선언으로 일본에 대해 항복을 권고하고 전후 대일 처리방침을 표명한 것이다 (소련은 8월에 이 회담에 참가하고 선언문에 서명). ※ 제8항은 "카이로선언의 제조항은 이행돼야 하며, 일본의 주권은 혼슈·홋카이도·규슈·시고쿠와 연합국이 결정하는 작은 섬들에 국한될 것이다"고 명시해 카이로선언에서 결정한 독립을 확인했다.

1) 평화통일의 당위성

우리 민족에게 절실히 요구되는 통일은 지난 한국전쟁(1950~53)의 경험처럼 엄청난 폐해와 후유증을 낳는 무력통일이어서는 안 된다. 이렇게 통일된다 해도 온전한 국가로서는 물론이고 한 민족으로서도 지구에서 존재하기 어렵다. 세계의 모든 발전된 병화기(兵火器)가 총 집합돼 있고 200만의 병력이 휴전선을 중심으로 대치국면이 계속돼 오고 있다. 북한은 핵폭탄은 물론 이보다 더 성능이 뛰어난 무기까지 보유하고 있다고 공언한 바 있다.[6] 더구나 지구의 초대강국 미국과 중국이 후견하고, 일본과 러시아가 직접적인 이해관계로 인해 한반도의 국제사정은 복잡다단해 남 또는 북, 남과 북 정부의 의지와 정책만으로는 통일을 이룰 수 없는 형편이다.

남북 당사국과 주변 4강국의 공감 속에서 한반도의 통일은 가능해진다. 이렇게 순조로이 평화적인 방법으로 한반도가 통일됐을 때 민족고는 해결될 수 있다. 무력동원과 같은 무리한 방법이나 정치적·군사적으로 무리한 통일, 외형적인 통일을 가져온다면 사회적 혼란과 갈등, 남북민간의 불협화음은 또 다른 심각한 내분으로 발전할 수 있을 것이다. 1970년대 말 남북 예멘이 통일했다가 다시 내전의 소용돌이에 휘말리고 결국 남북 예멘으로 원상 분단되는 비극을 귀감 삼아야 할 것이다. 한반도의 통일은 우리 민족의 자존심을 회복하는 중대한 일이다. 전혀 타의에 의한 분단이기 때문에 더욱 그렇다. 또한 남북이 중심이 돼 자주적·민주적으로 민족이 대단결한[7] 가운데 평화통일을 성취해야 한다. 무리가 따를 때 그 후유증은 독일통일에서 여실히 증명되고 있다. 남북분단과 DMZ를 중심으로 한 군

---

6) 2002년 10월 미국 켈리 대통령특사 방북시 **북측대표 강석주의 발언**과 그후 남북장관급회담(10. 20)과 김영남 최고인민회의 상임위원장 면담시 공식 문제제기됨(<한겨레>, 2002년 10월 18~25일 참조).
7) 독일 통일 후 옛 동·서독주민의 차별감과 150만 건에 이르는 서독주민들의 옛 동독 영토 내의 소유권을 비롯한 각종 권리를 회복하기 위한 소송이 홍수를 이루었다.

사적 대치상황과 정치적 갈등, 외교적 상호경쟁은 필요 이상의 국력을 소모해 왔다. 또한 세계로 진출해야 하는 각개 국민들의 활로개척과 진출을 속박하고 대륙진출을 봉쇄하는 결과를 낳았다. 한반도의 평화적 통일은 세계 3차대전을 실질적으로 예방하는 것이며, 동서냉전을 또한 실제적으로 종식시키는 것이다. 세계 어느 곳에서나 모든 인류 속에서 생존경쟁을 할 수 있고, 결과적으로 민족의 역량을 최대한 발휘할 수 있는 환경이 조성되는 것이며, 이로 인한 민족의 번영을 이룰 수 있는 것이다.

2) 평화통일을 위한 실질적 접근방안

남북한간에 통일을 저해하는 최대 장애요인은 상호불신이다. 이 불신은 물론 양 체제를 이끄는 지도자그룹의 자기 체제로의 통일과 그 이후의 집권욕심과 6·25한국전쟁을 통한 극심한 피해의식과 악감정(惡感情)이 아직도 상존하고 있기 때문이다. 지금은 남북한간에는 1천만 이산가족이 있으며 남한의 경우 70~80대 고령의 월남 1세대가 123만 명 생존해 있다. 이들은 몽매에도 고향땅에 귀향하고 부모, 형제, 처자식, 일가친척, 친구들을 만나려는 염원으로 오늘까지 살아왔다. 그저 2, 3일에서 1주일, 길면 한 달 피난이며 고향에 갈 수 있을 것이라는 단순한 생각의 피난길이 반세기가 넘고 이제 모두 고령화돼 사망하신 분들이 더 많다.[8]

---

8) 남북 적십자간의 합의로 5차에 걸친 이산가족 상봉이 이루어졌으나 너무나 그 만남의 숫자가 적다. 이산가족 문제는 민족고의 집합체이자 인간비극의 총체적인 모습이다. 불교적으로는 누구나 겪는 인생행로인 생로병사의 근본적인 4고(四苦)와 가족친지 등과 전혀 타의에 의해 사랑하는 사람들과 헤어져 살아가며 만날 날을 하염없이 기다리는 고통(愛別離苦), 정들었던 고향땅과 산천에 가고 그곳에 살고 싶어도 가지도 보지도 못하는 고통(求不得苦), 북한 공산정권 수립 진행과정과 6·25한국전쟁시 당한 피해의식과 미움과 불신과 원망이 계속되고 있어 상대체제와 상대가 만나는 데 두려움과 공포가 그대로 남아 있는 아픔이 있다(怨憎會苦). 월남시 20, 30대 젊은 혈기는 70~80대 노인이 돼 버려 시한부인생 속에서 그 이산의 고통은 더욱 클 수밖에 없다(五陰盛苦). 통일 전이라도 인도적인 면에서 상호불신의 장벽을 제거하는 가장 큰 일이 이산

남북간에는 과거 7·4공동성명,9) 남북총리간의 남북 기본합의서10) 등 획기적인 남북간의 합의가 있었지만, 실천되지 못하고 곧바로 사문화돼 정치적 성명에 그치고 오히려 온 겨레에게 실망만 안겨 주었다. 2000년 6월 15일 남북 정상간의 평양선언은 남북분단 55년 만에 가장 역사적이고 획기적인 남북 평화통일의 이정표와 희망과 기대를 주었다.11) 그후 장관급회담에서 금강산 육로관광, 개성공단 조성, 남북 철도연결(경의선, 동해북부선) 등이 속속 합의·진행되고 있다. 남북 적십자간에 이산가족 면회소 설치와 상봉확대가 구체화되고 있다. 남한의 통신회사들이 북한 통신시설의 현대화를 지원코자 논의하고 있다. 북한 경수로공사가 KEDO에 의해 순조롭게 진행되고 있다.

　　그 어느 때보다도 남한의 대북지원 민간단체들의 북한 지원활동이 활발히 전개되고 있다. 쌀과 밀가루 등 식량을 비롯해 비료, 종자, 각종 생필품과 의류가 지원되고 있다. 농기계 기구의 지원과 수리공장까지 건립했

　　가족의 생사와 주소확인, 상봉횟수와 인구의 확대, 자유왕래가 이뤄져야 한다. 나아가 자유결합을 통한 거주지의 선택까지 주어진다면 통일의반은 달성됐다고 보아도 과언이 아닐 것이다.

9) 서울의 이후락 중앙정보부장이 1972년 5월 2~5일 평양을 방문해 평양의 김영주 조직지도부장과 회담을 진행했으며, 김영주 부장을 대신한 박성철 제2부수상이 1972년 5월 29일~6월 1일 서울을 방문해 이후락 부장과 회담을 진행했다. 이 회담에서 쌍방은 조국의 평화적 통일을 하루빨리 가져와야 한다는 공동된 염원을 안고 허심탄회하게 의견을 교환했으며 서로의 이해를 증진시키는 데 큰 성과를 거두었다(통일부 자료실).

10) '남북기본합의서'는 서문과 함께 남북화해(제1장), 남북불가침(제2장), 남북교류·협력(제3장), 수정 및 발효(제4장) 등 4장 25개조로 구성돼 있다. 서문에서는 남북한이 평화통일을 성취하기 위해 공동 노력할 것을 함께 다짐하고 있으며, 남북관계가 통일지향의 잠정적 특수관계라는 데 인식을 같이하고 있음을 밝히고 있다. 이 밖에도 '기본합의서'에는 합의내용의 이행을 보장하고 실행해 나갈 협의 실천기구(분과위원회, 공동위원회, 연락사무소 등)에 관한 조항을 각 장마다 2~3개항씩 설정하고 있다.

11) 조국의 평화적 통일을 염원하는 온 겨레의 숭고한 뜻에 따라 대한민국 김대중 대통령과 조선민주주의인민공화국 김정일 국방위원장은 2000년 6월 13~ 15일 평양에서 역사적인 상봉을 하고 정상회담을 가졌다. 남북정상은 분단역사상 처음으로 열린 상봉과 회담이 서로 이해를 증진시키고 남북관계를 발전시키며 평화통일을 실현하는 데 중대한 의의를 가진다고 평가하고 6·15남북공동선언을 발표했다.

다.12) 이렇게 남북간에 자유통행과 자유통상, 자유통신 등 3통(三通)이 이뤄지면 내부적인 통일은 이루어진 것 아닌가.

3. 북한의 종교정책

1) 종교관련 법률의 변화

구 헌법(1948. 9. 9, 최초의 건국헌법) 제14조는 "모든 인민은 신앙 및 종교의식 거행의 자유를 가진다"고 규정했다. 그러나 실제로는 종교탄압 내지 말살정책을 수행했다. 1972년에 개정 공포한 사회주의헌법 제54조는 "공민은 신앙의 자유와 반종교 선전의 자유를 가진다"고 규정했다.

1948년 9월 9일에 채택·승인된 '조선민주주의인민공화국 헌법'에는 "공민은 신앙 및 종교의식 거행의 자유를 가진다"(제15조)고 돼 있으나, 1950년 3월 3일 채택된 '조신민주주의 인민공화국 형법' 제21장 관리질서 침해에 관한 죄, 제257조에는 "종교단체에 기부를 강요하는 자는 2년 이하의 징역에 처한다"고 하여 종교의 재정적 기반을 박탈했고, 제258조에는 "종교단체에서 행정적 행위를 한 자는 1년 이하의 교화노동에 처한다"고 규정함으로써 사실상 종교행사를 금지시켜 승려, 신부, 목사 등의 종교적 존재가치를 잃게 했고 신앙의 자유를 극도로 제한했다(2년 이하의 징역이나 1년 이하의 교화노동은 첩을 거느린 자에게 가해지는 형벌과 동일하다).

1992년 4월 9일 최고인민회의 제9기 3차 회의에서 개정된 헌법에서는 1980년대 중반부터 종교의 남북교류와 정치적 비중을 인식해 종교와 신앙의 자유를 대폭 신장시켰다. 종래의 부정적 태도와 규제 및 통제정책에서

---

12) 우리민족서로돕기운동(상임대표 송월주)에서는 지난 8월 방북해 약 8억 원에 해당하는 트랙터 등 농기계와 그 수리공장을 평양에 건립해 지원했다.

폭넓은 자유를 부여했다. 즉 신헌법 제5장 제68조에 "공민은 신앙의 자유를 가진다"고 명시했지만, "주체적 입장에서 외세를 끌어들여 체제에 부정적이거나 국가사회 질서를 해치지 못하도록 한다"고 규정지었다. 이것은 한국 내 통일운동가와 재미교포 종교인들의 통일운동과 함께 한국에서의 종교비중 및 사회적 영향력을 동시에 고려하면서도 북한의 개방과 자유의 후유증을 우려한 북한 종교계에 대한 조치로 보인다.

특히 "공민은 거주, 여행의 자유를 가진다"(제75조)는 조항이 새로 신설된 것은 상당히 주목할 만한 부분이다. 이것은 UN 등 국제사회에서 지속적으로 요구해 온 '거주이전의 자유보장'을 부분적으로 수용한 것으로 풀이할 수 있다. 북한 내 지역간 이동이 더 이상 막을 수 없는 단계로까지 발전했음을 보여주는 조항이기도 하다.

북한이 헌법에서 명문화하고 있는 종교에 대한 조항은 '제5장 공민의 기본권리와 의무' 중 제66조, 67조, 68조가 해당된다. 북한주민의 종교생활에 대해 규정한 제68조와 1998년에 신설된 제75조에서 많은 변화를 볼 수 있다. 조선노동당의 정책을 예시해 보면 조선노동당 유일사상 확립 10대 원칙 제4조 10항에는 다음과 같은 언명이 있다.

> 김일성 수령님의 혁명사상에 어긋나는 봉건 유교사상, 수정주의, 교조주의를 비롯한 온갖 반당적 반혁명적 사상조류를 반대하여 투쟁하며 김일성의 혁명 주체사상을 철저히 고수한다.

이는 공산당 정책이나 노선에 반대하는 어떠한 이념이나 사상도 용납지 않고 오로지 김일성주의(주체사상)만을 지키고 실천·전파해야 한다는 주장이다.[13]

노동당 강령은 실제적으로 헌법보다 강력하게 적용되고 있기 때문에 이것이 구체적으로 개정이나 변화되지 않는 한 북한주민들에게 '종교와 신앙의 자유'는 항상 한계에 부딪칠 수밖에 없다.[14]

---

13) 『내외통신』(내외통신사, 제627호), 4쪽.
14) 고태우, 『북한의 종교정책』(민족문화사, 1989), 84쪽.

<표 2-1> 북한의 종교관련 법

제정 및 개정 연도	종교관련 조문
1948년 9월 9일 조선민주주의인민공화국 헌법	제2장 공민의 기본적 권리와 의무 제14조 공민은 신앙 및 종교의식 거행의 자유를 가진다.
1972년 조선민주주의인민공화국 사회주의 헌법	제4장 공민의 기본권리와 의무 제54조 공민은 신앙의 자유와 반종교선전의 자유를 가진다.
1992년 4월 조선민주주의인민공화국 사회주의 헌법	제5장 공민의 기본권리와 의무 제68조 공민은 신앙의 자유를 가진다. 이 권리는 종교건물을 짓거나 종교의식 같은 것을 허용하는 것으로 보장된다. 누구든지 종교를, 외세를 끌어들이거나 국가사회 질서를 해치는 데 이용할 수 없다.

2) 북한종교의 흐름

(1) 김일성의 종교관

종전에는 북한의 종교정책이 종교의 불필요성과 해독성을 강조한 김일성의 말에 의거, 궁극적으로 종교를 없애는 데 초점을 맞추었다면, 1989년 발행된 책자에는 김일성이 종교를 긍정적으로 언급하고 있다.[15]

① 우리는 종교인들의 신앙생활을 반대하지 않습니다. 그런데 일부 기독교인들은 신앙생활을 한다고 하면서 미국놈을 하느님처럼 숭배하고 있습니다. 하느님을 믿을 바에야 조선의 하느님을 믿어야지.[16]
② "나라가 없이는 신앙의 자유도 있을 수 없습니다. 종교가 있기 전에 나라가 있어야 합니다. 성경에도 나라와 민족을 위해 좋은 일을 하여야 한다고 쓰여져 있습니다.[17]
③ 우리는 그가 어떤 종교를 믿든 간에 그가 지니고 있는 애국심의 깊이와

---

15) 1940~50년대 김일성의 말을 인용.
16) 허정숙, 『위대한 사랑의 역사를 되새기며』(노동당출판사, 1989), 159쪽.
17) 위의 책, 292-293쪽.

건국사업에 어떻게 나서고 있는가를 먼저 보아야 합니다. 종교를 믿는다고 덮어놓고 색안경을 끼고 보거나 멀리하며 차별대우를 해서는 안 됩니다.[18]

이는 북한에서 종전의 종교탄압 혹은 종교 제거정책을 지양하고 종교의 존재가치를 애국심, 건국사업, 통일에 활용하고자 하는 정책변화를 반영하고 있는 것으로 보인다.

(2) 북한종교의 변천

북한은 정권수립 초기에 종교활동의 자유를 철저히 규제해 왔다. 6·25 이후에는 기독교, 천주교는 '미제의 앞잡이, 스파이'로 교육됐고 완전히 제거됐다. 그 결과 1960년 말경에는 공식적인 종교활동이 없어졌음을 자랑했다('성황당 연극대본'). 이렇게 북한이 종교를 말살·탄압한 것은 "종교는 아편"이라는 마르크스의 논리를 가지고 김일성이 60년대에 한 연설에서 볼 수 있다. "종교는 일종의 미신이며 지배계급이 인민을 착취하고 압박하는 도구"라고 규정했다. 다만 천년고찰만은 전통예술 전승차원에서 보전했다.

지난 1992년 북한의 헌법이 개정되기 전까지 북한의 헌법은 종교의 자유와 동시에 '반종교 선전의 자유'를 인정하는 72년 개정된 조선민주주의 인민공화국 헌법의 제54조의 조항을 두기까지 했다. 이렇게 헌법상 보장된 종교였지만, 정권수립기의 반체제 장애요소로 종교의 척결을 추진해 오다가 72년 7·4남북공동성명이 남과 북에서 동시 발표되고 남북한 상호방문이 시작되면서부터 북한에도 다시 종교단체의 활동이 재개되기 시작했다.

1980년대 이후 기독교와 천주교에서 대북교류를 시작했고, 현재는 불교, 기독교, 천주교, 원불교, 민족종교 등이 북한 종교계와 교류를 활발히 전개하고 있다. 특히 북한 식량난과 생필품난에 많은 지원을 하고 있다. 평불협의 경우 황해북도 사리원시 성불사 인근에 '금강국수공장'을 설립, 지속적으로 운영해 오고 있다.

---

18) 위의 책, 159쪽.

3) 북한불교의 현황

1988년부터 현재에 이르기까지 북한에서 벌어진 주요 종교활동은 불교계의 움직임이 가장 두드러지고, 그 다음으로는 기독교, 천주교이다.[19] 최근에 이르러 북한이 기독교와 천주교에 대해 관심을 갖고 있는 배경에는 세계기독교협의회(WCC)와 교황청에서 북한지역 선교에 깊은 관심을 보이고 있는 데다 해외동포 기독교인들과 국내 기독교 및 천주교에서 북한지역 선교에 노력하고 있기 때문이라 생각된다.

그러나 현재까지 북한의 내부적으로 사찰복원 등 종교계 지원 움직임을 보면, 기독교, 천주교보다는 불교에 더 관심을 기울이고 있는 것으로 보이는데, 그 이유는 지금도 북한지역에는 민족문화 유산이라는 명분으로 사찰이 유지·복원·중창되고 있고, 북한주민들 사이에 불교정신과 문화가 타 종교에 비해 뿌리 깊게 박혀 있는 데다 호국불교의 정신은 체제수호와 정권유지 이용에 용이하다는 데 기인하기 때문이라고 생각된다.

지금까지 명목상 종교에서 실질적인 종교로 인정하고 보다 활성화돼 명실상부한 종교가 북한지역에 뿌리내린다면, 남북 종교계의 교류와 협력을 통한 민족화합에 기여할 수 있을 것이라 기대된다.[20]

북한에는 현재 조선불교도연맹, 조선기독교도연맹, 조선천도교 중앙지도위원회가 대표적인 종교단체이고, 그 외 1989년에 결성된 조선천주교인협회와 조선유교연맹 등이 있다고 알려졌다.[21] 북한의 종교단체는 종교행사를 주도하거나 신도들의 신앙 조직화를 위한 종교단체로서 정상적인 기능을 수행하고 있는가에 대해서는 의문이 많으며, '조국통일민주주의전선'의 산하단체의 역할이 보이고 있다. 북한의 각 종교단체는 중앙조직 외에 산하조직은 신도 수나 조직, 교직자 명단을 알기 어렵고, 종교의식에 필요한

---

19) 『내외통신』(제627호, 1989. 2. 17).

20) 허정숙, 앞의 책, 25쪽.

21) 『내외통신』(제627호), 26쪽.

성경이나 불경 등의 보급도 현재까지는 원활하지 못한 것으로 보인다.22)

한편, 1972년 7·4남북공동성명이 남과 북에서 동시에 발표되고, 남북한 상호방문이 재개되면서 북한 종교도 활동을 시작했다. 현재는 1988년에 발족한 조선종교인협의회(위원장 장재철)를 중심으로 80년대 말부터 북한의 종교는 전향적인 종교정책이 추진됐다. 1990년도에는 중앙방송과 신문을 통해 북한 내에 종교인구 수가 불교도 1만, 기독교 1만, 천도교 15만, 천주교 8백여 명에 이른다고 발표한 바 있다. 그러나 북한의 모든 종교단체가 가입된 조선종교인협의회를 실질적으로 이끌고 있는 것은 조선천도교 중앙위원회다.

북한의 종교 중에서 불교는 가장 활발한 활약상을 보이고 있다. 또한 실제 교세가 가장 크다. 조선불교도연맹은 1945년 11월에 결성, 수 차례의 개칭, 잠적을 거쳐 1972년 정식으로 명칭이 조선불교도연맹 중앙위원회로 돼 현재에 이르고 있으나,23) 1945년 12월 26일 창립된 것으로 기준해 1995년 12월 26일 평양시 용화사에서 조선불교도연맹 창립 50돌 행사가 북한의 5대 종교단체 간부와 임원 등 300여 명이 참여한 가운데 개최됐다.

북한의 불교를 통괄하고 있는 조선불교도연맹이 창립될 당시 연맹원 수는 375,438명이었다. 이들의 강령을 보면 전 조선불교의 통일단결과 신앙 자유의 확보를 기하며, 불교도의 노동정신을 앙양시켜 국가산업, 경제부흥 발전사업을 협조하는 데 있다고 했다. 현재 연맹위원장은 박태호(朴泰浩, 79세 정도)이며 연맹원 수는 약 1만 명이고, 부처님 오신 날과 같은 경우는 절을 찾아오고 등을 켜는 사람이 10만 명쯤 된다고 한다. 이 연맹원이 불교신자다.

승려는 해방 전에 1,600여 명이었다. 사찰 수는 현재 약 60여 개소가 있다고 한다.24) 해방 전에는 전국 1,200여 사찰 중 4백여 개의 사찰이 북한에

---

22) 『내외통신』(제627호), 5쪽 참조. 필자 방북시 봉수교회에서 성경과 찬송가를 보았으나 기타 선교서적은 보지 못했고, 불교경전 또한 『팔만대장경 해제본』 외에 다른 포교서적을 볼 수 없었다.
23) 『내외통신』(제627호), 5쪽.
24) 16세기 초 북한의 사찰수는 567개(『신동국여지승람』), 일제시대 조선총독부의 통계는

있었고,25) 31본산 중 9개 대본산이 북한에 있었는데, 패엽사(황해 신천군), 성불사(황해 황주군), 영명사(평양시), 법흥사(평남 평원군), 보현사(평북 영변군), 건봉사(강원 고성군), 유점사(강원 고성군), 귀주사(함남 함주군), 석왕사(함남 안변군)였다. 16세기 초 북한지방에 산재한 대소 사찰은 강원도 59개, 황해도 210개, 평안도 208개, 함경도 74개로 모두 561개였다.26) 1939년 조선총독부 학무국 조사에 따르면 403개로 줄어들었다. 즉 강원도 56개, 황해도 124개, 평안도 87개, 함경도 106개의 분포였다. 현재 북한의 대표적인 사찰은 묘향산 보현사다. 보현사는 1976년에 복원돼 80년대부터 내국민 및 국제관광지로 공개됐고 특히 외국 VIP의 당연한 코스가 되고 있다.27)

북한불교의 교세는 해방 이전보다 1950년 6·25 한국전쟁 이후에 현저하게 약화되었다. 1930년 조선총독부학무국 조사에 의하면, 일제의 조산사찰령(1911년 6월 3일 제정)에 전국 31본산 가운데 9개 본산이 북한에 있었으며, 403개소의 사찰과 49개의 포교당, 1,572명의 승려와 72명의 포교사와 37만 5,438명의 신도가 있었다. 1946년 3월5일 북한정부는 토지개혁 법령에서 5정보 이상을 소유한 사찰의 토지재산을 무상으로 몰수했고, 1948년 북한 김일성 정권이 산업 국유화를 추진하면서 종교와 기업체의 재산을 몰수해 국유화했다. 더구나 6.25 한국전쟁으로 사찰의 건물마저 대부분 파괴돼 북한불교의 세력은 급격히 줄어들었고 겨우 그 명맥만을 유지하게 되었다.

북한의 스님들은 해방 이전부터 승려생활을 해 온 노장 스님들을 중심으로 이루어져 있고, 20~30대 젊은 스님은 거의 없다. 승려 양성기관으로는 함북 갑산의 중흥사(重興寺)에 불학원(佛學院 한국의 경우 강원이나 승가대학과 유사함)이 있어 30명을 3년 코스로 양성중이라고 소개했다. 그 1기생으로 졸업한 승려가 1996년부터 배치돼 있다. 북한의 승려는 예불의식 때 검은색 두루마기식 장삼에 홍(紅)가사를 수한다. 또한 음식에 구애받지 않

403개(1939년 현재), 북한의『조선중앙연감』(1979~1985, 조선통신사 발행)은 45개, 북한 조선불교도연맹 관계자들은 약 60여 개라 말하고 있다.

25) 한국불교연구원,『북한의 사찰』(일지사, 1987), 120쪽;『내외통신』(제627호).
26)『신동국여지승람』, 불우조
27) 필자가 1989년 방북시 확인함.

고 담배를 많이 피웠다. 그리고 북한 사찰에서는 평상시 신도불공은 혼치 않다. 매달 정기법회나 일요법회는 특별히 없으며, 주로 1년에 '부처님 오신 날', '성도절', '열반절' 등의 법회가 1988년 5월부터 정기적으로 봉행되고 있다. 그 밖에 시국의 변화에 따라 '조국통일 기원법회' 같은 시사성 모임이나 법회를 개최하고 있다.

<표 2-2> 북한 각 종교의 현황

구분		불교	기독교	천주교	천도교
1945년 『조선중앙연감』 1303쪽. *( )는 1950년 『조선중앙연감』	교회(사찰)수	9개 대본산 400여 개 말사	1,400여 개, 평양 70개(약 2천 교회)	3개 교구, 50여 개 성당·수도원 등 전국 8개 교구	(99개)
	신자수	37만 5천 명 (37만 5천 438명)	12만 명(약 20만)	5만 명 (5만 7천 8명)	286명 (150만)
	비고	승려 1,600명(732)	평양인구 40만 명 중 2만 명 신자(성직자 908명)	3개 교구 평양교구, 함흥교구, 덕원교구(성직자 262명)	전국 440명 신자의 66명
1990년 『문화공본연감』 1304쪽	단체	1945. 12. 26 창립 조선불교도연맹 위원장: 박태화 서기장: 심상진	조선기독교연맹 위원장: 강영섭	조선천주교인협회 위원장: 장재철 1988. 6 결성	조선천도교회 중앙지도위원회 위원장 류미영 (최덕신의 처)
	신자수	1만여 명	1만여 명	800여 명	
	교직자	승려 약 300명 모두 대처승 비구니 없음	목사 20명	신부·수녀 없음 신자대표 박경수 (장충성당)	
	종교시설	사찰 60여 개 90년 평양 광법사 복원 92년 평양 정룡사 복원 정방산 성불사 보수	1988. 11 봉수교회 완공 1991 칠골교회 완공 500여 개의 가정교회	1988. 10 장충성당 완공	
	행사	*1989. 1 성도절 *1989. 3. 열반절 *1989. 8 조국통일 기원법회 *매년 불탄절 동시 법회 공동발원문 채택 *1991 LA 남북 해외 통일기원법회	*1989. 3 부활절예배 (봉수교회) *1989. 4 남북교회 쌍방협의회 개최(미국 워싱턴) 강영섭	*바티칸에 2명이 사제수업 중퇴 *집전: 차성근(율리오)	*1989. 8 천도교 창도 129돌 천일행사 진행
	조선종교인협회장 장재언(조선적십자사 총재)				

북한불교의 현황
① 해방 전: 31본산 1,200여 사찰 중 9개 본산 540여 개 사찰. 승려 1,600여 명, 신도 38만 명.
② 현재: 60여 개 사찰, 300여 스님, 신도 1만 명.
③ 종단: 조선불교도연맹 중앙위원회. 위원장 박태화(학림).
④ 사찰의 기능
　㉠ 문화재, 전통문화 보전, 전통건축(주체).
　㉡ 인민 휴식공간.
　㉢ 관광자원.
　㉣ 종교자유의 증거.
⑤ 승려: 기혼승, 장발, 일부 삭발(보현사), 평상시 양복 착용. 가사 홍가사장삼, 검은 옛 양복.
⑥ 의식: 석문의범에 의거.
⑦ 종단성격: 조계종과 동일.
⑧ 비구니가 없다.
⑨ 8만대장경 완역: 25권 해제본을 1992년 15권으로 재발간해 남한에 보급되고 있음.

4) 주체사상과 불교

(1) 주체사상의 개요

　주체사상은 사람 중심의 새로운 철학사상입니다. 주체사상은 사람이 모든 것의 주인이며 모든 것을 결정한다는 철학적 원리에 기초하고 있습니다. 주체사상은 사람을 위주로 하여 철학의 근본문제를 제기하고, 사람이 모든 것의 주인이며 모든 것을 결정한다는 철학적 원리를 밝혔습니다. 사람은 자주성과 창조성, 의식성을 가진 사회적 존재이며, 사람은 가장 발전된 물질적 존재이며 물질세계 발전의 특출한 산물입니다.[28]

---

28) 김정일, 『주체사상에 대하여』, 178쪽.

『김일성저작선집』에 의하면 "주체사상이란 한마디로 말해 혁명과 건설의 주인은 인민대중이며 혁명과 건설을 주동하는 힘도 인민대중에게 있다는 사상이다. 다시 말하면 자기 운명의 주인은 자기 자신이며, 자기 운명을 개척하는 힘도 자기 자신에게 있다는 사상이다"고 정식화하고 있다.[29]

주체사상은 사람이 모든 것의 주인이며 모든 것을 결정한다는 철학적 원리에 기초하고 있다. 사람은 자주성과 창조성을 가진 사회적 존재이다. 자연과 사회를 개조하는 것도 사람이며 과학과 기술을 발전시키는 것도 사람이다. 그러므로 사람은 세계를 지배하는 주인이 되며 모든 것을 결정하는 요인도 된다. 대개 나라 혁명의 주인은 그 나라 인민 자신이다. 주인다운 태도를 가지고 혁명과 건설에서 나서 모든 문제를 자기 인민의 이익과 자기 나라의 실정에 맞게 그리고 자체의 힘으로 풀어 나가야 혁명과 건설에서 성과를 거둘 수 있다. 인민대중은 역사의 창조자이며 혁명과 건설의 건설적인 역량이다.[30]

사람은 자주성을 가진 존재, 자주적인 사회적 존재입니다. 자주성은 세계와 자기 운명의 주인으로서 자주적으로 살며 발전하려는 사회적 인간의 속성입니다. 사람은 육체적 생명과 함께 사회적인 생명을 가집니다.[31]

사람은 창조성을 가진 존재, 창조적인 사회적 존재입니다.…… 창조성은 목적 의식적으로 세계를 개조하고 자기 운명을 개척해 나가는 사회적 인간의 속성입니다.[32]

사람은 의식성을 가진 존재, 의식적인 사회적 존재입니다. 의식성은 세계와 자기 자신을 파악하고 개별하기 위한 모든 활동을 규제하는 사회적 인간의 속성입니다. 자주성, 창조성, 의식성을 가진 사회적 존재인 사람은 곧 세계의 유일한 지배자이며 유일한 개조자입니다.[33]

---

29) 『김일성저작선집』, 30권, 417쪽.
30) 『철학사전』, 541-542쪽.
31) 김정일, 앞의 책, 117-118쪽.
32) 위의 책, 177-181쪽.
33) 김정일, 위의 책, 177-181쪽에서 발췌.

주체사상의 기본원리와 내용, 근본입장, 정책적 구현을 7항으로 요약할 수 있다. ① 철학적 기초: 사람이 모든 것의 주인이며 모든 것을 결정한다. ② 자주성: 인간에게 있어 생명, ③ 사상의식: 인간의 모든 행동을 규정, ④ 주체사상이란 혁명과 건설의 주인이 인민대중, 그것을 주동하는 힘도 인민대중에게 있다는 사상, ⑤ 주체사상은 모든 이들의 사고와 혁명실천에서 자국의 혁명을 중심에 놓을 것을 요구한다는 것, ⑥ 혁명과 건설의 주인인 인민대중은 자주적 입장과 창조적 입장으로 표현되는 주인다운 태도를 지녀야 한다는 것, ⑦ 사상에서의 주체,[34] 정치에서의 자주, 경제에서의 자립, 국방에서의 자위는 당의 일관된 입장이며 방침이라는 것이다.

(2) 북한 불교인이 보는 주체사상과 불교

북한 조선불교도연맹 박태화 위원장은 주체사상과 불교의 관계에 대해

> 북조선의 독자적 정치사상은 주체사상이다. 불교가 인간을 사랑하고 인류를 사랑하는 사상이라는 점에서 그것은 주체사상과 공통된 일면이 있다. 마르크스주의는 종교를 부정하지만 주체사상은 그렇지 않다. 불교는 마음이 편안해지는 경지로서 열반을 가르친다. 그것은 아집과 욕망의 주정이며 진실한 인간애이자 인류애다. 이것은 주체사상과 공통된 일면이다.
>
> 주체사상은 종교적 진리를 포함하고 있다. 주체사상은 인간의 사회생명을 중요하게 생각한다. 인간 개개의 생명은 유한하지만 그 개개의 생명이 사회적 생명과 연결될 때 영원하다. 이것은 불교에서 말하는 개인과 전체의 '일즉다 다즉일'(一卽多 多卽一)의 사상과 통한다.

고 설명하고 있다. 또한

> 북한은 사회주의체제이지만 국가에서 헌법으로 신앙의 자유를 명확히 규정하고 있으며, 신도들도 자유로운 신앙생활을 하고 있다. 사회주의건설을 위한

---

34) 위의 책, 177-181쪽.

조국통일에 이바지하고 있다. 국가적으로도 불교를 믿도록 장려하고 있다.

고 말하고 있다.

현재 공화국에서는 사상, 기술, 문화의 삼대 혁명운동이 주체사상으로 강력히 추진되고 있다. 불교와 주체사상은 상호 통하는 사상이다. 주체사상은 인간을 가장 중요시하고 있고, 인간의 복리를 위한 사상으로 이해하면 된다. 인간해방, 계급해방, 민족해방의 철학이요, 세계평화를 이룩하는 철학이다. 불교교리는 인간을 고(苦)로부터 해방시켜 주며, 나아가 인간의 행복을 추구하고 있다. 불교의 궁극목적인 '인간의 행복, 국가의 발전, 세계평화'를 추구하는 의미에서 주체사상과 일치하고 있으며 이를 강조한다.35)

불교는 신을 믿는 신본주의(神本主義) 사상이 아니고, 진리를 깨달은 자인 부처를 믿고 부처가 되자는 사상이므로 인본주의(人本主義) 사상의 측면도 있다. 그러나 인본주의 사상이라고 해도 깨달은 자가 아니면 자기가 주인이 될 수 없고, 깨닫지 못한 사람은 항상 객관세계에 끌려 번뇌를 가지게 되므로 고통 속에서 살 수밖에 없다.

"자기가 주인이 된다"는 것은 atman이라는 자아가 주인이라는 것이 아니고, 실체가 없는 연기(緣起)인 공(空)으로서의 자아, 곧 무아(無我, anatman)인 아(我)가 바로 주인이다. "무아(無我)에 들기 때문에 아(我) 아님이 없고, 아(我) 아님이 없기 때문에 평등하지 않음이 없다"고 한 바와 같다.

이런 경지에서는 불교의 기본사상이 주인사상으로 나타나 있으며, 모든 자아는 참된 주인이 되는 것이다. 이러한 참된 자아가 주인이 되었을 때 비로소 자재함을 얻고, 법계연기(法界緣起)의 질서 속에서 법 그대로 자연법이(自然法爾)의 삶을 누리게 된다. 이때 자비의 방편으로 더불어 사는 보살행이 있게 되고, 이 세계는 극락국토를 성취하게 되는 것이다.

"불교의 주인사상은 주체와 개체로 분리하지 않는" 연기(緣起), 공(空)의 실상 그대로인 것이며, 깨달은 자가 참된 자아를 찾는 것이므로 서구철학

---

35) 조선화보사, 「공화국 각계인사 입분(共和國各界人士入聞): 조선불교도연맹 박태화 위원장 인터뷰에서」, 『조선화보』(조총련, 1988년 11월), 21쪽(일본어판).

에서 말하는 신본주의에 상대되는 인간 중심의 사상도 아니고, 주체사상이 말하는 발달한 물질인 인간 중심의 사상과도 거리가 있다. 흔히 서구 철학자들이 불교를 인본주의 사상이라고 하나, 그들이 말하는 인간만이 소중하다는 인간 중심 사상과는 차원을 달리하는 것이다. 따라서 불교가 "인간의 고(苦)를 해방시켜 주며, 나아가 인간의 행복을 추구하고 있다"고 한 북한 불교인의 말은 불교가 추구하는 모든 생명체(중생)의 행복관는 차이가 있다. 북한의 조불련에서 "주체사상과 불교의 궁극목적이 공통되고 있다"고 한 것은 불교의 행복관의 일부인 사람 중심의 이해에서 나온 것이다.

불교의 화쟁사상(和諍思想)은 무조건적인 화합의 평화사상이 아니고, 파사현정(破邪顯正)하는 것을 통한 화합이니, 이것은 불교의 기본이념이다. 불교의 기본사상은 주인사상(主人思想)으로 나타나 있다. 주인사상의 철학적 논리는 불교에 있다. 불교에서는 무엇보다도 사람(人間, 중생)이 주인임을 깨닫는다.36)

5) 변화하는 종교관

북한 사회과학원 언어학연구소에서 1981년 발간한 『현대조선말사전』과 1992년 발간한 『조선말대사전』을 비교 분석한 결과에 따르면, 사전에 올려진 종교관련 말뜻풀이의 경우 1970~1980년대 '반동적 세계관'이라고 서술됐던 부정적 견해가 완전히 사라졌다. 모두 33만 단어가 수록돼 규모 면에서 3배로 늘어난 『조선말대사전』의 종교용어 풀이에서 착취도구, 아편, 현혹, 위선 등의 단어가 사라지고 '중립적' 시각을 견지할 뿐 아니라 성령, 삼위일체, 십일조 등의 항목을 새로 싣는 등 양과 내용이 풍부해졌다.

그러나 북한의 종교에 대한 종래의 부정적 선입관과 남한만의 잣대로 북한의 종교현상을 재서 결론지으려는 것은 많은 오판을 초래할 것으로 보이며 더 깊은 연구가 필요하다고 본다.

---

36) 신법타, 『북한불교 연구』(민족사, 2000), 248-249쪽.

<표 2-3> 북한불교의 변화

항목	현대조선말사전(1981년 발간)	조선말대사전(1992년 발간)
종교	신, 하느님 등과 같은 자연과 사람을 지배하는 그 어떤 초자연적이고 초인간적인 존재나 힘이 있다고 하면서 그것을 맹목적으로 믿고, 그에 의지해서 살게 하며, 이른바 저승에서 행복한 생활을 꿈꿀 것을 설교하는 반동적인 세계관 또는 그러한 조직. 종교는 인민대중의 혁명의식을 마비시키고 착취와 억압에 무조건 굴종하는 무저항주의를 고취하는 아편이다.	사회적 인간의 지향과 렴원을 환상적으로 반영해 신성시하며 받들어 모시는 초자연적인 존재에 대한 절대적인 신앙 또는 그 믿음을 설교하는 교리에 기초하고 있는 세계관.
부처	불교를 믿는 사람들이 종교 미신적으로 숭배하는 우상.	세상의 이치를 깨달은 자를 이르는 말
불경	불교의 반동적인 교리를 적은 글이나 책.	불교의 경전
극락세계	인간세계에 대비해 죽은 뒤에 행복하게 살 수 있는 세계라는 뜻으로 인민들을 착취사회의 비참한 현실에서 외면하려는 목적으로부터 꾸며낸 가상적인 세상을 말한다.	아미타불이 살고 있는 곳으로서 죽은 뒤에 즐겁게 살 수 있다는 극락정토가 있는 세계를 인간세계에 상대해 이르는 말.
중	불교를 미친 듯이 믿는 자로서 절에 속해 있으면서 불교를 퍼뜨려 착취계급에 복무하며 종교의 탈을 쓰고 인민을 착취해 기생생활을 하는 자.	집을 떠나 절에 들어가 불교교리를 전문적으로 닦고 선전하는 사람.
절	중들이 부처를 놓고 종교의식을 지내는 집. 불교를 퍼뜨리는 거점으로 인민을 기만하고 그들을 착취해 기생생활을 하던 곳.	중들이 부처를 놓고 종교의식을 지내면서 살고 있는 집. 불교를 퍼뜨리는 기본거점이다.

북한 불교계의 실질적 변화

① 조국통일기원 합동법회시 남한의 찬불가를 함께 부름(삼귀의, 사홍서원, 찬불가 2000. 11, 2001. 8. 15).
② 매년 부처님 오신 날(북: 성탄절) 동시법회 개최와 공동발원문 채택.
③ 묘향산 보현사 승려들의 삭발.
④ 지원에 대한 감사표시와 요구.
⑤ 빙남(訪南)의사 직극 표현(2002. 8. 15 서울 행사 박태화 위원장 참석).

<표 2-4> 기독교와 천주교의 변화

항목	현대조선말사전(1981년 발간)	조선말대사전(1992년 발간)
신교	16세기에 상층 부르죠아지들의 이익을 옹호하기 위한 종교개혁과 관련해 천주교에서 갈라져 나온 교파. 자본가들의 착취를 정당화하며 제국주의자들의 착취와 약탈 및 남의 나라에 대한 사상 문화적 침투에 적극 복무하고 있다.	새로운 교리라는 뜻으로 프로테스탄트를 이르는 말. 16세기 종교개혁 때 새로운 교리와 계율을 주장하면서 로마 가톨릭교에서 갈라져 나온 기독교의 교파이다.
구약 성서	예수가 나기 전의 기사를 모았다고 하는 예수교의 이른바 성서. 깨지 못한 사람들을 끌기 위한 비과학적인 허황된 거짓으로 엮어져 있다.	하느님의 언약을 담은 거룩한 글이라는 뜻으로 예수 출생 이전의 천지창조설과 인류의 번성 역사. 예언자들을 통해 주어진 하느님의 언약을 기록했다는 책이다.
신부	종교교리를 전문적으로 선전하는 직책 또는 그 직책에 있는 자. 미제는 신부들을 여러 나라에 파견해 착취와 약탈, 침략과 억압을 정당화하는 데 이용하고 있다.	교리를 전문적으로 선전하는 교직 또는 그 직위에 있는 사람. 교구의 말단조직의 책임자다.
교회	반동 통치계급이 정치적 비호 밑에 근로자들의 계급의식을 마비시키고 예수교의 교리와 사상을 선전하며 퍼뜨리는 거점.	기독교에서 여러 가지 종교적 의식을 하고 사람들에게 기독교를 믿도록 선전하기 위해 지은 건물. 예배당.
십자가	예수쟁이들이 들고 다니면서 이른바 위원과 박애의 위장물로 삼는 십자 모양의 표막대기.	기독교에서 교인들이 기도를 할 때 손에 들거나 일상적으로 목에 걸고 다니는 십자표 모양의 표.
선교사	미제를 비롯한 제국주의 예수교를 선전하고 보급한다는 명목으로 다른 나라에 파견하는 종교의 탈을 쓴 침략의 앞잡이.	기독교를 보급 선전할 사명을 띠고 다른 나라에 파견되는 사람.

6) 북한의 사찰

북한사찰의 가장 큰 기능은 다음과 같다.

첫째, 건축술의 연구대상 및 문화재의 기능이다. 김일성은 1980년 중반 안변 석왕사를 방문해 참석자들에게 "이 절간을 가지고 불교를 선전하자는 것이 아니라 우리 인민들의 슬기로운 건축술의 전통을 후대들에게 가르쳐야 한다"고 언급하고 있다.

둘째, 과거에는 '봉건 통치배들의 유훈지'였으나 이를 인민들에게 돌려준다는 명분으로 '근로인민들의 즐거운 문화휴식처' 또는 '소년단의 야영지'로 활용하는 휴식공간이다.

셋째, 불교의 반동성을 깨우치기 위한 반불교 선전의 학습장소가 된다.

넷째, 관광자원의 기능이다. 묘향산의 보현사, 금강산 내의 사찰들은 내·외국인 관광객에게 공개되고 있다.

다섯째, 역사적 유물과 유적지로서 '역사박물관'이 되었다. 대표적인 예가 묘향산 보현사로 그들은 '역사박물관'으로 부르고 있고, 안내도에도 그렇게 표기돼 있다. 필자는 이에 대해 의문을 제기하고 종교의 역할을 의도적으로 요구한 적이 있다.

따라서 북한의 사찰은 "김일성과 당에 의해서 사찰이 복구되고 정비되었다"고 하는 점을 그곳 복구사찰에 거주하는 승려의 말을 종합할 때, 결국 북한에는 사찰의 기능과 임무에서 순수한 사찰로서 존재하기란 어려운 것이 과거와 현재의 현실로 파악된다.[37]

조불련 관계자들은 현재 북한에는 61개의 사찰이 현존한다고 말한다. 현존 사찰은 6·25한국전쟁 과정에서 일부가 남았거나 전소된 것을 '국보유적지'로 복원한 것이 대부분이다. 현재 북한의 사찰은 승려가 관리하는 조선불교도연맹 소속사찰과 유물보존총국[38]에서 문화재로 관리하는 사찰로 구별돼 있다. 후자의 경우에는 승려가 없고 정부에서 배치한 사찰 관리인만이 상주한다. 이 중에서 직접 방문해 본 사찰은 평양시의 정능사, 광법사, 용화사, 법운암, 묘향산의 보현사, 상원암, 금강암, 개성에 있는 관음사, 안화사, 금강산 표훈사, 정양사, 보덕암, 성불사, 월정사 등 13개의 사찰과 안면 석왕사지, 금강산 장안사지, 구월산 패엽사지 등이다.

1991년 2월에는 김일성 주석이 평양시 대성구역 대성산에 위치한 고구려시대의 고찰 굉법사를 찾아 그 복구현장을 시찰해 불교사찰과 문화재의

---

37) 위의 책, 266-267쪽.
38) 한국의 문화재청에 해당됨.

복구・보존에 힘쓰라고 교시를 내렸다. 북한에는 국보급・보물급・사적・명승지・천연기념물 등 지정문화재가 있다. 1993년 말까지 문화재 현황을 보면 국보급 50점, 보물급 53점, 사적 73점, 명승지 19개 처, 천연기념물 105개 처가 있다.

4. 평화통일과 불교의 역할

1) 평화통일과 불교의 역할

· 불교는 2천 년간의 통일화합의 역사적인 경륜, 경험이 있다.
· 남북 문화재 중 불교문화재를 80% 이상 공유하고 있어 동질성의 유지와 회복에 중요한 요소다(북한의 국보 1호는 평양성, 보물 1호는 평양종).
· 불교교리상 공존공영성을 인정하고 있다. 화쟁(和諍), 중도(中道), 인연(혈연, 학연, 지연, 국토연, 민족연, 지구연 등)이다.
· 남북 불교는 역사적 동질성을 유지해 오고 있다(동질성 확인).
· 인민의 긍정적 수용: 애국종교로 본다(애국승려: 원효, 서산, 사명, 한용운. 천주교, 기독교는 미제의 스파이며 앞잡이고 외세라고 경계함).
· 타 종교는 휴전 이후 1988년 10월까지 집회장소(교회당, 성당)가 하나도 없었으나, 사찰은 60여 개가 보수・복원・유지됐다(광법사, 정능사, 법운암 등).

그러므로 불교는 유구한 역사와 남북 최대의 종교로서 민족교류에 앞장서야 하며, 국민들의 통일의식을 일깨워 주어야 한다. 그 동안 불교계는 민족의 동질성과 신뢰를 회복하기 위한 사상적・문화적으로 여타의 종교, 사회와는 뚜렷한 차이를 갖고 있으면서도 통일운동의 무게중심을 바로 하지 못했다. 불교의 사상적 토대(화쟁, 원융사상 등)와 2천만의 불교신도, 그리고 고유의 민족문화를 보유하고 있는 성보사찰 등 민족성과 연결할 수 있는 고리는 불교만의 고유한 영역이라고 할 것이다. 또한 북한정권에서도 민족의 정통성 부여와 조선이라는 역사성을 유지·발전시켜 주체사회주의 실현에 불교가 주체사상의 측면에서 보면 반봉건적 요소로 척결의 대상이 었지만, 이제는 관광, 외화 등의 측면과 국민의 이데올로기에 종교의 장점을 활용하고 있다. 그래서 북한은 1990년대 들어서면서부터 보현사, 광법사, 단군릉 등을 복원·발굴·선전하고 있는 맥락을 추측할 수 있다.

　북한의 타종교에 대한 이해에서 "외세는 바로 미제"라는 등식으로 추출의 대상으로 여기고 있으며, 통일의 가장 큰 방해요소가 미제문제로 남아있으므로 타종교에 대한 북한정권 및 국민정서는 불교보다 크게 거부감을 나타내고 있다. 그러나 북한은 국민경제의 일정부분을 종교문화 정책으로 활용한다[39]는 전략으로 미국의 한국계 기업인 및 종교인으로 하여금 칠골교회, 봉수교회 같은 건물을 신축하게 하고, 정부차원에서 대규모 사찰을 복원하거나 종교의식 행사를 수용하는 종교정책을 실시하고 있다. 종교계의 운동은 정치·사회 등의 통합을 제기하면서 통일운동을 추진하는 재야의 통일운동보다 순수한 종교적 기능과 목적에 의한 측면이나 민족간의 변화형태가 느린 문화영역에서 종교적 가치를 갖는 종교적 공통성이 존재하고 있으므로 유리한 요소를 폭넓게 갖고 있다.

　북한은 1995년부터 에너지난으로 공장가동률이 30% 수준에 그치는 데 따른 산업활동 마비, 지하경제 확산, 만성적인 식량난 등 경제위기에 직면해 있다. 또한 철저한 사회통제 장치의 붕괴가 가중되고 있으며, 군부와 사회계층의 이탈로 대량 탈북자가 발생하고 있다. 이는 김일성 사망 1년도 못 되는 시점인 1994년을 기점으로 김정일시대에 접어들면서 집중적으로 나타나고 있다. 이러한 일련의 문제에 대해 '김일성 신앙', '권력의 공동화'로 이어질 것이라는 서방 외신과 북한관계 전문가들이 내세우는 논리도 있으나, 북한주민의 동요는 우리가 인식하는 것보다 협소하고 안정적이라는 관측도 나오고 있다. 이러한 시점에서 북한 내부의 동요와 변화는 새로

---

39) 1994, 95년도 신년사와 그 교시 참조.

운 이데올로기의 전환을 요구받고 있다. 이에 김정일체제는 단군릉 복원에 집중적인 홍보와 재원을 투자함으로써 '정통성 복원'을 시도했다. 사회통제 장치의 이완으로 빚어지는 북한주민의 이탈을 막기 위한 전략으로 향후 김정일체제는 종교정책을 새로이 모색할 수밖에 없게 될 것이다. 결국 북한종교의 대외기조는 한국의 종교와 상호 유기적인 관계를 통해서 조국통일에 어떻게 대처할 것인가에 달려 있다.

이에 따른 북한불교의 역할과 상황변화가 예상되는 가운데 한국불교는 격동의 1980년대를 지나면서 사회에 눈을 뜨기 시작해 통일운동에 참여하고 있다. 불교계의 통일운동이 새롭게 제기되는 것은 분단은 됐지만 남북불교가 하나의 문화로 이어져 오고 있으며, 우리 심장 깊은 곳에 있는 한민족의 맥박은 2천 년의 불교역사 속에서 살아 숨쉬고 있기 때문이다. 높고 깊은 남한·북한간, 정부간, 국민간 불신을 해소하는 화해의 청량제로서 민족의 동질성 확인으로 역사적 역할을 다해 온 것도 우리 불교이기에 이는 가능한 것이다. 남북 불교계는 자주 만나 대화함으로써 '동질성 확인'을 하고 나아가 남북 국민간에 거부감, 이질감, 적대감이 없는 토착된 민족종교의 역할을 다해야 할 것이다. 그러기 위해서는 통일운동에 남북의 불교인이 함께 적극적으로 나서야 한다.

불교계는 분단 이후 통일운동에 크게 기여하지 못했던 것을 크게 반성하고 이제는 노력해야 한다. 이것은 불자들뿐 아니라 일반인들도 민족종교인 불교에 바라고 있는 점이다. 실로 객관적 평가로부터 통일을 이룰 수 있는 공감대의 역할을 요구받고 있는 것이다.

2) 남북불교계의 교류와 협력

오늘날 남북간의 불교교류는 해외의 불교계를 통한 간접교류와 1995년 이후 북한동포 돕기사업의 일환으로 이루어지는 남한 중심의 직·간접교류와 국수공장 및 사찰복원에 따른 확대교류로 구분된다. 북한불교와의 간접교류는 미국, 일본, 중국 등 제 3국에서의 남북 불교교류다. 미국을 중심으로 한 해외에서의 불교계 통일운동의 역사는 미미하지만 1985년부터 시작됐다고 할 수 있다. 그러나 본격적인 불교계의 참여는 1988년부터 신법타의 통협(조국통일 북미주협회, One Korea Movement) 참여로부터 시작됐다. 1989년 2월 '조국의 평화통일을 위한 불교인협의회'(약칭 평불협, 회장 신법타, 사무국장 김형근)가 결성돼 남북해외불교지도자연석회의가 추진됐다. 그러한 노력은 1991년 10월 29~30일 LA 관음사에서 개최된 '조국평화통일기원법회'의 기초가 됐다.

1991년 2월 한민족불교교류추진불교인협의회(약칭 한불협, 회장 김도안, 부회장 신법타, 기대원)가 결성돼 1991년 조국평화통일기원법회를 주최했지만, 그후 현재까지 추진한 사업은 없다. 1992년 2월 12일 서울에서 송월주, 신법타가 중심이 돼 조국평화통일추진불교인협의회(약칭 평불협)이 창립됐고, 1992년 9월 '조국평화통일추진불교인협의회 미주본부'(약칭 재미평불협, 회장 이용운)가 결성돼 1993년 3월 18~21일 LA 코리아타운 플라자에서 법타 스님이 촬영해 온 '북한불교 사진전'을 가졌다. 그후 1994년에 이 단체는 조국평화통일불교협회(평불협) 미주본부(회장 김도안)로 전환해 현재까지 매년 방북을 통해 남북 불교교류에서 직·간접의 역할을 활발히 하고 있다. 또한 다른 통일운동 단체들과 연대해 활동하고 있다.

일본에서 활동하는 불교계는 재일본한민족불교협의회(약칭 한불협, 회장 석태현)가 대표적이다. 1995년 7월 1~3일 일본 동경에서 '8·15광복 50주년 조국통일기원 희생동포위령 공동법요 및 조국 평화통일과 불자들의 역할에 관한 도쿄회의'를 개최한 이래 남북불교 교류에서 별다른 역할은 없다. 중국을 통한 남북불교의 교류는 평불협 회장 법타의 1989, 91, 92년도 방북과 1994년 6월 1~7일 일본 동경에서 조불련 박태호 위원장과의 협의와 노력으로 1991년 이후 단절됐던 남북간의 교류가 다시 재개된다.

이러한 평불협의 지속적인 노력은 해외 불교계를 통한 직·간접교류를 실천시켰다. 1996년 4월 23일~5월 1일 평불협 미주본부 고문 정산 스님과 상임부회장 지현정사가 방북해 조불련으로부터 북경회동을 요청받아 1995년 5월 23~26일 북경에서 1991년 이후 처음으로 양측 최고책임자들이 회동하는 모임을 갖게 된다. 이후 1996년 2월 26일 북경 남북종교인회의(조불련 황병대 부위원장 참가)를 가졌고, 1997년 4월 13일 북경에서 '대북 식량지원을 위한 남북불교 실무자회의'(심상련 서기장 외 2명)를 가졌고, 같은 해 5월 23~30일 평불협 미주본부 회장 도안 스님이 방북해 LA평불협 회원과 불자들이 모은 1만 233불의 대북지원을 했다.

또한 평불협을 통한 남북 불교간의 확대교류는 1997년 남북 불교계가 교류의 차원을 넘어 협력의 단계로 발전하게 된다. 같은 해 9월 7일 평불협 도안 스님과 법타 스님은 기자회견을 통해 북한에 국수공장을 조불련에 기증키로 조불련과 합의사항을 발표했다. 이후 12월 26일 평불협 미주본부 대표자격으로 상임부회장 지현정사가 방북해 조불련과 황해북도 사리원시 만금동에 금강(金剛)국수공장을 설립키로 합의서를 체결했다.

이러한 남북불교간 협력은 한층 발전해 1998년 3월 14일 북경에서 금강산국제그룹(회장 박경윤)을 파트너로 '금강산 문화재 복원에 관한 합의서'를 체결하게 됐다. 이와 같은 실질적인 남북불교 교류의 진전과 함께 문화예술 교류도 진행됐다. 그것은 1998년 10월 30일~11월 7일 평양의 '윤이상통일음악제'와 광법사의 '고 윤이상선생 천도재;, 보현사의 '평화통일기원 타종식' 등으로 이어졌다. 북한의 불교교류는 1995년 5월 북경회동을 계기로 정례화 되다시피 발전했다. 특히 1997년 3월부터는 남북한의 불교계가 공식회의를 거쳐 매년 '부처님오신날 봉축 남북공동발원문'을 채택해 동시법회를 매년 가지고 있다.

남북간 교류와 협력에 있어 불교의 과제는 한 마디로 북한 불교 즉, 조불련의 위상강화에 있다고 할 수 있다. 이것은 북한 종교 내에서의 조불련의 위상이 강화될 경우는 제3국에서의 법회, 회의 등 각종 접촉이나 남북 불교 교류의 실질저긴 폭이 크게 확장된다는 것을 함축하고 있다. 조불련의 주요업무가 첫째로 한국을 포함한 제3국과의 종교교류, 둘째는 북한종교의 실질성 확인, 셋째로는 승려교육 및 사찰관리 기능의 수행과 넷째로는 현실에 직면하고 있는 식량난 해소를 위한 남한과 해외의 불교계에 지원과 단청개금의 지원창구 역할을 하고 있다.

남북 불교교류의 제1의 과제는 조불련의 위상을 높이는 데 일조하는 것이라 할 수 있다. 그 실천방법 중 가장 현실적인 것이 어떤 형태로든 조불련 이름으로 북한에 식량을 지원하는 사업이다. 조불련의 위상이 타 종교와 마찬가지로 신장될 수 있도록 하기 위해서는 한국불교 내의 '종단적 합의화', '교류창구의 실질화', '교류주체의 전문화', '지원방법의 통일화' 등을 마련하는 것이 우선적으로 필요하다. 북한 불교계와 무엇을 어떻게 할 것인지를 개별종단 차원이 아니라 범종단적으로 '합의'를 도출하는 방안이 요구된다. 교류창구는 실현 가능한 창구와 신뢰가 충분히 구축돼 있는 창구가 가장 효율적인 것이 된다. 교류주체의 전문화는 다양한 경험과 신뢰가 구축된 단체나 개인이 지속으로 교류하고 대응하는 방법적 조치다.

지원방법에서 대명제는 인도주의에 입각해야 한다. 현재 우리 불교계가 북한에 지원하는 내용은 거의 80% 정도가 불자들의 발원이 담긴 삼보정재로 마련된 것이다. 비료 등의 대북지원에서는 시기, 내용, 명분(목적)이 3가지 절대요소다. 진정으로 우리 불교계가 북한불교를 염려하고 교류와 협력의 파트너십을 구축하려면, 한국 내의 시기와 내용, 명분도 중요하지만 북한불교의 위상을 강화하는 것에 대해 고민할 필요가 있다.

남북간이 교류와 협력은 정부차원의 대책이 우선하고, 여기에서 윤활유와 같은 기능으로서 민간차원의 교류와 협력이 창의적으로 응용돼야 한다. 북한불교와의 교류는 그들의 실제 가능한 교류성을 파악하고 인적·물적 자원을 투입하기 위한 파트너십을 가져야 한다.

3) 북한 식량난해소 지원사례

(1) 교리적 배경과 제언

설사 신(神)에게 백천 번 기도하고 모든 외도에게 공양하더라도 가난한 사람에게 기쁨으로 베푼 공덕의 1/16에도 미치지 못하리라. 남에게 고통을 주면서 얻은 재물로 거창하게 베푼다 해도 깨끗한 재물로 베푸는 작은 보시의 공덕에는 비교할 수 없느니라.[40]

---

40) 『잡아함경』, 14. 48.

보살이 보시할 때에는 모든 생명이 먹어야 살 수 있다는 것을 생각하고, 벽지불에서 범부에 이르기까지 평등한 마음으로 사람을 가리지 않고 베풀어야 하느니라.[41]

한반도의 평화원칙은 군사나 경제 등의 문제를 떠나 인간의 사랑, 상대의 마음을 읽으려는 노력, 입장을 바꾸어 볼 줄 아는 자세가 필요하다. 우리가 동포의 죽음과 기아의 고통을 외면하는 것은 총을 들고 싸우던 전쟁보다 더 비겁하고 민족과 역사 앞에 부끄러운 행동이다.[42]

(2) 한국 불교계 최초의 북한 '금강국수공장' 설립지원

- 설립방식: 한국 평불협이 설립비를 제공하고 조선불교도연맹이 위탁 운영한다.
- 위치와 현황: 황해북도 사리원시 만금동, 성불사에서 4km 이내에 위치한다. 만금동 주변에 약 5백 세대가 거주하는데, 1998년 4월부터 본격 가동에 들어갔다.
- 생산량 지원: 국수공장 자동기계 3 대가 설치됐고, 전기 및 운반용 레커를 사용해 1일 2톤의 밀가루로 매일 7,700그릇의 국수를 생산하고 있다. 매월 밀가루 20~60톤을 지원(평불협)해 2002년 11월 19일 27차로 1,508톤을 지원했다.
- 급식범위: 병원, 유치원, 각급 학교, 성불사 신도회 등의 노약자, 어린이, 학생, 성불사 신도 등 지역주민들에게 배식하고 있다.
- 공장현황: 공장장(기기장) 김유검, 지배인 리지봉, 공원 50명, 1일 3교대 근무.
  - 유관기관: 사리원시 당비서 김봉칠.
  - 공장규모: 3층 양옥. 1층 = 밀가루 창고, 2층 = 국수공장, 3층 = 국수공장 및 공장 사무실.

---

41) 『增 아함경』, 19.
42) 「김수환 추기경, 한반도의 平和원칙」, 일본 『세카이』(世界) 게재.

<표 2-5> 대북지원 사업내용(주요사업별)(기간: 1995.9~2002. 현재) 통일부 보고내용

일 자	주요 내용물품	금 액	사업 상대방	분배지역	수 혜 자
1995. 9.	불교용품(촛대, 초, 향)	300만원	조선불교도연맹	황해도	전국불교인
1996. 4. 15	의약품 2박스	200만원	조선불교도연맹	북한 전역	북한주민
1997. 12. 26	금강국수공장 설립기계 밀가루 60톤, 조미료 포함	6,750만원	조선불교도연맹	황해도	학생, 주민
1998. 3. 20	금강국수공장 설립기계 밀가루 60톤, 조미료 포함	500만원	조선불교도연맹	황해도	학생, 주민
6. 17	밀가루 60톤, 조미료 포함	2,100만원	조선불교도연맹	황해도	학생, 주민
7. 25	자전거 102대	306만원	불교연맹80대	황해도	국수공장 22대
8. 23	밀가루 60톤, 조미료 포함	1,863만원	조선불교도연맹	황해도	학생, 주민
10. 5	자전거 55대	500만원	금강국수공장		
10. 20	밀가루 60톤, 조미료 포함	1,863만원	조선불교도연맹	황해도	학생, 주민
1999. 3. 25	밀가루 60톤, 조미료 포함	1,850만원	조선불교도연맹	황해도	학생, 주민
5. 16	밀가루 60톤, 조미료 포함	1,692만원	:	:	:
9. 26	밀가루 60톤, 조미료 포함 작업모, 화, 복, 바닥장판	2,311만원	조선불교도연맹 금강국수공장	:	:
12. 20	중고의류 2만 벌,조미료 포함	1,595만원	조선불교도연맹	:	:
12. 30	중고의류 1만 600벌	1,101만원	:	:	:
2000. 3. 6	중고의류 2만 벌, 신발 421개	2,210만원	:	:	전국 북한주민
3. 15	밀가루 60톤, 조미료 포함	1,590만원	:	:	:
5. 31	밀가루 50톤, 식용유 5톤	1,665만원	:	:	학생, 주민
7. 14	밀가루 50톤, 천 3500미터	1,841만원	:	:	:
9. 6	밀가루 50톤, 천 3500미터	1,841만원	:	:	조선불교연맹
10. 2	밀가루 60톤, 천 2004미터	2,026만원	:	:	:
2001. 1. 19	겨울옷 4500벌	1,924만원	:	:	:
2. 22	밀가루 60톤 외	1,937만원	:	:	전국 북한주민
3. 24	밀가루 60톤 외	2,020만원	:	:	:
4. 27	밀가루 48톤 외	1,667만원	:	:	:
5. 31	밀가루 90톤 외	3,308만원	:	:	학생, 주민
6. 27	설탕, 식용유 외	1,453만원	조선불교도연맹	:	:
7. 13	여름옷 12,750벌	2,799만원	:	:	:
7. 23	밀가루 60톤 외	2,243만원	금강국수공장	:	:
8. 31	밀가루 60톤 외	1,996만원	:	:	:
9. 25	가을, 겨울옷 외	3,606만원	조선불교도연맹	:	:
10. 31	밀가루 60톤 외	1,963만원	금강국수공장	:	:

일 자	주요내용물품	금 액	사업상대방	분배지역	수 혜 자
11. 28	밀가루 60톤, 국수 150박스	2,185만원	:	:	:
12. 28	밀가루 60톤, 자전거 100대	3,246만원	:	:	:
2002. 3. 19	국수 및 조미료	22,900만원	조선불교도연맹	:	:
4. 23	밀가루 60톤	2,274만원	금강국수공장	:	:
7. 11	밀가루 50톤 칫솔, 치약, 비누 등 생필품	3,454만원	금강국수공장 조선불교도연맹	:	:
8. 19	분유, 아동복, 여성복, 신발, 양초	5,255만원	금강국수공장 조선불교도연맹	:	:
9. 23	분유(맘마밀)	2,211만원	금강국수공장 조선불교도연맹	:	:
10. 24	분유, 양말, 치약 등	5,237만원	금강국수공장 조선불교도연맹	:	:
11. 19	밀가루 30톤, 겨울의류 3만벌	4,045만원	금강국수공장 조선불교도연맹	:	:
합 계		114,327만원			

기타 지원

· 자전거 257대

· 의 류 101,373점

· 신 발 764족

· 원 단 9,004미터

· 설탕, 식용유 19.6톤

· 국 수 3,615박스

· 분 유(매일유업 맘마밀) 1,257박스

· 생필품 145박스

4) 남북한 불교교류 방안의 모색

① 직접적인 방법으로는 매스컴이나 통신을 통한 교류, 회담, 법회 등을 직접 제의하는 방법을 생각할 수 있다. 한국의 신문, TV, 라디오를 통해 직접 제의하는 것이 되겠다.

② 간접적인 방법으로는
- 북한을 방문하는 한국 국민을 통해 의사전달.
- 해외동포, 해외동포 승려를 통해 의사전달.
- 외국인을 통한 의사전달: 태국, 일본, 미국, 스리랑카 등 불교국가 인사나 외교사절을 이용.
- 국제종교 또는 불교조직을 통한 의사전달: 세계불교도우의회(WFB), 미국의 American Buddhist Congress(AB.C.), 아시아불교평화회의 가입.
- 정치회담 또는 정치인의 방북시 의사전달 부탁: 판문점을 중심으로 많은 남북한간의 회담이 있으므로 이 기회를 활용할 수 있다고 본다. 그곳에서는 북한측의 기자들을 비롯한 많은 인사를 접할 수 있다. 또한 남북한간의 비밀회동이 있어 온 사실에 비추어 이 가능성 또한 높다.

③ 교류의 실제 방법
- 남북합동법회 제의: 5대 불교 기념법회일, 단오절, 3·1절, 8·15광복절, 한글날 등으로 한다.
- 교환방문: 성지참배와 종단 중앙부서를 교환 방문한다.
- 교환법회: 남북 합동법회를 남북간에 교환적으로 주최해 개최한다.
- 승려의 교환 내지 유학: 남북한간의 승려를 교환하고 서로 유학시킨다.
- 불사의 교환지원: 북한 승려들의 가사, 장삼, 사찰 일용 법구와 단청, 개금 등 각종 불사에 남한 불자가 동참한다. 또한 남한의 개발된 법회의식, 찬불가의 보급 등을 한다.
- 남북한 불교문화재의 상호 방문·전시와 불교문화재 정보, 연구자료의 교환 등을 한다.
- 제3국에서의 남북한 합동법회를 개최한다. 통일의지의 표현으로 중국 쪽 백두산 천지에서 해외동포가 많이 사는 중국의 연길, 미국의 뉴욕, 로스앤젤레스 등 제3국에서 합동법회 개최를 추진한다.

<표 2-6> 남북불교 중요교류 연표

[1988년]
- 9 - 미국 하와이 대원사 거주 기대원 스님, 개인자격으로 한인 미주방문단의 일원으로 분단 이후 최초로 북한 방문.
- 10. 18 - 법주사 청동미륵대불 복장성물 봉안법회 개최.
- 10. 23 - 정토구현실천승가회 창립.
- 10. 26 - 서울지역불교청년단체협의회 결성. 대불청 서울지구, 대불련 서울지구, 서울불청, 조계사청년회, 흥국사 녹야원청년회, 한국불청 서울지구 등 7개 단체.
- 11. 6 - 재일 경도 한국사원 고려사, 제4회 태평양전쟁 한국인 희생자 위령제 및 세계평화기원대법회 개최, 재일조계종(관장 김태연), 한일친선협회(회장 김산정웅) 등.
- 11. 14 - 민족화합공동올림픽추진불교본부(공동의장 지선 외 3인) 해체선언.
- 11. 15 - 한국종교인협의회(회장 이재석), 남북통일을 위한 종교인대회 개최. 한국불교종단협의회 산하 남북불교교류추진위원회 설치(총재 서의현 스님, 회장 박완일).
- 11. 17 - 금강법회, 금강원(회장 지형), 22일간의 '한국불교 1,600년 중흥대회' 회향법회 개최.
- 11. 19 - 세계불교도우의회(WFB) 제16차 세계불교도대회 참가, 미국 LA.
- 12. 4 - 민주자주통일불교운동협의회(통불협) 창립(의장 지선 스님).

[1989년]
- 6. 2 - 북한종교인협의회(위원장 최덕신) 남북종교인 회담제의.
- 6. 27~7. 21 - 분단 이후 조계종 승려 신분의 신법타 스님 북한 공식 1차 방문(23일), 조불련과 남북해외불교교류 및 평화통일 기여하기 위해 논의, 조불련 박태호 위원장으로부터 백자불상(2좌) 기증받아 조계종 총무원에 기증.
- 7. - 북한 사회과학원, 팔만대장경 해제본 전 15권 간행.
- 7. 20 - 불교탄압 저지와 지선 스님 및 구속불자 석방을 위한 불교대책위원회(위원장 명진, 진관), 불법수호와 지선 스님 및 구속불자 석방을 위한 범불교도 결의대회 개최.
- 7. 25 - 통불협, 전대협, 전청협과 공동으로 임수경양 안전귀향과 방북활동 공개를 당국에 촉구하는 성명 발표.
- 8. 4 - 신법타 스님, 총무원장 의현 스님 예방하고 조불련 박태호 위원장이 보낸 백자불상좌를 전달.

- 8. 10 - 한국불교종단협의회 이사회, 한강연등제 정례화 결의.
- 8. 13 - 8·15념 성주순례 및 통일염원법회 개최(건봉사).
  불교정토구현전국승가회, 동국대 석림회, 서울불교청년회 등 9개 단체 8·15기념 성지순례 및 통일염원법회 서울·경기지역 추진위원회.
- 8. 13~16 - 통일염원 부산지역 추진위원회, 조국의 평화와 자주적 통일을 위한 참 생명해방제 선포 및 행사개최.
- 9. 20 - 조계종 및 한국불교종단협의회, 한민족대화합기원 '한강연등대법회'에 조불련 박태호 위원장 등 북한불교 대표단 30명 초청결의.
- 10. 3 - 한국불교종단협의회, 하와이 대원사 기대원 스님을 북한에 보내 조불련의 한강연등대법회에 초청문제 협의케 함.
- 10. 13 - 한국불교종단협의회 회장 서의현, 사무총장 이홍파, 신도회장 박완일로 구성된 실무대표단과 조불련이 판문점에서 회의키로 했으나 북한대표단의 불참으로 무산.
- 10. 14 - 종단협의회, 나라안정과 평화통일 기원 제2회 한강연등대법회 개최. 한강 뚝섬유원지, 조불련이 기증해 신법타 스님이 조계종에 전달한 백자 불상 1좌에 대한 점안식 거행.

[1990년]
- 1 - 남북불교교류위원회 결성(위원장 송월주 스님).
- 2. - 통일염원 청동미륵대불 조성위원회는 법주사 미륵대불 회향법회에 북한 조불련을 초청키로 하고 신법타 스님을 북한에 파견. 법타 스님 『중원에 서서』 기행기 발간.
- 5. 30 - 남북통일을 위한 불교학술대회, 대한불교조계종 중앙총회 남북불교 교류추진 특별위원회, 서울프레스센터 국제회의장.
- 7. - 종단협의회는 8월중 남북불교대표자회의 개최 제의와 동시에 북한 불교문화재 발굴·지원 의사 밝힘. 세계불교도대회 동시 참가와 한강연등제 등에 조불련 정식 초청키로 함.
- 8. 31 - 조불련 중앙위원회 및 시도위원회, 조국통일기원법회 개최(묘향산 보현사).
- 9. - 한국교수불자연합회 및 대한불교청년회 등 5개 불교단체는 '통일염원 북한불교순례단 추진위원회'의 방북을 위한 북한주민 접촉신청서를 통일원에 제출.

[1991년]
- 1 - 미국 LA, 한민족불교교류추진 미주불교협의회 창립(회장 김도안 스님).
- 1. 23 - 조불련, 성도절 및 조국통일기원법회 개최(평양 용화사 등 4대 사찰).

- 3. 14 -   조국평화통일의 모색 세미나, 남북교류특별위원회·평불협 주관.
- 4. 2 -   한민족불교교류추진 미주불교협의회 결성.
- 4. 21 -   도안·법타 스님 2차 북한방문(20일간), 조불련 박태호 위원장과 남북 불교교류에 관해 논의. 법타 스님 『북한의 절과 불교』 발간.
- 7. -   소련불교 전래 250주년 기념행사에 대한불교청년회(대불청) 임원단과 서경보 스님, 조선불교도연맹(조불련) 황병대 부위원장 등과 회동 및 선물교환.
- 10. 29~11. 15 - 미국 LA에서 분단 이후 최초로 남북한 및 해외동포 불교지도자 50여 명이 관음사, 달마사 등에서 '조국통일기원 불교도 합동법회' 개최. 북한대표단 미국 동부 관광. 법타 스님 「남북불교 교류와 전망」 논문 발표.

[1992년]
- 2. 12 -   조국평화통일추진불교인협의회(평불협)창립(회장 송월주 스님).
- 4. -   한국여성불교연합회(여불련), 통일원에 북한주민 접촉승인.
- 4. 5.~23 - 신법타 스님 3차 방북(20일간). 조불련과 남북 교류방안 논의.
- 5. 10 -   조불련, 석탄절기념법회에 찬불가 합창 및 탑돌이 등 전통 불교의식 재현(묘향산 보현사).
- 6. -   아시아불교평화회의와 세계불교도우의회(WFB) 북한지역 센터로 가입 승인.
- 6. 8 -   평불협 통일원에 사회단체 제27호로 등록.
- 7. 15 - 통불협, 108인 북한방문단을 결성, 방북을 추진했으나, 통일원 불허로 무산.
- 9 -   평불협 미주본부 창립. 미국 LA달마사에서 재미교포 불자 200여 명이 참가해 통일사업 추진, 북한불교 지원 및 평화통일 기원행사 추진하기로 함.
- 10. -   실천불교전국승가회 창립.

[1993년]
- 7 -   전국불교운동연합 창립.
- 10. -   전불련·실천승가회 등 10개 단체는 제1회 민족통일을 위한 불자 한마당행사 개최. 종단협의회는 『북한사찰 연구』 간행.

[1994년]
- 2 -   북한 사회과학원 민족고전연구소 간행의 『팔만대장경 해제본』 전 15권 4천 3백질 도입결정.
- 6. 1~7 - 신법타 스님 오사카에서 조불련 박태호 위원장, 심상련 서기장 등 북한

	대표단과 만나 95년 4월경 미국 LA에서 제2차 남북해외불교지도자간 담회를 갖기로 함.
· 7. 20~11. 1 -	평불협 하나로 필화사건, 신법타 스님, 이지범씨 국가보안법위반 혐의로 구속.
· 8. -	대불청, 임진각에서 평화통일 기원법회 개최.

[1995년]

· 2. 8 -	조불련에서 8·15민족대회 참가초청장 보냄(법타, 지선, 총무원장 등).
· 3. 25 -	북경 남북대표자회의(황병준, 심상진).
· 4. 23~5. 1 -	평불협 미주본부 실무대표단 이정산 스님, 장지현 정사 북한파견, 조불련과 남북불교 교류방안 논의.
· 4. 28 -	조불련 박태호 위원장, 조계종 송월주 총무원장 공식 초청서 보내옴.
· 5. 3 -	북한방문 대표단 기자회견. 조계종 총무원 4층.
· 5. 24~26 -	중국 북경에서 분단 이후 남북불교간 최초 공식회담. 남측 송월주 총무원장과 북측 박태화 위원장이 남북불교 대표자회담 개최.
· 7. 1~3 -	일본 동경에서 8·15광복 50주년 조국통일기원 및 희생동포위령 공동법요식 봉행과 쿄토회의 가짐.
· 8. 9~19 -	평불협 미주본부 김도안 회장 등 8·15경축단 미주대표단 일원으로 방북. 남북 불교교류 방안 논의.
· 10. 11 -	남북한 법령세미나, 평불협 주관, 종단협의회 강당.
· 12. -	불교인권위(대표 진관)과 미전향장기수 북송문제 팩스논의.
· 12. 26 -	조불련 창립 50주년 기념법회 개최. 북한 종교계 대표 등 400여 명 참가(평양 용화사).

[1996년]

· 1. 16 -	조불련, 평불협 창립 4돌 축하메시지 송부해 옴.
· 2. 26~29 -	중국 북경에서 남북종교인회의 개최. 종단 포교원장 이성타 스님 참가.
· 4. 13~20 -	신법타 스님(당시 조계종 총무부장 겸 평불협 회장) 4차 방북. 남북 불교교류 실무회의.
· 6. 11 -	조불련, 미국 LA에서 남북합동기원법회 및 8·15행사 추진을 위한 실무회의 개최제의.
· 7. 1 -	일본 도쿄 남북불교 합동통일기원 법회.
· 8. 1 -	신법타 스님 미국 시카고에서 개최된 세계종교평화회의에서「한국불교운동의 전망과 과제」발표
· 12. 12 -	우리민족서로돕기 불교운동본부 창립(조계사).

[1997년]

- 97. 2. 26 - 조계종 35년 만에 첫 자비의 탁발행사 실시.
- 3. 18 - 조불련, 97년도 부처님 오신날 공동발원문 발표를 위한 실무접촉 제의.
- 3. 19 - 신법타 스님 철학박사 학위취득(「20세기 최근세의 북한불교 변화에 대한 연구」, 미국 Missouri St. Louis의 Clayton Univ.).
- 3. 31 - 통일원, 민간차원의 대북 곡물지원 허용조치 발표.
- 4. 13~20 - 중국 북경, 대북 식량지원을 위한 남북불교 실무대표자회의 개최. 북측 심상련 서기장, 유승철, 남측 김능관 사회부장, 최종환 과장 참가.
- 4. 30 - 조계종, 중국 단동에서 조불련에 옥수수 1,380톤(2억원 규모) 지원.
- 5. 6 - 조계종, 강남 봉은사에서 북녘동포돕기 불교추진위원회 발족.
- 5. 14 - 부처님 오신날 남북공동발원문 발표(조계사).
- 5. 20 - 조계종, 조계사에서 북녘동포돕기 한생명 살리기 100일 결사법회 입제식 봉행.
- 5. 23~30 - 평불협 미주본부 도안 스님, 우리민족서로돕기운동 LA본부 중앙위원회 위원장 자격으로 방북. 모금액 24만 불을 중국 심양에서 곡물을 구입해 신의주를 거쳐 평양과 현지주민에게 직접 전달(LA불교계는 1만 233불 모금).
- 6. 10 - 불교계의 남북교류합의서 발표. 북한, 조선불교도연맹 중앙위원회 서기장 심상련. 해외, 조국평화통일불교협회 미주본부 회장 김도안.
- 6. 14~16 - 대북 옥수수지원 2차 실무접촉, 중국 북경, 남측 김능관 사회부장·최종환 과장, 북측 박태호 위원장·시상련 서기장 등 참가.
- 9. 7 - 평불협 미주본부 회장 김도안 스님(LA관음사 주지) 서울본부에서 기자회견, 평불협 미주본부 중심으로 북한에 '국수공장 건설', 조선불교도연맹에 기증키로 한 조불련과의 합의사항 발표.
- 12. 15~23 - 제1회 대한민국통일서예대전 개최(서울시립미술관).
- 12. 29 - 북한 금강국수공장 설립합의서 체결. 북한, 조선불교도연맹중앙위원회 위원장 박태호 대선사, 한국, 조국평화통일불교협회 미주본부 부회장 장지현 정사. 1차로 밀가루 60톤 지원(1만 5천 달러). (베이징 남북불교회담, 북-심상진 단장, 남 신법타).

[1998년]
- 3. 14 - 금강산문화재 복원을 위한 합의서 체결. 북한, 조선아시아태평양평화위원회(아태) 금강산국제그룹 회장 박경윤, 한국, 조국평화통일불교협회 회장 신법타. 조불련(80대), 금강국수공장에 자전거(22대) 기증.
- 3. 18 - 통일부, 민간차원 대북지원 활성화치조.
- 4. 6 - 북한 사리원시 금강국수공장 본격가동.

- 4. 17 -   북한 사리원시 금강국수공장후원회(상임회장 김도현) 결성(서울호텔).
- 6. 8 -   고 윤이상 선생 명예회복 가족귀국추진위원회(공동대표 신법타, 황병기, 전설정). 대한불교조계종 총무원 1층 불교회관.
- 6. 17 -   평불협 미주본부(회장 김도안) 2차 밀가루 60톤 지원(1만 5천 달러).
- 6. 18 -   금강산 신계사복원추진위원회(공동위원장 신법타, 김성초, 김동현). 한국불교종단협의회 강당.
- 8. 8 -   통일부, 8·15 종교인 방북승인(8. 11~28). 불교계 신법타, 김성초, 최지선 등 총 6명.
- 8. 23 -   평불협 미주본부(회장 김도안) 3차 밀가루 60톤 지원(1만 5천 달러).
- 9. 5 -   북한, 신헌법 재개정(주석제 폐지, 최고인민위원회의 상임위원회 신설 등).
- 9. 16 -   금강산 신계사 복원에 관한 협약서 체결. 북한, 조선아시아태평양평화위원회 금강산국제그룹, 한국, 조국평화통일불교협회 신법타.
- 9. 18 -   통일부, 대한적십자사를 통한 민간단체 개별지원 허용조치.
- 9. 23 -   한국방송공사(KBS 1TV)금강산 신계사 컴퓨터그래픽 복원방영.
- 10. 15 -   고 윤이상 선생 명예회복추진위원회,『내 남편 윤이상』출판기념회 개최. 한국일보사 12층 송현클럽.
- 10. 30~11. 7 - 윤이상통일음악제 참가(정산 스님, 장지현 정사), 고 윤이상 선생 천도재 봉행(11. 4, 평양 광법사).
- 11. 4 -   평양 조불련 청사에서 조불련과 미주평불협 회의.
- 12. 4 -   평불협, 통일부 금강산 신계사 복원사업자 신청.
- 12. 11~17 - 제2회 대한민국통일서예대전 개최(서울시립미술관).
- 12. 26 -   평불협, 현대상선으로부터 금강산관광지정대리점 지정받음.

[1999년]
- 1. 1~4 -   평불협, 제1차 금강산순례 개최(총 21명).
- 1. 13 -   범종교단체남북교류협의회 창립(한국프레스센터).
- 2. 10 -   통일부, 민간단체 대북지원 창구다원화 조치.
- 2. 24 -   평불협 정기총회 개최(송현클럽), 평불협 사단법인화 승인함.
- 3. 23 -   남북 불교회의 개최 합의.
- 4. 3 -   평불협, 북경에서 조불련과 남북 불교회의 개최(심상진 서기장 외 2명).
- 4. 25~27 - 남북 및 일본 종교인평화모임 개최(중국 북경).
- 5. 9 -   99종교예술인 국평제 개최(파주 임진각).
- 5. 16 -   평불협 미주본부(회장 김도안) 5차 밀가루 60톤 지원(1만 5천달러).
- 5. 19~6. 5 - 남북서화특별교류전 개최(경주 EXPO행사장).

- 6. 12 - 나로부터 바로 서는(NGO)운동 발대식 개최(세종문화회관).
- 6. 17 - 평불협 미주본부, 제3회 세계여자축구선수권대회 북한여자축구단 환영 만찬회 개최(미국 LA프라자호텔).
- 6. 22 - 불추위, 지선 스님 외 2명 북한방문.
- 7. 9 - 평불협, 비영리사업자 등록(종로세무서).
- 7. 30~8. 23 - 평불협, 북한동포돕기 및 평화통일을 위한 전국순례법회 개최 총 15개 지역 150명 국내 결식아동 및 소년소녀가장 지원(총 1,600만원).
- 8. 11~21 - 평불협 미주본부(회장 김도안) 금강국수공장 견학.
- 9. 18~25 - 평불협 상임부회장 장지현 정사, 북한방문(진각종 버스 기증).
- 9. 29 - 평불협 중앙회 6차 밀가루 60톤, 조미료, 바닥깔개 450㎡, 작업모, 작업화, 작업복 각 50벌(총 19,100달러)
- 10. 20 - 평불협, 통일부 사단법인 허가받음(설립등기 11. 16).
- 11. 23~30 - 불추위, 명진 스님 외 2명 북한방문.
- 11. 26~29 - 조계종, 진각종, 불교총지종, 태고종 대표단 남북불교회의 개최.
- 11. 27 - 평불협, 북경에서 조불련과 남북불교회의 개최(황병준 부위원장 외 2명).
- 11. 30 - 7차 밀가루 60톤 지원.
- 12. 7~14 - 평불협 대표단 북한방문(법타, 정인악, 김도현, 신광식).

[2001년]
- 6. 15 - 6·15선언 1돌기념 금강산 남북대회 참석(법타, 여익구, 장적, 지현).
- 8. 15 - 평불협 대표단 평양대회 참석 6·15 1주년.

[2002년]
- 6. 11 - 평불협 대표단 방북(법타).
- 8. 15 - 평불협 대표단 방북(법타, 여익구).
- 10. 1 - 평불협 대표단 방북. 개천절 남북공동행사 참가(단군릉).[43]

---

43) 신법타, 앞의 책, 560-569쪽 참조

5. 맺음말

　남북한 7천만 겨레는 반세기라는 짧은 분단의 경험보다는 수천 년 동안 희로애락의 역사를 같이해 온 '하나의 민족'이며, 이념이나 체제에 의해 인위적으로 둘로 갈라질 수 없는 '운명공동체'다. 따라서 일시적 분단은 필연적으로 '민족통일'로 귀결돼야 하며, 이는 우리 7천만 겨레 모두에게 던져진 역사적 사명이요 과업이다.
　통일이 민족사적 절대절명의 과제라고 할 때 민족종교로서 불교는 매우 중요한 의미를 갖는다. 왜냐하면 불교야말로 우리 민족이 역사적으로 경험한 가장 뿌리 깊은 종교이며 민족의 동질성을 확인시켜 주는 기반이기 때문이다. 또한 통일을 가로막고 있는 많은 장애물 가운데 종교·문화의 이질화(異質化)현상도 중요한 부분을 차지하기 때문에 그것의 해소에 불교로서 일정한 역할을 담당해야 하기 때문이다.
　북한에 대한 종교간의 교류나 대화는 포교적 관점을 넘은 통일을 전제로 할 때 가능한 것이며, 일차적으로는 민족적 고통의 실체인 남북분단을 극복하기 위한 노력으로 초점이 모아져야 한다. 불교가 민족의 통일에 기여하려면 우선 먼저 북한불교의 실상과 사회적 역할을 굴절 없이 확인하고 이해해야 한다.
　북한불교가 '한국불교'의 뗄 수 없는 한 부분이라면 그 현실이 어떻든 간에 통일과정에서 제외될 수는 없다. 뿐만 아니라 이러한 작업이 선행돼야 불교의 통일노력도 현실에 기초한 실제성을 획득할 수 있다. 외세에 의한 남북한의 분단은 반세기를 지났다. '한 나라 한 겨레' 두 개의 공통점을 가지고 있으면서도 우리는 상대적 이데올로기와 적대관계의 비극으로 오늘에 이르고 있다.
　'남북통일'은 너무나 당연한 우리들의 명제요 과업이요 떳떳한 요구다.

남북대화나 교류의 최종목적은 '조국의 평화통일'에 있다. 북한 불교계와의 교류추진은 이 목적에 상응하는 종교 중에서도 실제적으로 영향력이 남북한간에 존재하고 있기 때문에 절실하고 필수적인 것이다. 6·25 동족상잔의 비극은 상호불신의 높은 장벽을 쌓았고 우리에게는 공포와 피해의식마저 주었다. 더구나 정치권의 분단악용은 통일의지를 감소시켜 온 것도 부정할 수 없다.

불교는 1,600여 년간 이 민족과 고락을 같이해 온 우리 민족의 종교요 혼이며 생활이다. 인도나 종국에서 전래된 외제의 어설픔이 사라진 지 오래인 우리의 것이다. 그러기에 북한에서도 불교계에 대해서는 현실적으로 큰 거부감 없이 간접적으로 지원하고 있다.

남북한 불교계간의 대화와 교류는 민간차원에서 가장 바람직한 창구가 될 것으로 본다. 단체간에 종횡으로 관계를 유지하며 능력과 특징을 살려가며 교류를 추진해야 할 것이다.

민주주의의 특징인 다양한 모습과 목소리가 너무나 단출한 북한 불교계에 신선한 자극제가 될 것이다. '조국의 평화통일' 성업에 불자들이 적극 동참해야 하는 것은 너무나 당연하며 역사적 소임이다. 이제 통일은 꿈이 아니라 현실로서 통일조국의 모습은 7천만 한민족 구성원의 자유와 인권과 행복이 보장되는 통일·민주공화국이어야 한다.

사람이 사람답게 민족이 민족의 긍지를 가지고 '더불어' 잘살고자 하는 것은 이념과 체제를 떠나 전 인류가 추구해야 할 보편적 가치다. 이는 바로 개인적 자유와 민족적 자주를 실현하는 것이기도 하다.

우리가 통일을 이룩하려는 목적은 통일 그 자체에 있는 것이 아니라, 통일을 통해 우리 민족 모두의 삶의 질을 높이고 삶의 영역을 넓히려는 데 있으므로, 통일국가의 미래상은 반드시 이러한 요건을 구비하는 것이 돼야 할 것이다. 또한 통일은 어디까지나 자주·평화·민주(민족대단결)의 원칙을 바탕으로 현실적이고 합리적인 방법과 과정을 통해 이루어져야 한다. 그러기 위해서는 남과 북이 엄연한 현실을 통찰하고 인정하는 데서부터 출발함으로써 상호 화해협력을 통해 통일로 접근하는 점진적이고 단계적인 방법을 선택해야 할 것이다.[44]

이제 세계의 이목은 우리들에게 집중되고 있다. 이에 '통일'을 위한 주사위는 던져졌다. 이 때를 잃으면 역사의 구경꾼이 되고 후손의 버림을 받는 불교가 될 수 밖에 없다. 반독재투쟁에 게을렀던 과거를 청산하기 위해서라도 '조국의 평화통일'은 우리들의 의지와 원력으로 성취하려는 힘찬 행동을 보일 때다.

참고문헌

【국내 출판물】
국토통일원, 『북한의 종교실태』(1981).
김갑철·고성준, 『주체사상과 북한사회주의』(1988).
내외통신사, 『내외통신』, 제322호, 제627호.
신법타, 『북한불교 연구』(민족사, 2000).
『아함경』
이영일 편, 『원효어록 100선』(불교춘추사, 1999).
이순우 편, 『한국불교의 통일사상』(오혜원, 1995).
정태혁, 『불교와 공산주의』(국토통일원, 1979).
조선화보사, 『조선화보』(1988. 11).
『주체사상에 대하여, 김정일 주체사상연구』(태백총서 12).
통일부 인터넷 자료실(2002).
<한겨레신문>, 2002년 10월 18~25일.
한국불교연구원, 『북한의 사찰』(일지사, 1987).

【북한 출판물】
고태우, 『북한의 종교정책』(민족문화사, 1989).
『김일성 저작선집』, 1, 2, 5, 30권.
「김일성 신년사」, <로동신문>, 1994, 1995.
사회과학원 언어학연구소 편, 『현대조선말사전』(과학백과사전출판사, 1981).

---

44) 위의 책, 552쪽..

사회과학원 언어학연구소 편, 『조선말대사전』(사회과학출판사, 1992).
허정숙, 『위대한 사랑의 역사를 되새기며』(로동당출판사, 1989).
힘복제, 『철학사전』(조선사회과학원, 1988).

민족종교와 남북교류:
천도교·대종교를 중심으로

최 문 형

1. 머 리 말

6·15선언 이후 남북관계의 급속한 진전은 정치·경제·사회·문화 등 각 분야의 교류 활성화로 이어졌다. 이는 통일을 대비한 기초작업으로도 필요한 일이며, 통일 이후 남북한 주민들의 이질감을 완화시켜 줄 수 있다는 측면에서도 중요한 일라고 생각한다. 왜냐하면 온전한 통일은 심리적 통합으로 완성되는 것이기 때문이다. 통일을 논하는 데 경제체제와 정치체제, 사회체제에 관한 논의만으로는 진정한 통일의 기틀을 다질 수 없다고 본다. 따라서 통일논의에서 종교적 접근은 절실하게 요청된다.

지금까지 통일에 대한 종교분야의 관심은 세 가지로 대별된다. 첫째는 종교보다는 우선 통일 자체에 더 관심이 있는 학자들에 의해 종교와 통일 논의의 상호관계 또는 상호작용에 대한 연구가 있어 왔다. 좀더 구체적으로 말하면 이들은 통일논의의 형성과 전개에 종교가 어떤 역할을 수행할 수 있는지에 문제의 초점을 맞추고 있다.[1] 첫 번째 견해를 가진 종교가의

---

1) 이화선, 「칼 바르트의 화해신학에서 본 민족통일」, 통일신학동지회 엮음, 『통일과 민

경우 종교를 성(聖)이고 정치는 속(俗)이라고 단순히 성속(聖俗)의 차이로 둘을 구별하는 시대는 지나갔다고 보고, 종국적인 목적은 종교나 정치 둘 다 동일한 인간의 완전한 자유와 구원을 목표로 한다고 본다. 그러므로 북한의 주체사상과 기독교의 자유사상은 동일한 목적을 향한 같은 내용의 표현으로서 주체사상이 사회구원에 중점을 두고 자유사상이 개인구원에 중점을 둔 것이라는 주장은 옳지 않다고 본다. 즉 개인과 사회의 불가분리의 이치를 강조하며 민주주의나 공산주의 모두 기독교의 궁극이상은 아니라고 보는 견해다.

둘째는 통일논의 자체보다는 오히려 종교 쪽에 더 많은 관심을 두고 있는 학자들에 의해 공산주의를 종교현상의 하나로 보고 공산주의 그 자체를 분석하는 경향이 있어 왔다. 종교분야에서 특히 두 번째의 관심을 중심으로 한 시각의 특징은 변증법적 유물론과 거기서 도출되는 무신론(無神論)의 문제를 종교의 유신론(有神論)과 정면으로 충돌하는 기본적인 문제로 보는 견해다.

세 번째 견해는 구체적이고 현실적인 접근으로, 북한의 종교정책과 동향을 분석해 통일에 대한 종교의 역할을 자리매김하고자 하는 시도다.[2] 최근 북한이 종교를 통한 대외교류 및 남북교류에 특별한 관심을 보이고 있는 점에 주목하는 것이다.

최근 북한정권이 종교에 대해 적극적으로 선회하게 된 이유는 다음과 같이 분석될 수 있다. 첫째, 북한이 추구해 온 대남 인민민주주의 통일전략에 따라 남한 민간인들과의 통일전선을 결성하기 위한 일환으로써 이다. 둘째, 북한이 미국·일본 등 서방 선진국과 관계개선을 가속화시키기 위해 종교의 자유가 있음을 대외적으로 과시하는 한편, 종교인들을 활용한 민간 차원의 교류를 활성화시키려는 의도다. 셋째, 최근 북한이 겪고 있는 최악의 식량난과 경제난을 덜기 위해 종교단체를 통한 경제지원을 얻기 위한 것으로도 볼 수 있다. 이러한 북한의 최근 동향에 비추어 볼 때 북한이 종

족교회의 신학』(한울, 1990), 215쪽 참조.
2) 박재규, 『한반도 통일을 위한 종교의 역할』(경남대 극동문제연구소, 1996), 16-30쪽.

교를 짐짓 활성화시키면서 국내의 종교단체와의 활발한 교류를 시도하는 궁극적인 목적은 종교적인 측면이라기보다 정치경제적 측면임을 직시하고, 우리 종교인들이 종교차원의 교류를 추진하는 과정에서도 그 정치경제적 파급효과를 염두에 두어야 한다.3)

따라서 본 연구는 남북교류와 협력의 시대에 남북한 주민들의 가치관의 합의점 모색과 통일문화를 형성하는 데 있어 구체적이고 실질적으로 민족종교 교류의 활성화를 통한 민족종교의 역할과 의의를 모색하는 데 목적이 있다. 우리 민족은 누천년을 지켜 오면서 수많은 외침과 강대국의 압력에도 굴하지 않고 민족의 자존심과 자긍심을 지켜 온 단일민족이다. 비록 개항기의 서세동점에 탄력적으로 대응하지 못한 탓으로 일제의 강점과 분단의 아픔을 겪어 국토는 분단되고 민족은 흩어졌지만, 지금까지도 언어와 풍습의 단일성을 유지하고 있다. 한편 종교적으로 볼 때에도 한민족은 자생적인 고유한 종교문화 위에 일찍이 외래의 유교·불교·도교문화를 받아들여 한국적으로 재창조해 왔고, 근대에 들어서는 기독교문화를 수용해 다종교문화의 전형을 보여주고 있다.

주목할 것은 우리 민족이 외래종교를 단순히 수용하는 데 그치지 않았다는 것이다. 우리 민족은 소위 '세계종교'(the world religion)의 범주에 속하는 유교·불교·기독교를 받아들이는 데만 그친 것이 아니라 근대의 여명기에는 외래종교의 장점과 민족문화를 결합시킨 '민족종교'를 탄생시켰다. '민족종교'의 개념은 한국사회에서만 사용되고 있는데 국제학계에서 사용하는 용어로는 '신종교'(the new religion)에 해당할 것이다.4) 이는 발생 초기

---

3) 박완신, 『북한종교와 선교통일론』(지구문화사, 1994), 328-334쪽.
4) 신종교(新宗敎, new religion)란 새로운 종교를 가리키는 학술용어다. 신종교를 일부 학자들은 신흥종교(newly arisen religions) 또는 유사종교(quasi-religion), 사이비종교(pseudo-religion) 등의 용어로 혼용하기도 하지만, 이런 용어는 모두 기성종교의 관점에서 신종교를 비난조로 일컬어 온 셈이어서 객관적인 학문적 연구를 목표로 하는 경우에는 바람직하지 못한 것으로 본다. 대체로 신종교라고 했을 때 '신'이라 함은 시간적으로 새롭다는 의미도 있지만, 그것이 얼마나 '혁신적인'(innovative) 것인가에 초점이 맞추어져 있다. 한편 신종교라는 용어 대신 '민중종교', '민족종교' 또는 '주변종교'라는 용어가 쓰이기도 하는데, 그 중 '민족종교'는 우리나라에서 많이 사용되는 용어로 동학 이후

의 종교집단을 의미하는 발생론적 개념기준으로 명명된 것으로, '기성종교'처럼 기득권을 행사할 정도로 성장하지 않은 종교를 의미한다.

본 연구에서는 우리나라의 자생종교에 대해 '신종교' 개념 대신 '민족종교' 개념으로 사용했다. '민족종교'는 우리나라에서 많이 사용되는 용어로, 동학 이후 출현한 대부분의 한국 신종교가 한민족의 뿌리를 중시하고 주체적인 이미지를 표방하는 태도를 보이려고 명명하기 시작한 것으로 생각된다. 따라서 학계나 언론계보다는 한국 신종교 스스로에 의해 사용되고 있는 용어로서 강한 민족주의를 표방하고 있는 셈이다. 본 연구에서 '민족종교' 개념을 사용하는 것은 본 연구의 목적이 민족의 하나된 통일문화 창조에 있으며, 남북한 주민들의 합의점을 모색하는 데 민족종교의 민족사적 의의가 기여하는 바가 클 것으로 생각되기 때문이다.

우리 민족은 오랜 역사 동안 공동체를 유지해 왔으나 개화기에 국제정세에 민감하게 대응하지 못해 근대화된 서구문물을 빨리 수용하지 못하고 일제의 식민지로 전락했으며, 해방 후에는 민족의 의사에 반해 국제정치의 희생물이 돼 분단을 강요당해 왔다. 그 동안 남북한간에는 이데올로기의 대립을 바탕으로 한 이질적인 체제가 정착되면서 민족적 이질화가 심화됐다. 따라서 통일에 있어 동질성의 회복은 우리의 전통문화 및 민족종교와의 연계에서 가능할 것이라는 견해가 본 연구의 배경이다.

민족종교는 1860년 최제우가 동학을 창시한 이래, 창립됐다가 소멸한 것들까지 합하면 무려 600여 개에 달하며, 현재에도 300여 개가 활동을 계속하고 있다. 그 범위는 11개 계열에 총 47개 교단에 달하며 대표적인 계열로는 대종교, 증산교, 천도교 등이 있다. 이 중에서 특히 수운 최제우의 동학이나 홍암 나철의 대종교는 강한 현실참여로 한국사회 변혁과 민족운동에 크게 기여했다. 이 글에서는 주제의 성격상 한국의 민족종교를 다 다

출현한 대부분의 한국 신종교가 한민족의 뿌리를 중시하고 주체적인 이미지를 표방하는 태도를 보이려고 그렇게 부르기 시작한 것으로 생각된다. 따라서 학계나 언론계보다는 한국 신종교 스스로에 의해 사용되고 있는 용어이며 강한 민족주의를 표방하고 있는 셈이다. 김종서, 「현대 신종교연구의 이론적 문제」, 김종서·박승길·김홍철, 『현대 신종교의 이해』(한국정신문화연구원, 1994), 5-6쪽.

루지는 않았고, 현재 한국사회에서 활동하고 있는 민족종교 중에서 남북간 종교교류가 가장 활발한 종교인 동학(천도교)과 대종교를 중심으로 했다.

2. 민족종교의 전개와 특징

1) 민족종교의 태동

(1) 동학과 천도교의 태동

천도교(동학)[5]는 1860년 수운 최제우(1824~64)가 동학을 창도한 이후 1863년 해월 최시형이 2대 도통을 이어받고, 1905년 3대 의암 손병희가 동학을 천도교로 개명해 오늘에 이르렀다. 동학은 초기에는 당시의 지배이념이던 성리학을 통해 교리를 합리화하려고 했다가 이후 유·불·선 사상을 종합·통일했다.

동학은 최제우가 1860년에 창도한 한국의 민족종교이고 고유사상이라고 할 수 있다. 동학을 창시한 최제우는 1824년(순조 24) 음력 10월 28일 경상도 경주 가정리에서 출생했다.[6] 그가 출생했을 당시의 우리 사회는 극도

---

[5] 동학에 관한 연구는 1980년대에 역사학계보다는 종교와 철학분야에서 주로 이루어졌는데 이들의 문제의식은 두 가지로 대별된다. 하나는 신앙차원에서 포교를 위한 교리의 이해를 돕는 것이고 다음은 사회사상적 관점에서 동학사상의 본질과 성격을 규명하는 것이다. 철학계의 연구는 인본주의 측면에서 동학사상 전반을 취급했다. 사학계에서는 1960년대부터 동학사상 연구를 시도했다. 동학사상의 본질은 유·불·선과 서학·민간신앙에서 찾은 것으로, 동학을 민족종교로 정의했다. 최제우의 역사의식, 신관에 관한 연구와 최시형에 대해서는 신관과 근대적 인간관에 초점이 맞추어졌다. 1980년대의 동학사상 연구가 다양한 관점에서 실험적 연구로 활성화됐지만 최제우와 최시형에 대해 체계적으로 규명하는 데는 한계가 있었다. 동학사상을 민족운동과 연계해 단계적으로 연구하는 분위기가 본격화되기 시작하는 것은 1990년대다.

의 혼란기였다. 대외적으로는 서구열강의 제국주의 침입과, 대내적으로는 봉건국가의 말기적 현상으로 인해 민생이 도탄에 빠진 시기였다. 최제우의 출생신분은 무반가문의 서자(庶子)였다. 그의 아버지 대에는 무반의 성격이 거의 퇴색되고 향반(鄕班)의 처지에 있었으며, 최제우는 향반의 서자로 출생했으니 당시의 사회 신분제도하에서는 하급 '중인'(中人)으로밖에 대우받을 수 없는 신분이었다.

그는 어려서 어머니를 여의고 17세에 아버지마저 잃고 인생의 무상함을 느끼게 돼, 20세 때(1843년)에 부인을 처가에 맡기고 31세인 1854년까지 11년간 전국을 유랑했다.[7] 그리하여 과거 종교인 유·불·도의 교리를 두루 섭렵해 보았으나 기성종교로서는 세상을 구제할 수 없음을 개탄하고, 천하를 두루 돌아다니며 구도행각을 했다. 최제우가 11년간 전국을 유랑하면서 체험을 통해 알게 된 것은 조선왕조의 질서가 근본적으로 붕괴하고 있으며, 백성들은 정신적·윤리적으로 방황하면서 새 시대와 새 종교의 도래를 간절히 희구하고 있다는 사실이었다.

1859년 고향인 경주 용담정으로 돌아와 본격적인 수련을 시작했다. 그의 나이 37세인 1860년(庚申) 4월 5일 최제우는 득도의 체험을 하게 된다.

　　사월이라 초오일에 꿈일런가 잠일런가 천지가 아득해서 정신수습 못할러라. 공중에서 외는 소리 천지가 진동할 때[8] 뜻밖에도 경신년 사월에 갑자기 가슴이 두근거리고 몸이 떨리기 시작해 무슨 병인지 병의 증세를 알 수 없고 말로 형용하기도 어려울 즈음에 어디선가 갑자기 신선의 말씀이 들려왔다. 나는 깜

---

6) 그의 본관은 경주이고 본명은 福述이었으며 관명은 濟宣이었다. 濟愚는 그가 35세 때 蒼生들을 위한 수도를 하면서 바꾼 이름이고 字는 性默이며 호는 水雲이다. 『崔先生文集道源記書』, 亞細亞文化社版, 『東學思想資料集』, 제1권, 159쪽.

7) 그는 11년간 방랑하면서 武科 응시를 위한 무예를 익히기도 했고 시장에서 포목상도 해 보고 醫術·卜術도 익혀 보았던 것으로 전한다. 한편 道通을 위한 仙敎(道敎) 공부도 해 보고 불교도 공부했으며, 심지어는 西學에 오묘한 진리가 있다 해서 西學(天主敎)도 섭렵한 것으로 알려져 있다. 愼鏞廈, 「水雲 崔濟愚와 東學의 創道」, 『동학연구』(창간호, 1997) 6-7쪽.

8) 『龍潭遺詞』, 「安心歌」.

짝 놀라 일어나서 캐어 물어보았더니 하나님(上帝)이 대답하시기를 "두려워하지 말고 겁내지 말라. 세상사람들이 나를 하나님(上帝)이라 하니 너는 하나님(上帝)을 모르느냐?" 하셨다. "왜 그러십니까?" 하고 까닭을 물었더니 하나님이 대답하시기를, "나 역시 지금까지 공이 없으므로 너를 세간에 태어나게 하고 세상사람에게 이 법을 가르치게 하노니 의심하지 말고 의심하지 말라"고 하셨다. 내가 묻기를 "그러면 서도(西道)로써 사람을 가르쳐야 합니까" 하니 대답하시기를 "그렇지 않다"고 하셨다.9)

그때 한울님은 수운에게 "나에게 영부(靈符)가 있으니 그 이름은 선약(仙藥)이요 그 모양은 태극(太極)이요 또 그 모양은 궁궁(弓弓)이니 나의 영부를 받아 사람의 병을 고치고 나의 주문을 받아 사람을 가르쳐서 나를 위하게 하면 너도 기리 살아 덕을 천하에 펴리라"10) 하였다고 한다.

이와 같이 수운은 1860년 상제로부터 무극대도(無極大道)를 받은 후 1861년부터 이 도를 '동학'(東學)이라 부르며 가르치기 시작했다. 동학을 가르치기 시작한 지 불과 몇 달만에 당시 심한 배척을 받고 있던 서학(西學)과 동일하게 취급돼 심한 감시와 탄압을 받고 고향을 떠나 피신 길에 오르지 않으면 안되게 됐다. 그리하여 그는 남원 은적암에 숨어 동학의 사상적 기반이 된 「안심가」(安心歌), 「교훈가」(教訓歌), 「포덕문」(布德文), 「몽중노소문답가」(夢中老少問答歌), 「논학문」(論學文) 등을 제자들에게 보내는 서신의 형식으로 이룩했다. 이들 글이 뒤에 『동경대전』(東經大全)이라는 이름으로 한데 묶어져 천도교의 기본경전이 됐다.

1862년 남원에서 경주에 돌아온 그는 모여드는 제자들을 가르치는 한편 이들을 효과적으로 관리하기 위해 접주제를 실시하고 해월(海月) 최시형(崔時亨)에게 도통을 전수하는 등 교회제도를 갖추어 갔다. 그러나 1863년 12월 동학의 신도가 크게 늘어나는 것을 우려한 관청에서는 혹세무민이라는 죄를 씌워 수운을 비롯한 그의 제자 23명을 체포해 갔고,11) 수운은 다음해 3월 10일 대구감영에서 참수형을 당하게 됐다. 그는 불과 3년이라는 짧은

---

9) 『東經大全』, 「布德文」.
10) 『東經大全』, 「布德文」.
11) 『備邊司謄錄』, 哲宗 14年 12月 20日條.

기간밖에 포덕활동을 하지 못했지만 그가 제시한 '보국안민'(輔國安民), '광제창생'(廣濟蒼生), '포덕천하'(布德天下)라는 민중의 의식을 일깨우는 봉화의 횃불은 계속 타올라 근대 한국사를 크게 변화시키는 계기를 형성했고, 특히 30여 년 뒤에 발생한 본격적 민중혁명이었던 동학혁명의 정신적 바탕이 됐던 것이다.

1863년 수운에게 종통을 이어받은 해월은 계속되는 동학에 대한 탄압 때문에 지하에 숨어다니며 교세확장에 힘을 기울였다. 수운에게서 받은 설법을 적은 책 보따리를 들고 다녔기 때문에 '최보따리'라는 별명이 붙을 정도였다. 1892년에는 광화문 앞에서 복합 상소운동을 전개했으며, 충청도 보은에 2만여 명의 신도들을 모아 대정부시위를 벌이기도 했다. 이러한 일련의 운동이 결국 1894년 동학혁명으로 이어졌고, 이 혁명 실패 후 삼엄한 관의 수배 속에서도 계속 포교활동은 그치지 않았다. 1897년 12월에 해월은 의암(義菴) 손병희(孫秉熙)에게 도통을 전수하고 1898년 원주에서 체포돼 그 역시 교수형을 당했다.

해월에게 종통을 이어받은 의암은 1905년 동학을 '천도교'라 교명을 바꾸고 각 지방에 교구 설치, 교단기구 개편, 교육장려 등에 심혈을 기울여 교세를 크게 확장해 나갔다. 그러나 나라가 일제치하로 들어가게 되고 그들의 압제가 극심하게 되자, 1919년 3월 1일 거족적 민중운동이었던 3·1독립운동의 중심세력으로 활약하게 된다. 당시 민족대표 33인 중에 15인이 천도교인이었고 이때 쓰였던 거사자금의 대부분을 천도교에서 부담하기도 했다. 그는 3·1운동 후 서대문 감옥에 수감됐다가 1922년 병 보석됐으나 심한 고문의 후유증으로 사망했다.

(2) 대종교의 태동

단군계 민족종교 중에서 대표적인 것이 대종교(大倧敎)다. 대종교는 홍암 나철(1863~1916)이 1910년 당시 단군 숭봉운동을 중광한 이래 2대 김교헌, 3대 윤세복을 거쳐 현재 15대에 이르고 있다. 대종교에서 종교적 대상으로 숭배하는 신은 단군이다. 단군계 민족종교는 우리 국조 단군을 신앙의 대상으로 하고 단군의 개국이념인 홍익인간 이화세계를 기본사상으로 한다. 단군을 믿는 신앙은 우리나라에서 오래 전부터 있어 왔던 것으로 보인다.

김겸백이 홍암(弘巖) 나철(羅喆)의 대종교 창립보다 20여 년 전에 이미 단군교를 포교했는데 그 세력이 상당했음을 알 수 있다.[12] 김겸백은 영천 사람으로 묘향산에 들어가 단군 성령 아래에서 천일기도를 드린 끝에 단군으로부터 성령을 받고 큰 깨달음을 얻게 됐다고 한다. 그후 그는 인도정의를 주지로 교법을 지도하자 그를 따르는 사람이 수천 명에 달했다. 이러한 그의 신교운동은 그 뒤 널리 퍼져 많은 사람들이 신봉했던 것으로 보이는데, 정훈모가 김겸백을 단군교의 선각자로 받들고 단군교 평양지부 건물 벽에 그의 초상화를 봉안, 춘추항배를 했다. 또 영흥 사람 한명윤이 김겸백에게 신교를 배우고 자택에 돌아와 스스로 교장(敎長)이 돼 포교를 해 수십 명의 교인을 얻고 단군 어천절(3. 15)과 개천절(10. 3)에 제사를 올리며 매 일요일에 예배했다.

김겸백과 백봉의 단군교 신앙을 배경으로 단군사상을 체계화하고 조직화해 1909년에 단군사상을 중광, 대종교를 창립한 사람은 홍암 나철이다. 홍암은 1864년 전남 보성군에서 태어났다. 34세에 일본에 건너갔는데 이 무렵 러·일 강화가 이루어지고 있었기 때문에 4차례에 걸쳐 일본에 건너다니며 일본정부와 국회에 여러 번 힐책하는 글을 보내기도 했다. 홍암은 1905년 백봉으로부터 『삼일신고』(三一神誥)와 『신사기』(神事記)를 받았다. 1908년에 김인식 등과 더불어 을사조약을 맺은 대신들을 죽이려다가 뜻을 이루지 못하고 잡혀 10년 유형을 받아 지도군에 귀양갔다가 10월에 왕의 특사로 풀려났다. 그 해 11월 동경에서 백봉의 문하인 두일백에게 단군교 포명서를 받고 다시 12월에 두일백을 만나 백봉이 전한다는 영계를 받았다고 한다.

---

12) 그러나 내내로 그 교맥이 끊기기도 했으니, 고려 밀 몽고의 침입으로 교문이 닫히고 조선조의 유학자들의 배척과 계속되는 외세에 몰려 오랫동안 우리의 얼을 살리지 못했다. 조선 말에 이르러 나라마저 잃게 되자 뜻 있는 민족지도자들이 민족주체성에 입각한 교단을 설립하게 되고 단군을 신앙하고 받드는 운동이 시작됐다. 金兼白의 '신교운동'과 白峰의 '단군교 포명운동'이 그것이다.

이렇게 단군교와 인연을 맺은 그는 46세 되던 1909년 1월 15일 서울 재동 취운정에서 단군교를 중광, 제1세 교주가 됐고, 1910년에 교명을 '대종교'라 했다. 이처럼 홍암이 1909년 음력 정월 15일 한성부 북부 재동 8동 10호 초옥 북쪽 벽에 단군의 신위를 모시고 제천의 예를 행한 후 단군교 포명서를 공포한 개교의식을 보면 대종교의 교의가 한민족의 고유한 하느님 사상을 계승한 종교임을 알 수 있다.13) 대종교 교사를 보면 홍암이 단군대황조의 영계를 받아 동지들과 기유(1909)년 정월 15일 신교(神敎)를 중광하고 종도(倧道)를 재천명해 조국의 쇠운을 회복하고 인류의 행복을 증진시키려 했다고 한다.14) 대종교에서는 신교의 연원을 단군 한배검이 창설해 상고시대에 있었던 풍월도, 붉교 같은 고종교(古宗敎)에 둔다. 즉 신라의 국선(國仙) 풍월도(風月道) 등을 고신교로 본다.

　대종교의 신앙대상은 하느님(한얼님)으로서 한얼님은 환인, 환웅, 환검(단군)을 말하는데 이 삼위신(三位神)은 각각 조화·교화·치화의 자리에 계시면서 큰 권능을 가지고 만물을 다스리며 인간은 한얼님에게서 그 본질을 부여받고 있다고 한다.15) 단군은 나라를 연 국왕임과 동시에 숭조의 최종 대상이기도 하다. 대종교는 『삼일신고』를 주경전으로 하고 조화신(桓因), 교화신(桓雄), 치화신(桓儉)의 삼신일체인 한님(上帝)을 신앙대상으로 삼고 있다. 단군 한배검 숭배가 대종교 신념체계의 중심을 이루고 있다는 사실 자체가 민족주의적 특성을 말해 준다.

　대종교의 발생배경은 기성종교에 대한 반동이나 외세의 침략에 대한 위기의식에서라기보다는 민족의 자각에 따른 민족의 생존이라는 시대적 반성과 거관적 안목이 있었던 것으로 이해할 수 있다. 이러한 점으로 미루어 대종교의 교리는 종교적인 면보다 오히려 사상적·철학적 체계화가 더욱

---

13) 대종교에서는 홍암의 개교를 창교로 보지 않고 단군이 교문을 연 이래 그 신앙이 단절됨 없이 계승돼 오다 고려 원종 때(1260~74) 몽고의 침입으로 그후 700여 년간 교맥이 끊겼다가 홍암에 의해 중흥하게 됐다고 본다. 따라서 개교일을 중광절이라고 한다.
14) 『大倧敎 重光 60年史』, 35쪽.
15) 『대종교요감』(대종교총본사, 개천 4440년), 54쪽.

중요했던 것으로 보인다. 그 결과 대종교의 신행과 수행의 면을 보면 도통이라든가 신의 계시, 치병, 기복 등은 다른 종교에 비해 그렇게 중요시되지는 않은 것 같다.

대종교 사상 전반에 영향을 미치는 기본원리는 삼일원리로서, 이 원리는 하나는 셋으로 작용하며 작용인 셋은 하나인 근본으로 귀일한다는, 즉 삼즉일(卽三卽一)의 원리다. 삼일원리에 따르면 하나가 곧 무한대이며, 천상과 지상이 같고, 신과 인간이 같으므로 한울·땅·사람의 세 가지가 동일시된다. 따라서 대종교에서 삼이라는 숫자는 순환무궁하며 무진하기 때문에 신성수(神聖數)로서 숭앙된다. 대종교는 유·불·도의 삼교가 합일돼 나타난 것으로 주장하고 있는데, 불교의 묘법과 유교의 역학, 도가의 현리(玄理)가 완비된 것이라는 것이다. 특히 성아(性我)·영아(靈我)·도아(道我)의 삼아가 고르게 합일돼야 비로소 자아로서 뚜렷하게 나타난다는 삼아설은, 불가와 선가와 유가의 폐단을 극복하고 삼일지리(三一之理)에 의한 대아를 발견함으로써 각각의 폐단인 염세와 이기, 문약을 극복할 수 있다는 입장이다. 또한 중국의 삼강사상에서 탈피했다는 대종교의 삼륜(三倫)사상은 부자·형제·친척의 애륜(愛倫)과 군민(君民)·실가(室家)·향당의 예륜(禮倫), 사도·붕우·종족의 도륜(道倫)으로서, 평등·호혜·쌍무의 측면이 강조돼 근대적 윤리성을 지향하고 있다.

중광 이후 단군상을 모시고 문헌 간행, 개천절 제정, 단기연호 사용 등을 시행하자 일제는 "국조단군을 숭봉하는 항일교단"이라 해서 포교를 허락지 않고 박해를 가해 왔다. 이에 1914년에는 총본사를 만주로 망명·이전했고 이후 만주의 여러 곳을 옮겨 다니게 됐다. 1916년 4월 홍암은 제2대 종통을 무원(茂園) 김교헌(金教獻, 1868~1923)에게 전하고 8월 15일에 구월산 삼성사에서 향년 54세로 자결했다.[16] 2세 교주 김교헌은 『신단실기』

---

[16] 자결 전에 그는 ① 죄악이 무겁고 제덕이 없어 능히 단군신족을 긴지지 못해 오늘의 모욕을 당함에 대종교를 위해 죽노라. ② 대종교를 받든 지 8년에 빌고 원하는 대로 다 이루어 주신 한얼님 은혜를 갚지 못함에 한얼님 위해 죽노라. ③ 이 몸이 가달길에 떨어진 인류의 죄를 대신으로 받았음에 천하를 위해 죽노라는 내용의 순교 3절을 남겨 놓았다.

(神檀實記, 1914)와 『신단민사』(神檀民史, 1923)를 저술해 대종교의 민족사관을 집대성한 인물로 알려져 있으며 3세 교주는 윤세복(1881~1960)이다.

2) 민족종교의 전개

(1) 천도교의 전개

수운 최제우의 시천주(侍天主) 사상은 모든 인간의 절대적 존엄성을 인정한 것으로, 그를 이어 2대 교주인 해월 최시형은 사인여천(事人如天)을, 3대 교주인 의암 손병희는 인내천(人乃天)을 각각 주창해 근대적 인권의 자각에 큰 영향력을 끼쳤다. 『동경대전』과 『용담유사』에 나타난 동학의 신앙 대상은 '천', '천주', '한울님'이었다. 창도 당시 최제우의 중심사상은 '시천주' 신앙을 바탕으로 한 '보국안민'의 종교였다. 그러나 제2대 교주 최시형에 와서는 시천주보다 세속화돼 '사인여천'(事人如天), '이천식천'(以天食天), '양천주'(養天主) 등을 내세우게 되고 '물물천사사천'(物物天事事天)과 같이 범천론(凡天論)적으로 됐다. 이어 1905년 천도교 선포 이후 손병희 대에 이르러 위의 두 교주의 사상은 인내천의 종지로 교의화됐다.

최제우는 '격물치지'(格物致知)의 지적 탐구를 부정하고 유교적인 고전 교양 없이도 오직 '수심정기'의 내면적 수양만으로 누구나 '도성덕립'해 군자가 될 수 있다고 했다. '수심정기'의 수양법은 유교와 불교뿐 아니라 천주 등 보편자를 만인이 주체적으로 내면화할 수 있는 방법이었고, 이로써 소외된 서민들이 '시천주' 신앙을 통해 우선 인격적 자기 동일성을 얻고 자아를 자각해 개인격의 존엄성의 바탕을 갖게 된 것이다. 최시형에 있어서는 보편자인 천, 천주가 세속화돼 '인즉천'(人即天)의 범신론적인 경향을 갖게 된다. 최시형의 '물물천사사천'의 사상은 인간사회의 평등성뿐 아니라 모든 자연계에까지 시천(侍天)을 인정한 것이고, "사람을 한울처럼 섬긴다"(事人如天)는 사상은 왕조사회의 신분질서에서 오는 차등을 부정한 것이다. 그러므로 동학의 '천'이나 '천주'의 규정은 고정적인 것이 아니라 한국

사회가 근대화돼 감에 따라 보다 인간화된 것이고 "사람이 곧 한울이다"(人卽天)라고까지 해 '천'의 인간화과정을 거친 것이다. 따라서 동학의 종지인 '인내천'은 사람이 곧 한울이란 뜻으로, 사람은 누구나 자기가 모시고 있는 한울님을 깨달으면 곧 자기 자신이 한울님이 될 수 있다는 사상이다. 이는 한국인의 경천사상을 모체로 한 것으로 '시천주' 사상이 논리적으로 발전된 형태다.

동학의 사상내용에는 유·불·선 3교가 종합돼 있다고는 하나, 그것을 통일하는 사상은 우리 민족의 구제를 위한 민족적 염원이며 여기에는 민간신앙적 요소가 포함돼 있다. 동학은 기성종교인 유교와 불교에 대해 한계를 주장했고 사대부 양반계층의 종교였던 유교의 사상내용을 비판적으로 흡수했다. 즉 무학(無學)의 서민들이 10여 년의 수학(修學)기간을 거치지 않고서도 입도(入道)할 수 있고 입도한 그 날부터 군자(君子)가 될 수 있다고 함으로써 서민들에게도 군자의 인격을 갖출 수 있는 길을 열었다.

최제우 시기(1860~64)의 동학은 후천개벽에 의한 지상천국 건설이 목적이었다. 그는 당시의 시대적 위기의식 속에서 천인여일(天人如一)의 시천주 사상을 종교이론으로 정립해 혁명사상을 정당화했다. 뒤를 이어 최시형 시기(1864~98)에는 시천주 사상을 구체적으로 체계화하기 시작해 '이천식천'(以天食天), '이심치심'(以心治心)의 논리로 인간이 곧 '한울님'이라는 것을 합리화하고 현실개혁 의지를 강력하게 표명했다. 이는 해월이 국권수호의 절박한 분위기에서 '사인여천'의 인본주의 사상을 교조신원 운동, 갑오농민혁명으로 드러낸 것이다.

손병희 시기(1898~1921)에는 천도교의 종지를 '인내천'으로 정립해 인본주의를 사회적으로 실천했다. 천도교에서 3·1독립운동 당시 민족연합 결성과 민중시위 운동을 주도할 수 있었던 것은 이같이 인내천을 사회사상으로 발전시켰기 때문이다. 나아가 1920년대에는 서구 근대사상을 수용한 이돈화의 인내친 논증에 힘입어 『개벽』 등의 간행물을 발간해 신분을 초월해 모든 사람에게 지면을 개방하고, 농민·노동자·학생·여성 등 각 분야별로 운동을 전개해 근대 민족운동을 이끌어 나갔다.

3·1운동이 실패로 끝나고 교단의 지도자들이 모두 구속당하게 되자 천

도교의 활동은 거의 중지상태가 되고 말았다. 이에 교단의 젊은 지도자들이 중심이 돼 신문화운동을 일으키게 된다. 1920년에 결성된 '천도교청년회'를 중심으로 개벽사, 조선농민사 등에서 발간한 많은 서적들은 민중의 의식을 일깨워 침체되고 착취당하는 조선농민, 조선민중의 계몽에 큰 역할을 하게 된다. 이 운동은 다양한 분야에 걸쳐 전개됐는데 보성학교, 동덕여학교 등을 세워 영재를 교육시키는 신교육운동,『만세보』『천도교월보』『신인간』,『개벽』,『어린이』,『조선농민』,『신여성(婦人)』 등을 간행한 언론출판운동, 천도교청년회가 중심이 된 청년운동, 조선농민사 중심의 농민운동, 조선노동사를 중심으로 전개된 노동운동 등을 들 수 있다.17)

의암의 뒤를 이은 춘암(春庵) 박인호(朴寅浩) 역시 선사들의 전통적 개혁의지를 살려 신문화운동을 지휘·감독했고, 일제의 강한 탄압에 대항해 독립운동 노선을 지속적으로 전개하게 된다. 1920년대를 넘어서면서 천도교가 전개한 독립운동의 사례를 보면, 1926년 6월 10일 순종 인산일을 기해 거족적으로 전개시키려다 좌절된 6·10만세사건, 1927년에 결성된 신간회를 중심으로 전개한 민족운동, 1922년에 비밀 지하조직으로 출발한 불불당이 모체가 돼 형성된 오심당운동,18) 1928년 무인년에 천도교 지도자들이 대규모로 검거당한 무인독립운동, 그리고 상해 임시정부에 직·간접으로 참여한 독립운동 등을 들 수 있을 것이다.

1945년 해방과 더불어 그간 위축됐던 천도교운동은 활발하게 전개됐는데, 1946년에는 평양에 '천도교북조선종무원'을 설치했으나 3·8장벽이 굳어지면서 중앙과의 관계가 단절되고 말았다. 1948년에는 남북분단을 저지하기 위한 투쟁으로 '3·1재현운동'을 전개했다. 이때 북한 전역에서 2만 명의 교역자가 검거·투옥당하는 수난을 겪기도 했다. 그후 북한에서는 통일을 이루기 위한 비밀결사 조직으로 영우회(靈友會)를 조직했으나 탄로돼 1950년 4월부터 수만 명의 교인이 검거·투옥당했고, 1·4후퇴 때 수십만의 교도가 월남하게 됐다.19)

---

17) 홍장화 편저,『천도교운동사』(천도교중앙총부, 1992), 179-210쪽 참조
18) 『신인간』, 352호(천도교중앙총부, 1977년 12월), 48쪽.
19) 홍장화, 앞의 책, 103쪽.

1955년 이후에는 교령제를 채택하고, 서울 탑골공원에 의암 묘비 건립(1959), 대구 달성공원에 수운동상 건립(1964), 정읍 황토현에 갑오동학혁명 기념탑 건립(1962), 경주에 해월 동상과 묘비 건립(1975) 등 역사작업을 하는 한편, 1972년에는 현 본부인 종로에 수운회관을 건립했다. 그 뒤에도 새로운 신앙운동을 전개하는 한편 신도교육과 교역자 양성을 위한 종학대학원 설립, 신앙강좌 개최 등 활발한 활동을 하고 있다. 1994년에는 동학혁명 1백주년을 기념하는 행사를 치렀다. 사업의 개요를 보면 서울 경운동에 동학혁명 기념관 건립, 경남 하동, 충남 청원 등에 동학혁명 기념탑 건립, 동학혁명사 편찬, 학술연구 발표 및 논문집 발간, 동학혁명 문화제 등이다.

　천도교의 교세를 보면 수운 당시 수만을 헤아리다가 해월 때 1백만, 의암 때 3백만이었으며, 현재 남한의 교인 수는 약 1백만 명이다. 북한의 교인 수는 1950년 3월 현재 280여만 명이었으나 지금은 태반이 줄었다. 이외에 남만주, 일본, 미국 등지에도 교구가 있다.[20] 북한에서는 최근 종교활동이 약간 허용되면서 천도교 활동도 전개되고 있다고 한다. 특히 남한의 천도교 교령이었던 최덕신이 월북하면서 활기를 띠기 시작해 현재 800여 곳의 기도 처소가 있는 것으로 전해지고 있다.[21]

(2) 대종교의 전개

　대종교 교리의 핵심은 '삼신일체'(三神一體) 신앙과 '삼진귀일'(三眞歸一)이다. 단군정신인 홍익인간 이화세계 이념에 따라 민족정신을 드높이고 세상을 평화롭게 하는 데 그 목적이 있다.

　『대종교요감』에 따르면, 대종교는 다음과 같은 특징을 가지고 있다. 첫째, 우리 겨레의 뿌리종교다. 이 신앙은 우리 배달민족이 뿌리와 근원이 돼 아득한 예로부터 면면히 내려오는 것으로, 우리의 역사, 문화, 풍습, 그리고 철학, 사상, 윤리 등 모두가 이에 연유하고 있다. 둘째, 철저한 나라사

---

20) 『천도교(동학)』(천도교중앙총부, 1989), 21-23쪽.
21) 한국종교사회연구소 편, 『한국종교연감』(1993), 111쪽.

랑의 종교다. 신라통일도 이 정신으로 이루었고, 항일 독립투쟁도 만주로 망명한 대종교가 핵심체였으며, 앞으로도 국토통일과 민족중흥의 원동력이 될 수 있을 것이다. 셋째, 후천세계 인류의 종교다. 대종교는 교리상으로 세계 많은 종교들의 근원적 통합원리인 동시에 그 구현목표도 홍익인간 이화세계이므로 궁극적으로 전 인류의 종교가 된다는 것이다.[22]

 대종교는 민족정신을 바탕으로 한 고유의 민족종교인 만큼 적극적인 항일운동의 전개로 민족성을 표출했다. 따라서 대종교의 중요활동은 창립동기에서부터 오늘에 이르기까지 강한 민족운동으로 일관된다. 홍암 나철의 창교는 기울어져 가는 나라를 구원하기 위한 하나의 방법이었으며, 강한 민족의식의 고양으로 일제의 탄압을 받고 만주로 쫓겨가는 비운을 겪는다. 1916년 그의 자결 자체가 이 민족에 대한 각성의 촉구, 나라를 지키지 못한 책임과 선열들에 대한 죄책감의 표현이었던 것으로 보인다.

 1918년 11월에 김교헌은 김규식, 박은식, 이승만, 이시형, 김좌진, 신채호, 조소앙, 안창호 등 독립운동 대표 39명의 동의를 얻어「무오대한독립선언서」를 작성, 중국, 미국, 일본, 국내에 발송했다. 이 무오독립선언은 1919년 동경 '2·8독립선언'과 '3·1독립선언'의 기폭제가 됐고, 그 해 창설된 북로군정서로부터 시작된 활동은 우리나라 독립운동사에 큰 금자탑이라 할 수 있다. 김교헌과 함께 나철의 2대 제자였던 서일(徐一)은 항일투쟁을 하다가 만주로 들어간 의병들을 모아 '중광단'을 조직했고, 1918년에는 김좌진 등을 영입해 북로군정서로 개편했다. 북로군정서를 창립한 지 1년 만인 1920년에는 정규 독립군 1천 5백여 명의 대군으로 성장했다.[23] 이 독립군은 유명한 청산리전투를 벌이게 된다. 1920년 서일은 북로군정서의 총재가 돼 김좌진, 이범석 등을 지휘, 청산리에서 일본군 3개 여단을 몰살시키는 전과를 거두기도 했다.[24]

---

22) 위의 책, 315쪽 이하 참조.

23) 金相日,「大宗敎思想史」, 金洪喆·金相日·趙興胤,『韓國宗敎思想史, Ⅳ』(연세대학교출판부, 1993), 162쪽.

24) 물론 이와 같은 승리 뒤에서 대종교인들이 일병에게 당한 만행은 필설로 다할 수 없는 것으로 일제는 만주에까지 대종교 포교 금지령을 내렸다.

1921년 일본군이 대종교를 토벌해 서일이 순교했고, 이때를 전후해 대종교인 10여만 명이 일제에 의해 살해당했다. 1923년에는 무헌도 순교하고 3세 교주로 단애(檀崖) 윤세복(尹世復)이 취임했다. 단애 역시 독립운동과 포교활동을 하나로 보고 '홍업단'이란 지하조직으로 항일투쟁에 전력했으며, 상해임시정부 수립에도 대종교인이 다수 참여했다고 한다. 1924년에는 단애를 비롯한 20여 명의 대종교 간부가 일제에 검거돼 심한 고문과 고초를 겪고 10여 명의 순교자를 냈다. 이때 단애는 무기형, 그리고 다른 사람들은 5년에서 15년의 형을 받았다.

  해방이 되자 1946년에 환국해 서울 저동에 총본사를 옮기고 종리연구실 설치, 교구 개정공포, 국학강좌 개설, 청년회 발족, 마니산 첨성단의 성화 전수식 등 여러 가지 활동을 전개하며 새로운 출발을 시작했다. 1950년에는 도통 전수제를 폐지하고 신권공화제를 실시, 단애가 제1대 총전교에 취임했다. 1982년에는 총본사를 서대문구 홍은동으로 이전, 지금에 이르고 있다. 홍암은 1962년 3월 1일에 대한민국 공로훈장 단장을 추서받았다. 현재 대종교의 교세는 홍은동 대종교 총본사와 시도 교당 및 수도 분원이 60곳, 신도는 60여만 명이다.[25]

  3대 교주였던 윤세복은 민족운동 계승을 위한 여러 가지 활동을 전개했다. 1946년 7월 서울 중구 저동에 있던 총본사 천궁에서 제1차 '하기 국학강좌'를 열어 국어, 국사에 대한 지식보급과 시사 및 민족의식에 대한 계몽강좌를 실시한바 수백 명의 수강생이 모여들었다.[26] 이외에도 다양한 활동을 전개하게 되는데 그 강령만 들어 보겠다. ① 청년을 조직해 한얼공경과 조상숭배, 사람 사랑운동 전개, ② 구제회를 조직해 북한 공산치하에서 월남·피난한 사람, 외국에서 들어온 이재민을 수용하고 주거알선과 의류·식량 공급운동 전개, ③ 선무반을 조직, 6·25중 민심수습에 앞장, ④ 단군전봉안회를 조직해 단군전을 건립, 국조 단군을 받들고 신앙하는 운동 전개,[27] 특히 초대 문교부장관을 지낸 안호상 등이 앞장서 10월 3일 개천

---

25) 『대종교요감』(대종교총본사, 1987), 321-334쪽 참조.
26) 위의 책, 326쪽.
27) 위의 책, 328-329쪽.

절을 국경일로 정해 민족의식을 고양하는 운동에 크게 공헌했다.

3. 민족종교의 민족사적 의의

1) 민족종교의 역사적 의의

한말 근세사에서 민족종교가 탄생한 데는 나름대로 시대적 요청이 있었던 것으로 보인다. 이 시기야말로 한국 역사에서 일찍이 유례를 찾아보기 어려울 정도로 정치·사회·종교 등 여러 면에서 일대 혼란의 시기였다. 먼저 정치적인 면에서는 근세로 접어들면서 노도처럼 밀려드는 서구문명 속에서 외세에 의해 어쩔 수 없이 늦게야 문을 열었고, 자체 내의 정치적 부패와 탐관오리들의 횡행으로 인해 도탄에 빠진 민중은 봉기하게 돼 민란, 화적(火賊), 도적 등으로 인한 정치적 혼란이 극에 달해 있었다. 또한 사회적으로도 역사상 유례를 찾아보기 어려운 대유행병, 대화재, 유언비어 등으로 인해 민심의 동요가 극심했고, 홍수와 가뭄으로 인해 민생의 곤란은 이루 말할 수 없었다.

이렇게 시작된 개화기[28]와 이어진 일제 침략기간까지의 85년간은 한국 역사의 단절기였다. 이 단절기에 일제의 혹독한 감시 속에서도 민족적 선각자들은 제한된 범위 안에서 종교의식을 통해 그들이 깨달은 진리관과 세계관을 교리형식으로 부각시켰다. 그러나 일제는 이를 유사종교로 간주했다. 일제 초기에 일인들은 한국인을 아주 민도가 낮은 백성으로 착각했다. 그러나 그 당시 민중의 수준은 궁핍과 가난에 찌들어 초라했을지 모르지만, 본래부터 우리 민족이 지녀 온 전승재(傳承財)라든지 전통의식에는

---

28) 개화기(開化期)란 1860년(철종 11년) 최제우(崔濟愚, 1824~1864)에 의해 동학(東學)이 일어난 때부터 1910년 한일합방이 선언된 때까지를 말하며, 일제시대는 1910년부터 1945년 민족해방의 시기까지를 말한다.

그들도 놀라지 않을 수 없었다. 이에 일제는 무단정치(武斷政治)를 거두고 다음 단계로 소위 문화정치(文化政治)라는 미명(美名)을 내걸었다. 문헌으로는 주로 중추원에서 『삼국사기』(三國史記), 『삼국유사』(三國遺事), 『고려사』(高麗史), 『조선왕조실록』(朝鮮王朝實錄) 등을 분석시켰고, 조선총독부를 통해서는 조선인의 민간신앙으로부터 전통종교에 이르기까지 현상조사를 했다. 일본 문부성 종교국이 "특히 신(神)·불(佛)·기(基) 이외의 종교 유사행위를 하는 단체를 조사하여 보고하라" 고 명령한데 근거해 한국인의 생활습속을 속속들이 파고들어가 조사해 총독부 간(刊)으로 『조선(朝鮮)의 향교(鄕校)』, 『이조불교』(李朝佛敎), 『석전(釋奠)·기우(祈雨)·점복(占卜)』, 『풍수지리』(風水地理)』 등의 보고서를 작성·간행했다.

그런데 당시 민중 속에서는 저항과 투쟁이 아니라 인간혼의 회복을 꾀하는 입장에서 민족의 사상과 이념을 제시하는 선각자들이 있었다. 그들은 종교를 가지고 매우 유화적이며 점진적인 민중운동에 착안했다. 일제는 이들 선각자가 종교형식을 띠고 민중을 응집하며 외치는 소리를 문제로 받아들이지 않을 수 없었다. 그러므로 문화조사의 일환으로 이들 선각자가 외치는 종교에 대해서는 더욱 철저하게 조사토록 했으며, 이 분야만큼은 한 책으로 묶어 『조선의 유사종교』라고 이름했던 것이다. 일제는 이 책이 나오자 순수 조선인 종교집단을 파고들어가 철저하게 감시했다. 따라서 일제 침략기 민족종교의 이념과 활동은 어둠 속에서 선각자들의 살아 있는 민족혼의 응집이 종교라는 형식으로 표출된 것이라 볼 수 있다.

한편 일제시대를 거치면서 점령당해 왔던 우리 국토와 민족은 해방의 기쁨을 맛보기도 전에 국제정치의 희생물로서 분단을 감내해야 했다. 민족분단의 원인은 외재적인 것뿐 아니라 민족 내부에서도 찾을 수 있다. 1910년 8월 일제에게 합병을 강요당했던 우리 민족은 1919년 3월 1일 독립만세운동을 계기로 1920년대 이후 치열한 항일투쟁을 벌였다. 그러나 불행히도 우리 민족의 독립투쟁은 지역적으로 미국과 소련 및 중국, 그리고 국내로 나뉘었다. 그러나 이 지역적 분산보다 더 심각했던 것이 이념적 대결이었다. 여러 갈래의 이념노선이 극단적 대결을 보임으로써 독립운동의 통합성을 유지하기 어려운 경우가 많았다. 물론 광복 이후 세워질 새 조국의 미래상에 대해서도 의견을 달리해 자유민주 국가를 세워야 한다는 세력과 공산주의 국가를 세워야 한다는 세력으로 갈렸다.

　이러한 상황에서 그래도 대한민국 임시정부가 그 명맥을 유지하면서 민족해방투쟁의 구심점으로 작용했다. 특히 1940년 이후에는 이념노선을 달리하는 여러 정치세력들 사이의 통일전선을 구축해 일제에 대해 선전포고 했던 것은 독립운동사상 빛나는 업적이었다. 그러나 우리 민족의 독립운동은 하나의 통합적 구심점을 찾지 못했다. 이러한 맥락에서 이념적 대립이 첨예화된 사례들을 독립운동사에서 발견하게 되는데 그 중 대표적인 것이 1927년 창립된 신간회가 4년만에 해체된 것이다. '신간회'의 창립은 결코 우연한 것이 아니고 1920년대 한국 민족운동에서 필연적인 것이었다. 이러한 신간회운동이 일제의 탄압과 고등정략에 의해, 그리고 일부 극좌주의자들에 의해 발전·정착하지 못하고 해체됐다.

　우리는 이러한 신간회의 좌절에서 민족의 이념적 분단의 단초를 볼 수 있으며 또한 갈라진 민족을 다시 하나로 만들 수 있는 실마리를 찾게 된다. 통일에 대한 '민족적' 합의의 도출은 결코 이념과 이데올로기로는 불가능하다는 것이 '신간회'를 통해서 본 역사의 교훈이다. 우리는 이 합의점을 이데올로기적 색채를 벗어난 순수한 민족정서에서 추구해야 한다.

　민족주의는 정신적·문화적·역사적·전통적으로 전래돼 오는 민족의 독자적 특성과 긍지를 정치에 반영시켜 이를 영구히 유지하려는 민족의 이념이라고 하겠다. 이런 점에서 볼 때에 동학은 왜곡된 민족근성을 바로잡기 위해 민족개벽을 주창한 데서 민족주의적 성격을 추출할 수 있다. 동학은 서학, 즉 서양세력에 대항하기 위해 나온 한국의 민족종교이고, 대종교 또한 개국시조 단군의 홍익인간 이념에서 시작된 민족 고유의 종교이기 때문이다.

2) 민족종교의 정신사적 의의

　한말·일제시에 우리 민족의 철학은 민족의 갱생과 주체성을 고무시키는 이념화의 작업이었다. 일제라는 타민족의 억압과 핍박 속에서 싹튼 철학이었음에도 불구하고, 결코 민족적 이기주의에 떨어지지 않았다는 점이 자긍할 만하다. 우리의 민족철학이 일제 및 다른 문화권과 상대적 차원에서 투쟁에 말려든 민족적 독선주의의 편협성에 떨어지지 않고, 인류가 공생할 수 있는 세계주의로 나갔다는 점은 높이 평가돼야 할 것이다.

(1) 천도교의 의의

한국 민족종교의 특색은 우리의 건국신화 정신이 대표하는 이른바 '홍익인간'(弘益人間) 이념에서 나타나는데, 단군신화의 '홍익인간' 이념은 본질적으로 친화사상이며 인간존중 사상으로서 "인간은 신같이 존귀하고 모든 인간은 하늘(天)앞에서 한결같다"는 인본적 평등사상으로 표현되기도 한다. 서양의 인간과 신은 신의 피조물인 인간이 신과의 약속파기로 인해 갈등관계인데, 홍익인간은 신과 인간의 친화와 화평의 관계인 점에 그 특징이 있다. 우리 민족은 평화를 사랑하고 호양정신으로 그 맥을 이어 왔다. 우리 역사를 보면 수많은 외침을 받았으면서도, 침략에 대해서는 항거했지만 한 번도 먼저 남의 나라를 침략해 본 적이 없는 민족정신이 바로 평화 이념 그 자체였다. 이러한 인간존중 전통은 최치원이 「난랑비서」(鸞郞碑序)에서 밝힌 바와 같이 유(儒)·불(佛)·도(道) 삼교가 유입되기 이전부터 존재한 고유의 사상 '현묘지도'(玄妙之道)와 상통하는데, 이 현묘지도로 인해 유·불·도 3교의 사상이 승화됐다.29) '홍익인간' 이념과 '현묘지도'의 정신은 외래종교인 유교·불교사상이 한국적으로 발전하는 근거가 됐으며 구한말 수운 최제우의 동학으로 계승되기도 했다.

한국사상의 특질이 인간존중 사상이라 할 때 동학사상 역시 '시천주'(侍天主)에서 '인내천'(人乃天), 그리고 '사인여천'(事人如天)으로 이어지면서 인간존중적 사고의 틀을 보여준다. 동학의 발생은 근원적으로 최제우의 '시천주' 체험에 기초하고 있다. 최제우는 유교·불교 등 동아시아 문화권의

---

29) 류승국, 『한국의 유교』(세종대왕기념사업회, 1980), 136-137쪽.

기성종교가 쇠퇴하게 되고 조선왕조 사회가 무너진다는 역사 예언을 통해 새로운 민족사회의 혁신을 위한 종교원리로 '시천주 신앙'30)을 제창했다. 수운의 신체험에서 이전의 유교적 전통이나 불교적 종교관과 구별시켜 주는 결정적 특질은 모든 사람이 하늘님을 그의 몸에 모시는(侍) 체험적 신앙이다. 이 시천주 사상에 기초해 보면 모든 인간은 누구나 귀하지 않을 수 없는 것이니 바로 하늘님을 모신 존재이기 때문이다. 최시형의 '사인여천'의 만민평등 윤리는 시천주에서는 아직 드러나지 않았던 인간존중의 관계성 윤리, 평등의 원리가 드러나고 1905년 천도교의 선포에서는 '시천주'의 세속화인 '인내천'의 종지로 표현됐다.

보국안민, 광제창생, 포덕천하의 동학이념은 내적으로는 학정에 시달리는 농민대중을 구하자는 것이요, 외적으로는 날로 심화되는 제국주의 열강을 물리치고, 궁극적으로는 포덕천하에 의한 지상천국을 건설하자는 것이었다. 동학은 시천주, 인내천에 입각한 만민평등 사상, 천운순환설에 입각한 후천개벽 사상을 그 골자로 한다. 최제우는 "내 또한 동방에서 태어나 동방에서 받았으니, 도(道)는 비록 천도(天道)이나 학(學)은 동학(東學)이다"31)라고 하여 도에는 동과 서가 없음을 먼저 밝힌 후, 그러나 학에는 동과 서가 있음이 분명함을 밝히고 스스로 '동학'임을 자부함으로써 동방의 한국사상을 계승한 것임을 선명히 한다.

기존의 종교와 사상 중에서 최제우의 동학 창도에 지적 배경으로 가장 중요한 자원이 된 것은 유·불·도로서 그는 이를 지적 자원으로 하여 새로운 종교와 사상을 창조했다.32) 즉 유교의 삼강오륜(三綱五倫)과 불교의

---

30) 『東經大全』,「論學文」. "侍라 함은 안으로 신령이 있고 밖으로 기화가 있어 온 세상의 사람이 각각 옮기지 아니하는 것이요, 主라는 것은 존경해 부모와 같이 섬기는 것이요."

31) 白世明, 『東學經典解義』, 韓國思想研究會, 75쪽.

32) 水雲은 동학사상이 유·불·도 합일의 전체임을 밝히고 있는데, 그 제자 海月 최시형에게 다음과 같이 말했다. "吾道는 원래 儒도 아니며 佛도 아니고 仙도 아니니라. 그러나 吾道는 儒佛仙 합일이니라. 天道는 儒佛仙이 아니로되 儒佛仙은 天道의 일부분이니라 儒의 倫理와 佛의 覺性과 仙의 養氣는 人性의 자연한 稟賦이며 天道의 고유한 부분이니 吾道는 그 無極大源을 잡은 자니라, 후에 道를 전하는 자는 이를 오해하지 말도

수성각심(修性覺心), 선교의 양기양생(養氣養生)은 최제우의 동학 창도에 중요한 자원이 됐다. 또한 최제우는 음양오행설, 역학사상 등과 당시 농민층 사이에서 널리 신앙되고 있던 풍수지리설, 단군신앙, 귀신신앙, 영부신앙, 치병술 등 여러 종류의 민간신앙을 모두 수용해 이를 그의 지기일원론(至氣一元論)과 천인합일론(天人合一論)에 넣어 용해했다.33) 즉 동학 성립의 지적 자원과 배경이 된 것은 그의 시대까지 동양과 조선의 모든 기존 종교와 신앙이었다고 할 수 있다. 즉 최제우는 자기 시대까지 동양과 조선의 모든 기존의 종교, 사상, 민간신앙을 지적 자산으로 적극 활용해 당시 서양세력의 침입에 응전해 보국안민하고 광제창생할 수 있는 동양과 조선의 새로운 종교와 사상을 창조한 것이다.

특히 그가 『용담가』(龍潭歌)에서 그 자신이 수신성도한 구미(龜尾)의 산수를 5만년의 운수로 읊고, 그 자신이 천도를 득도했다는 1860(庚申)년 4월 5일을 인류의 전면적 전환의 계기, 즉 후천개벽의 시점으로 본 것은 주목할 만한 일이다. 이는 이 민족의 생존현장인 한반도에서 개벽의 싹이 트기 시작했다는 것과, 우리 한민족이 개벽시대의 주도세력이 돼야 한다는 것을 알리는 주체의식의 발로였다. 또한 수운 최제우, 해월 최시형, 의암 손병희를 거쳐 야뢰(夜雷) 이돈화(李敦化)로 이어지는 동학사상은, 민족개벽은 민족개벽 자체에만 의미가 있는 것이 아니라 이상적 세계주의로 나아가는 과도기에서 최대의 예비적 기초가 된다는 데 의미가 있다34)고 보았다. 이처럼 동학은 한국사상을 중심으로 세계주의와 인류평등을 실현해야 한다는 강력한 민족적 주체성을 세우고 있다.

동학사상 속에는 후천개벽의 지상천국 건설론, 봉건적 신분질서를 긍정하지 않는 근대성, 서학에 대항하는 민족정신과 강한 저항정신이 내포돼 있다. 또한 동학은 수운 개인의 종교적 체험에서 시작하고 있지만 신인간을 통한 신사회 창조를 추구해 개인구원과 동시에 사회구원을 꾀한다. 동학과 천도교의 정신사적 의의를 요약하면 다음과 같다.

록 지도하라." 『천도교 창건사』, 제1편, 47쪽.
33) 愼鏞廈, 앞의 글, 20쪽.
34) 李敦化, 『新人哲學』(天道教中央總部, 1968), 153쪽 참조.

첫째, 인간존중 사상이다. 고대부터 유교, 불교, 도교의 외래사상과 다른 한국사상의 특질로 인간존중 사상을 든다. 동학사상 역시 '시천주'에서 '인내천', 그리고 '사인여천'으로 이어지면서 인간을 존중하는 사고의 틀을 보여준다. 동학의 발생은 근원적으로 최수운의 '시천주' 체험에 기초하고 있다. 수운의 시천주 신앙은 종교적 경천신앙이 강하고 최시형의 '사인여천'의 만민평등 윤리는 시천주에서는 아직 드러나지 않은 인간존중의 관계성 윤리, 평등의 원리가 드러나고,[35] 1905년 천도교의 선포에서는 시천주의 세속화가 인내천의 종지로 표현됐다.

우주 속에 최고의 위치를 차지하고 있는 인간계는 우주의 주인인 동시에 우주의 중심이다. 이것이 곧 '인내천' 사상이다. 이 말은 "사람이 곧 한울님"이란 뜻으로, 사람은 누구나 자기가 모시고 있는 한울님을 깨달으면 곧 한울님이 될 수 있다는 것이며, 원리상으로 우주만물은 모두 한울의 표현이고 그 중에서 인간이 진화의 가장 선두에 서 있다고 보는 것이다.

둘째, 평등사상이다. 동학의 평등사상은 '시천주'와 맥락을 같이한다. '시천주', 즉 사람이 한울님을 모신다는 것은 인간이 천에 감응해 내면적 일체화를 이룸으로써 '천심즉인심'(天心卽人心), 즉 '천인일여'(天人一如)가 된다는 것이다. 모든 사람은 누구나 천과 내면적으로 일체화할 수 있다는 점에서 평등하다는 것이다. 조선조 후기 최대의 사회적 모순은 지나친 계급사회였으며, 수운이 이러한 모순을 타개하기 위한 사회개혁의 방편으로 동학을 창도한 것은 사실이다. 따라서 동학의 교리에서는 인류의 재해는 계급에 있기 때문에 일어나는 것이고, 계급차별이 없고 이해가 일치하면 인간의 행복은 이루어질 수 있는 것으로 해석되고 있다.[36]

이러한 '인내천' 동학의 종지에서는 "사람이 곧 한울님"이므로 하늘 앞에 모든 사람이 어떠한 차별도 없음은 자명하다. 기성종교들이 신분차별을 합리화하는 구도를 가졌음에 반해 동학이념은 모든 불평등과 차별을 해소하고 민족 대동단결의 장으로 나아가게 하는 힘이 내재돼 있다. 한민족에

---

35) 최문형, 「에코페미니즘 관점에서 본 해월 최시형의 여성관」, 『동학연구』, 8집(2001), 135-137쪽.

36) 李敦化, 『新人哲學』(天道敎中央總部, 1968), 153쪽.

대한 일제의 차별대우가 분명했고, 민족 내부에서도 빈부의 차와 지우(智愚)의 차가 현격했던 당시 민중은 자연히 차별의 해소를 갈망하게 됐다. 민족의 선구자들은 이 점을 명확하게 판단하고 시대의 흐름을 평등세계 건설로 유도했다. 최제우, 최시형, 손병희, 이돈화로 이어지는 동학사상은 정신개벽·민족개벽과 사회개벽의 실천이념을 내세워 민족구성원간에 평등을 이루어야 한다고 주장하고 사회계층간의 평등을 이루도록 촉구했다.37)

셋째, 민족주의 사상이다. 민족주의는 정신적·문화적·역사적·전통적으로 전래돼 오는 민족의 독자적 특성과 긍지를 정치적 이념에 반영시켜 이를 영구히 유지하려는 민족의 이념이라고 하겠다.38) 동학은 서학, 즉 서양세력에 대항하기 위해 나온 한국의 민족종교다. 수운은 서양사람들은 무력으로 공격해 오는데, 이를 물리적 수단으로는 이길 수 없으며 오직 동학으로만 이를 물리칠 수 있다고 했다.

따라서 동학은 그것이 종교운동이었음에도 불구하고 그 전개과정에서 서구·청·일본에 대한 반감에서 비롯된 민족주의적 성격이 두드러지게 나타나고 있다. 나아가 동학혁명은 한국사에서 근대적 개념의 최초의 민족운동으로서 그후 계속된 민족항쟁에 하나의 유형을 제시했다.39) 동시에 동학의 민족주의적 성격은 통일이념으로서 한국민족주의40)의 초석으로 놓일 수 있을 것이다. 나아가 동학의 민족주의는 외세의 침입에 대한 자체보호적 항쟁의 요소가 짙은 것으로, 외국을 병합하는 식의 적극적이고 공격적인 형태의 민족주의가 아니라 평화사상의 일환으로 표현된 것이었다. 따라서 이러한 한국민족주의의 평화사상은 세계적으로 민족주의가 다시 대두하는 이때에 세계평화의 추구라는 모델을 제시해 준다.

---

37) 특히 최제우 자신의 생활자세가 벌써 반상(班常)의 관념을 넘어선 평등사상을 실천했다는 것은 중요한 의미가 있다. 즉 그가 신분이 낮은 최시형에게 법통을 넘겨주었으며, 자기 집 종을 며느리로 삼았던 점에서 분명한 일면목을 볼 수 있는 것이다.
38) 申福龍, 「東學思想과 甲午革命에 나타난 民族主義」, 『동학연구』(창간호, 1997), 324쪽.
39) 위의 책, 263쪽.
40) 朴鐘喆, 「民族主義의 槪念 및 韓國民族主義의 特性」, 『統一理念으로서의 民族主義』(民族統一硏究院, 1993), 43-49쪽.

넷째, 개혁사상과 이상사회 건설론이다. '인내천' 사상에서는 한울님의 의지는 곧 인간을 통해서 표현된다고 믿는다. 궁극적인 목표에서 볼 때 동학의 인본사상은 한울을 알고 깨닫고 사는 세상이 되자는 것이다. 이 세계가 천국이 돼야 할 것이므로, 이러한 지상의 천국을 건설하는 것이 인간의 궁극적인 책임이라고 보는 것이다.

수운은 창도 당시의 사회혼란은 인간과 사회가 모두 병들어 있기 때문이라고 보았다. 그가 동학을 창도한 궁극적인 목적은 사회의 질병으로부터 인간을 구제해 더 나은 이상향에 살게 하려는 현실주의적 욕망을 실현하려는 것이었다. 수운은 개인의 정신적 결함과 사회적 암흑이라는 질병의 원인은 인간의 이기적 성격 때문이라고 생각하고, 이를 타파하기 위해서는 각자가 품고 있는 이기적 자아에서 초월해 자기의 마음속에 누구나 가지고 있는 '한울아'에 따라서 행동해야 한다고 믿었다.[41] 즉 우주의 본원인 '한울아'에 따라서 행동하는 것만이 사회질병을 물리치는 방법이라고 믿었다. 이 사회의 질병을 치유하는 방법으로 제시된 대안이 개벽이론이다. 개벽이란 낡은 세상이 사라지고 새 세상이 온다는 것으로, 민중이 고뇌에서 해탈하는 방법으로 제시된 것이다. 특별히 수운은 투쟁에 의해 사회의 질병이 되는 요소, 즉 극심한 계급의식이나 빈곤을 물리칠 것을 강조했다.

수운의 사회적 성격은 궁극적으로 보국안민·포덕천하·광제창생·지상천국을 건설하자는 데 있었다. 수운의 이상향(지상천국)은 인간의 모든 생활이 사회적으로 유기장생하는 것이며, 권력이나 계급의 대립, 귀천의 차별 없는 덕치생활이고, 의식주의 부자유와 질병·재앙 같은 자연적 압박이 극복된 삶을 의미한다.[42] 그의 이상향은 자유와 평등, 복지개념에 입각한 근대국가 이념에 부합하는 것이며 이러한 이상을 이루기 위해 스스로 행동하는 신인간을 전제로 한다. 그러므로 동학의 지상천국은 의식변화와 사회변화가 병진하는 세계이다.[43]

---

41) 李敦化, 『新人哲學』(日新社, 1963), 28쪽.
42) 李敦化, 『水雲心法講義』(天道敎中央摠部, 1968), 106쪽.
43) 김상일, 『동학과 신서학』(지식산업사, 2000), 95쪽.

(2) 대종교의 의의

대종교는 민족사관을 바탕으로 한 항일독립운동의 모태가 됐다. 대종교는 구한말 엘리트계층을 잇는 보이지 않는 끈이었다. 대종교는 열강의 각축장으로 변해 버린 한반도에서 조선의 주권과 독립을 열망하는 지식인들을 민족정신으로 이어 준 사상적 토대이자 실천적 기반이었다. 대종교인들은 무오독립선언 초안 마련, 북로군정서·광복군 등 무장독립운동, 상해임시정부 참여, 민족학교 설립, 민족사학의 정립, 한글 지키기 운동, 해방 후 건국운동에 이르기까지 현실참여에 적극적이었다.

홍암 나철 대종사는 1909년 음력 정월 대보름날(1월 15일) 대종교를 중광(重光)했다. 당시는 대종교의 중광과 더불어 항일 독립운동이 종단의 교운(敎運)을 건 급선의 실천과제였다. 중광 자체가 바로 대종교가 항일 독립운동으로 이어질 수밖에 없는 숙명적 과제였다. 항일정신은 바로 독립정신이며 나라를 구하고 동포를 건지려면 온 겨레의 구심점을 국조 단군 한배검으로 귀의시키는 것 이상의 명분이나 묘책은 없었던 것이다. 대종교의 항일 독립정신은 이렇게 민족사에서 구체적으로 나타났다. 국조(國祖)숭배 사상을 고취하며 홍익인간 이화세계(弘益人間 理化世界)의 이념을 종단의 구현목표로 삼았다. 또한 민족신앙의 교리(敎理) 안에 우리 민족사상과 민족철학이 담겨 있다는 사실을 홍보했다. 홍암 대종사는 정치가이자 혁명가의 기질을 동시에 가졌다고 볼 수 있다. 그러나 당시에는 외교·정치에 한계가 있었고 맨손으로 하는 혁명에도 한계를 느꼈기에, 한민족의 역사[44]와 정신을 교화시키는 종교가의 길을 걷게 됐다. 대종교의 정신사적 의의를 대별하면 다음과 같다.

---

[44] 대종교의 중광으로 인해 한국 민족주의사학은 체계화됐다. 지난날 불교 중심적 사관이나 존화주의를 바탕으로 한 유교 중심적 사관에 유린당하던 도가적(道家的) 민족주의사관이 대종교의 중광과 더불어 체계화됐기 때문이다. 결국 대종교가 중광한 시기인 1910년대 한국사 서술에서 그것을 주도한 대부분의 인물이 대종교도였으며 설사 대종교도가 아닌 역사가라 하더라도 직·간접적으로 대종교의 영향을 받지 않은 경우는 드물었다. 한국 민족주의사학의 양대 산맥으로 불리는 단재 신채호와 백암 박은식도 대종교인이었다.

첫째, 홍익인간의 정신이다. 대종교 신앙의 뿌리는 배달겨레의 상고사적 시원에서 찾을 수 있다. 『삼국유사』에는 하늘나라(桓國)의 한얼님께서 이 세상을 홍익인간하기 위해 천부삼인(天符三印)을 가지고 삼선사령(三仙四靈)을 거느리고 백두천산 신단수(神檀樹) 아래 강림했다고 적고 있다. 그리고 곡식, 명령, 질병, 형벌, 선악의 360여 가지 일을 주재하며 이화세계(理化世界)했다고 기록하고 있다. 이는 교정일치(敎政一致)의 정사(政事)와 교화(敎化)의 대역사이며 특히 5가지 일(五事) 중에 선악을 주관해 종교적 교화의 바탕을 이루었다. 삼선사령은 토지를 맡은 팽우(彭虞)와 글을 맡은 신지(神誌)와 농사를 맡은 고시(高矢) 등 세 선관과 풍백(風伯), 우사(雨師), 뇌공(雷公), 운사(雲師)등 네 신령을 말한다.

대종교의 사상은 최초의 건국신화인 '단군신화'에서 그 원형을 찾는다. '홍익인간'의 건국이념은 인본주의, 인간존중, 복지, 민주주의, 사랑, 관용, 봉사, 공동체정신, 인류애 같은 인류사가 추구해 온 보편적 이념을 함축하고 있다. 이 '홍익인간' 이념은 본질적으로 친화사상이며 인간존중 사상으로서 인간은 신처럼 존귀하고 모든 인간은 하늘(天) 앞에서 한결같다는 인본적 평등사상으로 표현되기도 한다. 홍익인간의 참뜻은 궁극적으로 인간을 크고 널리 유익하게 한다는 것이다. 또 인류구제와 지상천국을 그 목적으로 하는 인류복지 사상이며 천리(天理)에 의해 국가사회가 영위되는 이상적인 나라를 건설한다는 것이다. 결국 '홍익주의'는 박애요 자비요 인애(仁愛)사상이다. 편협한 민족이나 지역에 국한한 사랑이 아니라 크고 넓은 진정한 인류애다. 따라서 자유주의와 평등주의, 개인주의와 전체주의를 다 포용해 화합·협동하는 보편타당한 조화원리를 가지고 인류 최고의 이상향을 추구하는 것이 대종교의 구현목표인 것이다.

둘째, 민족자존의 정신이다. 단군 한배검은 우리 민족의 시조 또는 국조로서 배달민족의 근원적인 조상이며 민족의 주체와 구심체가 되는 인물이다. 따라서 단군숭배 사상은 유구한 역사민족의 표상이며 우리 자체의 생명과 본성의 원천인 것이다. 대종교는 단군 한배검을 교조로 받들고 민족 고유신앙의 뿌리로 섬긴다. 나아가 신선(神仙)사상과 국조숭배 사상, 천부(天父)사상은 일맥상통하는 원리로, 이에 따르면 우리는 천손(天孫), 천민(天

民)인 셈이다. 또한 단군 국조는 개국 이래 수많은 국난을 겪을 때마다 국난극복의 구심점이 됐으며 일제 강점기에는 항일 독립운동의 원동력이 되기도 했다.45)

홍암 나철 선생은 태백산(백두산)을 중심으로 대륙과 한반도에 걸친 영토에 이 나라를 재건해야 한다고 믿고, 동서남북에 네 개의 교구를 설정하고 1911년 서울을 떠났다. 그는 백두산 기슭 화룡현에 도착해 그곳에 총본사를 두었는데, 이는 단순히 일제의 탄압을 피한 행동이 아니라 그의 민족사관을 실현하기 위한 장정이었다. 이러한 그의 의지는 2세 교주 김교헌에게 이어져 백두산 자락에서 「대한독립선언서」를 발표하게 했으며 뒤이은 봉오동과 청산리대첩(1920)의 승리에도 만주 땅이 남의 땅이 아닌 우리 땅이라는 대한사관(大韓史觀), 즉 민족주의사관46)이 도사리고 있었다.

---

45) 당시 대종교의 항일운동을 살펴보면 다음과 같다. * 만주로 망명해 적극적인 무력항쟁으로 전환, 독립전쟁을 수행했다. 그곳에서 신흥무관학교를 비롯한 독립군 양성소를 만들고 청산리전투를 비롯해 벽오동·대전자전투 등 수많은 독립전쟁을 주도했다. * 단기 4251년(1918, 戊午) 음력 10월 개천절에 무오독립선언(대한독립선언서)을 해외 독립운동 지도자 39인 명의로 선포했다. 무오독립선언은 무제한 무력투쟁을 선언한 데 비해 3·1독립선언은 평화적 항쟁을 선언했다. * 포교활동은 독립운동으로 이어졌으며 독립운동은 곧 포교활동이었다. 따라서 만주에서 40여 곳의 교당(敎堂)은 독립운동의 기지가 됐다. * 국가와 민족의 장래를 설계하기 위한 민족교육 학교를 설립했다. 이로써 신흥학교, 동창학교, 배달학교 등의 배움터가 만들어졌다. * 무력항쟁과 문화항쟁 양면작전으로 교육 및 문화운동을 전개해 만주에 민족학교를 세우고 국내에서 교육계 중진을 배출했으며 한글(언어)창달 운동을 벌였다. 일제의 언어 말살정책에 맞서 조선어학회 조직 및 한글큰사전 편찬활동을 벌였다. * 대종교의 항일 독립운동은 포교활동과 독립항쟁, 민족교육이 삼위일체(三位一體)를 이루었다. * 독립군 및 임시정부에 독립운동 자금을 조달했다. * 국내에서 비밀결사를 통해 문화운동을 벌였다(교육자, 국학자 및 각계 저명인사 포섭). * 임오교변(壬午敎變)과 조선어학회사건. 단기 4275년(1942)에 일제가 두 가지 정책사건을 동시에 일으켰다. 조선어 말살정책으로 조선어학회 사건을, 조선 민족정신 및 항일운동 핵심체 말살정책으로 임오교변을 일으켰다. 이때 10명의 대종교 지도자가 순교했다.

46) 大韓史觀이란 우리 강역을 만주, 연해주, 중국과 일본열도까지 포함하는 大陸史觀으로, 압록강과 두만강을 영원한 국경선으로 생각하는 小韓史觀 즉 半島史觀과 대립되는 것이다. 박성수, 「홍암 나철과 홍익인간사상」(홍익문화 통일강연 시리즈 02-3호, 2002), 20-21쪽.

셋째, 포용과 조화의 정신이다. 대종교의 삼일논리는 하나가 곧 무한대이듯이 천상과 지상이 같고 한울과 인간이 같아 천·지·인(天地人) 삼극(三極)을 하나로 동일시한다. 인간을 한울과 같은 소우주로 보며, 인간은 한얼님의 자손(天孫)이요 한얼백성(天民)임을 깨우쳐 한얼을 공경하고(敬天) 조상을 받들어 모시며(崇祖) 이웃과 사람을 귀히 여기며 사랑(愛人)하는 것을 한얼의 윤리(天倫)로 삼으며 충효(忠孝)사상을 키운다. 대종교의 충효사상은 일제강점기에는 대종교를 항일 독립투쟁으로 일관한 종단으로 만들었고, 36년간 무려 10여만 명의 순교·순국자를 낸 바탕이 되기도 했다.

대종교는 모든 종교를 포용하는 공존·평화의 논리를 가지고 있다. 대종교의 종교사상과 철학은 우리 민족사와 함께 이어져 온 삼신일체(三神一體) 원리라고 볼 수 있다. 이는 우리 민속에 뿌리내린 삼신상제(三神上帝)나 '삼신할머니'로 일컬어지는 삼신일체의 한얼님47)을 말하며 이 한얼님은 체용관계48)를 갖는다. 하느님의 세 자리인 한임·한웅·한검은 『삼일신고』(三一神誥)의 '신훈(神訓)'에서 말한 한얼님의 3대 작용인 큰 덕(사랑)과 큰 슬기와 큰 힘으로서 '한'(一)의 기원점이 된다.49) 이처럼 한은 인간성, 민족성, 지역성 같은 특수성이 전혀 섞이지 않은 초월적이고 보편적인 우주의 본체요 유일무이한 우주신이다. 그러므로 삼신일체 신은 '한'을 의미하고 한(一)은 수(數)의 시작으로서 본원적·근원적인 의미를 갖는다. 삼신일체는

---

47) 세검 한몸이신 하느님으로 우주가 생성하기 전부터 더 위가 없는 으뜸자리에 있으면서 우주를 내시고 만물을 창조하신 조화신(造化神)으로 한임(한님)이요, 인간 세상에 내려와서는 만백성을 가르쳐 깨우친 교화신(敎化神)으로 한웅님이요, 만물과 백성을 기르고 다스리신 치화신(治化神)으로 한검님이다. 이 세검(三神)은 한몸이신 한얼님(하느님)이 된다.

48) 한얼님은 주체가 되고, 한임과 한웅, 한검은 주체의 작용이 되는 관계다. 한얼님은 보이지 않는다. 따라서 보이지 않는 한얼님은 주체다. 한얼님으로 백두산에 내려온 것은 보이지 않는 한얼님의 작용자리로 온 것이다. 결국 한임(한인)과 한웅, 한검은 하나인 한얼님의 두 가지 표현이다.

49) 한얼님은 큰사랑(大德)이 있어 우주와 만물을 낳으시므로, 한얼님은 아버지이신 임(因=옛말의 父)이 되시고 큰 슬기(大慧)가 있어 만물을 화육하므로 스승이신 웅(雄=옛말의 師)이 되고, 큰 능력(大力)이 있어 우주와 만물을 완성하시므로 임금이신 검(儉=옛말의 帝)이 되시는 세 가지 자리 쓰임(用)이 있어 삼신일체 한얼님이라고 한다.

곧 천일(天一)・지일(地一)・인일(人一)의 일체다. 한을 인격의 의미로 보면 천지인합일(天地人合一), 즉 천인합일신인(天人合一神人) 사상이다.

이러한 한사상의 삼일논리는 긍정・포괄과 협동・조화로써 본래의 뿌리인 하나로 일치시키고 통일시키는 원리다. 결국 서로 모여 완성체를 이루며 배타심이나 갈등 없이 모든 것이 평화적으로 공존하는 논리다. 이 원리와 논리야말로 분단상황에서 상쟁과 상극의 역사를 통일 지양해 상생(相生)의 평화50)와 세계역사를 이룰 수 있는 토대가 될 것이다.

4. 교류・협력시대 민족종교의 현황

1) 천도교의 현황

북한에서는 천도교를 반제반봉건 민중운동인 동학이 '이단사학', '불법조직'이라는 구실로 감행되는 일제의 탄압을 피하기 위해 '종교의 명목'을 입은 것으로 이해된다.51) 동학이 "농민대중을 기본으로 한 피압박 피착취 대중의 요구와 지향을 반영"했기 때문에 북한정권이 추구하는 바와 근본적으로 다를 바가 없다는 것이다.52) 뿐만 아니라 천도교는 일제하에서뿐만 아니라 해방공간에서 북한이 사회주의화되는 과정에서도 김일성의 우군이었다. 이후 북한정권과 천도교의 관계는 더욱 친밀하게 발전해 1990년대에 이르면 북한의 천도교는 북한사회주의와 완전히 조화를 이루고 있는 것으로 보인다.

김일성은 회고록에서 공산주의 이상이 실현되는 것은 천도교의 '지상천

---

50) 단군신화와 대종교의 평화와 통일의 원리는 拙稿「단군신화의 여성상과 여성원리에 나타난 통일이념」,『단군학연구』, 4호(2001), 170-171쪽 참조
51) 정창학,「천도교 출현의 력사적 배경」,『력사과학』(2001년 제3호), 31-33쪽.
52) 정창학,「동학의 계급적 기초」,『철학연구』, 4(2001), 36쪽.

국'과 다름이 아니라고 말했다.53) 민족종교인 동학에 관한 김일성의 견해도 주목할 만 하다. 김일성의 회고록 『세기와 더불어』를 통해 보면 다음과 같다.54) 김일성은 동학의 '인내천' 사상을 이론적으로는 불합리하다고 본다. 신과 인간이 하나일 수 없다는 것이다. 또한 지기설도 범신론의 일종이라고 비판하는데, 인간이 영혼을 가졌다고 인정하는 것은 숙명론에 빠질 위험을 지닌 것으로 본 것이다. 따라서 인간이 모든 것의 주인이 될 수는 없는 것이다. 한편 '비폭력적 방법에 의한 신선화'로 이상사회를 건설한다는 동학의 이상은 사회발전 법칙에 부합되는 과학적 목표가 아니다. 요컨대 동학의 인내천 사상을 유물론이 아닌 유심론으로 비판하는 것이다.55)

그러나 "민족 위에 신 없고 계급이나 당파적 이익이 없다"는 원칙에 입각해서 볼 때 동학의 강한 민족주의정신은 긍정적으로 평가한다. 정신개벽·민족개벽·사회개벽의 후천개벽을 주장하는 동학의 개벽설은 지상천국을 만들고자 하는 사회주의 이상향과 통하는 점이 있기 때문이다. 유학처럼 봉건 사회제도와 봉건 신분질서를 '하늘의 질서'라고 하지 않은 점, 그리고 당시 봉건적 특권층에 도전하고 봉건 유교사상에 위협을 가한 점은 애국·애민성과 강한 저항정신을 지닌 것이라고 하여 긍정적으로 평가하고 있다. 더욱이 갑오농민전쟁이라고도 불리는 동학혁명운동은 반제 민족해방투쟁이며 농민운동이라 해서 극찬하고 우리나라 역사발전뿐 아니라 동양과 세계 정치경제 발전에 영향을 준 것으로 평가했다.56)

한편 김일성이 동학과 천도교에 대해 본격적으로 관심을 갖게 되고 민족종교인 천도교와의 통일전선에 유의하게 된 것은 1936년 박인진 도정을 만나게 되면서부터였다. 김일성에게 녹두장군의 생애와 갑오농민전쟁의 전모를 소개해 준 사람은 강양욱이었고, 천도교에 대한 김일성의 인식은

---

53) 김일성, 『세기와 더불어』 제5권, p.392, p.403.
54) 이와 관련해서 동학사상이 지니는 통일이념적 성격에 관해서는, 拙稿 「평화통일 이념 모색을 위한 한국종교의 인도주의사상에 관한 연구」, 『정신문화연구』, 25권 1호(2002), 138-142쪽 참조.
55) 김일성, 『세기와 더불어』, 5권(평양: 조선로동당출판사, 1994), 388-390쪽 참조
56) 위의 책, 391쪽.

화성의숙 시절에 와서 더욱 깊어졌다. 숙장 최동오 선생이 천도교 3세 교조 손병희 선생의 제자였다는 것은 최동오의 자제인 최덕신도 회상한 바 있다. 숙감 강제하와 그의 아들 강병선 역시 독실한 천도교인이었다.

또한 김일성은 잡지『개벽』을 통해 천도교 사상에 접했다.『개벽』은 천도교의 기본교리인 '후천개벽'에서 따온 것인데, 민족주의 색채가 농후한 잡지였지만 사회주의이념을 소개하는 글도 많이 실었다. 김일성은『개벽』의 독자가 된 다음부터 이돈화에 대해 관심을 가지게 됐으며, 봉건을 반대하고 침략을 반대하는 투쟁, 나라의 근대화를 실현하고 사회적 진보를 이룩하기 위한 투쟁에서 동학이 쌓은 공로를 충분히 인정했다. 또한 동학의 민족성과 애국·애민성도 인정했다.57) 이는 동학이 단순한 종교사상으로 끝나지 않고 시대적 요구와 사회적 상황변화에 따라 다양한 형태로 활동범위를 확대하면서 적극성을 보여주었음을 반증하는 것이기도 하다.58)

한편 북한 천도교에서는 김일성을 '현세의 위인', '민족의 구세주', 나아가 '조선의 한울님'으로 여기고 있다.59) 김일성 사후에는 김정일도 '구세제민의 한울님'이라고 선포했다.60) 천도교와 북한정권은 김일성과 김정일을 구세주로 여기면서 북한사회(나아가 통일된 한반도)를 '천국'으로 만들자는 공동목표 아래 긴밀히 협조하고 있는 것이다.

북한에서 천도교의 활동은 1972년에 천도교회중앙지도위원회가 결성됐지만 다른 종교의 중앙조직에 비해 활동이 미미했다. 그러다가 1986년 9월 남한에서 외무부장관과 천도교 교령을 지냈던 최덕신과 그 부인 류미영이 캐나다에 거주하다가 북한으로 망명했다. 최덕신은 조선천도교회 중앙위원장으로 북한 천도교를 인도하게 될 뿐 아니라, 1989년 5월 북한 내 모든

---

57) 위의 책, 379-386쪽 참조.
58) 동학의 정치·사회활동은 1892년 교조신원 운동에서 시작해 1894년의 갑오동학혁명, 1904년의 갑진혁신운동, 1919년의 3·1독립운동, 1920년대의 신문화운동과 1930년대의 민족 통일전선운동 등을 들 수 있다. 나아가 동학은 민족의 고유종교로서 민족공동체의 내적 동질성을 회복할 수 있는 한국사상의 원형으로서 의의를 갖는다.
59)『김일성 주석님과 천도교인』, 1, 78, 80쪽;『인생 말년에 찾은 조국』, 47쪽.
60) 김일성 사망 100일을 즈음한 류미영의 담화내용,『(특별본) 조선중앙년감, 1995』(평양: 조선중앙통신사, 1995), 65쪽;『인생 말년에 찾은 조국』, 109쪽.

종교를 포괄하는 중앙조직인 조선종교인협의회 결성을 주도해 위원장이 됐다. 나아가 최덕신은 조국평화통일위원회 부위원장으로 천도교를 비롯한 종교단체의 통일전선을 주도했다.

단군릉 공개 이후 천도교는 대종교의 역할까지 겸하고 있다. 류미영은 강동 단군릉의 총책임자이고, 천도교는 1993년부터 개천절을 기념하고 94년부터는 단군제를 거행하고 있다.61) 한편 최덕신이 망명한 후 1989년부터 94년까지 남한 천도교 교령을 지낸 오익제도 97년 북한으로 망명해62) 북한 조국평화통일위원회 부위원장을 지내면서 『현세의 한울님 력사의 주도자』 등 김정일을 찬양하는 책을 펴냈다. 2001년 6월 현재 북한에서 밝힌 천도교인 수는 1만 3,500여 명이며 청우당원 수는 1만 4,000여 명이다. 청우당은 1993년 12월 강령과 규약을 수정해 천도교인이 아니라도 입당이 가능하게 했다.63)

북한 천도교에서 특기할 점은 북한사회 내에서 활발한 정치활동을 하고 있다는 점이다.64) 1974년 2월 조선천도교회 중앙지도위원회라는 명칭으로 다시 활동을 시작한 북한 천도교는 남한 천도교에서 교령직을 맡았던 최덕신이 '국가와 민족의 장래'를 상론하고 '천도교 동덕들' 및 '기타 종교인들'과도 상면하기 위해 1981년 6월 22일부터 7월 18일까지 거주지 미국으로부터 북한을 방문함으로써 활성화됐다. 그후 수차례 북한을 방문한 최덕신은 1986년 9월부터 북한에 영주했다.65)

---

61) 류성민, 「최근 북한의 종교정책과 남한 종교인들의 대북활동」, 23-24쪽; 「개천절에 즈음해 천도교인들과 각계각층 군중들이 단군제 진행」, <로동신문>(1995년 10월 4일).
62) 김흥수・류대영, 『북한종교의 새로운 이해』(다산글방, 2002), 202-205쪽.
63) 류성민, 앞의 글, 23쪽.
64) 2001년 6월 현재 최고인민회의 대의원 680여 명 중 천도교인이 23명이라고 한다. 혁명렬사릉에는 박인진의 흉상이 건립돼 있고 애국렬사릉에는 최동오, 최덕신, 류동렬 등 5, 6인의 천도교인이 안장돼 있어 북한 사회주의건설에서 천도교인이 차지한 역할을 증명하고 있다. 앞서 밝힌 대로 김일성 사후 김정일이 권력을 공고히 하는 과정에도 천도교 지도자들이 적극적으로 나서서 기여했다. 앞으로도 북한권력과 천도교의 관계가 우호적일 것임을 짐작할 수 있다. 김흥수・류대영, 앞의 책, 202쪽.
65) 「평양에 도착하면서」, <로동신문>(1981년 6월 23일); 「조국의 북반부를 방문하러 가면

남한 천도교는 1989년 5월 오익제 교령이 남북 천도교 교류를 언급한 후 7월에 천도교 남북교류추진위원회를 발족하고 몇 차례 북한 천도교와 접촉을 시도했다. 그러나 남북 천도교 대표들의 만남은 1991년 10월 27일부터 네팔 카투만두에서 개최된 제4차 아시아 종교인평화회의에서 비로소 이루어졌다. 이 회의에서 남한의 천도교 대표 임운길 교화관장과 북한의 정신혁 천도교중앙위 위원장이 만나 상호방문을 제안하고 남한측은 북한측에 천도교 서적을 전달했다.

1993년 봄부터 남북 천도교 접촉이 시도되다가 10월에는 북경에서 남한 천도교 오익제 교령이 류미영 위원장과 남북 천도교 대표회담을 개최하게 됐고, 이 회의에서 남북 대표들은 1994년에 '갑오농민전쟁' 100주년 행사를 공동으로 갖기로 합의했다. 다음 해(1994) 공동행사 추진과정에서 1월 24일 조선천도교회 중앙지도위원회 류미영 위원장은 남북 대표들의 실무접촉 문제와 관련해 오익제 교령에게 2월 3일 판문점에서 만나자는 통지문을 보냈다. 그러나 류미영 위원장은 접촉이 무산되자 남한정부가 남북 천도교 대표들의 판문점 접촉을 가로막은 것과 관련해 이를 규탄하는 담화를 발표했다.[66] 그후 류미영의 제의로 3월 9일부터 10일까지 북경에서 100주년 공동행사를 위한 실무접촉을 가졌으나 이 행사는 북한핵 문제 등 남북관계가 경색되면서 성사되지 못했다. 결국 100주년 공동행사는 이루어지지 못했으나, 그후에도 남북 천도교 지도부는 계속해서 상호접촉을 시도했다.

1997년 1월 북한의 류미영은 4월 5일 천일 기념식을 평양에서 공동으로 갖자는 편지를 남한 천도교에 보냈다. 8월 15일에는 남한의 전 천도교 교령 오익제가 평양에 도착하는 돌발사건이 발생했다.[67] 최덕신 교령에 이

서 통일을 열망하는 동포 여러분들에게 고함」, <로동신문>(1981년 7월 1일); 최덕신, 「그분은 현세의 위인이시다」, 『김일성 주석님과 천도교인』(평양: 천도교청우당 중앙위원회, 1994), 107쪽.

66) 「조선천도교회 중앙지도위원회 위인장 남조선의 천도교중앙총부 교령에게 진화통지문을 보내었다」, <로동신문>(1994년 1월 25일); 「조선천도교회 중앙지도위원회 류미영 위원장님의 담화」 및 「조선천도교회 중앙지도위원회 성명」, <로동신문>(1994년 2월 4일, 2월 12일).

67) 그는 평양도착 성명서에서 1993년 가을 평양의 조선천도교회 대표단과 북경에서 상

은 오익제 교령의 월북사건으로 남북 천도교의 접촉과 교류는 한동안 냉각기를 거쳐야 했다. 그후 1999년 8월 북경에서 남북 천도교 대표자회담이, 2000년 5월에는 북경에서 교류를 주제로 한 남북 천도교 실무자회담이 열렸다. 이 회담을 통해 남측 회의 참가자들은 북측 대표들로부터 북한의 천도교가 청우당과 상호 보완적인 관계를 유지하면서도 독자적으로 신앙교화를 담당하고 있다는 이야기를 들었다.68)

2) 대종교의 현황

북한은 민족시조인 단군을 평가함에 있어『조선철학사연구』(1961)와『조선철학사개요』(1986)에서 단군신화를 포함해 율곡, 원효, 의상을 모두 주관적 혹은 객관적 관념론으로 분류·배격했는데 이는 북한정권 수립 이후 단군을 국조의 자리에서 배척한 것과 맥을 같이하는 것이다. 이러한 관점이 1990년대 초까지 존속해 오다가 1993년 10월 사회과학원 명의의『단군릉 발굴보고』(1993)를 통해 입장의 반전이 온다.69) 북한은 평양지역에 5011년 전 생존했다는 유구 발굴을 통해 단군이 실존인물이었음이 판명됐다는 내용을 발표하고,70) 덧붙여서 단군릉 발굴로 인해 단군이 우리 민족의 '원

봉해 갑오농민전쟁 100주년 공동행사를 논의했지만, 남한당국의 반대로 약속을 지키지 못했고, 더욱이 김영삼정부의 '반민족적이고 반통일적인 정책'에 환멸을 느껴 북한행을 결행하게 됐다고 밝혔다. 「남조선의 '국민회의' 상임고문이며 자주평화통일 민족회의 고문이며 남조선 천도교중앙총부 전 교령인 오익제 선생 평양 도착, 공화국 영주 성명 발표」, <로동신문>(1997년 8월 16일).

68) 주선원, 「통일의 길에 남북한 천도교가 앞장서서」,『신인간』(2000년 6월), 100-104쪽.
69) 북한문제조사연구소,『북한의 '단군릉' 발굴 관련자료』(1993) 참조
70) 북한은 사회과학원 단군릉 발굴보고를 발표하는 기사에서 "지금까지 전설로만 알려졌던 단군을 실재의 인물로 고증하였으며, 그와 함께 단군의 도읍지, 고조선의 수도가 바로 평양이었다는 사실을 확증하였다. 이번 단군릉 발굴보고에서 주목되는 것의 하나는 단군이 평양에서 태어나고 평양에 수도를 정하고 조선(고조선)이라는 나라를 세웠으며 평양에서 죽어서 묻혔다는 사실이다"고 단군의 실재성을 강조했다. 「반만년의 유구한 력사를 가진 민족의 긍지」,『통일신보』(1993. 10. 23) 참조

시조'로서 실존했다는 사실과 우리 민족의 반만년 역사의 유구성과 선진성이 확증됐다고 했다.

그들은 이 사실이 인민들에게 민족적 긍지와 자부심을 안겨주었고 남북과 해외에 있는 조선동포들이 다 같이 단군을 공동조상으로 하는 단일민족이라는 사실을 확인시킴으로써 민족적 대단결과 조국의 자주적 통일을 앞당기게 됐다고 주장하고 나선 것이다. 덧붙여서 일제가 단군을 말살하는데 주력해 '단군조선'의 역사는 일제가 편찬한 『조선사』 제1편에서 제거돼 버렸으며, 단군이 신화적 인물, 허황된 존재라는 관념이 세상에 널리 퍼지게 됐다고 한다. 따라서 근대 우리민족의 망국사는 나라 잃은 민족은 조상도 잃게 된다는 피의 교훈을 남겼다고 개탄했다.[71]

북한의 이러한 주장의 일면에는 민족의 발상지를 평양으로 부각시켜 민족사적 정통성을 주장하는 데 유리한 위치를 점거하려는 의도도 보인다. 그러나 이 '단군민족주의'[72]는 우리 역사 속에서 추구해 왔던 이상을 실천하고 구현해 가는 계기가 될 것으로, 나아가 민족동질성 회복과 평화통일을 실현할 수 있는 중요한 단서가 될 것으로 보인다.[73] 왜냐하면 우리 민족 최초의 건국신화인 단군신화는 단군 실존의 사실성 여부와 무관하게 한민족공동체를 결성해 갈 수 있는 민족공동의 사상적 원형으로 기능할 수 있기 때문이다.

대종교의 남북교류는 북한에서는 천도교를 통해 진행하고 있다. 1994년

---

71) 「반만년의 유구한 력사와 민족의 단일성에 대한 확증: 단군릉 발굴보고」, 『통일신보』 (1993. 10. 9).
72) 단군민족주의에 관해서는 정영훈, 「단군의 민족주의적 의미: 근대기 민족교육과 관련하여」, 『단군·단군신화·단군신앙』(한국정신문화연구원, 1992) 참조.
73) 특히 종교분야에서 학술교류가 이루어질 때 가장 유망한 분야는 단군숭상 부분일 것이다. 북한이 단군릉을 대대적으로 증축·개건해 준공식을 올렸을 뿐 아니라 서울에 총본사를 두고 있는 대종교와의 교류를 확대하고 있으며, 비록 무산됐지만 지난 8월에는 단군을 주제로 해서 남북한 공동 학술회의를 추진하기도 했기 때문이다. 남한에서도 단군시조 신앙은 통일을 위한 민족적 동질성을 확보하는 과제와 관련해 매우 중요한 부분이다. 그러므로 이 단군숭상은 북한을 교류와 협력, 개혁과 개방, 공존과 통일의 방안으로 유도할 수 있는 민족주의의 이념적 계기가 될 것으로 보인다.

2월 남북 천도교간의 판문점접촉은 무산됐으나 조선천도교회 중앙지도위원회 류미영 위원장과 단군대종교 안호상 총전교 사이의 접촉이 3월 12일과 14일 중국 북경에서 진행됐다. 1993년 10월 단군릉 발굴 발표 이후 류미영 위원장의 제의에 응해 이루어진 이 모임에서는 합의문을 채택, 대종교 총전교는 북한의 천도교인들이 서울을 방문하도록 초청했으며, 조선천도교회 중앙지도위원회 위원장은 평양의 단군릉 준공행사에 남한의 단군대종교 대표들을 초청했다. 이와 아울러 단군대종교 안호상 총전교가 제의한 개천절 등 전례행사를 남과 북이 공동으로 진행하고, 남과 북, 해외동포 학자들의 단군관계 학술토론회를 진행하며, 단군대종교 북부총본사를 설치하는 일을 신중히 연구하기로 하는 등의 공동합의문을 채택했다.[74] 이 회의에는 조선천도교 류미영 중앙위원장 및 부위원장, 사회과학원의 강인숙 교수와 부장 한 사람이 참석했고, 남에서는 안호상 총전교와 김선적 상임전교가 참석했다.

북한은 류미영 명의로 안호상과 김선적을 어천절 행사에 초청했다. 4월 12일 대종교 총전교 안호상과 종무원장 김선적은 정부의 방북허가를 얻지 못한 채 단군릉을 참배하고 어천절 행사를 진행하기 위해 평양을 방문했다. 그들은 단군릉에서 조선천도교회 중앙지도위원회 류미영이 참석한 가운데 대종교의 제식에 따라 어천절 기념제를 거행했다. 안호상 일행의 평양방문은 북에서는 "북과 남의 종교인들과 동포들 사이에 신뢰를 두터이 하고 민족적 화해와 단합을 도모하며 조국통일을 앞당겨 나가는 데서 매우 유익한 계기"로 이해됐지만, 남한사회에는 큰 파문을 일으켰다.[75] 정부는 총전교 안호상을 불구속 입건하고 종무원장 김선적을 구속했다.

2002년 10월 3일에는 남한의 단군학회와 북한의 조선력사학회 공동주관 하에 평양에서 '단군 및 고조선에 관한 남북 역사학자들의 공동 학술토론

---

74) 「조선천도교회 중앙지도위원회 위원장과 남조선의 단군대종교 총전교와의 접촉이 있었다」, <로동신문>(1994년 3월 24일).

75) 안호상과 김선적의 평양방문과 종교활동에 대해서는 「남조선 대종교 총전교와 통일광복민족회의 의장이 '어천절' 기념제를 진행」, <로동신문>(1995년 4월 15일); 「남조선 대종교 총전교와 통일광복회의 의장을 환송해 연회」, <로동신문>(1995년 4월 16일) 참조

회'가 열렸다. 이 행사는 남북의 민간단체들이 공동 주최해 10월2~5일 사이에 평양에서 개최한 '개천절 민족공동행사'의 일환으로 열린 것이었다. 이 행사의 발단은 1998년 봄 단군학회가 북한의 사회과학원을 수신으로 하여 단군 및 민족문제에 관한 남북한 공동학술회의를 제안한 데서 비롯됐다. 단군학회는 1997년 창립 이후 북한의 동향을 주목하면서 북측에 대해 학술교류를 제안했던 것이다. 그간 남북간에는 수차례에 걸쳐 학술회의 일정에 대한 합의가 있었지만, 그때마다 남북관계가 순조롭지 않아 무산돼 왔는데, 이번에 개천절 남북공동행사가 성사됨에 따라 이 학술회의도 그 일부로 빛을 보았다.

이 민족종교 학술교류에서 한 가지 특기할 것은 북측의 요청으로 「공동보도문」이 작성됐다는 점이다. 그 내용의 요지는 ① 단군은 역사상 실재한 건국시조이고, ② 우리 민족은 유구한 역사를 가진 단일민족이며, ③ 고조선은 한반도와 동북아지역을 기본영역으로 한 강대국이었다는 점 등과, ④ 남북간 학술적 유대 및 공동협조를 강화하고, ⑤ 남북 역사학자들의 연대를 통해 민족 사연구를 심화시켜 나자는 등으로 요약할 수 있을 것이다.[76]

2003년 10월 2일 평양 인문문화궁전에서 남측의 단군학회와 북측의 조선력사학학회 공동주최로 '제2차 단군 및 고조선에 관한 남북공동 학술토론회'가 열렸다. 개천절 남북 공동행사가 단군릉 발굴 10돐을 기념해 9월 30일~10월 5일 남북한과 해외의 종교·사회단체 인사들이 참석해 평양에서 열렸는데, 이 행사는 지난해에 이어 두 번째로 열렸으며 남측의 개천절 민족공동행사준비위원회와 북측의 단군민족통일협의회가 주최했다. 남측 대표단은 방북해 10월 3일 평양 단군릉에서 개천절 기념식을 갖고 남북합동 문화공연과 통일기원 기념식수 행사를 벌였다. 또 남북공동 학술회의와 부문단체별 상봉모임을 갖고 단군관련 유적을 답사했다.

그리고 이번에도 남북합의에 의한 「공동보도문」이 발표됐다. 그 내용은 ① 우리 민족은 단군을 긴국시조로 한 단일민족이고, ② 고조선은 우리 민족의 첫 고대국가이며, ③ 남북의 역사학자들은 단군 및 고조선 역사에 대

---

[76] <교수신문>(245호, 2002. 10. 14) 참조.

한 공동 연구사업을 발전시켜 주체성 있는 민족사를 정립할 토대를 마련하며, ④ 남과 북의 역사학자들은 민족의 대단결과 조국통일을 위해 적극 떨쳐나선다는 것이었다

3) 민족종교 교류의 방향과 전망

남북한 민족종교 교류의 성격은 남한에서는 다양한 종교 교파와 단체들을 통해 개별적인 접촉이 이루어지는 데 반해 북한은 '종교인협의회'라는 단일창구를 통한다는 것이다. 북한의 불교도련맹, 기독교도련맹, 천도교회 중앙지도위원회, 천주교인협회 중앙위원회 등 북한의 종교단체를 망라한 종교인협의회는 "조국의 자주적 평화통일을 지향하는 북반부의 모든 종교인들이 평화와 통일과 애국애족의 민족적 이념 밑에 하나로 굳게 결속"하기 위해 1989년 5월 30일 결성됐다.[77] 결성 당시 위원장은 최덕신, 부위원장은 각 종교단체 위원장이었고, 최덕신 사망 이후에는 정신혁을 거쳐 1993년 7월부터 류미영이 위원장을 맡고 있다.

조선종교인협의회는 결성 직후부터 1990년대 내내 남한 종교인과 해외 종교인들에게 편지를 보내 남한의 정치상황을 비판하거나 북한의 통일정책을 선전·지지하는 일을 해 왔다. 결성 며칠 후인 6월 2일, 협의회는 남쪽의 한국종교인협의회 앞으로 보내는 편지에서 "북남 종교인들 사이의 화해와 단합을 이룩할 데 대한 문제와 조국통일을 실현하는 데서 북남 종교단체들과 종교인들 앞에 나서는 과업에 대한 문제"를 가지고 협의하기 위한 남북 종교인회담을 제안했다. 그후 1993년 4월 조선종교인협의회는 「남조선 종교단체들과 종교인들에게 보내는 편지」를 채택했다. 이 편지는 김일성이 제시한 조국통일을 위한 전민족 대단결 10대강령이 조국통일의 정당한 이정표라면서 북과 남의 모든 종교단체와 종교인들이 "나라사랑, 겨레사랑의 고귀한 뜻이 어려 있는" 전민족 대단결 10대강령을 열렬히 지

---

77) 김흥수 엮음, 「조선종교인협의회 결성」, 『해방후 북한교회사』(다산글방, 1992), 531쪽.

지하고 그의 실현을 위해 적극 호응할 것을 요청했다.78)

　조선종교인협의회는 남한의 종교인협의회뿐 아니라 국제 종교단체에도 서신을 보내 외교적 역할을 톡톡히 수행하고 있다. 1993년 봄 남한에서 한미합동군사훈련인 '팀스피리트 93'이 실시되고 영변 핵발전 시설에 대한 국제원자력기구의 특별사찰 요구가 있자, 조선천도교회 중앙지도위원회, 조선불교도련맹 중앙위원회, 조선기독교도련맹 중앙위원회, 조선천주교인협회 중앙위원회가 참석한 조선종교인협의회 비상확대회의가 개최됐다. 여기서 협의회는 국제 종교기구 및 각국 종교단체에 호소문을 보내 "국제 종교기구들과 각국의 종교단체들이 자기의 숭고한 사명에 맞게 우리나라에 조성된 긴장된 정세에 응당한 주의를 돌리며 '팀스피리트' 핵전쟁 연습을 중지시키고, '특별사찰 결의'를 철회시키기 위한 의로운 투쟁에 동참하여 나설 것을 열렬히 호소"했다.79)

　남한에서 북한의 조선종교인협의회와 유사한 기구로는 민족의 화해와 통일을 위한 종교인협의회, 범종단남북교류추진협의회, 한국종교협의회가 있으며, 천주교, 개신교, 불교, 유교, 천도교, 원불교로 구성된 한국종교인평화회의(KCRP: Korean Conference on Religion and Peace)도 있다. 한국종교인평화회의는 네팔에서 열린 아시아종교인평화회의를 통해서 북한 종교인들과 접촉한 바 있으며, 1999년에는 '99베이징종교인평화모임'에서 조선종교인협의회 관계자들과 만나 교류사업을 논의했다. 남북 종교접촉과 교류의 문이 열린 것은 남한 정부가 1988년 7·7특별선언을 통해 남북간 교류협력을 추진할 것을 밝힌 이후부터라고 할 수 있다.80) 곧 이어 정부는 남북교류

---

78) 평양방송, 1998년 6월 2일; 「남조선 종교단체들과 종교인들에게 보내는 편지」, <로동신문>(1993년 4월 29일); 「해외동포 종교단체들과 종교인들에게 보내는 편지」, <로동신문>(1993년 5월 1일).
79) 「존엄과 나라의 최고리익을 지키자. 국제종교기구 및 각국 종교단체들에 보내는 호소문」, <로동신문>(1993년 3월 21일).
80) 7·7선언은 정치인, 경제인, 언론인, 종교인, 문화예술인, 체육인, 학자 및 학생 등 남북동포간의 상호교류를 적극 추진하며 해외동포들이 자유로이 남북을 왕래하도록 문호를 개방한다고 함으로써 남한 및 해외교포 종교인들에게 북한방문을 허용해 주었다. 김흥수·류대영, 앞의 책, 303쪽.

및 협력관계를 활성화시키기 위해 '남북 교류협력에 관한 법률'(1990. 8. 1)을 제정해 남북간의 접촉, 왕래, 교역, 협력에 관한 절차를 규정했고, 1991년 10월 남북 고위급회담은 7·4공동성명에 이어 두 번째로 협의해 작성한 '남북 사이의 화해와 불가침 및 교류협력에 관한 합의서'(1992. 2. 19 발효)를 채택했다.81) 그후 남북 종교인들의 접촉과 교류는 북한의 식량난에 따른 대북지원 실시와 더불어 증대됐다.

남한의 종교인들은 2000년 10월 9일부터 14일까지 평양에서 열린 조선로동당 창건 55돌 경축행사와 2001년 8월 15일부터 21일까지 평양에서 열린 민족통일대축전에 참가하기도 했다.82) 민족통일대축전 행사에는 기독교, 천주교, 불교, 원불교, 유교, 천도교, 그리고 민족종교협의회에 속한 대종교, 수운교, 갱정유도, 청우일신회, 증산법종교, 대순진리회 대표들이 참가했다. 이들은 통일대축전 행사 외에도 종단별로 북한 종교단체와 종교행사를 갖기도 했다. 남측 민족종교협의회 종단대표들은 평양 대박산에 있는 단군릉을 찾아 참배하고 기독교 참가자들은 봉수교회와 장충성당에서 함께 예배를 드렸다.

남북 민족종교 교류의 목적 중 하나는 분단 이후 지속돼 온 사회적·종교적 적대·대립관례를 청산하고 화해와 통일의 길에 이르는 상호이해와 신뢰를 쌓기 위한 것이라고 할 수 있다. 남북 민족종교 교류가 남과 북 각기 목표를 달리하고 진행됐다는 점에서 '동상이몽의 교류'였다고 평가되기도 한다.83) 그러나 1980년대 이후 북한 종교단체의 남한 및 국제 종교기구와의 활발한 종교교류가 가져온 중요한 결과로 맹목적인 불신과 적대감의 해소 및 종교단체들간의 상호이해 증진을 들 수 있다. 남한 종교인들은 교

---

81) 이 합의서의 채택과정 및 내용에 대해서는 이만열, 「남북기본합의서의 채택과정」, 남북나눔운동연구위원회, 『21세기 민족화해와 번영의 길』(크리스찬서적, 2000), 55-81쪽 참조
82) 조선로동당 창건 55돌 경축행사 참관기 및 종교인 접촉에 관해서는 박순경, 「짧은 북녘방문, 강렬한 인상, 긴 여운: 북녘 동포들의 놀라운 단결력과 구심력」, 『한국여성신학』(2000년 겨울), 104-125쪽.
83) 류성민, 『남북한 사회문화교류에 관한 연구』(현대사회연구소, 1994), 26-31쪽.

류를 통해 북한종교의 성격과 현실을 더 잘 이해하게 됐으며 북한 종교단체들은 국제 및 남한의 종교들로부터 신뢰와 인정을 받기에 이르렀다.[84]

1990년대 이후 남북 종교간 접촉과 협력활동이 빈번해지면서 교류방법이 논의돼 왔다. 앞서 언급한 대로 남한종교의 교류방법 논의는 두 가지로 나뉜다. 그 하나는 북한에서 공개적으로 활동하고 있는 소수의 종교기구 및 종교인들을 인정하고 그들과 관계를 맺어야 한다는 주장이다. 다른 하나는 북한종교의 존재를 인정하지 않거나 교류를 위해 형식적으로 인정하고 그들과 접촉하고는 있지만, 장차 북한종교의 재건에서 주역을 담당할 지하 종교세력을 육성해야 한다는 주장으로 나누어 볼 수 있다. 이들 논의의 바탕에는 종교를 인정하지 않거나 인정한다 해도 국가에 종속시켜 정치적 이용을 일삼아 온 공산권국가들의 종교에 대한 역사적 경험이 문제의식으로 깔려 있다. 또한 정치적으로 이용되는 종교단체의 종교로서의 진실성 정도, 지하종교의 존재 여부 같은 문제를 파악하는 데 어려움이 많기 때문에 어느 방안이 더 정당한지를 속단할 수는 없다.[85]

따라서 일단은 현존하는 북한 종교단체 및 종교인들과의 협력적 교류가 더 현실적이고 생산적인 방안이라 할 수 있으며, 남북 종교가 서로 돕고 협력하는 교류형태가 정착되도록 노력할 필요가 있다.[86] 그렇다면 앞으로

---

[84] 최근까지의 종교교류 내용은 남한종교의 북한 종교시설에 대한 복구지원을 포함하고 있지만, 크게는 민족통일에 대한 대화와 북한에 대한 인도적 지원으로 나누어 볼 수 있다. 1980년대에 활발히 진행됐던 통일문제에 대한 남북 종교간의 토론은 대등한 상호협력의 교류로 볼 수 있지만, 1990년대의 인도적 지원은 남한종교의 북한에 대한 일방적 지원의 형태로 이루어졌다. 이 현상은 종교간 접촉과 교류에서 가장 앞장서고 있는 기독교나 불교에서 공통적으로 나타났다. 1990년대 중반 이후 남북 종교교류가 상호협력보다는 일방적 지원방식으로 이루어진 것은, 북한종교가 교세나 활동에서 남한 대화 상대자와 비교가 되지 않을 정도로 열세인 데도 원인이 있지만, 북한사회가 정치·종교적인 내용보다는 경제적인 내용을 더 필요로 하는 상황에 처했다는 것을 보여준다. 현재 상황에서 볼 때 북한이 남한 종교단체의 북한 내 선교활동을 허용할 가능성은 없어 보이며, 종교를 주제로 한 공동 학술연구나 문화재 차원의 남북한 종교교류도 쉽지 않을 전망이다.

[85] 김홍수·류대영, 앞의 책, 311쪽.

[86] 신법타, 『북한불교 연구』, 344-348쪽; 강인철, 「종교와 통일운동, 한국천주교의 사례」,

도 당분간 종교교류는 지금까지와 마찬가지로 종교적인 문제보다는 정치적인 문제와 인도적인 문제를 중심으로 진행될 가능성이 크다.

한편 민족종교 교류에서 북한과 또 하나의 마찰은 단군문제에서 발생하고 있다. 이 문제는 단군신화에 대해 부정적 태도를 취하고 있는 개신교회와 단군을 민족의 구심점으로 삼기 위해 단군전 건립을 시도해 온 역대 남한정부 사이에서 일어났는데, 최근에는 이 문제가 남한 교회와 북한간의 문제로까지 확대됐다. 몇 해 전부터 남한사회에서는 '한문화운동연합'이라는 사설단체에 의해서 공공장소에 단군상이 건립됐으나, 이에 반대하는 일부 보수적 기독교인에 의해 그 상이 훼손되는 사건이 계속 발생했다.

단군상 건립에 대한 기독교인들의 항의집회와 단군상 훼손사건에 대해 북한은 침묵을 지켰다. 그러나 교회 일각에서 북한의 단군릉 건립과 남한의 단군상 건립을 연관시켜 매도하는 경우가 생기자 "우리를 걸고드는 데로 나가려고 하고 있는" 단군상 파괴행위를 규탄하고 나섰다.[87] 조선종교인협의회 등의 이 성명은 지하종교 문제에 이어 단군문제가 남한 교회와 북한간의 마찰요소로 등장하고 있다는 것을 보여주는 한 실례라 하겠다.[88]

60쪽; 조병환, 「불교통일운동의 현단계」, 248쪽..

87) 2001년 12월 조선민주주의인민공화국 력사학학회, 단군민족통일협의회(회장 류미영), 조선종교인협의회 대변인들은 담화를 발표, "최근 '기독교총련합회'를 비롯한 남조선의 친미, 반공적인 일부 종교단체들은 남조선 각지에 세워진 민족의 원시조 단군상을 마구 까부시는 무지막지한 란동을 부리고 있다"고 했다. 이들은 "남조선의 친미, 반공적인 그리스도교 단체들이 감행하는 단군상 파괴행위"는 민족의 시조에 대한 모독일 뿐 아니라 "민족의 화해와 단합을 해치고 대결과 긴장을 격화시키는 반민족적이며 반통일적인 범죄행위"라고 규탄했다. 『민족통신』(인터넷신문, 2001. 12. 15, 17, 18). 북한은 1999년 11월에도 단군민족통일협회 대변인 성명을 통해 단군상 훼손 및 단군 부정에 대해 '남조선의 그리스도계의 일부 단체들'을 비난했다.

88) 1980년대 중반 이후 지금까지 한국기독교교회협의회, 한국기독교총연합회, 한국복음주의협의회 같은 교회기관과 지역교회들이 단군전 또는 단군상 건립에 반대하는 입장을 밝혔으며, 최근에는 단군상문제대책위원회를 구성한 교파도 있다. 이들 단체의 입장은 대체로 단군 이야기가 신화인 만큼 허구 속의 인물인 단군을 현실에 재현하는 것이 바로 우상숭배 행위라는 것을 전제로 하고 있다. 이것은 신학자나 교회 지도자들의 경우에도 마찬가지다. 어느 개인이나 민족이든 하나님 한 분만을 경배하고 하나님 한 분만을 섬겨야 한다는 것이 단군전 반대의 신앙적 이유로 내세우고 있다. 단군에

언젠가 이 문제는 종교교류에 가장 적극적인 남한 교회와 북한 사이에 큰 문제로 등장할 것이나 아직은 종교교류에 영향을 미치고 있지는 않다.

6. 맺음말

본 연구는 남북교류와 협력의 시대를 맞아 단순히 정치체제의 통합이 아닌 남북한 주민들의 가치관의 합의점 모색과 문화적 통일을 형성하는 데 구체적이고 실질적으로 민족종교 교류의 활성화를 통한 민족종교의 역할과 의의를 모색하는 데 목적을 두었다. 우리 민족은 누천년을 지켜 오면서 수많은 외침과 강대국의 압력 속에서 민족의 자존심과 자긍심을 지켜 온 단일민족이다. 비록 개항기의 변화 속에서 탄력적으로 대응치 못해 일제의 강점과 외세에 의한 분단의 아픔을 겪게 돼 국토가 분단되고 민족은 갈라졌지만 지금까지도 언어와 풍습의 단일성을 유지하고 있다. 한편 종교문화적으로 볼 때에도 한민족은 자생적인 고유한 종교문화 위에 일찍이 외래의 유·불·도 문화를 받아들여 이를 한국적으로 재창조해 왔고, 근대에 들어서는 기독교문화까지 수용해 다종교문화의 전형을 보여주고 있다.

이처럼 오랜 역사에서 단일한 민족문화 공동체를 형성해 온 우리 민족은 그 동안 남북한간에는 이데올로기 대립을 바탕으로 한 이질적인 체제가 정착되면서 민족적 이질화가 심화됐다. 통일과정에서 동질성의 회복은 우리의 전통문화 및 민족종교와의 연계에서 가능할 것이라는 견해가 본

관한 이야기는 신화의 장르에 속하는 것이며, 그를 역사적 인물로 단정해 대한민국의 국조로 모시고 동상을 세운다는 것은 국민을 속이는 일이고 온당한 구원의 길과 방법을 알려야 하는 기독교로서는 단군상 건립을 좌시할 수 없다는 것이다. 심지어는 단군상을 건립해 국민들로 하여금 존경의 대상으로 하는 것조차 우상숭배의 한 표현이며 홍익인간을 교육이념으로 삼는 것도 모든 국민을 우상숭배 대열에 따라가게 하는 것으로 보기도 한다.

연구의 배경이었다. 따라서 본 연구는 우리 앞에 닥친 통일과 민족통합의 과제에 민족종교가 어떤 역할을 수행할 수 있을지에 관한 고찰이었다.

전술했듯이 구한말 혼란기에 태동한 민족종교는 일제하 민족의 수난기를 겪으면서도 민족의 동질성과 자긍심을 유지시켜 주고, 나아가 민심을 하나로 묶는 구심점 역할을 충분히 수행해 왔다. 민족종교가 발흥하기 이전에도 한국적으로 토착화된 유·불·도의 기성종교가 있었지만, 정작 민족의 위기에는 능동적으로 대응하지 못했다. 그러나 민족종교는 그 시작부터 '종교'의 이름으로 민족정신을 홍기시켰고 희망과 꿈을 던져 주었으며, 민족단결의 구심점이 돼 독립운동의 중추적 역할을 담당해 냈다.

동학(천도교)사상에는 후천개벽의 지상천국 건설론, 봉건 신분질서를 긍정하지 않는 근대성, 서학에 대항하는 민족정신과 강한 저항정신이 내포돼 있다. 또한 동학은 수운 개인의 종교적 체험에서 시작됐지만 신인간을 통한 신사회 창조를 추구해 개인구원과 동시에 사회구원을 꾀했다. 대종교는 민족사관을 바탕으로 항일 독립운동의 모태가 됐다. 대종교는 구한말 엘리트계층들을 잇는 보이지 않는 끈이었다. 대종교는 열강의 각축장으로 변해 버린 한반도에서 조선의 주권과 독립을 열망하는 지식인들을 민족정신으로 이어 준 사상적 토대이자 실천적 기반이었다. 대종교 또한 단군 '홍익인간'의 건국이념을 계승하면서도, 무오독립선언 초안 마련, 북로군정서·광복군 등 무장 독립운동, 상해임시정부 참여, 민족학교 설립, 민족사학의 정립, 한글 지키기 운동, 해방 후 건국운동에 이르기까지 현실참여에 적극적이었다. 민족종교의 이러한 민족사적인 역할과 그 의의는 아직까지 진정한 의미의 독립을 맞이하지 못한 채 분단의 세월을 지내고 있는 남북한의 역사적·민족적 상황에 시사하는 의미가 크다.

6·15선언 이후 남북간의 창구는 확대돼 비록 동상이몽의 상황이긴 해도 각 분야에 걸친 교류와 협력은 활성화됐다. 이에 따라 종교간 접촉도 빈번해졌고 무엇보다도 천도교가 중심이 된 민족종교의 교류도 크게 확대돼 왔다. 이념과 제도와 체제가 상이한 남과 북이 귀일점을 찾아낼 수 있다면 그것은 한 핏줄이라는 민족의식에서일 것이다. 칼로도 베어낼 수 없는 피의 끈끈함으로 하나됨의 초석을 쌓기 시작해야 할 것이다. 때문에 남북교

류에서 민족종교 교류의 중요성은 아무리 강조해도 지나치지 않을 것이며, 앞으로 우리는 이의 활성화를 위해 더욱 노력해 가야 할 것이다.

참 고 문 헌

『東經大全』.
『龍潭遺詞』.
『대종교요감』(대종교총본사, 1987).
『崔先生文集道源記書』, 亞細亞文化社版, 『東學思想資料集』, 제1권.
홍장화 편저, 『천도교운동사』(천도교중앙총부, 1992).
천도교중앙총부, 『신인간』, 352호(1977년 12월).
『천도교(동학)』(천도교중앙총부, 1989).

고태우, 『북한의 종교정책』(민족문화사, 1988).
권정안 외, 『현대 한국종교의 역사이해』(한국정신문화연구원, 1997).
金相日, 「人倧敎思想史」, 金洪喆 · 金相日 · 趙興胤, 『韓國宗敎思想史』, Ⅳ(연세대학교 출판부, 1993).
김상일, 『동학과 신서학』(지식산업사, 2000).
김일성, 『세기와 더불어』, 5권(평양: 조선로동당출판사, 1994).
김흥수 엮음, 『해방후 북한교회사』(다산글방, 1992).
김홍철, 『한국 신종교사상의 연구』(집문당, 1989).
류병덕 편저, 『한국민중종교사상론』(시인사, 1985).
류성민, 『남북한 사회문화교류에 관한 연구』(현대사회연구소, 1994).
류승국, 『한국의 유교』(세종대왕기념사업회, 1980).
民族統一研究院, 『統一理念으로서의 民族主義』(1993).
박광수, 「한반도의 평화통일과 원불교」, 『2000 추계 정기학술대회 자료집: 평화통일과 신종교의 역할』(한국신종교학회, 2000).
박성수, 「홍암 나철과 홍익인간사상」, 홍익문화 통일강연 시리즈 02-3호(2002).
박완신, 『북한종교와 선교통일론』(지구문화사, 1994).

박재규,『한반도 통일을 위한 종교의 역할』(경남대 극동문제연구소, 1996).
북한문제조사연구소,『북한의 '단군릉' 발굴 관련자료』(1993).
申福龍,「東學思想과 甲午革命에 나타난 民族主義」,『동학연구』(창간호, 1997).
愼鏞廈,「水雲 崔濟愚와 東學의 創道」,『동학연구』(창간호, 1997).
李敦化,『水雲心法講義』(天道敎中央摠部, 1968).
_____,『新人哲學』(天道敎中央總部, 1968).
이만열,「남북기본합의서의 채택과정」, 남북나눔운동연구위원회,『21세기 민족화해 와 번영의 길』(크리스찬 서적, 2000).
이상훈 외,『종교와 민족』, 정문연, 2001.
임운길,「평양에 다녀왔습니다(상)」,『신인간』(2001년 8월).
_____,「평양에 다녀왔습니다(하)」,『신인간』(2001년 9월).
정영훈,「단군의 민족주의적 의미: 근대기 민족교육과 관련하여」,『단군·단군신 화·단군신앙』(한국정신문화연구원, 1992).
정창학,「천도교 출현의 력사적 배경」,『력사과학』(2001년 제3호).
_____,「동학의 계급적 기초」,『철학연구』, 4(2001).
주선원,「통일의 길에 남북한 천도교가 앞장서서」,『신인간』(2000년 6월).
최문형,「평화통일 이념모색을 위한 한국종교의 인도주의사상에 관한 연구」,『정 신문화연구』, 25권 1호(2002).
통일신학동지회 엮음,『통일과 민족교회의 신학』(한울, 1990).
한국종교사회연구소 편,『한국종교연감』(1993).
http://www.daejonggyo.or.kr.
http://www.chondogyo.or.kr.

남북 문화교류의 정치적 기초: 대결에서 연합으로

이 완 범

1. 머리말

　남북간의 종교·문화·예술교류는[1] 정치적 신뢰구축과 화해협력 구조의 산출 없이는 지속적으로 이루어질 수 없다. 정치적 문제해결은 모든 남북교류에 매우 중요한 관건적(關鍵的)인 요소라는 데 이 문제를 먼저 살펴보아야 하는 이유가 있다. 탈냉전기를 맞이한 현재 남북간의 화해구축은 과거 그 어느 때보다도 조성되기 유리한 분위기 아래 있다. 그러나 오히려 이러한 분위기에서 남북 쌍방은 문화교류를 정치적으로 이용하고 있다는 평가도 나오고 있으며, 남에서는 정부가 지나치게 북에 '퍼주기'를 한다는 견해도 있어, 남남갈등이 심화되고 속도조절론도 등장하고 있다. 남남갈등 외에 북의 핵개발 파동, 북미갈등 등 해결하기 어려운 문제가 상존해 있기는 하나 지금이 남북 관계개선에 비교적 유리한 조건에 있다는 인식은 분명 공감할 부분이 많다고 할 것이다. 또한 교류가 활성화되는 국면에서 백가쟁명(百家爭鳴)식 경쟁적 교류가 봇물을 이루고 있어 교류단일화 논쟁도 있다. 이러한 불필요한 논쟁을 잠재우기 위해서라도 정치적 교통정리와 확

---

[1] 이에 대해서는 이 책에 함께 수록된 각각 해당분야 연구논문을 참조하기 바란다.

고한 환경조성이 시급한 실정이라고 할 수 있다.

2000년 6월의 남북정상회담은 통일을 추구하는 남과 북이 공히 급격한 변화를 추구하기보다는 단계적인 통일을 지향하고 있음을 보여준 사건이다. 2000년 6월 14일에 발표된 6·15남북공동선언 제1항을 통해 민족 자체의 역량에 바탕을 둔 자주적 통일원칙을 재확인한 김대중 대통령과 김정일 국방위원장 두 정상은 선언 제2항에서 남측의 '연합제안'과 북측의 '낮은 단계의 연방제안'의 공통성을 인정하고 앞으로 이 방향에서 통일을 지향해 나가기로 했던 것이다.[2] 그렇다면 과연 남북통일은 어떤 단계로 이루어질 수 있을까? 이에 대한 구체적인 연구는 아직 미진한 편이다.

따라서 이 글에서는 남북통일 과정의 핵심 논쟁점의 하나라고 할 수 있는 남북연합[3]에 대한 개념적 파악을 중심으로 통일의 구체적인 정치적 단

---

[2] 보다 구체적으로 이 조항을 살펴보면 다음과 같다. "남과 북은 나라의 통일을 위한 남측의 연합제 안과 북측의 낮은 단계의 연방제 안이 서로 공통성이 있다고 인정하고 앞으로 이 방향에서 통일을 지향시켜 나가기로 했다." 이는 서명한 문서에 기초해 남한 신문에 보도된 버전인데 북의 버전은 다음과 같다. "북과 남은 나라의 통일을 위한 북측의 낮은 단계의 련방제안과 남측의 련합제안이 서로 공통성이 있다고 인정하고 앞으로 이 방향에서 통일을 지향시켜 나가기로 했다"(<로동신문>, 2000년 6월 15일). 이 조항은 남과 북의 순서만 다를 뿐 상이한 표현이 나오지는 않는다. 남과 북 사이에는 같은 단어가 다른 의미를 지칭할 수도 있으며 특정 단어가 사용되지 않는 경우도 있다. 이러한 혼란을 방지하기 위해 2000년 11월에 가서명된 '투자보장에 관한 합의서', '이중과세방지에 관한 합의서', '청산결제에 관한 합의서', '상사분쟁해결에 관한 합의서' 등에서는 "쌍방의 합의서에서 다음의 용어는 같은 의미를 지닌다"는 부록이 등장했다. 예를 들어 투자보장에 관한 합의서 중 제목의 '보장'이라는 표현이 북측에서는 '보호'와 같다는 것이다. 그런데 통일방안을 ① 무력통일, ② 체제연합에 의한 연방제 통일, ③ 흡수통일의 세 가지로 나눈다면, 남과 북은 두 번째 방안에 합의하면서 흡수통일을 않겠다고 약속한 것이라고 평가할 수 있다.

[3] 이에 대한 연구로는 다음의 것이 있다. 김학준, 「민족공동체와 남북한체제연합 연구」, 『통일문제연구』, 제1권 3호(1989); 김명기, 「남북연합의 제도적 실천적 과제」, 『민족공동체헌장의 이론적 기초와 정책방향』(통일원, 1990); 장명봉, 「특수한 국가결합형태로서의 유럽공동체와 노르딕협력체」, 『통일문제연구』, 제2권 3호(1990); 장윤수, 「남북연합 운영체제에 관한 연구」, 통일원, 『한민족공동체 통일방안의 실천을 위한 모색』(통일원, 1991).

계와 과정을 살펴보기로 한다.

2. 남북관계의 변화단계

노태우정부의 '한민족공동체 통일방안'과 김영삼정부의 '민족공동체 통일방안'도 모두 통일국가로 가는 과도적 중간단계에 남북연합을 상정하고 있다. 따라서 이 안에 의하면 화해협력 단계(남북대화)에서 남북연합을 거쳐 통일이 3단계로 완성된다고 할 수 있다. 그런데 남북 고위급회담의 결과로 1991년 12월 조인되고 92년 2월 19일 남북에서 발효된 '남북 사이의 화해와 불가침 및 교류·협력에 관한 합의서'(남북기본합의서)가 남과 북의 합의로 마련돼 규범상으로는 적대관계가 청산되고 화해·협력단계로 들어섰지만 실제로 적대관계가 종식된 것은 아니었으며 남북연합으로 가는 길은 요원했다. 따라서 남북연합으로 가는 과도기에 '평화공존'이라는 또 다른 과도기를 첨가해 다음 5단계로 세분할 필요가 있다.

남북관계는 적대관계에서 평화공존을 거쳐 통일로 갈 수 있을 것이다. 이를 보다 세분화해서 대결→교류·협력→평화공존→남북연합→통일의 단계로 변한다고 할 수 있을 것이다. 물론 남북연합이나 연방제냐의 차이는 있을 수 있지만 이는 용어와 개념의 차이일 뿐이라고 생각할 수 있다.

(1) 대결단계

1948년 남북이 각각 정부를 수립함으로써 대립관계는 정립됐다. 남북한이 적대관계를 유지하면서 체제경쟁을 하는 과정을 대립이라고 할 수 있다. 상대체제의 붕괴를 추구하고, 교류를 하더라도 교류를 통해 자신들 체제의 우위를 과시하거나 상대 체제의 문제점을 부각시키려는 의도를 갖고 있는 상태다. 이와 같은 상황에서 교류를 추진하는 것은 쉽지 않다. 그러나 적대적 대결상태를 변화시키고자 하는 의지가 있으면 그 교류가 전혀 불가능한 것은 아니다. 그런데 대결관계와 협력단계의 과도기에 적대적 협력단계가 있을 수 있다.4)

중국과 미국도 정치적 색채가 엷은 체육분야 교류를 시작으로 적대관계를 청산해 나갔다. 남북한의 직접교류가 어렵다면 국제대회에 공동으로 참여하는 방안을 모색할 수도 있을 것이다. 현단계는 정치적으로는 대결단계의 그림자 아래서 완전히 벗어나지 못하고 있지만, 비정치적 분야에서는 이미 이 단계를 극복했다고 할 수 있다.

(2) 교류·협력단계

남북간이 부분적으로 관계를 개선하는 단계다. 상대방에 대한 경계를 늦추지는 않지만 공동이익이 구현되는 분야에서는 적극적으로 협조할 수 있을 것이다. 제한적이나마 교류협력 사업이 활성화될 수 있는 소지가 여기에 있는 것이다. 문제는 어떤 사업이 공동의 이익에 도움이 되는지 합의하기가 쉽지 않다는 데 있다. 예를 들어 6·15공동선언에 명시된 경제교류의 경우도 남측의 수지타산 주장이나 북측의 경직된 의구심을 좁히기에는 여러 한계가 있는 것이 사실이다. 이 대목에서 우리는 독일의 예를 타산지석으로 삼을 수 있을 것이다.

1969년에 집권한 서독의 브란트 수상은 교류협력이라는 작은 행보를 통해 중장기적으로 분단의 고통을 덜고 신뢰는 회복해 장기적으로 통일을 이룩한다는 정책을 입안했다. 평화공존을 바탕으로 한 '브란트식 점진적 접근방식'이 흡수통일을 가정하고 출발한 것은 아니었다. 그러나 이 방식에 의한 지속적인 교류협력으로 마침내 동독 사람들은 서독체제의 우위를 알게 됐으며, 더 나아가 동서독 사람들은 같은 민족으로서 갖는 동질성 회복과 상호 신뢰구축으로 큰 거부감 없이 서로를 받아들일 수 있었다. 1990

---

4) 이우영, 「남북한 평화공존을 위한 사회·문화 교류·협력의 제도화 방안」, 『남북한 평화공존과 남북연합 추진방안』, 통일연구원 협동연구 국내학술회의(2001. 11. 1~2) 발표논문집, 344쪽.

년 서독의 콜 수상은 그 동안 축적된 국가의 힘(민주주의 정착, 사회안정, 경제발전 등)을 바탕으로 붕괴하고 있는 동독을 흡수해 통일을 달성했다. 이러한 통일달성에 결정적 역할을 한 것은 '콜식 흡수통일 방식'이지만, 통일의 기반을 구축한 것은 '브란트식 점진적 접근방식'이라고 할 수 있다.[5]

(3) 평화공존 단계

남북이 서로의 체제를 인정해 공존의 토대가 마련되는 단계다. 이 단계의 사회문화 교류는 한편으로는 남북한 적대감을 해소하는 등 분단구조를 청산함으로써 대결구도로 복귀하려는 시도를 미연에 차단하는 데 기여해야 할 것이며, 다른 한편에서는 통일을 대비해 남북한 주민의 공동체의식 함양과 통일문화 구현에 대비하는 방향으로 추진돼야 할 것이다.

그런데 문제는 이 단계로 확고히 진입하는 데 평화체제 구축이 선행돼야 한다는 것이다. 현재의 정전협정이 평화협정으로 대체돼 휴전체제가 평화체제로 이행돼야 명실상부한 평화공존이 이루어질 수 있다. 군사적 협력이 가장 어렵다는 점에 비추어 군사회담의 지지부진은 우리의 당면과제 해결에서 시사하는 바가 크다.

현재 우리의 남북관계는 정치·이념적으로는 대결단계이며, 경제적으로는 교류협력단계이고, 경의선 연결공사 등 일부 대북사업에 국한해서 본다면 평화공존 단계로 가는 도중이라고 할 것이다.

(4) 남북연합 단계

남북연합 단계는 상이한 이념과 이질적인 정치·경제체제 및 두 정부를 유지하면서 긴밀한 협력기구를 형성해 분단상황을 평화적으로 관리하는 한편, 통합과정을 효율적으로 관리해 나가는 단계다. 이 단계에서는 남북

---

[5] 한종수, 「독일의 국가연합과 한반도 통일방안」, 『국제정치논총』, 제42집 2호(2002), 188-189쪽. 독일은 국가연합(통일·경제·사회연합)을 거쳐 완전 통일에 이르렀다.

정상회의와 각료회의가 구성되고 상설화·정례화되는 등 남과 북이 실질적인 통합단계에 들어서게 된다. 그 제도적 전제조건인 기구가 마련되면 통일로 가는 길은 확고하게 마련됐다고 할 수 있다. 김대중정부의 당국자들은 아마도 이러한 기구를 만들려고 노력했다가 그 길이 그렇게 단순하지 않음을 깨달았을 것이다.

통일과정에서 가장 중요한 단계는 역시 남북연합 단계라고 할 것이다. 교류협력과 화해, 평화정착 등은 적대적인 국가나 전혀 교류가 없던 국가 간의 관계개선에도 있을 수 있는 단계이지만, 남북연합·연방단계는 통일을 이루려는 우리에게만 해당되는 특수한 관계다. 따라서 중요한 핵심적 단계이며 이 단계로의 이행과 마스터플랜 마련이 가장 중요한 난제라고 할 수 있다. 수십 년간 남북간의 통일방안을 둘러싼 논전이 주로 통일로의 이행을 어떻게 규정하느냐에 초점이 맞추어져 왔던 것이 사실이다. 우리가 주목할 부분은 역시 남북연합이므로 이 문제와 관련해서는 장을 달리해서 세부적으로 고찰할 필요가 있다.

(5) 남북통일

여러 단계를 거쳐 비로소 통일은 달성될 것이다. 남북관계를 연구하는 궁극적 목적이 민족통일에 있다고 할 것인데, 이 단계는 아직 우리에게 요원한 것이 사실이다.

3. '남북연합'의 고찰: 대한민국의 연합제안을 중심으로

1) 1980년대 후반 이전 중립국 연합제안에 대한 평가

한국의 통일문제와 관련해서 제기된 국가연합 안은 원래 중립국이 전쟁 이후 1950년대에 제안했던 안이다.6) 당시 대한민국과 미국은 각각 '유엔감시하의 북한만의 선거안'과 '유엔감시하의 남북 총선거안'을 제시했으며 북한은 협상에 의한 연립정부안 혹은 남북 양 국회의 대표로 구성되는 전국위원회 설치안을 제시하면서 한치의 양보도 허용하지 않는 이념전을 전개했다. 1950년대는 물론 60년대에도 구시대의 인식은 지속됐다.

박정희는 1961년 11월 16일 방미중 내셔널프레스클럽(NPC: National Press Club) 연설에서 남북국가연합(정확히는 남북연합국가론7))에 대해 공산주의자들의 농간이라고 규정하면서 반대했는데 이는 냉전시대의 반영이었다. 박정희는 남북 경제·문화교류 방안도 공산주의자들의 농간이라고 규정했는데, 그가 어떤 안을 남북연합으로 간주했는지는 불확실하다. 1960년 4월 27일 제정당사회단체지도자연석회의의 공동성명 중 나오는 '남북연합 경제위원회'와 동년 8월 14일 김일성이 제안한 남북조선의 연방제, 그리고 1960년 11월 22일 최고인민회의 제2기 8차회의의 결과물인 '남북조선의 경제·문화교류와 협조를 실현하며 남조선에서 민족경제의 자립적 발

---

6) 조봉암, 「평화통일에의 길」, 『중앙정치』(1957년 10월). 중립국의 다른 방안으로는 중립화방안이 있다.
7) 박정희, 『국가재건최고회의의장 대통령권한대행 박정희장군 담화문집, 自1961년 7월 至1963년 12월』(대통령비서실, 1965), 113쪽; 『박정희대통령 연설문집』, 1: 최고회의편 (대통령비서실, 1973), 107쪽; 『박정희대통령선집』(동아출판사, 1969), 159쪽. 이 연설은 미국의 지지를 얻으려고 자신의 반공적 세계관을 보다 강하게 강조한 측면이 있다.

전을 도모할 데 대한 의견서'[8]) 등을 지칭한 것으로 판단된다. 북의 방안이 아니라면 남한 내 1950년대 진보정당 진보당의 논의 혹은 1960년 4·19 후 남북교류를 주장했던 혁신계의 통일논의를 지칭했을 수도 있다.[9])

---

[8] 『조선중앙연감』, 1961년판(평양: 조선중앙통신사, 1962).

[9] 1956년 11월 10일 창당된 진보당의 통일문제연구위원 김기철은 1957년 9월 작성한 「북한당국의 평화공세에 대한 진보당의 선언문」, 권대복 편, 『진보당: 당의 활동과 사건관계 자료집』(지양사, 1985), 116-117쪽에서 "남북한 대표로 구성되는 전한국위원회와 이를 감독·감시하기 위해 인도·스위스·폴란드·체코슬로바키아 대표로 구성되는 국제감시위원회에 의한 남북총선거안"을 피력했다. 유엔의 권위를 사실상 부정하고 남북지도자연석회의와 비슷한 전한국위원회를 주장한 것은 외견상 북한의 통일론과 유사한 형태를 보인 것이다. 이는 후일 진보당의 용공 여부와 관련해 논란의 대상이 됐다. 진보당 재판과정에서 당 간부들은 김기철의 안은 "시기상조이므로 정식당론으로 채택되지 않았다"고 주장했다. 박태균, 『조봉암연구』(창작과비평사, 1995), 284쪽. 실제로 조봉암은 「평화통일에의 길」에서 국가연합안과 '이북괴뢰'의 안은 대한민국으로서는 전혀 상대할 수 없는 안이라고 비판했으며, 이기하, 『한국정당발달사』(의회정치사, 1961), 263쪽에 인용된 진보당의 정책에 의하면 "대한민국 주권하에 유엔을 통한 민주적이고 평화적인 조국통일"이므로 김기철의 안은 당의 공식안과는 거리가 있다. 윤기정은 『한국공산주의운동비판』(통일춘추사, 1959), 251쪽에서 김기철의 선언문이 초안에 불과하고 아직 공포하지 않은 것이라는 진보당의 재판정에서의 주장에 대해 문제는 공포 여부가 아니라 내용이라고 평가했다. 또한 진보당의 윤길중 대변인은 자유당·민주당 대변인과의 대담에서 "북한만의 총선거라는 것은 현실적으로 실현성이 박약하다 해서…… 유엔의 선에 선 남북총선거"가 당책이라고 말했으므로 대한민국을 부인하는 것이 아니냐는 민주당의 비판에 직면했으며, 향후 재판과정에서도 대한민국의 해산을 전제로 한 것이라는 검찰측의 비난에 직면해야 했다. 「우리 당의 통일안은 이렇다: 3대정당 합석좌담회」, 『중앙정치』(1957년 10월); 「진보당사건 논고」, 윤기정, 『한국공산주의운동비판』, 350-351쪽; 「조봉암 등에 관한 공소장」, <동아일보>, 1958년 2월 18일~2월 28일, 정태영·오유석·권대복 편, 『죽산 조봉암전집』, 5(世明出版, 1999), 25쪽. 그렇지만 대한민국의 변영태 외무장관은 1954년 4월 27일 제네바정치회의에서 유엔감시하에 북한만의 자유선거를 주장했다가 미국 등 자유진영도 비판적 태도를 보이자 미국과의 협의를 거쳐 14개항 통일방안을 5월 22일 발표했는데, 1항은 유엔감시하의 자유총선거이며 2항은 북한지역의 자유총선거 실시 및 대한민국 헌법절차에 의한 남한의 자유선거 실시다. 2항에서 제한규정을 두기는 했지만 1항은 중요한 변화였다고 할 수 있다(그런데 당시 이승만 대통령은 이 방안을 승인하지 않았다. 제네바회의에 참석했던 이승만의 고문 올리버와 변영태 장관이 당시 상황에서 경직된 주장을 다소 수정하지 않을 경우 한국이 국제적으로 고립될 것이라고 판단해 우선 회의에서

따라서 1980년대 말 90년대 초 세계적으로 냉전이 해체되면서 우리 정부가 공식적으로 연합제를 받아들인 것은 탈냉전적 국제정세가 반영된 면이 있다. 이는 하나의 방향전환이며 획기적인 변화였다고 할 수 있다.

발표를 하고 사후에 대통령에게 그것이 불가피했음을 설득하기로 결정했다고 한다. 결국 변영태 장관은 제네바회의 종결 후 해임됐다. Robert T. Oliver, *Syngman Rhee and American Involvement in Korea, 1942-1960* (Seoul: Panmun, 1978), p.443. 6·25 이후 대한민국정부도 북한만의 선거가 국제여론에 비추어 현실적으로 불가능하다는 것을 위와 같이 인정했으므로 윤길중의 진보당 당책 발언은 2항과는 상이하지만 1항에서 그렇게 이탈한 것은 아니었다. 한편 4·19 후 남한의 혁신동지총연맹은 민주적 제정당 및 사회단체가 남북통일위원회를 구성해 유엔협조하에 민주주의 승리를 위한 정치적 남북통일을 이룩할 것을 주장했다. 또한 이 기구의 한 지도자는 사견으로 중립국 감시에 의한 남북총선거안을 제시한 적도 있다. <경향신문>, 1960년 7월 15일; 노중선 편, 『민족과 통일』, I(사계절, 1985), 44쪽. 총선에 참패한 남한 혁신계 정당 사회대중당은 1961년 1월 「본당의 통일방안과 현정부의 통일방안 및 공산측이 주장한 연방제 위에서 민족최고위원회를 설치한다」는 중립화 방안을 제시했다고도 한다. 『군사혁명재판사』, 제3집, 683-684쪽. 이러한 여러 주장에 대해 민주당이 1960년 7·29총선용으로 7월 26일 내놓은 통일방안 중 "선거 이전에 남북연합위원회 등을 구성하는 안은 대한민국이 한반도 내의 유일·합법정부라는 유엔결의와 배치되므로 이를 반대한다"고 선언했다. 「민주당, 통일외교정책 쇄신방안」, 『남북대화 이전시기 통일문제 관련 자료집』(국토통일원, 1987), 233쪽; 외무부 외교연구원, 『통일문제연구』(동원, 1966), 318-319쪽. 민주당도 박정희의 예와 같이 다른 정파(혹은 북한)의 주장을 지칭하면서 남북연합이라는 표현을 사용했다. 총선 참패 후 혁신세력들은 민족자주통일중앙협의회를 구성해 자주·평화·민주원칙 아래 ① 남북정치협상, ② 남북 민족대표들로 민족통일건국최고위원회 구성, ③ 외세배격, ④ 통일협의를 위한 남북대표자회담 개최 등을 주장하고 혁신계 대변지인 <민족일보>를 통해 통일논의를 활발히 전개했다. 김기철의 전한국위원회안은 1954년 4월 27일 제네바회의에서 남일 북한대표가 제안했던 All-Korean Commission을 연상시킨다. 실제로 1960년 8월 14일 북한의 연방제 최초 제의(후술함)에 대해 8월 17일 정일형 외무장관은 제네바에서의 전한국위원회 구성안과 본질에 있어서는 동일한 것이라고 반박했다. 「정일형 외무부장관, 북측의 연방제 제안 반박성명」, 『남북대화 이전시기 통일문제 관련자료집』(국토통일원, 1987), 223쪽. 이렇게 본다면 남북연합·연방제를 포함한 거의 모든 안이 오래 전부터 논의됐으며 2001년의 현시점에서는 서로의 방안을 의식해 수렴된 것으로 볼 수 있다.

2) 노태우·김영삼의 연합제안

　남측의 남북연합안은 한반도에 두 개의 다른 체제가 있다는 현실인정을 바탕으로 상호 공존·공영하면서 민족사회의 동질성과 통합을 촉진해 가는 과도적 통일체제인 '남북연합'을 거쳐 궁극적으로 1민족1국가의 통일국가를 완성해 가는 방안이다. 여기서 '연합'단계는 하나의 민족공동체를 건설하는 방향에서 통일을 점진적이고 단계적으로 모색하는 단계다. 그런데 이 연합안은 노태우 대통령이 1988년 '민족자존과 통일번영을 위한 7·7특별선언'에 이은 1989년 9월 11일 국회연설 '한민족공동체 통일방안'의 남북연합 발표에서 정부정책으로 처음 채택됐으며,[10] 김영삼 대통령이 1994년 8월 15일 제시한 '한민족공동체 건설을 위한 3단계 통일방안'에 그대로 계승됐고 김대중 정부 때 발전·심화됐다.

　이렇게 남북연합안이 정부의 공식적 방안으로 성안되는 것은 무엇보다도 냉전의 해체라는 국제질서 상황과 내부적으로는 북의 연방제안을 의식해 우리 나름의 대응논리를 개발할 필요성이 맞아떨어진 것이라고 할 수 있다. 따라서 남북한간의 통일안을 둘러싼 논전은 상대방의 정책을 의식한 상태에서 수렴된 측면이 있다.

　노태우정부의 '한민족공동체 통일방안'은 중간단계인 남북연합 체제를 구체화시켰다는 점(남북대화→남북연합→평화통일)에서 전 시대의 안과 다르다.[11] 통일을 정태적으로 파악해 일시에 전면적인 정치통합이 달성된다고

---

10) 노태우, 「한민족공동체 통일방안」(1989. 9. 11), 통일원 편, 『한민족공동체 통일방안: 이렇게 통일하자는 것이다』(통일원, 1991), 35-36쪽; 김낙중·노중선 공편, 『現段階諸統一方案』(한백사, 1989), 270쪽; Hongkoo Lee, "Unification through a Korean Commonwealth: Blueprint for a National Community," *Korea and World Affairs*, Vol.13, No.4 (Winter 1989), p. 642. 이는 전두환정부의 '민족화합 민주통일방안'(1982. 2. 22 발표)을 계승한 것이다. 이홍구 장관은 학계에 있을 당시인 1984년에도 commonwealth와 관련된 주장을 했다. Hongkoo Lee, "Political Unification and Social Welfare," *Korea and World Affairs*, Vol.8, No.1 (Spring 1984), pp.5-16.

상정하는 비현실성을 극복해 통일을 하나의 '과정'으로 인식, 과도체제의 남북연합을 제시하고 있는 것이다. 정상회담에서 마련된 민족공동체헌장을 토대로 구성되는 남북연합에는 남북정상회의를 최고기관으로 하고 남북각료회의와 남북평의회를 두며, 실무기관으로 공동사무처와 서울과 평양에 상주 연락대표를 두는 안이었다.12)

이러한 노태우정부의 남북연합안은 김영삼정부의 '민족공동체 통일방안'에도 그대로 계승됐다. 이는 1994년 8월 공식 통일방안으로 체계화된 '한민족공동체 형성을 위한 3단계 통일방안'을 일컫는데, 화해협력 단계→남북연합 단계→통일국가 완성단계라는 식으로 단계론을 보다 구체화한 것이다.13) 노태우정부 이래 남북연합의 영역은 The Korean Commonwealth였다.14) 남북연합이라는 과도기의 설정은 연방제를 의식해 이에 대한 대안으로 마련된 측면이 있다. 노태우와 김영삼정부의 통일방안에 대해 김대중은 자신의 3단계 평화통일 비전을 받아들인 것이라고 평가했다.15)

김영삼정부의 민족공동체 통일방안에 의하면 남북한이 '남북연합헌장'

---

11) 김호진, 「민중통일론과 한민족공동체 통일방안의 차이」, 『90년대 한국사회의 쟁점』(한길사, 1990), 102쪽.
12) 염홍철, 『통일과 민주화를 향한 대장정』(동화출판공사, 1991), 65쪽.
13) 통일원, 『민족공동체 통일방안: 어떻게 통일하자는 것인가?』(통일원, 1994); 통일부(편), 『통일부30년사: 평화·화해·협력의 발자취, 1969-1999』(통일부, 1999), pp. 74-75.
14) 국토통일원 편, 『한민족공동체 통일방안: 이렇게 통일하자는 것이다』(국토통일원, 1989), 38-39쪽.
15) 일본 NHK취재반 구성, 『김대중자서전: 역사와 함께 시대와 함께』, 2, 김용운 편역(인동, 1999), 280쪽. 실제로 1989년 2월 24일 국회 외무통일위원회에서 김대중 평화민주당 총재는 이홍구 국토통일원장관에게 정부·여당의 통일방안이 아직 나오지 않은 이유에 대해 물으면서 공화국연방제(연방기구를 두고 상징적인 통일의 형식을 갖추는 1단계→외교국방을 중앙연방에 이양하는 2단계→완전통일의 3단계)에 대해 설명했다. 그러자 이홍구 장관은 "공화국연방제라는 것은 현재 통일방안을 생각하는 대체적인 흐름의 주류 속에 자리잡고 있다고 저는 본다"고 답변했다. 이를 평화민주당측에서는 김대중의 3단계 평화통일론을 정부로서도 현실성 있는 안으로 받아들이고 있다고 평가했다. 「어떻게 통일을 이룰 것인가」(1989. 2. 24), 국회외무통일위원회에서 김대중 총재의 질의와 이홍구 장관의 답변, 비서실 편, 『김대중 연설문집: 민족의 내일을 생각하며』, 2(학민사, 1990), 315-320쪽.

을 채택하고 각각 국내법절차에 의해 비준을 발효해 남북연합으로 진입하는 구체적인 방안이 마련됐다. 임기말인 1988년에 남북연합을 실현하는 것이 목표였다.16)

3) 김대중의 연방·연합안

김대중은 1971년 2월 26일 도쿄 외신기자클럽 회견에서 평화적 공존-평화적 교류-평화적 통일의 '3단계 통일론'을 통일의 대안으로 설파했다.17) 그후 1973년 7월 일본에서 납치(그 해 8월)되기 직전 공화국연방제안을 처음 제기했으며 87년 8월 15일 공화국연방제 통일방안을 공식 제기했다. 이 안은 남북이 각기 독립된 기능과 권한을 갖는 상호간의 정부를 인정하는 상태에서 제한된 기능을 갖는 중앙연방기구를 설치해 단계론적으로 통일을 추구하는 방안이다.18) 1989년 평화민주당은 김대중의 통일방안을 보다 구체화시켜 '공화국연방제'안을 당론으로 만들었다. 공화국연방제 방안은 1민족2체제 원칙에 의해 남북한 체제를 인정한 국가연합(Common-Wealth 또는 Confederation)적 성격을 갖는 상징적 통일기구로서 과도기에 중앙연방기구를 설립한다는 것이다. 이 기구는 남북 양측에서 파견한 동수19)의 공동대표로 구성되는데, 경제, 문화, 학술, 체육, 언론,

---

16) 양현모·이준호, 『남북연합의 정부·행정체제 구축방안』(통일연구원, 2001), 61쪽.
17) 김대중, 『행동하는 양심으로』(금문당, 1985), 173쪽. 김대중은 『사회와 사상』(1988년 9월) 창간호에 실린 「3단계 통일방안의 제창」이라는 글에서 1971년 대통령에 출마할 무렵부터 3단계 통일방안을 주장해 왔다고 기술했다. 그는 제2공화국의 여당인 민주당 대변인 시절 고조되는 통일열기에 직면해 "민간단체가 북한과 협상을 한다든가 경제교류를 해 보겠다고 노력하는 것은 원칙적으로 환영한다"(1961. 1. 3 합동통신발)고 논평했다고 한다. 그런데 북한의 주장에 의하면 "인민의 통일기운에 억눌리여" 나온 이 성명은 미국의 압력에 밀려 "그러한 말을 한 일이 없다고 부인"됐다고 한다. 「조선민주주의인민공화국정부 비망록: 조국의 평화적 통일을 위하여」(1961. 3. 6), <로동신문>, 1961년 3월 6일; 『남북한통일제의 자료총람』, 제1권(국토통일원, 1985), 596쪽.
18) 함운경 외, 『현단계 통일운동론』, I(친구, 1988), 146쪽.
19) 김대중, 「3단계 통일방안의 제창」, 『사회와 사상』, 창간호(1988년 9월).

인도적 교류 등의 권한을 가지며 이 기구에는 '통일의회'와 '통일행정기구'를 두어 양측이 독립정부가 합의해 그 권한을 부여한 사항을 논의하고 집행한다는 것이다. 그런 후에 상호 이해와 조정을 바탕으로 국방·외교권까지 그 권한을 중앙정부로 이관해 완전한 통일국가(Federation)를 이룩한다는 것이다.[20] 1991년 4월 13일 김대중은 '3원칙 3단계 통일방안'을 제창했는데,[21] 1972년 7월 13일의 단계설정을 원칙으로 바꾸어 공존, 교류, 통일을 3원칙으로 제시했다. 1단계는 공화국연합 단계, 2단계는 연방제 단계, 3단계는 완전 통일국가(1국가1정부)의 3단계를 제창했던 것이다.

그런데 김대중은 그의 자서전에서 공화국연방제라는 표현을 사용하는 대신 '공화국연합제'[22]라고 말하면서 북한의 고려연방제와는 상당히 큰 차이가 있다고 주장했다.[23] 이는 1993년의 연설에 입각한 회고인데 자신의 입장을 차별화해 용공시비에서 벗어나기 위한 주장인 것으로 보인다. 그는 1단계의 남북연합(1995년. 1992년에는 공화국연합)을 2단계의 연방제를 넘어가는 전단계로 명시해 북의 연방제와는 다른 연합제를 부각시켰다.[24]

---

20) 따라서 군사적 대치상황을 일시에 해소해 연방국가(Federation)를 건설하려는 북의 고려연방세와는 질직으로 다르다고 깅조했다. 즈순승, 「평회민주당의 통일정책」, 통일문제특별심포지엄, 한국정치학회(1989. 2), 52-53쪽; 조순승, 「평화민주당의 통일정책」, 한국정치학회 편, 『한국정치의 민주화와 통일방안』(을유문화사, 1990), 317-318쪽.
21) 김대중, 『나의 길 나의 사상: 세계사의 대전환과 민족통일의 방략』(한길사, 1994)의 제2장 「나의 3원칙 3단계 통일방안」 참조.
22) 김대중, 『민족통일의 필요성과 가능성』, 제1회 동서강좌(1993. 9. 17, 연세대학교 동서문제연구원, 1993), 16쪽에서 김대중은 국가연합 또는 남북연합이라고 쓰지 않고 공화국연합제라고 하는 것은 이유가 있다고 말했다. 앞으로도 영원히 통일하지 않을 그러한 독립국가가 연합하는 것과 같은 의미를 연상시키는 용어가 국가연합이며, 또 현재의 대한민국과 현재의 조선민주주의인민공화국이 평화공존, 평화교류, 평화통일의 원칙 밑에서 제1단계 통일하자는 것이기 때문에 남북연합보다는 공화국연합이 보다 더 분명하다는 것이다. 그렇지만 1995년 아태평화재단 편, 『김대중의 3단계 통일론: 남북연합을 중심으로』(아태평화출판사, 1995)가 출판된 이후에는 남북연합이라는 용어를 주로 사용했다. 이는 공화국연합제라는 말이 북의 '연방공화국'이라는 말을 연상시키므로 더 이상 쓰지 않은 것으로 추정된다.
23) 일본 NHK취재반 구성, 『김대중자서전: 역사와 함께 시대와 함께』, 2, 김용운 편역(인동, 1999), 278-279쪽.

3단계는 통일정부 수립단계다. 이후 1995년에는 남북연합→연방제→완전 통일을 내용으로 '3단계 통일방안'을 세련화·정식화했다.25) 용공시비를 벗어나려는 시도의 배후에 김대중은 북의 연방제를 의식하고 있음을 확인할 수 있고, 북의 연방제에서 간접적으로라도 영향을 받았음을 우리는 추정할 수 있다.

김대중의 통일방안에서는 남북한간의 정치적 신뢰를 바탕으로 결단에 의해 남북연합으로 진입하며 10년 후에 연방제로 발전된다는 구체적인 시간표가 마련돼 있었다.26)

4) 각 연합제안의 공통점과 차이점

노태우, 김영삼, 김대중의 안 모두에서 남북연합 단계에서 남북정상회의, 남북각료회의, 남북연합회의에 준하는 기구를 상설화할 것을 제안했다. 이 3가지 안은 국가 사이의 느슨한 결합의 한 형태인 국가연합과 일맥상통한다.27) 3가지 안은 모두 1연합, 2국가, 2체제, 2정부라는 면에서 공통점이 있다. 가장 중요한 연합제의 정치적 성격에서는 민족공동체 통일방안과 김대중의 3단계 통일방안이 일치한다.

그러나 김영삼정부의 민족공동체 통일방안 제2단계 남북연합은 이미 제1단계 화해협력을 거쳤으므로 바로 통일로 가는 데 비해 김대중의 3단계 통일방안의 제1단계 남북연합은 연방제를 거쳐 통일로 가므로 연합의 구체적인 방법론에서는 차이점이 있다. 김대중의 연합제는 연방제로 가는 과도적 단계이므로 민족공동체 통일방안의 연합제보다 잠정적 성격이 더

---

24) 『김대중의 3단계 통일론: 남북연합을 중심으로』(아태평화출판사, 1995), 35쪽; 김대중, 『대화합의 새시대를 열자: 제159회 정기국회 대표연설문』(민주당, 1992), 29쪽.
25) 『김대중의 3단계 통일론: 남북연합을 중심으로』(아태평화출판사, 1995), 제1장과 제2장, 21-77쪽.
26) 양현모·이준호, 앞의 책, 61쪽.
27) 김영호, 『통일한국의 패러다임』(풀빛, 1999), 133쪽.

강하며, 연방제라는 목적에 복무하는 수단일 가능성도 있으므로 북한의 방안과 수렴할 수 있는 측면이 보다 더 많다고 할 수 있다.

화해협력 단계를 이미 거친 민족공동체 통일방안의 남북연합 단계에서는 경제 교류협력(1단계 화해협력 단계의 주된 목표)보다 정치적 통합여건을 성숙시키는 데 초점이 맞추어져 있으므로[28] 바로 통일로 나아갈 수 있다. 이에 비해 김대중의 남북연합은 특정단계 없이 정치적 결단에 의해 바로 남북연합을 가동하므로 이후 교류·협력과 연방제 등을 거쳐 통일로 나아가는 과도기의 첫 실험단계라고 할 수도 있다. 그렇다고 김대중의 남북연합 단계가 화해·협력을 전혀 거치지 않은 상태에서 바로 출발할 수는 없다.[29] 남북간에는 이미 기본합의서가 마련돼 있으므로 이미 화해·협력 단계를 시행하고 있다고 해석할 수 있다.[30] 따라서 화해·협력단계를 거친 민족공동체 통일방안의 남북연합 단계와 화해협력 단계를 단계로 설정하지 않은 김대중의 안에 화해·협력단계 설정 유무 면에서 차이점을 부각하는 견해가 중요한 차별성을 부각했다고 본 연구자는 인정할 수 없다. 연방제라는 중간단계 설정 유무에는 중요한 차이점이 있을지라도[31] 화해·협력단계의 유무는 그렇게 강조할 수 있는 차이점은 아니다.

---

28) 남궁영, 「민족공동체 통일방안: 평가 및 시사점, '남북연합'과 '낮은 단계의 연방제' 관계」, 『한국통일포럼 국내학술회의 I: 남북통일방안의 모색』(2000. 7. 15), 13쪽. 남궁영 교수는 김대중의 구상과 민족공동체 통일방안의 차이점에 보다 더 주목하고 있다.
29) 또 민족공동체 통일방안의 남북연합 단계에서는 교류협력을 하지 않아도 된다는 것은 아니다. 교류협력을 통한 화해구조 창출은 통일 전과정에서 추구될 과제일 것이다.
30) 1991년 12월 13일 남북 총리에 의해 조인된 '기본합의서'는 1991년 1월의 김일성 신년사 이후 북측의 변화가 반영된 것이며 비록 실패하기는 했지만 남북 양 정부의 대표성을 전제로 '초기 형태의 체제연합을 설계한 것'이라는 견해도 있다. 1991년 김일성의 신년사는 그들의 통일방안이 방어적이고 수세적으로 바뀌는 의미 있는 신호였다는 것이다. 김재홍, 「한국시론: 남북연합 컨센서스 세우자」, 『한국일보』, 2002년 5월 27일.
31) 물론 김대중 3단계 통일방안 중 1단계 남북연합 단계는 화해·협력하는 민족공동체 통일방안의 1단계에 비견되는 것이며 무게중심은 2단계 연방제에 있다고 볼 수도 있다. 한편 민족공동체 통일방안의 중심은 2단계 남북연합이므로 이 단계를 김대중의 안 중에는 남북연합 단계가 아닌 연방제 단계와 대비시켜 보아야 한다는 지적도 있을 수 있다.

이런 맥락에서 각 연합제안(노태우·김영삼 안과 김대중 안, 국가연합과 남북연합)의 공통점보다는 차이점을 강조하는 견해는 우리 내부논의의 통일을 저해하는 냉전시대적 관점이며 정파적 관점이라는 비판에 직면할 수 있다. 탈냉전기 조류에 맞추어 민족화해의 관점에서 통일문제를 접근한다면 차이점이 그렇게 문제가 되지 않을 수도 있을 것이다. 물론 북한과의 합의를 이끌어 내려면 우리의 논의 자체를 정리해야 하고 이런 과정에서 엄밀한 논리적 근거에 기반한 정확한 접근이 필요하므로 차이점과 공통점을 분간하는 자세가 전혀 학문적인 적실성이 없다고 할 수만은 없다.

이론적으로 보면 연방제와 연합제는 모두 국가결합의 한 형태라는 점에서는 공통적이지만 두 개념간에 큰 간격이 있는 것도 사실이다. 표현 자체도 국가연합(confederation), 연방국가(federation, federal state), 연방(commonwealth: 통일원은 남북연합을 이 단어로 번역했다32)), 연방제(federalism)로 여러 개념이 있다. 연방제와 연합제의 이론적 차이점에 대해서는 다각도로 심도 있는 논의가 필요하다.

그런데 김명기 교수의 지적처럼 남북연합도 광의의 연방제의 한 형태로 볼 수 있으므로 보다 통합적인 안목을 가질 필요가 있다(그는 남북연합안이 남에 의해 제기되기 이전부터 전두환정부의 민족화합 민주통일방안에 과도적 연방제를 수용해야 한다고 주장했으며33) 남북연합안이 발표된 후에는 한민족공동체 통일방안과 고려연방제안의 '중간과정 설정'이라는 공통점을 강조했던 것이다. 또한 그는 남북연합도 넓은 의미의 연방제의 한 형태임을 부인할 수 없을 것이라고 주장했다34)). 연방제라면 북의 방안만을 연상해 거부감을 갖기보다는 여러 연방의 역사적 사례에 비추어 통합의 지혜를 배울 필요가 있

---

32) 『통일백서』(통일원, 1992), 85쪽.
33) 김명기 교수는 일찍이 『남북한연방제 통일론』(탐구원, 1988), 123쪽에서 제5공화국의 '민족화합 민주통일방안'의 경우 과도적 기구의 설치방법에 구체적 제시가 없는 것이 미비점이라고 지적하면서, 이 방안이 수용 가능한 연방제는 통일한국의 연방국가와 통일을 위한 과도적 조치로서 국가연합의 두 형태가 있을 수 있다고 학술적으로 논했다. 이렇게 국가연합안이 나오기 전부터 학계에서는 이미 논의가 되고 있었으며 '연방제 수용론'도 등장했다.
34) 김명기, 『남북한 통일정책』(국제문제연구소, 1995), 163-167쪽.

을 것이다. 물론 이러한 통합적 안목도 각 개념을 구분하고 분간할 수 있는 엄밀한 논리적 기반을 갖추었다는 전제하에서 가져야 할 것이다. 역사상 실재했던 연방국가는 1789년 이후의 미국, 1821년 이후의 멕시코, 1848년 이후의 스위스, 1860년 이후의 브라질, 1866년 이후의 독일, 1867년 이후의 캐나다, 1893년 이후의 베네수엘라, 1901년 이후의 오스트레일리아, 1918~89년의 소련, 1949년 이후의 파키스탄·인도·인도네시아, 1957~63년의 말라야, 1963년 이후의 말레이시아 등이다.

국가연합은 1580~1795년의 미국, 1815~66년의 독일, 1219~1789년과 18 15(1813)~1848(1847)년의 스위스, 1895~98년의 중미공화국, 1946~54년의 네덜란드·인도네시아 연합, 1989년 이후의 독립국가연합(CIS), 2000년 1월 26일 이후의 러시아·벨로루시 국가연합,35) 현재의 유럽연합(EU) 영연방(the British Commonwealth of Nations)36)을 들 수 있다.

역사적 사례를 종합하면 연합제는 연방제보다 잠정적 경향을 가지고 있음을 알 수 있다. 연방의 경우도 그 통합력 면에서 느슨한 경우와 그렇지 않은 경우로 나눌 수 있는 등 다양하다고 할 수 있다. 또한 연방은 미국의 경우가 주목할 만하며 연방의 상당수를 차지하는 미주지역 국가들은 미국을 모방한 경우가 많았다. 물론 소련의 경우도 연방이므로 미국만이 모델은 아니나 그 모델의 경우는 역사의 무대에서 사라졌으므로 미국의 예가 대표적이라는 사실을 부정하기는 현실적으로 어려울 것이다. 실제로 한시해 조국평화통일위원회 부위원장은 1991년 6월 2일 *New York Times*와의 회견에서 남북한은 잠정적으로 미국 건국 초기의 미국가연합체를 한반도에 적용할 수 있을 것이라고 시사했다. 이는 후술할 '지역자치정부의 권력강화론'과 관련된 언급이었다. 필자가 보기에 결속 정도가 높은 쪽부터 나열하면 federation(미국, 서독, 소련: 연방) - confederation(1781~1789[1788]년의 미국, EEC: 국가연합) - commonwealth 순이다. 남의 연합제와 북의 낮은 단계의 연방제는 결속력이 이완된(느슨한) 영국식 commonwealth에 가까우며,

---

35) 이는 유명무실화된 독립국가연합을 대신하기 위한 시도다.
36) 영연방의 경우 국역한 명칭은 연방이지만 그 느슨한 성격상 국가연합에 가까우며, 결속력이 떨어져 가장 느슨하므로 독립된 범주로 분류될 수도 있다.

북의 고려민주연방공화국 창립방안은 현재의 미국식 federation과 유사하다. 그런데 북은 자신의 연방제를 confederation으로 번역했다.37) 따라서 표방하는 명칭만으로 국가연합인지 연방제인지 판단하는 것은 쉽지 않고 실질적인 내용에 의거해 판단하는 것이 필요하다.

일반적으로 지방정부에 보다 많은 권한이 부여돼 느슨한 결합형태를 가지고 있는 국가연합보다 연방제는 중앙정부의 권한이 확대된 경우다. 연방관계는 국민, 중앙정부(연방)와 각 구성국(지방정부)과 관련된 지속적이고 일원적인 계약을 토대로 이루어지며, 이 계약은 권력분산 및 공유를 규정하고 있는 성문법의 형태로 구체화된다.38)

법적으로 보면 국가연합은 국제법상 독립국가간에 상호 대등한 국제법적 지위를 보유하면서 공동이의 익을 위해 예외적으로 조약에 의해 합의한 범위 내에서 협력하는 국가결합 형태다. 따라서 연합정부(a confederal government)가 갖는 권한은 제한되고 구성국 정부(the component parts)들이 공동이익의 추구를 위해 필요하다고 생각되는 권한만이 연합정부로 이양된다. 구성국 정부들의 주권과 독립권은 국가연합에 이양되지 않고 연합된 것에 불과하므로 구성국 정부는 완전한 주권국가로 남게 된다.39)

반면 연방국가는 국제법상 복수의 지방정부로 구성된 국가이며, 중앙정부가 완전한 국제법상 주체적 능력을 갖고 지방정부는 극히 제한된 특정 사항에 대해서만 국제법상 능력을 갖는 복합적 국제인이다. 연방국가의 지방정부는 국제법상 국가의 자격을 잃고 연방정부만이 국가의 자격을 갖게 되는 국가결합의 한 형태다.40)

---

37) 연방제와 연합제의 이론적 차이점에 대해서는 남궁영, 앞의 글, 5-6, 12-14쪽; 정용길, 「통일로 가는 과도체제의 제형태」, 한국정치학회 편, 『한국정치의 민주화와 통일방안』 (을유문화사, 1990), 247-258쪽 참조.
38) 양현모·이준호, 앞의 책, 7쪽.
39) G. Fenwick, *International Law*, 4th ed. (New York: Appleton, 1983), pp.46, 241-242.
40) I. Bernier, *International Legal Aspects of Federalism* (London: Longmans, 1973), p.13; 강일규·옥준필·이은구, 『남북한 평화공존과 남북연합 추진을 위한 직업교육 훈련분야의 연계방안 연구』(통일연구원, 2001), 11쪽.

5) 남북연합의 법적 성격

국가연합(confederation)은 국제법에서 자주 쓰이는 용어임에 비해 남북연합은 1960년 북한이 먼저 운을 떼고, 그후 이와 연관이 없는 상태에서 1989년에 대한민국에서 만들어 낸 신조어다. 일천한 조어이므로 남북연합의 법적 성격에 대해 확립된 정설은 아직 없다. 다양한 견해를 열거해 보면 첫째, 남북연합을 국가연합의 한 형태로 이해하는 해석이다. 이장희 교수는 통일 이전의 남북관계를 규율하기 위해 창설되는 남북연합의 잠정성을 고려해 '시한부 국가연합'이라고 규정했다. 그는 '남북 국가연합'이라는 표현으로 국가연합과 남북연합 두 용어를 결합했다.[41] 장명봉 교수 역시 남북연합은 국제법상의 국가연합을 의미하는 것으로 인식했다.[42]

둘째는 남북연합의 법적 성격을 체제연합으로 규정하는 견해다. 1989년 통일부장관으로서 한민족공동체 통일방안을 입안할 때 이홍구 박사는 남북한이 상대방을 국가로 인정하지 않고 있으므로, 국가연합이라는 용어보다 남북한간의 특수한 관계를 반영하기 위해 체제연합이라는 용어를 써야 한다고 주장했다. 체제연합 개념을 수용하는 김학준 교수는 이 체제연합을 국가연합과 연방국가 사이의 중간적 위치에 있는 것으로 보았다.[43]

셋째, 남북연합을 국가연합과 영연방 중간쯤으로 설명하는 견해다. 이는 정부가 남북연합의 영역을 The Korean Commonwealth로 표기해 영연방에서 용어를 차용했기 때문에 나온 견해로 보인다. 그런데 대한민국 정부는 공식 해설서에서 유럽공동체나 노르딕연합체(Nordic Council)와 유사

---

41) 이장희, 「남북연합 시대를 대비한 법제도적 과제」, 이장희 외, 『개혁과 한국법치민주주의』(아시아사회과학연구원, 1994), 98쪽.
42) 제성호 외, 『남북한 평화공존과 남북한 연합 추진을 위한 법제정비방안 연구』(통일연구원, 2001), 107-108쪽.
43) 김학준, 「민족공동체와 한민족 체제연합 연구: 제6공화정 「한민족공동체통일방안」의 배경」, 『통일문제연구』, 제1권 3호(1989), 28-32쪽.

한 것으로 설명하므로44) 용어만 그렇게 사용한 것이 아닌가 한다.

그런데 남궁영 교수는 미국의 연합규약하의 국가연합(1781~89) 형태를 국가연합의 모범적 케이스로 볼 때 남북연합을 '낮은 단계의 국가연합'의 성격을 갖는다고 평가했다.45) 그렇다면 그 결속력의 강도 면에서 연방 - 국가연합 - 남북연합 - 영연방의 순으로 나열할 수 있을 것이다.

제성호 교수는 이와 같은 다양한 견해를 소개하면서 남북연합은 대외적으로는 국가연합의 성격을 갖고 남북한간에는 체제연합의 성격을 갖는 '불진정(不眞正) 국가연합' 또는 '민족공동체로서의 준국가연합'으로 규정했다.46)

즉 남북연합 단계에서 남과 북은 대외적 측면에서 국제법적 주권국가로 존재하기 때문에 남북연합은 분명 연방과는 다르다. 그렇지만 남북연합 단계에서 남북한이 통일국가를 달성하기 위해 '민족내부의 특수관계'를 유지하면서 통일문제에 대해 협의하고 협력의 범위를 넓혀 간다는 의미에서는 독립된 국가간의 관계를 가정하고 있는 일반적 국가연합과도 다르다. 남북연합은 중간단계로서 과도기적 성격을 가지며 김대중의 3단계안에서 보는 바와 같이 연방제로 가는 과도기로 볼 수도 있다.

'남북기본합의서' 전문에서도 "쌍방 사이의 관계를 나라와 나라 사이의 관계가 아닌 통일을 지향하는 과정에서 잠정적으로 형성되는 특수관계"라고 규정했으므로47) 남북연합은 국가연합과는 차이가 있다고 할 것이다.

역사상 국가연합은 국가성립의 과도기적 형태로서 중앙조직의 권한이 강화됨에 따라 종종 연방국가의 형태로 발전하는 경우가 있었다. 대륙회의가 존재했던 1776~88(1789)년의 미국, 1815~66년의 독일, 그리고 1813~47년 스위스의 경우는 국가연합에서 연방으로 전환된 케이스다. 반면

---

44) 통일원 편, 『1990 통일백서』(통일원, 1990), 86쪽.
45) 남궁영, 「남북정상회담과 통일방안의 새로운 접근: 연합제와 낮은 단계의 연방제」, 『한국정치학회보』, 제36집 1호(2002년 봄), 315쪽.
46) 제성호 외, 『남북한 평화공존과 남북한 연합 추진을 위한 법제정비방안 연구』(통일연구원, 2001), 109쪽.
47) 따라서 국제법적 구속력이나 이행력이 없는 '정치적 합의'에 준하는 성격을 갖게 됐다.

국가연합이 오래 지속된 경우는 거의 없으며 현재까지 남아 있는 경우는 독립국가연합, 러시아 - 벨로루시연합, 영연방 등이 있는데, 이들 모두 결속력이 약해 거의 유명무실해진 경우다. 마지막 국가연합 존속의 한 예인 유럽연합의 경우 서유럽국가들이 중심이 돼 국가연합으로 출범했던 것이 정치(유럽의회)·경제적 통합(단일통화제) 이후 국가간 통합수준이 강화되면서 점차 연방제적 특징을 확대해 나가고 있다.

6) 6·15선언의 연합제안이 지칭한 안

2000년 7월 12일 통일외교안보 분야 대정부질문에 대한 답변에서 박재규 당시 통일부장관은 1980년대 말 통일정책특위의 공청회를 거친 한민족공동체 통일방안을 계승한 남북연합안을 실제 정상회담에서 협상했다고 주장했다.48) 그렇다면 정상간에 논의한 연합제안은 김대중의 연방제 전단계의 남북연합이 아니라 김영삼정부 민족공동체 통일방안의 연합제에 대해 논의한 것이라고 할 수도 있다. 이러한 입장이 학계에서는 우세하다.49) 김대중이 집권 전에는 3단계 통일방안 등을 내놓았지만 집권 후에는 우리 정부의 공식 통일방안인 민족공동체 통일방안을 수정하는 방안을 공식적·공개적으로 내놓지 않았으므로 6·15선언의 연합제안이 민족공동체 통일방안의 2단계 남북연합 단계라고 주장할 수도 있다.

그런데 6·15선언의 일방이 대한민국 대통령 김대중이므로 그의 3단계 통일안 중 1단계 남북연합안이 협상의 대상이 됐다는 설명도 가능하다. 서동만 교수와 아태재단 그룹 등은 김대중의 3단계 통일방안에 더 무게를 두고 있다. 본 연구자는 후자의 입장에 대체로 동조하는 편이지만 전자의 주장도 무시될 수 없다고 판단하며, 실제 정책의 결정과정에서는 김대중의 연합제안과 노태우·김영삼의 연합제안이 서로 착종된 상태에서 결정됐을 가능성도 있었다고 판단한다. 보다 구체적으로 6·15선언의

---

48) <연합뉴스>, 2000년 7월 12일.
49) 남궁영, 앞의 글(2000. 7. 15.), 13쪽.

제2항은 김대중의 안에 입각한 합의이며 교류협력을 규정한 제3·4항은 민족공동체 통일방안의 '화해협력 단계'에 기반한 것일 가능성이 있다는 것은 후술하는 바와 같다. 결론적으로 6·15남북공동선언에 언급된 연합제 안은 1989년 이후의 남북연합안과 1995년 김대중에 의해 체계화된 남북연합안에 공통적으로 흐르는 안이라고 복합적으로 평가한다면 큰 문제는 없을 것이다.

4. 맺음말

남과 북은 1991년 12월 13일 총리(고위급은 북의 용어)회담에서 '남북기본합의서'를 채택했으며 2000년 정상회담에서 6·15남북공동선언을 산출해 냈다. 이들 문건만 충실히 이행해도 남북연합 단계에 진입했다고 할 수 있다. 그러나 북한은 남북정상회담 이후에도 체제에 대한 도전을 느끼고 있는 듯하다. 남북관계 개선은 결국 남한에 흡수 통합되는 결과를 초래할 것이라는 불안감을 가지고 있는 것이다.[50]

따라서 남북의 공존과 안전보장, 대화를 통한 공동이익의 확대, 남북의 상대방에 대한 인식의 변화 및 북한체제의 개혁 등을 통해 정치적 안정 기반이 조성돼야만 일회적인 행사가 아닌 지속적인 남북간의 문화교류가 가능할 수 있을 것이다.

'민족공동체 통일방안'에 나타난 남측의 남북연합 추진방향에 의하면 남북정상회의, 남북각료회의, 남북국회회의가 정례화되고 공동사무처 등이 마련되는 계획이 나와 있다. 현재 남북 고위급회담은 비교적 자주 열렸다. 또한 국회회담을 위한 논의가 계획중이다. 따라서 이 방안의 실천

---

[50] 여인곤·김국신·배정호·이헌경·최춘흠, 『남북연합 형성을 위한 주변 4국 협력유도 전략』(통일연구원, 2001), 54쪽.

도 결코 불가능한 것은 아니라고 생각한다.

또한 북한도 합의했던 남북기본합의서 등에 명시돼 있는 화해(남북정치분과위원회: 기본합의서 1장 8조), 군사(남북군사공동위원회: 기본합의서 2장 12조), 교류협력(남북경제교류·협력공동위원회를 비롯한 부문별 공동위원회: 기본합의서 3장 22조), 핵통제(남북핵통제공동위원회: 1992년 1월 20일 양측 총리가 서명해 2월 19일 발효된 비핵화에 관한 공동선언 4항) 부분의 공동위원회 활동이 정례화된다면 북이 의구심을 가지고 있는 '남북연합=흡수통일'이라는 등식을 불식시킬 수도 있을 것이다. 그런데 북은 인적 교류와 체육·학술·예술·언론교류 등 경제적 실익을 주지 않으면서도 사회적 부작용을 초래할 문화분야의 교류협력은 사실상 억제할 가능성도 있다. 따라서 화해·협력단계에서의 교류는 경제교류·협력에 중점을 둘 것이 확실하며, 이들 바탕으로 군사·정치적 신뢰구축이 마련된다면 문화교류는 자연스럽게 그 봇물이 터질 것이다. 비정치적 문화교류부터 한다면 자연스럽게 정치적 신뢰가 구축될 수 있지 않을까 하는 접근도 가능하지만, 문화교류가 비교적 오래 전부터 행해졌으며 일회적 행사에 치중됐던 것에 비추어 본다면, 경제적 교류와 정치적 신뢰구축이 본격적인 문화교류의 선결조건이라고 생각할 수 있을 것이다. 그렇다고 일회적이나마 행해지는 문화교류의 효용을 평가 절하하려는 것은 아니다. 이러한 교류나마 없는 것보다는 훨씬 나으며, 현재까지의 정치적 신뢰회복과 통일에 크게 기여한 것도 사실이다.

또한 쌍방간에 일원적 통일을 지향하던 냉전시대는 지나고 연합이 됐든 연방이 됐든 현재는 상대방을 포용하고 다양성을 인정해야 할 시대라고 할 것이다. 한반도에서는 아직도 완벽한 탈냉전구도가 구축되지 않았지만 탈냉전 도입이 이루어지는 상황에는 와 있다고 할 수 있다. 상대방의 특수성을 인정해 상대의 정치적 주장을 인정해야 할 부분도 있을 것이다. 그런 정치적 포용의 기초 위에서 다원적 문화공동체는 만들어질 수 있을 것이며 원활한 교류·협력이 가능할 것으로 판단된다.

참고문헌

강석승,「남북 문화예술 교류의 현황과 과제」, 한국정신문화연구원 2002년도 연구과제 발표문(2002. 11. 8).

「고려민주련방공화국 창립방안을 전적으로 지지한다: 가이아나 정계인사들 담화 발표」, <로동신문>(2000년 10월 31일).

「고려민주련방공화국 창립방안을 지지: 가이아나 정당 성명발표」, <로동신문> (2000년 10월 29일).

고병철,「북한의 통일전략은 변하고 있는가」,『계간사상』, 제3권 1호(1991년 봄).

고유환,「'통일방안의 공통성 인정'을 보는 관점」,『민주평통』(2000. 10. 31).

곽태환,「국제환경의 변화와 북한의 통일정책」, 신정현 편,『북한의 통일정책』(을유문화사, 1989).

김근식,「연방제와 연합제의 공통성 인정: 통일접근 방식과 평화공존에 합의」,『아태평화포럼』, 통권 제39호(2000년 7월).

김기철,「북한당국의 평화공세에 대한 진보당의 선언문」, 권대복 편,『진보당: 당의 활동과 사건관계 자료집』(지양사, 1985).

김낙중·노중선 공편,『現段階諸統一方案』(한백사, 1989).

김대중,「3단계 통일방안의 제창」,『사회와 사상』(1988년 9월).

_____,『나의 길 나의 사상: 세계사의 대전환과 민족통일의 방략』(한길사, 1994).

_____,『대화합의 새시대를 열자: 제159회 정기국회 대표연설문』(민주당, 1992).

_____,『민족통일의 필요성과 가능성』, 제1회 동서강좌(1993. 9. 17), 연세대학교 동서문제연구원, 1993.

_____,『행동하는 양심으로』(금문당, 1985).

김덕중,「남북연합의 제도화방안」,『통일문제연구』, 제5권 3호(1993년 가을).

_____,「한국의 통일정책구조: 남북연합안을 중심으로」,『국제문제』(1993년 8월).

김명기,『남북한 통일정책』(제문제연구소, 1995).

_____,『남북한연방제통일론』(탐구원, 1988).

김세균,「통일정책」, 최명 편,『북한 개론』(을유문화사, 1990).

김영호, 『통일한국의 패러다임』(풀빛, 1999).
김일성, 「신년사」(1991. 1. 1), 『김일성저작집』, 43권(평양: 조선로동당출판사, 1996).
_____, 「조국통일 5대방침에 대하여: 조선로동당 중앙위원회 정치위원회 확대회의에서 한 연설」(1973. 6. 25), 『조국의 자주적 평화통일을 위하여』(평양: 조선로동당출판사, 1981).
_____, 「조선로동당 제6차대회에서 한 중앙위원회 사업총화보고」(1980. 10. 10), 『조국의 자주적평화통일을 위하여』(평양: 조선로동당출판사, 1981).
_____, 「조선인민의 민족적 명절 8.15해방 15돐 경축대회에서 한 보고」(1960. 8. 14), 『조국의 자주적 평화통일을 위하여』(평양: 조선로동당출판사, 1981).
_____, 「체코당 및 정부 대표단장 후사크 환영 평양시 군중대회에서 한 김일성 연설」(1973. 6. 23), 신정현 편, 『북한의 통일정책』(을유문화사, 1989).
_____, 「신년사」(1987. 1. 1), 『북한신년사 분석 1945-1995』(북한연구소, 1995).
_____, 「신년사」(1988. 1. 1), 『북한신년사 분석 1945-1995』(북한연구소, 1995).
_____, 「신년사」(1989. 1. 1), 『북한신년사 분석 1945-1995』(북한연구소, 1995).
_____, 「신년사」(1990. 1. 1), 『북한신년사 분석 1945-1995』(북한연구소, 1995).
_____, 『김일성저작집』, 14(평양: 조선로동당출판사, 1981).
_____, 『김일성저작집』, 42(평양: 조선로동당출판사, 1995).
「김정일은 서두르고 있다」, 『신동아』(2000년 9월).
김호진, 「민중통일론과 한민족공동체 통일방안의 차이」, 『90년대 한국사회의 쟁점』(한길사, 1990).
남궁영, 「남북정상회담과 통일방안의 새로운 접근: 연합제와 낮은 단계의 연방제」, 『한국정치학회보』, 제36집 1호(2002년 봄).
_____, 「민족공동체 통일방안: 평가 및 시사점, '남북연합'과 '낮은 단계의 연방제' 관계」, 한국통일포럼 국내학술회의 I: 남북통일방안의 모색(2000. 7. 15).
「'남북공동선언' 실천역량 결집」, 『민주평통』(2000. 8. 31).
「남북연합 단계 가시화되나」, 『연합뉴스』(2000년 7월 31일).
『남북한통일제의 자료총람』, 제1권(국토통일원, 1985).
『내외통신』, 종합판, 43(1991. 1. 1~6. 30)(내외통신사, 1991).
노중선 편, 『민족과 통일』, I(사계절, 1985).
노태우, 「한민족공동체 통일방안」(1989. 9. 11), 통일원 편, 『한민족공동체 통일방

안: 이렇게 통일하자는 것이다』(통일원, 1991).

「대한민국 국회 및 남조선의 제정당·사회단체들과 인민들에게 보내는 조선민주주의인민공화국 최고인민회의 편지」(1960. 10. 22), 평양, 『조선중앙년감』, 1961년판(평양: 조선중앙통신사, 1962).

도진순, 「2000년 6월 '평양회담'과 '남북공동선언'」, 『역사비평』, 통권 52호(2000년 여름).

마호성, 「자주적 평화통일은 우리 민족의 사활적문제」, <로동신문>(2000년 10월 17일).

「문목사의 3단계연방제 통일방안』(1988. 4. 16), 김낙중·노중선 편, 『現段階諸統一方案』(한백사, 1989).

문익환, 「김주석에게 보내는 편지」, 『말』(1991년 1월).

「문익환-조평통 공동성명」, 김낙중·노중선 편, 『現段階諸統一方案』(한백사, 1989).

민원, 『김일성주석과 민족대단결』(평양: 평양출판사, 1994).

『민족 대화합으로 가는 길: 하나 하나, 차근 차근』(국정홍보처, 2000).

「민주당, 통일외교정책 쇄신방안」, 『남북대화 이전시기 통일문제 관련자료집』(국토통일원, 1987).

박건영, 「'3단계 통일론과 남북정상 합의 추진방향: '연합제'와 '낮은 단계의 연방제'간의 공통성 인정문제를 중심으로」, 한국통일포럼 국내학술회의 I: 남북통일방안의 모색(2000. 7. 15).

박재규, 『북한의 신외교와 생존전략』(나남, 1997).

박정희, 『국가재건최고회의의장 대통령권한대행 박정희장군담화문집, 自1961년 7월 至1963년 12월』(대통령비서실, 1965).

_____, 『박정희대통령 연설문집』, 1: 최고회의편, 대통령비서실, 1973).

_____, 『박정희대통령선집』(동아출판사, 1969).

박태균, 『조봉암 연구』(창작과비평사, 1995).

「북한 조국평화통일위원회 부위원장 전금철과의 최초 공식인터뷰: 우리는 베트남과 같이 일방적인 체제로의 통일을 바라지 않는다」, 『사회와 사상』(1989년 4월).

「북한은 루비콘강 건넜다. 김정일 답방은 환영」, 『신동아』(2000년 8월).

「'북한은 변화중' '변화 증거없어'」, <조선일보>(2001년 2월 13일).

「비밀자료 독점入手: 북한노동당의 남북정상회담 설명자료」, 『월간조선』(2000년

9월).
「사설: 6·15 남북공동선언과 향후 과제」,『민주평통』(2000. 6. 30).
「사설: 임국정원장의 이상한 방미」, <조선일보>(2001년 2월 14일).
「사설: 중국인민지원군 조선전선참전 50돐」, <로동신문>(2000년 10월 25일).
「4·2남북공동성명서」, 문익환목사 홈페이지(http://www.moon.or.kr/sub4-2.html, 00-08-10).
신법타,「평화통일과 북한불교」, 한국정신문화연구원 2002년도 연구과제 발표문 (2002. 11. 8).
신정현,「북한의 연방제 통일방안의 전개와 목표」, 신정현 편,『북한의 통일정책』(을유문화사, 1989).
신준영,「낮은 단계 연방제, 그리고 김정일 쇼크」,『말』(2000년 7월).
아태평화재단 편,『김대중의 3단계통일론: 남북연합을 중심으로』(아태평화출판사, 1995)
_____ 편,『김대중의 3단계통일론: 남북연합을 중심으로』, 중판(한울, 2000).
_____,『남북정상회담 이해의 길잡이』(아태평화재단, 2000).
안동일,『갈라진 45년 가서 본 반쪽: 안동일 기자의 1989년 북한르뽀』(돌베개, 1990).
양영식,『통일정책론: 이승만정부로부터 김영삼정부까지』(박영사, 1997).
양호민 외,『남과 북 어떻게 하나가 되나: 한반도통일의 현실과 전망』(나남, 1992).
「어떻게 통일을 이룰 것인가」, 국회외무통일위원회에서 김대중 총재의 질의와 이홍구 장관의 답변(1989. 2. 24), 비서실 편,『김대중연설문집: 민족의 내일을 생각하며』, 2(학민사, 1990).
「여야 '연방제' 논란」, <연합뉴스>(2000년 10월 11일).
「여야 영수 남북문제 설전」, <연합뉴스>(2000년 10월 9일).
「오충석 사무관과의 전화인터뷰」, <연합뉴스>(2001년 2월 7일).
「왜 교류를 주저하는가」, 국회외무통일위원회에서 김대중 총재의 질의와 이홍구 장관의 답변(1989. 5. 23), 비서실 편,『김대중연설문집: 민족의 내일을 생각하며』, 2(학민사, 1990).
외무부외교연구원,『통일문제연구』(동원, 1966).
「우리 당의 통일안은 이렇다: 3대정당 합석좌담회」,『중앙정치』(1957년 10월).
유종근,『한반도통일의 철학적 원리』(세훈, 1997),『한반도통일의 철학적 원리』, 긴급증보판(세훈, 2000).

윤기정,『한국공산주의운동비판』(통일춘추사, 1959).
이기하,『한국정당발달사』(의회정치사, 1961).
이서행,「남북 종교교류의 현황: 북한 기독교의 실상과 전망」, 한국정신문화연구원 2002년도 연구과제 발표문(2002. 11. 8).
이종석,「김일성의 신년사 분석」,『말』(1991년 2월).
＿＿＿,『분단시대의 통일학』(한울, 1998).
＿＿＿,「흡수통일 원하면 연방제를 고집하라: 'DJ 통일정책 브레인' 이종석 박사의 진보진영 비판」,『말』(2000년 8월).
일본 NHK취재반 구성,『김대중자서전: 역사와 함께 시대와 함께』, 2, 김용운 편역 (인동, 1999).
「임동원 국정원장 방미: '급한 일' 있나」, <조선일보>(2001년 2월 14일).
장명봉,「남북통일방안의 접합점 확대를 통한 새로운 남북통일방안의 모색」, 한국 통일포럼 국내학술회의 I: 남북통일방안의 모색(2000. 7. 15).
「정일형 외무부장관, 북측의 연방제 제안 반박성명」,『남북대화 이전시기 통일문제 관련 자료집』(국토통일원, 1987).
「제2차 북남상급회담 진행」, <로동신문>(2000년 8월 31일).
「제정당사회단체지도자연석회의 공동성명」(1960. 4. 27), <로동신문>(1960년 4월 28일).
「조봉암 등에 관한 공소장」, <동아일보>(1958년 2월 18~28일), 정태영·오유석·권대복 편,『죽산 조봉암 전집』, 5(世明出版, 1999).
조봉암,「평화통일에의 길」,『중앙정치』(1957년 10월).
「조선민주주의인민공화국정부 비망록: 조국의 평화적 통일을 위하여」(1961. 3. 6), <로동신문>, 1961년 3월 6일;『남북한통일제의자료총람』, 제1권(국토통일원, 1985).
『조선중앙연감』, 1961년판(평양: 조선중앙통신사, 1962).
「조선통일의 가장 합리적인 방도: 말따조선친선협회가 지지, 파키스탄신문 글 게재」, <로동신문>(2000년 11월 19일).
조순승,「평화민주당의 통일정책」, 통일문제 특별심포지엄, 한국정치학회(1989. 2).
中村智計,「남북정상회담의 분석 및 평가」,『국제문제』(2000년 10월).
「진보당사건 논고」, 윤기정,『한국공산주의운동비판』(통일춘추사, 1959).
최문형,「민족종교와 남북교류: 천도교·대종교를 중심으로」, 한국정신문화연구원

2002년도 연구과제 발표문(2002. 11. 8).
최완규, 『북한의 어디로』(마산: 경남대학교 출판부, 1996).
최용건, 「조국의 평화적 통일을 더욱 촉진할 데 대하여: 최고인민회의 제2기 8차 회의에서 한 최고인민회의 상임위원장의 보고」(1960. 11. 19), 『조선중앙연감』(1961년판).
최원기・정창현, 『남북정상회담 600일』(김영사, 2000).
「친북용공정권은 용납할 수 없다」, 『민족정론』(2000년 7월).
'KBS 뉴스라인'(2000. 10. 11 오후 11시 10분).
통일부, 『2000 북한개요』(통일부, 1999).
_____, 『대북정책, 사실은 이렇습니다』(통일부, 2000).
통일원, 『'92 북한개요』(통일원, 1992).
_____, 『'95 북한개요』(통일원, 1995).
_____, 『민족공동체 통일방안: 어떻게 통일하자는 것인가?』(통일원, 1994).
_____, 『통일백서』(통일원, 1995).
_____, 『한민족공동체 통일방안: 이렇게 통일하자는 것이다』(통일원, 1991).
한운석, 「대북 화해・협력정책에 대한 몇 가지 반론의 문제점」, 『아태평화포럼』, 통권 43호(2000년 11월).
한응호, 「련방제통일방안은 가장 정당하고 현실적인 통일방도」, <로동신문>(2000년 10월 9일).
한종수, 「독일의 국가연합과 한반도 통일방안」, 『국제정치논총』, 제42집 2호(2002).
함운경 외, 『현단계 통일운동론』, I(친구, 1988).
해리슨, 셀리그, 「김정일이 원하는 것은 '통일'이 아니라 '연방제'다」, 『월간중앙』(2000년 11월).
허담, 「최고인민회의 제4기 제5차회의에서 한 보고: 현 국제정세와 조국의 자주적 통일을 촉진시킬 데 대하여」(1971. 4. 12), 『안보통일문제 기본자료집』, 북한편(동아일보사, 1972).
황장엽, 「평화통일전략」, 『월간중앙 WIN』(1999년 2월).

"Extract from Proposal by Foreign Minister Nam Il, Head of the Delegation of the People's Republic of Korea on April 27, 1954," Geneva, 『안보통일문제 기본자료집』, 북한편(동아일보사, 1972).

Hahm, Pyong-Choon, "Federalism: A Means for the National Unification," *Journal of Asiatic Studies*, Vol.XIII, No.4, December 1970.

Lee, Hongkoo, "Unification through a Korean Commonwealth: Blueprint for a National Community," *Korea and World Affairs*, Vol.13, No.4, Winter 1989.

Oliver, Robert T., *Syngman Rhee and American Involvement in Korea, 1942-1960*, Seoul: Panmun, 1978.

남북 문화예술 교류의 현황과 과제

강 석 승

1. 머리말

　남북한의 상이한 정치체계와 경제제도는 그들 사회성원의 행동양식과 행위규범, 사고방식, 역사해석, 삶의 가치, 일상생활에 이르기까지 광범위하게 이질성을 확산시켰으며, 이와 같은 이질적인 문화예술적 특성은 통일과정에 크나 큰 장애요인으로 가로 놓여 있다.
　이러한 과정에 지난 1985년 9월 성사된 '남북 이산가족 고향방문단 및 예술공연단 교환방문'은 남북간에 실질적인 첫 번째 문화예술 교류로서 이를 시발점으로 크고 작은 행사가 '교류'라는 이름으로 남한과 북한 땅 혹은 제3국에서 간헐적으로 이어져 왔다.
　그러나 이들 교류의 대부분은 남북의 성원들이 공동으로 참여하는 학술세미나 합동조사단 구성 같은 형태를 제외하고는 엄밀한 의미에서 쌍방이 주고받는 의미의 교류라고 하기보다는 일방적으로 접촉하는 '짝사랑의 형태'였다고 보아야 할 것이다.
　사실 문화예술 분야의 교류협력은 장기적 안목에서 남북한의 이질화와 서로의 다름을 이해함으로써 통일 이후 사회 전반의 통합을 준비하는 기초작업이다. 특히 남북한의 통합과정을 각 분야에서 이루어지는 남북의 제도적 통일과 내적·심리적 통합을 포함한다고 볼 때, 문화예술 분야의 교류는 분단체제로 인해 형성된 제도적 차이와 이질적 특성을 이해하고 민족 공존의식을 확대시키는 데 결정적으로 기여하는 것이라 하겠다.

즉 남북간의 실질적인 접촉과 교류가 증대하면 할수록 문화예술적 갈등과 혼란이 증대할 것이므로 이질성에 대한 이해를 도모하고 갈등을 최소화하기 위한 문화예술 분야 교류의 증대는 매우 중요하다.

다시 말하면 문화예술 분야는 남북교류에서 미개척분야이며 많은 난점을 지니고 있는 것으로, 역사·정치·군사 등 분야에는 비교적 공개적이고 객관적인 자료가 존재하는 반면 북한인의 일상적 삶에 관한 북한 자체 자료의 희소성과 아울러 외부인의 객관적 관찰과 연구가 지극히 제한됐다는 데서만 기인하는 것은 아니다. 무엇보다도 남한사회에서 일상적으로 익숙해져 있는 사회와 문화의 개념과 북한의 그것 사이에 너무나 엄청난 간격이 존재하고 있기 때문이다.

이제 남북정상회담 공동선언(2000. 6. 15)을 계기로 당국간 남북교류 활성화가 예상되고 있는 가운데 무엇보다 북측이 전향적인 자세로 나오고 있어 남측의 이산가족 상봉, 신의주 경제특구의 개발 시사, 부산아시안게임에의 참여를 비롯한 범사회적 기대치와 맞물리면서 문화예술 전반에 걸쳐 가시화될 전망이다.

본고에서는 이런 남북관계의 현실과 관련해 그 동안 이루어져 왔던 남북 문화예술 분야 교류의 실상과 문제점 및 과제를 개관하고 그 활성화방안을 모색해 보기로 한다.

2. 남북한 문화예술관 및 정책의 비교

1) 한국의 문화예술관 및 정책 개관

우리 사회가 지식기반사회로 이행하면서 지식 창조형 문화산업 분야가 핵심적 지식산업으로 부상하고 있다. 특히 문화예술이 창의성과 유연성의 원천으로 인정되면서 세계화와 정보통신기술의 발달에 따라 세계 각국 및 문화권간의 문화예술 교류가 더욱 촉진되고 있다. 또한 디지털화 및 정보화는 실험적인 새로운 예술장르의 출현과 장르간의 통·융합이 촉진되고 있는 가운데 '풍요로운 삶'에 대한 욕구와 여가시간의 증대에 따라 문화예술에 대한 수요가 다양해지고 있다.

한편 학습과 참여 위주의 예술수요가 증대되고 있는 가운데 국민의 기본권으로 문화복지의 중요성이 강조되면서 노인, 청소년, 농어민, 장애인 등 문화 소외계층의 문화향수권 신장에 대한 사회적 관심이 높아지고 있다. 우리나라 역시 문화정책의 대상이 되는 문화[1])는 순수 문화예술과 문

---

[1]) 우리나라의 문화정책에서 문화에 대한 정의는 '문화예술진흥법'(제2조)에 "문화예술이라 함은 문학, 미술(응용미술을 포함), 음악, 무용, 연극, 영화, 연예, 국악, 사진, 건축, 어문 및 출판"을 포함하고 있다. 이러한 정의는 문화예술의 범위를 규정하고 있을 뿐 문화예술의 특성을 규정하고 있지는 못하다. 다음으로 '문화예술진흥법'(제2조 2항)에서 문화산업을 "문화예술의 창작물 또는 문화예술 용품을 산업의 수단에 의해 제작·공연·전시·판매를 하는 업"으로 규정하고 있다. 그리고 '문화산업진흥기본법'(제2조 1항)은 문화산업을 "문화상품의 생산·유통·소비와 관련된 산업"으로 정의하고 그 영역을 다음과 같이 분류하고 있다. 영화, 음반, 비디오, 애니메이션, 출판, 게임 소프트웨어, 방송이 우선적으로 문화산업으로 쉽게 분류된다. 다음으로 광고, 패션디자인, 멀티미디어 콘텐츠 관련산업이 포함된다. 또한 공연, 미술품, 문화재 관련부문과 공예

화산업, 방송, 광고, 멀티미디어 콘텐츠 관련 산업까지 포함하는, 말하자면 예술과 문화산업을 지원하고 관리하는 정책을 펴고 있다. 즉 적어도 우리나라의 문화정책에서 구체적인 정책대상 범위는 순수 예술활동과 문화산업을 포함하며, 관련분야의 생산·유통·소비를 포함하고 있는 것이다.

이 중 문화예술 분야는 음악, 연극, 무용 등의 문화예술 활동과 박물관·미술관 등 각종 문화시설, 전통사찰과 향교, 국가적·세계적 유산가치가 있는 문화재 관련부문이다. 또한 문화산업 관련분야는 영화, 음반·비디오 및 게임, 출판 등의 분야이며, 언론·방송분야는 신문·잡지·통신 등의 정기간행물과 방송분야이며, 관광분야는 관광사업·관광진흥·관광시설 등이다.

잘 알려져 있다시피 우리나라의 문화예술에 대한 국가정책은 1948년 대한민국 정부가 수립되면서 시작됐다. 물론 일제 식민시대에도 문화재에 대한 자료조사와 연구가 시작됐으나, 국가적 차원에서의 본격적인 관리 및 진흥정책은 한국정부 수립 이후부터이며, 이로부터 우리나라의 문화정책은 50여 년의 역사를 갖게 됐다.

1950년대의 문화정책은 전쟁의 소용돌이와 이후 전후복구 사업과 반공주의 속에서 어떤 구체적이고 생산적인 형태를 지니지 못했으며, 이런 가운데 문화정책의 이념과 내용은 뚜렷한 정책이나 법적·제도적 장치도 존재하지 않았다. 즉 '반공'이라는 이데올로기적 이념이 사회에 확산됐고, 국립극장이나 국립국악원의 설치, '문화재보호법'과 '저작권법' 제정 등 문예정책이 시행되기는 했으나, 문화정책의 이념보다는 반공의 이념이 '민주주의의 달성'이라는 이념체계하에서 각급 교육기관이나 국가기관에 의해 수행됐을 뿐이다.

이런 가운데 1970년대 초까지 정책의 대상이나 영역은 전통문화·유산의 보존·관리, 문예진흥이라는 역할에 제한됐다. 즉 1970년대 초까지 '근대화'라는 경제성장의 논리와 문화에 대한 인식부족에서 일관된 정책은 불가능했고, 정책의 대상이나 영역도 전통문화·유산 보존·관리라는 역

품, 전통의상 및 전통식품 등을 문화산업에 포함시키고 있다.

할에 국한됐던 것이다.

문화와 문화유산에 대한 현대적 개념이 정립된 것은 1970년대 중반에 이르러 '제1차 문예중흥계획'(1974~78)이 시행되면서부터다. 이때까지 문화예술의 담당은 공보처, 문교부, 공보부를 거쳐 1968년 발족한 문화공보부에서 주로 담당했다.

1980년대의 제5공화국은 문화진흥 의무를 헌법에 명기하면서 문화에 대한 적극적인 진흥정책을 수립하는 가운데 '제6차 경제사회발전 5개년 문화부문계획'을 통해 문화를 국가발전의 원동력으로 삼기 위해 문화복지, 문화적 주체성 확립, 문화 창조능력 활성화, 문화의 국제화를 추진했다.

이후의 '문민정부'는 세계화 속에서 문화 창조력의 제고와 문화환경 개선, 문화산업 개발에 중점을 두어 추진했다.

이러한 문화정책은 문화재 중심의 행정기[2](제3, 4공화국), 예술진흥의 행정기[3](제5, 6공화국), 문화산업 중심 행정기[4](문민정부)를 거쳐 왔다.

'국민의 정부' 문화정책의 방향은 1998년 국정 100대 과제 가운데 문화관광부 관련정책의 과제로 제시된 '수준 높고 다양한 문화욕구 충족'이라

---

2) 제3, 4공화국은 근대화라 불리는 경제발전을 꾀하던 시기였다. 모든 분야가 경제발전을 위한 도구로 간주되던 시기였던 만큼 문화에 대한 인식 역시 미약했다. 문화정책의 기본이념으로는 민족사관의 정립, 민족주의적 경향, 전통문화를 토대로 한 새로운 민족예술 창조였다.

3) 제5공화국의 문화정책 이념은 평등과 효용이고, 목적은 국민정서 충족과 가치적 계도, 영역은 문화향수 기회확대와 규범전파로 분석할 수 있다. 정책기조는 문화적 주체성 확립, 문화복지(문화민주주의)의 구현, 문화 창조능력의 활성화, 문화의 국제화(문화발전을 위한 지원체계 강화), 문화의 국가발전 동력화(문화시설의 사회교육 역할제고) 등이다. 제6공화국 문화정책의 이념은 창의, 목적은 예술발전, 영역은 창작지원이었다. 그리고 문화분야 전담 독립 행정부처인 문화부가 탄생(1990. 1. 3)했다. 이 기간의 문화정책은 '모든 국민에게 문화를'이라는 정책적인 슬로건을 설정하고 새로운 문화전략으로 '문화민주주의'를 표방하면서 관리, 통제, 규제보다는 참여, 진흥, 조장에 초점을 두었다. 문화복지 국가를 지향하는 문화주의 전략을 새롭게 표명했다.

4) 문민정부의 문화정책 기조는 문화발전을 국가발전의 두 축의 하나로 인식하고 문화창달을 통해 질적으로 풍요로운 신한국 건설에 두었다. 추진 방향은 전문예술인 중심에서 일반인 중심으로, 중심계층 중심에서 취약계층 중심으로, 정부 주도에서 민간 주도로 전환하는 것이다.

는 항목에 나타난 내용5)을 통해 잘 알 수 있다.

바로 이런 맥락에서 발표된 새로운 문화관광 정책은 "지원은 하되 간섭은 않는다"는 원칙하에 '문화의 힘'으로 제2의 건국을 이루고, '문화가 중심가치'가 되는 지식정보사회를 추구하며, 문화주의를 통한 '성숙한 민족공동체'를 형성하고, 문화정체성과 보편성의 조화로 '열린 문화'를 구현한다는 지향점(指向點)에서도 잘 드러난다.

특히 IMF관리체제라는 무거운 짐을 지고 출범한 '국민의 정부'는 상대적으로 문화정책 부문이 소외될 수밖에 없는 어려운 여건에 있었다. 즉 당시의 정황은 일반국민들의 소비생활 위축과 기업의 어려운 경제활동으로 인해 문화예술 지원활동의 위축, 예술문화 부문과 여가부문의 소비감소는 문화, 관광, 생활체육 등의 분야에 심각한 타격을 주었던 것이다.

그럼에도 불구하고 문화관광부는 출판계의 위기와 공연계를 비롯한 문화산업 분야를 활성화하기 위해 각종 지원정책을 실시해 위기를 성공적으로 극복했으며, 지난 정부가 번번이 약속만 해 놓고 실현하지 못한 문화예산 1% 확보라는 과제를 국가경제 위기라는 어려운 상황에서도 2000년에 실현해 문화국가 건설을 위한 의지를 구체화했다.

그리고 문화산업에 대한 제도적·재정적 지원을 강화하고 문화활동에

---

5) 그 내용은 다음과 같다. ① 창작활동 보장을 위해 심의 면제대상 확대, 성인전용 영화관 설립검토, 영상물 제작업 등록대상 완화, 민간 예술단체에 대한 세제 및 금융지원 강화, ② 문화와 관광산업 육성을 위해 첨단 종합영상 지원센터 조성, 국산 애니메이션의 텔레비전 방영비율 명문화, 지역별 관광문화권 개발촉진, ③ 생활체육 진흥을 위해 경기단체 재정자립 기반 지원 및 법인화 추진, 체육기구 국산화를 위한 금융·세제지원, ④ 청소년의 꿈과 희망을 이루는 건강한 사회건설을 위해 학교사회 사업 전담교사 제도도입, 가족의 문화예술 경비에 대한 소득공제, 청소년 보호연령의 통일 등 법적·제도적 장치강화, ④ 선진방송 체제구축을 위해 위성방송 근거마련을 위한 통합방송법 조기제정, ⑤ 방송·통신위원회 신설, 방송사별 시청자위원회 의무화, 공영방송의 이사 및 사장 선임방식 개선, 한국방송공사 등 공영방송의 구조조정과 경영혁신, 케이블 텔레비전에 대한 소유규제 및 외국인 투자제한 완화, 채널 묶음별 차등 가격제도 도입, 방송광고공사의 광고 독점권 폐지, ⑥ 언론 신뢰도 제고를 위해 오보 사전방지 기구 신설 및 제도화, 언론중재위를 국가기관으로 위상강화, 오보에 대한 소송비용 재정보조 검토 등이다.

장애가 되거나 국민생활에 불편을 주는 각종 규제를 과감하게 철폐하는 등 대폭적인 규제개혁이 추진됐다. 특히 공공부문의 구조조정 과정에서 문화관광부 및 소속기관과 산하단체들도 변화하는 문화환경에 적응하기 위한 유연하고 효율적인 조직으로 만들어 장기적인 문화발전을 위한 초석을 닦아 놓았다.

그리고 국민의 소득수준 증가와 고령화사회를 대비해 서민, 저소득층을 위한 문화향수 및 생활체육에 대한 정책을 준비하고 있으며, 주5일 근무제의 실시에 따른 문화향수 기회확충과 대응방안을 마련중에 있다.

2) 북한의 문화예술관 및 정책 개관

북한에서 '문화예술[6]'이라는 용어는 문학을 비롯해서 음악, 미술, 공연예술 등 모든 예술장르를 포괄하는 용어로서, 북한은 이 문화예술을 "근로대중을 정치·사상적으로 교화하는 수단"이자 "온 사회를 혁명화, 노동계급화하는 데 복무하는 수단"으로 규정함으로써 기본적으로 목적주의 예술관을 가지고 있다.

이러한 예술관에 입각해 북한에서는 예술의 본질적 특성과 이념을 당성·노동계급성·인민성으로 보고 있다. 원래 당성·노동계급성·인민성은 마르크스·레닌의 문예관에서 비롯된 예술의 기본이념이지만, 북한에서는 주체사상 대두 이후 사회주의적 사실주의를 주체문예이론으로 대체하고 그 내용을 변형시켜 문예정책의 기본으로 삼고 있다.

북한의 예술에서 '당성'이란 "당에 대한 끝없는 충실성"[7]을 의미하는 것으로 당성의 이념에 따라 예술은 "당의 노선과 결정을 관철하기 위해 모든 것을 다 바쳐 투쟁"[8]하는 모습을 보여준다. 또한 북한에서는 노동계

---

6) 북한에서는 이 용어를 '문학예술'로 표현하고 있는바, 본고에서는 용어의 통일성을 기하기 위해 이후부터는 '문화예술'로 통일해서 표현했다.
7) 『김일성저작집』, 35권, 378쪽.
8) 위의 책, 378쪽.

급을 "어느 계급보다도 혁명성이 강한 가장 선진적인 계급"9)으로 규정하고 예술은 그 본질적 특성인 '노동계급성'에 따라 "사회주의·공산주의사회를 건설하기 위한 혁명투쟁과 건설사업에 복무하며 인민대중을 공산주의 세계관으로 무장시키며 온 사회를 혁명화·로동계급화하는 것"10)이라 주장한다.

'인민성'이란 "인민들의 생활을 진실하게 반영하고 인민들의 사상감정에 맞는 예술로 만드는 것"11)을 의미하는데, 북한당국은 이에 따라 인민대중에 맞도록 예술을 대중화함으로써 "인민들을 혁명사상으로 철저히 무장시켜 그들의 역할을 높이며 혁명과 건설을 힘차게 떠밀고 나가도록"12)하는 수단으로 예술을 이용하고 있다.

그러나 북한에서는 예술의 세 가지 본질 중에서 '당성'을 "로동계급성의 가장 철저한 표현이며 인민성의 가장 높은 형태"로 규정해 당성을 노동계급성이나 인민성보다 우위에 놓고 당성을 '당과 수령에 대한 충실성', '당과 수령의 혁명위업에 대한 철저한 복무성'으로 규정함으로써 종국적으로는 김일성 유일사상체계로 모든 예술을 수렴하고 있다.

"우리의 작가, 예술인들에게 현실을 정치적으로 예리하게 분석 판단하며 그에 대한 올바른 평가를 내릴 수 있는 유일하게 옳은 자를 주는 것은 경애하는 수령 김일성 동지의 위대한 혁명사상, 주체사상과 그 구현인 당의 로선과 정책"13)이라는 글에서 보는 바와 같이 이제 북한의 예술은 오직 김일성의 주체사상만을 '유일하게 옳은 것'으로 인정함으로써 다른 어떠한 선택도 있을 수 없는, 오직 김일성 및 김정일의 유일사상과 당의 정책과 지도에 의해 창작되는 철저한 체제종속의 예술이 됐다.

이러한 북한의 문화예술은 다른 분야에서와 마찬가지로 많은 변화과정을 거치면서 북한식으로 형성돼 왔다. 즉 1945년 해방 직후부터 60년 초반

---

9) 위의 책, 249쪽.
10) 『문화예술사전』(평양: 사회과학출판사, 1972), 364쪽.
11) 『김일성저작집』, 13권, 345쪽.
12) 『주체사상에 기초한 문예리론』(평양: 사회과학출판사, 1975), 88쪽.
13) 위의 책, 96쪽.

에 걸친 '격동기'와 6·25전쟁, 그리고 전후 복구사업, 김일성의 우상화 및 신격화, 최근의 김정일 우상화 등으로 이어지면서 일련의 변화과정을 거쳐 왔는데, 이러한 과정은 북한의 사회상을 그대로 나타낸 것임에 틀림없다.

해방 직후 북한 문화계에는 두 개의 조직체가 만들어졌다. 하나는 순수문학을 지향하는 예술인 단체로서 일체의 정치성이 배제된 '평양예술문화협회'(이하 평문협)이고, 다른 하나는 이에 당황한 구소련 당국과 공산주의자들이 경향적인 문예창조를 지향한다는 명목으로 '평남지구 프롤레타리아예술동맹'을 조직해 '평문협'에 맞서 조직을 확장시키면서 '평문협' 산하 작가·예술인들을 흡수하는 사업을 벌였다.14)

휴전을 전후해 패전의 책임을 남로당 계열에 전가함으로써 이들에 대한 대대적인 숙청이 단행됐는데, 이때 이것이 문화예술에까지 파급돼 남한 출신이 7할 이상인 '문예총'은 1953년 9월 해산됐다.

이후 1956년 8월에는 친소세력과 추종세력을 숙청·제거하면서 북한은 김일성 1인 독재체제를 강화하기 위해 작가·예술인을 통제하고 활용해야 할 필요성에 따라 문화예술 분야의 새로운 통일조직을 만들기에 이르렀는데, 1961년 3월 2일 '조선문화예술총동맹'(이하 문예총)이 바로 그것이다.

이때부터 북한의 문예정책은 작품창작에서 "사회주의 사실주의 창작방법의 준수, 당성·계급성·인민성 원칙의 관철, 당의 노선과 정책에 철저히 의거"하는 것을 절대적 조건으로 하고 있다. 즉 문예작품의 내용은 반드시 김일성 우상화를 위한 '혁명전통물'과 호전성 고취를 위한 '전쟁물', 그리고 '천리마운동'의 효과적인 성취를 위한 '사회주의 건설물'과 적화통일 의욕을 고취하기 위한 '조국통일물' 위주로 구성돼야 한다고 규정함으로써 더욱 고양된 주체성과 혁명성을15) 요구하기에 이르렀다.

---

14) 1946년 3월 25일 '북조선문화예술동맹'이 발족됐으며, 같은 해 10월에는 각 부문별 동맹을 두기 위해 '북조선문화예술총동맹'으로 개칭되고 그 목표를 사회주의이념의 예술적 실천에 두고 북한 문예운동의 방향을 공산당의 정치노선과 연계시킴으로써 북한의 문화예술이 당의 지배를 받게 되는 '당적인 문화예술'을 창조하는 길로 들어서게 됐다. 그리하여 이들은 북한이 강행하는 '토지개혁' 및 '민주개혁'을 찬미하는 등 사상운동을 전개하거나 사회주의이념의 선전·계몽활동에 이용됐다.

15) 그러나 이와 같은 강력한 통제와 요구는 일부 작가·예술인의 반발을 야기했는데, 이

1970년대 들어 김일성·김정일 세습체제 확립문제가 대두되자, 북한은 김일성 가족들을 우상화하는 작품의 생산을 최우선적인 과제로 제기했다. 이리하여 '문화예술혁명'이라는 구호 아래 김일성을 공산주의자의 전형으로 형상화시킬 것이 요구되고, 더욱이 김일성은 절대적인 존재이기 때문에 어느 한 창작가의 능력으로는 도저히 불가능하다는 궤변하에 '집체창작'을 강요하기에 이르렀다. 이러한 배경하에 만들어진 것이 소위 '4·15창작단'이다. 그리고 이때부터 김일성을 주인공으로 하는 장편소설집 총서 '불멸의 역사'를 비롯한 우상화 작품들이 대량으로 양산되기 시작했다.16)

1980년 10월 개최된 조선로동당 제6차 당대회를 통해 김정일을 후계자로 공식화하고 "맑스-레닌주의와 이를 우리나라 현실에 창조적으로 적용한 김일성 동지의 위대한 주체사상"이라는 당규약을 "오직 위대한 수령 김일성 동지의 주체사상"으로 바꿈으로써 김일성 권력과 주체사상을 절대화하게 된 이후부터 사회주의 사실주의는 주체문예이론으로 대체됐다.17)

주체사상의 형성과정을 김정일이 주도했듯이 주체문예이론 역시 김정일에 의해 형성됐는데, 이는 기본적으로 사회주의적 사실주의의 문예관, 기본이념, 창작방법 등을 바탕으로 하고 있으면서 종국적으로는 모든 문화예술의 기본원리를 '김일성 유일사상'으로 종속시키고자 하는 이론이라 할 수 있다. 따라서 주체문예이론은 "문화예술 사업에 대한 수령의 유일적 령도를 철저히 실현"하고 "당의 문예정책 관철과 당의 유일사상이 정확히

에 북한집단은 대대적인 숙청과 함께 거의 1년 반에 걸친 작가·예술인에 대한 사상 검토작업을 단행했다. 이로써 북한의 문화예술은 완전히 당의 시녀로 전락했으며 이에 비애를 느낀 작가들은 자살하기에까지 이르렀다.

16) 『북한총람』(북한연구소, 1983), 1081쪽 이하 참조.

17) 주체문예이론이 공식화하게 된 것은 1980년 12월 김정일이 「전국 선전일군대회에 보낸 서한」에서 "문화예술사업에 대한 수령의 유일적 령도를 철저히 실현하고 창작가, 예술인들을 당의 유일사상으로 철저히 무장시키며 그에 기초한 혁명적 문화예술의 창작"을 제창하면서부터라고 할 수 있다. 북한에서는 1972년부터 문화예술 부문에 하달된 김정일의 지시를 종합해 '주체의 문예이론'이라고 일컫의 '말씀 시리즈'로 발간해 예술분야의 종합적인 지침으로 삼고 있다. 북한은 이러한 주체문예이론의 등장에 대해 "세계 문예이론사에서 유례를 찾아볼 수 없는 역사적 사변"이라고 주장하고 있다.

구현된 문화예술 작품을 만들어 낼 것"[18])을 기본적인 목표로 삼고 있다. 이러한 주체문예이론은 주체사상의 기본원리인 '공산주의적 인간학'을 기초로 하고 사회주의적 사실주의의 기본이념인 '당성·노동계급성·인민성'을 김일성 유일사상에 종속시키고 있으며 이를 바탕으로 전형화론,[19] 종자론,[20] 속도전[21] 등을 기본이론으로 내세우고 있다.

주체문예이론에서 내세우고 있는 이러한 이론은 문화예술을 통해 김일성의 교시와 당정책을 관철하고 이를 통해 인민대중을 사상적으로 무장시킴으로써 김일성 유일사상을 확립하는 데 기여하고자 하는 '수단으로서의 문예관'을 잘 드러내 주는 것이라 할 수 있다. 북한에서는 이러한 기본이론을 바탕으로 '조선민족 제일주의정신', '붉은기 사상', '고난의 행군' 등

---

18) 『주체사상에 기초한 문예리론』, 20쪽.
19) 전형화론이란 공산주의적 인간을 기본 주인공으로 중심에 내세우고 그의 사상성과 생활을 형상화하는 것을 말하는데, 공산주의적 인간이란 '당과 수령에 대한 끝없는 충성심'을 갖고 "주체의 혁명위업의 승리를 위해 모든 것을 다 바쳐 투쟁하는 주체형의 인물"을 말한다. 이러한 전형화이론에 따라 북한의 문화예술은 '비타협적 투쟁으로 긍정인물이 승리'하고 '부정적 인물은 결국 교양·개조'되며 사회주의 우월성과 김일성을 찬양하는 작품에서는 갈등을 설정하지 않는 획일적인 예술의 모습을 보여주게 됐다. 한중모 외, 『주체의 문예리론 연구』(평양: 사회과학출판사, 1983), 195-208쪽 참조
20) 종자론은 1970년대부터 도입된 이론으로, 종자란 "소재와 주제, 사상을 유기적인 련관 속에서 하나로 통일시키는 작품의 기초이며 핵"으로 규정하고 있다. 그런데 "종자에 있어 기본은 사상에 두어야 하고 소재와 주제의 요소들은 사상적 알맹이에 의해 제약되며 거기에 복종된다. 종자의 선택에 있어 가장 중요한 것은 수령님의 교시와 그 구현인 당정책의 요구에 맞는 것"이라고 규정함으로써 결국 종자론은 예술을 통해 김일성 유일사상과 당정책을 구현해야 한다는 이론으로 귀착된다. 김정일, 『영화예술론』(평양: 조선로동당출판사, 1973), 17쪽.
21) 속도전이란 예술창작에서 "모든 력량을 총동원하여 창작사업을 최대한으로 빨리 밀고 나가면서 작품의 사상예술적 질을 가장 높은 수준에서 보장하는 것"이다. 북한에서는 사회주의사회에서 예술에 대한 수요가 양적·질적으로 높아 가고 있어 더 우수하고 많은 작품을 창작해야 하기 때문에 속도전이 필요하다고 주장한다. 이러한 속도전을 벌이기 위해서는 문화예술의 사상의 핵인 '종자'를 바로 쥐어야 한다고 말하는데, 이는 결국 김일성과 당이 제시하는 노선과 정책을 빠른 속도로 예술창작에 반영함으로써 예술을 인민대중의 사상의식 강화수단으로 삼기 위한 이론이라 할 수 있다. 한중모 외, 앞의 책, 186쪽.

매 시기마다 필요한 새로운 정책을 내세우고 이를 예술작품에 반영하도록 작가·예술인들을 추동하고 있다.

한편 북한이 문예활동에 크게 관심을 나타내게 된 것은 김정일 등장시기부터로 간주되고 있는데, 실제로 문화예술혁명과 관련된 사업을 실천하기 위한 많은 작업이 김정일의 직접적인 지도하에 진행됐다. 그리고 이 시기를 전후해서 <노동신문>에서는 "깊은 통찰력으로 문화예술혁명을 일으키는 데 대한 방침을 제시하고 그것을 현명하게 이끌어 주는 영도자"로서 김정일을 치하하고 있다.22)

이와 같이 북한의 문화예술은 김정일의 비상한 관심 아래 오늘날까지 통제되고 있다. 북한의 문예정책에서 달라진 것을 굳이 지적한다면 당에 의해 철저하게 통제돼 왔던 북한의 문화예술이 김정일에 의해 보다 기대치가 높아져 가고 있는 것이 아닌가 한다.23)

3) 남북한의 문화예술관 및 정책 비교

남북한 사회는 제각기 특유한 문화목표와 함께 그 목표를 달성하는 제도적 수단을 가지고 있는 가운데 문화의 향유방법 등에서 엄청난 변화를 가져왔다. 즉 남한은 인간의 이성, 자유, 평등, 그리고 복지의 실현을 위한 사회개방적 문화목표 위에 인본주의를 바탕으로 기본적인 가치체계의 확

---

22) 김정일은 1993년 4월 30일 문화예술 관계자와의 좌담회 장에서 "우리 혁명의 요구와 시대정신을 반영한 훌륭한 작품을 더 많이 창작하는 것이 문화예술부문 창작가·예술인들 앞에 나서는 중요한 임무"라고 강조하며, 문화예술의 모든 분야가 보다 새롭고 높은 단계로 발전해 나가는 데 있어 지침이 되는 과업과 방도를 제시한 바 있다. 『신동아』(1995년 1월호 별책부록), 329쪽 이하 참조.
23) 김정일이 특히 관심을 나타내고 있는 분야는 영화다. 그것은 1978년 신상옥과 최은희를 납치한 사건으로부터 쉽게 짐작할 수 있겠지만, 그 자신이 『영화예술론』이라는 저서를 집필해 영화의 이론화에 힘썼다는 것, 그리고 1만 5천여 편의 영화 필름을 보유하고 있는 등 영화에 대해서는 북한에서 제1인자이며, 영화에 대해 거의 광적인 취미를 가지고 있다고 한다.

립을 추구해 온 반면, 북한은 유물사관과 주체사관의 전제하에 물질주의를 바탕으로 하는 가치체계를 추구하면서 실제로는 김일성 및 김정일이라는 특정 개인에 대한 충성을 절대가치로 강요해 옴으로써 문화목표와 정책, 수단 및 향유방법에서 대조적인 양상을 띠게 됐다.

남한의 경우 문화예술은 자유롭고 순수한 내심의 욕구에 의한 미의 창조와 가치추구에 목표를 두고 민족의 전통적인 문화예술을 계승·발전시켜 문예진흥과 국민생활의 정서함양에 중점을 두고 있다. 물론 1950~60년대에는 서구문화를 무분별하게 선호·수용하는 문화의식이 팽배함으로써 전통문화에 대한 관심이 상대적으로 낮은 편이었으나, 1970년대 경제성장으로 일대 전기를 맞이하면서 우리의 전통문화에 대한 자각과 재조명이 이루어져 양적으로도 팽창하게 됐다.

북한의 문화예술은 "근로자들을 공산주의식으로 교양하며 온 사회를 혁명화·노동계급화하는 데 복무하는 수단"으로 돼 있기 때문에 문예활동도 당의 지도를 받도록 제도화돼 있다. 즉 북한의 모든 문화활동은 당정책의 구현, 공산주의 인간개조, 노동의욕 제고 등에 목표를 두고 내용과 기본방향을 사회주의적 리얼리즘의 구현과 사상·문화혁명 수행에 중점을 두고 있다. 그 접근방법으로 당성, 계급성, 인민성의 원칙을 전제로 민족문화의 계승발전과 예술의 대중화를 추구하고 있는바, 구체적인 내용은 김일성의 혁명전통과 조국통일, 사회주의건설, 계급투쟁 교양, 당정책 선전 등이 그 주류를 형성하고 있다.

이와 같이 북한의 문화예술은 공산체제와 당정책을 정당화·합리화하는 수단이 됨으로써 이데올로기예술, 목적예술, 정치예술로 표현되고 있으며, 이것은 문예 창작활동이 당의 통제하에 계획적으로 이루어지고 있다는 사실뿐 아니라, 집단적 창작활동과 주제별 작품제작이 할당책임하에 이루어지고 있다는 것에서도 나타나고 있다.

그러나 이러한 이질화(異質化)과정에도 불구하고 남북한 주민의 가치관과 습성에는 5천년 동안 내려온 한민족만의 특유한 기층문화가 있기 때문에 그 밑바탕에서 공통점과 동질성을 어느 정도 유지하고 있다는 것을 간과해서는 안 될 것이다. 이러한 점은 서로 유기적이고 발전적인 공존의 가능성을 보여주는 희망적인 단초라 하겠지만, 인류의 보편타당한 가치와 인간본성에 배치되는 정치교화를 통한 사상혁명은 일정한 한계를 지닐 수밖에 없다.

북한이 반동사상으로 매도하고 있는 이기주의, 개인주의, 부르주아사상이란 엄밀히 따지고 보면 인간본성의 자연스러운 발로다. 그렇기 때문에 북한당국이 아무리 오랫동안 인간개조에 주력했음에도 불구하고 아직도 그들 내부에 혁명의 배신자, 변절자가 있다고 경고하는 것은 결코 부자연스러운 일이 아니며, 이는 곧 철저히 경계하고 있더라도 개인주의 추구는 그 어떤 사상혁명으로도 막을 수 없는 인간의 기본욕망이기 때문이다.

3. 남북한 문화예술 교류의 추진현황

1) 시대구분의 필요성

남북의 문화예술 교류는 '7·7특별선언'과 그 후속조치인 '남북 교류협력에 관한 기본지침'이 마련되고, 1990년에는 '남북 문화교류 5원칙' 발표, '남북 교류협력에 관한 법률'과 '남북협력기금법'이 제정됨으로써 획기적 전기가 마련됐다. 이후 1991년에는 남북 고위급회담에서 '남북기본합의서'가 채택되고, 1992년에는 '남북교류·협력공동위원회 구성운영에 관한 합의서'에 의거, '남북교류·협력공동위원회'가 발족됐으며, 이어서 '부속합의서'가 채택24)됨으로써 남북교류에 대한 기대를 갖게 했다.

---

24) '남북 교류협력에 관한 법률'은 '협력사업'의 범위에 문화·체육·학술·경제 등을 포함시키고 있으며(제2조), 1997년 제정된 '남북 사회문화협력사업 처리에 관한 규정'은 '사회·문화 분야 협력사업'을 "남한과 북한의 주민이 합의 또는 계약에 의하여 공동으로 행하는 문화, 체육, 학술 등에 관한 제반 활동으로서, 민족의 동일성회복과 사회·문화공동체의 형성을 위하여 남한·북한 또는 제3국에서 기획·실시 및 사후 처

남북한 문화예술 교류가 본격적으로 활성화되기 시작한 것은 1998년 '국민의 정부'가 출범하면서부터라고 할 수 있는데, 정부는 출범 이후 일관되게 대북 포용정책('햇볕정책')을 추진하고 있다. 이러한 대북 포용정책은 반세기 이상의 대결과 반목을 거듭해 온 남북관계를 고려해 성급하게 조속한 통일을 추구하기보다는 평화정착의 기반 위에서 남북간의 화해도모와 협력을 증진하는 데 주력하는 것이 보다 합리적이라는 인식에 바탕을 두고 있다. 특히 지난 2000년 6월의 남북정상회담은 우리 민족의 번영과 민족 문화예술의 발전에 장애가 됐던 분단구조를 청산하고 평화통일을 향한 새로운 시대를 열어 가는 민족사 대전환점의 계기가 됐다.25)

이 정상회담을 계기로 정부당국이 대규모 교류·협력사업에 직접 당사자로 나서고 있어, 여러 가지 정황으로 볼 때 북한은 북한대로 문화예술 교류·협력의 확대를 적극 수용할 것으로 보인다.26) 즉 이에 따른 귀결로 이제 정부에서 사회문화단체에 이르기까지, 대학에서 유통업체나 개인에 이르기까지 북한과의 문화예술 교류·협력사업을 추진하고 있는 것이다. 이러한 측면에서 볼 때 그 동안 이루어졌던 남북한간 사회문화 교류는 남북정상회담을 기점으로 나누어 그 현황을 살펴볼 수 있다.

리하는 일련의 행위"라고 규정(제3조)하고 있다. 그러나 이러한 성과에도 불구하고, 남북간 정치·군사적인 경색과 까다로운 절차·요건 등으로 인해 남북 문화교류·협력은 기대만큼 활성화되지 못했다.

25) 정상회담 이후 모든 남북 문화예술 교류는 정상간의 '남북공동선언'과 '남북기본합의서' 정신을 성실히 살려 가는 데 기본을 두고 진행될 것으로 예견된다. 남북 문화교류의 당위성과 기본방향은 이미 기본합의서 제16조 "남과 북은 과학, 기술, 교육, 문화, 예술, 보건, 체육, 환경과 신문, 라디오, 텔레비전 및 출판물을 비롯한 출판, 보도 등 여러 분야에서 교류와 협력을 실시한다"와 제22조 "남과 북은 국제무대에서 경제와 문화 등 여러 분야에서 서로 협력하여 대외에 공동으로 진출한다"에서 제시된 바 있으며, 이번 남북정상의 공동선언문 네 번째 항목에서도 문화교류와 협력을 활성화하기 위한 남북 공동의 의지가 확인되고 있다. 일단 남북간의 이러한 약속을 통해 문화예술 교류의 투명성과 국민적 공감대를 확산하고 지속성과 호혜성을 담보함으로써 통일의 순기능적 역할을 강화해 나갈 수 있는 길이 마련된 셈이다.

26) 현재의 남·북한과는 비교할 수 없을 정도로 교류가 잦았던 구 동·서독에서도 1970년 첫 정상회담은 양독간 인적·물적 교류확대의 기폭제가 된 바 있다.

2) 정상회담 이전의 교류현황

실제로 1985년 9월, 분단 이후 최초의 남북간 예술교류(제1차 남북 이산가족 고향방문 및 예술공연단 교환방문)와 90년 10월과 12월 남북 정부당국간 합의에 의한 민간차원의 교류(범민족통일음악회, '90 송년 통일전통음악회) 등이 이루어진 이래 엄격한 의미에서 남북을 왕래하는 형태의 예술교류는 1998년 5월(리틀엔젤스예술단 평양공연)까지 거의 이루어지지 않았다. 그러나 '국민의 정부' 출범 이래 대북 포용정책의 영향으로 남북한간 문화교류 협력의 규모는 큰 폭으로 확대돼 왔다.

즉 '국민의 정부' 출범 이후 2001년 6월까지 북한을 방문한 인원수는 20,307명(금강산관광객 제외)으로 이는 1989년부터 1997년까지 총 방북인원 2,405명보다 약 10배 정도 많다. 이 중 1989년 이후 정상회담 개최 직전인 2001년 6월까지 문화관련 주요분야별로 북한을 방문한 건수 및 인원수는 문화예술 26건(368명), 체육 91건(846명), 종교 39건(187명), 언론출판 35건(274명), 관광 1,008건(8,172명) 등으로 관광분야가 가장 많은 것으로 나타나고 있다.

한편 문화관련 주요분야별 북한주민 접촉현황을 살펴보면, 1989년 이후 2001년 6월까지 총 6,934건에 14,691명에 이르며, 이를 현정부 출범 이후 2001년 6월까지로 환산하면 총 4,343건, 7,312명에 이른다. 이 중 문화관련 주요분야별로는 문화예술 99건(352명), 체육 47건(508명), 종교 84건(496명), 언론출판 86건(309명), 관광 12건(61명) 등이다.

민간차원의 문화예술 교류가 활성화될 기미를 보이기 시작한 것도 현정부가 들어선 이후의 일이다. 즉 대북 포용정책의 영향으로 남북 교류·협력규모가 큰 폭으로 확대돼 사회문화 분야 협력사업의 경우 관련법이 제정된 이후 현정부 출범 직전까지 7년 7개월(90. 8. 1~98. 2. 24) 동안에는 협력사업자와 협력사업에 대한 승인이 각각 4건(그 중 1건만이 문화예술분야)에 불과했으나, 현정부 출범 이후 1년 10개월(98. 2. 25~99. 12. 31) 동안의 승인건수는 협력사업자 13건(문화예술 분야 10건), 협력사업 11건(문화예술 분야 7건)에 이른다. 특히 '국민의 정부' 출범 이후에는 제3국 접촉 위주로 이루어지던 사회문화 교류가 이후에는 평양, 서울 등 한반도 내에서 직접 이루어지기 시작했다.

이를 좀더 구체적으로 살펴본다면, 1999년 한 해 동안의 사회문화 분야 방북은 신청 45건(384명), 승인 42건(367명), 성사 37건(329명)의 실적을 보이고 있다. 특히 1999년에는 금강산국제그룹이 주관하는 '제1차 원로화가 북녘산하 기행'을 통해 우리 화가 10명이 평양, 묘향산, 백두산을 방문했고, 남북 대중가수 합동공연인 '2000년 평화·친선음악회' 평양공연과 '민족통일음악회' 평양공연이 개최돼 우리 대중음악인들이 북한을 다녀왔다. 또한 '민주노총'과 '조선직업총동맹'이 '남북 노동자축구대회' 평양경기를, 현대와 조선아시아 태평양평화위원회(약칭 아·태)가 '제1차 통일농구경기대회' 평양경기를 개최해 우리측 관련인사들의 방북이 성사되는 등 문화예술·체육 등 각 분야에서 북한방문이 지속적으로 이루어졌다.

문화예술 분야의 주요 접촉사례로는 '한민족아리랑연합회'의 북한 아리랑음반제작협의(1999. 7. 13, 동경), 비엔날레조직위원회 2000년 광주비엔날레 북한특별전 추진을 위한 협의(1999. 10. 23~26, 북경) 등이 있다.

2000년도에 접어들어 남북한간 사회문화 교류·협력은 상징성이 큰 대형 이벤트를 중심으로 활성화되는 추세를 보였으며 남북한 주민들의 왕래를 수반하는 행사들이 잇따라 성사됐고, 그 동안 중단됐던 북한주민의 남한 방문도 재개돼 문화예술 공연단의 초청행사가 활발히 이루어졌다.

2000년도 북한주민의 남한방문은 총 706명으로 1999년에 비해 큰 증가세를 보였는데, 이는 1999년 '제2차 통일농구경기대회'를 위한 서울방문단 62명의 10배에 달하는 수치다. 이 중 평양학생소년예술단(102명), 평양교예단(102명), 북한교향악단(132명) 등 문화예술 분야에서의 남한 방문인원은 336명으로 이산가족 분야의 287명, 남북 회담의 83명보다 많았다.[27]

---

27) 2000년도 방북인원은 7,280명으로 1999년 5,599명에 비해 30.0% 증가했다. 이는 전반적인 남북관계 개선에 따른 현상으로 1989년부터 2000년 12월 31일까지 방북인원 18,601명 중 국민의 정부 출범 이후(1998-2000) 방북인원이 16,196명으로 총 방북인원의 87.0

2000년 10월 말 기준으로 분야별 주민접촉을 보면, 언론·출판 49건(233명), 문화예술 26건(108명), 종교 15건(101명), 체육11건(38명), 과학·환경 11건(22명), 교육·학술 11건(20명)으로 집계돼 교육·학술, 종교, 문화예술의 비중이 컸던 예년과 달리 2000년에는 체육과 언론·출판분야의 남북한 교류·협력이 크게 증가했다.

한편 2000년도 예술공연 분야에서의 남북 교류·협력은 북한공연단의 남한방문으로 특징지어지는데, 주목할 점은 평양학생소년예술단 서울공연(5. 24~27)과 평양교예단 서울공연(5.27~6.11)이 성사된 것이다. 또한 북한교향악단이 서울을 방문(8. 18~24)해 북한의 고급문화를 남한대중들에게 선보였으며, 남북교향악단 합동연주회에도 참가했다.

1985년 이후 남북정상회담 이전의 남북한간의 문화예술과 관련한 주요 교류 및 협의 내용을 정리해 보면 <표 4-1>과 같다.

3) 정상회담 이후의 교류현황

남북정상회담 이후 근 2년간(2000. 6~2002. 4)의 남북한간 인적 왕래가 급증, 금강산관광객을 제외하고도 17,838명이 남북을 왕래했다. 인적 교류가 시작된 1989년부터 2002년 4월까지 13년간 총 왕래인원은 31,782명(북한방문: 30,248명, 남한방문: 1,534명)이며, 그 중 지난 2년 동안 왕래인원이 56%를 차지하고 있다.

남북한간 주요 교류현황을 보면, 먼저 2000년 7월 22일 북한영화로서는 최초로 '불가사리'가 국내에서 개봉돼 북한영화에 대한 국민들의 관심을 불러일으켰다. 2000년 7월에는 제1차 남북 장관급회담에 이어 2000년 8월 5일부터 8일간에 걸쳐 국내 주요 언론사 사장단이 방북, 남북 언론교류에 관한 합의서를 채택하는 성과를 거두었으며, 대중가수의 방북공연, 백두산·한라산 교차관광을 북측에 제의하기도 했다. 이어 2000년 8월 29일~9

%에 달하고 있다. 2000년의 경우 사회문화 분야의 방북은 1999년 329명에서 2000년 674명으로 큰 폭의 증가를 보이고 있다.

<표 5-1> 1985년~정상회담 이전 문화예술 관련 주요교류 및 협의내용

일자	내용
1985. 9. 21~22	남북이산가족 고향방문 및 예술공연단 교환방문
1990. 8. 1	'남북교류협력에 관한 법률' 제정·시행
1990. 9. 4	남북 고위급회담 개최(서울)
1990. 10. 9~13	남북 통일축구대회 개최(평양)
1990. 10. 14~24	범민족통일음악회 개최(평양)
1990. 10. 21~25	남북 통일축구대회 개최(서울)
1990. 12. 8~13	남북 송년음악회 개최(서울)
1991. 4. 24~5. 6	제41회 세계탁구소년대회 단일팀구성 참가 (포르투갈 리스본)
1991. 6. 4~6. 30	'남북기본합의서' 발효
1992. 2. 19	- '남북기본합의서' '제3장 남북교류·협력의 이행과 준수를 위한 부속합의서' 발효(2. 19) - '남북교류·협력공동위원회 구성·운영에 관한 합의서' 발효 (5. 7)
1993. 1. 29	북, 모든 남북당국 사이의 대화를 재개할 의사가 없음을 선언
1998. 5. 2~12	리틀엔젤스 공연(평양)
1998. 9. 3	'민족화해협력 범국민협의회' 결성
1998. 10. 31~11. 7	'윤이상통일음악회' 개최(평양) 금강산관광 개시(동해→장전)
1998. 11. 18	민주노총 축구단, 남북노동자 축구대회 참가(평양)
1999. 8. 9~8. 14	현대 농구대표단 남북통일농구대회 참가(평양)
1999. 9. 27~10. 1	통일부, 북한 위성TV 방송시청 허용
1999. 10. 22	- 통일교육원, 북한자료센터에서 시청 가능
1999. 12. 5	'2000년 평화친선음악회' 개최(평양) - 로저 클린턴과 한국가수 참여
1999. 12. 20	'민족통일음악회 개최'(평양) - 남북예술인 공연 및 녹화중계
1999. 12. 22~25	아·태평화위 농구대표단 방문(서울) - 평양교예단 공연 병행(2000. 12. 23)
2000. 3. 10	김대중대통령, 베를린 선언(독일 베를린)
2000. 5. 26~28	평양학생소년예술단 공연(서울)
2000. 6. 4~10	평양교예단 공연(서울)
2000. 6. 13~15	남북정상회담(평양) - 남북 공동선수권대회 단일팀 구성 참가(일본 지바현)

월 1일까지 평양에서 개최된 제2차 남북장관급 회담에서 백두산·한라산 관광단 교환에 합의함으로써 우리측 인사 100여 명이 2000년 9월 27일부터 4일간에 걸쳐 백두산을 관광했다.

2001년 3월에는 김한길 문화관광부장관이 방북해 남북 문화장관회담을 갖고, 개성·금강산 관광특구 지정 및 제46회 세계탁구대회 단일팀을 구성해 참가(세계탁구대회 단일팀 구성, 참가는 북측사 정으로 실현되지 않음)하기로 했으며, 2000년 9월에는 시드니올림픽 개회식에 남북이 공동 입장해 한 민족으로서 화합된 모습을 전 세계에 과시하기도 했다.

2001년에는 방북공연이 주로 이루어졌으며, 지난해까지 문화예술 교류가 주로 음악·공연에 국한됐던 것에 비해 올해는 미술·가극·패션쇼 등 다양한 분야의 교류가 성사됐다.

'춘향문화선양회'(2001. 1. 12, 협력사업(자) 승인)는 '춘향전' 남북 합동공연을 개최(2001. 2. 1, 평양봉화예술극장)하는 한편 남원시립창극단의 창무극 '춘향전' 공연과 북측 민족예술단의 민족가극 '춘향전' 공연(01. 2. 2)이 이루어졌다.

(주)하나로통신(2001. 3. 23 협력사업(자) 승인)은 북측의 삼천리총회사와 애니메이션 '게으른 고양이 딩가' 공동제작을 추진했으며, '메종드이영희'는 평양의 청년중앙회관에서 한복패션쇼 2회 및 한복전시회를 개최(2001. 6. 2~9)했다.

또한 동해대학교 남북교육문화교류연구소(2001. 6. 7 협력사업(자) 승인)는 남북 공동사진전 '백두에서 한라까지'를 개최, 백두대간과 독도 등의 사진 100점(남북 각 50점)을 전시(2001. 6. 14~24 평양 인민대학습당 및 2001. 8. 14~23 서울 세종문화회관)했는데, 평양전시회에는 홍희표 등 8명이 참가했다.

이 밖에도 제주도민(255명, 2002. 5. 10~15), 박근혜 의원(2002. 5. 11~14), '민화협' 및 '통일연대'를 비롯한 7개 종단대표(211명, 6. 14~15, 금강산), KT·SK텔레콤·삼성전자 등 통신업체 대표단(2002. 6. 4~8), 한민족복지재단(300명, 2002. 6. 14~18), 남측 태권도시범단(2002. 9. 14~17), KBS교향악단(2002. 9. 16~ 22), M.B.C.공연단(181명, 2002. 9. 25~30), 단군학회(2002. 9. 18~21), 개천절 기념 남북공동행사 남측대표단(2002. 10. 3~5) 등의 방북, 제14회 아시안게임에의 대규모 북한 선수·응원단 참가(668명, 2002. 9. 23~10. 14), 남북통일축구경기(2002. 9. 7) 등이 개최되는 등 남북정상회담 이후 남북한간 문화예술 관련 주요 교류 및 협의내용은 이루 다 열거하기가 힘들 정도로 많은데 이를 개관한 것이 <표 5-2>이다..

<표 5-2> 정상회담 이후 문화예술 관련 주요 교류 및 협의 내용

일시	내용
2000. 5. 24~30	평양학생소년예술단 방한공연(서울) - 98년 '리틀엔젤스 평양공연'의 답방으로 평화자동차(사장 박상권) 주관 - 최휘(김일성사회주의청년동맹 비서) 단장 등 102명이 방한, 예술의 전당에서 5회 공연, 매회 2,200명이 관람
2000. 5. 29~6. 11	평양교예단 방한공연(서울) - NS21(회장 김보애)과 북 아태평화위간 합의에 따라 개최 - 김유식(평양교예단 예술부단장) 단장 등 102명이 방한, 잠실 체육관에서 11회 공연, 평균 12,000명이 관람
2000. 7. 22	북한영화 '불가사리' 영화관 최초 개봉
2000. 7. 26~30	통일탁구대회 개최(삼성탁구단, 평양)
2000. 7. 29~31	제1차 남북장관급회담(서울)
2000. 8. 15~18	남북이산가족 상봉(서울·평양)
2000. 8. 18~24.	남북교향악단 합동연주회(서울) - KBS(사장 박권상)와 북 '아태평화위'간 합의에 따라 개최 - 허이복(조선국립교향악단 단장) 단장 등 132명 방한, KBS홀 및 예술의 전당에서 4회 공연(북측 단독 2회, 남북 합동 2회), 대통령임석외 총 7,400여 명이 관람
2000. 8. 20~22	조선국립교향악단 공연(서울)
2000. 8. 29~9. 1	제2차 남북장관급회담(평양) - 백두산·한라산 관광단 교환합의
2000. 8. 5~12	언론사 사장단 방북(평양) - 남북 언론교류에 관한 합의서 채택 - 대중가수 방북공연, 백두산·한라산 교차관광 등 제의
2000. 9. 12	남북 공동생방송 방영(KBS, 백두에서 한라까지)
2000. 9. 15~30	시드니올림픽 개회식 남북 공동입장 및 공동응원(시드니)
2000. 9. 22~28	백두산 관광(109명, 백두산·묘향산·평양)
2000. 9. 27~30	제3차 남북 장관급회담(서울) - 경평축구대회 정례개최, 문화계인사 교환방문 제의
2000. 11. 11~18	영화인 10명 방북(평양) - 임권택(감독), 문성근(배우) 등 국내 영화계 인사 10명은 북한 영화계 인물들과 남북 영화교류 문제 협의 - 조선영화촬영소, 만수대창작사 등 북한 영화관련 시설 방문 및 묘향산·동명왕릉 등 관광
2000. 12. 11~21	조총련 '금강산가극단' 초청공연(서울, 부산) 주최: 한국문화재단(대표 박보희)

2000. 12. 12~16	제4차 남북장관급회담 - 태권도시범단 교환, 한라산관광단 방문논의
2001. 2. 1	(사)춘향문화선양회 '춘향전' 공연(평양)
2001. 1. 12.	춘향문화선양회는 협력사업(자) 승인을 받고 '춘향전' 남북 합동공연을 개최. 평양 봉화예술극장에서 '01. 2. 1 남원시립창극단의 창무극 '춘향전' 공연과 '01. 2. 2 북측 민족예술단의 민족가극 '춘향전' 공연이 이루어졌다. 주최: 남원시, 춘향문화선양회
2001. 3. 10~14	문화관광부장관 방북 - 남북 문화장관회담 개최, 개성·금강산 관광특구 지정 및 46회 세계탁구선수권대회 단일팀 구성참가 합의 * 북측, 3. 13 개최 예정인 제5차 장관급회담 연기통보
2001. 3. 23.	남북 최초 합작 애니메이션 '게으른 고양이 딩가'가 (주)하나로통신이 협력사업(자)승인을 받고 북측의 삼천리총회사와 공동제작 추진, 2001. 5. 5 어린이날 첫선을 보였다. 본래 계약은 본작 1편부터 공동 제작한 작품을 출시하는 것이었지만 작업환경 문제 등 여러 해결과제들이 생겨 국내에서 제작한 작품 14편을 먼저 선보였다. 그후 17편부터 33편까지 북과 합동작업에 들어갔다. 올 1월부터 하나로통신 하나넷에서 방영하고 있다.
2001. 3. 28	북측 탁구협회, 단일팀 참가불가 통보
2001. 4. 7, 11	가수 김연자, 북한공연 - 7일 평양, 11일 함흥(김정일 위원장 관람)
2001. 6. 15	민족대토론회 개최(금강산) - 남측: 민화협, 7대 종단
2001. 6. 2~6. 9.	'메종드이영희'가 평양 청년중앙회관에서 한복패션쇼 2회 및 한복전시회를 개최.
2001. 6. 7.	동해대학교 남북교육문화교류연구소는 협력사업(자) 승인을 받고 남북 공동사진전 '백두에서 한라까지'를 개최, 백두대간과 독도 등의 사진 100점(남북 각 50점)을 전시함. 동 전시회는 '01. 6. 14~24 평양 인민대학습당, '01. 8. 14~23 서울 세종문화회관에서 이루어졌으며 평양전시회에는 홍희표 등 8명이 참석.
2001. 6. 7~9	한복 디자이너 이영희 패션쇼 개최(평양)
2001. 9. 15~9. 18	제5차 남북 장관급회담. 금강산관광 활성화문제에 관해 추후 협의, 남북 태권도시범단 상호교환
2002. 5. 15~25.	2002 남북 평화미술축전 - 한국미술협회 주최로 세종문화회관에서 개막된 이 축전에는 북한의 최고 조선화가 정영만의 수묵화 '금강산', '강선의 노을', '백두산의 해돋이' 등 대작 12점이 특별 출품. 김흥수, 권옥연, 곽석손 등의 남한 작가와 정창모, 선우영 등의 북한 예술가 120여 명의 작품이 출품.
2002. 8. 2.	남북 나운규 '아리랑' 기념사업 협력 합의 - '아리랑'을 감독한 춘사 나운규 탄생 100주년(10. 17)을 앞두고 북측 '대외초청영접위원회'와 공동으로 △아리랑 주제 다큐멘터리 평양 국제영화축전 출품 및 유현목 감독 작 '아리랑' 상영 세미나 개최, △춘사 어록비 건립 및 전집발행 △'한민족 아리랑대전' 편찬, △집단체조(매스게임) '아리랑' 공연 정례화 등 문화예술 분야 민간 교류사업을 추진하기로 부분 합의

2002. 8. 15~16.	8·15 민족통일대회. - 예술인 43명 포함. 민족 단합대회, 놀이마당, 남북합동 예술공연, 사진·미술전람회, 북쪽 공연예술단의 공연 등 진행
2002. 8. 16~22.	한겨레통일문화재단이 주최한 인민예술가 정창모 개인전(서울 경인미술관, 만수기획 주관)이 무산. 정창모 개인전은 70~80년대에 그린 화조화, 풍경화 50점과 정창모의 아들 성혁(조선화가, 만수대창작사 소속)의 작품 5점 등 모두 55점이 전시될 예정이었으나 위작 시비로 현재 경위를 조사중.
2002. 9. 20~21.	KBS교향악단 평양 공연 - KBS 교향악단 평양 봉화극장에서 단독 연주회와 조선국립교향악단과 합동연주회를 가질 예정. 이를 위해 KBS 교향악단, 방송관계자, 참관단 등 200명이 평양을 방문.

4. 남북한 문화예술의 당면과제 및 활성화방안

1) 문제점 및 당면과제

 국민의 정부가 대북 포용정책과 함께 문화예술 분야에서 잇달아 전향적인 조치를 취하면서 남북 문화예술 교류·협력사업이 크게 증가하고 있으며, 앞으로도 특별한 상황변화가 없는 한 그 증가폭이 더욱 커질 것으로 예상되고 있다. 그러나 그 동안 북한과의 협상과정에서 발생한 기획시간 과당경쟁이나 북측의 합의사항 불이행 등 여러 가지 잡음과 숱한 시행착오가 제대로 해결되지 않고, 특히 이러한 문제점에 관해 당사자간 해결이 불가능할 경우 남북 정부당국이 개입해 중재·해결할 수 있는 제도적 방안이 마련돼야 할 것이다.
 이를 위해서는 무엇보다도 먼저 대북 및 문화정책 당국이 그 해결방안을 사전에 치밀하게 강구하고 대책을 마련할 필요가 있는데, 이하에서는 남북정상회담 이후 발생한 여러 가지 문제점을 중심으로 그 당면과제를 살펴보고자 한다.

첫째, 당국간 회담에 따른 우리측 기본전략은 1992년 발효된 '남북기본합의서' 체제로의 복원에 기반을 둔 것이어야 한다. 즉 '남북기본합의서'와 '부속합의서'에는 이번 '6·15공동선언'을 통해 합의된 내용을 구현하는 구체적인 방안이 제시돼 있기 때문에, 합의서 이행체제로의 복원추진은 명분과 실리를 모두 갖춘 가장 효과적인 전략 중 하나이고 또한 이를 근거로 해야 할 것이다.

둘째, 북한헌법이나 당규약도 개정돼야 하겠지만 우리의 국가보안법 등 남북교류 관련 법체계 역시 남북관계의 현실에 부응하게 부분적으로 수정·보완이 필요하다. 즉 남북관계 법령간에 상충하는 부분에 대한 개정작업의 필요성은 시민단체를 중심으로 오래 전부터 제기돼 왔는데, 그 대표적인 것이 바로 '반국가단체'인 북한을 교류·협력의 대상으로 규정하고 있는 것과 국가보안법상 '잠입·탈출' 및 교류협력법상 '왕래'를 가르는 기준이 모호한 것 등이다.

셋째, '남북문화교류기금'(가칭)의 설치·운영이 필요하다는 점을 강조하고 싶다. 남북한간 교류·협력과 민족공동체 회복에 이바지할 목적으로 설치된 '남북협력기금'은 1991년 이래 매년 정부출연금 5천억 원을 비롯해서 1조 원 정도가 조성돼 이 중 50여%가 집행되고 있다. 그러나 문제는 이 '남북협력기금'의 5% 미만이 남북 사회문화 협력사업 지원분으로 충당될 뿐 거의 대부분이 대북 경협자금으로 전용되다시피 한다는 데 있다.

넷째, 북한과의 사회문화 사업을 추진하고 있는 기획사간의 과당경쟁과 과잉투자를 정부차원에서 조정·규제하는 방안을 마련해야 한다. 즉 '평양교예단'을 유치하기 위해 북측에 접촉한 국내 단체가 9개로 알려져 있듯이, 현재 북한의 인기 공연단체에 대한 초청사업은 과열양상을 보이고 있다. 물론 자본주의사회에서 업자간의 경쟁은 당연한 것이겠으나 최근의 상황으로 볼 때 과당경쟁이 과잉투자를 낳는 악순환이 계속되면서 앞으로 그 정도가 점점 더 심해지지 않을까 우려된다. 이러한 사태가 발생하는 이유는 북측 협력기관이 '대가보장'(代價保障)을 최우선시하는 등 북한측 요인도 무시할 수 없으나, 피해는 언제나 남한측 민간업체가 보기 때문에 이에 대한 정부차원의 대책마련이 시급한 실정이다.

다섯째, 사업성사에 대해 사후 보장하는 제도적 장치가 필요하다. 즉 (주)계명프로덕션의 평양교예단 초청, 도서출판 삼성당의 북한저작물 출판권 인수 및 공동 출판사업, '2000 평화를 위한 국제음악회' 등 북측과 '사업합의서'를 교환하고도 사업이 무산된 전례에서 입증되듯이 그 근본원인은 북측 협상창구는 정부 공식기관으로 일원화돼 있는 반면, 남측은 통일된 창구가 없어 민간단체와 기업이 과도한 경쟁에 휘말림으로써 북측에 사업무산의 빌미를 제공하고 있기 때문이다. 따라서 정부당국은 이를 더 이상 방치하고 있을 것이 아니라 남북당국간 실무회담 등을 통해 무산된 사업에 대한 사후 배상절차의 제도화에 관해 북측과 협상해야 할 것이다.

여섯째, 저작권 문제해결을 위한 대책이 마련돼야 한다는 것이다. 즉 북한영화의 TV방영을 둘러싸고 판권 시비가 자주 발생하고 있는데, 지난 1998년의 경우만 해도 KBS가 '림꺽정' 방영금지 가처분신청을, SBS가 '온달전'에 대해 손해배상 청구소송을 당한 바 있고, MBC도 북한영화 '불가사리'에 대해 제작자인 신상옥 감독으로부터 판권과 관련된 이의를 제기받은 바 있다. 이와 같은 판권 시비는 북한이 다양한 채널을 통해 국내업체들에게 영화를 판매하고 있는 데서 그 원인을 찾아볼 수 있는데, 사실상 조선음악가동맹 중앙위원회는 1999년 7월 5일자 성명에서 남·월북 예술인들이 만들거나 부른 노래 1천여 곡에 대한 저작권을 주장하고 나섬으로써 저작권문제에 대한 정부차원의 대처가 시급함을 드러내기도 했다. 현재 북한은 '베른협약'이나 '저작권에 관한 국제협약'(UCC) 등에 가입하지 않은 데다가 남북간에 쌍무협정도 맺지 않은 상황이기 때문에 저작권문제는 정상회담 후속조치로서 실무차원의 협의가 추진될 경우 구체적인 해결책이 필요한 과제 중 하나로 꼽힌다.

일곱째, '모작'(模作) 시비 해결을 위해 전문인력 양성과 전문기관 설립이 필요하다. 북한은 남한과 달리 미술작품에 대한 모사품을 경원시하지 않는 가운데 진품을 영구 보존하기 위해 옛 그림은 물론 현대화도 모사하고 있으며 모사전문 화가나 조각가도 양성하고 있다고 한다. 특히 국영 미술품 판매회사인 '옥류민예사' 같은 경우는 좋은 작품을 대량으로 모사해서 인민이 함께 감상하거나 해외에 수출해 외화를 벌어들이고 있으며, '조선중앙역사박물관' 등도 문화재 모조품을 제작해 해외에 수출하고 있어 국내에서 한때 크게 문제가 된 적도 있다.

2) 활성화 방안

앞으로 중요한 통일문화의 정책적 과제는 남북한 문화의 갈등요소들을 부정적이고 상충적인 것으로서가 아니라 풍요로운 통일문화 형성의 생산적 기반으로 전환시키는 것이 될 것인바, 이를 위해서는 상이한 가치들이 상호 공존하고 어우러지는 상생(相生)과 관용(寬容)의 문화이념이 추구돼야 한다. 조화와 상생이라는 우리의 전통적인 가치지향은 남북문화의 대립적 요소들이 서로 지양돼 통일시대의 새로운 형의 다문화적 민족문화 발전의 토대가 되게 할 것이므로 먼저 민족사의 획기적인 전환점에서 북한 문화예술을 공존과 화해의 대상으로 적극 인정하면서 다양한 문화예술 교류프로그램을 공동으로 개발하고 실천해 나가는 것이 중요하다.

독일은 정상회담 이후 문화→경제→정치교류의 순으로 통합을 이룬 반면 우리는 경제와 정치가 앞서고 문화는 뒤진 만큼 이 시점에서 문화예술 교류방안 논의는 필요하다고 본다. 그러나 우후죽순 격으로 너도나도 경쟁적으로 나서다 보면 과거 '남북합동음악회'가 무산된 것 같은 불미스런 일이 일어날 수도 있기 때문에 다음과 같은 몇 가지 원칙이 필요하다.

첫째는 지금까지처럼 북한주도의 '일방통행'식은 진정한 교류라고 보기 어렵기 때문에 상호교류가 돼야 한다.

둘째, 서두르지 말고 점진적으로 물꼬를 터 가는 자세가 중요하다고 생각되는데, 남보다 먼저 계획을 성사시키겠다는 조급증이나 한건 위주의 '이벤트'를 추진하려는 과욕이 화근이 된 예를 결코 간과해서는 안 될 것이다.

셋째는 교류의 순서를 정해 완급을 조정하는 유연성인바, 남북한의 문화예술은 체제가 다른 만큼이나 이념이나 방법론이 다르다. 따라서 작품부터 교류하다 보면 서로의 이질감만 증폭시킬 우려가 있기 때문에 초기에는 예술가나 학자 등의 인적 교류를 추진하고, 분위기가 조성되면 합동연수나 공동창작을 시도하는 등의 과정을 통해 이해의 폭을 넓히고 면역성을 기른 후 작품교류는 신중하게 검토해도 늦지 않다.

넷째, 이러한 방법론을 적용하기 이전에 남과 북의 문화예술인들이 서로에 대한 선입관이나 고정관념에서 벗어나는 일이 무엇보다 중요하다고 생각된다. 즉 남북한간 문화예술 교류의 목적이 서로 다른 체제에서 골이 깊어진 이질감을 해소하고 정서를 통합하는 데 있는 만큼 인식의 변화나 이해가 없는 교류는 공허하기 때문에 과거처럼 체제의 우위를 과시하거나 상대를 설득시키려고 하는 문화교류는 배격해야 한다.

특히 최근 남북한간 교류논의를 보면 북한의 문화예술을 선입견 없이 있는 그대로 보자는 주장이 적지 않으며, 북한을 다녀온 일부 인사들은 북한예술의 장점을 '인상기'(印象記) 형식으로 열거하기도 한다. 그러나 북한예술은 아직까지 보편성을 띤 순수작품으로 보기 이르므로 '중구난방'식의 문화예술 교류논의는 부작용을 일으킬 소지도 없지 않은 만큼 차제에 이에 따른 다각적인 문제들을 짚고 정리해 주는 위원회나 자문기구를 구성할 필요가 있다.

바로 이러한 원칙하에서 남북한간 교류를 활성화할 수 있는 방안은 다음과 같은 3가지로 대별할 수 있다.

첫째, 21세기 통일한국에 바람직한 민족문화를 상정(想定)하기 위한 교류·협력추진의 기본자세로 미래지향적 동질성 추구의 자세가 요구된다.

대북 포용정책과 북한의 자세변화에 힘입어 정치·군사적 상황과 무관하게 남북 문화예술 교류가 지속된 사실은 매우 바람직한 일이 아닐 수 없다. '한민족 문화공동체' 건설이라는 진정한 민족화합을 위한 길목에서 체제와 이념을 달리하는 북한과 문화예술 교류를 지속해 나가기 위해서는 문화우선주의에 입각한 교류정책이 우선적으로 추진돼야 한다. 나만 유의할 점은 문화다원주의 입장에서 교류정책을 추진해야 한다는 것인데, 문화는 원래 다원성을 특징으로 하며, 다원성이 강할수록 사회문화적 위기상황에 대해 보다 유연하고 탄력성 있게 대응하는 능력을 갖게 되기 때문이다.

이와 함께 남북한간의 문화 동질화를 꾀하는 미래 지향적인 교류자세가 필요한데, 이는 과거 회귀적인 동질성 회복은 바람직하지도, 또 현실적으로 가능하지도 않기 때문이다.

둘째, 교류·협력프로그램의 구성이 필요하다.

우선 교류프로그램은 체제 우월성을 드러내지 않는 다원적·보편적 내용이어야 하며, 무엇보다도 도덕성 시비의 대상이 되지 않아야 한다. 북한이 최근 들어 남한의 대중예술 공연을 자주 허용하고는 있으나, 그 동안 가장 크게 비난해 온 것이 바로 "조선 문화예술의 반동성과 퇴폐성, 그리고 예술성 없음"이었다는 사실을 상기할 필요가 있다. 다음으로 가능한 한 민족 고유의 정서를 풍부하게 담고 있고, 일반대중에게 호소력이 높은 작품으로 구성해야 할 것이다. 즉 북한지역에서는 양반문화적 요소 때문에 사라졌으나 민족 고유의 정서가 풍부하게 담긴 전통종목도 정선해 프로그램으로 구성할 필요가 있으며, 이와 함께 민족통합을 주제로 한 남북한 집체창작의 대작물(大作物)을 고려할 수도 있을 것이다. 이런 대작의 제작과정을 통해 남북 상호간 상대편 예술에 대한 이해가 깊어지고 통일 후의 예술창작 형식에 관한 논의가 활성화될 것이며 이것이 자연스럽게 남북한 예술통합으로 이어지게 될 것이기 때문이다.

셋째, 북한의 교류·협력프로그램을 수용할 수 있는 자세가 필요하다.

북한이 자랑하는 문화예술 분야 성과작들은 대부분 이데올로기성이 강하기도 하지만, 북한은 과거 문화예술 교류·협상과정에서 문화예술의 선전·선동성을 대남전략에 이용하려는 정치적 성향을 보여 왔다. 이러한 경향은 오늘날 남한 민간단체와의 교류·협상과정에서 현저하게 줄어든 것으로 보이지만, 앞으로 정부당국간 교류협상이 재개될 경우 이러한 전략을 재구사할 가능성이 상존함도 사실이다. 그러나 북한의 그러한 전략은 남한주민의 의식수준을 오판한 데서 비롯된 것이므로, 북한의 전략에 대해 조급하게 맞대응하기보다는 대국적·포용적 자세를 견지할 필요가 있다. 왜냐하면 북한이 체제선전 등 이데올로기성이 강한 작품을 공연한다 해도 남한주민의 성숙한 의식에 큰 영향을 주지는 못할 것이기 때문에 북한이 자부심을 갖고 있는 분야의 프로그램은 가능한 한 전폭적으로 수용해 북한의 문화예술 교류에 대한 의욕을 북돋아 주는 노력이 필요하다고 본다.

3) 전 망

　북한의 수령·당·인민의 일체화, 전체사회의 정치적 가족화라는 정치원리는 문화영역에서 철저히 관철되고 있으며, 이는 음악, 체육뿐 아니라 서커스에서도 거의 그대로 관철되고 있기 때문에 국가이데올로기 및 정치현상과 일단 무관한 남한의 상업주의 문화와 오락문화는 북한인에 의해 배척될 수밖에 없다.

　따라서 남북한간 문화예술 교류, 특히 공연예술의 경우 초기단계에는 전통예술을 중심으로 진행되는 것이 바람직하다. 북한에서 문화예술은 비정치분야가 아니며 오히려 가장 고도로 정치화된 부문이기 때문이다. 왜냐하면 적어도 북한에서 문화예술은 개인의 소산이나 소유가 아니며 집단적 창작품, 말하자면 군중적·사회적 소산이라는 특성을 지니고 있고, 바로 이 점에서 남한사회의 개인주의적·자유주의적 특성과 극단적으로 대조를 이루기 때문이다.

　이러한 현실적 제약과 한계를 극복하고 남한예술이 북한에 진출하기 위해서 현재까지는 주로 경제적 대가에 의존하는 방법을 사용했으나, 이러한 관행이 앞으로 더 이상 지속될 수는 없다.

　따라서 문화예술에서도 남한사회가 납득할 수 있는 보편적 관행의 도입이 반드시 필요하며, 이런 의미에서 교류협력을 이끌어 낼 수 있는 논리와 협상술 개발이 시급하다. 남북교류의 많은 난점에도 불구하고 문화, 예술, 학문의 교류가 가능할 수 있다고 보는 것은 민족문화의 공통성, 전통문화의 상호이해라는 공통의 기반이 아직까지 존재하기 때문이다.

　남북한 문화의 이질화 정도는 사람에 따라 판단의 차이가 있으나, 이것이 상호간의 의사소통을 불가능하게 할 정도는 전혀 아니며 첨예한 현실 정치적 안건이 아닐 때 학문, 예술의 교류에 큰 지장은 없다고 보기 때문이다. 즉 남북한이 비록 분단돼 서로 다른 정치이념과 체제의 틀 속에서 반세기 이상 서로간에 오해와 불신, 갈등과 반목을 쌓아 왔지만 이질화의 정도는 결코 상호문화의 이해를 불가능하게 할 정도는 아니라고 보는 것이다.

그러나 현재 중국에서 불고 있는 이른바 '한류' 같은 문화·공연예술 형태가 북한에 진출하기는 여전히 불가능하므로 최소한의 공통기반을 가진 전통예술 위주의 문화교류를 꾸준히 진작시키는 것이 필요하다고 여겨진다. 또한 북한인이 그들의 사회교육에서 체득하고 있는 개인주의 배격과 공동체 우선주의, 권위주의적 온정주의, 민족적 자부심의 강조 등은 남한인의 정서에서 결코 낯설지 않은 심리적 요소다.

바로 이런 점에서 볼 때 남북한의 문화예술 교류는 앞에서 지적한 몇 가지 원칙과 접근방안을 적절히 원용한다면 남북한간의 동질성을 함양하고 이질성을 극복해 나갈 수 있는, 그래서 평화통일의 진정한 문을 여는 견인차의 소임을 잘할 수 있을 것으로 보기 때문에 그 전망이 그리 어둡지만은 않다고 하겠다.

5. 맺음말

이상에서 살펴본 바와 같이 정치우선주의, 집단주의정신에 의해 형성된 북한의 사회, 문화를 이해하고 이와 매우 상이한 남한사회가 함께 화해, 협력의 길로 나아가기 위해서는 남쪽의 인내와 상세한 실정파악, 그리고 보다 관용적인 자세가 필요하다. 이와 동시에 세련되고 끈질긴 협상력을 개발해 북한의 평화적 변화를 유도하는 장기적 전략을 동시에 구사하는 것이 필요한데, 국민의 정부는 남쪽의 선의에 의한 적극적 자세로 민족문제의 해결에 나서고 있어 그 전망을 더욱 밝게 하고 있다.

바로 이런 시점에서 이제부터는 남북한간의 문화예술 분야의 교류협력을 한 단계 승화·발전시킬 수 있는 새로운 협상전략을 모색하는 것이 필요하다. 그러나 정권교체기에 처해 있는 우리의 정치현실을 감안해 적어도 대북관계에 관한 새로운 개념이 정립될 때까지는 새로운 제안이나 프로젝트를 만들기보다는 기존 합의의 이행과정을 지켜보면서 차분히 기다리는 자세가 필요하다.

즉 '한건주의'식의 과도한 망상을 갖고 행하는 졸속한 대북진출은 지금 시점에서 자제해야 할 것이며, 북한과의 교류나 거래 역시 이것이 비록 민족 내부적 사안이라 하더라도 보편적 관행과 원칙 및 남북관계의 특수성을 충분히 감안해서 해야 할 것이다. 또한 남북 각각은 민족복리를 위해서, 특히 극히 제한된 문화예술 분야 전문가 양성을 극복하기 위해서도 전문교육기관 확충에 따른 전문가 양성을 시급히 이룩해 네트워크를 형성해야 할 것이며, 이를 위해 정부는 교육계에 새로운 지침을 내리고 관장하고 있는 북한자료들을 전문가들에게 공개해야 할 것이다. 가칭 '남북사회문화예술공동위원회' 같은 구성이 가능할 수 있도록 이 분야의 전문가들이 전진배치돼야 할 것인바, 여기에서는 남북 각각의 문화예술 현상연구, 곧 국제화방안, 통일정서 프로그램 개발, 전통 공연예술 진흥방안, 교육방안, 방송매체에서의 민족 문화예술 발전방안 등 남북통일 발전계획이 수립될 수 있을 것이다. 그리고 이 산하에 남북통일음악위원회, 남북통일미술위원회, 남북통일문학위원회, 남북통일무용위원회, 남북통일연극위원회 등을 구성할 수 있는 방안을 협의하는 것도 필요하다.

결국 남북한간의 문화예술 교류에서는 민족동질성 함양 및 평화통일 토대구축을 위해 다양한 교류가 필요하겠지만 우선적으로 민족전통과 그 바탕에 창조적으로 이끈 창작품을 먼저 고려해 이의 확충교류가 이루어져야 할 것이며, 이런 가운데 상대의 미적 명분에 반하는 분야나 상업적 논리로 교류되는 것은 지양돼야 할 것이다.

참고문헌

동북아연구회 편, 『대북포용정책』(밀레니엄북스, 1999).

동아일보, 『신동아』, 1995년 1월호 별책부록.
문화관광부, 『2001 문화정책백서』(2001).
민주평통자문회의, 『통일논총』, 2001).
북한연구소, 『북한총람』, 북한연구소, 1983).
아태평화재단, 『남북정상회담』(2000).
연합통신, 『북한 50년』(1995).
통일부, 『2000 북한개요』(2000).
_____, 『남북경제협력사업 실무안내』(2002).
_____, 『(월간)남북교류협력 동향』(2002).
_____, 『남북교류협력 법규집』(1999).
_____, 『남북교역 통계자료』(2002
_____, 『남북대화연표』(년도별)).
_____, 『독일통일백서』(2001).
_____, 『사회·문화분야 남북교류 협력 실무안내』(2002).
_____, 『장관 각종 연설문』
_____, 『통일백서』(2002).

한중모 외, 『주체의 문예리론 연구』(평양: 사회과학출판사, 1983).
『김일성저작집』, 13권, 35권.
『주체사상에 기초한 문예리론』(평양: 사회과학출판사, 1975).
조선로동당출판사, 『영화예술론』(평양: 조선로동당출판사, 1973).

고흥숙, 「남북 문화예술 교환의 정례화 방안」, 민주평화통일자문회의 사회문화분과위원회 제47차 회의자료(2002. 9. 13, 금).
안민석, 「남북체육교류의 이해와 전개방안」, 민주평화통일자문회의 체육청소년분과위원회 제33차 회의자료(2001. 10. 30, 화).
이서행, 「남북 문화예술 교류현황과 추진방향」, 민주평화통일자문회의 문화예술분과위원회 제44차 회의자료(2001. 5. 25, 금).
이종오, 「북한사회·문화의 이해」, 민주평화통일자문회의 사회문화분과위원회 제45차 회의자료(2001. 11. 16, 금).

제 2 부

●

북한의 한국학 연구와 남북학술교류의 현황

북한의 한국어문 연구성과와 남북한 어문학 교류현황 분석

우 상 렬

1. 머 리 말

본 논문 논술의 정밀도와 이해의 정확도를 기하기 위해 일단 개념정립을 할 필요가 있다. 본 논문에서 어문이란 일단 언어·문학의 종합적 개념임을 밝혀둔다. 그리고 본 논문에서 어문의 종개념인 한국어문이란 것은 반만년의 장구한 역사적 흐름에서 우리 민족이 공유한 언어·문학뿐 아니라 1945년 광복 후 세계 냉전체제가 확립됨에 따라 남이 이념의 갈림길에서 민주주의체제를 채택하면서 가져오게 된 그것의 변이를 포함한다. 그리고 본 논문에서 어문의 다른 한 종개념인 북한어문이란 반만년의 장구한 역사적 흐름에서 우리 민족이 공유한 언어·문학뿐 아니라 1945년 광복후 세계 냉전체제가 확립됨에 따라 북이 이념의 갈림길에서 사회주의체제를 채택하면서 가져오게 된 그것의 변이를 포함한다. 여기서 보다시피 한국어문과 북한어문이란 개념에는 '반만년의 장구한 역사적 흐름에서 한민족이 공유한 언어·문학'이라는 공약수가 내재해 있다. 본 논문에서는 이 공약수에 한해 우리어문사란 특징적인 개념으로 지칭하도록 한다. 이로부터 구체적 논의를 전개함에 있어서 자연적으로 우리언어사 혹은 우리문학사 등으로 풀어서 지칭하게 될 것이다. 그리고 '이념의 갈림길'에서 '가져오게 된 그것의 변이'에는 이 공약수를 기초로 한 차이를 포함하고 있다. 그것은 한국의 시각에서 본 '북한', 북한의 시각에서 본 '남조선'이라는 용어차이 자체가 이 점을 잘 말해 준다. 그러나 어문이 일단 어문학이란 학문적 조명을 받게 되고 한국어문이 한국어문학, 북한어문이 북한어문학이란 학문적 조명을 받게 될 때 여기에는 민주주의와 사회주의체제라는 큰 틀 속에서 불가피하게 학문적 자세, 방법, 관점 등 면에서 이러저러한 차이를 노정할 수밖에 없다. '공약수'에 대한 학문적 조명은 그래도 얼마간 '공약수적인 일치'를 가져올 수 있겠지만 '변이', 특히 상대방의 '변이'에 대한 학문적 조명은 남북한 나름대로의 아집에서 벗어나지 못하다 보니 서로 빗나가거나 얽히고설킨 복잡한 양상을 띠지 않을 수 없다. 그리고 객관적 사실의 공감대를 많이 형성하는 언어에서 그래도 많은 동질성을 나타내는 반면 주관적인 사상감정에서 자유로울 수 없는 문학에서 훨씬 이질적인 양상이 드러남은 더 말할 것도 없다. 본 논문에서는 이런 '변이', 이런 이질성에서 야기되는 개념의 혼선을 피하기 위해 광복 후 북한어문은 북한어문, 한국어문은 한국어문이라 지칭하도록 한다. 물론 구체적 논의를 전개함에 있어서는 자연적으로 북한언어, 북한문학과 한국언어, 한국문학으로 풀어서 지칭하게 될 것이다. 그리고 북한의 한국어문학 연구성과를 객관적으로 제시하는 마당에서는 그들의 입장을 존중해 조선언어사, 조선언어 및 조선문학사, 조선문학이라는 용어도 사용하도록 한다. 이로부터 제목에서 제기한 한국어문은 통일 지향적 어문개념으로 광복 전 역사적인 의미에서의 우리어문사, 우리어문과 광복 후 남북한 어문을 포함한 가장 포괄적인 의미로 사용하는 개념이 되겠다. 여기서 구체적 논의를 진행할 때 우리언어사, 우리언어, 우리문학사, 우리문학과 북한언어, 북한문학 혹은 남한언어, 남한문학으로 풀어서 구체적으로 지칭할 수도 있다.

   본 논문은 일단 '공약수' 및 '공약수적인 일치'로부터 나타나는 동질성에 대한 확인작업으로 1차적으로 북한의 한국어문 연구성과에 대해 고찰하고, 나아가 남북한 어문학 교류현황을 분석하는 데 주안점이 있다. 연구성과에 대한 고찰인 만큼 연구성과 그 자체에 대한 논의로 끝나야 제격인 줄로 안다. 그러나 그 연구성과라는 것이 보는 시각에 따라 성과라고 말하기 힘든 경우도 있을 것이고 그 연구성과 속에 문제점을 내포하고 있을 수도 있다. 그러므로 연구성과에 대한 고찰이라고 하기보다는 검토라고 하는 것이 더 타당한 편이다. 그리고 어문학 교류현황 분석도 분석 자체에 그치고 만다면 별 의미가 없는 만큼 미래 지향적으로 교류방안이나 비전을 제시해 보도록 한다. 본 논문은 검토나 분석에서 남북한 어느 쪽에 치우친 편파적인 주장이나 무단적인 결론 같은 것은 가급적으로 피하면서도 학문연구의 진리성, 객관성, 공정성 등 보편적 원칙과 가치를 전제로 필자 나름대로의 관점을 피력하는 데 주저하지 않는다. 특히 남북한 어문학 통일차원에서 보았을 때 북한의 한국어문학 연구성과를 검토함에 있어 가장 문제되는 점은 짚고 넘어갈 것이다. 이로부터 남북한 어문학분야에서 민족 동질성을 확보하고 넓혀 나가며 이질성을 제거하거나 좁혀 나가는 객관적인 한 바탕을 마련하도록 한다. 그래서 결과적으로 민족 평화통일의 날을 위해 "남북 쌍방이 문화적 동질성을 간직하고 통일된 문화공동체로 복귀"하는 데 이바지하도록 한다.

본 논문은 구체적 연구방법에서 북한의 한국어문 연구성과를 논하는 마당에서는 주로 서지학적 방법으로 북한 기존의 대표적인 연구논문이나 저서에 대한 면밀한 검토[1]를 통해 연구성과를 살펴봄과 더불어 전반적인 차원에서 문제점을 짚어 보도록 한다. 그리고 남북한 어문학 교류 현황분석을 진행함에 있어서는 사실적 근거를 바탕으로 주로 현상학적 분석을 가하도록 한다. 연구의 광도와 심도를 기하고 통일어문학을 지향하는 차원에서도 남한을 참조계로 삼아 비교학적 시각을 취해야 될 뿐 아니라 특히 학문적 시점이 엇갈리는 대목에 대해 예각을 집중해야 할 줄로 안다. 그러나 본 연구에서는 자료 등 여러 면의 제한으로 말미암아 연구성과 검토는 일단은 북한 쪽에 한해서 논의를 전개하도록 한다.

본 논문은 '2. 언어편', '3. 문학편', '4. 어문학 교류현황 분석편' 세 부분으로 나누어진다. 일단 '2. 언어 편'과 '3. 문학 편'으로 나누어 북한에서 한

---

[1] 원문 인용에서는 학문의 객관성을 고려해 북한식 그대로 인용하도록 한다.

국어문의 연구성과 및 문제점에 대해 고찰하고 '4. 어문학 교류현황 분석편'에서는 남북한 어문학 교류현황 분석과 더불어 남북한 어문학 학술교류 발전방안 및 어문학 통합의 한 모델을 제시할 것이다.

2. 언어편

북한의 한국어 연구에 관한 일반적 소개 및 논의는 『북한의 조선어학』[2] 등 논저들을 통해 많이 돼 온 줄로 안다. 그럴진대 본고에서는 시각과 방법을 좀 바꾸어 아직 그리 논의되지 않은 최근에 발간된 『광복후 조선어논저 목록지침서』와 『주체 조선어연구 50년사』를 통해 북한의 한국어 연구성과를 검토해 보도록 한다.

1) 『광복후 조선어논저 목록지침서』를 통해 본 통계학적 분석

본 지침서는 중국 연변대학교 조선언어문학부의 학부생, 특히 조선언어 전공 대학원생들의 학습에 편리를 제공하자 편집한 것이다. 본 지침서에 수록된 논문, 논문집이나 단행본 목록은 연변대학교 도서관, 연변조선족자치주 도서관, 연변대학교 동방문화연구원 도서실, 연변대학교 사범학원 조문학부 도서실에 비치된 장서들과 평양에 연수를 나간 박사생들이 수집한 목록자료집으로서 연변대학교 동방문화연구원에서 편찬하고 한국 역락(亦樂)출판사에서 출판했다. 본 지침서는 1946년부터 2000년까지 북한에서 발표된 논문, 논문집이나 단행본 등에 관한 목록을 모두 포함하고 잡지 『조선어문』과 김일성종합대학 학술지에 실린 언어학자들에 관한 일부 기사도

---

2) 자하어문학회, 『북한의 조선어학』(한신문화사, 1990).

첨부했다. 본 지침서는 북한의 한국언어학 연구의 흐름을 통계학적 차원에서 어느 정도 파악할 수 있게 하는 값진 자료집이라고 생각된다.

필자는 본 논고에서 다음의 원칙에 의해『광복후 조선어논저 목록지침서』를 통계학적으로 살펴보았다. 첫째, 분명히 어음, 어휘 등 여러 방면을 취급한 저서에 한해서는 해당방면의 통계에 모두 넣었다. 이로부터 통계학적 숫자가 실제 논저 수보다 많아지게 된다. 둘째, '기타'에는 분명 필자가 나눈 어떤 항에도 포함시키기 힘든 논저나 한국어 관계 사설, 논평 등을 포함시켰다. 그리고 맞춤법을 별도로 선정하지 않고 여기에 포함시켰다. 셋째, 일부 문법서에서 품사를 형태론에서 논하는 경우를 감안해 품사를 별도로 나누지 않고 형태론에 포함시켰다. 넷째, '일반'에는 일반언어학 관련논저, '응용'에는 기계번역 및 기타 번역관련 논저, '어사'에는 한국어 변화발전 관련논저, '문법'에는 형태론이나 문장론에 포함시키기 힘든 논저를 포함시켰다. 다섯째, 한국어사의 시대구분이 명확하지 않은 상황하에서 고대와 현대 관련논저를 구분하기 힘들므로 될 수 있는 한 내용에 근거해서 분류했는데 이로 인해 통계수치 면에서 일부 오차가 생겨날 수 있다.

도표를 통해 알 수 있다시피 북한의 한국언어 관련 연구논저 수는 굴곡은 있었으나 그래도 전반적인 상승추세를 나타내고 있다. 여기에 집단적 논저, 학위논문까지 합하면 합계 2,167편[3]이 된다. 그러나 50여 년간의 논저 수라 할 때 그리 많은 편은 아니다.

<표 6-1>에서 보면 1980년대에 발표된 논저가 가장 많고 1990년대 발표된 논저가 두 번째 자리를 차지하고 60년대에 발표된 논저가 세 번째 자리를 차지한다. 이것은 1960년대, 1980년대, 1990년대에 연구가 가장 활발히 진행됐다는 말이 되겠다. 연구분야별로 볼 때 형태론, 문장론을 포함한 '문법' 관련논저가 가장 많다. 여기에도 물론 굴곡은 있지만 시간의 흐름에 따라 그 수가 늘어나는 경향을 나타내고 있다. 그리고 여기서 특히 눈에 띄는 것은

---

[3] 여기에는 1940년대 전반 논저 수가 포함된 것이 아니라 실은 1946년 이후 50년 이전의 논저 수 55편만 포함됐다. 10년을 주기로 통계를 하다 보니 형식상 일치를 기하기 위해 '1940'년을 설정했던 것이다. 이하 통계에서 1940년 설정도 마찬가지 경우다.

<표 6-1> 10년을 한 주기로 본 통계

연 대	논 저
1940	55
1950	215
1960	446
1970	280
1980	523
1990	482
합계	2,001

<표 6-2> 연구분야별로 본 통계

연구분야	40년대	50년대	60년대	70년대	80년대	90년대	집체작	합계
어음	8	22	29	11	41	52	2	165
형태	2	46	50	13	70	85	11	277
문장	0	5	38	25	53	52	1	174
문법	5	13	11	5	13	3	17	67
문자	5	23	10	7	9	4	1	59
어휘	3	15	35	29	63	29	10	184
의미	0	3	8	7	23	10	0	51
문체	0	1	23	11	54	59	2	150
사전	2	8	5	1	14	18	22	70
방언	0	8	14	2	16	14	1	55
응용	0	0	4	0	6	31	0	41
일반	0	0	84	80	8	15	14	201
화술	0	0	7	2	5	2	1	17
고대	0	0	34	0	29	28	0	91
어사	5	3	10	7	13	9	3	50
기타	25	68	84	80	106	71	81	515
합계	55	215	446	280	523	482	166	2,167

'문체'에 관한 논저가 1970년대까지는 얼마 되지 않다가 1980~1990년대 들어 급속한 상승세를 보인 점이다. 이것은 김일성을 비롯한 수령저작에 관

한 문체연구가 활발히 진행된 것과 관계 있다. 그리고 '응용'에 관한 논저도 1980년대까지는 거의 없다시피 하다가 90년대 들어서며 급속한 상승세를 보이고 있다. 북한에서도 새로운 학술영역에 대해 관심을 돌리고 있음을 알 수 있다. '일반'에 관한 논저도 상당히 많아 세 번째 자리를 차지하는데 1960~1970년대에 고조를 이루고 있다.

전반적으로 연구분야별로 보나 연대별로 보나 북한의 한국언어학 연구는 1960년대, 1980년대, 1990년대에 가장 많은 성과를 거두었음을 알 수 있다.

2) 『주체 조선어연구 50년사』를 통해 본 한국어 연구성과

『주체 조선어연구 50년사』는 북한의 김영황, 권승모 교수가 편집하고 김일성종합대학 조선어문학부에서 2002년 8월에 펴낸 논문집이다. 본 논문집은 김일성종합대학 조선어문학부의 조선어학 강좌, 유학생 조선어학 강좌, 응용언어학연구실에 소속돼 있는 교수, 연구사와 박사생들로 집필진을 구성해 북한 각 대학교 및 연구기관의 언어학자들이 광복 후 50년간 한국어 연구에서 거둔 주요 연구성과를 분야나 분과에 따라 사적으로 개괄한 논문을 집성한 것이다. 이를테면 「×××연구사」제목의 논문들이 실려 있다. 이런 논문은 나름대로 시기구분을 하며 해당분야의 연구성과들을 일목요연하게 볼 수 있도록 서술돼 있다. 여기에는 물론 일반언어학 이론에 관한 연구성과 관련논문도 포함돼 있다.

본 논문집은 1, 2편으로 돼 있다. 제1편에서는 조선노동당의 언어정책 및 그것을 언어실천에 구현하기 위한 연구성과를 시기별로 개괄한 8편의 논문이 수록돼 있고, 제2편에서는 주체사상을 지도적 지침으로 해서 진행한 한국어 각 분야나 분과의 연구성과를 시기별로 개괄한 9편의 논문이 수록돼 있다.

그리고 마지막 부분에 「주요 학위론문목록」을 부록으로 제시하고 있다. 본 논문집은 광복 후 북한의 한국어 연구의 면모를 전반적으로 볼 수 있게 해 준다. 그럼 아래에 우선 본 논문집에 수록된 각 분야나 분과별 주요논문에 대한 검토를 통해 그 구체적 상황을 파악해 보도록 하자. 다음「주요 학위론문목록」에 대한 통계학적 분석을 제시해 보도록 한다.

(1) 주요 연구사별 고찰

①「문장 연구사」

본 논문에서 임봉우는 문장론을 형태론과 함께 문법론의 중요한 분과로 보면서 문장 연구사를 네 단계, 즉 1945~1954년, 1955~1970년, 1971~1980년, 1981~1995년으로 나누어 서술하고 있다. 본 논문에서는 매 단계의 대표적인 연구성과물을 선정해 제시하고 나름대로 견해를 피력하고 있다.

구체적으로 보면 1945~1954년 시기는 "조선어문장론은 지난 시기 소극적으로 진행되였던 연구의 성과들을 종합 정리하면서 근로인민대중이 나라의 당당한 주인으로 되여 새 사회 건설에서 련일 기적과 혁신을 창조해 나가는 새로운 환경에서 혁명과 건설의 요구에 맞게 인민들의 창조적 활동을 담보해 주는 언어규범을 만들 데 대한 위대한 수령님의 강령적 가르치심을 철저히 관철함으로써 인민들의 언어생활에 이바지하는 문장론을 건설하는 것을 기본과업으로 내세웠다." 이 시기 대표적인 문법서로는 조선어연구회에서 1949년에 펴낸『조선어문법』을 꼽고 있다.

1955~1970년 시기는 조선어문법 연구에서 주체확립을 위한 연구토론회가 진지하게 진행된 시기이며 언어학분야에서 커다란 성과를 이룩했다. 이 시기 대표적인 저서로는 김수경 등이 집필하고 1962년에 고등교육도서출판사에서 펴낸『현대조선어, 3』을 꼽고 있다.

1971~1980년 시기는 통일적인 조선문화어 문법규범이 확립되고 인민들의 언어생활에서 문화어 규범대로 말을 하고 글을 쓰는 기풍을 철저히 세우기 위한 투쟁이 활발하게 벌어졌다. 이 시기 주요한 문법서로는 김일성종합대학 조선어강좌가 주동이 되고 사회과학원 언어학연구소와 여러 사범대학의 교수, 학자들이 협력해 집필하고 김일성종합대학출판사에서 1976

년에 펴낸 『조선문화어 문법규범』을 꼽고 있다.

1981~1995년 시기는 앞선 시기에 이룩한 이론적 성과들을 체계화·이론화하고 그것을 인민들의 언어생활에 활성화하기 위한 연구사업이 활발히 진행됐다. 이 시기 대표적인 문법서로는 김용구가 집필하고 1986년에 과학백과사전출판사에서 펴낸 『조선어 리론문법(문장론)』을 꼽고 있다.

각 시기 대표적 연구성과물을 ㄱ. 문장의 기본표식, ㄴ. 단어결합, ㄷ. 문장성분, ㄹ. 문장성분의 갈래로 나누어 일별해 보면,

ㄱ. 문장의 기본표식

『조선어문법』에서는 문장의 기본표식을 "문이란 의미와 어조의 점에서 완결된 진술을 말한다"고 정의하고 있다.

『현대조선어, 3』에서는 문장의 기본표식을 "진술내용이 현실에 대해 맺는 련계," 즉 진술성으로 보고 있다. 그러면서 진술성의 표현수단으로 전달의 어조와 단어의 진술형을 들고 있는데, 진술형의 전형적인 형태는 단어의 종결형이라고 지적하고 있다.

『조선문화어 문법규범』에서는 문장의 기본표식을 '풀이성'이라고 하고 있다. 여기서 말하는 '풀이성'은 그 내용에서 『현대조선어, 3』에서 말하는 '진술성'과 같다.

『조선어 리론문법(문장론)』에서는 문장의 기본표식을 진술성으로 보면서 "진술성이란 문장에서 이야기되는 내용을 현실에 귀착시켜 주면서 이야기 내용과 현실과의 관계, 이야기 내용의 현실성 정도를 나타내는 특성"이라고 규정하고 있다.

여기서 보면 문장의 기본표식에 대해 1949년 문법서에서는 간단히 정의되고 있으나 『현대조선어, 3』에서부터는 좀더 구체화되고 심화되고 있음을 볼 수 있다.

ㄴ. 단어결합

『조선어문법』에서는 문장의 구성재료로서의 단어결합을 종속적 결합과 병렬적 결합 두 가지로 나누고 종속적 단어결합을 또 그 성격에 따라 술

어적 통합, 속성적 통합, 관계적 통합으로 나누었다. 그리고 여기서 술어적 통합은 주체적 결합에, 속성적 통합은 규정적 결합에, 관계적 통합은 객체적 결합에 해당된다.

『현대조선어, 3』에서는 단어결합을 우선 단순단어 결합과 전개된 단어결합으로 나누고, 단순단어 결합은 그 안에 들어가는 성분의 성격에 따라 실질적인 단어의 결합 및 실질적 단어와 보조적 단어의 결합으로 나누었으며, 실질적 단어의 결합을 그 성분의 연결방식에 따라 종속적 단어결합과 병렬적 단어결합으로 나누었다. 그리고 종속적 단어결합을 그 성분 사이의 상호관계에 따라 주체적 단어결합, 상황적 단어결합, 객체적 단어결합, 속성적 단어결합으로 나누고 병렬적 단어결합을 합동적 단어결합, 분리적 단어결합, 대립적 단어결합, 반복적 단어결합으로 나누었다.

『조선문화어 문법규범』에서는 단어결합을 우선 자유로운 단어결합과 자유롭지 못한 단어결합으로 나누고, 다음 그것을 구성하는 단어의 성격에 따라 자립적 단어의 결합 및 자립적 단어와 보조적 단어의 결합으로 나누었으며, 자립적 단어의 결합을 또 그것을 구성하는 단어의 연계방식에 따라 매임결합, 벌림결합, 얽힘결합으로 나누었고, 매임결합을 세움, 보탬, 들임, 꾸밈, 얹음으로 나누고 벌림결합을 합침, 맞섬, 가림으로 나누었다.

『조선어 리론문법(문장론)』에서는 단어 결합관계의 기본류형을 구조·문법적인 표식에 기초해 네 가지, 즉 결합, 접속, 병립, 연접으로 나누었고 단어 결합관계의 성격에 따라 체언측 결합관계와 용언측 결합관계로 구분하고, 단어의 연결방식에 따라 한정적 결합관계, 보충적 결합관계, 첨가적 결합관계로 구분했다.

이상 우리는 네 개 문법서에서 사용하는 학술용어가 서로 다르다는 것을 보아낼 수 있으며 또한 그 분류가 점차 더 세분화돼 갔음을 알 수 있다. 『현대조선어, 3』과 『조선문화어 문법규범』은 단어결합을 유형별로 나눔에 있어서는 같다. 단지 『조선문화어 문법규범』에서 학술용어를 다듬은 말로 옮겨놓았을 뿐이다. 그리고 『조선어 리론문법(문장론)』에서의 단어결합 유형은 앞의 세 개 문법서보다 좀 특이한 양상을 나타내고 있다.

ㄷ. 문장성분

『조선어문법』에서는 조선어의 문장성분을 우선 크게 두 가지, 즉 주성분과 부성분으로 나누고 다음 주성분을 주어와 술어, 부성분을 보어, 규정어, 동격어로 나누었다. 여기서 특징적인 것은 주어에 장면의 주어를 따로 설정한 것과 보어를 직접보어, 간접보어, 전성의 보어, 장소의 보어, 시간보어, 원인과 수단의 보어, 양태와 정도의 보어로 세분, 즉 보어의 포괄범위를 매우 넓게 규정한 점이다.

『현대조선어, 3』에서는 조선어의 문장성분을 크게 상관적 성분과 비상관적 성분으로 나누고 상관적 성분을 다시 주어, 술어, 보어, 규정어, 상황어로 나누었으며, 비상관적 성분을 호칭어, 감동어, 제시어, 삽입어, 접속어, 설명어로 나누었는데, 주어와 술어를 주성분으로 규정하고 보어, 상황어, 규정어를 부성분으로 규정하고 있다. 그리고 보어를 직접보어, 간접보어, 전성의 보어, 상관의 보어, 인용의 보어로, 규정어를 표식규정어, 관계규정어, 동격규정어로, 상황어를 양상상황어, 공간상황어, 시간상황어, 원인상황어, 수단상황어, 목적상황어, 정도상황어, 조건상황어, 양보상황어로 세분하고 있다. 이 문법서에서 특징적인 것은 문장성분이 필요에 따라 전개될 수 있다는 것을 고려해 전개된 문장성분을 그 구성요소 사이의 연계의 성격과 전개된 문장성분이 어떤 형태로 끝났는가에 따라 '문장'으로 된 성분, 구성분, 단어결합 성분으로 구분한 것이다.

『조선문화어 문법규범』에서는 조선어의 문장성분을 크게 맞물린 성분과 외딴 성분으로 나누고, 맞물린 성분을 다시 세움말, 풀이말, 보탬말, 들임말, 꾸밈말, 얹음말로 나누고, 외딴 성분을 부름말, 끼움말, 느낌말, 이음말, 보임말로 나누었는데, 여기서 특징적인 것은 지난 시기의 '인용의 보어'를 '들임말'이라는 하나의 독자적인 문장성분으로 규정한 데 있다. 이 문법서에서 또 하나 특징적인 것은 문장의 문법적 성분화는 전일적인 문장구조 속에서 단 한 번만 진행될 수 있다는 관점에서 출발해 확대성분 안에서 문장성분의 단계적 특성을 반대하고 있는 것이다. 그리고 이 문법서에서는 묶음말을 설정하고 있는데, 이것도 하나의 특징적인 점이라고 할 수 있다.

『조선어 리론문법(문장론)』에서는 조선어의 문장성분을 구조·문법적 입장에서 그 상관관계의 성격에 기초해 맞물린 성분, 외딴 성분, 단독성분으로 나누었다. 그리고 문장성분의 갈래를 크게 '기초성분', '주도성분', '의존성분'으로 나누고, '기초성분'에는 단독성분으로 이루어진 문장에서의 단독성분과 '진술어'를, '주도성분'에는 주어, 술어, 직접보어를, 의존성분에는 '기초성분'과 '주도성분'에 의존하게 되는 성분을 포괄시키면서 문장성분을 주성분과 부성분으로 나누는 것은 구체적인 조선어의 현실에 맞지 않는 분석이라고 주장하고 있다.

이상에서 우리는 보어와 상황어의 계선문제가 명확하지 못하다는 것을 보아낼 수 있으며 대부분의 문법서에서 문장성분을 크게 맞물린 성분과 외딴 성분, 주성분과 부성분으로 나누고 있다는 것도 보아낼 수 있다. 물론 다른 일부 견해(예하면 『조선어 리론문법(문장론)』)도 존재한다. 그리고 총체적으로 보면 매 시기마다 자체의 특성을 띠고 있으며, 점점 그 연구가 세분화되고 있다는 것을 알 수 있다.

ㄹ. 문장성분의 갈래

『조선어문법』에서는 문장을 진술의 목적에 따라 서술문, 의문문, 명령문, 권유문, 감탄문, 간투문으로 나누고, 문장 구성성분의 전개 여부에 따라 전개문과 비전개문, 내포문과 단순문으로 나누었으며, 진술단위의 수에 따라 단일문과 복합문으로 나누었다.

『현대조선어, 3』에서는 문장을 크게 기능에 따르는 갈래와 구조에 따르는 갈래로 가르고 있다. 기능에 따르는 문장의 갈래를 다시 전달의 목적에 따라서 서술문, 의문문, 권유문, 명령문으로 나누고, 전달의 성격에 따라서 중립문, 목격문, 이중전달문으로 나누었으며, 전달방식에 따라 존대의 문장, 해요의 문장, 하오의 문장, 하게의 문장, 해라의 문장, 반말의 문장, 그리고 존경의 문장, 보통문장으로 나누었다. 여기서 특징적인 것은 문장에서 술어로 되는 단어의 형태론적 표식을 중요하게 보고 있는 것이다. 그리고 구조에 따라서는 단일문과 복합문, 2부구성문과 1부구성문, 단순문과 전개문, 완전문과 불완전문으로 나누었다.

『조선문화어 문법규범』에서는 문장을 세 가지 기준, 즉 말하는 내용과 목적이 무엇인가, 문장을 구성하는 성분이 단순한가, 확대돼 있는가, 풀이의 단위가 몇 개인가 하는 데 따라서 분류했다. 말하는 내용과 목적에 따라서 알림문, 물음문, 추김문, 시킴문, 느낌문으로 나누고 문장을 구성하는 성분이 단순한가, 확대돼 있는가에 따라서 단순문과 확대문으로 나누었으며, 풀이의 단위가 몇 개 있는가에 따라서 단일문과 복합문으로 나누었으며 단일문을 또 보통단일문, 단어문장, 명명문, 중단문으로 더 나누었다. 이 문법서에서는 종전의 분류기준, 즉 기능과 구조에 따라 문장을 분류하던 방법을 따르지 않은 것이 특징이라 할 수 있다.

『조선어 리론문법(문장론)』에서는 문장을 크게 내용상특성, 형식상특성, 기능·구조적 특성에 따라서 나누고, 그 안에서 다시 더 구체적으로 구분하고 있다. 문장의 내용상분류를 진술의 목적에 따라 알림문, 물음문, 시킴문으로 구분하고, 진술의 성격에 따라 느낌문, 긍정문과 부정문, 명명문으로 구분했으며, 진술의 방식에 따라 옮김문과 '특수문장'으로 나누었다. 여기서 진술의 목적에 따른 분류인 추김문을 시킴문에 포괄시킨 것이 하나의 특징이라 할 수 있다. 그리고 기능·구조적 특성에 따라 단독성분 문장유형과 생략중단문을 포함시키고 있다.

이상에서 우리는 문장의 갈래를 규정함에 있어 그 분류기준이 다름을 알 수 있고, 두 번째 시기와 세 번째 시기의 분류가 가장 세밀하고 네 번째 시기에는 이런 세밀한 분류가 반박을 받고 있다는 것을 알 수 있다.

전반적으로 보면 문장론에 대한 연구에서 통일되지 못했던 많은 문제들이 점차 통일되고 연구성과들이 체계화·이론화되고 있음을 보아낼 수 있다. 특히 1990년대에 들어서면서 문장론 분야에서는 현대언어학의 연구성과를 받아들이기 위한 연구사업이 더욱 활발하게 진행되기 시작했고, 이로부터 문장의 의미를 정확히 밝히기 위한 연구에 많은 노력이 기울여지기 시작했으며, 문장의 의미를 고립된 상태가 아니라 다양한 언어적 환경 속에서 다른 언어적 단위와의 긴밀한 연관 속에서 폭넓게 고찰함으로써 문장론의 연구를 구체적인 언어실천에 더욱 접근시키는 방향으로 나가고 있음을 알 수 있다.

② 「형태론 연구사」

본 논문에서 양옥주는 형태론 연구사를 4개 단계, 즉 1945~1954년, 1955~1970년, 1971~1980년, 1981~1995년으로 나누어 서술하고 있다. 본고에서는 각 시기의 특징을 간단히 소개한 다음 매 시기의 대표적인 연구성과를 선정해 그 서술체계, 단어의 구조, 단어의 문법적 형태와 문법적 범주에 대한 문제를 중심으로 그 변화와 발전을 살펴보기로 한다.

1945~1954년은 북한 어학자들이 광복의 큰 기쁨을 안고 조선어의 문법구조와 관련해 자기의 견해를 여러 가지 문법책을 통해 다양하게 서술하던 시기로서 각급 학교교육에서 널리 이용되고 인민들의 언어생활을 규범화하는 데 도움을 준 시기였다. 이 시기의 대표적인 문법서로는 위의 『조선어문법』(1949년판)을 들 수 있다.

1955~1970년은 형태론 연구에서 주체를 확고히 세우고 이미 이룩한 성과에 기초해 내용을 더욱 체계화하며 아직 미해결로 남아 있던 문제에 대해 이론적 연구를 진행해 많은 성과를 이룩한 시기였다. 이 시기 대표적인 문법서로는 과학원언어문학연구소와 과학원출판사에서 1960년에 출판한 『조선어문법』을 들 수 있다.

1971~1980년은 문법연구에서 활발히 논의돼 오던 쟁점에서 일정한 견해의 일치를 보고, 이것에 기초해 통일적인 문법규범을 만들어 각급 학교의 문법교육과 인민들의 언어생활 개선에 적극 이바지하도록 하기 위한 연구사업이 활발히 진행된 것으로 특징지어지는 시기였다. 이 시기 대표적인 문법서로는 『조선문화어 문법규범』(1976년판)을 들 수 있다.

1981~1995년은 형태론 분야에서 지금까지 연구한 모든 성과에 기초해 조선어 문법이론을 더욱 이론적으로 체계화해 많은 성과를 이룩한 시기였다. 이 시기의 대표적인 문법서로는 이근영이 집필하고 과학백과사전출판사에서 1985년에 출판한 『조선어 리론문법(형태론)』을 들 수 있다.

아래에 매 시기 대표적인 성과물에 대한 일별을 통해 구체적인 변화, 발전양상을 살펴보도록 하자.

ㄱ. 형태론의 연구대상과 서술체계

『조선어문법』(1949년판)에서는 형태론의 연구대상을 단어의 구성, 철자법, 접사법, 어간과 토로 규정하고 마지막에 품사별로 형태론적 현상을 서술했다.

『조선어문법』(1960년판)에서는 형태론의 연구대상을 "형태론은 단어에 관한 문법적 리론이며 문장론은 단어결합과 문장에 관한 리론이다"고 규정하고 있다. 이 문법서에서는 우선 형태론에서는 단어의 문법적 형태가 이루어지는 수법을 고찰함으로써 단어구조 문제를 연구하게 된다고 했다. 다음으로 언어의 어휘구성 가운데서 개별적 단어가 구체적 의미로부터 추상화되고 공통적인 표식에 근거해 통합된 단어의 개별적 부류, 즉 품사의 본질을 연구하며 매개 품사와 관련해 그것들의 문법적 특성이 반영되는 문법적 범주의 체계를 연구대상으로 했다. 이러한 형태론의 연구대상에 따라 품사를 중심으로 매 품사별로 문법적 형태를 서술하는 체계를 세우고 있다.

『조선문화어 문법규범』에서는 형태론의 연구대상으로 단어의 구조와 단어들의 갈래, 단어의 문법적 형태에 대해서와 그 쓰임의 규칙을 규범화하는 문제를 규정했다. 여기서는 품사 중심의 서술체계로부터 형태론과 품사론을 같은 위치에 놓고 다형태론에서 취급하고 있다.

『조선어 리론문법(형태론)』에서는 형태론의 연구대상으로 조선어의 문법적 형태에 의해, 즉 교착물인 토에 의해 이루어지는 다양한 형태에 대한 문제와 문법적 형태에 의해 표현되는 문법적 의미 및 문법적 의미에 기초해 이루어지는 형태론적 범주에 대한 문제를 포함시키고 있다. 이러한 연구대상에 따라 조선어 형태론의 기초이론과 형태조성의 수단인 토의 특성과 유형문제, 문법적 범주와 문법적 의미의 강조형태, 바꿈토에 의한 체언과 용언형태로 그 서술체계를 세우고 있다.

이상 종합적으로 보면 두 번째 시기에는 형태론의 연구대상과 서술체계는 연구대상에 따라 세 가지, 즉 형태론과 품사론을 합쳐 품사 중심으로 서술한 것과 형태론에 각각 품사와 단어의 구조, 문법적 형태를 동등하게 포함시켜 취급한 것, 그리고 형태론과 품사론을 독립적으로 분리시켜 연구를 진행한 것이 있다. 그런데 세 번째 시기에는 두 번째 시기와는 달리 모든 저서에서 형태론의 연구대상과 그 서술체계 문제에서 같은 입장을 취하고 있다. 그리고 네 번째 시기에는 앞 시기와 달리 '형태론', '품사론', '단어조성론'이 독자적인 분과로 따로 갈라져 연구된 특색을 보이고 있다.

ㄴ. 단어의 구조

『조선어문법』(1949년판)에서는 단어의 구조를 어간과 접사, 토로 구분하고 그 결합을 네 가지, 즉 어간과 어간의 결합, 어간과 토의 결합, 접두사와 어간의 결합, 어간과 접사의 결합으로 분류해서 설명했다.

『조선어문법, 1』에서는 단어의 구조를 여섯 가지, 즉 어근과 접두사, 접미사, 어간, 토, 결합모음으로 가르고 접미사를 다시 단어조성 접미사와 형태조성 접미사로 나누었으며, 형태조성 접미사에서 또 다시 네 가지 형태부를 구분하고 있다. 그리고 이 저서에서는 토의 본질을 형태조성 접미사와 마찬가지로 단어의 문법적 형태를 조성하는 형태부라고 규정하고, 형태조성의 접미사와 토와의 차이를 강조했다. 이 저서에서 특징적인 것은 격토에서 여격과 위격을 하나의 토로 규정하고 도움토를 세 부류, 즉 어떤 형태에 붙어서 그 의미를 정밀 보충해 주는 것, 자체가 문장론적 기능을 표시할 수 있는 것, 다른 대상과 연관시키는 것으로 구분한 것이다.

『조선문화어 문법규범』에서는 단어의 구조를 말뿌리와 덧붙이, 결합모음, 토로 구분했다. 이 문법서에서는 앞선 시기에 접사로 보던 것을 덧붙이라 고쳐 부르고, 이것을 다시 앞붙이와 뒤붙이로 구분했으며, 형태조성의 접미사를 다 토로 구분하고 단어에 순수 어휘적 의미를 보충해 주는 형태부만을 덧붙이에 포함시켰으며, 토에 대해서는 단어에서 문법적 뜻을 나타내는 형태부, 즉 한 단어 안의 형태부의 일종으로 보고 있다.

『조선어 리론문법(형태론)』에서는 단어의 구조를 말뿌리와 덧붙이로 구분하고 그 조성을 두 가지 짜임, 즉 단어조성적 짜임과 형태조성적 짜임으로 설명하고 있다. 이 문법서에서는 토를 조사나 보조적 단어로 보던 앞선 시기의 견해의 타당성과 부족점을 밝히고 조선어 토는 교착적 특성이 강한 덧붙이로서 단어에서 문법적 뜻을 나타내는 형태부라고 정의하고 있다.

위에서 보다시피 단어의 구조를 2가지, 3가지, 4가지, 6가지로 보며 일치한 견해를 가져오지 못하고 있지만, 사실 이것은 그것을 세분하는가 하지 않는가에 달려 있으며 그 내용상에서는 대체로 같다. 이 네 시기의 공통점이라면 토를 다 단어구조의 한 부분으로 보았다는 데 있다.

ㄷ. 단어의 문법적 형태와 문법적 범주

『조선어문법』(1949년판)에서는 단어의 문법적 형태는 품사에 토가 첨가돼 문법적 범주를 조성한다고 보면서 동사의 문법적 범주에서는 크게 태범주, 시칭범주, 법범주, 계칭범주, 상범주로 구분하고 태범주를 또 완료태와 지속태로, 시칭범주를 선과거, 과거, 현재, 미래로, 법범주를 접속법과 종결법으로, 계칭범주를 존대, 하오, 하게, 해라, 반말 5급으로, 상범주를 능동상과 피동상으로 세분하고 있다.

『조선어문법, 1』에서는 품사를 중심으로 매 품사별로 그 문법적 범주를 서술하고 있는데, 크게 식범주, 법범주, 계칭범주, 시칭범주, 존칭범주, 상범주, 격범주로 구분하고, 식범주를 서술식, 의문식, 명령식, 권유식으로, 법범주를 직설법과 가능법으로, 계칭범주를 존대, 하오, 하게, 해라, 반말의 5급으로, 시칭범주를 크게 절대적 시칭과 상대적 시칭으로 구분하고 그 안에서 또 현재, 과거, 미래로, 상범주를 능동상과 사역상, 피동상으로 세분하고 매 문법적 범주의 다양한 의미를 구체적으로 서술하고 있다.

『조선문화어 문법규범』에서는 단어의 문법적 형태에 의해 표현되는 문법적 범주에는 격범주, 수범주, 말법범주, 시간범주, 존경범주, 상범주, 말차림범주가 있다고 한다.

『조선어 리론문법(형태론)』에서는 체언과 용언의 문법적 범주를 각각 구분하고 체언의 문법적 범주로는 격범주, 도움형태에 의한 문법적 범주, 수범주를 설정하고 있는데, 여기서는 수범주를 처음으로 새롭게 체계화하고 있다. 그리고 용언의 문법적 범주로는 '맺음 - 이음 - 맞물림'의 체세가 구성하는 문법적 범주계열과 끼움토형태에서 나타나는 범주계열로 먼저 나누고, 다음 맺음형에는 말차림범주와 법범주, 끼움토형태에는 상범주, 시간범주, 존경범주가 있다고 한다.

전반적으로 볼 때 『조선문화어 문법규범』에서 논한 문법적 범주는 독특하다고 할 수 있다. 이 저서에서는 식범주를 말법범주로 고쳐 부르고 그것을 알림법, 물음법, 추김법, 시킴법으로 세분하고 있으며, 계칭범주를 말차림범주로 고쳐 부르고 그것을 높임, 같음, 낮춤의 세 가지로 구분하고 있으며 상범주에서는 중동상을 인정하지 않고 있다. 물론 매 시기의 문법적 범주의 설정은 서로 다르며 오늘날에 이르기까지 조선어에는 어떤 문법적 범주를 설정해야 하는가는 통일을 이루지 못하고 있는 문제로 남아 있다.

③ 「품사 연구사」

본 논문에서 정태순은 품사 연구사를 네 단계, 즉 1945~1954년, 1955~1970년, 1971~1980년, 1981~1995년으로 나누어 서술하고 있다.

구체적으로 보면, 1945~1954년 시기는 광복 후부터 전후 복구건설이 한창 벌어지던 시기까지인데, 품사체계서 8품사 체계(명사, 수사, 대명사, 형용사, 동사, 부사, 조사, 감동사)와 9품사 체계(명사, 수사, 대명사, 동사, 형용사, 관형사, 부사, 접속사, 감동사)가 공존했다.

1955~1970년 시기는 조선어의 민족적 특성을 살리며 어휘정리를 위한 사업이 힘있게 벌어졌는데 품사체계가 8품사, 9품사, 5품사 등으로 견해가 통일되지 않았다.

1971~1980년 시기는 통일적인 문법규범을 세우고 언어의 교육과 연구는 물론 사람들의 언어생활까지 포함해 모든 언어문제를 일관성 있게 주체적으로 풀어 나가기 위한 사업에서 성과를 이룩한 시기로서 품사체계에서 여전히 8품사설과 9품사설이 존재했다.

1981~1995년 시기는 북한에서 주체사상화 위업을 성과적으로 수행하기 위한 투쟁이 힘있게 벌어진 시기이며, 품사론 연구에서도 풍만한 성과를 이룬 시기로서 여전히 8품사설과 9품사설이 존재했다.

그럼 아래에 매 시기의 대표적인 저서를 선정해 그 서술체계, 단어구조, 단어의 문법적 형태와 문법적 범주에 대한 문제를 중심으로 그 변화와 발전을 대략 살펴보기로 하자.

『조선어문법』(1949년판)에서는 명사, 수사, 대명사, 형용사, 동사, 부사(이상 자립적 품사), 조사(보조적 품사), 감동사 등 8품사를 설정하고 있으며, 관형사를 따로 설정하지 않고 명사, 수사, 대명사에 각기 포함시켰고, 상징사도 따로 설정하지 않고 부사의 한 개 하위분류에 넣어 논하고 있다.

『조선어문법, 1』에서는 오랜 언어학적 전통과 많은 전문학자들의 연구성과를 참작해 명사, 수사, 대명사, 동사, 형용사, 관형사, 부사, 감동사 등 8품사를 설정한 다음 매개 품사를 그 안에서 다시 작은 갈래로 나누어 설명하고 있다. 여기서는 상징사를 따로 설정하지 않고 있으며 또 조사를 품사로 설정하지 않고 있다.

『조선문화어 문법규범』에서는 명사, 수사, 대명사, 동사, 형용사, 관형사, 부사, 감동사로 8품사를 설정하고 있다. 여기서는 상징사를 따로 설정하지 않고 있다.

『조선어 리론문법(품사론)』은 『조선문화어 문법규범』을 그대로 따르고 있다.

이상에서 보면 품사체계가 통일되지 못하고 있는 것은 그 분류기준이 서로 다름에도 있겠지만, 주요하게는 조사를 하나의 독립적인 품사로 설정하는가 하지 않는가 또 상징사를 따로 설정하는가 하지 않는가에 따라 품사체계가 달라짐을 보아낼 수 있다.

④ 「문체 연구사」

본 논문에서 김범주는 문체 연구사를 3개 단계, 즉 1945~1963년, 1964~1980년, 1981~1995년으로 나누어 주로 문체론의 연구대상을 중심으로 하면서 각 시기의 특징을 서술하고 있다.

이를테면 1945~1963년 시기는 조선어 문체론이 확립될 수 있는 기초 축성시기라고 할 수 있다. 이 시기는 문체론 연구는 별도로 진행되지 않고 언어학의 다른 분야에서 언어구조의 표현적 효과와 관련된 실천적 문제가 자주 언급되면서 문체문제가 논의됐다. 조선어 문체론은 1960년내에 이르러 언어학의 독자적인 연구분야로 설정되고 그때부터 그 연구가 활발히 진행됐다. 이 시기 문체론 연구는 가사와 시의 언어표현, 개별적인 작가의 언어를 연구하는 데 머물러 있었다. 이 시기 언어 연구자들은 조선어의 언어수단이 가지고 있는 뜻폭과 색채, 우리말의 표현수법을 더 많이 찾아 이론화하는 방향으로 연구를 심화시켜 나갔으며, 또 많은 논문을 통해 여러 가지 문체론적 수법의 본질, 문체론적 동의어 문제, 문체의 표현성, 문체론적 색채 같은 문체론의 기초개념에 대해 논했다.

1964~1980년 시기 언어 연구자들은 문풍문제는 말을 하고 글을 쓰는 사람의 입장과 태도문제와 많이 관계돼 있다고 보면서 혁명적이고 인민적인 문풍의 본보기를 내세우고 그대로 따라 배우도록 하기 위한 연구사업에 주력했다. 이로부터 김일성과 김정일의 문풍에 대한 연구가 시작돼 얼마간 진전을 보았다. 이 시기에는 또한 조선어 문체론을 조선 언어학의 독자적인 분야로 내세우기 위한 연구사업이 활발하게 진행됐는데 문체론을 종합적으로 고찰했다는 데 그 특징이 있다. 즉 문체론의 연구대상, 연구목적, 문체의 개념, 문체의 구성요소, 갈래, 각이한 문체의 표현방식, 표현수법, 문체론의 기초개념 등을 전면적으로 폭넓게 고찰하고 있다. 전반적으로 볼 때 이 시기는 문풍연구, 문체론의 종합적 고찰이 중심으로 진행됐다.

1981~1995년 시기는 문학예술, 출판보도 분야에서도 다른 모든 분야에서와 마찬가지로 혁명의 불길이 세차게 타오른 시기로서, 출판물의 내용과 형식에서 새로운 전환이 일어났으며 글의 문체에서도 혁명적인 변화를 가져왔다. 이 시기에는 일반적인 문체이론보다 언어사용 분야와 글의 목적에 따라 다르게 표현되는 기능문체에 대한 연구를 중심으로 진행됐다. 그리고 문체론의 기초개념에 대해 더 깊이 파고드는 한편 김정일의 문풍에 대한 연구를 심화시켰다.

⑤ 「방언 연구사」

본 논문에서 이동빈은 북한의 방언 연구사를 세 단계, 즉 1945~1963년, 1964~1980년, 1981~1995년으로 나누어 고찰하고 있다.

구체적으로 보면 1945~1963년 시기는 방언 연구조사에서 기본이 되는 방언의 본질적 특성을 정확히 이해하고 방언연구를 위한 원칙적 방법론을 바로 세운 데 기초해 방언어음론에 대한 연구와 함께 방언조사를 널리 진행했다. 이 시기 방언의 본질적 특성에 대해 "방언은 민족어의 지역적 변종으로서 자기의 체계를 가지며 방언에는 민족어의 발전에 이바지하는 긍정적 요소들과 민족어의 규범에 어긋나는 부정적 요소들이 작용하고 있다"고 이해하고 있다. 김병제는 「조선어 방언연구를 위하여」(『조선어문』, 1956. 3)에서 "방언은 표준어의 규범과 모순 대립되며 그것이 용서하지 않는 수많은 현상을 가지고 있다"고 서술했고 그후 『조선어 방언학개요(상)』(과학원출판사, 1959)에서는 "방언이란 일정한 지방에서 그 지방 주민대중에게 복무하는 해당한 언어의 지역적 변종"이라고 서술하고 있는데, 이 관점은 방언의 본질적 특성에 대해 잘 개괄하고 있다. 이 시기 조선어 방언에 대한 조사도 진행됐는데, 방언조사를 위한 원칙적 문제와 방법론 문제를 확립하고 단계별로 조사를 진행했다. 그리고 이 시기의 방언조사는 대중적 성격을 띠면서 진행됐으며, 조사된 방언자료는 방언연구의 중요한 자료로 이용됐을 뿐 아니라 민족어를 풍부하게 하는 데도 활용됐다. 이 시기 김병제는 『조선어방언학개요, 상』에서 개별적인 어음의 특성이라든가, 어음 상호작용의 각이한 경우에 대해서는 개괄적으로 서술하고, 가장 전형적인 특성을 중심으로 서술했다. 이로부터 『조선어방언학개요, 상』에서는 표준어에서 쓰이는 홀모음과 방언의 모음체계를 비교하는 방법으로 방언에서 나타나는 모음의 특성을 밝혔으며, 자음에서는 표준어의 자음체계를 먼저 서술하고 방언에서 나타나고 있는 대표적인 음운의 변종을 밝히는 방법으로 방언의 자음체계를 서술했다.

1964~1980년 시기는 방언에 대해 우리말을 발전시키고 풍부히 하는데 필요한 좋은 언어적 요소와 언어사를 연구하는 데 필요한 귀중한 언어자료가 적지 않게 포함돼 있는 반면, 민족어를 저해하는 부정적인 언어적 요소도 포함돼 있다는 관점과 입장에서 방언을 조사·연구했다. 즉 방언연구에서 방언 속에 묻혀 있는 우리 민족어의 고유한 언어적 요소를 적극 찾아내 문화어를 발전·풍부화시키는 방향에서 그 연구가 진행되면서도 방언에 포함돼 있는 부성석 요소를 극복하기 위한 연구사업도 동시에 진행됐다. 우선 이 시기 방언의 어음론적 특성에 대한 연구를 살펴보면 『조선어방언학』(1967)과 『조선어방언학』(1974)에서는 모음체계를 연구함에 있어 먼저 방언에서 나타나고 있는 모음의 발음상특성을 서술하고 모음체계의

특성과 모음변화, 그리고 모음의 대응관계를 밝혔으며, 자음체계를 연구함에 있어서도 먼저 방언에서 나타나고 있는 자음의 발음상 특성을 서술하고 자음체계의 특성과 자음변화, 그리고 자음의 대응관계를 밝히는 데 주목했다. 그리고 각지 방언에서 나타나고 있는 어음적 특성과 그 움직임을 구체적으로 분석하고 문화어 규범에 어긋나는 어음적 요소를 정확히 갈라내 그것을 극복하기 위한 방향에서 연구가 진행됐다. 다음 이 시기 방언의 형태론적 특성에 대한 연구에서는 각지 방언에서 나타나고 있는 문법적 형태의 유래를 밝히는 것과 함께 방언에서 작용하고 있는 긍정적 요소를 적극 찾아내 문화어의 형태체계를 풍부히 하면서 문화어의 규범에 어긋나는 형태론적 범주와 문법적 형태를 극복하기 위한 방향에서 방언의 형태론적 특성에 대한 연구가 진행됐다. 그리고 격형태, 도움형태, 종결형태, 접속형태, 시칭형태, 존칭형태, 상형태 등에서 나타나는 방언적 특성을 현대 문법론의 체계에 맞추며 대비적 방법으로 서술하고 있다. 셋째, 방언의 문장론적 특성에 대한 연구를 살펴보면 방언문장론에 대한 연구는 『조선어 방언학』(1967년판)에서 처음 시도됐고 뒤이어 『조선어 방언학』(1974년판)에서 단어결합의 측면에서 조선어 방언문장을 취급했으며, 『조선어 방언학개요, 하』에서도 조선어방언의 문장론적 특성을 여러 측면에서 고찰하려고 시도했다. 『조선어 방언학개요, 하』에서는 단어결합에서 나타나는 방언적 특성은 무엇보다도 부정부사 '아니', '못'과 용언의 결합방식이 문화어와 차이를 나타내고 있다고 언급했고, 또 그 특성은 문장론적 단위를 이어 주고 끝맺어 주는 문법적 수단과 양태성을 나타내는 수단에서 표현된다고 서술했으며, 방언문장에서 나타나는 어조의 특성을 악보로 표시함으로써 방언에서 나타나는 어조의 굴곡을 쉽게 이해할 수 있도록 서술했다. 넷째, 이 시기 방언의 어휘론적 특성에 대한 연구를 살펴보면 방언의 어휘구성과 갈래를 구분하고 방언 어휘구성 안에서 어휘의 차이가 생기는 기본요인과 방언어휘가 만들어지는 특성도 연구했다. 이 밖에도 이 시기 각지 방언구역과 여러 방언의 특성에 대해서도 연구가 진행됐으며 문화어 규범의 보급과 방언의 움직임에 대한 연구도 여러 측면에서 진행됐다.

1981~1995년 시기에는 문화어의 전면적 보급과 방언의 수평화가 적극

추진되고 있는 상황하에 방언연구가 종전보다 더 적극적으로 진행됐다. 우선 방언의 어음론적 특성에 대한 연구를 살펴보면, 『조선어 방언학』(1982년판)에서는 조선어 방언의 어음론적 특성을 모음체계와 자음체계로 나누어 고찰하되, 모음체계의 특성으로는 [ㆍ], [ㅐ], [ㅔ], [ㅚ], [ㅟ], [ㅢ]에 대해 논했고, 겹모음의 홑모음화와 앞모음되기에서의 방언적 특성에 대해 언급했다. 그리고 자음에서 나타나는 방언적 특성을 서술함에 있어서는 문화어의 된소리가 순한소리에 대응되는 현상 등은 지난 시기의 역사적 잔재로 파악하고 있다. 이 저서에서는 또 소리마루와 억양에서 나타나는 방언적 특성에 대해서도 서술하고 있다. 다음 방언의 형태론적 측면에 대한 연구를 살펴보면, 『조선어 방언학』(1982년판)에서는 방언의 형태론적 특성이 격토, 도움토, 상토, 존경토, 접속토, 상황토, 종결토 등에서 나타난다고 서술하고 있으며, 문장론적 측면의 특성은 첫째, 부정부사 '아니', '못'과 용언의 결합방식에서, 둘째, 문장 속에서 단어의 배열방식에서, 셋째, 문장 속에 끼여들어 가는 '군더더기'를 쓰는 데서 나타난다고 서술하고 있다. 셋째, 방언의 어휘론적 특성에 대한 연구를 살펴보면, 『조선어 방언학』(1982년판)에서는 방언어휘의 어휘론적 특성은 무엇보다 방언의 어휘적인 공통점과 차이점에서 나타난다고 하면서, 어휘적 공통성은 방언이 민족어의 곁가지로서 민족어의 어휘적 체계와 발전에 복종돼 왔다는 사정에 의해 설명된다고 했다. 그리고 방언어휘의 차이는 크게 세 가지 체계, 즉 첫째, 같은 대상에 대해 지방에 따라 다르게 부르는 데서 표현되며, 둘째, 같은 단어가 지방에 따라 서로 다른 뜻을 가지고 있는 데서 표현되며 셋째, 특수한 사물현상을 이름지은 단어에서 뚜렷하게 표현된다고 서술하고 있다. 그리고 이 시기에는 지역별 방언연구에서도 앞선 시기 연구성과를 더욱 공고히 하고 폭을 넓혀 나가면서도 새로운 측면에서 새롭게 연구를 진척시켜 나갔으며 조선어 방언사에 대한 연구도 심화시켰는데, 지역적 방언의 역사적 형성과성 등에 대해 적시 않은 성과를 내놓았다. 이외에 이 시기에는 언어지리학에 대한 연구가 본격적으로 진행되기 시작했으며, 또한 방언에 대한 전면적인 조사 연구도 본격적으로 진행됐다.

⑥ 「사전편찬 연구사」

본 논문에서 안종천은 사전편찬 연구사를 서술함에 있어 사전편찬학의 연구와 개별적인 언어학적 사전의 편찬으로 나누어 서술하고 있다.

이 시기 조선어사전 편찬상황에 대해 「사전편찬 연구사」는 다음과 같이 개괄하고 있다. 첫 시기에는 "사전편찬 사업을 인민들의 언어생활을 규범화하고 근로자들에게 일정한 지식을 주기 위한 방향에서 진행하였으며," 둘째 시기에는 "새로운 언어규범의 제정과 함께 주체의 언어리론과 사전편찬 원칙에 철저히 의거하여 언어의 주체적 발전에 이바지하기 위한 방향에서 어학혁명의 결실을 반영하도록 했으며," 셋째 "시기에는 그간에 쌓아 놓은 사전편찬의 성과들을 집대성하고 조선어를 보다 주체적으로 발전시키며 사전의 기능을 더욱 높이기 위한 방향에서 이 사업을 진행한 것으로 특징지어진다."

그리고 사전편찬 연구사를 시기적으로는 세 단계, 즉 1945~1963년, 1964~1987년, 1988~1995년으로 나누고 있다. 아래에 매 시기별 특징에 대해 「사전편찬 연구사」의 관점을 인용해 가며 구체적으로 살펴보도록 하자.

1945~1963년 시기는 각종 사전을 편찬함과 함께 그 경험에 기초한 이론적 연구가 활발히 진행됐다. 이 시기 사전편찬학 연구의 특징은 첫째, "언어학에 관한 선행한 로동계급의 고전가들의 명제가 리론적 및 실천적 분야의 기초에 놓여 있는 것이며," 둘째, "규범적인 소규모 주석사전 편찬과 관련된 리론적 문제들에 대해 연구가 활발하게 진행된 것이다."

1964~1987년 시기는 사전편찬학뿐 아니라 사전편찬 분야에서도 획기적인 전환이 일어났다. 이 시기 사전편찬학 연구의 특징은 첫째, "사전편찬에 관한 위대한 수령 김일성 동지와 위대한 령도자 김정일 장군님의 사상이 리론적 기초로 되여 있는 것이며," 둘째, "언어학적인 주석사전 편찬의 범위를 넘어 백과사전 편찬의 리론적 문제들에 대한 연구도 세밀하게 진행된 것이며," 셋째, "순수 언어학적인 문제들만이 아니라 사전편찬의 실천적 문제들에 대한 연구도 폭넓게 진행된 것이다."

1988~1995년 시기는 지난 시기 이룩한 성과를 더욱 공고히 하기 위한 사업과 사전편찬을 새로운 과학적 토대 위에서 진행하기 위한 연구가 활

발히 진행됐다. 이 시기 사전편찬학 연구의 특징은 첫째, "풍부한 사전편찬 경험과 종전의 사전편찬 리론연구에 기초한 주체의 사전편찬학 리론이 완성된 것이며," 둘째, "전자계산기를 리용한 각종의 계산기 사전편찬에 관한 리론연구가 활발히 진행된 것이며," 셋째, "계산기 사전편찬을 위한 빈도수사전 작성의 리론 및 연구가 세밀히 진행된 것 들이다."

⑦ 「어음 및 문자 연구사」

본 논문에서 양하석은 어음 및 문자 연구사를 네 단계, 즉 1945~1954년, 1955~1963년, 1964~1979년, 1980~1995년으로 나누어 서술하고 있다.

구체적으로 보면, 1945~1954년 시기는 어음 및 문자론의 기초를 닦기 위한 연구가 시작됐다. 이 시기는 어음과 음운, 어음변화와 자모 및 발음법에 대해 일반화하며 문자창제의 연원을 밝히고 문자와 음운의 관계를 밝히기 위한 과정으로서 훈민정음에 대한 연구가 많이 진행됐으며, 조선어 음운조직과 어음변화에 대한 연구가 진행됐다. 이 시기 전몽수는 「훈민정음의 음운조직」(『훈민정음 역해』, 조선어문연구회, 1949)에서 훈민정음의 자모와 제자상 원리, 배열순서, 그리고 음상에 대한 관찰 및 음운의 성질과 음운목록에 대해 서술하면서 음운과 문자체계의 역사적 연원과 연관성을 밝힘으로써 조선어의 음운과 문자의 과학적 기초를 이론적으로 밝히려고 노력했다. 그리고 어음변화에 대한 연구를 살펴보면 『조선어문법』(1949년판)에서는 발음기관의 조음, 어음과 문자, 어음의 자모분류와 음가 및 음절에 대해 서술했으며, 어음의 고저, 장단, 어음의 결합적 변화와 음운의 개념 및 표준발음에 대해 기술했다. 여기에서 어음론적 과정이 일반화되고 체계화됐다. 여기에 '6자모'를 설정하고 합리화했다.

1955~1963년 시기는 어음 및 문자론 발전의 큰 구획을 짓는 분수령이다. 이 시기에는 어음론의 기초원리와 이론체계 연구, 악센트와 억양을 구성성분으로 하는 초선분적 현상, 음운의 본실, 음운교체, 모음조화에 대한 연구도 진행했다. 그리고 이 시기 많은 학자들은 조선어의 음운체계가 가지고 있는 민족적 특성을 밝히는 데 주력해 그 고유성을 탐색하고 구조를 체계화하는 데서 일정한 진전을 보였다. 『현대조선어, 1』에서는 어음과 음

운의 관계에 기초해 모음을 분류했으며 이중모음에서는 상승과 하강의 두 갈래를 설정했다. 자음에서는 악음과 소음의 배합 정도에 따라 유향자음과 소음자음을 가르고, 호기통로의 장애유형에 따라 폐쇄음, 마찰음, 파찰음을 가르고 연구개와 목젖의 작용에 따라 비강자음과 구강자음을 갈랐으며, 성문작용에 따라 순한소리, 된소리, 거센소리를 갈랐다. 악센트와 어조에서는 구, 절, 단어를 들고 단어 악센트와 문장 악센트 및 논리적 악센트를 언급했으며, 말의 선율과 어조, 말의 속도와 발음양식을 서술했다. 결합변화에서는 적용과 동화, 이화와 탈락, 삽입과 대치를 가르고, 위치적 변화에서는 어두음 [ㄹ]변화, 모음약화, 어말자음의 내파음화에 대해 지적했으며, 어음교체에서는 어음론적 교체와 역사적 교체를 분류했다. 그리고 이 시기에는 또 기본적으로 인조구개에 의한 방법, 카이모그라프에 의한 공기압력식 방법, 렌트겐선에 의한 촬영방법을 이용해 자음의 조음위치와 발음부위의 접합위치를 확정하는 실험, 억양곡선, 혀와 입술, 아래턱의 위치에 대한 규정, 어음의 조음·생리적 징표를 연구했다.

  1964~1979년 시기에는 어음체계, 악센트, 우리말의 발음상 우수성, 음운과 음운교체, 발음단위, 실험음성학 등 다양한 방면에서 연구를 진행했다. 그 가운데 어음체계에 대한 연구를 살펴보면 홍기문은 『조선어 력사문법』(사회과학원출판사, 1966)에서 자음체계가 유성무성의 2유음체계로부터 무성 3유음체계로 변천된 것, 모음체계가 5모음체계로부터 7모음체계로 발달하고 기본모음 외에 이중모음, 전부계모음 등의 현상에 대해 음운체계의 변천으로 개괄하면서 자음, 모음의 연속과정을 밝혔으며, 음절구성에서는 개음절로부터 폐음절이 발생한 데 대해 예를 들어 증명했으며, 결합변화에서는 파열음, 비음, 칙음 아래에서의 자음결합을 도표로 제시했다. 그리고 음운과 음운체계에 대한 연구를 살펴보면 『조선문화어 문법규범』에서는 소리느낌과 말소리성질을 이용한 말소리의 쓰임을 강조하고 소리마디와 토막이 단어와 맺는 관계, 발음규칙과 결합적 변화에 속하는 소리 바꾸기, 끼우기, 빠지기 및 줄이기를 체계화했다. 또한 억양의 요소를 높낮이선과 율동, 끊기와 말의 속도, 소리빛깔과 문장의 소리마루로 규정하고 내용을 서술했다. 다음 실험음성학에 대한 연구를 살펴보면 압축공기식과 전자기

진통식 카이모그라프를 이용해 어조를 연구한 실험자료를 제출했다.

1980~1995년 시기 어음 및 문자론 연구의 기본특징은 필수적인 연구분야들이 다 갖추어졌으며, 어음론과 관련된 새로운 분야들이 개척되고 현대적인 과학기술 분야와의 밀접한 연계 속에서 과학적 탐구의 폭과 심도가 넓어지고 깊어졌다. 이 시기에는 음운, 음운교체, 음운변화, 음운체계, 음운기능, 초선분적 현상, 실험음성학, 조서문자 등에 대해 연구를 진행했다. 그 가운데서 우선, 음운, 음운교체, 음운변화에 대한 연구를 살펴보면, 양하석은 「음운론에서의 음운과 음운변화의 본질」(『김일성종합대학학보』, 1983. 1)에서 음운교체를 한 단어의 문법적 형태가 바뀌는 데 따라 음운과 그 변종이 규칙적으로 바뀌는 것으로 이해했다면, 음운변화는 여러 형태부의 결합에 의해 단어가 이루어질 때 음운과 그 변종이 각이하게 실현되는 현상으로 규정했다. 그리고 음운변화가 형태부에 미치는 영향을 의미변화, 구조변화, 기능변화, 요소변화의 면에서 서술했으며, 음운이 어음법칙의 작용으로 변화되면서 단어조성에 참가한 여러 요소 사이 형태부의 재분할과 단순화가 일어나 그 구조와 의미 및 기능이 달라지는 데 대해 고찰했다. 다음 음운체계에 대한 연구를 살펴보면, 양하석은 「조선어 음운체계의 론리적 분류」(『김일성종합대학학보』, 1990. 3)에서 사람의 음성 입력과정에 진행되는 음운비교를 논리적 사유과정으로 보고 조음·음향학적 징표에 따라 음운체계의 구성요소를 분류하기 위한 방법을 논술했다. 그리고 어음론적 측면에서 구별적 표식을 잡고 음운체계를 수식도로 도식화했으며, 모음과 자음의 부류를 갈라서 전체 음운모임으로부터 개별요소에 이르기까지 표식의 대립관계에 따라 정보를 탐색하는 방법으로 '우에서부터 아래로' 내려가는 분류방식을 취했다. 또한 자음체계에서 순한소리, 된소리, 거센소리 관계는 단계적으로 처리해 순한소리와 순하지 않은 소리로 가른 다음 그것으로 된소리와 거센소리를 가르는 방식을 취했다. 셋째, 초선분적 현상에 대한 연구는 김성근, 강진철, 양하석 등이 많이 진행했는데, 그 가운데서 양하석은 「가장 작은 운률적 단위로서의 운률소 문제」에서 운율을 말소리흐름을 이루는 초선분으로 보고 그 최소단위에 대해 서술했다. 그는 운율소의 구성조건으로 발음시간이 짧고 어음을 결합시키는 작은 단위여

야 한다는 것을 들면서, 조선어에서 음절이 가장 작은 운율학적 요소로 되는 데 대해 예를 들어 증명했다. 넷째, 실험음성학 연구를 살펴보면, 어음론 연구에서 현실발전의 요구에 따라 현대적 설비를 이용해 높은 과학적 수준에 이른 것이 눈에 띄게 나타난다. 실험음성학에서 기계설비에 의한 실험과 실험자료에 대한 분석종합 두 가지 과정을 구분할 수 있다. 실험에는 오쎌로그라프와 인토노그라프, 스펙트르그라프와 렌트겐촬영기 및 컴퓨터에 의한 음향설비의 연결장치 등이 쓰이고, 분석종합에는 모형화와 선분화 및 어음론적 현상에 대한 평가과정이 있다. 강진철은 「조선어단어의 악센트문제」에서 인토노그라프와 순간스펙트르분석기에 의해 단어악센트를 소리높이, 소리세기, 소리길이의 세 가지 측면에서 연구했으며, 양하석은 「함경도방언 연구」에서 순간스펙트르분석기와 컴퓨터를 배합해 단어악센트와 억양의 방언적 특성을 문화어와 대비 연구하는 방법을 취했다. 다섯째, 조선문자 연구를 살펴보면, 류렬은 『조선말력사, 2』에서 민족문자를 만든 원리로서 음운과 그 체계확정의 원칙에 대한 말소리 고찰에서 엄격히 음운론적 입장에 서 있었다는 것, 음운을 연계된 체계로 파악했다는 것, 음운파악에서 공시적 입장에 섰다는 것, 음운의 기능은 있으나 없어져 가는 것을 변종적 글자로 잡았다는 것, 아직 음운의 기능은 없으나 음운과정에 들어선 것은 변종적 글자로 보충하게 했다는 것, 현실적으로 음운기능은 없으나 다른 음운형성에 결정적 기능을 노는 것을 글자설정의 기본단위로 잡았다는 것, 겹모음, 겹자음은 그 구성에 참가한 홑모음, 홑자음을 구성순서대로 겹쳐 쓰도록 한 것으로 파악했다.

⑧ 「어휘정리 연구사」

본 논문에서 김길성은 어휘정리 연구사를 세 단계 즉, 1945~1953년, 1954~1963년, 1964~1995년으로 구분하고 있다.

구체적으로 보면 1945~1953년 시기는 봉건유습을 청산하고 새 조선의 민족문화를 부흥 발전시키고 민족적 자주독립국가를 건설하기 위한 투쟁에서 지난날 봉건시기에 조선말에서 생겨난 힘든 한자말과 일제시기에 조선말에 끼여든 일본식 한자말과 일본말 찌꺼기, 외래어를 고유한 조선말로 다듬는 등 어휘정리 사업이 진행됐다. 이 시기 북한의 어휘정리 사업은 1947년 2월에 조직된 조선어문연구회의 조직하에 문맹퇴치 사업이 대중적 운동으로 벌어졌고, 출판물에서는 한자사용을 폐지하기 위한 사업을 대대적으로 진행했다. 이 사업은 광복 후 새 민주조선 건설과 6·25동란 과정에서 새로 생겨난 어휘를 조선말의 민족적 특성에 맞게 만드는 사업과도 밀접히 결부돼 진행됐다. 그리고 1949년 2월에 조직된 학술용어사정위원회의 조직하에 학술용어들을 사정하는 사업이 계획적으로 진행됐다. 예컨대 박경출은 「출판물에서 보는 우리말」(『조선어연구』, 1권, 1949. 1)에서 한자어 정리에 대한 세 가지 원칙적 문제를 제기했고 박상준은 「한자어와 한자의 정리에 대하여」(『조선어연구』, 1권, 1949. 3)에서 정리해야 할 한자어와 정리하지 말아야 할 한자어에 대해 규정했으며, 이익환은 「의학용어 제정에 관하여」(『조선어연구』, 1권, 1949. 3)에서 학술용어 정리에서 지켜야 할 세 가지 기본원칙을 밝히고 그 구체적인 방도를 제시했다.

1954~1963년 시기는 평화적 민주건설 시기부터 해 오던 언어정화 사업을 계속하면서 현실발전의 요구에 맞게 이 사업을 계속 발전시켜 말과 글의 문화성을 높이기 위한 투쟁을 벌인 것으로 특징지어진다. 이 시기는 언어정화를 위한 조직적 대책으로 1958년에 학술용어사정위원회가 재조직됐으며, 1961년 11월 25일에는 내각결정으로 학술용어사정위원회에 관한 규정이 채택됐다. 그리고 이 시기에는 언어정화 운동의 대상 및 원칙과 방도에 대해 많은 연구를 진행했다. 언어정화 운동의 첫 대상으로는 한자어, 둘째 대상으로는 외래어를 잡았다. 예컨대 최현은 「조선어의 정화문제와 한문자」(『조선어문』, 1956. 4)에서 정리해야 할 한자어 대안을 제시했고 정렬모는 「조선어에 침투된 한자어에 대한 문제」(『조선어문』, 1960. 2)에서 정리해야 할 한자어의 부류를 규정했으며 장장명은 「조선어에서 한자어 처리에 대한 몇 가지 문제」(『조선어학』, 1961, 창간호)에서 한자어 정리에 대한 실전적 방도를 8가지로 제시했다. 그리고 이세용은 「외래어를 어떻게 처리할 것인가」(『말과 글』, 1960. 4)에서 외래어 정리원칙을 세 가지로 제시하고 있다. 이 시기는 또 언어정화 운동과 그 생활력에 대한 연구도 진행됐으며, 학술용어 사정과 관련한 연구도 활발히 진행됐다.

1964~1995년 시기는 김일성의 1964년 1월 3일, 1966년 5월 14일 교시를 높이 받들고 어학혁명의 한 고리로서 이전 시기에 벌어진 언어정화 운동의 성과를 더욱 공고히 하고 어휘정리 사업을 조선어 발전을 위한 기본문제로 내세우고 힘있게 벌리어 그 이론적 체계화를 실현했다. 이 시기에는 어휘정리를 위한 조직적 대책이 많이 마련됐는데, 가장 중요한 것으로는 1964년에 어휘정리 사업을 전문적으로 맡아 하는 기관인 국어사정위원회가 북한의 내각 직속이 된 것이다. 이 시기 어휘정리 대상으로는 의연히 한자어와 외래어였다. 그리고 어휘정리의 원칙과 방도에 대한 연구도 활발히 진행됐다. 예컨대 박승희는 「새로 나오는 말들은 우리말 어근에 따라 만드는 것을 원칙으로 해야 한다」(『문화어학습』, 1969. 2)에서 새 말 만들기 원칙을 밝히면서 그 방도를 제시했고 전경옥, 김정휘, 정순기, 박상훈, 이근영, 고신숙 등은 어휘정리 방도에 대해 많이 논했는데, 그 중 하나를 예로 든다면 박상훈 등은 「우리나라에서의 어휘정리」(사회과학출판사, 1986)에서 어휘정리 방도를 첫째, 대중의 힘과 지혜를 적극 조직 동원하는 것이며, 둘째, 섬멸전의 방법으로 점차적으로 진행하는 것이며 셋째, 말 다듬기와 다듬은 말의 보급과 통제를 밀접히 결합시켜 하나의 관련된 사업으로 밀고 나가는 것이라고 했다. 그리고 한자어 문제에 관한 연구도 많이 진행됐는데, 그 가운데 박홍준은 「우리말에 녹아든 한자말」(『조선어학』, 1964. 2)에서 한자말을 정리해 버릴 것은 버리고 눌러 둘 것은 눌러 두며, 고유 조선말에 이미 있는 것은 될수록 살려 쓰고 없는 것은 새로 만들어 쓰는 원칙에서 우리말을 바로잡아 나가자면, 우선 우리말 어휘구성의 실태를 정확히 밝히고 거기서 고유 조선말과 한자말의 특성을 가려내는 문제가 제일 먼저 나선다고 했다. 외래어 문제에 관해서도 연구가 많이 진행됐는데, 박재용은 『위대한 수령 김일성 동지의 언어사상』(김일성종합대학출판사, 1975)에서 정리할 외래어로는 우리말과 나란히 있는 외래어, 우리나라의 것이 외래어로만 불리는 경우 외래어를 버리고 우리말로 고쳐 부르도록 해야 한다고 했으며, 또 받아들일 수 있는 외래어는 우리나라에는 없는 것을 들여오는 데서 생기는 외래어지만 그것도 될 수 있는 대로 우리말로 고쳐야 한다는 것, 다른 나라의 고유명사는 그 나라 말로 써야 하며 일부 군사용

어, 세계 공통적인 수사체계는 받아들여야 한다는 것 등을 강조했다. 학술용어 문제에서 박상훈, 이근영, 고신숙 등은 『우리나라에서의 어휘정리』에서 학술용어 정리에서 제반 실천적인 문제를 구체적으로 밝혔다. 그들은 우선 학술용어 정리가 어휘정리 사업에서 가장 중요한 자리를 차지하는 이유를 밝히고 학술용어 정리에서 용어의 정확성, 명확성, 체계성, 간결성 보장에서 나서는 문제를 밝혔다.

이상 본고에서는 문장, 형태론, 품사, 문체, 방언, 사전편찬, 어음 및 문자, 어휘정리 연구서 등에 대해 개괄적으로 살펴보았다. 이외에 『주체 조선어연구 50년사』에는 「언어리론 연구사」, 「언어규범 연구사」, 「어휘 및 의미 연구사」, 「언어사 연구사」, 「리두 및 향가 연구사」, 「언어학사 연구사」, 「기계번역 연구사」, 「수리언어학 연구사」 등 연구사별 논문이 있지만 편폭상 관계로 다음 기회로 미루고 여기서는 약하도록 한다.

(2) 「주요 학위론문 목록」에 대한 통계학적 고찰

『주체 조선어 50년사』에 보면 북한은 1945년 8월부터 1995년까지 조선어 관계 학위논문이 석사논문 163편, 박사논문 26편으로 집계된다. 전반적으로 볼 때 꾸준한 상승세를 나타냈다. 여기서도 형태, 문체, 문장에 관한 논문이 각각 첫째 자리, 둘째 자리, 셋째 자리를 차지한다. 이는 북한의 연구가 문법에 많이 치우친다는 것을 설명해 주는 것이다.

(3) 한국어 연구성과 검토

위의 개략적인 고찰을 통해서나마 북한의 한국어 연구는 각 방면에 걸쳐 많은 성과를 거두었다. 그러나 『주체 조선어 50년사』에서 보듯이 지회자친적인 문제가 없지 않아 있다. 이는 학문적 객관성, 공정성으로 볼 때 더욱 그렇다.

<표 6-3> 연구분야별로 본 석·박사학위 논문 통계

연구분야	석사	박사	합계
어음	11	1	12
형태	36	3	39
문장	19	1	20
문법	2	5	7
문자	2	0	2
어휘	21	2	23
의미	4	0	4
문체	29	2	31
사전	3	2	5
방언	5	2	7
응용	6	2	8
일반	3	2	5
화술	0	0	0
고대	3	5	8
어사	2	3	5
기타	20	1	21
합계	166	31	197

북한의 한국어 연구를 보면 언어연구라는 학문적 순수성에서 많이 빗나가 정치성이나 계급성 같은 논의가 많이 가미된 양상을 드러내고 있다. 그리하여 북한의 한국어 연구에는 정책성이나 투쟁성이 강하게 내비치고 있다. 김일성의 주체사상이 언어에도 영향을 주어 주체 언어사상이 탄생하기까지 한다. 언어를 혁명투쟁의 무기, 계급투쟁의 무기로 너무 절대화하고 실용화하다 보니 결과적으로 언어연구에서 현실정치에 얽매인 극단적인 도구화가 초래되기도 한다. 이로부터 언어연구가 수령·우상화의 도구가 되기도 한다. 아래에서 좀더 구체적으로 보기로 하자.

첫째, 직접 수령의 언어적 성과를 내세우거나 수령이나 당, 주체사상을 언어연구 성과를 거두는 계기나 동력 내지는 요인으로 여긴다. 『광복후 조선어논저 목록지침서』에 보면 김일성과 김정일에 대한 논문이 120여 편에 달한다. 이런 논문은 대개 김일성, 김정일 논저의 어휘사용이나 문체에 대해 찬미 일변도다. 『조선문화어사전』(1973) 머리말을 보면 "우리 시대의 위대한 사상리론가이시며 혁명의 영재이신 우리 당과 우리 인민의 경애하는 수령 김일성 동지의 불후의 고전적 로작「조선어를 발전시키기 위한 몇 가지 문제」발표 10돐을 맞으면서『조선문화어사전』을 세상에 내보낸다" 에서 보다시피 '발표 10돐'이 계기가 되고 있다. 그리고『현대조선말사전』 (제2판, 1981) 머리말에서는 "우리 인민이 수천년 력사에서 처음으로 맞이하고 높이 모신 경애하는 김일성 동지께서 탄생하신 날은 우리 인민에게 있어서 가장 경사스러운 민족 최대의 명절이다"고 하면서 충성의 선물로 『현대조선말사전』을 내놓는다 것이다.『주체의 조선어연구 50년사』에서는 연구성과를 "조선로동당의 언어정책과 그 빛나는 실현"으로 돌리고 있다. 『현대조선말사전』머리말 끝에 보면, "우리말과 글의 주체적인 발전은 언어학 분야에서 불멸의 주체사상을 철저히 구현함으로써 이룩된 고귀한 열매이다"고 하며 그 성과를 주체사상에 돌리고 있다. 이로부터 문체론 연구 하나만 놓고 보아도 정치사상적 요구가 문체론 전반에 걸쳐 중심핵이 되고 있다. 즉 문체론 연구는 문학이나 생활문체에 적응하기 위한 것이라기보다는 정치적 목적을 위한 수단으로 더 많이 사용된다. 그 구체적 표현수법에서 자연스러운 표현보다는 조금 인위적이고 과장된 표현을 강조한다. 수령 이름 앞에 오는 일련의 수식어는 그 한 보기가 되겠다. 이 차원에서 음운학 연구에 있어서조차 "김일성을 우상화하고 공산주의를 선전하기 위한 수단으로써 반드시 알아서 실제생활에 적용해야 하는 부분만을 이론화하여 설명하고 규칙화해 놓은 정도에 머무르고 있으며 언어생활에 있어서도 김일성을 우상화하는 것이 그들의 최종목표이기 때문에 김일성 교시에 따른 김일성식의 사상감정 표현을 그 표본으로 삼고 있었다"고 한『북한의 조선어학』(32쪽)의 지적에 동감이 간다.

둘째, 언어연구가 이데올로기나 정치투쟁에서 자유로울 수 없다. 북한의 언어연구는 논저 제목 자체가 무자비하게 비판적인 화약냄새가 확 풍긴다. 이를테면「남반부 대학교재 <대학국어(大學國語)>에 대한 비판」(『조선어문』, 1962. 2),「남조선의 부르죠아언어학과 그 반동적 조류」(『조선어문』, 1965. 4), 『남조선에 펴져 있는 반동적 부르죠아 언어리론 비판』(박재수, 사회과학원, 1981),『남조선에서 실시되고 있는 언어정책의 반동성과 그 후과』(오성남의 존박사논문, 과학백과사전출판사), 『미제의 민족어 말살정책으로 말미암아 남조선에서 우리말은 엄중한 위기를 겪고 있다』(최원집, 『문화어학습』, 1985. 2), 『남조선에서 우리말을 잡탕화하는 은어들』(『문화어학습』, 88. 3), 『세 나라시기 언어력사에 관한 남조선학계의 견해에 대한 비판적 고찰』(김수경, 평양출판사, 1989) 등은 그 한 보기가 되겠다. 이런 것은 전형적으로 정치이데올로기에 종속된 학문적 시녀에 다름 아니다. 「남조선의 부르죠아언어학과 그 반동적 조류」 머리말에 "남조선 부르죠아 언어학계에서 지배적인 반동적 조류를 분석 비판함으로써 미제의 남조선 강점이 남조선 언어학에 미친 후과에 대해 론술할 것을 목적으로 설정했다"는 그것의 좋은 주석이다.

1957년 말부터 1958년 초까지 김두봉이 숙청당하던 시기의 김두봉 비판을 위한 6자모 비판토론회는 정치투쟁의 냄새가 그대로 풍긴다. 김병제는 『조선어문』(1960. 4)권두언에서 "김두봉은 1948년 1월에 소위 '새 자모 6자'를 반영한 '조선어 신철자법'을 인민에게 강요하려고 발악하였으며 1953년 과학원 언어문학연구소에서 집체적인 연구에 기초하여 '조선어 철자법'을 토론할 때에도 집요하게 간섭하여 '신철자법'의 재생을 획책하였다. 그러나 대다수의 언어학자들의 반대와 타격을 받아 그 야욕은 달성되지 못하였다. 1956년 10월 우리 당이 조선문자의 개혁과 관련된 연구사업을 진행하기 위하여 문자개혁연구위원회를 조직하였을 때에도 반당 종파분자 김두봉은 당의 의도와는 반대로 이 기관을 자기 개인의 기관으로 전락시키려고 시도하였으며 1957년 안에 소위 '새 자모 6자'를 공포하려고까지 망상하였던 것이다. 그러나 우리 당의 정확한 지도에 의하여 김두봉의 이러한 반당적 행동은 제때에 적발 폭로되었다. 1958년 1월 17일 언어문학연구소에서는 소위 '새 자모 6자'에 대한 비판토론회가 있었다. 이 토론회에서는 많은 언어학자들이 참가하였다. 이 토론회에서 신랄하게 비판된 바와 같이 김두봉이 주장해 온 '새 자모 6자'는 아무런 과학적 근거도 없다"고 했다. 이것은 순수한 학술적 문제를 정치문제로 몰아붙인 일례가 되겠다. 이로부터 어휘론 연구에서조차 "언어가 사고를 지배한다는 입장에서 언어를 통한 정치적 목적의 실현화에 초점을 두었다. 따라서 어휘의 정리나 규범에서 강한 규제나 통제가 들어 있다. 즉 언어에 따른 우열이나 개개의 낱말에 대한 정치적 입장에서의 선입관이 들어 있다는 것으로 크게 특징 지을 수 있다"고 한 『북한의 조선어학』(146쪽)의 지적에 동감이 간다.

이외에 북한의 『문화어학습』, 『조선문화어 문법규범』 등을 검토해 보면 학문적 관점의 일방성, 극단성도 눈에 띄게 된다. 이를테면 한자를 비롯한 외래어를 배제하고 순수 우리말을 쓴다고 해서 이미 수천 년간 사용되면서 우리말로 약정(約定)·속성(俗成)된 어휘조차 어색한 신조어로 갈아치우는 것은 언어학의 일반적 도리에도 맞지 않는다. '식도'를 '밥길'로 부르는 것은 그 한 보기가 되겠다. 그리고 북한의 언어관계 논저들을 보면 인용부분에 대개 주를 달지 않는 경향이 있다. 즉 남의 관점을 저자 자신의 관점인 양 사용하고 있는 것이다. 이것은 학문연구의 상식성을 어긴 것이 아닐 수 없다.

3. 문학편

1) 한국문학 발굴·수집·정리사업

광복 직후 북조선고전보전위원회가 창설됐으며 조선문학예술동맹 산하의 각 동맹, 대학이 중심이 돼 고전문학을 비롯한 문학예술 유산의 수집발굴과 연구사업이 전 국가적 범위에서 국책차원에서 활발히 진행됐다. 1946년 9월에는 민간에 흩어져 있거나 서점에 있는 책을 수집하는 한편 전국적 범위에서 서적 기증운동이 힘있게 벌어져 김일성종합대학도서관과 국립중앙도서관을 비롯한 전국의 여러 도서관에는 최단시일 내에 수많은 고전문학 작품을 비롯한 민족 고전유산과 여러 도서가 갖추어지게 됐다. 이때 김일성종합대학도서관에는 3,4000권의 도서를 기증받았고, 1950년에는 13만 5천 권의 장서 규모를 갖추게 됐다. 6·25전쟁이 한창인 1952년 12월에는 조선민주주의인민공화국과학원이 창설되고 그 기구 안에 역사어문연구소가 설립돼 고전문학을 비롯한 민족 고전유산에 대한 수집, 발굴과 연구 사업이 간단없이 진행됐다. 전후, 즉 1953년 7월부터 1970년 이른바 사회주의 기초건설과 사회주의 전면적 건설시기에는 조선작가동맹 안에 상설적인 고전문학분과위원회를 새로 내오고 사회과학원 안에 고대중세문학연구실과 구전문학연구실을 따로 내옴으로써 고전문학 유산 및 구비문학의 발굴, 수집과 정리, 연구사업을 새롭게 보강했다. 1956년에는 김일성종합대학 조선어문학부에 고전문학과를 따로 내옴으로써 고전문학의 수집, 발굴과 연구사업에 필요한 인재와 여건을 갖추어 놓았다.

보다시피 광복 후 북한에서의 고전문학 및 구비문학 유산의 수집, 발굴 및 정리사업은 애초 범국가적 범위에서 국책사업으로 조직적인 힘에 의해 진행됐음을 알 수 있다. 여기에 지도자들의 교시 및 강조가 안받침됐음은 더 말할 것도 없다. 김일성이 1946년 5월 24일에 발표했다는 「문화인들은 문화전선의 투사로 돼야 한다」, 1970년 2월 17일에 발표했다는 「민족문화 유산 계승에서 나서는 몇 가지 문제에 대하여」를 비롯한 여러 논저를 보면 고전문학 유산을 비롯한 문화유산을 수집·발굴하고 정리하는 것에 대해 교시를 내리고 있다. 김정일이 썼다는 『주체문학론』(73쪽)을 보더라도 "우리 인민은 반만년의 유구한 력사를 통하여 세상에 널리 자랑할 만한 문화적 재부를 창조했다. 찬란한 문학예술 유산을 가지고 있는 것은 우리 민족의 크나큰 긍지이며 민족문학 예술을 끊임없이 개화시켜 나갈 수 있게 하는 귀중한 밑천으로 된다"고 강조했다.

북한 이동윤의 「광복 후 우리나라 고전문학 연구에서 이룩한 성과」[4]에 의하면 김정일은 고전 문학유산 발굴사업을 두 단계로 나누어 진행하되, 첫 단계에서는 2년간을 설정하고 모든 고전소설을 조사하며, 두 번째 단계에서는 4년을 기간으로 시가작품을 비롯해서 설화, 패설, 기행문 등 예술적 산문을 발굴·조사하도록 발굴기간과 목표, 발굴방향을 밝혀 주었을 뿐 아니라 또한 이 사업이 방대하고 책임적인 사업인 만큼 여러 대학과 연구기관에 있는 수많은 권위 있는 고전문학 전문가들을 망라해 강력한 발

---

[4] 2001년 7월 5일 '재중조선-한국문학연구회'와 연변대학교 조문학부 주최로 연변대학교에서 진행한 '해방후 조선-한국문학발전과 특징연구 국제학술회의'에서 발표

굴·조사역량을 튼튼히 꾸리도록 조치를 취해 주었다.

이로부터『춘향전』등 민족적 고전은 여러 출판사를 통해 여러 번 출판됐고『사성기봉』,『쌍천기봉』같은 장편소설도 단행본으로 출판됐다. 그리고 특히 눈에 띄는 것은 시리즈 형식의 대형 고전작품 선집들이다. "국립문학예술서적출판사에서는 1958년부터 1960년까지 3년간에 걸쳐서 <조선고전문학선집> 33권을 출판하게 되는바 이는 우리의 고귀한 문학유산 발굴사업에서 하나의 큰틀 대거이다."5) "문예과학 부분에서는 또한 문학예술에 대한 근로자들의 소양과 지식수준, 감상능력을 높여 주는 데 실천적으로 도움을 줄 수 있는 <조선고대중세문학작품해설>(1, 2), <외국문학해설집> 등도 여러 책 집필 출판하고 상·중·하로 된 <조선고전문학선집>과 100권의 <조선현대문학선집>을 성과적으로 발행했다."6) 이외에 <아동문학문고>, <청년문학문고> 등의 형식과 대학생 참고용 교재로 고전작품집을 여러 차례 출간했다. 1950년대 후반기로부터 1960년대 전반기에 이르는 약 10년 동안 <구전문학자료집>(설화편), <구전민요집>, <동국리상국집>, <향가집> 등이 간행됐다.

전반적으로 북한은 "1970년대에 들어서서는 문예계의 력량을 총동원하여 이 사업을 총화하면서 힘있게 벌임으로써 전국 방방곡곡에 흩어져 빛을 보지 못하고 인멸되여 가던 수천 수만의 귀중한 유산들을 단 몇 해 사이에 발굴 수집 정리해 정확히 평가 처리했다."7) 1970년대부터 전면적인 주체시대에 들어섬에 따라 민족문학 유산의 수집, 정리와 출판은 보다 높은 단계에서 전면적으로 진행됐다. 이때 교육·과학·문예부문 전문가들로 조직된 국가심의위원회에서 토론·평가를 거쳐 대중의 애국주의 교양에 이바지한다는 원칙을 취했다. 이렇게 해서 간행되고 있는 것이 방대한 규모의 전 100권 <조선고전문학선집>과 전 100권 <조선현대문학선집>, 그리고 <조선사화전설집>이 편찬·발행되는 사업이 활발히 진행됐다.『조선

---

5)「<고전문학선집> 33권이 발간된다」,『문학신문』, 1959. 5. 7.
6) 김하명,「당의 현명한 영도 밑에 우리 나라 문학예술이 걸어온 자랑찬 50년」,『조선어문』(1995. 4,), p.12.
7) 위의 글, 12쪽.

고전문학선집』은 시대별, 작가별, 작품형태별로 분류하면서도 고전소설과 시가, 민요, 패설, 기행문 등 고전문학의 대표적인 장르를 체계적으로 폭넓게 실었다. 전 15권『조선문학사』머리말에 보면 "우선 문학사 연구의 선행공정으로서 오랜 옛날부터 우리 선조들에 의해 창조 발전되여 온 온갖 형태의 구전문학과 서사문학 작품들을 전면적으로 발굴 수집 정리하고 평가 처리하는 사업이 학계의 집체적 력량에 의하여 진행되였으며 이에 기초하여 사상예술적으로 우수하고 력사적 의의가 있는 작품들을 시기별, 작가별로 형태와 종류에 따라 분류 배렬한 <조선고전문학선집>, <현대조선문학선집>, <조선사화전설집> 등이 편찬 출판되고 있다." <조선고전문학선집>의 발행은 북한 고전문학 정리사업의 새로운 높은 단계를 과시한 것이 된다. 이동윤의 상기 논문에 의하면 현재 북한에서는 수백 편의 고전소설 작품과 17만여 수의 시가작품을 비롯해서 무려 27만여 편에 달하는 방대한 자료를 조사해 지금까지 널리 알려지지 않았거나 그 이름만 전해 오던 작품을 수많이 발굴했으며『하진량문록』,『사성기봉』,『쌍천기봉』,『옥련몽』등 큰 장편을 비롯해서 중편소설을 350여 편 발굴·정리했다.8) 이런 작품에는 아직 한국에서 알려지지 않았거나 북한에서 유일하게 소장하고 있는 작품이 있음은 더 말할 것도 없다.9)

물론 북한의 한국문학 발굴·수집·정리사업에 문제가 없는 것은 아니다. 광복 후부터 1956년 8월 15일까지를 하한선으로 하고 있는 김일성종합대학 교원용『조선문학사 년대표』를 보면 이 10여 년 사이 적지 않은 고전

---

8) 조선문학창작사 고전연구실,「<고전소설해제>에 대하여」(『고전소설해제』, 문예출판사, 1988, 5쪽)에 보면 "1984년부터 1989년까지 아직 학계에 알려져 있지 않았거나 이름만 알려져 있던 200여 종에 달하는 고전소설들이 새로 발굴, 조사됐으며 500여 종에 달하는 고전소설들이 새로 발굴, 조사됐으며 500여 종에 달하는 고전소설들의 내용이 기본적으로 장악되었다"에서 밝힌 숫자와 잘 맞아떨어지지 않고 있다.

9) 최웅권의『북한의 고전소설 연구』(지식산업사, 2000. 9)에 의하면『花夢集』,『강로전』,『금화영회록』,『蘭焦在世奇緣錄』,『쌍천기봉』,『옥포동기완록』,『왕제홍전』,『황백호전』등의 소설이 있다. 조희웅의「북한소재 고전소설 목록검토」(『한국 고전소설과 서사문학』, 상, 집문당 1998, 89쪽)에서는 한국에 아직 알려지지 않은 북한소장 고전소설을 35종 내지 40종으로 추정하고 있다.

소설 단행본이 출판됐다. 그러나 고전소설 수가 도합 83편밖에 수록되지 않고 있어 초창기의 한산한 국면을 보여주고 있다. 그리고 기록문학 유산을 집대성하는 경우 고대, 중세서는 이규보, 김만중, 박지원, 정약용 등 리얼리즘 계열 작가 및 작품에 편중하는 경향과 현대에는 최서해, 조명희, 이기영, 한설야, 송영 등 카프 계열 작가 및 작품에 편중하는 경향을 나타내고 있다. 그리고 구비문학을 발굴·수집·정리하는 경우 두 발로 뛰는 현지조사보다는 전국 각지에 서한을 보내 자료를 수집하는 방식을 취함으로써 전지역을 대상으로 단기간에 성과를 올린 강세가 있음에도 불구하고 구체적인 구연상황과 구어체 표기를 무시한 맹점도 없지 않아 있다.

2) 북한의 한국문학 연구성과

전반적으로 주체 문예이론의 선입견에 의한 왜곡이나 문제가 있으나 자기 나름대로 민족문학사를 구성하려고 노력한 모습이 보인다.

북한의 한국문학 연구성과를 고찰함에 있어서는 문학연구의 주변상황, 예컨대 정치, 경제, 문화 등 여러 요소를 동시에 고려해야 한다. 특히 북한문학 연구가 문학 본연의 존재론보다는 이런 주변적 상황에 보다 많이 영향을 받았다고 생각할 때 더욱 그렇다. 전반적으로 북한의 한국문학 연구는 처음부터 강력한 조직적인 힘에 의해 추진됐다. 광복 후 북한의 한국문학 연구는 당의 산하조직에 속하는 김일성종합대학 설립(1946년), 그리고 1952년 조선민주주의인민공화국과학원 언어문학연구소 설립을 통해 본격적으로 추진된다. 언어문학연구소의 문학연구실을 중심으로 연구자들이 조직돼 문학이론과 문학사 연구의 기초를 다졌다. 이 시기 북한의 한국문학 연구는 또한 조선문학예술총동맹 산하 작가동맹 고전문학분과, 평론분과위원회를 통해서도 이루어졌다.

당시 관련 기관지로는 『조선어문』, 『문학연구』, 『어문연구』, 『조선문학』, 『문학신문』 등이 간행됐다. 정기 학술지인 『조선어문』은 1956년 창간된 과학원 언어문학연구소 기관지로 격월간으로 발행됐다. 이는 1961년부터 과학원 언어문학연구소와 문예총 산하 작가동맹 중앙위원회 공동기관지인 『문학연구』로 연결되다가 다시 1966년부터 사회과학원(과학원의 후신) 언어학연구소와 문학연구소 공동기관지인 『어문연구』(계간)로 연결됐다. 그러다가 주체사상 확립 후 현재까지 한국문학 관련 연구간행물로는 주로 종합문예지인 『조선문학』(월간), 『문학신문』(주보)이 지속적으로 간행돼 최근의 연구동향을 알게 해준다. 『조선문학』은 1953년 10월 문예총에서 작가동맹이 분리됨에 따라 원래 문예총 기관지였던 『문화전선』[10]과 『문학예술』[11]을 종합해 창간된 작가동맹 중앙위원회 기관지다. 『문학신문』은 1956년 12월 6일 창간돼 초기에는 주 1회, 1959년부터는 주 2회 발행된 작가동맹 중앙위원회 기관지다. 『문학신문』은 문학 단신, 뉴스, 평론, 동향 등 다양한 내용을 실어 해당시기 북한의 한국문학 연구상황을 이해하게 해준다.

학계에서 많이 지적되고 있다시피 북한의 한국문학 연구는 대개 두 단계로 나누어 볼 수 있다. 첫 단계는 광복 후부터 1960년대 말까지, 즉 주체시대 이전 시기이고, 두 번째 단계는 1970년대 이후부터 현재까지, 즉 김일성의 '유일사상'에 입각한 주체시대로 볼 수 있다.[12]

첫 단계에 북한에서는 문학연구 인원을 조직하고 문예이론과 문학사 연구의 기초를 마련하면서 문학연구 전반의 기틀을 세우려고 했다. 우선 일정한 경험이 있는 문학평론가와 작가들로 대학에 문학강좌를 개설하고 문학이론과 문학사를 강의하기 시작했으며, 대학에서 문학 전공자가 나옴에 따라 한국문학 연구자가 대폭 늘어나게 됐다. 이 시기는 주로 개별적인 연구로 출발했지만 그래도 나름대로 관점을 피력하는 특색을 보이고 있다. 그러나 이 시기에는 한국문학 연구의 초창기적 약점을 그대로 드러내고 있다. 이를테면 『금오신화』의 창작시기도 확정짓지 못하고 있으며, 『운영

---

10) 1946년 7월 25일 창간.
11) 1948년 4월 창간.
12) 학계에서 일반적으로 1967년을 분계선으로 첫 단계와 두 번째 단계를 획분하고 있는데, 필자는 노동당 제5차 대회(1970년)에서 주체사상이 본격적으로 상정되고 그후 전 사회적으로 확산되기 시작한 1970년대 이후 시기를 두 번째 단계로 잡도록 한다. 북한 자체 내에서도 이런 시각을 많이 갖고 있는 것으로 안다.

전』의 작가를 유영(柳泳)으로 추정해 버리고 말거나, 고전소설 시기구분을 20세기로 한정해 이인직의 『혈의 루』가 창작되기 이전의 작품을 모두 고전소설로 보기도 하는 등 무단적인 판단과 관점을 노정하기도 했다.[13]

북한에서는 1960년대 후반기부터 본격적으로 주체사상이 거론되고 1970년 11월에 열린 제5차 당대회에서 주체사상을 공식 제안하고, 1970년대 중반에 주체사상을 한국문학 연구에 전면적으로 적용시켰다. 이로부터 전단계와는 다른 문학연구 상황이 벌어졌다. 이 시기에는 1960년대 이전의 분산적이고도 개별적인 연구사업을 집단화하고 조직화하기 위해 기존의 과학원을 '조선민주주의인민공화국 사회과학원'으로 확대하고 문학연구소를 언어연구소와 별개의 독립연구소로 만들게 된다. 1970년대 후반부터 새로운 주체 문예이론이 제출되고 한국문학 연구의 방법론적 기틀을 마련한다. 이것이 1980년대에 들어서서는 독자적인 체계로 자리를 잡아 가면서 문학사 서술에 그대로 체현됐다. 그리고 김일성종합대학과 사회과학원 문학연구소에서는 문학사 관계자료를 새로 전면적으로 수집·정리하고 새롭게 평가하는 작업을 진행했다.

북한에서 민족문학 유산에 대한 발굴, 수집 및 정리는 "문학예술 연구에 필요한 자료토대를 더욱 튼튼히 축성하는 데 이바지했다"(김하명). 북한에서는 이런 발굴, 수집 및 정리가 곧바로 연구작업과 연결·병행된바, 이런 자료를 바탕으로 우리문학의 발생, 발전의 합법칙성을 사적으로 종합하고 체계화하는 작업을 조직적으로 꾸준히 이루어 왔다. 1947년 김일성종합대학에서 최초로 『조선문학사』(상, 하)를 집필·편찬한 것으로부터 1948년 이명선의 『조선문학사』, 한효의 「조선 현대문학의 력사적 고찰」(『력사제문제』, 1949. 11), 1952년 임화의 『조선문학』, 1955년 안함광 외 『해방 10년간의 조선문학』(조선작가동맹출판사), 1956년 교육도서출판사에서 나온 전 3권 『조선문학사: 1~14세기』(이응수), 『조선문학사: 15~19세기』(윤세평), 『조선문학사: 19~20세기』(안함광), 1959년 사회과학원 문학연구실의 『조선문학통사』(상, 하), 1960년 교육도서출판사의 『조선문학사』, 1962년 대학용 교과서

---

13) 김일성종합대학 교원용 『조선문학사 연대표』 참조

로조선문학출판사에서 펴낸『조선문학사, 1』(한룡옥),『조선문학사, 2』(김하명),『조선문학사, 3』(작자 미상), 1978년 사회과학원 문학연구소의『조선문학사: 1945~1958』, 1980년 박종원, 최탁호, 류만의『조선문학사: 19세기 말~1925』, 1981년 김하명, 류만, 최탁호, 김영필의『조선문학사: 1926~1945』, 1977~1981년 사이 전 5권『조선문학사』(과학백과사전출판사), 1982년『조선문학사』(김일성종합대학), 1982~1983년 사이 전 5권『조선문학사』(김일성종합대학), 1986년 정홍교, 박종원, 류만의『조선문학개관, Ⅰ·Ⅱ』(사회과학원출판사), 1990년대 과학백과사전종합출판사의 전 15권『조선문학사』등 일련의 문학사 관련저서가 나왔다. 이외에『문학신문』(1966. 7. 29~9. 27)에 실린 윤기덕의 서평에 의하면 1960년대 전 10권『조선문학사』(신구현 외)가 출판됐다.

　아래에 대표적인 문학사에 한해 특징적인 내용을 일별해 보면, 1956년 전 3권『조선문학사』는 광복 직후 북한의 각급 학교에서 문학사를 체계적으로 강의하기 위한 수요에서 만들어진 북한의 첫 문학사 교과서다. 기존의 문학사와 좀 다른 특징은 주요작품의 사상적 의의와 문학사적 위치를 규정했고 구비문학을 강조했으며 이기영, 한설야의 주요 장편이 서술 전체의 ⅓ 분량을 차지할 정도로 비중있게 다루어졌다는 데 있다. 그리고 최치원, 이규보, 이제현 등에 대한 작가론적 서술과 더불어 한문문학을 다양하게 수용했고 독자들의 이해에 도움을 주고자 작품 줄거리 및 현대 번역문 등을 첨부한 것도 특징이다. 이 문학사는 나름대로 준비된 문예이론으로 풍부한 자료에 대한 분석, 연구를 통해 일단 우리문학사를 과학적으로 체계 세우는데 성공하고 있다. 그러나 개별적인 작가와 작품에 대한 면밀한 검토와 연구가 부족한 엉성함도 보이고 있다.

　김일성종합대학과 사회과학원에서 간단없이 편찬·간행한『조선문학통사, 상·하』,『조선고대중세문학사』와『조선문학사: 고대, 중세 편』는 새로 발굴·정리된 고전문학 작품을 부단히 보충하면서 보다 풍부하고 심도 있으며 세련된 전개양상을 보이고 있다. 이를테면『조선문학통사』는 1950년대까지의 한국문학 연구성과를 종합해 낸 이 시기 대표적인 문학사로, 앞뒤 문학사 전개가 잘 맞물리고 장르별 문학작품의 산생·발전양상도 잘 드러나고 있다. 그리고 친일문인을 배제하는 원칙에 철저히 입각하고 있다. 『조선문학사』에서는 조선시기 문학을 기본으로 나름대로 우리 민족 전반의 고대문학 발생, 발전의 합법칙성과 작가들의 창작활동 및 문학작품이 차지하는 문학사적 위치와 의의를 밝혀 놓았다. 물론 이 문학사는 여러 가지 자료의 부족으로 어설픈 점도 없지 않으나, 북한에서 우리 민족 고전문학 발전의 역사를 처음으로 체계화했다는 데 자못 의의가 크다.

1962년 대학용 교과서로 조선문학출판사에서 펴낸 전 3권 『조선문학사: 제1권 원시~14세기』(한룡옥), 『조선문학사: 제2권 15~19세기』(김하명), 『조선문학사: 제3권 20세기』(작자 미상)는 문학사적 흐름과 개별작가 및 작품론을 적절하게 결합한 방대한 규모의 문학사로 추정된다. 서술체계는 각 시기별로 역사적 배경과 사회문화사적 개관을 앞세우고 설화, 민요 등 구비문학을 살펴본 다음 본격적으로 장르별 개관 및 개별 작가론을 진행하고 있다.

그리고 윤기덕의 서평에 의해 확인할 수 있는 전 10권 『조선문학사』(신구현 외)는 그때까지 한국문학사 연구성과를 집대성한 방대한 규모로 문학사 자료를 대폭 늘리고 문학현상 나열과 작가 및 작품에 대한 평론모음으로서의 문학사를 지양하고 문학사상 및 문예사조의 발전, 그리고 장르와 형식의 발전 등 다양한 시각에서 종합적으로 논의를 전개하고 있는데, 이는 가히 주체시대 이전 한국문학사 연구의 최고성과로 볼 수 있다. 전 5권 『조선문학사』는 주체시대에 들어선 후 북한에서 이루어진 한국문학 연구성과를 집대성한 최초의 문학사다. 좀더 구체적으로 보면 제1권 「고대중세편」은 주체사상의 영향을 적게 받은 것으로 전 시기 문학사 서술과 비슷한 양상을 나타내고, 나머지 네 권은 주체사상으로 관통돼 시기구분, 서술체계와 내용이 많이 달라져 이전의 문학사 연구와는 다른 양상을 보이고 있다. 『조선문학개관』에서는 이인직, 이광수, 육당 등에 대한 평가를 본격적으로 수용해 기술하고 있을 뿐 아니라 카프 및 구인회 문인에 대한 평가에서도 변화의 조짐을 보이고 있다. 그리고 전 15권 『조선문학사』는 1990년대 북한이 내놓은 현재까지의 한국문학 연구를 집대성한 대표적인 성과로 된다.

각론별로 북한의 한국문학 연구업적을 보면 다음과 같다.

장르별 연구를 볼 때, 한국시가 관련 연구업적으로는 『조선시가의 종류와 작시법에 대한 사적 고찰』(현종호, 1963), 『우리 시문학의 운율연구』, 『조선국어 고전시가사연구』, 『고려시가유산연구』(정홍교, 과학백과사전출판사, 1984) 등이 있는데, 『조선시가의 종류와 작시법에 대한 사적 고찰』(현종호, 1963), 『우리 시문학의 운율연구』는 북한의 한국문학 연구에서 내용보다는 형식적인 면에 치우쳐 좀 이색적이다. 그리고 『조선국어 고전시가사연구』는 570여 쪽에 달하는 방대한 양의 저서로 가히 북한의 국어시가 연구를 집대성한 것으로 볼 수 있다. 1960년대 문학사에서는 귀족문학이라고 별로 취급하지 않던 정형시 별곡체 시가를 언급해 돋보인다. 그러나 근대 자유시를 언급할 때는 최남선을 전적으로 부정하는 관점을 피력하고 있어 극단적인 면을 드러내고 있다. 『고려시가유산연구』는 서지학적인 고증을 중시하면서 고려시가 유산에 대해 문헌적인 고증을 진행하려 한 점이 돋보인다. 그리고 고려 전반기에 시가문학이 발전하지 못했다고 보는 관점에 대해 반박을 가하는 동시에 고려 전반기에도 시가문학이 크게 발전했다는 것을 전문 가운데 한 개 장, 절로 따로 떼어 논술하고 있어 이색적이다.

한국소설 관련 연구업적을 고찰함에 있어서는 일단 고전소설사 관계저서를 꼽을 수 있겠다. 이를테면 1939년 학예사에서 조선문고 형식으로 발간한 김태준의 『증보조선소설사(增補朝鮮小說史)』를 1950년대에 번인(飜印)해 낸 것을 위시해 김춘택의 『조선고전소설사연구』, 윤기덕이 1960년대 『문학신문』에 10회에 걸쳐 연재한 『小說의 歷史를 더듬어』, 은종섭의 『조선 근대 및 해방전 현대소설사연구, 1·2』(김일성종합대학출판사, 1986), 김춘택과 은종섭 공저의 『조선소설사』(김일성종합대학출판사, 1989) 등이 있다.

『조선고전소설사연구』는 시대구분법과 주요작품 취급에서 1960년대 문학사의 관점과 별로 큰 차이가 없다. 이 소설사의 특징은 기존의 많은 문학사 저서가 내용에 대해 많은 필묵을 돌린 데 반해 고전소설의 형태양상 분석에 많은 힘을 쏟았다는 점이다. 단편소설이 조선에서 발생할 때의 특성을 밝히면서 어떤 작품을 소설로 보겠는가 하는 문제에 대해 허구를 그 기준으로 해야 된다는 관점을 내놓았다. 이것은 저자가 주로 소설사적 의의를 강조하고자 소설사 본연의 서술방법을 취하려고 많은 노력을 했다는 것을 말해 준다. 『소설(小說)의 역사(歷史)를 더듬어』는 소설사를 간명하게 서술하고 있지만 여러 면에서 독특한 관점을 피력하고 있어 주목을 끈다. 예를 들면 고전소설 발생시기를 고려 의인전기체의 산생에서 확정짓고 있는 것은 그 한 보기로 된다. 그리고 이 소설사는 17세기 문학을 애국주의, 반침략으로 규정하면서 대서 특필한 특징도 보이고 있는데, 이는 훗날 북한 문학사 기술의 한 모델을 보여주는 것이다. 『조선 근대 및 해방전 현대소설사연구, 1·2』에서 1920년대 후반기~1930년대 전반기를 하나의 시기로 잘라낸 것은 "이 시기가 해방 전 진보적 소설문학 발전의 마루를 이루는 프로레타리아 소설이 왕성하게 창작되고 줄기차게 발전한 것이 특징이기 때문이다"고 하며 프로문학을 높게 사고 있다. 구체적인 작가평가에서 한용운, 심훈, 채만식 등에 대해 객관적인 평가를 하면서도 이광수는 초기 문학활동까지 부정해 버리는 편향도 없지 않아 있다. 그리고 소설의 형태적 특성의 발전양상에 대해서도 고찰한 특색이 있다. 시기구분은 '계몽기와 1910년대, 1920년대 전반기, 1920년대 후반기~1930년대 전반기, 1930년대 후반기'처럼 시간별로 하고 있다.

『조선소설사』는 고전소설과 현대소설 통시론인데, 내용은 대개 『조선고전소설사연구』의 축소판으로 볼 수 있다. 『조선소설사』 앞부분에 보면 이 저서는 학생들이 문학발전의 매 시기를 대표하는 중요 작품과 작가에 대한 인식을 얼마간 가지고 연구·학습하게 되는 조건에서 형태발전을 주로 해서 서술했다. 또한 전공학생들이 『조선고전소설사연구』, 『조선 근대 및 해방전 현대소설사연구, 1·2』를 참고서로 이용하는 사정을 고려해 소설문학의 유산과 그 발전과정에 대한 서술을 간략히 했다는 것을 일러 두었다.

최시학의 「조선패설문학의 연구방향에 대하여」(『김일성종합대학학보』, 2호)는 패설연구의 새로운 한 시각을 제시해 주어 가치가 있다.

한국 구비문학 관련 연구업적으로는 『조선구전문학연구』(고성옥, 과학원출판사, 1962), 『조선구전문학개요: 항일혁명 편』(이동원, 사회과학출판사, 1994)으로 보게 된다. 『조선구전문학개요』를 보면 그 머리말에 "이 책에서는 항일혁명 투쟁시기 인민들 속에서 광범히 창조 보급된 항일혁명 투쟁을 반영한 혁명적인 구전문학과 그 영향 밑에 창조된 구전문학을 대상으로 하여 이 시기 구전문학의 발전정형과 형태양식의 발전, 주제사상적 내용과 표현형식, 사상예술적 특성 등에 대해 전면적으로 밝힐 것을 과제로 내세우"고 있다. 물론 '백두산의 태양전설'과 '백두광명성 전설'을 내세워 개인우상화작업을 하고 있다.

한국극문학 관련 연구업적으로는 『조선연극사개요』(한효, 국립출판사 1956), 「조선민간극연구서설」(고정옥, 『조선어문』, 1957. 3), 『조선민속 탈놀이 연구』(김일출, 과학원출판사 1958) 등의 논문과 저서를 꼽을 수 있다. 이 가운데 『조선연극사개요』를 보면 엉성하나마 주로 광복 전 한국 현대연극사를 체계적으로 서술해 놓고 있다.

창작방법 및 문예사조 관련 연구를 보면 「조선문학에서의 사실주의의 형성에 대하여」(김하명, 『조선어문』(1957. 4), 『사실주의에 관한 논문집』(김하명 외, 과학원출판사, 1959), 『우리나라 문학에서 사실주의의 발생, 발전론쟁』(고정옥 외, 조선문학예술총동맹출판사, 1963), 『조선문학에서의 사조 및 방법연구』(이응수 외, 1964), 『우리나라 비판적 사실주의문학 연구』(이동수, 과학백과사전종합출판사 1988) 등의 논문 및 저서가 있는데, 여기서는 리얼리즘 및 낭만주의 발생・발전의 문제, 역사제재 작품의 현대성 문제, 고대・중세문학사의 시기구분 및 장르문제, 서사문학과 구비문학의 상호 관련성 문제 등이 논의됐다.

개별작가 및 작품론을 보면 『연암 박지원연구』(김하명, 국립출판사, 1955), 『김소월론』, 『최서해론』, 『조명희연구』(엄호석), 『리기영연구』, 『고전작가론』(박종식 외, 조선작가동맹출판사 1959), 『현대작가론』(윤세평 외, 조선작가동맹출판사, 1960) 등의 대표적인 저서가 있는데, 대개 실학파, 카프 등 리얼리즘 작가들이 다루어졌음을 알 수 있다.

이외에 『항일무장투쟁과정에서 창조된 혁명적 문학예술』(문학연구실 편, 과학원출판사, 1960) 같은 연구논저는 시기별로 한국문학을 논한 특색도 나타내고 있다.

그리고 북한에서는 우리문학의 대중적 보급을 위해 『조선고대중세문학작품해설, 1・2』(과학백과사전출판사, 1986) 같은 데서 '고가요집, 고대 전기

설화집, 한시선집, 력대시선집, 리규보 작품선집, 리제현 작품선집, 패설 작품선집, 송가가사, 박인로 작품선, 가사선집, 풍요선집, 사가시선, 정약용 작품선집' 등에 대해 한문원작을 우리말로 옮겨 놓는 등 해설의 통속성, 대중성을 기한 저서도 돋보인다.

그리고 「피바다」, 「성황당」, 「꽃파는 처녀」 등 이른바 김일성의 친필작품을 연극, 가극 내지는 영화로의 장르적 확장은 개인 우상숭배라는 동인에 의한 것이겠지만, 그것이 새로운 예술장르의 다양한 실험이라는 장점도 가지고 있음은 더 말할 것도 없다. 특히 우리 동양에서는 아직 생소한 장르인 가극장르의 개척 및 이런 새로운 장르를 개척함에 있어 '대화창'과 '아리아' 대신 '절가' 등 형식적인 면에서 민족적 특색을 살린 것은 충분히 긍정해야 할 특기할 사항이 아닐 수 없다.

『광복후 북한현대문학 연구』 「부록 1」을 보면 광복 후 현재까지 한국문학 관계 석사논문은 도합 162편이고 박사논문은 도합 8편으로 집계된다. 전반적으로 볼 때 많은 양은 아니나[4] 그래도 꾸준히 상승선을 그어 왔다.

전반적으로 볼 때 북한의 한국문학 연구에서 집단조직화로 효과적인 추진, 그리고 보급을 기초로 한 통속화, 대중화 추구 및 분명한 가치판단 등은 분명 어떤 문제가 있음에도 불구하고 그것이 절대적으로 부정적 가치만 있는 것은 아니다. 그것은 남쪽의 한국문학 연구에서 상아탑에 빠져 학문 지상주의나 정신적 자아도취에 빠지는 허점을 미봉하는 대안이 되기도 한다.

3) 북한의 한국문학 연구성과 검토

북한의 한국문학 연구성과는 북한 자체의 시각으로 볼 때는 전적으로 성과로 수용될 것이다. 그러나 학문적 연구의 진리성, 공정성, 객관성 등

---

[14] 북한은 구소련의 학위학칙을 도입해서 그런지 석사학위 이상 학위수여는 대단히 엄정해 그 수를 목적의식적으로 제한하고 있는 듯하다. 이로부터 학위의 권위를 보장하고 있다. 현재는 많이 풀리고 있는 것으로 안다.

보편적 원칙과 통일지향의 문학연구 차원에서 보면 그것은 문제점을 안고 있는 성과임에 틀림없다. 그것은 성과와 문제점이 뒤엉켜 있는 복잡한 양상을 드러내고 있다. 우리는 이 복잡한 양상 속에서 금싸락을 캐내듯이 성과를 캐내야 할 뿐 아니라 독소를 제거하듯이 문제점을 집어내야 한다.

(1) 문학연구의 자주의식

북한 주체사상의 기본내용의 하나가 자주성이다. 남의 영향을 받지 않고 내 스스로가 내 주인이 된다는 것이다. 북한의 이런 자주성은 사실 개개인의 자주성보다는 민족, 국가 차원의 자주성으로 이해하는 것이 바람직한 줄로 안다. 우리문학 연구에서 이런 민족·국가적 자주성은 외국문학의 영향이라는 문제에 부딪칠 때마다 민감한 반응을 보인다.

북한의 전반적인 우리문학사 서술을 보면 한문문학보다는 국문문학을 높게 사고 있다. 한문문학의 경우에는 국문으로 번역해 원문 제시 없이 그대로 인용하고 있다. 한문 사용은 어쩐지 민족적 자주성에 저촉되는 꺼림칙한 데가 있는 듯하다. 이것이 북한의 일반적 정서고 입장이다. 이 점은 김시습을 평가한 북한의 일반적 논의에서도 잘 드러나고 있다. 이를테면 김시습은 훈민정음이 창제돼 우리 글로 문학을 창작할 수 있는 가능성이 주어졌으나 국문으로 소설을 창작하지 않고 종전과 마찬가지로 한문을 이용했다. 이것을 김시습이 양반 유학자로서 자기 시대와 계급적 제약성을 벗어나지 못한 본질적인 제한성으로 보고 있다. 이에 반해 송강 정철처럼 순전히 국문으로 창작을 진행한 작가들을 높게 산다. 이것은 작품평가에서 민족적 자주성을 따지는 북한의 평가기준에서는 당연한 귀결로 된다.

은종섭의 『조선 근대 및 해방전 현대소설사연구, 1』(김일성종합대학출판사, 1986)을 보면 문학평가 기준에서 이런 민족적 자주성에 많은 신경을 쓰고 있다. 이를테면 "계몽기 이후 해방 전 소설사를 고찰함에 있어 자주성의 견지에서 계급의식뿐만 아니라 민족 자주의식" 차원에서도 고찰해야 한다고 성명을 발표하고 있다.

이런 민족적 자주성은 우리문학의 시조, 소설 등 장르의 발생, 발전을 논하는 마당에서 잘 나타나고 있다. 북한의 주체 문예이론은 모든 문학작품을 절대적으로 해당시기의 사회적 토대 위에서 이루어지는 것으로 보고 있는 만큼 외국문학의 영향이나 수용 등을 고려하려 하지 않는다. 이것이 문학의 발생, 발전의 역사를 주체적 입장으로 파악하는 것인 셈이다. 이로부터 비교문학적 관점에 의한 외국문학의 영향 운운은 기피하고 있다. 북한에서는 우리문학연구에서 민족적 자주성을 강조하면서 자기 나름대로의 관점을 이끌어 내오고 있다.

북한은 우리문학사를 논함에 있어 시조 발생의 기원을 고려가요뿐 아니라 향가 등 보다 앞선 시대 시가형태와의 계승관계를 강조함으로써 민족 자체의 발생요인을 내세우고 있다.

소설 발생의 기원을 논하는 경우도 마찬가지다. 주지하다시피 우리문학은 중국 고대문학의 절대적인 영향을 받았다. 북한은 1980년대 이전의 우리문학사에서 소설을 논할 때 중국의 영향을 그대로 인정했다. 예컨대 소설 발생을 논할 때 중국 지괴(志怪)소설과 전기(傳奇)소설의 영향을 밝혔다. 김시습의 『금오신화』(金鰲神話)가 구우(瞿佑)의 『전등신화』(剪燈新話), 허균의 『홍길동전』이 『수호전』의 영향을 받았고, 김만중을 언급할 때에도 그가 어려서부터 어머니의 직접적인 영향하에서 일찍부터 유교경전과 『시경』, 『당시』 등을 널리 공부했고, 그의 『구운몽』 같은 소설은 중국소설의 영향을 받았다고 지적했다. 그런데 1970년대 주체시대로 들어감에 따라 북한은 우리문학사 서술에서 중국의 영향을 점점 기피하거나 거론하지 않는 방향으로 가며 민족자주성 고양에 못을 박고 있다. 북한에서는 노장학파15)를 중심으로 일반적으로 고소설 발생시기를 12세기, 15세기, 17세기 등으로 잡고 있다. 그 중 15세기 발생설이 가장 유력하다. 그런데 이들 관점을 따져 보면 민족 자체의 요소를 강조하면서도 결국 은연중 중국 영향설을 내비치고 있다. 이를테면 12세기설은 고려시기 가전체를 소설 발생으로 본 것으로 중국 송나라 가전체의 영향을 염두에 두고 있다. 15세기설은 『금오

---

15) 물론 북한의 획일적인 학술환경에서 노장 학파니 소장학파니 성립되지 않는다. 그럴진대 필자가 여기서 말하는 노장학파는 주도적인 지위를 차지하고 있는 일반적인 관점을 말하고, 소장학파는 이에 반하는 새로운 관점을 대변하는 의미로 사용했다.

신화』를 소설의 발생으로 본 것으로 이것은 중국 명나라 구우의 『전등신화』의 영향을 염두에 두고 있다. 17세기설은 군담소설 출현을 소설의 발생으로 보고 있는데 이것은 중국 명청시기『수호지』,『삼국지』등 군담소설의 영향을 염두에 두고 있다.16)

그러나 최근 즉 1980~1990년대 주체사상이 완전히 확립된 시기에 들어와서는 소장학자들이 중국문학 영향설을 사대주의의 그릇된 사상이라고 일축해 버리고, 우리문학사를 하나의 완전한 자족적 전일체로 보면서 외부의 그 어떤 영향도 받지 않은 자기의 독특한 발생·발전동력과 메커니즘을 가지고 있는 독립적인 계통으로 보고 있다. 그러면서도 실제상으로는 중국에서 당나라 시기 전기(傳奇)를 소설로 취급하는 것을 염두에 두고 그것과 동일 장르인 신라 수이전을 소설의 산생으로 보아 소설의 산생시기를 훨씬 인상시키고 있다. 여기에 한술 더 떠 고구려의 「온달전」을 대표로 6세기 소설 발생설까지 주장하고 있다. 이것은 중국에서 소설의 발생을 당나라 전기에서 6세기 위진남북조로 옮긴 상황을 염두에 두고 있는 듯하다. 이 점에 대해서는 안희열의 「문학예술의 종류와 형태」17)가 잘 말해 주고 있다. 북한에서는 고전소설의 발생을 중국의 영향이 아닌 어디까지나 민족문학사 자체의 자연적인 발전의 필연적 결과로 보려는 데 초점을 모으고 있다. 이런 경향은 근대와 현대문학을 평가하는 데서도 마찬가지다. 20세기초에 발생·발전한 신소설이 일본을 통해 서구의 영향을 받았다는 것도 언급하지 않는다. '카프'가 구소련을 위시한 당시 국제무산계급 문학운동의 영향을 받았다는 것도 제기하지 않는다. 소설의 발전을 논하는 경우에도 마찬가지다. 김하명의 「17세기 소설발전과 민족적 특징」은 그 전형적인 한 보기가 되겠다. 이 논문은 17세기 소설문학의 성과를 근대문학의 민족적 전통으로 뚜렷이 부각시키고자 하는 데 주안점이 있다. 김하명은 우리 문학 고전소설이 현실적 바탕에 기초해 독자적인 예술적 탐구를 진행한 점을 중시하고, 고전소설을 외국소설의 기계적 모방이나 도식적 반복으로

---

16) 고정옥,「조선문학의 장르에 관하여」,『조선어문』, 1956. 6, 44쪽.

17) 문학예술출판사, 1996.

보는 전파론적 입장 및 형식주의적 관점을 배격했다. 이 논문은 고전소설의 발전과정에서 민족적 역동성을 인정한 것이라 할 수 있다.

북한은 우리문학사 소설 발생에서 나름대로 독특한 관점을 성립시키기 위해 나름대로 소설 개념을 비롯해서 새로운 소설이론을 정립한다든가 합리화 방편을 마련하기도 했다. 1950년대까지만 해도 북한의 소설 개념은 구소련의 것을 그대로 갖다 쓰다가 1990년대에 와서는 나름대로 질적인 변화를 일으킨다. "소설이란 한마디로 말하여 서사적 묘사방식으로 인간과 생활을 반영하는 문학의 한 형태를 말한다." 이렇게 소설 개념에서 서사성을 극력 강조하면서 고전소설에서 가장 중요한 요소는 이야기라는 데 초점을 맞추었다. "소설은 나라마다 발생시기가 같지 않고 소재와 구성형식, 묘사수법에서 일련의 서로 다른 특성이 있다. 그러나 서사적 묘사방식에 의하여 문학적인 이야기줄거리가 엮어져 나가면서 이야기체 형식의 체모를 갖추고 점차적 발전과정을 거쳤다는 데서는 공동적이다." 한마디로 말해 북한 학자들은 문학사에서 최초로 출현한 소설에 대해 '이야기체 형식을 띤' 개념으로 파악하고 있다.

이런 관점을 전제로 「온달전」을 소설의 효시로 보았고, 서거정과 성현의 패설집에서 소설을 발굴해 내는 데까지 나아가고 있다. 소설 발생설에서 민족자주성, 민족주체성을 강조하고 있음은 더 말할 것도 없다. 그런데 소설의 새로운 개념정립 및 소설 발생시기의 인상을 자꾸 중국의 경우를 염두에 두거나 그것에 준할 때 아이러니컬하게도 이것은 다른 한 의미에서 민족자주성, 민족주체성의 역설적 콤플렉스가 아닐 수 없다. 사실 북한의 이런 소설 개념에 대해 어떤 학자들은 이것을 1980년대 중국 문학계에서 큰 반향을 일으켰던 유재복의 『성격조합론』에서 영향을 받은 것으로 파악하고 있다.[18]

북한의 우리문학 연구에서 이런 민족자주성 강조는 민족자존을 바탕으로 한 주체적 입장을 세우려는 긍정적인 면이 있음에도 불구하고 문학사적 객관사실을 무시한 주관 의도적 색채가 짙다. 그리고 한

---

18) 최웅권, 『북한의 고전소설 연구』(지식산업사, 2000), 40쪽.

민족문학이 다른 민족문학의 영향을 받으며 발생하거나 발전하는 것도 세계문학사에서 보편적 법칙이고 현상이거늘 별로 문제가 될 것이 없을 줄로 안다. 그럼에도 불구하고 이것에 초민감한 반응을 보이는 것은 약자의 과잉 자아 보호본능이 아니면 진공 속의 깔끔함을 추구하는 결백증에 다름 아니다.

(2) 사회반영론적인 역사주의 비평

북한의 주체 문예이론은 유물론적 반영론을 그 근저에 깔고 있다. 그것이 문학예술의 내용에 대한 요구에서는 사회반영론으로 나타난다. 즉 문학은 시대의 산물로서 나름대로 산생된 시대적 상황을 진실하게 반영해야 한다는 것이다. 그리고 문학은 시대와 더불어 발전하는 것으로 해당 시대 정치·경제적 여건의 절대적인 영향을 받는다는 것이다. 그러므로 문학에 대한 접근은 문학 자체의 내재적 요소보다는 해당 시대의 외적 요소에 더 신경을 쓰는 일종 역사주의 비평으로 나아가게 된다. 북한의 한국문학 연구는 이런 역사주의 비평으로 관통돼 있다는 데 그 나름대로의 특성과 문제점을 안게 된다.

이런 역사주의 비평은 북한의 한국문학사 시대구분도 전적으로 역사학의 시대구분 방식을 따르게 하고 있다. 이로부터 사회·정치적 변천을 큰 기준으로 삼는 특색을 보이고 있다. 고대문학사에서 왕조의 교체와 한 왕조 내에서는 큰 정치사변 혹은 새로운 정치세력의 등장을 기준으로 문학사를 구분하고 있다. 이를테면 '고조선시기 문학', '삼국시기 문학', '통일신라시기 문학 혹은 발해 및 후기신라시기 문학', '고려문학', '이조시기 문학', '애국계몽주의시기 문학', 1919년 3월 1일을 기점으로 한 현대문학으로 큰 틀을 잡고 다시 조선조문학을 임진왜란, 병자호란을 분계선으로 해서 혹은 실학사상, 평민층의 등장 등을 기준으로 해서 전후기 문학으로 나눈다든가, 1926년을 기점으로 한 항일혁명문학, 1945년을 기점으로 한 '평화적 민주건설시기 문학', '조국 해방전쟁시기 문학', '전후 복구건설 및 사회주의 기초건설시기 문학', '사회주의의 전면적 건설시기 문학', '사회주의

완정승리를 앞당기기 위한 투쟁시기 문학' 등으로 나누고 있는 것은 전형적인 보기다. 이로부터 구체적 문학사 서술도 문학사 자체의 사항을 서술하기 전에 수령이나 당의 교시, 방침, 영도나 시대배경 운운이 첫 부분에 오고, '이 시기 문학개관'이 따라오며, 그 다음 장르나 작가 혹은 이 양자의 엇갈림으로 장, 절을 조직하고 있다. 전 15권 『조선문학사』를 보면 수령의 교시와 '이 시기 문학발전의 사회력사적 환경 혹은 사회문화적 환경' 식 '시대배경' 운운을 전제로 해서 해당시기의 일반적 '문학발전 정형이나 문학개관'을 진행하고 구체적인 장, 절을 배치해 나갔다. 제15권 '제1장 온 사회의 주체사상화 위업에 이바지하는 문학을 창조 발전시키기 위한 당의 령도, 이 시기 문학의 일반적 특성' 등은 한 보기다. 이런 서술체계는 남한의 대표적 문학사의 하나인 전 5권 『한국문학통사』(조동일, 지식산업사, 1982-1988)에서 보게 되는 문학 담당층 및 갈래(장르), 민족어의 형성·발전 등 문학 본연의 요소에 기준을 두고 서술체계를 세운 한국문학사 서술하고는 확연히 다른 모습을 드러내고 있다.

역사적 전개를 문학사 전개의 바탕으로 하고 있는 문학사 연구에서는 역사학의 어떤 발상이나 변동이 그대로 문학사 서술에 체현된다. 문학사가 역사학의 부속물인 듯한 느낌을 준다. 북한의 우리문학사 서술에서 발해문학의 등장은 이 점을 잘 말해 준다. 북한의 우리문학사 서술을 보면 1960년대 이전에는 발해문학이 언급되지 않고 있다. 그러다가 역사학계에서 1970년대부터 주체사상이 사회 전반으로 확산되고 이른바 고구려 중심설이 대두하게 되면서 상황이 달라졌다. 북한은 고구려를 한반도의 정통으로 내세우고 스스로 고구려의 맥을 이은 나라라고 자처하고 나선 것이다. 이로부터 고구려의 정통성을 내세우기 위해 고조선→고구려→발해라는 역사적 맥락을 잡고 통일신라설을 부정하며 남북 대치시대를 주장하게 됐다. 이것이 정설이 되면서 북한의 우리문학사에 곧바로 도입됐다. 이로부터 고구려문학을 중심으로 발해문학을 중요한 이슈로 다루고 있다. 위에서 살펴보았다시피 고대소설 발생설에서조차 고구려의 「온달전」을 시초로 삼고 있는 것도 이런 맥락에서 이해할 수 있다. 그럼 아래에 『조선문예발전사연구, 1: 고대중세편』(현종호, 김일성종합대학출판사, 1986년 초판)의 목차만 잠깐 살펴보는 것으로 이 점을 좀더 구체적으로 확인해 보도록 하자. '제2장. 고대사회에서 문학예술의 새로운 발전', '제2절. 고대사회에서 문학의 급속한 발전', '1. 고대사회 문학의 발전에서 논 고조선문학과 부여문학의 주도적 역할'에서 고구려로 이어지는 고조선과 부여를 내세우고 있다.

'제3장. 세나라시기 중세 문학예술의 발전(기원전 1~7세기 전반기)'에 보면 '제2절. 세나라시기의 문학을 주도한 고구려문학의 풍부한 발전', '1. 세나라시기의 산문문학을 새로운 높이에로 끌어올린 고구려의 산문문학', '2. 세나라시기의 기사문학을 주도하면서 민족 시가문학의 토대를 마련한 고구려의 시가문학', '제3절. 고구려문학의 영향 밑에 발전한 백제와 신라의 문학'이라는 큰 타이틀 밑에 백제와 신라의 문학을 부속적인 존재로 소개하고 있다. 그리고 '제4절. 고구려 무덤벽화와 세나라시기 회화의 발전', '1. 고구려에서 무덤벽화를 비롯한 회화의 급속한 발전'을 논한 다음 '2.'에서 백제와 신라의 회화를 부대적으로 소개하고 있다. 그리고 '제5절. 민족 건축예술의 기본형식을 마련한 고구려 건축예술과 세나라시기 건축예술의 발전', '1. 민족 건축예술의 기본형식을 마련한 고구려의 건축예술'을 논하고 '2. 고구려의 영향 밑에 발전한 백제와 신라의 건축예술'을 논한다. '제7절. 고구려의 음악무용과 세나라시기 음악무용의 발전', '1. 고구려에서 음악무용의 획기적인 발전'을 논하고 '2.'에서 백제와 신라의 음악무용 발전에 대해서는 간략하게 소개하는 정도에 그치고 만다.

다음 굳이 '제4장. 발해, 후기신라 시기 중세 문학예술의 발전(7세기후반기~9세기)'에서 '제1절 중세 봉건사회의 재편성과 발해, 후기신라에서 문학예술의 폭넓은 발전'을 설정함으로써 고구려를 계승한 존재로 발해를 내세워 '후기신라'와 병치시킴으로써 '통일신라'를 인정하지 않으려는 시각을 드러내고 있다. 그리고 '제3절'에서 '1. 고구려의 웅건 화려한 건축예술의 양식적 특성을 그대로 이어받아 발전한 발해의 건축예술', '제6절'에서 '1. 발해에서 고구려 음악무용의 계승과 새로운 발전'을 논함으로써 이런 시각을 한층 더 드러내고 있다.

그 다음 '제5장. 민족의 국토통합에 기초하여 새롭게 발전한 고려시기의 문학예술(10~14세기)'에 보면 '제6절. 고려에서 고구려, 발해 건축예술의 계승과 새로운 발전', '1. 고구려, 발해의 건축예술을 그대로 이어받은 고려의 성곽, 궁전 건축예술', '제8절. 고려에서 고구려 무덤벽화의 계승과 회화의 급속한 발전' 등 장, 절을 설정함으로써 고구려를 계승한 고려의 정통성을 내세우고 있다. 이런 경향은 가장 최근에 나온 전 15권『조선문학사』제1권에서도 나타난다. '제4장 발해 및 후기신라시기 문학', '제1절 발해 및 후기신라의 성립과 봉건관계의 발전' 등 장, 절의 배치와 서술문체에서 "신라의 통치배들은 애당초 국토를 통일하고 민족적 단합을 이룩하려는 지향을 가지고 있지 않았으며 통일정책을 실시할 만한 힘도 실제상 가지고 있지 못하였다," "신라는 이로써 강점당한 고구려의 전 령토에서 외적을 몰아내기 위한 투쟁을 포기함으로써 대동강 이북의 광활한 고구려 령토를 적들에게 내맡기는 용납할 수 없는 민족 배신행위를 감행하였다. 신라의 반동 통치배들의 이러한 민족 배신행위로 말미암아 고구려 인민들의 투쟁은 시련을 겪지 않으면 안 되였다"는 이것을 잘 말해 준다. 북한은 우리문학사 서술에서 극력 고구려·발해문학을 내세우고 있음에도 불구하고 그것의 문학사적 자료의 결핍 등 객관적 원인에 의해 별로 진전을 보지 못하고 억지공사에 머물고 만 한계점을 드러내고 있다.

역사주의 비평이 당시 사회의 주요한 사항을 고려하고 문학창작의 일반적 법칙을 감안한 효과적인 방법임에는 틀림없다. 그러나 이 방법은 구체적인 작가와 작품의 보다 복잡하고 미묘한 관계 및 작품형성의 보다 복잡한 요인, 그리고 작가의 무의식세계를 무시하고 표층적인 사회의식에만 치우쳐 작품분석을 너무 직선적으로 안이하게 하는 문제점을 안고 있다.

이런 차원에서 북한의 구체적인 우리문학 작가와 작품연구를 보면 직선적인 한 패턴이 드러난다. 즉 시대배경→작가의 생애와 사상→작품이라는 순차적인 결정론으로 작품 실제보다는 작품 외적 요소인 '시대배경'과 '작가의 생애와 사상'에 보다 많은 신경을 쓴다. 이런 작품 외적 요소가 작품의 득징을 결정한다는 논리로 작품분석에 임하고 있다. 이를테면 전 15권『조선문학사』제3권의 김시습 관련 목차 및 서술을 보면,

    제6장. 김시습의 창작과 단편소설집『금오신화』

1. 류다른 생애와 현실 속에서의 창작
2. 김시습의 선진적 세계관과 미학적 견해
3. 김시습의 시문학과 현실반영의 진실성
4. 단편소설집 『금오신화』

여기서 당시 세조 왕위찬탈이라는 암흑한 봉건통치라는 시대배경을 전제로 하고 실의에 빠진 김시습이건만 "기본적으로 세계를 유물론적으로 리해했기 때문에…… 종교, 미신을 반대하였다," "김시습은 사회정치적 견해에서도 이 시기의 그 어느 학자보다 진보적인 립장에서 인민들의 지향과 요구에 더욱 가까이 접근하였다." 바로 이런 선진적인 사상이 있었기에 당시 인민의 질고를 반영하는 시작품을 창작했고, 결국 자유로운 사랑, 정치포부 등을 나타내는『금오신화』를 창작할 수 있었다는 것이다.『구운몽』의 경우도 당시 남녀의 자유스러운 사랑을 구속하는 사회환경에서 사랑의 자유를 추구하는 작가의식이 발산된 결과라는 것이다.

이로부터 구체적인 문학작품의 가치는 주로 사상성에 의해 결정된다. 그래서 작품의 형식보다는 내용, 내용에서도 주제사상에 작품분석의 목적이 있다. 언어구사, 수사법, 장르, 구성 등 형식적 요소에 대한 분석은 어디까지나 주제사상을 해명하기 위한 보조적 수단에 불과하다. 작품의 제한성으로 가장 많이 거론되는 시대적·계급적 제한성 운운도 대개 사상적인 면에 치우친다. 그러므로 작품 장르별 혹은 형태별로 갈래나 체계를 잡아 문학 자체에 고유한 내적인 형식적 원리나 논리를 따지며 논의를 전개하는 것은 애초에 불가능하다.

북한의 한국문학 연구에서 사회반영론적인 역사주의 비평은 계급성, 인민성 논의로 많이 흐르고 있다. 이것은 마르크스주의 역사유물론 및 주체사상에서 인민대중의 주인적 위치 강조의 연장선에 다름 아니다. 전 5권『조선문학사』(1977-1981) 후기에 보면 "수천 년 동안 줄기차게 발전하여 온 고대·중세문학의 역사는 뒤떨어진 반동적인 문학에 대한 진보적이고 인민적인 문학의 투쟁과 승리의 문학이다"로 결론짓고 있다. 결국 문학사의 흐름을 계급투쟁의 역사로 보고 있다. 이로부터 작가, 작품 선정에서 작가,

작품의 계급적 입장이 기준이 되고 있다. 그래서 광복 전 현대문학에서 항일 혁명문학, 카프문학 같은 투쟁문학, 계급문학이 높이 평가될 수밖에 없다. 전 5권『조선문학사』(1977-81)의 경우 항일 혁명문학의 전통계승을 문학사의 과업으로 내세우고 있다. 항일 혁명문학은 선행한 모든 문학예술의 제한성을 극복하고 새로운 노동계급의 혁명적 문학예술이 됐으며, 사회주의 문학예술의 혁명전통을 확립한 것으로 평가되고 있는 만큼, 논리적으로 볼 때 오늘의 북한문학은 항일 혁명문학의 전통을 어떻게 계승했는가가 문학사 서술의 기본선이 되고 있다. 반면에 항일 혁명문학, 카프문학 같은 투쟁문학, 계급문학과 다른 경향을 나타낸 작가 및 작품의 경우는 알게 모르게 폄하된다. 이로부터 일체 부르주아적인 문학이 배제됨은 더 말할 것도 없다. 이런 계급성, 인민성 원칙은 역사발전의 주체로 보는 인민의 집단적인 구전문학을 가장 진보적인 문학형태로서 문학사의 중요한 자료로 검토한다. 고전문학사의 경우 인민 창작작품을 양반지식인의 작품에 비해 우선적으로 평가하고 서술순서상 먼저 서술하고 있다. 이로부터 고려정음가요가 인민서정 가요로 높게 평가되고『임진록』이 인민들의 외래 침략자에 대한 항쟁의 문학으로 높이 평가된다.

　이런 계급성, 인민성 원칙은 문학연구의 통합론적 요건을 거의 무시하고 있기 때문에 논리의 선명성에도 불구하고 문학현상의 다양성을 해명할 수 없다. 이로부터 그 분석도 단순성을 면하지 못하거나 정곡을 찌르지 못하고 빗나가는 수가 많다. 예컨대 전 15권『조선문학사』(71쪽)에서「공후인」에 대해 "이른 새벽에 사품치는 강물 속에 뛰어들어 강을 건너려다가 물살에 휘감겨 끝내 솟아나지 못한 로인의 절박한 처지와 남편에게 닥친 위험을 막아 주지 못한 쓰라린 심정을 안고 원한과 통분 속에 남편의 뒤를 따른 안해의 참혹한 모습은 늘 생존의 위협을 당하며 핍박한 처지에서 억눌려 사는 하층인민들의 모습을 엿볼 수 있게 한다"고 한다. 그리고 일반 문학사에서 홍길동이라는 주인공보다는 봉건통치를 향해 궐기한 농민부쟁 및 봉기(『홍길동전』의 경우)를, 사랑의 정조를 지키기 위해 변학도의 수청 요구에 반항한 춘향을 변학도의 봉건학정에 맞서 싸운 민중적 영웅(『춘향전』의 경우)으로 높게 평가하는 것은 그 전형적인 보기가 되겠다. 이런 계급성, 인민성 원칙의 원천적인 제약 때문에 북한의 우리문학 연구는 상호 쟁론 속에서 이론(異論)을 표방하기보다는 통일된 관점의 관철에 불과하다. 물론 통일된 관점에 대해 통일적인 조정은 있어도 그 누구도 통일된 관점에서 자유로울 수 없다. 그래서 결과적으로 같은 시기에 발표된 논문이나 저서의 경우 그 학술적 관점의 다양성을 기대하기 힘들다. 예컨대 비슷한 시기에 나온 김하명의 논문「17세기 소설발전과 민족적 특징」과 현종호의 『조선문예발전사연구: 고대중세편』(김일성종합대학출판부, 1986. 5)나 정홍교, 류만, 박종원 공저의 『조선문학개관』(사회과학출판사, 1986. 11)은 기본관점 면에서 꼭 일치한다. 전 15권 『조선문학사』를 보더라도 물론 저서의 통일적 논리나 체계적 특성을 고려한 면도 있겠지만, 여러 사람이 공동으로 분담해서 집필했음에도 불구하고 기본관점이나 원칙, 논리가 천편일률적이다. 북한의 우리문학 연구는 용어사용에서도 통일된 면모를 보이고 있다. 예를 들면 근대 이전 소설에 대해 북한에서는 대개 1950~60년대까지 나름대로 '고대소설', '이조소설', '고전소설' 세 가지 용어를 사용하다가 대체로 1970년대에 들어와서는 '고전소설'이라는 용어가 자리를 굳혔고 지금은 완전히 고전소설이라는 용어 하나만 사용하고 있다. 이에 반해 한국에서는 '고대소설', '고소설', '고전소설', '구소설', '전기소설', '상대소설', '이조소설', '이조시대 소설', '조선소설', '조선조소설', '조선왕조 소설', '조선시대 소설' 등 10여 가지의 다양한 개념을 사용하고 있다.

    사회반영론적인 역사주의 비평은 결론적으로 창작정신이나 창작방법에서 사실주의를 높게 평가하게 된다. 북한의 우리문학 연구도 여기서 예외가 아니다. 북한의 우리문학사 연구만 놓고 보더라도 문학사를 사실주의 문학의 발생과 발전의 역사로 인지시킬 정도로 사실주의를 주선으로 내세우고 있다. 일반 사실주의보다는 비판적 사실주의, 비판적 사실주의보다는 사회주의 사실주의를 높게 사는 경향을 나타내고 있다. 『조선문학통사』 (1956) 상권의 머리말에 보면 "특히 해방 후에 조선로동당의 정확한 문예정책에 의하여 찬란히 개화 발전하고 있는 사회주의적 사실주의문학의 새로운 성과와 그의 특성을 명확히 천명하려는 지향으로 일관하였다." 그리고 1956년 전 3권 『조선문학사』는 문학사의 발전법칙을 리얼리즘 창작방법과 관련시켜 서술한 특점을 보이고 있다. 이로부터 구체적 문학사 전개를 무시하고 '신화적 사실주의', '고대사실주의' 등의 무리한 개념설정에서 보다시피 일반이론의 도식적인 적용도 나타나고 있다. 1962년 대학용 교과서 전 3권 『조선문학사』만 보더라도 작가, 작품의 문학사적 위치를 평가하는 기준으로는 애국주의, 민주주의와 더불어 사실주의를 거론하고 있다. 이를테면 당대 사회의 현실을 사실적으로 반영한 것을 '사실주의 문학예술'의 발전으로 보고 있다. 『우리나라 문학에서 사실주의의 발생, 발전론쟁』(고정옥 외)에서 사실주의적 경향을 우리문학사의 중심축으로 놓고 그 발생과 발전문제 해명에 주력하고 있는 것도 그 전형적인 보기로 되겠다.

이로부터 북한의 우리문학 연구에서는 '인민', '계급', '투쟁', '사실주의' 등 낱말이 빈번히 등장한다.

이상 보다시피 북한의 한국문학 연구에서의 사회반영론적인 역사주의 비평은 그 자체 본연의 모습보다는 많이 굴절되고 변형된 형태로 적용됐음을 알 수 있다.

(3) 현실 공리주의적인 한국문학 연구

북한의 한국문학 연구는 철저히 현실정치를 위해 복무하는 현실 공리주의원칙을 나타내고 있다. 북한의 현실정치라는 것이 김일성·김정일의 정치라 할 때 이들 부자 내지는 그 일가의 우상화 방편이 한국문학사 서술의 구성부분 내지는 체계를 이루는 결정적 요소로 작용하지 않을 수 없다. 그러므로 순문학적 경향을 띤 작품은 운운할 여지도 없고 전적으로 현실 공리주의에 의해 좌우지 된다.

전 5권 『조선문학사』(과학백과사전출판사)는 더 말할 것도 없고, 전 15권 『조선문학사』(사회과학출판사)만 보더라도 각 권의 머리말 및 각 장, 절의 시작에 김일성·김정일 부자의 관련어록을 제시하고 본문에 들어가는데, 서술적 맞물림 차원에서 볼 때 본문은 이 어록의 풀이로 돼 있다. 마치 이런 어록에 의해 연구가 이루어지고 해석의 틀이 마련되며 명쾌하게 밝혀진 것으로 서술하고 있다. 필자의 초보적인 통계에 의하면 전 15권 『조선문학사』에 김일성 어록 163개, 김정일 어록 148개, 도합 311개가 등장한다. 김일성·김정일 부자 관련어록의 연장선상에서 『공산주의교양과 우리문학』(문학연구실 편, 과학원출판사, 1959), 『조선로동당의 문예정책과 해방후 문학』(과학원출판사, 1961) 같은 연구저서가 속출됐음은 더 말할 것도 없다.

구체적 서술문체를 보더라도 1950년대 문학사에서 보게 되는 '김일성 원수'로부터 각 문학사에서 빈번히 등장한 상용적 어투, 예컨대 '경애하는 수령님의 영상을 직접 모신', '민족의 태양이시며 백전백승의 강철의 령장이신 경애하는 수령 김일성 동지', '그이', '위대한 수령', '김일성 장군님', '위대한 장군님', '어버이 수령님', '현명한 령도', '사령관 동지', '민족의 향도성', '백두광명성' 및 그 가족들에 대한 공식적인 호칭, 즉 '불요불굴의 공산주의 혁명투사 김정숙 동지', '어머니', '불요불굴의 혁명투사 김형직 선생님', '선생님', '불요불굴의 혁명투사 강반석 녀사', 그리고 이들이 창작했다는 작품들에 대해 '불후의 고전적 명작'이라는 최고가치 부여는 이를 잘 말해 준다. 이외에 김일성·김정일 이름, 어록 및 친필작품 제목 및 원문 고딕특호 인쇄자, 그리고 '하신다'의 존칭종결토도 이 연장선상에서 이해할 수 있다. 이와 대조되는 선상에서 구체적인 문학적 분석에서 '남조선 괴뢰도당', '리승만 괴뢰도당', '박정희 괴뢰도당', '반미반괴뢰(反美反傀儡)' 등 정치적 색채가 진한 관습적 용어의 남발은 현실정치적 애증감정을 직설적으로 드러내고 있다.

이런 현실공리주의에 밀착된 북한의 한국문학사 서술은 학술개념의 과학적 엄밀성을 기하기보다는 자의적인 편리적 이용으로 흐르고 마는 경향을 나타내고 있다. 북한의 한국문학사 서술에서 가장 높게 평가되고 있는 사실주의만 놓고 보더라도 창작방법적 개념 혹은 사상내용을 파악하는 개념 등이 정식화돼 있지 않고 적용방법도 일정하지 않다. 그리고 사실주의와 대비되는 낭만주의를 창작수법이나 주제사상 혹은 사실주의 속에 들어 있는 지향의식 등 어느 것으로 파악해야 될지 헷갈리게 하는 경우가 많다. 이는 결과적으로 학문적 객관성, 공정성보다는 해석의 주관성, 판정기준의 시한성 등 문제점을 안게 된다. 이로부터 한국문학사 전반의 서술을 놓고 보더라도 그것은 정치적 풍파, 정책적 변화 같은 데 너무 많이 좌우돼 온

양상을 드러내고 있다. 그래서 한 작가나 작품에 대한 평가도 번복이 많다. 이를테면 1980년 『조선문학사: 19세기 말~1925』(박종원, 최탁호, 류만) 제1편 제5장 제3절의 신소설 항목에서는 이해조, 안국선 등만 기술하고, 이인직을 전면적으로 제거했다가 1986년 『조선문학개관, Ⅰ·Ⅱ』의 '신소설과 창가' 항목에서는 곧바로 '신소설과 리인직, 리해조의 창작경향'이라 해서 말살했던 이인직을 3쪽에 걸쳐 다루고 있다. 이광수의 경우도 같은 경향을 나타내고 있다. 그리고 북한에서 정치적 소용돌이 속에 빠져들어 갔던 임화, 김남천, 안막, 한설야 등 카프 계열의 작가나 평론가들의 이름도 문학사에서의 등장 여부는 그들의 정치적 운명과 직결된다. 예컨대 한설야의 경우를 보면 타도되기 전에 나온 1950년대 한국문학사를 보면 현대문학의 주된 부분을 차지했지만, 타도된 후인 1960년대 이후에 나온 한국문학사에서는 거의 언급되지 않고 있다.

이런 경향은 북한의 한국문학사 서술이 정치 도구화, 방편화되는 데서도 잘 나타난다. 『조선문학통사』(1959)만 보아도 이것은 남로당 숙청사업의 부산물로 한설야, 이기영을 대표로 하는 권력층의 이념을 중심으로 해서 씌어졌다. 즉 임화, 이태준, 안막, 김남천 등 남로당 계통을 철저히 숙청하는 한 방편으로 계획적으로 집필된 만큼 남로당 계통 문인들이 타매의 대상이 됐다. "이 시기에 리태준은 반동 문학단체 '9인회'를 조직해 가지고 '해외문학파'와 마찬가지로 예술지상주의 문학의 중간로선 등을 고창하면서 카프문학을 반대해 진출하였다.…… 박영희·최재서·백철·림화·리원조·김남천 등이 또한 여기에 단합하였다.…… 프로레타리아 문학가들은 이러한 부르죠아 문학가들의 악선전을 날카롭게 반대하여 투쟁하였는 바, 이 시기에 한설야는 <사실주의비판>이라는 자기 평론 가운데서 다음과 같이 말했다.…… 리기영은 <문예적 감수제>에서 우울·퇴폐·회고적 경향 등의 문학을 반대하면서 다음과 같이 논파하였다"(172-173쪽). 그래서 그 당시 이들을 타매하는 '고용산첩 노낭', '반동석', '미제 앞잡이', '흉악한 반역도', '지껄였다' 등 시대적인 보편적 용어가 거침없이 쏟아져 나오고 있다. 그리고 소련파가 득세하는 시대적 분위기에 편승해 오체르크, 찌쁘, 빠뽀스, 마뜨로쏘브 등 러시아말도 대량 사용된다. 그러다가 한설야가 숙청된 후 한국문학사 전개는 전혀 다른 양상을 나타낸다. 한국문학사 전개가 전적으로 현실정치를 위해 복무하는 양상을 그대로 드러내고 있다. 실로 1945년 광복 후 북한 현대문학사 전개는 현실정치 내지는 정책의 변화에 숨가쁘게 적응해 온 그 자체다. 연속 부절한 종파싸움이 미학상의 논쟁으로 이어져 왔고, 이것이 다시 구체적인 문학사 전개양상으로 나타났다. 이를테면 광복 후 북한 현대문학사에서 '사실주의 발생, 발전'이나 '민족적 특성', '전형성'을 둘러싼 논쟁이 종파주의나 사대주의를 염두에 두고 진행된 것 등은 좋은 실례가 될 것이다.

주체시대 전후로 씌어진 문학사를 잠깐 비교해 보면 이 점을 보다 충분히 알 수 있다. 1956년에 씌어진 안함광의 『조선문학사』(교육출판사)에서는 김소월의 문학사적 위치를 조명희, 최서해, 이상화 등 프롤레타리아 작가들과 동일한 자리에 놓고 있다. 그러나 1970년대 주체사상이 유일사상으로 전면적으로 확립되면서 항일 혁명문학이 아닌 어떤 문학도 인정될 수 없게 된다. 그래서 결국 주로 1970년대에 쓰여진 전 5권 『조선문학사』를 보면 김소월에 관한 언급이 일체 배제되고 북한에서 문학사적 공인은 지극히 한정된 수준에 머물고 만다. 그리고 김일성의 항일혁명을 내세우기 위한 한 방편으로서 김일성 항일 혁명문학의 절대적 위치, 즉 정통성을 내세우면서 모든 문학적 사실을 일관되게 엮어 내는 문학사 체계를 내세우고 있다. 주체시대 이전의 대표적인 문학사로 꼽을 수 있는 1950년대에 출간된 『조선문학통사』를 보면 현대문학을 논함에 있어 '제11장 1919~1930년의 문학'에 'Ⅰ. 프로레타리아문학'과 'Ⅱ. 프로레타리아문학 이외의 이 시기 진보적 문학', '제12장 1930~1945년의 문학'에 'Ⅰ. 김일성 원수 항일 무장투쟁 과정에서의 혁명문학', 'Ⅱ. 온갖 부르죠아 반동문학을 반대하는 투쟁에서의 프로레타리아 문학평론의 역할 및 사회주의 사실주의문학의 승리'에서도 알 수 있다시피 여기서는 프로문학을 우선적으로 상당한 비중으로 취급하고 있다. 그러면서 김일성의 항일투쟁 및 문학에 대해서 기술하고 있는데 좀 부차적인 느낌이 든다. 1960년에 나온 『조선문학사』를 보더라도 19세기 말~1945년 문학사 서술에서 김일성의 항일 무장투쟁기 혁명적 군중 문학예술을 김소월, 나도향, 이상화, 최서해, 조명희, 송영, 이기영, 강경애와 동일한 비중으로 다루고 있는데, 이것은 이 문학사가 나온 1960년까지는 김일성의 항일 혁명문학이 카프 및 진보적 성향의 리얼리즘 문학과 동격에 놓여 있음을 알 수 있다. 그러다가 주체시대에 들어선 후 한국문학사 서술흐름을 보면 광복 후 북한 현대문학 전통을 김일성의 항일 무장투쟁 과정에서 산생된 항일문학에서 찾으며 카프문학에 대한 평가를 뒷전으로 하고 있는 경향을 나타내고 있다. 이를테면 1970년대 전 5권 『조선문학사』를 보면 항일문학이 절대적인 위치에 오르고 카프문학은 완전히 뒷전으로 물러나게 됐다. 전 5권 『조선문학사』 머리말에서 보면 "위대한 수령 김일성 동지께서 조직 령도하신 항일 혁명투쟁의 불길 속에서 철저히 민족해방, 계급해방, 인간해방을 위하여 복무하는 참다운 인민의 문학, 주체사상에 기초한 혁명문학의 시원이 열리였으며 그 항일 혁명문학을 력사적 뿌리로 하여 해방 후 주체문학의 찬란한 개화가 이룩되였다." 여기서 보다시피 김일성의 항일 혁명문학은 '시원'과 '력사적 뿌리'라는 원초적 의미를 가지고 있다. '전 5권'에서 가장 핵심적인 위치를 차지하는 것은 제3권에서 취급한 1926년부터 1945년 사이의 항일 무장투쟁 시기의 혁명문예다. 즉 김일성의 항일 혁명투쟁 및 그 계승이 북한의 한국 현대문학사 서술의 핵심이라는 뜻이다. 1980년대 대표적 문학사인 『조선문학개관, Ⅰ·Ⅱ』은 '전 5권'의 축소판으로서 전 5권의 관점을 그대로 따르고 있다. 항일 혁명투쟁 시기(1926. 10~1945. 8)라는 제목 밑에 '(1) 항일혁명 문학, (2) 항일 혁명투쟁의 영향 밑에 발전한 진보적 문학'으로 "위대한 수령 김일성 동지의 령도 밑에 창조 발전된 항일 혁명문학의 탄생은 우리 인민의 유구한 문학사에서 일대 전환을 가져온 력사적 사변이였다. 항일 혁명문학이 탄생함으로써 조선문학은 진정한 인민의 문학, 참으로 혁명적인 로동계급의 문학으로 발전하였으며 그 고귀한 터전 우에서 새 조선의 찬란한 문학예술이 꽃펴났다." 여기서도 '피바다'를 비롯한 김일성 항일 혁명문학의 출현을 한국 현대문학사의 전환점 및 중심으로 내세우고 있다. 그러면서 카프문학이나 비판적 사실주의문학 같은 '진보적 문학'을 얼마간 취급하고 있다. 이런 관점은 북한의 한국문학사 연구의 집대성 및 최고성과로 인정되고 있는 1990년대 대표적인 한국문학사 전 15권 『조선문학사』에 와서도 조금도 변함이 없다. "항일혁명 투쟁의 첫 시기 창조 발전한 혁명적 문학은 위대한 수령님의 령도 밑에 영생불멸의 주체사상에 기초하고 그를 적극 구현한 문학으로서 우리나라에서 혁명적이며 인민적인 문학의 첫 페지를 빛나게 장식했다"(20쪽). 여기서 '첫 페지'로서 당시 혹은 그 전의 다른 혁명적이며 인민적인 문학의 존재를 부정해 버리는 경향을 띠고 있다. 물론 '전 15권'도 항일문학의 정통성에 비해 비길 정도가 못 되지만 카프문학의 문학사적 지위를 일정하게 긍정하고 이광수의 장편소설 『개척자』를 착취사회의 모순을 파헤치고 사회악에 대한 불만을 보여준 소설의 대표작으로 소개하고 있는 등 이전 문학사에서 배제했던 작가와 작품을 새롭게 평가함으로써 보다 포용적인 유연한 자세를 보이고 있다.

한마디로 말해 북한의 한국문학사는 김일성 항일 혁명문학의 출현을 문학사에서 획기적인 사변으로 취급하고 있으며 문학발전의 전환기적 요건으로 인식하고 있다. 항일 혁명문학이 문학사의 핵심적인 내용을 이루게 된 것은 물론 김일성 항일 혁명투쟁에 대한 역사적 해석에서 비롯된다. 항일 혁명문학의 기점은 김일성의 항일 혁명투쟁이 조직적으로 전개되기 시작했다는 1926년 '타도제국주의동맹' 결성을 시대구분의 기점으로 삼는다. 이런 연유로 1926년은 북한문학사의 새로운 전환기적 기점으로 규정되고 있다. 그러므로 항일 혁명문학에 대한 판단이 북한의 한국문학사 연구와 오늘의 북한문학을 이해하는 관건이 된다. 북한문학의 이질화현상도 바로 여기서부터 연유되는 것임을 알 수 있다. 이것은 항일문학이 가장 문제적인 영역에 가로놓여 있음을 말해 주기도 한다.

이로부터 문학에 대한 당이나 그 어떤 부서보다도 수령의 영도를 내세우는 것은 자연스러운 귀결이 된다. 위의 1970년대 전 5권 『조선문학사』를 보면 제1편과 제2편의 제1장에 '위대한 수령 김일성 동지께서 내놓으신 문학예술에 대한 지도방침, 이 시기 문학개관'을 설정함으로써 문학적 성과를 수령의 지도방침의 결과로 돌리고 있다. 1986년 『조선문학개관, Ⅰ·Ⅱ』를 보더라도 "위대한 수령 김일성 동지와 친애하는 지도자 김정일 동지의 현명한 령도 밑에 오늘 우리 문학예술은 일대 전성기를 맞이하였다"고 문학적 성과를 전적으로 수령에게로 돌리고 있다. 최근간의 전 15권 『조선문학사』에서도 상황은 마찬가지다. 제13권「차례」의 제1장 장, 절 배치는 전형적인 한 보기로 되겠다.

> 제1장 사회주의 전면적 건설시기 문학발전을 위한 당의 령도,
>   이 시기 문학발전의 일반적 특성
> 제1절. 이 시기 문학에 대한 위대한 수령 김일성 동지의 현명한 령도
> 제2절. 이 시기 문학에 대한 위대한 수령 김정일 동지의 현명한 령도
> 제3절. 이 시기 문학발전의 일반적 특징

전 15권 『조선문학사』에서는 제10권의 현대문학 부분부터 매권 시작에 꼭 이런 체제로 김일성, 후기에 와서는 김정일의 영도까지 내세우고 있다. '제1장' 같은 큰 타이틀에서 '당의 령도'를 운운하기도 하지만, '제1절', '제2절' 등 구체적인 서술에서는 사실상 수령의 영도를 내세우고 있다.

수령을 돋보이게 하자니 자연히 수령의 친필창작을 큰 비중으로 다루지 않을 수 없다. 북한의 한국 현대문학사를 쭉 훑어보면 1970년대 전 5권 『조선문학사』까지만 해도 친필에 대한 언급이 전혀 없었다. 1959년 과학원 출판사에서 펴낸 『조선문학통사, 하』를 보면 오히려 훗날 김일성의 친필작으로 인정한 작품들을 일종의 집단창작으로 보고 있다. 이를테면 '제12장 1930~1945년의 문학', 'Ⅰ. 김일성 원수 항일무장투쟁 과정에서의 혁명문학'에 "이 시기의 <혈해>, <성황당>, <경축대회>, 기타는 바로 이러한 전투행정에서 전투자 자신들의 손에 의해 창조되였다"(95쪽)고 서술하고 있다. 그러다가 전 15권 『조선문학사』에 와서는 친필작품이 대량 쏟아져 나오고 있다. 제8권부터 김일성의 친필작품이 나오는데, 제1편 제1장 '제2절. 조국에 대한 숭고한 사랑과 새날에 대한 동경의 노래, 불후의 고전적명작 <조선의 노래>와 <사향가>, <꽃파는 처녀>', 제2장 '제2절. 력사의 교훈으로 투쟁의 진리를 밝힌 불후의 고전적 명작 <안중근 이등박문을 쏘다>, <혈분만국회>, <3인1당>', '제3절. 대중의 의식화문제를 깊이있게 그린 불후의 고전적 명작 <딸에게서 온 편지>', '제4절. 계급투쟁의 진리를 밝힌 불후의 고전적 명작 <꽃파는 처녀>', 제2편 제4장 '제2절. 조선인민혁명군의 전투

적 사명과 숭고한 투쟁정신에 대한 시적 형상, 불후의 고전적 명작 <조선인민혁명군>', '제3절. 조국광복의 위대한 기치 <조국광복회 10대강령>에 대한 심오한 시적 형상', 제5장 '제4절. 조선인민혁명군의 필승불패의 위력과 일제의 패망상을 보여준 불후의 고전적 명작 <경축대회>, 풍자극의 새로운 발전', '제5절. 자주적 인간의 탄생과 민족해방, 계급해방의 위대한 진리를 밝힌 불후의 고전적 명작 <피바다>와 <한 자위단의 운명>, 제14권 제3장 '제1절. 주체시문학의 고전적 본보기—불후의 고전적 명작, 1. 불후의 고전적 명작 <묘향산 가을날에>'가 있다. 김정일의 친필작품을 보면 제11권 제2장 '제1절. 불후의 고전적 명작 <조국의 품>과 <축복의 노래>', '제4장 극 및 영화문학, 제1절. 불후의 고전적 명작 혁명연극 <패전장군의 말로>', 제12권 제2장 '제1절. 위대한 령도자 김정일 동지께서 불후의 고전적 명작을 친필', 제13권 제2장 '제1절. 위대한 령도자 김정일 동지께서 창작하신 주체 시가문학의 고전적 본보기', 제14권 제3장 '제1절. 주체시문학의 고전적 본보기—불후의 고전적명작, 2. 불후의 고전적 명작 <충성의 노래>, 3. 불후의 고전적 명작 <어디에 계십니까, 그리운 장군님>'이 있다. 보다시피 김일성, 김정일의 친필 작품은 절대절명의 '불후의 고전적 명작'으로 꼽히고 있다. 이외에 이들 친필작품보다는 톤은 낮으나 김일성의 부모들인 김형직과 강반석의 친필작품에 대해서도 대서특필하고 있다. 제7권 '제3편. 1910년대~1926년 문학, 2(불요불굴의 혁명투사 김형직 선생님과 강반석 녀사의 혁명시가)'가 이에 해당한다. 좀더 구체적으로 보면 '제1장. 불요불굴의 혁명투사 김형직 선생님의 혁명적 문예활동과 친필업적', '제2장. 불요불굴의 혁명투사 김형직 선생님께서 창작하신 혁명시가, 제1절. 나라의 기둥으로 키운 <효자동>, <영웅동>의 노래, 제2절. 단결의 노래, 전투적 돌진의 노래, 제3절. 향토애, 조국애를 구가한 혁명교가, 제4절. 불굴의 노래, 혁명적 신념의 노래, 제5절. 무장투쟁과 새 사회건설을 노래한 시가', '제3장. 불요불굴의 혁명투사 강반석 녀사의 혁명시가"가 그것이다. 이들 친필작품은 '불후의 고전적 명작' 타이틀은 아니되 '혁명시가'라는 타이틀로 높이 평가되고 있다. 북한에서는 김일성의 첫부인 김정숙의 친필작품에 대해 한국 현대문학사에서는 언급하지 않고 있지만 <어머니의 노래>[19] 같은 데서 에피

소드나 일화로 그 문학적 재능에 대해 흥미 진지하게 이야기하고 있다.

북한에서 한국문학에 대한 현실 공리주의적 연구는 전형적인 '문이재도'(文以載道)의 고취로 나타난다. 이런 '문이재도'는 수령형상 창조, 현실의 정치와 정책 등의 고취로 인해 결과적으로 북한의 한국문학 연구의 개념화, 도식화로 나타난다. 북한의 한국문학 연구에서 '문이재도' 식의 가장 집중적인 표현은 수령형상 문학,[20] 즉 수령가송 문학에 대한 최고 가치부여 평가문제다. 수령가송 문학은 주체사상 시대 전후가 판이하게 다른 양상을 띠고 나타난다. 북한의 한국 현대문학사 서술만 보아도 김일성에 대한 가송문학은 주체사상 시대 이전에는 별로 언급되지 않다가 주체사상 시대가 본격적으로 시작된 1970년대부터 대량 등장하고 있다. 1970년대 대표적인 한국문학사인 전 5권 『조선문학사』(1959~1975, 과학백과사전출판사)만 보아도 제1편 '제2장. 위대한 수령 김일성 동지의 형상창조에 바쳐진 혁명적 작품들', 제2편 '제2장. 위대한 수령 김일성 동지의 형상창조에 바쳐진 혁명적 작품들', '제3장. 경애하는 수령 김일성 동지의 위대한 혁명적 가정에 대한 빛나는 형상'에서 보다시피 김일성뿐 아니라 김정숙, 김형직, 강반석 등 일가족을 노래한 문학작품에 대해 높이 평가하고 있다. 이런 상황은 1980년대 대표적인 한국문학사인 『조선문학개관』에서 그대로 이어지다가 1990년대 대표적인 한국문학사인 전 15권 『조선문학사』에서 한층 도를 높인다. 제8권 항일혁명문학, 제1편 제1장 '제3절. 불멸의 혁명송가 <조선의 별>과 혁명시인 김혁', 제2편 제4장 '제7절. 구호문헌—시에 반영된 항일혁명투사들의 숭고한 사상감정', 제6장 '제1절. 경애하는 수령 김일성 동지의 위대성을 우러러 높이 칭송한 인민창작', '제2절. 백두광명성을 우러러 칭송한 전설들'로부터 시작해 제10권 해방후편 제2장 '제1절. 해방된 조국땅에 높이 모신 민족의 태양 김일성 장군님에 대한 송가', '제2절. 리찬의 창작과 불멸의 혁명송가 <김일성 장군의 노래>, 1. 위대한 장군님과 시인, 2. 불멸의 혁명송가 <김일성 장군의 노래>', '세3절. 조기천의 창작과

---

[19] 『광복후 북한 현대문학 연구』 참조하기 바람.
[20] 이 부분에 대해서는 선우상열의 『광복 후 북한현대문학 연구』에서 문학창작 각도에서 충분히 논의된 줄로 안다.

장편서사시 <백두산>, 1. 위대한 장군님의 품에 안겨, 2. 위대한 장군님의 영광찬란한 혁명력사에 대한 서사시적 화폭 장편서사시 <백두산>', 제3장 '제1절. 위대한 수령님의 조국개선에 대한 감동적인 형상, 항일무장투쟁 현실에 대한 생동한 화폭', 제11편 해방후편 제2장 '제2절. 백전백승의 강철의 령장이신 위대한 수령 김일성 동지에 대한 충성의 송가, 1. 위대한 수령 김일성 동지의 탁월하고 세련된 령도와 영광찬란한 혁명업적을 높이 칭송한 헌시, 2. 경애하는 수령 김일성 동지의 령도의 현명성과 고매한 덕성을 칭송한 송가적 서정시', 제13권 제2장 '제2절. 서정시의 발전, 1. 위대한 수령 김일성 동지를 칭송한 송가적 서정시 창작에서의 새로운 전환', '제3절. 가사문학의 비약적 발전, 1. 송가가사의 발전', 제3장 '제1절. 단편소설의 발전, 1. 수령을 형상한 단편소설의 활발한 창작', 제5장 '제1절. 경애하는 수령 김일성 동지의 위대성과 혁명적 가정을 형상한 극문학의 발전', 제14권 제2장 '제1절. 수령형상 창조위업의 빛나는 실현, 위대한 수령 김일성 동지의 혁명력사에 대한 예술적 형상, 1. 위대한 수령님의 유소년 시절을 전일적으로 형상한 장편소설들, 2. 총서 <불멸의 력사>의 창작 장편소설 <1932>', '제2절. 위대한 수령님의 혁명적 가정에 대한 형상의 심화', '제3절. 주체형의 공산주의 혁명가의 빛나는 형상, 항일혁명투쟁에 대한 서사시적 화폭의 창조, 1. 주체형의 공산주의 혁명가의 빛나는 귀감이신 불요불굴의 공산주의 혁명투사 김정숙 동지의 숭고한 형상', 제3장 '제2절. 위대한 수령님을 칭송한 송가문학', '제3절. 경애하는 김정일 동지를 칭송한 시가문학의 출현, 1. 경애하는 김정일 동지의 형상과 가사문학, 2. 경애하는 김정일 동지를 칭송한 첫 시집 <2월의 송가>, 3. 경애하는 김정일 동지를 칭송한 첫 서사시집 <향도의 해발은 누리에 빛난다>, 4. 경애하는 김정일 동지의 위대성을 칭송한 시집 <향도의 해발을 우러러>(1-3)', '제4절. 위대한 수령님의 혁명적 가정에 대한 숭고한 시적 형상', 제5장 '제1절. 위대한 수령님의 혁명력사에 대한 빛나는 형상', 제15권 제2장 '제1절. 위대한 수령 김일성 동지를 형상한 소설작품들의 활발한 창작, 1. 총서 <불멸의 력사>의 항일혁명 투쟁시기편의 완성, 2. 총서 <불멸의 력사>의 해방후편 장편소설의 창작, 3. 위대한 수령님을 형상한 단편소설들,' '제2절. 위대한 령도자 김정일 동지를 형상한 소설작품들의 창작, 1. 위대한 령도자 김정일 동지를 형상화하는 데 바쳐진 단편소설들의 새로운 발전, 2. 위대한 령도자 김정일 동지의 위대성을 형상한 장편소설 <아침해>', 제3장 '제1절. 경애하는 수령님을 칭송한 시작품들, 제2절. 위대한 령도자 김정일 동지를 형상하는 데 바쳐진 시작품들, 1. 위대한 령도자 김정일 동지를 노래한 서정시 작품들, 2. 위대한 령도자 김정일 동지를 노래한 가사작품들', 제4장 '제1절. 수령형상 창조에서의 빛나는 성과, 다부작 영화문학 <조선의 별>과 <민족의 태양>, 제2절. 위대한 수령님의 혁명적 가정에 대한 형상'이 그 것이다. 그리고 문학사 서술이라는 것도 현실의 정치와 정책에 부응한 양상을 드러내고 있다. 광복 후부터 6·25동란 발생까지는 '문학대중화론', 6·25동란기에는 '문학의 무기화론', 전후에는 '복구문학'이 등장하고, 1959년 '생산관계의 사회주의적 개조'가 이룩됐다고 선언한 후 1960년부터는 '사회주의 전면적 건설을 위한 투쟁시기 문학', 1970년대부터는 '주체문학'이 등장하고 있는 것은 그 좋은 보기로 된다.

보다시피 주체사상 시대 이후 북한의 한국문학사 서술에서 항일 혁명문학, 김일성·김정일의 친필작품 및 김형직, 강반석의 혁명시가, 그리고 이들을 비롯한 그 가문 일반에 대한 가송문학은 그것을 제외할 경우 그 서술의 범위와 대상이 많이 줄어들 정도로 많은 분량을 차지한다. 북한문학사 서술에서 이 부분이 많은 문제점을 안고 있음은 더 말할 것도 없다. 문학평가에서 현실적 정치척도의 적용문제, 항일 혁명문학이 문학 본연의 가치로 보았을 때 과연 그런 높은 가치를 갖고 있는지, 그리고 그 작품들의 친필작품 여부 문제, 및 송가작품들의 존재가치 및 문학적 완성도 문제 등 통일문학사를 마련하는 마당에 꼭 짚고 넘어가야 할 문제가이 많다.

현실 공리주의적인 한국문학사 서술의 특색은 필연적으로 문학사 서술의 비중을 박고후금(薄古厚今)하고 고위금용(古爲今用), 즉 옛것을 오늘에 이용히는 현실 공리주의로 나아가게 한다. 이런 서술원칙은 현실정치에 가상 효과적으로 이용할 수 있는 현대문학의 공리주의적 가치에도 기인한다.

일반적인 문학사서술에서 고대와 현대를 통시론적으로 전개할 때 후고금박(厚古薄今), 즉 고대에서 현대로 올라올수록 서술의 비중이 점점 줄어드는 양상을 나타낸다. 특히 객관적 가치판단을 유보하기 힘든 현시점과 가까운 문학사 서술일수록 더욱 이런 양상을 나타낸다. 그런데 고대와 현대를 통시론적으로 논한 북한의 문학사들을 보면 이와 반대되는 양상, 즉 박고후금(薄古厚今)을 나타내고 있어 이색적이다. 그리고 고대부분 서술에서도 수령의 어록을 끌어들이고 현실의 계급론이나 주체론 같은 것으로 풀이한 고위금용(古爲今用)도 눈에 띈다. 『조선문학사』(교육도서출판사, 1960) 등 주체시대 이전에 나온 문학사에서도 이런 경향이 나타나지만 주체시대 들어선 이후의 문학사에서 이런 경향은 더하다. 1970년대 대표적인 한국문학사인 전 5권 『조선문학사』(과학백과사전출판사)를 보면 제1권에서는 원시·고대·중세문학을 19세기 중반까지로 묶었는데 고대편에 해당하겠고, 제2권은 19세기 말부터 1925년까지 김일성 등장 이전의 문학을 근대문학, 즉 근대편으로 하고, 3, 4, 5권에서는 1926년 이후 김일성의 항일 무장투쟁 시기에 이루어진 이른바 항일혁명 문학예술 및 해방 이후 이러한 혁명적 전통을 계승하고 있다는 오늘날의 북한문학을 논했는데 이것이 현대문학편이 되겠다. 보다시피 여기서도 현대가 절대 부분을 차지한다. 1982~83년에 나온 전 5권 『조선문학사』(김일성종합대학)를 보면 3, 4, 5권 모두 1945년 광복 후 현대문학을 취급하고 있다. 1986년에 나온 『조선문학개관, Ⅰ·Ⅱ』(사회과학원)에서는 3분의 1 이상의 분량을 이에 할당하고 있다. 가장 최근간의 전 15권 『조선문학사』의 권별 구성을 보면 제1권 원시~9세기, 제2권 10~14세기, 제3권 15~16세기, 제4권 17세기, 제5권 18세기, 제6권 19세기, 제7권 19세기 말~1925년, 제8권 1926년~1945년(Ⅰ), 제9권 1926년~1945년(Ⅱ), 제10권 평화적 민주건설 시기, 제11권 조국해방전쟁 시기, 제12권 전후복구 건설 및 사회주의 기초건설 시기, 제13권 사회주의의 전면적 건설시기, 제14권 사회주의 완전승리를 앞당기기 위한 투쟁시기(Ⅰ), 제15권 사회주의 완전승리를 앞당기기 위한 투쟁시기(Ⅱ)로 돼 있다. 여기서 보다시피 제1권에서는 비약적으로 원시문학부터 통일신라 시기문학까지 취급하고 제2권에서는 고려시기 문학을 취급하며 제3권, 제4권, 제5권, 제6권, 그리고 제7권 앞부분까지 조선조시기 문학을 취급하고 있다. 제7권 뒷부분부터 본격적으로 절반 이상의 편폭으로 현대문학을 취급하기 시작했는데,

현재에 가까이 올수록 더 많은 편폭을 할당했음을 알 수 있다.

박고후금, 고위금용은 현실 공리주의에 기인한 북한의 한국문학사 서술에서 또 하나의 문제점이 아닐 수 없다. 문학사의 서술비중은 현실 공리주의에 의한 박고후금, 고위금용이 돼서는 안 되고, 어디까지나 문학사 서술의 객관적 자료 및 그 작가, 작품을 비롯한 문학적 사실이나 현상의 실제적 의의나 가치 등에 의해 객관적으로 자리매김돼야 한다.

결론적으로 말하면 북한의 한국문학 연구에서 현실 공리주의적 경향은 민족문학 유산의 많은 부분을 자의적·협의적·배타적으로 해석함으로써 통일문학사의 폭넓은 지평을 열어 가는 데 걸림돌이 되고 있다.

4. 어문학교류 현황분석편

1) 정부차원의 협의를 통한 교류

1945년 우리 민족은 일제 식민지통치에서 벗어나자마자 불행하게도 남한과 북한으로 갈라지는 비운을 맞게 됐다. 따라서 남북한은 서로 다른 정치체제 속에서 생활해 왔고 사회 여러 분야에서 이질적인 부분이 생겨났다. 그러나 1970년대 '7·4남북공동성명'을 비롯해서 새천년 벽두의 '6·15남북정상공동성명'에서도 알 수 있다시피 남북한 공히 정부차원에서 파행적이나마 교류의 물꼬를 트기 위해 노력해 왔다. 전반적으로 볼 때 1990년 세계 냉전시대의 종식과 더불어 점점 활발한 국면이 나타나기 시작했다.

어문학 관계 교류현황을 보면 1992년 5월 5~8일 서울 제7차 남북고위급회담에서 남북사회문화교류·협력공동위원회 구성에 합의를 보았다. 5월 18일 '군사', '경제교류·협력', '사회문화교류·협력' 공동위 구성 및 남북연락사무소 설치·운영을 개시했다. 6월 16~17일 파리에서 '기계화를 위한 한글의 로마자 표기법'에 관한 남북회의에서 '한글로마자 표기안' 합의를 보았다. 이 회의에서는 한글의 로마자화를 실현함에 있어 모음은 한국식을 택하고 자음은 북한식을 택한다는 타협적인 안을 내왔다.

정부차원의 교류는 워낙 민감한 사안이 많고 복잡한 문제가 많은지라 '공동성명'임에도 불구하고 잘 지켜지지 않거나 극히 제한적이고 형식적인 차원에 머물고 만 문제점을 안고 있다. 이에 비해 어문학을 비롯한 민간차원[21]의 교류가 훨씬 활발히 진행돼 왔음을 알 수 있다.

2) 민간 및 국제학술회의를 통한 교류

남북 어문학교류는 일단 어문학 관련 일반 책이나 저서, 논문의 상호 소개에서 볼 수 있다.

남한에서는 1987년부터 공산국가에 대해 해금이 되면서 북한 원간(原刊)의 작품, 예컨대 서사시『백두산』(조기천), 단편『개벽』(이기영),『노동일가』(이북명) 등이『실천문학』(1988년 겨울)에 재수록되고,『피바다』(민중의 바다),『꽃파는 처녀』,『한 자위단원의 운명』 등 이른바 북한 광복 전 현대문학 중 '고전적 문학'[22]을 비롯해서『청춘송가』,『나의 교단』,『나의 동무』 등 사회주의 평화건설 시기의 소설, 그리고 현단계 소설인『고추잠자리』(천세봉,『불멸의 력사』 중『봄우뢰』의 일부) 등이 단행본으로 재판되고 월북파 작가들에 대한 새로운 조명 붐이 일어남에 따라 남한에서 북한 어문학에 대한 흥취 및 연구가 서서히 끓어오르기 시작했다.

북한 문학작품의 소개와 더불어 북한 원간의 여러 문학사 내지 연구저서가 한국에서 재판됐다. 1959년판『조선문학통사, 상·하권』(도서출판 인동, 1988), 5권으로 된『조선문학사』(1977~1981년판) 중 제1권을 제외한 전 4권(도서출판 열사람, 1980년대 말),『조선문학사』(김일성종합대학 편, 1982년판),

---

21) 물론 북한에서 개인이 절대적으로 사회체제에 종속되고 학문적 연구 및 교류가 절대적으로 정부의 통제를 받는다는 것을 감안할 때 북한측 민간차원의 교류라는 것도 사실상 정부차원의 성질을 띠고 있음은 더 말할 것도 없다.
22) 북한에서는 이런 작품이 김일성에 의해 창작됐다 해 고전적 작품으로 명명하고 있다.

1960년 교육도서출판사의 『조선문학사』(도서출판 학우서방, 1984), 1986년 사회과학출판사의 『조선문학개관, ·ⅠⅡ』(도서출판 인동, 1988), 김춘택의 1982년 『조선문학사』, 제1권(도서출판 천지, 1989), 『우리나라 문학에서 사실주의의 발생, 발전』(고정옥 외, 도서출판 사계절 1989) 등 문학사와 『조선고전소설사 연구』(김춘택), 『조선소설사』 등 전문저서는 그 보기로 되겠다.

최근 국어국문학 전문서적을 많이 출간해 온 한국 도서출판 박이정에서 중국 연변대학이나 연변사회과학원 언어연구소와 꾸준히 교류한 결과로 『조선언어학 연구총서』를 기획해 출간중이다. 이런 노력과 교류의 연장선상에서 박이정에서는 연변사회과학원 언어연구소 관련인사의 주선으로 2000년 10월 24일 북한의 우리말 연구업적을 단적으로 보여줄 수 있는 『조선어학전서』 65책의 출판을 위해 북한 사회과학원 언어연구소와 원칙적인 합의를 보았다. 이에 이미 출판된 저서로는 『조선어문법 편람』, 『조선어표기 편람』, 『조선어어원 편람, 상·하』, 『조선지명 편람: 평양시』[23])가 있다. 그리고 도서출판 역락에서는 중국 연변대학교 동방문화연구원 지역언어연구소의 주선과 추천으로 『조선어 력사언어학 연구』, 『조선어사』, 『조선말 력사문법』, 『수리언어학』, 『조선중세 한문번역본의 언어사적 연구』[24]) 등 북한 언어관계 저서를 펴내고 있다. 『조선어 력사언어학 연구』(김영황 교수 논문집)는 북한의 김일성종합대학 어문학부 박사이고 후보원사인 김영황 교수의 논문을 묶은 개인논문집이다. 이 책은 책제목 자체에서도 알 수 있듯이 조선어의 현재 형태가 아닌 역사적 형태에 대해 연구를 진행하고 있다. 김영황 교수는 조선어의 여러 영역에서 많은 연구를 했고 아울러 많은

---

23) 교수박사 정순기, 교수박사 이금일, 조선어학전서 49, 『조선어문법 편람』(2001. 10); 학사 안순남, 학사 박동혁, 조선어학전서 51, 『조선어표기 편람』(2001. 10); 부교수학사 김인호, 조선어학전서 52, 『조선어어원 편람(상)』(2001. 9); 부교수학사 김인호, 조선어학전서 53, 『조선어어원 편람(하)』(2001. 10); 부교수학사 방린봉, 학사 조창선, 학사 박명훈, 학사 배운혁, 학사 이정희, 하사 바인익, 학사 이성호, 주선어학전서 54, 『조선지명 편람: 평양시』(2001. 10).

24) 김영황, 『조선어 력사언어학 연구』(2002); 김영황, 『조선어사』(2002); 렴종렬, 『조선말 력사문법』(2001); 『수리언어학』(2002); 김영수(중국유학생 박사논문), 『조선중세 한문번역본의 언어사적 연구』(2001).

저서와 논문을 발표한 북한의 명망 있은 어학자다.25) 이 책은 연변대학교 동방문화연구원 지역언어연구소에서 김영황 교수가 그 동안 지상에 발표한 논문과 일부 전문저술 중 개별내용을 묶어 세상에 내놓은 것이다. 실로 북한의 역사적 언어연구 수준을 한눈에 볼 수 있는 논문집이 한국에서 출판하게 돼 더 없이 뜻 깊은 일로 된 줄로 안다. 편자의 말대로 "이 책이 대한민국에서 출판됨으로써 남과 북의 서로의 연구에 도움을 줄 수 있을 것이라고 생각"한다.

북한의 어문학 관련 원전 및 연구저서나 논문이 남한에 소개됨과 더불어 한국에서는 북한 어문학을 학문적 차원에서 이해하고자 하는 움직임이 활발히 진행됐다. 한국비평문학회에서 1989년 12월 '북한 문화예술 40년기획'을 '신원문화사'에서 『혁명전통의 부산물: 납·월북 문인 그후(2)』(한국비평문학회, 1989. 10), 『주체사상을 위한 혁명적 무기와 역할: 시(4)』(성기조, 1989. 12), 『북한 비평문학 40년(8)』(1990. 7) 등 시리즈 형식 저서를 펴냈는데, 이것은 북한 문학예술 접근의 좋은 길잡이가 됐다. 이외에 『북한문학강의』(한국문학연구총서 ①, 이재인·이경교), 『북한문학사전』(이명재) 등 북한 문학예술 관계 전문저서가 있다. 그리고 한국의 국어연구소에서 펴낸 『남북한 언어차이 조사, Ⅰ·Ⅱ·Ⅲ』 자료집은 서울에서 간행된 『국어대사전』(수정증보판)26)과 평양에서 간행된 『현대조선말사전』(제2판)27)의 표제어를 비교해 남한 사전에는 없고 북한 사전에는 있는 고유어, 한자어, 외래어 등을 어휘 갈래별로 정리하고 있다. 이것은 남한과의 대비 속에서 북한 언어실태의 한 상황을 제시해 통일언어에 한 발판을 마련하고 있어 의의가 크다. 그리고 최근간 한국에서는 북한문학 연구에 대한 근본적인 반성이 일어나면서 바람직한 민족문학사 서술에 관한 논의가 활발히 진행되고 있다. 1990년만 하더라도 한국 고전문학 연구계의 '북한 학계의 국문학사 서술시각 검토연구 발표대회'를 비롯해서 민족문학작가회의의 '분단극복의 민족

---

25) 중국 연변대학교 조문학부에서는 김영황 교수의 저서를 학부생, 대학원생의 필독 참고서로 계속 써 오고 있으며 어떤 때에는 교재로 쓰기도 한다.
26) 이희승, 민중서림, 1982.
27) 정순기 외, 과학백과사전출판사, 1981.

문학사' 심포지엄, 한국현대문학연구회의 '6·25와 한국문학' 심포지엄 등이 활발하게 전개됐다. 그리고 1990년 한국정신문화연구원에서 조직한 '북한의 한국학 연구성과 분석'은 어문학을 비롯한 전반적인 인문과학 차원에서 북한의 연구상황을 알기 위한 학술모임이었다. 이런 모임은 실상 오랜 분단에서 연유된 남북 어문학 및 그 연구에서의 간극과 이질감을 극복하고 상호 동질성의 모색과 신뢰감을 회복함으로써 남북한의 정치, 경제 등 사회체제 및 그에 따른 이념과 사상에 의해 굴절되고 왜곡된 민족어문의 올바른 복원과 정립을 통해 민족분단 극복 내지 통일지향의 길로 나아가고자 하는 한국 학계의 의지와 노력을 반영한 것이. 이런 저서와 산발적으로 발표된 논문, 그리고 남한 내에서의 북한 어문학 관련 학술회의는 한국에서 북한 어문학에 관해 일반적인 소개나 논의를 넘어 상당한 학문적 수준에 오르고 있다.

북한에서도 남한 어문학 즉 '남조선' 어문학은 얼마간 소개되고 연구돼 왔다. 그런데 이런 소개와 연구는 현실의 정치적 논리에 기초해 다분히 부정적인 비판적 시각에서 투쟁성을 앞세운 데 문제점이 있다. 예컨대 잡지 『조선어문』(1965. 4)에 실린 「남조선의 부르죠아언어학과 그 반동적 조류」를 보면 "남조선 부르죠아 언어학계에서 지배적인 반동적 조류를 분석 비판함으로써 미제의 남조선 강점이 남조선 언어학에 미친 후과에 대해 론술할 것을 목적으로 설정하였다." 『조선어문』(1962. 12)에 실린 「허무와 굴종을 설교하는 남조선 반동문학」, 『조선어문』(1964. 7)에 실린 김해균의 「남조선 문학의 최근 동태」, 『조선어문』(1965. 4)에 실린 「남조선의 부르죠아 언어학과 그 반동적 조류」, 『조선어문』(1966. 11)에 실린 「실존주의 미학의 반동적 본질과 남조선문학의 퇴폐상」, 『조선어문』(1967. 8)에 실린 경일의 「남조선 반동문학의 조류와 그 부패상」 등은 그 보기가 되겠다. 그리고 『조선문학』 잡지 편집방침에 '남조선 혁명과업'이 있어 심심찮게 광복 후 남한 현대문학에 대해 평론 혹은 논평 등의 방식으로 언급하고 있다. 에를 들면 『조선문학』을 펼치면 "남조선문학 창작에서 나타난 심리묘사 경향을 비판," "남조선 자산계급 시가현황을 평함" 등 선입견을 가진 정치적 경향성을 띤 비판적 평론글이 심심찮게 눈에 띤다. 『문예전선에 있어서 반동적 부르죠아사상을 반대하여』(윤세평 외, 조선작가동맹출판사 1958), 『남조선에서 류행하고 있는 자산계급 문예사조의 반동본질과 그 위해성』(김하명), 『남조선 형식주의 문예리론과 그 반동본질』 등의 저서류도 그 한 보기가 되겠다.

북한의 전 5권 『조선문학사』(1977-1981년판), 전 15권 『조선문학사』를 비롯한 문학사류에서는 광복 후 북한에서 '남조선'을 취급한 북한의 문학작품은 거론하되 남한문학, 즉 '남조선'문학 자체에 대해서는 관심을 보이지 않고 있다.

북한에서 남한문학, 즉 '남조선'문학을 가장 많이 소개하고 있는 잡지는 『통일문학』이다. '남조선'문학에 대해서는 전반적으로 볼 때 자본주의 퇴폐문학으로 일고의 여지도 없는 것으로 줄곧 치부해 오다가 1990년대 들어서 동서냉전이 종식되고 남북한 화해무드가 이루어지면서 북한에서도 『통일문학』을 펴내기 시작했다. 물론 '남조선'문학에 관심을 갖게 된 것은 어디까지나 현실의 정치적 방편 때문이라는 문제점을 안고 있음은 더 말할 것도 없다. 남한문학이 이런 비정상적인 기형 속에서 북한에서 읽히고 소개되고 있으나 거기에는 긍정적 소지가 없는 것은 아니다.

『통일문학』을 보면 '남조선 문학작품' 난을 설치해 이른바 '남조선'문학을 여러 장르에 걸쳐 다양하게 소개하고 있다. 『통일문학』(22)[28]을 보면, 시 부분에 김명수의 「목놓아 부르던 그 만세소리, 함성으로」, 서태석의 「투쟁」, 성내운의 「민족이 부르는 소리」, 홍일선의 「미국 소에게」, 도종환의 「벗들이여 우리는 승리합니다」, 박몽구의 「겨울 남산행」, 이원규의 「신원조회」, 무명씨의 가사 「자음가」가 실렸고, 단편소설로는 김문수의 「탑골공원 고금」, 중편 연재소설로는 유재현의 「형(1)」, 장편 연재소설로는 박경리의 「토지」(22회)가 실렸으며, 수필로는 심상신의 「묘비와 세금딱지」, 마당굿으로는 박용범의 「청산리 벽폐수야」가 실렸고, 강좌로는 김규동의 「개체를 넘어 민중의 바다로」가 실렸다. 전반적으로 볼 때 이런 작품은 대개 '남조선'의 암흑한 현실에 대한 폭로, '남조선'인민들이 수령에 대한 흠모,

---

28) 『통일문학』(평양출판사, 1994)에는 '고전소설 소개' 난을 개설해 「콩쥐팥쥐전」, 「혜초와 <왕오천축국전>」 등 고전을 소개하고도 있다.

'미제'에 대한 규탄, 통일염원, '남조선' 반동사상에 대한 비판 등으로 개괄해 볼 수 있다. 이를테면 「투쟁」에서는 노동조합의 투쟁을 고취하고 있고, 「미국 소에게」에서는 '한우' 대 '미국 소'의 대립을 설정해 놓고 미제가 물러갈 것을 촉구하고 있으며, 「자음가」에서는 자음문자 순으로 김정일에 대한 '남조선' 젊은 학생들의 숭배를 나타내고 있다. 그리고 「묘비와 세금딱지」에서는 세금 천지의 '남조선'을 폭로하고, 「청산리 벽폐수야」에서는 공해로 인한 농민들의 파산을 보여주고 있으며, 「개체를 넘어 민중의 바다로」에서는 순수문학을 비판하고 일종 대중문학을 고창하고 있다. 이런 '남조선'의 다양한 장르 작품에 대한 관심은 바로 '남조선'사람 자신들이 쓴 작품으로서 '조선'의 구미에 맞는 교육적 가치를 확보하고 있기 때문이다. 여기서도 알 수 있다시피 남한의 문화가 민주화의 분위기 속에서 상대적으로 다양하기 때문에 남한문화 가운데 일부분은 북한에서 적극적으로 소개될 소지가 있다. 위의 박경리의 경우도 그 한 보기이겠지만, 황석영의 「장길산」 등 일부 민중문학 계통의 작품은 북한에 그대로 소개되고 있다. 이런 작품도 남한문학의 한 면모를 보여주고 영향을 미친다 할 때 그것이 북한과의 교류임에는 틀림없다.

최근 남한에서 민간차원의 '북한에 책 보내기 운동'도 남북한 어문학교류의 한 좋은 시발점이 됨은 더 말할 것도 없다.

남북한 어문학 교류현황을 고찰함에 있어서 각종 국제학술대회에서 남북한 어문학자들의 만남 및 학문적 교류는 상당히 뜻 깊은 일로 된다.

중국은 남북한과 직접 인접해 있고 상대적으로 우리 민족문화를 가장 잘 보유하고 있는 200여만이라는 가장 많은 해외교포가 살고 있을 뿐 아니라 그들이 북한과 전통적으로 우호관계에 놓여 있어 북한학자들이 거부감 없이 올 수 있는 곳이라서 그런지 중국에서 남북한 어문학자들이 참가하는 국제학술회의가 가장 활발하게 열렸다.

남북한 어문학자를 포함한 300여 명의 대표가 참가한 'KOREA 소장학자 국제학술토론회'가 1991년 8월 연길에서 최초로 물꼬를 터친 후 남북한 학자들이 참가하는 남북 어문학을 포함한 KOREA학 관계 국제학술토론회의가 끊임없이 진행됐다.

1991년 8월 12~14일의 '연변대학 제2차 조선학 국제학술토론회'는 한국 대륙연구소와 민족해방운동사연구회의 후원으로 연변대학에서 개최됐다. 이번 학술토론회에는 남북한, 일본, 구소련, 미국, 프랑스, 중국 등의 나라와 지구에서 조선학(한국학) 학자 270여 명이 참가했다. 회의에서는 언어, 문학, 경제, 정치, 역사, 철학, 교육, 법률 등의 분과로 나누어 폭 넓고 깊이 있는 학술토론을 진행했다. 본 학술회의의 결실로 나온 『연변대학 제2차 조선학 국제학술토론회 론문집』에는 각 분과에서 발표한 논문 79편이 수록됐는데, 한국어 관계 논문이 14편, 한국문학 관계 논문이 9편 수록됐다. 한국어 관계 논문 가운데 고려대학교 김민수 교수는 「해방후 국어규범의 변천」이라는 논문에서는 소제목에서도 명시하다시피 '특히 남북 언어통일의 가능성'을 논술했고, 한국문학 관계 논문에서 한국 서울대학교 조동일 교수는 「한국·중국·일본 문학사 시대구분 비교」란 논문에서 남·북에서 각기 다르게 써 온 우리 문학사의 시대구분을 조절하는 이론적이며 실제적인 작업으로 "남북 문학사의 통일로 지금까지 없던 동아시아 문학사 서술의 기본이론이 도출"될 것으로 기대해 남북한 학자들의 공감을 얻었다.

1992년 8월 20일부터 8월 22일에 걸쳐 북경대학 조선문화연구소와 일본 오사카경제법과대학 아세아연구소 주최로 북경에서 '제4차 조선학 국제학술토론회'가 개최됐다. 남북한, 미국, 프랑스, 구소련, 몽골, 중국 등의 나라와 지구에서 학자들이 참석했다. 본 학술회의의 결과물인 『제4차 조선학 국제학술토론회 론문개요』를 보면 한국어와 관련해서 한국에서 6명, 북한에서 2명이 발표했다. 한국 유만근 교수의 「남북 한글사전 올림말 차례 어긋남문제」는 현재 남북 한글사전간에 올림말 차례가 크게 어긋나 있는 부끄러운 현실문제를 제기하고 나름대로 한 시안을 제기했으며 여러 학자들의 연구와 남북 한글사전에서 채택한 자모순서를 종합 검토하고, 머지 않아 그 통일을 위한 남북 합동회의가 열려 현재의 어느 자모순서보다 훨씬 더 나은 제3의 합리적 통일안을 하루빨리 탄생시키자고 촉구해 눈길을 끌었다. 북한의 정순기 박사는 「최근 공화국의 언어학분야에서 이룩한 연구성과와 발전방향」에서 최근 10년, 즉 1980년대 북한 언어학 연구성과를 한눈에 볼 수 있게 소개해 주었다. 남한문학 관계 논문으로는 한국측 17편,

북한측 2편에 도합 19편이 발표됐다.

2001년 7월 5일 '재중 조선·한국문학연구회'와 연변대학교 조문학부 주최하에 연변대학교 동방문화연구원 학술세미나실에서 '해방후 조선·한국문학 발전과 특징 연구 국제학술회의'가 열렸다. 중국, 한국, 북한 3국 학자들이 참가했는데, 한국에서 김윤식, 김재용, 북한에서 이동윤, 안희열, 임덕길이 참가했다. 학술회의 규모는 크지 않고 시간도 짧았지만, 여기서 발표된 남북한 학자들의 논문은 남북한 문학교류에서 실질적인 문제를 많이 취급했다. 이를테면 서울대학교 김윤식 교수의 「가능성으로서의 준통일문학사」는 남북한 각각의 문학사를 병치시키는 병행문학사에서 벗어나, 진정한 통일문학사의 가능성을 여러 구체적인 작품을 비교해 가며 여러 모로 점검해 주목을 끌었다. 김재용의 「남북의 근대문학사 서술과 프로문학의 평가」는 남북 공통의 문학유산으로서 프로문학에 대한 북의 평가를 점검하면서 열린 해석의 지평을 제시하고 있다. 이로부터 남북의 문학적 통합 가능성의 한 모델을 제시하고 있다. 북한측 발표를 보면 이동윤의 「광복 후 우리나라 고전문학 연구에서 이룩한 성과」와 임덕길의 「광복 후 조선문학 발전의 몇 가지 특징」에서 논란의 여지가 없는 것은 아니나 그래도 광복 후 북한문학을 이해하는 윤곽을 제공했다.

이외에 1994년 7월에 북경에서 남북한 국어통일을 위한 학술대회가 열렸고, 1995년 7월 31일부터 8월 1일에 걸쳐 중국 북경에서 남북한 어문학자들이 참가한 국제학술 심포지엄이 개최됐다.

한반도와 가까운 위치에 있는 일본에서도 남북한 어문학자들이 공동으로 참가하는 국제학술회의가 열렸다. 1983년 9월에 일본 동경에서 '제1회 KOREA학 국제학술세미나'가 열렸고, 1995년 8월 4~6일에 일본 오사카에서 남북한 어문학자들이 참석하는 국제학술 심포지엄이 열렸다.

그리고 먼 유럽지역에서도 남북한 어문학자들이 공동으로 참가하는 국제 학술대회가 열렸다.

이런 국제학술대회를 조직함에 있어 유럽지역의 한국학 모임인 AKSE (Association for Korean Studies in Europe)의 활동이 상당히 돋보인다.

1989년 4월 5~8일 제13차 AKSE가 런던에서 열렸다. 한국에서는 김윤식,

최병헌 등이 참석하고 북한에서는 김하명, 정홍교 등 5명이 참가했다. 회의에서 북한의 김하명이 발표한 「김려의 시 창작과 서사시 '방주의 노래'에 대하여」란 논문에 대해 한국의 김윤식 교수는 민중서사시의 발견으로 한국 고전문학사 구성에 맥 하나를 이어 놓은 성과라고 높이 평가했다.

1990년 4월에 제14차 AKSE가 열렸는데 북한에서 류만, 정홍교 등 4명이 참가했다. 우리 현대문학 관계 논문으로 북한 학자 류만이 발표한 「1920년대 조선 시문학에 형성된 조국애」가 주목을 끌었다. 류만은 『조선문학개관』(1986)의 공동저자의 한 사람으로서 "1920년대는 조선에서 현대적 시문학이 새롭게 발전하던 역사적 시기"라는 전제 밑에 『조선문학개관, Ⅱ』에서는 취급하지 않은 한용운의 「님」과 정지용의 「향수」에 대해 긍정적으로 평가해 북한 학계의 새로운 면모를 보여주었다.

1995년 4월 21~25일 제17차 AKSE가 체코의 수도 프라하에서 열렸다. 이 대회에는 한동안 얼굴을 내밀지 않던 북한 대표 5명이 참가해 눈길을 모았다. 북한 학자들의 논문 가운데서 어학관계 논문으로 정순기의 「조선어의 통일적 발전을 위한 몇 가지 리론문제」가 인기를 모았다. 이를테면 남북 언어는 이질화돼 있는 것이 아니라 다만 '언어규범' 방면의 차이가 있을 뿐인데, 이 차이를 줄여 나가는 것이 우리 언어학자들이 해야 할 통일에의 기여라고 하여 공감을 불러일으켰다.

이러한 국제학술회의가 중국에서 열렸든 일본에서 열렸든 혹은 유럽에서 열렸든 남북한 어문학자들간의 관계는 대개 이해를 앞세우는 우호적이고 화기애애한 것이었다. 그래서 우리말 컴퓨터처리 관계 국제학술회의에서는 남북한 학자들의 공감하에 합의서를 내오는 기꺼운 성과까지 거두고 있다. 이런 국제학술대회는 우리 민족 정보문화 공동체의 첫 발자국으로 기록될 것이다.

1994년 8월 6~8일에 중국 연길에서 제1차 ''94 KOREAN 컴퓨터처리 국제학술대회'가 열렸다. 이번 회의의 주요논문이 1995년의 『제1부 논문집』에 실렸다. 1995년 9월 14~16일 연길에서 중국조선족자치주 과학기술협회에서 주관하고 남북한, 중국측, 즉 사단법인 국어정보학회, 조선과학기술총련맹, 중국연변전자정보센터 공동주최로 제2회 한글 컴퓨터처리 국제학술회의인 "95 KOREAN 컴퓨터처리 국제학술대회'가 열렸다. 한국 35명, 북한 20명을 비롯해서 총 100여 명이 참가했다. 이 회의에서는 남북한 '공동연구과제'를 가지고 논문 발표회를 가졌고 '민족공동 사용권고안'에서는 1. 자모순 분야, 2. 용어분야, 3. 자판분야, 4. 부호계 분야로 나누어 주로는 평가기준에 대해 토론했으며 '남, 북, 재외동포'의 '제안설명'을 교류했다. 이 대회에서는 KOREAN 컴퓨터처리 공동안이 하루빨리 완성돼야 한다는 대표들의 한결같은 염원을 담아 "1. 컴퓨터용어 통일안 작성을 위한 합의, 2. 자판배치 공동안 작성을 위한 합의, 3. 자모순 공동안 작성을 위한 합의, 4. 부호계 공동안 작성을 위한 합의"를 보았다. 그리고 중국, 한국, 북한 대표단 단장의 명의로 합의문을 채택했다.

1994년과 1995년 대회에서는 남북한이 정보처리 분야에서 이룩한 성과들을 진지하게 교류했을 뿐 아니라, 세계적인 범위에서 우리말 정보처리를 보다 폭넓게 발전시키려면 우선 우리글 자모순, 자판배치, 컴퓨터용어, 코드계를 통일시켜야 하고, 이를 위해서는 공동연구를 해야 한다는 데 합의를 본 뜻 깊은 회의였다.

1996년 8월 12~14일 중국연변조선족자치주 과학기술협회에서 주관하고 남북한, 중국측, 즉 사단법인국어정보학회, 조선과학기술총연맹, 중국연변전자정보센터 공동주최로 "96 KOREAN 컴퓨터처리 국제학술대회'가 연길에서 열렸다. 이 회의에서는 1995년 대회에서 달성된 합의사항에 대해 4개 분과별 연구내용을 기초로 토론을 진행하고, 북한측에서 제안한 새로운 자판안을 남북공동 자판시안으로 채택해 그것을 개선·발전시키는 방향으로 쌍방이 연구하기로 합의를 보았다. 이 공동시안은 조선국규 9265/1993은 물론 한국표준 KS 5715/1983과도 그 골격이 매우 유사하다. 그리고 1994년과 1995년 대회의 합의나 합의문에 기초해 이번 대회에서는 "96 KOREAN 컴퓨터처리 국제학술대회' 합의문을 채택했다. 즉 "이번 대회에서는 우리글 컴퓨터처리 국제표준화를 실현해야 한다는 공동의 염원으로부터 출발하여 분과토론회를 거쳐 1. 정보처리 용어 통일안, 2. 자판배치 공동안, 3. 우리 글자 배열순서 공동안, 4. 부호계 공동안에 대해 합의를 보"게 돼 중국, 한국, 북한 대표단 단장 명의로 합의문을 공포했다. 부대적인 이야기지만 같은 해 중국 길림성 장춘에서 사칙과 관련한 국제학술토론회의에서 한국, 북한, 중국 3국 사이에 앞으로 맞춤법, 띄어쓰기 등 사칙에서 일방적으로 차이를 더 확대해서는 안 된다는 합의를 이끌어내기도 했다.

1999년 2월 22~23일 한국정보통신부, 정보통신연구진흥원 후원하에 남북한, 중국측을 비롯한 다국적, 즉 한국어정보학회, (사)미래사회정보생활, 조선사회과학원, 조선어신식학회, 뉴욕주립대학 세종학연구소 주최로 제4차 "99 KOREAN(한글, 한국어) 정보처리 국제학술대회'가 연길에서 개최됐다. 이 학술대회는 한국 대표 20여명, 북한 대표 3명이 참가한 작은 규모였지만, 인터넷통신과 위성통신, 한글의 세계화, 정음사상의 재조명, 음성과 언어의 연결성 모색, 그리고 남북의 이질적 요소에서 차이의 확인 등에 대해 지속적인 토론을 벌였다. 여기서 「남북한 공동용어사전 발간방안」(이준원), 「통일된 조국에서 사용될 한글 문서편집기의 조건과 역할」(권강현) 등 훌륭한 논문이 발표됐다.

1999년 8월 13~15일 남한 국어정보학회, 북한 조선컴퓨터센터, 중국연변전자정보쎈터 공동주최로 중국 연길에서 '제4차 KOREAN 컴퓨터처리 국제학술대회'가 열렸다. 이 대회에서 한국측 이만영·구민모가 발표한 「96년 남북 공동시안에 대한 개선방안 연구」는 '96 남북 공동시안'에 대해 진일보한 보완책을 마련한 셈이다. 그리고 이 대회에서 안마태의 논문 「안마태식 통일자판의 제안」에서 한글 2벌식 남북 공동자판 시안과 다른 나름대로 "가장 빠르고 외우기 쉬운 글자판"을 새로운 공동자판 시안으로 제시해 주목을 끌었다.

2001년 2월 22~24일 중국중문정보학회 주관, 중국조선어정보학회 주최하에 중국 연길에서 한국 대표 54명, 북한 대표 15명으로 남북한 학자가 가장 많이 참석한 우리말 컴퓨터처리 국제학술회의가 열렸다. 이 회의에서 「남북한의 로마자표기법 통일과 ISO 계류안 문제」(최기호), 「남·북한 개방에 대비한 방송기술 분야의 교류를 위한 방안」(송재극), 「인터넷사업을 통한 남북(연변)협력」(김광옥) 등은 직접 남북한 현안들을 다루고 있어 인기를 끌었다.

그리고 2000년 8월 11~13일 중앙민족대학 주최하에 중국 북경에서 '세계 속의 조선어(한국어) 대비연구' 국제학술토론회가 열렸다. 남북한, 미국, 일본, 러시아, 독일, 중국 등의 나라에서 80여 명의 대표가 참가했다. 이 가운데 북한에서는 문영호, 양하석을 비롯해 4명이 참가했다. 문영호의 「조선어 서사규범의 확립과 그의 통일적 발전을 위한 몇 가지 문제」 및 언어통일을 대비한 '제3규범문제'는 통일문제와 직접 관계돼 인기를 모았다.

보다시피 이런 국제학술회의를 통해 상대적으로 사회현실에 보다 밀착된 주관적 요소의 개입을 쉽게 유발하는 문학보다는 언어학 쪽에서 보다 쉽게 통일과 직결된 절실하고도 민감한 문제를 다루며 보편적인 공감하에 합의문까지 이끌어 내는 기꺼운 성과를 거두고 있다.

이런 국제학술회의는 본격적인 민간차원 남북 학술교류의 장을 연 것으로 남북 어문학의 이질성을 줄이고 동질성을 넓혀 나가는 좋은 시범을 보여주었다.

2001년 남북정상 6·15공동선언은 어문학을 포함한 남북한 문화교류의 새로운 장을 열어 놓았다. 이로부터 남북한 어문학교류도 획기적으로 확대될 것으로 기대된다.

현재까지 남북 어문학교류를 포함한 국제학술회의는 중국, 일본 내지는 유럽 등 가교를 통해 제3국에서 많이 진행됐다. 남한의 북한 어문학 연구의 경우 중국이나 일본 등 제3국을 통해 관련자료를 수집하는 안스러움을 보이기도 했다. 앞으로는 남북한 당사자들이 주체가 돼 직접 만나 협의를 하고 남북한 상호 내방하는 형식으로 어문학교류의 장을 마련하는 것이 바람직하다. 가장 좋기는 연례적으로, 그렇지 못할 경우에는 일정한 주기를 설정해 정기적으로 한 번은 '서울'에서, 한 번은 '평양'에서 하다 보면 피차간 보다 잘 알게 될 것이고 화기애애한 분위기도 조성될 것이다. 그리고 이념의 민감성을 벗어나 쉽게 공감대를 형성하는 문제, 그것도 큰 문제부터 점점 구체적인 문제로 나아가도록 해야 한다. 이를테면 '우리 민족어문학'이라는 큰 타이틀 아래 언어에서 맞춤법, 표기법, 사전 등의 문제, 그리고 문학에서 우리 문학사 시대구분, 개념정립, 장르별 전개양상 등의 문제에 대해 구체적으로 조명할 수 있다. 우리말 컴퓨터처리 관련 국제학술회의는 이미 좋은 스타트에 좋은 시범을 보여주고 있다. 그리고 우리 민족어문학 관련 남북한 공동기구도 마련해 이미 합의를 본 합의문, 결의문이나 성명문은 남북한 어문학의 새로운 공동분모의 산출인 만큼 진실로 구속력이 있도록 해야 하고 견결히 집행되도록 촉구하고 보장해야 한다. 그리고 일단은 정치적 색채를 띠지 않은 순수한 학술적 교류 및 학문적 연구를 전제로 남북한 당국이 정부차원의 문화교류 협정을 통해 남북한 어문학자들이 자유자재로 왕래하고 교류할 수 있도록 신변을 보장하고 편리를 제공해야 한다. 예컨대 방언조사, 민간문학 조사연구 같은 것은 정녕 3·8선 개념 없이 한반도 내에서 자유자재로 진행할 수 있도록 해야 한다. 이로부터 남북한 어문학자들의 공동작업도 얼마든지 추진할 수 있을 줄로 안다. 예컨대 우리 민족 보편적인 공감대를 기초로 '통일 맞춤법'과 '통일 국어사전' 같은 것을 펴낼 수도 있다. 이런 다각적인 남북한 어문학교류를 장기간에 걸쳐 진행하다 보면 남북한 어문학의 공감대가 형성될 것이고 동질성이 확대되며 통일어문학의 비전이 내다보일 줄로 안다.

사실 통일을 지향한 열린 논의란 우선 피차간 실상을 정확히 파악하는 데서부터 비롯돼야 한다. 남북한 어문학교류에서도 이 점은 마찬가지다. 이 점에서는 위에서 살펴보았다시피 현재 남한 쪽에서 훨씬 적극적이고 바람직한 자세를 보이고 있다. 이로부터 북한 어문학이 한국에서 전문가뿐 아니라 일반인들에게도 꽤 많이 알려진 데 반해 한국 어문이 북한에서는 극히 일부 전문가를 제외하고는 전혀 알려지지 않은 편향에 문제가 있음이 노정되고 있다. 그런 만큼 일단 북한에서 받아들일 수 있는 한도 내에서라도 한국 어문이 북한에 알려지도록 해야 한다. 이를테면 북한『통일문학』에서 싣고 있는 한국의 대중소설 같은 작품이라도 내보내야 한다.

그리고 남북한 어문학 연구에서 남한에서는 북한의 한국어문학 연구에 대해 최신의 학문적 수준을 내세워 저차원성만을 부각시키며 일고의 여지도 없다는 독단에서 벗어나야 하며, 북한이라는 특수한 어문학적 여건을 고려해 그 나름대로 어문학 연구의 구체적인 역사적 변모과정을 추적하며 그 속에 혼재해 있는 정수를 밝혀내는 보다 면밀한 연구작업을 진행해야 될 줄로 안다. 이로부터 한국에서 이제는 감정적이고 감성적인 차원을 벗어난 일반론 수준의 북한어문학 이해나 해설수준이 아닌 보다 냉철한 이성적 차원의 수준 높은 북한 어문학 연구가 될 줄로 기대된다. 북한에서는 하루빨리 반제·반남이라는 이념적 집념에서 벗어나고 현실의 정치적 편법에 따른 한국어문학에 대한 소개 및 연구를 지양하고 학문 자체의 내재적이고 순수한 시각과 객관적 자세로 돌아서 남한의 어문학 연구를 고찰해야 될 줄로 안다. 이로부터 통일어문학이라는 공동목표를 지향하는 가운데 남북한 어문학 연구의 동질성이 드러날 줄로 안다. 두말할 것도 없이 이런 동질성은 확대해 나가고 이질성은 남북한 평화공존을 하면서 지속적으로 점차 줄여 나가도록 해야 한다. 이를테면 언어만 놓고 보더라도 '훈민정음'[29]에 대한 남북한 공감대는 계속 넓혀 나가고, 남한의 극단적인 외래어 개방성과 북한의 극단적인 고유어 폐쇄성으로 야기되는 이질성 같은 것은 장기간에 걸쳐 서로 교류하다 보면 자연히 조화의 물꼬가 터질 줄로 안다.

남북한 어문학 연구, 그것은 나름대로 민족어문학에 대한 이해의 일부분으로서 이제는 통일의 동심원을 지향해야 한다. 이로부터 진정한 화해, 협력을 위한 민족문화 건설로 나아가야 할 것이다. 이것이 남북한 어문학자들이 당면한 과제임은 더 말할 것도 없다.

참 고 문 헌

Ⅰ. 언어편

『문화어학습』, 『조선어학』, 『어문연구』, 『조선어문』(중국: 연변대학도서관 소장본).

김영황, 『주체 조선어연구 50년사』(조선: 김일성종합대학출판사, 2002).

이득춘·임형재·김철준 편, 『광복후 조선어논저 목록지침서』(역락, 2001).

이득춘 편, 『조선어 력사언어학 연구』(역락, 2001).

---

[29] 『통일문학』, 23(1994)의 「력사상식」에 보면 정용호는 「훈민정음은 가장 우수한 민족 고유글자」라는 글에서 훈민정음을 높게 사고 있다.

Ⅱ. 문학 편

『조선문학』(중국: 연변대학도서관 소장본).
『문학신문』(중국: 연변대학도서관 소장본).
이응수, 『조선문학통사, 상·하』(조선: 과학원출판사, 1959).
『조선문학사』, 전 5권(조선: 과학백과사전출판사, 1980).
『조선 고대중세 문학작품 해설』, 2(조선: 과학백과사전출판사 1986).
『통일문학』, 22, 23(조선: 평양출판사, 1994).
류만 외, 『조선문학사』, 전 15권(조선: 사회과학출판사, 1991~1999).
최웅권, 『북한의 고전소설 연구』(지식산업사, 2000).
선우상열, 『광복 후 북한현대문학 연구』(역락, 2002).

Ⅲ. 기타

『제4차 조선학국제학술토론회 론문자료집』(중국: 북경, 1992).
『광복후 조선-한국 현대문학 학술론문집』(중국: 연변대학).
『연변대학 제2차 조선학 국제학술토론회 론문집』(중국: 연변대학, 1992).
『KOREA 소장학자 국제학술토론회 론문자료집』(중국: 연길, 1990).
재중조선-한국문학연구회, 『해방후 조선-한국 문학발전과 특징연구 국제학술회
    의 론문집』(중국: 연변대학교문학부 2001. 7).
『김일성종합대학학보』(중국: 연변대학교 소장본).

북한의 한국 고대사상 연구성과와 남북한 학술교류 현황

이 서 행

1. 머 리 말

2000년 6·15남북정상회담의 공동선언은 민족통일의 기대를 더욱 앞당겨 놓있으며, 나아가 마지막 분단국인 한반도에서도 탈냉전의 가능성이 가시화되기 시작했다. 반세기의 분단상황을 극복하고 민족이 하나가 되는 것은 이 시대가 우리에게 안겨준 당위의 과제임을 부인할 수 없는 것이다. 통일은 우리 민족이 반드시 이루어 내야 할 지상과제임에 틀림없지만, 규범적 당위론만 강조함으로써 통일의 내용에 대한 선택까지 배제할 수는 없는 것이다. 우리가 추구하는 통일은 민족 구성원 모두의 자유와 복지, 인간 존엄성이 보장되고 인류공영에 기여하는 민족공동체를 이루는 것이다. 이는 소극적 의미의 재통일이 아니라 적극적으로 새로운 통일의 미래상을 창조해 가는 일이다. 이런 점에서 통일은 민주주의와 시장경제원리를 비롯한 인류의 보편가치가 구현되는 새 국가의 건설과정으로 보아야 한다.

통일에서 중요하게 다루어져야 할 것은 통일 이후 남북한간의 적응과정에서 일어날 수 있는 마찰과 갈등을 극소화하는 것이다. 사회적 측면에서 볼 때 통일은 '국민의 통합'을 뜻하며 문화적 측면에서는 문화적 이질성을 극복하고 '동질성을 회복하는 것'이다. 이 동질성의 회복은 우리의 전통문화와의 연계에서 가능할 수 있다. 어느 민족이나 민족으로서 구성요건을 갖추기 위해서는 혈연·역사·문화 등 세 가지 공동체라는 요건이 충족돼야 하며 이에서 비롯되는 투철한 공동체의식이 요구된다.

우리 민족의 경우는 이들 요건이 충분히 갖추어져 왔다. 다만 남북이 분단되는 기간에 야기된 변화가 문제라 하겠는데, 혈연·역사 등 두 가지 공동체의 요건은 불변적인 것으로 볼 때 문화공동체의 요건이 문제가 된다. 즉 민족 평화통일의 날을 위해 우리가 해야 할 일 중의 하나가 "남북 쌍방이 문화적 동질성을 간직하고 통일된 문화공동체로 복귀할 수 있는가"의 문제에 관심을 갖도록 해야 한다는 뜻이다. 그러기 위한 기초연구로서 '북한의 한국학(민족학) 연구성과의 현황'을 분석하게 된 것이 본 연구과제를 설정하게 된 배경이다.

1945년 이후 오늘에 이르기까지 문화적 폐쇄정책을 견지해 온 북한의 학문은 다른 모든 문화적 영역과 함께 마르크스·레닌주의를 핵심으로 하는 이른바 김일성 주체사상에 의해 재정립돼 왔다고 할 수 있다. 따라서 남북이 분단의 장벽을 넘어 이해하고 협력하며 하나의 정부와 체제로 통일되기 위해서는 먼저 정치, 경제, 사회, 문화의 모든 영역에서 서로 교류하고 학문적 연구성과에 의해 동질성을 회복해야 한다.

이에 관해서는 미흡하지만 본원의 연구 성과물로『북한의 한국학 연구성과 분석: 철학종교·어문편』이 1991년 발간됐다. 여기에는 북한의 고대철학, 불교철학, 성리학, 실학사상, 고전 국역사업 등에 관한 연구성과 분석이 이루어져 있다. 이 연구물은 1988년 6·29선언에 따른 정부의 북방정책 이후 이루어진 획기적인 연구업적이었으며, 주로 이념과 정치성 문제가 비교적 적은 분야에 집중된 연구였다고 평가된다. 이후 10년 이상의 시간적 격차와 이에 따른 북한사회의 개방확대 및 남북간 교류의 활성화는 이 분야에 관한 분석의 재정비를 요하게 됐다.

본 연구에서는 좀더 다양한 분야에 걸친 북한의 한국학(민족학) 분야 연구성과의 분석과 그간 추진돼 온 제분야의 학문적 교류현황에 대한 조사연구가 필요함을 절감해 연차계획에 의해 추진돼 왔는데, 금년에는 어문,

예술, 고대사, 고대사상, 근대사상인 실학사상의 영역에 국한돼 있다.

본 연구가 통일을 위한 기초모색에 목적을 두고 있는 만큼, 북한의 민족학과 남한의 한국학 연구의 접점모색이 우선적으로 선결돼야 할 과제다. 그러므로 본 연구는 분단으로 인해 형성된 북한학이라 할 수 있는 북한의 민족학 연구성과와 각 학문분야간 교류실태 분석을 토대로 통일학문의 접점이념을 모색할 것이며, 또 남북 학술교류 발전방안 및 학문통합 과정개발을 시도하고자 한다. 이를 위한 방법론으로는 첫째, 문헌분석으로 해방 후 최근까지 북한에서 발간된 단행본, 논문집, 잡지, 신문 등 모든 자료를 총망라해 철학·어문·예술·역사 등 한국학 인문분야에 걸친 연구성과를 분석하는 방법이다. 둘째, 현황분석으로 1988년 6·29선언과 뒤이은 2000년 6·15선언 이후 활성화된 남북 학술 및 자료교류 현황과 성과를 분석해 남북간 학문의 이견을 검토하고 그 접점을 모색하는 방법이다. 문헌분석이 본 연구의 이론적 방법이라면 현황분석은 실천적 활용이 될 것이다.

2. 북한학과 민족학을 포함한 한국학의 연구경향

외국 학계에서 한국을 연구대상으로 할 경우나 남한에서 국학을 스스로 '한국학'이라 하고, 남한에서 북한을 연구대상으로 할 때 이를 '북한학'이라 일컬으며, 러시아권에서 살고 있는 우리 민족에 대한 연구대상은 '고려학', 그리고 중국에서 살고 있는 우리 민족에 대한 연구에서는 스스로 '조선학'이라 명명한다. 북한에서는 아직 남한의 한국학처럼 정립되지는 않았지만 이를 '민족학'이라 지칭하기도 한다. 여기서는 수십 년간 외국 학계에 알려진 남북의 '한국학(민족학)'과 최근 남한에서 10여 년간 대학원이나 학부에서 전공영역으로 자리잡아 온 '북한학'의 성립배경 및 연구경향을 통해 통일과정은 물론 통일 이후 필요한 과제를 상정하고자 한다.

1) 한국학의 성립과 연구방향

오늘날 한국학이란 고유의 대상이나 방법론에 의해 성립하는 개념이 아니라 매우 포괄적 의미의 '한국에 관한 연구'라는 의미로 통용되고 있는 까닭에, 그것이 어떤 학문분과에 속하든 관계없이 인문·사회과학 전반에 걸쳐 각자의 학문분과 내에서 한국에 관한 사상을 다루는 것이면 모두 그 범주에 드는 것으로 막연하게 간주되고 있는 실정이다.[1]

그렇다면 한국학은 한국의 자연현상을 대상으로 하는 자연과학도 가능하므로 한국학은 독자적인 특수한 학문의 분과과학으로 자립할 수 있는 학문적 개념이 아니라 단순한 지역적 개념에 불과하다.[2] 따라서 외국에서의 Korean Studies란 한국을 인식대상으로 하는 학문을 종합해서 하는 의미이지 특정분과만을 지칭하는 것은 아니다.

앞으로 한국학 연구는 그 동안 상대적으로 등한시돼 온 사회, 정치, 경제에 대한 연구에도 보다 많은 관심을 기울여 나가야 하며, 연구시기에 관해서도 보다 많은 관심이 '근·현대의 한국'에 주어져야 한다고 볼 수 있다. 왜냐하면 해외에서 최근 급속히 높아지고 있는 한국학에 대한 관심은 바로 이와 같은 주제와 시기에 주로 집중돼 있기 때문이다.[3]

북한에서는 민족학 또는 조선학이라는 지칭이 선호되고 있지만 국학이 외래적인 것에 대한 자기의 문물제도와 학술을 뜻한다고 보면, 한국의 국학에는 우리의 전통적인 정치·사회·경제·철학·역사·어문·과학·지리·풍속 등 모든 분야의 학문이 포함돼 형성될 수 있다. 그리고 이러한 의미에서 국학은 중국학이나 미국학과 같이, 한국연구의 종합적이고 체계

---

1) 문옥표, 『한국의 사회와 문화』, 제23집(성남: 한국정신문화연구원, 1995), 73-74쪽.
2) 박이문, 「한국학의 방법론」, 『정신문화』, 통권 제12호(성남: 한국정신문화연구원, 1982. 봄), 참조.
3) 『2000년대를 향한 한국정신문화연구원과 한국학대학원의 발전구상』(성남: 한국정신문화연구원, 1990).

적인 구성이 가능하다. 그러나 국학이 성립되고 현대사회에 기여할 수 있는 길은 입문단계의 종합성이나 국수주의적 의식이 아닌, 우리 문화의 본질을 탐구하는 각 분야의 기초연구와 공동작업을 통한 재종합이 무엇보다 긴요하다고 할 수 있다. 따라서 국학이란 우리 민족의 역사와 문화전통을 민족주체적 시각과 세계적 보편성의 균형된 시각에서 연구하는 학문을 의미한다면, 북한에서 현재 사용되고 있는 민족학이나 주체학문도 넓은 의미에서 국학개념에 포함시킬 수 있을 것이다. 따라서 아무리 분단상황이라고 해도 학문 명칭이나 학문분야까지 갈라져서는 안 되겠기에 남북 학술교류가 활발히 진행되기 위해서는 한국학이나 조선학, 북한학이나 민족학도 특수성에 대해 붙인 이름일 뿐이므로, 결코 이 특수한 명칭 때문에 특수한 의미와 논리를 창조하고 사용하는 일이 정당화돼서는 안 된다.

2) 북한학의 성립과 통일 이후 한국학의 명칭문제

최근 북한연구는 '북한학'[4] 이라는 독자적 영역이 성립되면서 연구의 양과 질에서 비약적인 발전을 도모하고 있다. 이는 단순히 정책적 차원 또는 정보 제공적 차원에서 행해졌던 북한연구가 한 단계 발전해 새로운 '학문분과'로 자리매김되기를 요구받고 있기 때문이다. 그러면 어떻게 이러한 북한연구사의 변화와 그 특성을 설명해야 하는가?

북한학은——보수이든 또는 진보이든 간에 노골적인 이데올로기적 기초를 가진 연구와는 달리——사회과학적 이론모델을 적용함으로써 북한사회를 설명하려는 시도를 체계화해야 한다. 그러하기 위해서는 이데올로기적

---

[4] 일반적으로 특정지역의 종합적 연구를 area study라 하는데 북한학의 경우는 넓은 의미의 분단상황에서 발생한 한국학 범주내의 지역연구이므로 독립적인 학문대상이라기보다는 통일과정으로서 북한지역 연구라고 하는 것이 정확한 표현일 것이다. 북한에서는 우리가 사용하고 있는 한국학 개념이 없으며, 이와 유사한 개념을 찾아본다면 북한에서 즐겨 사용하는 민족학 용어이지만 본 논문에서는 분단극복 과정에서 '통일담론'과 '북한연구' 및 '북한학', '민족학' 용어를 혼용하고 있음을 밝힌다.

혼란에서 벗어나 대상에 대한 과학적 인식이 추구돼야 한다. 그간 북한에 대한 인식은 남한의 정치적 정체성을 구성하는 요소로 기능했기 때문에, 대상에 대한 '있는 그대로의 이해'는 상당히 제한될 수밖에 없었다. 인식 대상인 북한의 이데올로기적 '신화'는 과학으로서 북한학으로 해명될 필요가 대두된 것이다. 더불어 북한의 사회현상—개인숭배, 군중동원 체계, 정치도덕적 자극을 중심으로 하는 경제운용 방식 등—을 사회과학적 개념들을 통해 설명하고 이해함으로써 남북관계의 재구성에서 가능한 것과 불가능한 것의 한계를 명확히 하는 정책적 함의가 중시된다. 이러한 의미에서 북한학은 북한사회에 내재한 수많은 일반적 또는 특수한 현상을 체계적으로 묘사함과 동시에 일관된 설명논리를 재생산하게 된다.

북한학에서 주목할 만한 두 가지 흐름은 이론적 모델화를 중시하는 입장과 방법론적 원리에 입각해 경험적 연구를 추동하는 것에 초점을 맞추는 입장으로 대별된다. 이러한 연구는 북한사회를 이론적 모델을 통해 조명하거나 또는 기술적인 체제비교의 성과물을 제시한다는 장점을 갖는다.

먼저 이론적 모델의 대표적 사례로 브루스 커밍스(Bruce Cumings)의 '조합주의론'과 와다 하루키(和田春樹)의 '유격대 가론'을 들 수 있다. 커밍스는 북한에서 국가와 사회 사이의 관계와 성격에 주목하면서 국가가 사회를 포섭해 내는 '사회주의적 조합주의'로 북한사회를 파악한다.5)

그는 북한에서 나타나는 가부장적 지도자, 강한 공동체성, 민족우선주의 등을 조합주의적 요소로 간주한다. 북한은 중앙집권적 행정에서 확인되는 위로부터의 하향원칙은 스탈린식 사회주의를 모방했음에도 불구하고 한국의 유교문화적 특징으로서 위계적 질서와 상급자나 연장자에 대한 복종원칙이 결합된 정치체제로 인식된다. 여기서 커밍스는 북한의 국가를 정치적 부성(fatherhood)의 이미지로 구성된 유기체로 상정하는 것이다.6)

하루키는 국가사회주의 기초하에서 북한이 중소분쟁의 틈새에서 주체를

---

5) Bruce Cumings, "Coorporatism in North Korea?" *Journal of Korean Studies*, No.4, 1982-83; 김동춘 역, 「북한의 조합주의」, 『한국현대사연구 Ⅰ』(이성과현실사, 1982).

6) 류길재, 「북한체제 변화론의 재고찰」, 경남대 극동문제연구소 편, 『한국정치·사회의 새흐름』(나남, 1993), 404-408쪽.

강조하면서 김일성이 유격대 사령관이고 전 주민이 유격대원이라는 국가의 형상이 의식적으로 추구돼 1980년대에 유격대국가가 완성됐다고 본다.

유격대국가론의 기본적 특징은 가족주의적 국가이해에 있다. 이러한 가족주의는 수령=아버지, 당=어머니, 대중=자식이라는 인식이다. 이러한 하루키의 견해는 일견 커밍스의 입장과 유사해 보이나 국가와 사회관계의 내재적 순응성에 그가 동의하지 않는다는 점에서 상이하다. 그는 김일성의 항일 무장투쟁을 적극적으로 인정함에도 불구하고, 과장돼 온 북한의 역사관의 이데올로기적 성격을 비판하면서 유격대국가의 전체주의적 성격을 분명하게 지적하고 있다.

이외에도 북한을 이론적 모델을 통해 설명하려는 시도는 상당히 많다. 이런 지향성을 가진 연구는 북한사회에 사회주의국가, 유기체국가, 전체주의국가 등의 모델을 적용한다. 사회주의국가론은 주로 현실 사회주의사회의 전형적 특징을 규명해 자본주의와 대비되는 체제적 요소에 주목한다면, 유기체국가론은 한 사회가 갖는 전통적 특징을 분석해 국가와 사회 사이의 관계유형에 관심을 갖는 것으로 자유주의 정치문화와 대조되는 특징에 주목한다. 이에 비해 전체주의론은 북한사회주의를 다원주의에 반대되는 전체화된 사회로 규정한다.[7]

북한학은 이러한 이론적 조망을 넘어서 자기발전을 도모하기도 한다. 이러한 발전은 주로 방법론적 차원에서 북한사회에 대한 '문화연구'를 태동했는데, 이것은 기존의 정치체제, 사회제도, 군사정책, 사회보장 계획 등에 한정된 북한연구의 폭과 깊이를 확장하고 심화시킨 것으로 보인다. 첫째, 정치문화론을 일례로 들 수 있다. 정치문화론의 기본가정은 한 사회의 정치적 현상을 이해하고 설명하기 위해서는 정치문화를 이루는 요소(신념, 상징표현, 가치)에 주목해야 한다는 것이다.[8]

이 입장은 크게 보면 사람들이 공유한 체험과 신념에 초점을 맞추는 경

---

7) 이종석, 「북한체제의 성격규명: 유일체제론의 관점에서」, 『현대한국정치론』(사회비평사, 1996).

8) Ivan Volgyes, *Political Socialization in Eastern Europe: A Comparative Framework* (New York: Praeger Publisher, 1975), pp.28-29.

향과 정치사회를 포함해 사람들이 현재 가지고 있는 가치와 태도에 주목하는 경향으로 구분해 볼 수 있다.9)

전자의 관심이 전통적 신념체계 같은 것에 주목한다는 점에서 좀더 해석적인 측면을 중시한다면, 후자의 시각은 현재의 가치와 행동유형에 주목한다는 점에서 좀더 경험적 접근을 강조한다고 볼 수 있으나, 양자 모두의 핵심적인 관심은 정치체제의 유지와 존속을 위해 무엇이 필요한가 하는 문제에 초점을 맞추는 것이다. 따라서 정치문화론은 한 사회가 가지고 있는 전통과 문화가 정치적 지지를 유발하는 것과 어떤 관련을 맺고 있는가에 관심을 갖는다고 할 수 있다.10)

북한사회에 정치문화론적 관점을 적용한 연구는 주로 전통적 요소인 유교가 정치문화에 어떤 영향을 미쳤는가에 대한 검토, 그리고 현재의 정치과정에서 정치사회화가 어떤 방식으로 이루어지고 있는가에 대한 검토에 초점이 맞추어진다. 이와 관련해서 유교와 북한 정치문화의 관련성을 검토한다든지 북한에서 이루어지는 정치사회화의 제도적 기제와 그 효과를 검토하는 연구를 들 수 있다. 전자의 관심은 1980년대 말부터 북한에서 전면화되기 시작한 전통적 요소에 대한 강조, 그리고 정치문화와 정치현상을 연관시키는 작업11)이고, 후자는 북한에서 이루어지는 정치사회화의 과정과 내용, 그리고 정치사회화와 대중동원의 관련성을 해명하고 있다.12)

이러한 연구는 현재와 전통 사이의 관련성을 해명하고 북한사회의 특성을 조명하는 의의가 있지만, 전통적 정치문화를 단순히 가부장주의로 단순화하는 위험성도 아울러 가지고 있다. 나아가 전통과 현재 사이의 연속성을 설정하는 것은 방법론적으로도 문제점을 가지고 있는 것으로 보인다.13)

---

9) W. T. Bluhm, *Ideologies and Attitudes: Modern Political Culture* (Princeton: Prentice-Hall, 1994), p.38.
10) *Ibid.*, pp.39-40.
11) 최재현, 「북한 사회이념 속의 전통적 요소: 김일성 저작집을 중심으로」, 『동아연구』, 제14집(1988).
12) 김경웅, 『북한정치사회화론』(박영사, 1995).
13) 이러한 분석에서 전통적 정치문화는 현재의 관점에서 이해되고 있다는 것에 유의할 필요가 있으며, 전통정치가 절대왕권, 가부장주의라는 특징을 가지고 있다는 점을 전

한국학은 원칙상 통일시대를 내다보면서 한국에 대한 총체적 이해와 평가, 그리고 지향을 모색한다는 점에서 통일된 한반도의 제개념이 협동적으로 엮어 내는 종합학문이어야 할 것이다. 장차 한국학은 북한학이나 민족학, 조선학, 고려학 등의 개념을 통합시켜야 하는데, 통일 이후 나라이름의 알파벳을 Corea로 할 것인가 아니면 Korea로 할 것인가가 대두될 때 이 문제까지도 함께 연구돼야 할 과제라고 생각한다.

3. 북한의 고대사상 연구경향: 주체사상과 고대사상의 실체

북한에서 추진된 한국 고대사상 연구동향을 보면, 종교적 관념의 '천'(天) 숭배사상이며, 유물론적 견해로서의 '기'(氣) 또는 자연적 물질을 세계의 시원으로 보는 유물사상, 그리고 인생관, 정치관으로서 '선인'(仙人)사상 등으로 크게 나누어 볼 수 있지만, 중심된 연구는 고조선의 건국에 관한 내용과 단군사상이 주류를 이루고 있다.

유물사상에 입각해 종교와 신화적 요소를 부정하는 북한에서 단군신화를 비롯한 우리 민족의 건국신화 연구에 관심을 기울이고 있음은 다행한 일이다. 그러나 북한에서는 민족신화에 대한 중요한 의의를 깊이 인식하면서도 그 연구의 방향과 목적을 주체사상과 민족사상사의 유물변증법적 체계화에 두고 있다는 점에 문제가 있다고 하겠다.

북한 학계의 주장에서는 단군신화에서 신화적이고 환상적인 외피를 벗기면 역사적 사실을 밝힐 수 있다고 전제하고, 사상적 자료로서의 가치를 부정하고 역사적 자료로서의 가치를 강조하고 있다. 그런데 1986년의 자료에서는 천신(天神)과 지신(地神, 熊女)이 나왔고 풍백(風伯)·운사(雲師)·우사(雨師)가 등장했다는 것은 고조선인들이 자연의 시원(始原)과 변화의 근원을 하늘, 땅, 바람, 구름, 비로 보았다는 것을 의미한다고 주장한다. 그리고 해

제한다. 문제가 되는 것은 전통정치에 대한 단순화된 이미지다. 전통정치에 대한 상이한 시각으로는 다음을 참조. 김왕수, 『한민족 정치전통과 남북한체제 동질화방안 연구』, 통일원 학술용역 보고서(1993).

모수(解慕漱) 신화에서는 태양신과 수신(水神)이 등장하는바, 이는 당시 사람들이 자연현상의 근원을 불과 물로 보았음을 의미한다고 주장한다. 이리하여 북한 학계에서는 고조선 건국 이후로 우리 민족은 유물론적인 사상적 전통이 이어져 내려왔다는 주장을 완성하고 있는 것이다. 그러나 고대의 우리 조상들은 조상신, 자연신, 천신을 숭배하는 종교사상을 가지고 있었다. 특히 자연물을 물질적인 것으로 인식하기보다는 그것을 신격화해 숭배했고, 이러한 사상은 명산(名山)과 대천(大川)에 제사하는 모습으로 오랫동안 계승돼 왔다.14) 이런 점에 비추어본다면 북한의 주장대로 고조선 건국 이후 우리 민족이 유물론적인 사상적 전통을 이어내려 왔다고 주장하기는 어렵다는 사실에 근거할 때 남북 역사학자들의 만남이 불가피하게 된다.

북한의 고대사상 연구경향을 알아보기 위해 먼저 북한 학계의 상고시대나 건국시대의 연구성과를 살펴보고자 한다. 고조선에 대한 연구는 북한의 역사학계와 고고학계에서 해방 이후 이룩한 가장 대표적인 연구분야로 자평하는 부분으로, 연구동향의 변화과정을 『조선고고연구』(1997~2000), 『력사과학』(1991~1997), 『철학연구』(1990~2000)를 대상으로 권오영15)의 시기별 구분을 참조해 정리하면 다음과 같다.

1) 시대별 연구동향

(1) 1945~1960년대

이 시기는 고조선 연구의 모색기에 해당한다. 고조선의 위치문제가 해명되지 못한 상황에서 림건상은 유보적 입장을 취했으며,16) 본격적인 주

---

14) 지교헌, 『북한의 한국학 연구성과 분석-철학종교·어문편』(한국정신문화연구원, 1991), 4-6쪽.

15) 권오영, 「단군릉사건과 대동강문화론의 전개」, 한국역사연구회북한사학사연구반, 『북한의 역사만들기』(푸른역사, 2003), pp.89-90.

16) 림건상, 『조선통사』, 제1판(1956).

장을 전개하기보다는 한반도 북반부의 유적조사를 진행하고 있었다.

1950년대 후반에 전개된 삼국시기 사회성격에 대한 논의는 크게 삼국시기를 고대 노예제사회로 간주하는 견해와 중세 봉건제사회로 보는 견해로 양분됐다. 고조선사회에 대한 직접적인 언급은 드물지만, 논쟁이 전개되는 과정에서 고조선 연구의 필요성에 공감대가 형성됐다는 점이 중요하다.

그후 1960년대는 고조선 연구의 개화기인 동시에 절정기다. 삼국시기의 사회성격이 중세 봉건제사회로 정리되고 이에 선행한 고조선사회가 고대 노예제사회라는 결론이 이미 내려진 상태였기 때문에, 주요쟁점은 고대사상 연구의 단초인 단군신화에 대한 이해와 고조선의 위치문제였다.

1960년부터 62년까지 역사학자뿐 아니라 고고학자, 민속학자, 국문학자 등이 대거 동원된 집체적 형태의 학술토론회가 20여 회나 열렸고, 그 결과가 1963년 『고조선에 관한 토론론문집』으로 출간됐다.

위치문제에 대한 견해는 크게 재평양론과 재요령론, 그리고 이동론으로 삼분된다. 재평양론은 도유호, 재요령론은 리지린, 이동론은 정찬영이 대표적인 논자였는데, 논의과정에서 다양한 문헌자료를 섭렵한 리지린이 승리해 그의 견해가 단행본 형태로 출간됐다.[17] 그후 도유호와 정찬영은 고조선 연구에서 손을 떼게 된다.[18]

1963년부터 65년까지 중국과 공동으로 중국 동북지방의 유적을 조사하면서 북한 고고학계는 새로운 지평을 얻게 된다. 요령성 일대의 청동기문화에 대한 심화된 이해를 기초로, 고조선의 중심지는 요하 유역이고 당시 사회는 다수의 노예를 죽여 무덤에 넣는 순장제가 보편적으로 실시된 노예소유자 사회였다는 기념비적 견해가 표명되기에 이르렀다.[19] 같은 시기 남한 학계에 비해 시·공간적으로 매우 확대된 시각을 갖게 된 것이다.

이때 성립된 고조선 역사관은 1980년대 이후 남한의 고조선 연구에 큰 영향을 끼쳤다. 남한 연구자들이 시간적으로는 기원전 1000년기 전반기, 공간적으로는 중국 동북지방에 관심을 갖게 된 데는, 북한 학계의 연구가

---

17) 리지린, 『고조선연구』(1963).
18) 권오영, 「고조선사 연구의 동향과 그 내용」, 『북한의 고대사연구』(일조각, 1991).
19) 김용간·황기덕, 「기원전 천년기 전반기의 고조선문화」, 『고고민속』, 1967-2..

절대적인 영향을 끼쳤다고 판단된다.

문헌적으로 리지린의 연구물, 고고학적으로 요령성 일대의 청동기문화를 축으로 축적된 북한 학계의 유물사관에 입각한 고조선 연구는 이후 커다란 변화 없이 1990년대 초반까지 이어진다.

(2) 1970～1980년대

순장제와 법금팔조를 두 개의 지렛대로 삼아 고조선에 노예소유적 소유형태가 존재했음을 강조하던 1960년대의 경향이 계속 이어졌다. 『고조선문제 연구』(1973), 『고조선문제 연구론문집』(1976), 『조선고고학 개요』(1977), 『조선통사』(1977), 『조선전사』(1979) 등의 내용이 모두 그러하다.

한 가지 특징이라면 1960년대 고조선 연구의 최전선에 있던 리지린이 급격히 퇴조한 점을 들 수 있는데, 이는 정치적인 문제 때문인 것으로 이해된다. 1980년대의 특징은 부문사의 발행과 주제별로 심화된 연구가 출간됐다는 점인데, 특히 황기덕과 박진욱의 활약이 돋보인다.

고조선사회가 고대 노예소유자 사회라는 주장은 변함이 없었지만, 구체적 성격에 대한 해명작업은 별로 진전되지 못했다. 이는 주체사상의 사회역사 원리에 입각해 전면적인 재구성작업이 진행된 점과 무관하지 않을 것이다. 해당 사회의 성격을 규정함에 있어 생산수단의 소유형태 못지 않게 중요한 기준으로 "정권이 어느 계급의 손에 있는지"를 강조하게 되면서 고대사회 성격론이 매우 빈약한 수준에 머물게 된 것이다.

고대사회에는 노예소유자의 소유형태, 소농민적 소유형태, 공동체적 소유형태가 병립했는데, 비록 양적으로는 다수를 점하지 못했지만 노예소유자적 소유형태가 지배적이었다는 주장만 계속 반복될 뿐이었다. 다만 김석형과 박시형의 선행연구를 계승하고 토지소유 관계를 중심으로 논지를 전개해 고조선 고대사회가 고대 동방형 노예소유자 사회에 가까우면서도 고전적 노예소유자 사회와의 유사성도 내포하고 있다고 주장한 허종호[20] 정

---

20) 그는 고대 동방사회와 아시아적 생산양식을 동일한 대상으로 이해하고 있다. 허종호, 『조선 토지제도 발달사』(1991. 1), 「두 류형의 노예소유자 사회의 토지소유에 대하여」,

도가 주목될 뿐이다.

1980년대 후반부터 연대를 상향 조정하려는 움직임이 포착된다. 주체사관의 핵심내용이 '조선역사의 유구성·자주성·독자성' 강조에 있는 만큼 외부의 영향을 강조하는 문화 전파론이나 이동론은 신랄하게 비판받고 자체 발생설이 강조되면서 유적·유물의 연대, 나아가 각국의 건국연대가 상향 조정됐다. 그 결과 종전 기원전 8~7세기경으로 주장되던 고조선의 건국연대가 기원전 10세기 이전으로 소급됐고,[21] 연속적으로 고구려의 건국연대도 기원전 277년으로 단정하기에 이르렀다. 우리 역사에서 고대사회와 중세사회의 출현시점이 모두 올라가게 된 셈이지만,[22] 북한 고대사와 고대사상의 연구방향은 앞 시대의 유물론과 유물사관에서 주체사상과 주체사관으로 변질되고 있었다.

(3) 1990~2000년대

1980년대 후반부터 북한 역사학계의 연구성과가 알려지면서 남한 역사학계에 끼친 영향은 적지 않다. 원시·고대사 연구의 경우 이론과 방법론에서 남한 학계에 자극을 주었다는 점 외에도, 그 동안 남한 연구자가 접할 수 없었던 북한과 중국의 고고자료를 다양하게 활용하고 있다는 측면에서도 많은 관심을 끌었다. 원시사회의 구조, 고조선의 위치와 사회성격, 고·중세 시대구분론, 통일전쟁의 의미와 발해사의 위상 등은 매우 중요한 주제임에도 남한 학계에서는 본격적인 논의가 이루어지지 못했고, 그런 상황에서 북한의 연구성과는 매력적인 학습대상이 될 수밖에 없었다.

그 결과 구체적인 검토 없이 북한 학계의 성과를 무비판적으로 수용하는 경향이 일각에서 나타나기도 했으나, 1990년과 1991년에 걸쳐 연구성과의 체계적 정리와 비판이 진행됨으로써,[23] 북한 학계의 연구성과 중 학문

『력사과학』(1992-3).

21) 손영종·박영해·김용간, 『조선통사, 상』(증보판)(평양: 사회과학출판사, 1991).
22) 권오영, 「단군릉사건과 대동강문화론의 전개」, 한국역사연구회, 『북한의 역사만들기』, (푸른역사, 2003), 90-93쪽.

적 가치가 인정되는 부분을 걸러낼 최소한의 여과장치는 마련됐다. 시기적으로는 주체사관이 역사연구의 전면에 대두된 1970년대 이전의 연구성과가 많은 주목을 받았다. 하지만 1993년 단군릉 사건24)이 터지면서 북한 학계의 분위기는 급변했다. 우선 고조선의 위치가 기존의 '재요령설'(在遼寧說)에서 '재평양설'(在平壤說)로 수정됐고, 최초의 고대국가인 고조선의 건국시기도 2,000년 이상 올라가게 됐다. 여기서 그치지 않고 원시사회의 편년체계, 고대 노예소유자 사회의 성격, 고대사회에서 중세사회로의 이행시기 등 다양한 주제가 재검토되면서 수정됐다.

실제로 1991년부터 97년까지의 『력사과학』의 연구주제를 보면 북한의 단군역사와 고대사문화 복원의 관심도를 알 수 있다. 먼저 고대사상의 발원인 단군에 관한 논문만 11편이며,25) 고고학의 중요성과 주체사상과의 연

---

23) 안병우·도진순 편, 『북한의 한국사인식』(한길사, 1990); 김정배, 『북한의 우리 고대사인식』(대륙연구소, 1991); 역사학회 편, 『북한의 고대사연구』(일조각, 1991).

24) '단군릉 발견'이란 용어를 피하고 굳이 '단군릉 사건'이라고 사용한 것은 이 무덤이 단군의 무덤이 아니라는 관점이다. 그러나 북한 학자들이 이 무덤을 단군릉이라고 주장하는 근거는 다음과 같다. 우선 『신증동국여지승람』 등 조선시대 지리서에 이 무덤을 단군릉이라고 불러 온 사실이 남아 있으며 후대 사람들도 그렇게 믿어 왔다. 둘째, 무덤에서 나온 뼈의 연대를 과학적으로 측정한 결과 기원전 3000년 이전으로 나와 단군과 관련이 있으며, 뼈의 주인공이 키가 크고 나이가 많은 남성과 젊은 여성으로서, 이들은 단군과 그 부인이라는 것이다. 북한당국은 단군릉을 발견했다고 대대적으로 선전하고 무덤 근처에 고구려 장군총을 본뜬 피라미드 모양의 새 무덤을 건설했다. 이른바 '改建'인데, 개건은 기존의 유적과는 별도의 새 건축물을 축조하는 행위이므로 복원과는 무관하며 개건된 건축물이 역사성을 갖는 것도 아니다. 개건된 건축물은 개건 당시의 건축양식과 개건 주체의 이데올로기를 반영하는 것에 불과한 것이다. 일반에 소개되는 단군릉과 동명왕릉·긴릉은 모두 개건된 것이다. 한 변의 길이가 50m, 높이가 22m에 달하는 이 초대형 무덤은 1994년에 준공됐기 때문에 1994개의 화강암을 사용했고, 무덤 네 귀퉁이에 거대한 호랑이 조각을 세웠으며 주위에는 비파형동검을 형상화한 검탑, 단군의 아들과 신하를 조각한 석상을 배치했다.

25) 「단군은 고조선의 건국시조」, 강인숙(1994년 1호); 「강좌: 평양은 고조선의 수도」, 박진욱(1994년 2호), 「조선민족은 단군을 원시조로 하는 단일민족」, 손영종(1994년 3호); 「고조선의 건국년대와 단군조선의 존재기간」, 강인숙(1995년 1호); 「단군조선의 중심지와 령역에 대해」, 김병룡(1995년 1호), 「후조선은 단군조선의 계승국」, 손영종(1995년 2호); 「성천의 옛 지도 <성주읍도록>에 반영된 단군 및 고조선지명」, 리기원(1996년 1

계된 논문은 10편, 발해역사와 관련된 논문은 21편이나 된다. 『조선고고연구』(1997-2000)의 연구경향을 보면 직접적인 내용은 아니지만 단군과 고대사상 내용과 관련된 논문은 38편이며, 삼국시대 내용은 21편, 발해는 11편, 주체와 관련된 것이 7편26)이 된다. 『철학연구』(1990-2000)에서는 주체사상과 고대사상과의 연계논문이 16편이지만 직접적인 단군의 철학사상은 단 1편27)으로, 이 시기의 북한의 순수 인문과학의 연구실상을 엿볼 수 있다. 이시기 <노동신문>에 소개된 단군과 관련된 논문이 15편이나 되며,28) 역사개관(『고조선 역사개관』, 사회과학출판사, 2001)도 북한 '주체성' 강조의 시조가 되는 단군의 역사를 주체철학의 입장에서 새롭게 재구성한 것이다.

단군고조선 역사에 관한 주요체계는 북한 '고조선 역사연구집단'의 연구

호); 「조선민족의 단군에 대한 신앙」, 천수산(1996년 1호); 「단군 및 고조선력사 연구에서의 몇 가지 기본문제들과 그 해명」, 허종호(1996년 1호); 「단군에 대한 고구려사람들의 리해와 숭배」, 강룡남(1996년 1호); 「단군명칭의 대한 일제 어용사가들의 견해비판: <우두전단 유래설> 중심」, 권승안(1996년 1호).

26) 「경애하는 김정일 장군님은 우리 고고학자들의 위대한 스승」, 한인호(1997년 1호); 「위대한 수령 김일성 동지께서 고고학의 개화발전에 쌓으신 불멸의 업적」, 한인호(1997년 1호); 「위대한 수령 김일성 동지는 우리 고고학자들의 영원한 스승이시다」, 김혜숙(1997년 3호); 「경애하는 김정일 동지는 우리 고고학의 주체적 발전의 길을 열어주신 위대한 령도자이시다」(1997년 4호); 「조선민주주의인민공화국의 품속에서 우리 고고학이 걸어온 자랑찬 승리의 50년」, 김영진(1998년 3호); 「단군조선의 국가적 성격에 대한 고고학적 고찰」, 박진욱(1999년 1호); 「경애하는 수령 김일성 동지는 주체의 위대한 태양으로 영생하신다」, 김혜숙(1999년 3호).

27) 「단군조선의 철학사상에 대해」, 정성철(1994년 1호).

28) 박진욱, 「단군릉 발굴정형에 대하여」; 장우진, 「단군릉에서 나온 사람뼈의 인류학적 특징에 대하여」; 김교경, 「단군릉에서 나온 뼈에 대한 연대측정 결과에 대하여」; 리준영, 「단군릉에 대한 력사자료에 대하여」; 강인숙, 「단군의 출생과 활동에 대하여」; 현명호, 「고조선의 성립과 수도문제에 대하여」; 김병룡, 「단군의 건국사실을 전한 '위서'에 대하여」; 신구현, 「단군신화의 주요 특징에 대하여」; 석광준, 「평양은 고대문화의 중심시」; 박시형, 「일제가 감행한 단군말살 책동에 대하여」; 류렬, 「우리 민족은 고조선시기로부터 고유한 민족문화를 가진 슬기로운 민족」; 최태진, 「단군과 대종교에 대하여」; 조대일, 「단군숭배와 관련한 의례와 풍습에 대하여」; 손영종, 「조선민족은 단군을 원시조로 하는 단일민족」; 전영률, 「위대한 수령 김일성 동지께서 단군 및 고조선과 관련하여 하신 교시는 력사연구에 새로운 전환의 계기를 열어놓은 강령적 지침」.

사업을 통해 진행됐는데 고조선의 국가 형성시기와 사회성격, 중심지와 영역, 고조선 3왕조의 계승관계와 정치제도, 경제발전과 계급·신분관계, 대외관계, 문화를 비롯한 정치·경제·군사·문화의 모든 분야를 망라하고 있다. 특히 고조선의 개념과 포괄된 왕조를 새롭게 규정했는데, 단군의 '전조선', 기자의 '후조선', 만의 '위만조선'으로 구분한 『고려사』, 『세종실록』 지리지 등의 기술을 부정, '기자조선'은 완전히 날조된 것으로 보고 '단군조선', '후조선', '만조선'으로 새롭게 구분했다. 이는 주체적 민족주의 역사관을 표방하고 있는 북한 역사연구 현황과 우리 역사관과의 상통성과 차이점을 분명히 알 수 있는 훌륭한 자료집이다.

2) 고대사상의 주요내용

(1) 단군은 고조선의 건국시조

강인숙은 일제 어용학자들이 주장해 온 단군말살론이 그들의 식민정책에 의해 날조된 허구일 뿐이며, 단군은 실재한 인물이었다는 점을 『고려사』, 『삼국유사』, 『제왕운기』, 『동사』, 『동국통감』, 『동국력대총목』, 『동국력사』, 『리조실록』 등 력대 문헌들을 통해 입증하고 있으며, 특히 최근 사회과학원 고고학연구소에서 진행된 단군릉에 정식 발굴을 통해 단군이 고조선의 건국시조였음을 밝히고 있다.29)

단군이 실재한 인물이었다는 것은 우선 단군무덤 발굴결과가 잘 말해준다.30) 실제 『강동지』(1626년 편찬)에도 이와 꼭같은 기록이 있고 우의정 벼슬까지 지낸 바 있던 허목(1595~1682)이 쓴 『동사』, 「단군세가」에도 강동

---

29) 강인숙, 「단군은 고조선의 건국시조」, 『력사과학』(루계 제149호, 1994), 53-64쪽 참조
30) 단군릉은 평양시 강동군 강동읍 대박산 남쪽 기슭에 있다. 강동에 단군릉이 있다는 것이 세상에 널리 알려지기 시작한 것은 이조 초엽부터였다. 『신증동국여지승람』(1530년 편찬) 평양부 강동현조에 강동현 서쪽 3리 되는 곳에 둘레가 410자 되는 큰 무덤이 있는데 민간에서는 '단군묘'로 전해져 오고 있다고 전한 것이 그 한 예이다.

현 서쪽에 '단군총'이 있다고 했다.

1697년 7월 4일 리인엽이 숙종에게 강동의 '단군묘'를 매해 보수하도록 해 줄 것을 청원한 바 있고 영조는 1739년 5월 23일과 1763년 4월 22일에 '단군릉'을 보수할 것을 지시했다. 1786년 8월 9일 승지 벼슬을 한 서형수가 정조에게 올린 글에서 자기가 그 전에 강동원으로 있을 때, 고을 서쪽 3리쯤 떨어진 곳에 둘레가 410자나 되는 묘가 있는 것을 보았는데, 이 고장 늙은이들은 그것을 '단군묘'라 한다고 하면서 잘 관리하도록 해 줄 것을 제의했다. 이에 대해 왕은 "단군묘의 사적에 대해서는 읍지(강동읍지)에도 명백하게 실려 있다"고 하면서 평안감사와 강동원이 묘를 직접 돌아보고 잘 관리할 수 있도록 대책을 세울 것을 지시했다. 이러한 점은 강동의 단군릉이 오래 전부터 널리 알려져 왔다는 것을 말해 주며 다음은 사회과학원 고고학연구소에서 단군릉에 대한 정식발굴을 진행한 내용이다.[31]

단군의 무덤은 주검칸(현실)로 이루어진 반지하의 외칸으로 된 고구려양식의 돌칸흙무덤이며 무덤간의 방향은 서쪽으로 약간 치우친 남향이다. 무덤칸의 크기는 남북 길이 276cm, 동서 길이 273cm, 바닥에서 삼각고임 1단까지의 높이는 약 160cm이다. 주검칸의 바닥은 생땅을 가지고 막돌을 깔았으며 벽체는 대충 다듬은 석회암질의 돌을 옷부분이 안쪽으로 약간 기울어지게 차곡차곡 쌓아서 만들었다. 천정은 3단 3각고임을 하고 한가운데 뚜껑돌을 덮었으며 바닥에는 3개의 관대가 남북방향으로 나란히 놓여 있었다. 벽면은 회죽으로 매끈하게 발랐으나 발굴 당시에는 대부분 벗겨져서 무덤간의 바닥이 떨어져 있었다. 주검칸으로 들어가는 무덤안길은 주검칸 남쪽벽의 중심부에서 북남 방향으로 나 있었다.

이미 여러 차례 도굴당한 무덤이어서 이번 발굴에서는 유물이 많이 나오지 않았지만, 매우 주목되는 유골과 유물들이 많이 드러났다.

무덤에서는 사람의 유골이 나왔는데 발굴 당시 뼈들은 판대 위에도 있었고 동북쪽과 서북쪽 모서리에 마구 뒤섞여 있었다. 뼈는 모두 86개 나왔는데 감정결과에 의하면 42개는 남자의 뼈이고 12개는 여자의 뼈라는 것

---

31) 위의 글, 56-57쪽.

이 분명하며 나머지 32개는 어느 개체의 것인지 알 수 없다. 골반뼈를 가지고 나이를 감정한 결과 남자는 오래 산 장수자였다고, 인정되며 여자는 뼈의 전반적인 상태로 보아 비교적 젊은 나이로 추정됐다. 남자는 키가 170cm 이상 되는 당시로서는 키가 상당히 크고 체격이 웅장한 사람이었다.

단군릉에서 나온 남자뼈를 현대물리학의 첨단기술의 하나인 전자상자성 공명법을 적용해 두 연구기관이 가지고 있는 연대측정 기구로 24회, 30회 씩 각각 측정한 것에 의하면, 그 뼈가 지금으로부터 5,011±267년 전의 것임이 밝혀졌다. 이로써 남자뼈는 단군의 유물이고 그 여자뼈는 그 아내의 유골이라는 사실이 밝혀지게 됐다.

단군의 유골이 기나긴 기간 삭아 없어지지 않고 보전될 수 있은 것은 유리한 지층에 묻혀 있었기 때문이다. 유골은 석회암지대에 매장돼 있었고 매장돼 있던 그 지점의 토양은 뼈를 삭이지 않는 특징을 가지고 있었다. 석회암지대에서는 토양 가운데 석회암이 녹아서 형성된 가용성 광물질이 많기 때문에 뼈가 화석화될 수 있는 가능성이 많다. 단군의 유골에서도 화석화돼 가고 있는 경향이 짙게 나타나고 있다. 수천 년의 오랜 무덤에서 뼈가 보전돼 온 실례는 드물기는 하지만 함경북도 회령시 남산리 검은개봉 유적, 중국 서안의 반파 유적, 러시아 바이칼호 부근의 유적들에서 단군시기를 전후한 시기의 사람뼈들이 나왔다.

다음으로 무덤에서는 금동완관 앞면새움장식과 돌림띠 조각이 1개씩 나왔다. 새움장식은 웃부분이 복숭아씨 모양으로 새기고 가운데 구멍이 있으며 아랫부분은 양끝이 곧게 돼 있는데 청동판에 두껍게 금도금한 것이었다. 왕관의 돌림띠는 좁고 길죽한 청동판에 두껍게 금도금한 것이었다.

무덤에서는 또한 여러 개의 패쪽을 연결해서 만든 금동띠의 패쪽 한 개가 나왔다. 장병형이 청동판인데 한쪽으로 치우쳐 작은 구멍이 2개 뚫려 있다. 역시 청동판에 금도금한 것이다. 이밖에 주검칸에서는 판에 박았던 판못과 도기 조각이 여러 개 나왔다.

단군이 실재한 인물, 고조선의 건국시조였다는 것은 또한 중국의 역사책 『위서』의 단군기사를 통해서도 알 수 있다.[32] 그리고 『삼국유사』에 인용된 『위서』에서는 "'단군왕검이란 이가 있어 도읍을 아사달에 정하고 나라를 창건하여 조선이라 불렀다"고 전했다.

기원 3세기경에 편찬됐다고 추정되는 중국의 역사책 『위서』에서 전하는 단군기사는 역사적 사실을 아무런 꾸밈 없이 있는 그대로 전할 것을 목적으로 해서 서술된 역사기록이므로 단군을 실재한 인물, 고조선의 건국시조로 볼 수 있게 하는 또 하나의 귀중한 자료가 된다.

북한 학계는 단군유물 발견과 역사기록에 대한 이러한 연구성과에 토대해 단군을 우리 민족의 원시조, 우리 민족사의 첫 건국시조로 보고 고조선의 건국연대를 종래의 기원전 10세기 이전에서 약 2,000년 끌어올려 기원전 3,000년 초기로 올려잡았다. 이로 인해 북한은, 이것은 반만년의 유구한 우리 민족사를 주체적 입장에서 체계화할 수 있는 큰 디딤돌을 마련한 것으로, 우리 민족사 연구에서 하나의 획기적인 사변으로 평가하고 있다.[33]

(2) 단군조선의 철학사상

북한은 고조선시기 철학사상을 크게 세 개의 사상조류로 나누고 있다. 정성철[34]에 의하면 첫째, 반동적 노예주계급의 요구와 이해관계를 대변하는 종교적 관념론으로서 '천'(天) 숭배사상이며, 둘째, 신흥 노예주계급의 요구와 이해관계를 대변하는 소박한 유물론적 견해로서 '기'(氣) 또는 자연적 물질을 세계의 시원으로 보는 사상이며, 셋째, 신흥 노예주계급의 요구와 이해관계를 반영한 정치관, 인생관, 사회관으로서 '선인'(仙人)사상이다.

---

32) 위의 글, 64쪽.

33) "평양시 상원군의 검은모루유적의 주인공과 '력포사람'(고인), '만달리사람'(신인), 조선 옛류형사람으로 이어지는 고고학적 자료는 조선이 인류문명의 발상지의 하나이라는 것을 확증했으며, 위대한 수령님의 교시에 의해 진행된 단군릉에 대한 발굴과 릉에서 나온 뼈에 대한 연대측정 결과 종전에 신화적, 전설적 인물로 간주되어 온 단군이 실재한 인물이었다는 것이 과학적으로 밝혀졌으며 이에 따라 우리나라는 반만년의 유구한 력사와 찬란한 문화를 가진 동방의 문명국이었다는 것이 산 자료로 명백히 확인됐다."

34) 정성철, 「단군조선의 철학사상에 대하여」, 『철학연구』(루계 제60호, 1995), 37-41쪽. 북한문제조사연구소, 「북한의 단군 및 고조선」, 『논문자료집』(1994. 11), 92-96쪽 참조.

첫째, '천' 숭배사상에 대한 내용이다.

'천' 숭배사상은 『삼국유사』에 인용된 '고기'의 기사에서 명백히 표현돼 있다. '고기'의 내용은 "옛날 환인의 아들 환웅이 자주 나라를 가져 볼 뜻을 가지고 인간세상을 몹시 그리워했다. 그의 아버지가 아들의 뜻을 알고 아래의 삼위태백(지명)을 내려다보니 인간들에게 커다란 이익을 줌직하므로 이에 하늘표식을 새긴 세계의 도장을 주어 보내어 다스리게 했다. 환웅은 무리 3,000명을 거느리고 태백산 꼭대기 신단수 아래로 내려오니 그곳을 신시라고 일렀고 그를 환웅천왕이라고 불렀다."35)

기사에는 명백히 하늘신인 환인의 아들 환웅의 지상세계로의 강림을 '천' 숭배사상을 가지고 신성화하고 있다. 뿐만 아니라 기사에서는 고대 단군조선의 시조 단군도 '하늘임금'인 환웅의 아들로, 결국 하늘의 뜻을 이어 통치하는 임금으로 묘사하고 있다.

이것은 더 말할 것도 없이 천이 사람까지 포함한 지상만물의 주재자적 지위에 있는 전지전능한 영원한 절대적 존재로서 만물의 생성소멸과 인간의 운명을 좌우하는 것으로 보았다는 것을 의미하며, 따라서 '하늘임금'의 아들인 단군도 신성하며 절대적인 존재로 인정됐다는 것을 의미한다.

통치자인 왕에 대한 신성화와 절대화는 정치적으로 뿐만 아니라 윤리·도덕적으로 지배계급과 피지배계급간의 불평등관계, 절대적인 복종과 순종의 관계를 조성시켰으며 노예제도의 필연성을 합리화했다.

정성철은 단군에 대한 기사를 왕과 통치자의 출현으로 해석하고 있다. 이는 '하늘'신의 뜻으로 돼 있으며, 인민이 그들의 통치를 받는 것도 마찬가지로 '하늘'신의 뜻으로 묘사돼 있다고 주장하며, 이로 인해 노예사회에서 계급질서, 통치질서가 '하늘'신의 뜻에 의해 규정지어진 것으로서 어쩔 수 없는 질서이며, 윤리·도덕적으로도 왕과 통치자에 대한 복종과 순종도 절대로 어길 수 없다는 관념이 지배하게 했다고 한다. 지상의 왕권과 통치질서를 바로 천을 인격화해 그에 목적의지를 부여해 '하늘'신의 뜻으로 신성화하고 절대화한 여기에 '천' 숭배사상의 본질이 있다는 것이다.

---

35) 『삼국유사』, 권1, 기이2, 「고조선조」.

고대조선의 '천' 숭배사상은 왕의 지위를 신성화·절대화하는 데서 표현했을 뿐 아니라 '제천'(하늘에 제사를 지내는 것)의식에서도 찾아볼 수 있다.

고대조선의 '천군,' '신관' 등 반동적 노예주계급의 대변자들은 세계만물이 '천'에 의해 창조되고 그의 의사에 따라 운동·변화한다고 설교하면서 하늘에 제사지낼 것을 요구했다. 예의 '무천,' 부여의 '영고,' 진국의 '소도', 고대국가에 뒤이어 고구려의 '동맹' 등은 모두 '제천'의식이었으며 '제천'의식 자체가 제정일치 원칙에 따라 국왕의 중요한 통치수단이 돼 있었다.

기록에 의하면 고대조선에서는 태양신, 땅신, 별신, 산신, 강물신을 비롯한 자연신과 각종 잡신도 숭배의 대상이 돼 있었으며 그에 대한 제사도 진행됐다. 그러나 그것들은 점차 천지만물, 사람의 운명까지도 좌우하는 최고신으로서 '천' 숭배사상의 지배 밑에 놓이게 됐다. 이것은 '천'의 의지로 신성화·절대화된 왕권의 강화와 '천' 숭배사상의 지배적 사상으로서의 확립과정과 상응하게 진행됐다.

고조선에서는 이 밖에도 '영혼' 불멸관념과 결부된 조상신 숭배사상이 지배했다. 육체와 정신간의 문제를 해명할 수 없었던 당시 사람들은 인간의 육체와는 독립적으로 '영혼'이 존재하며, 따라서 사람은 죽어도 영혼은 영원히 존재한다고 인정했다.

고조선의 순장제도나 수많은 노력을 들여 축조한 고인돌무덤과 거기에서 발굴된 껴묻거리들은 분명히 영혼불사의 관념에서 출발한 조상숭배 사상의 산물이라는 것을 보여준다.

이 모든 사실은 단군조선의 통치계급이 '천' 숭배사상을 위주로 여기에 각종 신 숭배사상을 결합시켜 노예적 통치제도를 합리화하기 위한 통치사상으로 삼았다는 것을 말해 준다.[36]

둘째, '기' 또는 자연적 물질을 세계의 시원으로 보는 유물론적 견해다.

현재 남아 있는 역사기록에서 '기'에 관한 개념이 처음 쓰여진 것은 『삼국유사』다. 『삼국유사』에서는 북부여익 영품리왕의 몸종에게 태기가 있어 점쟁이가 점을 치니 낳으면 반드시 왕이 된다고 했다. 왕은 "내 자식이 아

---

36) 위의 글, 38쪽.

니니 죽여야 한다"고 하니, 몸종이 말하기를 "기가 하늘로부터 내려왔으므로 내가 아이를 밴 것이다"37)고 했다고 기록돼 있다.

단군조선에 관한 『삼국유사』의 기록에는 물론 신화의 형식을 띠고 서술했으나, 신화적 외피를 벗기면 세계만물의 발생과 존재의 기초는 하늘과 땅이며 인간의 생사운명과 절실한 관련을 갖는 자연현상은 비, 바람, 구름 등이라고 인정한 사실이 남게 된다.38)

고조선시기 세계의 본질과 그 운동발전의 합법칙성을 통일적으로 설명하려고 시도한 철학사상은 『천부경』에 반영된 '1'(하나)에 관한 사상이다.39) 『천부경』에 의하면 "하나로 시작되나 시작이 없는 하나를 이루되 하늘, 땅, 사람 세 극으로 갈라지니 그 근본이 무한하느니라"40)고 기록돼 있다.

고조선 초기에 하늘과 땅의 조화에 의해 일어나는 자연현상까지 세계만물의 본질, 시원을 통일적으로 파악하고 모든 것의 시원을 '1'(하나)로 보고 거기로부터 하늘과 땅, 사람이 발생했으며 그 시원을 이루는 하나는 무한하다는 『천부경』에 반영된 사상은 당시의 세계에 대한 소박한 견해에 뒤따르는 자연스러운 순차적 단계이며 한층 높은 추상화에 기초한 철학적 세계관이다. 북한에서는 『천부경』에서 말하는 '1'이 세계의 통일적 시원, 출발점을 표시하는 개념이며 '1'의 본질은 세계만물 형성 이전에 그 시초

---

37) 『삼국유사』, 권1, 기이 제21, 「고구려조」.
38) 농경민족이었던 고조선사람들에 있어서 하늘과 땅, 그리고 비, 구름, 바람은 농사와 직접 관련되는 자연 및 자연현상들이었으며 생산실천에서 직관할 수 있는 객관적 대상들이었다. 자연 및 자연현상의 존재와 그 운동발전의 비밀을 알 수 없었던 당시의 조건에서 비록 신적 외피를 썼으나 고대조선 사람들에게 직관된 세계는 하늘, 땅으로 이루어져 있으며 하늘과 땅의 조화에 의하여 비, 바람, 구름과 같은 자연현상이 일어나며 그것이 인간의 생활과 생산활동에 막대한 영향을 미친다는 의식을 주었다. 직관적으로나마 현실적으로, 객관적으로 존재하는 자연 및 자연현상에 대한 인식과 그에 대한 확인은 유물론적 견해의 기초이다.
39) 이에 대한 정성철의 기본입장은 다음과 같다. 단군조선 시기부터 전해 온다고 하는 『천부경』은 우주만물의 생성원리를 주로 숫자풀이로 설명하고 있다. 책이 전해진 경위와 내용으로 보아 후세의 사상으로 윤색됐으므로 그대로 믿기 어려우나 세계를 통일적으로 설명하려는 기본사상은 단군시기부터 전해 온 사상이라고 인정하고 취한다.
40) 『천부경』.

도 종말도 없이 우주공간에 충만해 있는 물질적인 '기'를 가리킨다고 인정한다. 그리하여 『천부경』을 다음과 같이 해석할 수 있다. 즉 세계의 시원은 하나의 물질적 기이고 그 물질적 기의 시초는 없으며 거기로부터 하늘이 생기고 땅이 생기고 인간이 발생했으며 물질적인 기는 무한한 것이다.

'1'을 물질적 기로 해설하는 것은 고조선의 같은 겨레인 부여에서 하늘 위에 기가 있는데, 그 모양이 계란과 같다고 본 기에 관한 사상이 광범하게 퍼지고 있었다는 사실에 근거를 두고 있다.[41]

결론적으로 단군조선 시기에는 세계의 본질, 시원을 통일적으로 해설하려는 기 일원론적인 유물론적 견해로서 '1'(하나)에 관한 철학사상이 발생했으며 그것은 동족인 부여에도 영향을 주면서 발전했다고 볼 수 있다.[42]

셋째, '선인'사상에 관한 것이다.

'선인'사상은 단군조선 시기 신흥 노예주계급의 이해를 대변한 정치관, 인생관, 사회관이다. '선인'사상에는 인간의 운명문제를 내세가 아니라 현세에서 찾으며 현세에서 이상사회를 건설하려는 요구가 반영돼 있다.

유한한 생명을 영원히, 그렇지 못한 경우에 오래도록 연장하려는 것은 인간의 본성적 염원이다. 이러한 인간의 본성적 염원에 기초해 내세에 영원한 삶을 설교하는 종교가 발생했다.

'선인'사상도 영생하려는 인간의 본성적 염원에 기초하고 있으나, 내세에서 영생을 바라는 종교와 달리 '불로초'인 '선약'을 먹으며 심신단련과 인격완수의 방법으로 장생불로할 수 있다고 설교했다. 이 모든 것은 단군조선에서 '선인'사상이 '장생불사' 약을 이용해 영생하려는 인간의 본성적 염원을 반영한 사상으로 발생했다는 것을 말해 준다. 단군조선의 선인사상은 또한 심신을 단련하고 무예에 정통하고 싶어하는 염원이 담겨 있으며 인격적 수양을 통해 수양의 최고경지에 도달하려는 사람들의 염원이 반영돼 있다.

단군기사에는 윤리도덕의 기본범주로서 선악을 맡아 보는 관리기 있었

---

41) 위의 글, 39쪽.
42) 위의 글, 40쪽.

다고 기록돼 있는데 이것은 단군조선에서 도덕이 정치와 밀접한 연관 속에서 교화의 중요한 수단으로 돼 있었다는 것을 말하며, 사회에서 도덕적 풍모가 인격평가에서 매우 중시돼 있었다는 것을 말한다.

사람들은 영생하려는 염원과 함께 사람들의 사랑과 신임을 받으면서 살려는 요구를 가지고 있다. 단결과 협력을 생존방식으로 하는 사람들에게 사랑과 존경의 첫 대상은 '덕(德) 있는 사람'이었다.

고대에도 역시 덕 있는 사람은 모든 사람들의 사랑과 존경의 대상이었다. 인격적 수양을 통해 수양의 최고경지에 도달하려는 도덕적 내용을 담은 '선인'사상은 바로 덕 있는 사람으로 되려는 이러한 요구를 반영했다.

이 모든 사실로부터 우리는 '선인'사상을 현세에서의 장생불로와 육체적 힘의 배양과 도덕적 완성을 인간의 삶의 목적과 가치로 인정한 인생관이라고 말할 수 있다.

북한에서 '선인'사상은 신흥 노예주계급의 인생관이면서 사회관이기도 했다. 신흥 노예주계급은 장생불로하면서 영구히 복락을 누리려는 요구와, 한편으로 사람들을 국방에 준비시킬 요구와 동시에 사회를 유지하기 위한 윤리·도덕적 요구를 계급적 이익에 맞게 '선인'사상으로 합리화했다. 신흥 노예주계급은 이러한 이상적 인생관인 '선인'사상을 사회에 대한 통치에 연장해 이상적 사회관으로서 '홍익인간'사상[43]을 내놓았다.

(3) 단군조선 국가형성과 수도로서 평양문화의 중요성

평양을 단군조선의 수도로 전하는 기록은 역대 국가들에서 편찬한 정사와 개별적인 사학자들에 의해 쓰인 야사, 그 밖의 학자, 문인들이 남긴 문

---

[43] '홍익인간'은 단군기사에서 나오는 통치이념으로, 북한에서는 "인간들에게 크나큰 이익을 주라"고 해석하고 있는데, '선인'들이 사회적 관계에서 지켜야 할 행동원칙이 규제돼 있으며 통치자와 피통치자와의 연계로 말하면 인도주의적 정신이 내표돼 있다고 할 수 있다. '선인'사상에서는 사람들간의 관계, 통치자와 피통치자의 관계에서 '홍익인간'의 원칙이 실현되면 사회는 서로 사랑하고 도우며 평화로운 이상사회가 실현될 수 있다고 인정했다.

집과 금석문 등에서 수많이 찾아볼 수 있다44)고 김병룡은 피력하고 있다.

지금까지 전해지는 정사류의 역사책 가운데 가장 오랜 것은 1145년 고려에서 편찬한 『삼국사기』인데 이 책의 고구려 본기 동천왕 21년(247년)조에는 고구려가 "평양성을 쌓고 백성들과 종묘사직을 옮겼다"는 내용이 실려 있고 그 "평양은 본래 선인왕검이 살던 곳이다"는 기록이 덧붙여져 있다. 이 기사에 보이는 '선인왕검'은 단군왕검을 말한 것이다. '선인왕검'이란 말은 1325년(고려 충숙왕 12년)에 고려의 관료 이숙기가 쓴 사공 조연수의 묘지명에서도 찾아볼 수 있는데, 거기에서는 '선인왕검'이 삼한 이전 사람이고 1,000년 이상 오래 산 사람이며 평양성을 개창한 사람이라고 하면서 그를 '평양군'45)이라고 표현하기도 했다.46)

다음으로 1451년 편찬된 『고려사』, 권58, 지리지 서경유수관조에는 평양부가 본래 3조선(단군조선, 후조선, 만조선)의 옛 수도였다는 것을 언급한 다음, 처음에 단군조선이 세워질 때 "신인(神人)이 박달나무 아래 내려왔는데 나라사람들이 임금으로 내세우고 평양에 수도를 정했으며 이름을 단군이라고 했다"는 기사가 있다.

『고려사』는 이조시기에 출판된 책이기는 하나, 거기에 수록된 절반의 기사는 고려왕조에서 편찬한 고려 각 왕대의 실록 내용을 요약해 재편집한 것이다. 이것으로 미루어보면 고려 사람들이 단군조선의 수도가 평양이었음을 의심하지 않았다는 것을 알 수 있다.

이조 봉건국가의 대표적 사서인 『이조실록』에서도 평양이 단군조선의 수도였다는 기록을 찾아볼 수 있다.

『세종실록』, 지리지, 평양부조에는 『고려사』, 지리지의 단군기사와 거의

---

44) 김병룡, 「단군조선의 중심지와 령역에 대하여」, 『력사과학』(루계 제153호, 1995), 49쪽.
45) '선인왕검'의 별칭 '평양군'은 단군을 가리키는 것이다. 『고려사』, 권30, 세가, 충렬왕 10년소에는 1293년 10월 고려 충렬왕이 시경(오늘의 평양)에 가서 사람을 보내 '평양군'을 위해 지어 놓은 집에 제사를 지내게 했다고 씌어 있는데 그 '평양군'은 다름아닌 『삼국유사』에 명백히 씌어 있는 단군왕검이다. '선인'이란 단군을 신선과 같은 존재로 신성시해 부른 존칭이었고 '왕검'은 '임금'이라는 우리말의 한자표기이다.
46) 『조선금석총람』, 상.

같은 내용이 실려 있는데, 역시 평양이 3조선의 옛 수도였고 단군이 도읍한 곳이었다는 것을 강조했다.47)

이 밖에도 숙종, 영조, 정조 등의 실록에 강동에 있는 단군묘를 잘 관리하고 정상적으로 제사를 지내도록 국가적인 조치를 취한 사실이 적혀 있는 것은 당시 집권자들이 단군릉이 위치하고 있는 평양지방을 단군이 도읍하고 있던 고장으로 확신하고 있었다는 것을 짐작할 수 있게 한다. 정사의 기록내용은 그 편찬을 주관한 봉건국가의 견해를 표명한 것으로, 『삼국사기』, 『고려사』, 『이조실록』 등 정사 책들에서 일치하게 단군조선의 수도를 평양으로 인정한 것은 이 문제에 대한 고려 이후 봉건국가들의 견해가 공통했다는 것을 보여준다.

단군조선의 수도를 논한 야사류의 책으로 가장 오랜 것은 13세기 말 일연의 『삼국유사』, 권1, 기이, 고조선조의 '고기' 기록 외에 15세기에 출판된 권근의 『삼국사략』과 서거정의 『동국통감』, 17세기 이유강의 『동사절요』 등이 있고 17~18세기 실학자들의 저서인 리수광의 『지봉유설』, 한치윤의 『해동역사』, 안정복의 『동사강목』, 이긍익의 『연려실기술』 등과 20세기 초에 출판된 김택영의 『동사집략』 등 여러 개가 있다. 이러한 사실은 역대로 학자들 속에서 단군조선의 수도가 평양이었다는 것이 움직일 수 없는 정설로 공인되고 있었다는 것을 말해 준다.

단군조선 수도의 위치를 확정하는 것은 역사 일반에 속하는 문제인 동시에 역사지리에도 속하는 문제였던 만큼 역사지리책에도 이와 관련한 기사가 실려 있다. 그러한 책으로는 『고려사』, 지리지와 『세종실록』, 지리지 외에 이조에서 출판한 『신증동국여지승람』과 『증보문헌비고』, 그리고, 실학자 신경준이 저술한 『여암전서』 등이 있다.

---

47) 『세종실록』, 권40, 10년(1428년) 6월 을미조에 B.C. 우의정 유관의 상서에서는 단군조선의 수도가 전설에 나오는 아사달이라고 하면서도 그에 확신을 못 가졌으므로 단군이 왕검성(평양)에 도읍했다는 의견을 덧붙였다. 이것은 그가 단군조선의 수도 아사달설을 전설로만 인정했을 뿐 역사적 사실로서는 평양설을 따르고 있었다는 것을 말해 준다. 또한 『단종실록』, 권1, 즉위년(1452년) 6월 기축조에 있는 경창부윤 이선제의 상서에서도 단군조선의 수도가 평양이었다는 것을 인정했다.

그 가운데 『신증동국여지승람』, 평양부조에서는 평양이 본래 3조선과 고구려의 옛 수도라는 것을 밝혔고 다른 책에서도 평양(왕검성)이 단군조선(3조선)의 도읍지였다는 것을 언급했다. 단군이 평양에 도읍한 사실을 전하는 글은 금석문과 역사편람, 문집에서도 많이 찾아볼 수 있다.[48]

서거정(1420~88)의 『풍월루중건기』에는 "평양은 3조선 및 고구려의 옛 수도이다"고 씌어 있으며 정유길(1525~98)이 서경 그림에 쓴 글에서는 "박달나무 아래의 진인(眞人, 즉 단군)이 비로소 이곳(평양)에 도읍을 정했다"고 했다. 평양이 단군조선의 수도였다는 것은 외국사람들도 인정하고 있었다. 15세기 조선에 사신으로 왔던 명나라 관리 동월은 『조선부』(『신증동국여지승람』, 권1, 경도, 상국도조)의 주에서 "단군은 요임금 무진년에 이곳(평양)에서 개국했다"고 했다.

이상에서 본 바와 같이 단군조선의 수도 평양설은 풍부한 자료에 의해 뒷받침되고 엄연한 역사적 사실을 반영하고 있는 것으로 역대 봉건국가와 많은 학자들이 확신하는 견해였을 뿐 아니라 외국사람들까지 의심하지 않는 정실이었다.

단군조선의 수도가 평양이었다는 것은 최근에 새로 발굴된 단군조선 시기의 여러 유적, 유물을 통해서도 뚜렷이 실증된다. 무엇보다도 강동에서 단군릉이 발굴되고 단군의 유골이 드러난 사실이 이를 잘 말해 준다. 강동에 단군릉이 있는 것은 단군이 평양에서 죽었으며 고조선의 수도가 평양이었기 때문에 생긴 현상이다.

평양이 단군조선의 수도였던 것은 평양지방의 유리한 자연지세와 이 고장이 단군조선이 도읍하기 전에 이미 고인돌무덤[49] 등 유구한 역사를 이어 오며 문화가 발전한 선진 문명지대였던 것을 보아도 알 수 있다.

---

48) 김병룡, 앞의 글, 50쪽.
49) 고인돌무덤은 평양을 중심으로 100여 리 지역에서 1만여 기가 알려졌으며, 그 가운데는 뚜껑돌의 무게가 50~70톤에 달하는 특대형 고인돌무덤이 적지 않다. 고조선시기 무덤인 고인돌무덤의 압도적 다수가 평양 일대에 밀집돼 있고 특권층이 묻힌 특대형의 고인돌무덤이 많다는 것은 평양이 고대 주민들이 많이 모여 살던 고장이며 권력자, 통치자들이 자리잡고 있던 단군조선의 수도였다는 것을 말해 주는 것이다.

평양 일대는 산천이 수려하고 대동강을 젖줄기로 무연한 벌이 펼쳐져 있어 물산이 풍부한 데다 기후도 온화해 사람 살기에는 더 없이 좋은 고장이었으므로 100만 년 전 상원군 검은모루유적을 남긴 원인으로부터 고인(역포사람), 신인(만달사람), 조선옛류형사람들이 대를 이어 살아왔다. 평양과 그 일대는 크고 작은 산악과 강들로 둘러막혀 방어에도 매우 유리한 지대였다. 단군은 바로 이런 유리한 조건을 이용하면서 여기에 도읍을 정하고 고조선이라는 나라를 세웠던 것이다.50)

(4) 단국신화와 원초 미의식 사상

신화는 민족정신의 최초의 기록이며 유년기 인류 심미심리의 가장 완벽한 체현으로서 민족의 집단 무의식에 뿌리 박혀 있다. 신화가 내포하고 있는 민족정신과 미의식은 시시각각으로 민족의 심층심리 구조를 제약하고 영향을 주는 것이다. 이로부터 신화는 민족의 원초 미의식을 파악함에 있어 가장 기본적인 고리가 된다고 할 수 있다. 조선고대의 단군신화에는 조선민족의 의미심장한 원초 미의식을 보여주는 조화와 균형의 묘합적 심미 심리구조와 사유방식, 미적 추구가 깔려 있다.

물질의 세계와 신의 세계가 하나로 돼 있는 우주의 전 영역이 그 배경이 되고 있는 단군신화에는 신인묘합, 군신묘합, 부부묘합이 자연스럽게 이루어지고 있다. 이원구조의 묘합지상(妙合之象)은 단군신화의 기본적인 미적 특징인바 이것은 곧 조화와 균형의 원리에 의한 천인묘합의 심미 심리구조에 기초한 것이다.

삼귀일(三歸一)의 심미 사유방식에서 단군신화에서 3수는 신성수요, 무한수다. 그것은 환인, 환웅, 단군 삼신(三神)과 천부인 3개, 3위 태백, 풍백, 우사, 운사 삼신(三臣), 인간 360여사로서 나타난다. 그런데 여기에서 3신(三神)은 단일적인 순수한 혈친관계이며 또 단군만이 영원한 삼일신(三一神)의 표상으로서 존재한다. 이와 같이 3수는 제한된 수적 개념이 아니라 논리적

---

50) 위의 글, 51-52쪽.

처리를 떠난 일의 무한수로 남는다. 만물의 차별성과 다양성이 시공을 초월한 하나의 본질로 귀착되는 삼귀일의 사유는 무성한 가운데서 미의 존재본질을 찾는 고대 조선민족의 심미적 사유방식인 것이다.

환웅천왕의 재세이화(在世理化), 웅득여신(熊得女身), 단군출생 등은 모두 신성의 작용이다. 인간세계의 자연질서는 신성에 의해 합리적으로 마련되며 인간생령의 근원은 신성에 있다는 것이다. 즉 신성의 무한한 힘과 지혜는 미의 본원으로 되고 있다.

단군신화에서 표현된 고대 조선민족의 원초 미의식은 조선중세의 문화, 문학의 발전에 심각한 영향을 미치고 있다. 고려가요의 진솔하고 자연적인 정감미의 추구, 고려자기에 체현된 청신하고 우아한 미등등은 묘합의 심리구조와 귀일성 사유방식의 연장선에서 고찰돼야 할 것이다. 단군신화에 잠재된 원초 미의식에 대한 탐구는 조선 민족의식의 민족적 특성연구에서 중요한 과제가 되지 않을 수 없다.

(5) 단군 명칭의 유래에 대한 일제 어용사가들의 견해 비판

단군 명칭에 대한 일제 어용사가들의 견해를 비판하는 논리는 주로 권승안의 주장에 주목할 필요가 있다. 그는 일본 제국주의자들이 우리 민족을 야마토 민족에 '동화'시켜 저들의 식민지로 만들기 위해 조작·유포한 '동조동근'[51]론을 반만년 전에 문명국가를 세운 우리 민족의 시조 단군을 허황한 신화적 존재로 꾸며낸 '단군말살론'의 주범이라고 하면서, 이러한 논조는 오늘날까지 그대로 이어져 단군조선사에 대한 그릇된 인식을 낳고 있다고 지적했다.

이에 대해 그는 "단군말살론에서 기본은 '단군'이란 명칭의 유래에 대한 해석문제"임을 강조하며, '단군' 명칭에 대한 일제 어용사가들의 견해 중

---

50) 일본은 '동조동근'론을 역사적으로 합리화하기 위해 반만년 전에 문명국가를 세운 우리 민족의 시조 단군을 허황한 신화적 존재로 꾸며낸 단군말살론을 대대적으로 선전했다. 이러한 논조는 오늘날까지 그대로 이어져 단군조선사에 대한 그릇된 인식을 낳고 있다.

에서 전단이라는 나무에서 유래했다는 '전단 유래설'(시라도리, 이마니시설)이 아무런 과학적 근거도 없는 허황된 설이라는 것과 '산신'에 대한 조선 고유어라는 '산신 유래설'(오다설) 등에 대해 비판하고 있다.

이에 대한 비판적 근거로는 첫째, '단군'이란 명칭은 우리나라에 불교가 전파되기 이전 시기에 이미 역사기록에 나타난다는 것, 둘째, 단군신화에 등장하는 단목(일제 어용사가들은 이를 '우두전단'으로 보고 여기서 '단군' 명칭이 유래됐다고 주장한다: 필자주)──박달나무와 '향나무 전단'은 명칭, 그 쓰임, 산지에서 볼 때 서로 다른 식물이라는 것, 셋째, 우리나라 지명에 보이는 '우두'란 일제 어용사가들이 주장하는 것처럼 불교와 관련이 깊다는 우두전단의 '우두'에서 유래된 것이 아니라는 것을 밝힘으로써 단군이란 명칭이 불교도들에 의해 조작됐다는 견해로 논박하고 있다.52)

'전단 유래설'은 원래 일제의 조선강점 전부터 시라도리에 의해 제창돼 오다가 조선강점 후 일제의 단군 말살정책화의 요구에 따라 이마니시를 비롯한 '총독부'의 '조선사편수회'에 속한 어용사가들에 의해 더욱 개악돼 단군말살론의 주요한 논거의 하나로 됐다. 이 설의 주장자들은 단군이란 명칭은 불교계에서 '이름 있는 향나무'인 '전단'을 숭배하던 불교도들이 그것을 조선민족 건국시조의 이름으로 둔갑시켜 놓고 그에 관한 전설을 꾸며 놓았다고 했다.53) 지난 시기 북한 학계에서는 단군신화에 대한 연구를 심화시켜 그것이 불교도들에 의해 조작된 설화가 아니라 우리 선조들 속에서 고조선 건국 초기에 발생했다는 것을 밝혔다.

(6) 조선민족의 단군에 대한 신앙

근대에 이르러 일본 제국주의 침략자들이 조선을 침략한 후 조선민족을 자기네 민족으로 동화시키기 위해 조선민족의 민족의식을 철저히 말살하

---

52) 권승안, 「단군명칭의 유래에 대한 일제 어용사가들의 견해 비판─'우두전단 유래설'을 중심으로─」, 『력사과학』(루계 제160호, 1996), 56쪽.
53) 시라도리 구라기차는 단군전설이 '신화로서 꾸며진 시기'를 '불교가 번성'했던 고구려 장수왕 시기(5세기경)라고 했고 이마니시는 고려 중엽(12세기경)으로 끌어내렸다.

기 위한 책동의 하나로 단군은 실재 인물이 아니라 한낱 허구적인 신화적 인물에 불가하다는 주장을 온갖 수단을 다해 퍼뜨렸다. 그리하여 다른 민족은 물론 조선민족 가운데도 일부 사람들은 단군에 대해 오직 신화적 인물로만 인식하게 됐다. 오늘에 와서 주체의식을 확고히 확립하려면 지난날 일제 침략자들의 악랄한 책동으로 말미암아 산생된 단군에 대한 그릇된 인식을 바로잡아야 한다고 생각한다.

현존 문헌 가운데서 단군의 역사를 비교적 일찍 상세하게 기록한 것은 13세기 고려의 저명한 불교 승려 일연이 쓴 『삼국유사』다. 이 책의 고조선, '단군조선조'에 대해서는 주로 두 가지 측면에서 다른 견해를 보이고 있다.

첫째로는 『위서』와 '고기'에 관한 입장문제다. 일제 침략자들은 '고조선'(단군조선)에 관한 기사를 실은 『위서』는 지금에 와서 찾아볼 수 없으므로 위서의 기사는 꾸며낸 것이라고 하면서 그들이 편찬한 『조선사』에 의식적으로 '고조선' 부분을 빼 버렸다. 그러나 조선의 학자들은 일제의 이러한 견해에 대해 다음과 같이 논박했다. "『위서』란 위나라의 역사를 기록한 책을 말한다. 이러한 책은 수십 권이나 되는데, 그 중 적지 않은 책은 역사적으로 내려오면서 이미 유실됐다. 그런 만큼 현재 전해지는 『삼국지』의 『위서』와 위수의 『위서』에 단군기사가 없다고 해서 『삼국유사』에서 인용한 『위서』의 기사를 믿을 수 없다는 것은 황당한 주장이다."[54] 이것은 아주 옳은 견해라고 본다.[55]

중국사에서 '위'(魏)라는 나라는 3세기 이전에도 있었다. 하나는 춘추시기(기원전 770~476년)에 있었고 다른 하나는 전국시기(기원전 475~221년)에 있었으며 또 하나는 삼국시기(기원 220~280년)에 있었다. 때문에 『삼국유사』에 나온 『위서』가 『삼국지』중의 『위서』나 위수가 쓴 『위서』라고 딱 찍어 말할 수 없는 것이다. 그리고 위수가 쓴 『위서』를 놓고 말하더라도 원저작은 이미 북송 초에 일부가 유실돼 후에 류서와 범조우가 『북사』 등 문헌사료에 의해 보충했던 것이다. 이러한 사정을 놓고 보더라도 『삼국유

---

[54] 김병룡, 「단군의 건국사실을 전한 『위서』에 대하여」, <로동신문>, 1993년 10월 14일 참고

[55] 천수산, 「조선민족의 단군에 대한 신앙」, 『력사과학』(루계 157호, 1996), 47-51쪽.

사』에 인용한 『위서』가 이미 오래전에 유실됐을 가능성은 많은 것이다.
'고기'도 마찬가지다. 『삼국유사』의 필자 일연은 '고기'를 인용해 단군왕검이 중국 요임금이 즉위한 지 50년인 '경인'년에 도읍을 평양성에 정하고 나라이름을 조선이라 불렀다는 대목을 서술할 때 다음 같은 의문을 제기했다. 즉 요임금이 즉위한 첫해는 무진년인즉 50년은 정사년이며 경인년이 아니다. 사실에 어긋난다는 의심이 든다는 것이다. 만약 고조선(단군조선)에 관한 기사가 '고기'와 『위서』 같은 문헌에 의거해 쓴 것이 아니고 일연이 꾸며내 쓴 것이라면 위에 든 의문을 제기할 필요가 있는가.

둘째로는 단군에 관한 기사를 역사에 실재한 사실로 볼 것인가 아니면 순전히 꾸며낸 신화로 볼 것인가 하는 문제다. 고조선의 단군이나 고구려의 고주몽, 신라의 박혁거세나 백제의 온조, 중국의 염제나 요임금을 막론하고 고대의 시조인물에 관한 전설은 신비스러운 신화적 색채를 띠고 있다. 그 까닭은 그들이 여느 사람과 다른 신성한 인물이라는 것을 강조함으로써 정권을 장악하고 백성을 다스리는 데 유리하게 하려는 데 있었던 것이다. 그리고 조선민족의 조상이 단군이나 고주몽 같은 인물을 신선화하는 것은 그들도 다른 민족의 조상 못지 않게 신성하고 위대했다는 것을 보여주기 위한 것이다. 단군이 활동한 시기를 중국의 요임금과 비교해 그와 같은 시기라고 한 것도 바로 이러한 심리의 한 표현인 것이다.56)

『삼국유사』에 B.C. '단군조선'은 전설 형식으로 기록된 조선민족의 고대 역사다. 예컨대 중국의 복희, 염제, 황제, 요, 순 등의 인물을 놓고 볼 때 그들은 모두 한족 사람들의 설화에서 전해져 내려온 전설적 인물들이다. 그 중 복희는 무수히 신화로 허구된 인물에 속하지만 염제, 황제, 요, 순 등은 역사에 실재한 인물에 속하는 것이다.

그런데 어떤 사람은 무릇 전설이면 무릇 허구적인 것으로 인식하고 단군조선에 관한 기사를 지어낸 것으로 간주한다. 세상 그 어느 민족의 역사든 최초의 역사는 모두 전설에 의해 전해져 내려오다 문자로 기재되는 것이지 처음부터 문자로 기재되는 것이 아니다. 물론 구비전설이 문자로 쓰

---

56) 위의 글, 48쪽.

인 사료에 비해 수식과 허구적 요소가 많아 원래의 면모를 제대로 반영하지는 못하지만 실재한 사실과 인물에 의해 산생된 전설은 신화적 전설과 본질적으로 다른 진실성을 가지고 있는 것이다. 『삼국유사』의 기이편에 B.C. 주인공들은 모두 역사상 실재한 인물이지 허구적 인물이 아닌 것이다.

지난날 조선민족의 단군에 대한 신앙은 범민족적인 조상숭배로서 그것은 국가적 의례행사와 민간 신앙풍습을 통해 찾아볼 수 있다. 조선민족의 역사에서 역대 통치자들이 단군을 어떻게 신앙대상으로 삼았는가에 대해서는 『이조실록』과 『국조보감』 같은 문헌자료에 적지 않게 실려 있다. 그 중 『국조보감』에 의하면 조선의 역대 임금의 단군에 대한 신앙은 주로 제천행사, 단군사당 제사, 단군묘 제사 등의 형식으로 나타났다. 인민대중의 단군에 대한 신앙은 예로부터 여러 가지 형태로 전해 내려왔으며 근대에 와서 그것은 하나의 종교로 체계화되기도 했다.

인민대중 속에서 단군에 대한 경건한 신앙심은 제석단지 모시기, 10월 상산제사, 부락제사 등 민간 신앙활동에서도 표현됐다. 이러한 민간 신앙형태는 중국의 동만지구와 남만지구에 살고 있는 조선민족 가운데도 비교적 널리 보급됐다.[57]

(7) 전통 단군의 계승국

손영종[58]은 고조선사를 주체적 입장에서 과학적으로 체계화하는 데서 단군조선 다음에 존재했던 후조선의 역사를 해명하는 것은 매우 중요한 의의를 갖는다고 주장했다.

후조선이 단군조선(전조선)의 계승국이었다는 것은 첫째로 전조선, 후조선 왕조의 통치자들 사이에 혈연적 또는 사회정치적으로 긴밀한 연관관계가 있었던 것으로 하여 후조선이 스스로 자신을 전조선을 계승하는 나라

---

57) 위의 글, 49-50쪽.
58) 손영종, 「후조선은 단군조선의 계승국」, 『력사과학』(루계 154호, 1995), 54쪽.

로 간주하고 있었던 사정과 관련된다.『고려사』를 비롯한 우리나라 역사책에는 고조선에 전조선(단군조선), 후조선(기자조선), 만조선 세 왕조가 있었다고 했다. 그 중 후조선이 중국 은나라 사람이 세운 '기자조선'이었다는 설은 날조된 것이라는 게 이미 밝혀졌다고 한다. 둘째, 그 창건자가 고조선 사람이었을 뿐 아니라 그 국호도 '조선'이었다는 것, 그리고 그 수도가 여전히 평양에 있었고 중심영역에서도 변동이 없었으며 정치제도에서도 근본적인 변동이 없었다는 데서 그 근거를 찾을 수 있다. 건국자와 지배계급 상층이 이민족이 아닌 본래의 주민구성 속에서 나왔을 뿐 아니라 국호가 변하지 않고 수도가 그 자리에 고착돼 있었다는 것은 왕조 사이에 계승성을 논하는 데 가장 주요한 징표에 속한다. 왜냐하면 그것은 그 나라의 지배계급, 그 수도와 지방의 주민구성에 그 어떤 큰 변동도 없었다는 것을 말해 주기 때문이다. 셋째, 그 사회경제 제도, 계급관계, 경제와 문화 발전에서도 후조선은 전조선 때에 형성된 역사적전 통을 계승했다는 데 그 근거를 두고 있다. 단군조선(전조선)은 노예소유자 국가였고 계급적으로 볼 때 많은 재부와 권력을 독점한 노예소유자들과 소농민, 노예대중 등으로 갈라져 있었다. 후조선시기의 법률인 '법금 8조'에는 노예주와 노예, 평민이 있었다는 것이 명기돼 있다. '법금 8조'는 노예소유자 계급의 이익을 철저히 옹호하는 법으로서 이미 전조선 이래 그 원형이 형성돼 불문법으로 실시돼 오던 것을 성문화한 것으로 인정되고 있다. 이처럼 사회제도, 계급관계에서도 전, 후조선의 계승관계는 뚜렷이 찾아볼 수 있다.

고조선의 청동기유물 가운데서 비파형단검과 그것을 이은 좁은놋단검은 대표적인 유물로 알려져 있는데, 그것은 여러 발전단계를 거쳐왔으나 형태와 질, 구조, 제작수법, 무늬 등에서 면면한 계승관계를 보여주고 있다. 평양시 강동군 송석리 1호 돌판무덤에서 나온 쇠거울은 후조선 초기부터 철기가 광범히 사용됐다는 것을 말해 주며 영변 세죽리, 무순 연화보유적 등에서 드러난 철제도구의 일부는 선행한 청동기제품을 본떠 만든 것이다.[59] 금동귀걸이도 전조선시기의 것인 강동군 출토품과 후조선시기의 것인 강

---

[59]『조선수공업사, 1』(공업출판사, 1990), 28-29쪽. 철제비수, 쇠괘(戈) 등. 연화보유적에서 나온 쇠반달칼도 신석기시대 이래의 반달칼과 비슷하다.

동군 송석리 출토품은 그 형태가 매우 비슷하다. 질그릇의 형태와 제작수법에서도 같은 것을 말할 수 있다. 초근 전조선 초기에 해당하는 검은간그릇, 회색질그릇 등이 평양 부근에서 적지 않게 드러났는데, 그것은 후조선시기에 사용되던 질그릇과 많은 공통점을 가지고 있다. 무덤 축조방법과 유형에서도 전조선시기의 고인돌무덤, 돌관(돌곽)무덤이 그대로 계승됐고 그 축조기술과 방법도 더 세련됐다. 고인돌무덤의 한 형태인 묵방형고인돌무덤은 후조선시기에 그 분호범위가 더 넓은 지역에로 확대됐다. 전조선시기의 고인돌무덤, 돌관무덤은 강동군 남강로동자구(이전 향단리), 순창리를 비롯한 평양 일대와 서북조선의 넓은 지역에서 발굴됐는데, 강동군 향목리와 송석리 등지에는 각각 후조선시기의 고인돌무덤, 돌관무덤들이 드러났고 또 요동지방에서도 후조선시기의 오덕형 고인돌무덤, 큰돌뚜껑무덤(묵방형고인돌무덤), 돌관무덤들이 수많이 발견됐다.[60]

손영종의 연구결과에 의하면 후조선은 정치, 경제, 문화의 여러 분야에서 선행한 전조선시기의 그것을 직접 계승하고 발전시켰다는 것이다.[61]

4. 남북한 학술연구 교류현황

1) 남북 학술교류 개관

여기서는 고대사상의 학술교류만을 다루어야 하지만 실제 고대사상 영역에서는 교류실적이 전무하기 때문에 별 의미가 없을 것이다. 그러나 본 연구가 5인 공동연구이므로 별첨자료로 학술교류 실적을 총괄해 본다는

---

60) 『료해문물학간』(중문)(1991년 2기), 32-35쪽; 여기에는 요녕성 심양시, 본계시 부근에서 청동기시대(후조선시기에 해당)의 돌각담무덤, 돌관무덤, 큰돌뚜껑무덤이 여러 기 드러났다는 것이 보고됐는데 그 구조는 평양 일대의 것들과 많은 공통점을 가지고 있다.
61) 손영종, 앞의 글, 55-56쪽.

차원에서는 의미가 있다고 본다.

남북 학술교류는 남북간에 직접적으로는 불가능했지만 1990년대 들어서서는 국제학술대회에 <별첨 Ⅳ-1~12>에서처럼 남북이 동시초청을 받아 학술토론의 장에서 접촉이 분단 이후 처음으로 자연스럽게 이루어졌다. 국제회의명은 구주한국학회 제14차 학술회의(1990. 4. 19~23, 바르샤바), 제14차 세계법률가대회(1990. 4. 22~27, 북경), 한반도 통일문제에 관한 국제학술심포지엄(1990. 6. 8~9, 일본), 현대물리학 국제워크샵(1990. 7. 16~18), 제3차 조선학 국제학술토론회(1990. 8. 2~5), 제11차 세계자동제어연맹 총회(1990. 8. 13~16, 모스크바), 제2차 아세아·태평양지역 대화·평화협력에 관한 국제학술회의(1990. 9. 4~6), 블라디보스톡 북경아시아경기대회기념 스포츠학술회의(1990. 9. 16), 제3차 동북아경제공동체 국제심포지엄(1990. 10. 9~12, 북경), 동북아지역 경제발전과 협력회의(1990. 1. 28~2. 1, 장춘·연길), 구주한국학회 제15차 학술대회(1991. 2. 22~28, 듀르당) 등 62회나 된다(2003년 10월 현재).

특징을 보면 처음에는 주최국이 일본과 러시아, 중국, 미국 등이었지만 <별첨 Ⅳ-11~12>에서처럼 점차 해외동포와 남북이 직접 학술대회를 개최하는 방향으로 발전하고 있음을 알 수 있다.[62] 별첨자료 <Ⅳ-1~12>를 분석해 보면 국제적인 학회규모인 구주한국학회가 1990, 91, 95년에 주최한 학술대회에 남북이 공동 참가했으며, 중국이 주최한 학술대회는 1990년 이후 7회로서 역시 남북이 공동 참여했다. 일본이 같은 기간에 4회, 조총련과 국제고려학회 주최는 4회, 길림성 조선족이 주최한 2회를 포함해서, 연변대학이 주최한 학술대회는 1990년 이후 18회로 가장 많은 학술대회를 통해 남북 학자들을 만나게 하는 데 결정적인 역할을 했다. 2000년 이후 연변대학은 년 3~5회 남북 학술대회를 개최하면서 중간역할을 했는데, 한국정신문화연구원도 이 기간에 남북 학술대회를 추진하게 됐고, 2회에 걸쳐

---

62) '제2차 조선학 국제학술토론회'(1991. 8. 12~14, 연변대학), 주최: 국제고려학회길림성사회과학원. '제3차 조선학 국제학술토론회'(1990. 8. 2~5, 오사카), 주최: 오사카아세아연구소, 북경대학조선문화연구소 '제4차 조선학 국제학술토론회'(1992. 8. 20~8. 22, 북경), 주최: 중국북경대학 조선문화연구소, 일본 오사카 경제법과대학아시아연구소

축적된 남북 학술경험으로 금년에 직접 평양에서 남북 학술대회를 성공리에 마쳤으며, 2004년 북한 학자로서는 처음으로 서울에 와서 학술대회를 하기로 합의를 보는 성과를 거두었다. 무엇보다 큰 성과는 남북 학술대회에서 걸림돌이 되는 직접교섭을 할 수 없는 어려움을 극복하기 위해 상호 전자주소로 연락하기로 합의를 봤다는 점이다.

특히 '제4차 조선학 국제학술토론회'는 북한에서 대규모 학자 대표단으로 처음 30명을 파견해 언어, 문학, 역사, 경제, 정치법률, 사회, 교육, 철학 종교, 문화예술, 의료, 과학기술 등 11분과로 나누어 진행됐다. 특히 역사 분과에서는 한국 정신문화연구원의 강인구 교수, 미국 하와이대학의 강희웅 교수, 중국 연변대학교의 김구춘 교수가 참여했고, 조선에서는 조선사회과학자협회 상무위원인 김용환 선생이 「사회력사 연구의 방법론적 문제」로, 종합대학 연구사 김유철 선생이 「고구려의 군현제도에 대하여」, 조선사회과학원 혁명력사연구소 소장인 박인근이 「최근시기에 발굴된 유적, 유물을 통해 본 1930년대 중엽 이후의 항일무장투쟁에 대한 고찰」로, 조선사회과학원 실장 장국종이 「발해의 주민구성」 등의 논문을 발표했다.

철학종교 분과에서는 일본 조선대학교 교수인 김철앙 선생이 「리조시기 실학사상의 몇 가지 특징에 대하여」로, 한국 충남대학교 남명진 교수가 「한국역학의 특질」로, 충남대학교 민동근 교수가 「우리 민족의 훌륭한 도덕적 성품에 관한 고찰」로, 조선사회과학원 실장인 김정수 선생이 「현대철학에서 인도주의리념과 관련한 몇 가지 문제」로, 조선사회과학원 연구사 김주철 선생이 「종교의 본질에 대한 새로운 고찰」로, 조선사회과학원 실장인 정성철 선생이 「조선의 독자적 사상조류로서의 실학과 그의 몇 가지 철학적 특성」 등의 논문을 발표해 남북간 상호 인문과학 연구의 현실을 이해하게 됐다.

정치법률 분과에서는 조선의 김일성종합대학 법학부 김양환 선생이 「우리 공화국 정치의 중요특징」으로, 조선사회과학원 제1부위원장 김철식 선생이 「공화국에서 실시되고 있는 인민적 시책」으로, 조선사회과학자협회 위원인 박문화 선생이 「주체의 민족관에 대하여」로, 조선민주주의 인민공화국 군축 및 평화연구소 연구사 조병환 선생이 「조선반도의 비핵화를 실현하는 데서 제기되는 몇 가지 문제에 대하여」로, 조선과학원 법학연구소 실장 한석봉이 「국가활동의 자주성」을 발표했다.

이후 학술대회는 한반도 통일문제, 전통문화, 고대사, 근현대사, 언어통일 문제 등 다양한 전공분야별로 학술교류의 발전을 가져왔다.

2) 한반도문제에 관한 학술교류 현황

별첨자료 <IV-4>에서처럼 길림성 고고학연구소와 길림성 사회과학학회가 공동 주최한 제2차 아시아학회회의(1990. 6. 20~28)에서는 남북 학자들이 고구려유적 공동답사 및 학술연구에 관한 논의를 계기로, 한반도 평화와 통일, 전통문화 문헌발굴 등 45회의 학술대회를 공동으로 진행했다. 특히 역사분야의 학술대회는 동북아역사국제학회의(1992. 2. 3~5, 삿포로)를 계기로 러시아 연해주 발해유적 공동 발굴답사(1993. 5. 27~6. 13), 고구려문화국제학술회의(1993. 8. 11~14) 등 10회를 가졌다.

한반도의 전반적인 문제에 대해서는 연변대학 중심으로 개최된 남북 학술대회가 많이 있었는데 주요한 학술대회 내용을 보면 다음과 같다.

  1) 창립 50주년 기념 학술회의
    '새 천년을 향한 조선민족의 현황과 미래'
        1999. 7. 22~23, 중국: 연변대학
        주최: 연변대학 민족문제연구원
            한국 미래정책학연구회
  2) '청산리전쟁 80주년 기념학술대회'
        2000. 9. 20~21, 중국: 연길
        주최: 연변대학 민족문제연구원
            한국 독립운동기념회
            조선 사회과학자협회
  3) '중·조·한 청소년 교육과 양성'
        2000. 12. 19~20, 중국: 연변대학

주최: 중국 연변대학 여성연구중심
    조선 김일성종합대학
    이화여대 한국여성연구원
4) '중·조·한 문학 학술토론회'
    2001. 7. 5, 중국: 연길
    주최: 중국 연변대학교
    한국 서울대학교
    조선 김일성종합대학
5) 제1차 조선민족문헌 학술토론회 론문집
'21세기 조선민족문헌의 발굴과 연구'
    국제학술회의 2001. 9. 21~22, 중국: 연길
    주최: 중국 연변대학 민족문제연구원
    한국 정신문화연구원
    조선 사회과학자협회
6) '동방 전통문화와 현대화'
    국제학술회의 2002. 10. 17~18 중국: 심양
    주최: 조선 사회과학자협회
    한국 정신문학연구원
    중국 연변대학 민족문제연구원
7) '현대사회 문화건설 가운데서의 여성의 역할과 위치'
    국제학술회의 2002. 12. 23~24, 중국: 연변대학
    주최: 중국 연변대학 여성연구중심
    중국 동북사범대학
    한국 이화여대 한국여성연구원
    조선 김일성종합대학
8) '21세기 사회발전과 교육'
    2003. 8. 14~15, 중국: 연길
    주관: 중국 연변대학교 민족연구원
    주최: 조선 사회과학협회
    한국 교육개발원
    중국 연변대학교 중·조·한·일 문화비교 연구중심
9) '해방 전 조선민족 대중가요 연구'

2003. 10. 6~7, 중국: 연길
　　　주최: 중국 연변대학예술학원
　　　　　　조선 2·16예술교육출판사
　　　　　　한국 언어문학회
　　　주관: 중국 연변대학 예술연구소 한국한민족교류협회
　　　후원: 한국 학술진흥재단
　10) '제2차 한반도 평화포럼: 한반도 평화체제 구축과 동북아 경제협력'
　　　2003. 8. 5, 중국: 연변
　　　주최: 한국 한반도평화운동본부
　　　주관: 중국 연변대학 동북아국제정치연구소

5. 맺음말

　북한은 단군사상 및 고조선 역사연구에서 주체사상을 방법론적 지침으로 기본문제를 설정하고 그것을 하나하나 풀어 나가는 방법으로 연구사업을 심화시켜 나갔다. 단군조선의 성립과 중심지 문제, 통치구조, 생산력발전 수준과 사회성격, 문화발전, 고조선 세 왕조의 전승관계와 시기 및 영역 등이 중심적 연구과제로 됐다. 1960년대는 고조선 연구의 개화기인 동시에 절정기라 할 수 있는데, 삼국사회의 성격이 중세 봉건제사회로 정리되고 이에 선행한 고조선사회가 고대 노예제사회라는 결론이 이미 내려진 상태였기 때문에, 주요쟁점은 고대사상 연구의 단초인 단군신화에 대한 이해와 고조선의 위치문제였다.

　1960년대 초반은 역사학자뿐 아니라 고고학자·민속학자·국문학자 등이 대거 동원된 집단적 형태의 학술토론회가 20여 회나 열렸고, 그 결과가 1963년 『고조선에 관한 토론논문집』으로 출간되기도 했다. 이때 성립된 고조선의 역사관은 1980년대 이후 남한의 고조선 연구에도 큰 영향을 끼쳤다. 남한 연구자들이 시간적으로는 기원전 1000년 전반기, 공간적으로 중국 동북지방에 관심을 갖게 된 데는 북한 학계의 연구가 절대적인 영향을 끼쳤다고 판단된다. 문헌적으로 리지린의 연구물, 고고학적으로 요령성 일대의 청동기문화를 축으로 축적된 북한 학계의 유물사관에 입각한 고조선 연구는 이후 커다란 변화 없이 1990년대 초반까지 이어진다. 한 가지 특징이라면 1960년대 고조선 연구의 최전선에 있던 리지린이 급격히 퇴조한 점을 들 수 있는데, 이는 정치적인 문제 때문인 것으로 이해된다.

1980년대의 특징은 부문사의 발행과 주제별로 심화된 연구가 출간됐다는 점인데, 특히 황기덕과 박진욱의 활약이 돋보인다. 주목할 점은 1980년대 후반부터 연대를 상향 조정하려는 움직임이 있었다는 것이다. 즉 주체사관의 핵심내용이 '조선역사의 유구성·자주성·독자성' 강조에 있는 만큼, 외부적인 영향을 강조하는 '문화전파론'이나 '이동론'은 신랄하게 비판받고 '자체발생설'이 강조되면서 유적·유물의 연대, 나아가 각국의 건국연대가 상향 조정됐다. 그로 인해 북한 고대사와 고대사상의 연구방향이 앞 시대의 유물론과 유물사관에서 주체사상과 주체사관으로 변질되고 있었음을 알 수 있다.

1993년 1월 김일성이 '단군묘'라고 불리던 평양시 강동군의 한 무덤을 발굴할 것을 지시해 조사한 결과[63] 단군의 무덤임이 확인됐다는 주장과 함께[64] 비롯된다. 또한 신화에서 역사로 자리바꿈한 사실과,[65] 고조선 중심지를 요령에서 평양으로 수정하고,[66] 단군릉의 연대가 1993년 기준으로

---

[63] 류병흥, 「경애하는 김일성 동지는 우리 민족의 원시조를 찾아주시고 빛내여 주신 민족의 위대한 어버이이시다」, 『조선고고연구』(1995-3), 3쪽.

[64] 강인숙, 「단군은 고조선의 건국시조」, 『력사과학』(1994-1). "이 무덤은 평양시 강동구 태백산 기슭에 있는 고구려식 돌칸흙무덤(橫穴式石室墳)으로, 이미 도굴되어 유물은 많지 않았지만, 구리에 금을 도금한 관(冠)과 허리띠 장식, 관못, 2인분의 사람뼈가 출토됐다고 한다."

[65] 단군에 대한 관심은 1992년에 이미 고조되기 시작한 듯 이 해에 김일성의 교시에 의해 구월산의 단군시터가 발굴됐다. 박진욱·안병찬, 「구월산의 단군시터에 대하여」, 『조선고고연구』(1994-3), 7쪽.

[66] 고조선 재요령론은 요동지방이 한반도보다 문화적으로 더 발전했다는 낡은 역사관으로 간주되기에 이르렀다. 리창언, 「경애하는 수령 김일성 동지는 반만년의 유구한 우리 민족사를 빛내여 주신 위대한 스승」, 『조선고고연구』(1994-3).

5011±267년 전인 기원전 3000년 이전에 해당되므로, 우리가 알고 있는 단군신화보다 더 오래됐다고 주장하는 점이다.

평양수도를 포함해 단군릉 진위문제 및 핵심사상은 앞으로 남북 전문가들이 머리를 맞대고 연구해 나가야 할 과제이지만, 연구목적에서도 언급했듯이 여기서는 북한이 민족 고유의 고대사의 중요성을 깨닫고 고대사상, 특히 단군역사의 복원을 통해 주장하는 논지만을 요약하고자 한다.

(1) 단군 건국시조와 고대사상

북한이 주장하는 고조선시기의 철학사상은 크게 3가지 사상조류로 나누어 볼 수 있다. 첫째, 반동적 노예주계급의 요구와 이해를 대변하는 종교적 관념의 '천'(天) 숭배사상과, 둘째, 신흥 노예주계급의 요구와 이해관계를 대변하는 소박한 유물론적 견해로서 '기'(氣)사상, 셋째로 신흥 노예주계급의 요구와 이해관계를 반영한 인생관, 정치관, 사회관으로서 '선인'(仙人)사상이다. 고조선시기 노예주계급의 통치사상으로 복무한 이 '천' 숭배사상은 노예제로서의 계급질서·통치질서가 하늘 신의 뜻에 의해 규정지어진 것으로 어길 수 없는 질서이고 윤리·도덕적으로도 왕과 통치자에 대한 복종과 순종도 절대로 어길 수 없다는 관념의 지배를 일컫는다.

한나라의 유명한 철학자 왕충은 부여에 대해 쓰면서 하늘 위에 기가 있는데 그 모양은 계란과 같다고 했다. 이것은 물론 노예사회 후기의 부여에 대한 기록인데, 여기에서 알 수 있는 것은 고대조선에서는 세계의 본질, 시원을 우주공간 속에 충만 돼 있는 혼돈한 '기'로 인정했고, 그것이 만물의 시원, 심지어 인간생명의 시원이라는 사상이 널리 펴지고 있었다는 사실이다. 외국까지 알려진 고대조선 후기의 사상으로 미루어 보면 그에 관한 사상의 연원은 단군조선에서 발생했으리라는 것은 명백하며, 단군조선 초기에 형성된 세계에 대한 소박한 견해는 자주의식과 창조적 능력의 장성에 따르는 생산실정과, 특히 고조선의 천문학, 역학, 지리학, 의학 등의 지식에 기초해 그후 세계를 통일적으로 살리는 철학적 세계관으로 심화·발전됐다. 고조선시기 세계의 본질과 그 운동·발전의 합법성을 통일적으로 설명하려고 시도한 철학사상은 『천부경』에 반영된 하나에 관한 사상이다. 결론적으로 단군조선 시기에는 세계에 단군의 시원을 통일적으로 해석하는 '기' 내면적 유물론적 견해로서 하나에 관한 철학사상이 발생했고, 그것은 동족인 부여에도 영향을 주면서 발전했다고 볼 수 있다. 이것은 소박하나마 세계를 통일적으로 설명하려는 시도로서 이 시기 조선에서 철학적 사업의 높은 수준을 보여준다고 했다.

'선인'사상은 단군조선 시기 신흥 노예주계급의 이해를 대변한 인생관, 사회관이며, 선인사상에는 인간의 운명문제를 내세가 아니라 현세에서 찾으며 현세에서 이상사회를 건설하려는 요구가 반영돼 있다. 선인사상도 영생하려는 인간의 본성적 염원에 기초하고 있으나, 내세에서 영생을 바라는 전자와 달리 불로초라는 선약을 먹으며 심신단련과 인격적 수양의 방법으로 영생할 수 있다고 보았다. 단군조선의 선인사상은 또한 심신단련에 기초해 장수를 도모할 뿐 아니라 심신을 단련하고 무예에 정통하고 싶은 염원이 담겨 있다. 고대로부터 동방예의지국으로 주변 나라에 널리 알려진 데는 도덕을 매우 중시한 선인사상의 영향이 크다는 점을 인정한다. 고조선시기 사람들의 사상의식 영역에 커다란 영향을 준 이 선인사상은 이때까지 적지 않은 사람들에게 도교의 신선사상과 동일시돼 도외시됐다. 고조선의 선인사상과 도교의 선인사상을 동일시하거나 선인사상을 신선사상의 영향으로 보는 것은 심한 착각이거나 사대주의적 사상의 산물이다. 이 모든 것은 명백히 선인사상이 조선 고유의 사상이며, 선인이 이상화된 인간에게 부여된 신앙이므로 단군에게 부여된 것은 당연하겠다고 인정되며, 따라서 도교와 관련이 없다는 것을 말해 주고 있다.

(2) 단군조선 국가의 형성과 평양 수도의 위치문제

북한 학계의 지난 10년 고고학 발굴성과에 의하면 기원전 4000년 후반기에 이미 청동제품이 사용됐고, 기원전 3000년 초·중엽에는 청동무기가 제작됐으며, 얼마 전까지만 해도 기원전 수세기부터 제작·이용된 것으로 알려졌던 금동귀걸이, 금도가락지들이 기원전 25~23세기에 이미 생산된 것으로 판명됐다. 이러한 고고학의 연구성과는 단군이 고조선의 건국시조이며 단군조선이 국가로서 기원전 3000년 초에 건립될 수 있는 충분한 물질적 조건이 구비돼 있었음을 말해 주며, 특히 5000년 전의 것으로 확증된 봉화리 고성, 지탑리 고성, 성현리 고성 유적은 단군조선이 국가였다는 증거를 제공해 주고 있다. 평양이 세 조선의 수도라는 데 대해서는 선행시기의 기본사서에 명기돼 있을 뿐 아니라, 최근 평양 일대에서 발굴된 고고학적 자료, 고인돌무덤의 분포상태와 특징, 고대 성지와 금속유물의 출토 정형이 이것을 물질적으로 확증해 주고 있다. 즉 위치문제에 대한 견해가 크게 '재평양론'과 '재요령론', '이동론'으로 삼분됐지만 재평양론으로 굳어지게 됐다.

북한 고고학자들은 평양 일대에 1만 4,000여 기의 고인돌무덤이 집중돼 있을 뿐 아니라 수백 기씩 떼를 지어 있으며, 지배계급의 무덤인 특대형 고인돌무덤이 집중 분포돼 있는 사실로부터 평양이 고조선의 정치적 중심지였다는 것을 논증하고 있다. 또한 고대 성지가 평양 주변에 많고 금 및 금동제품과 비파형단검문화가 서북조선에서 발원해 요동지방으로 보급된 사실로부터 평양 일대가 고조선문화의 중심지였다고 분석하고 있다.

평양이 단군의 출생지이고 고조선의 수도였다는 데 대해 말한다면 그것은 최근 언어학자들의 지명 조사에 의해서도 더욱 힘있게 논증되고 있다. 단군동, 부루동, 다물, 고불, 연나, 솔나 등 마을이름과 대박산, 신지성, 그리고 8가제도와 연관된 것으로 보이는 개아지, 망아지, 송아지, 도야지 등의 이름이 단군왕조의 왕 이름 및 관직명과 연관돼 있으며 그것들이 또한 모두 단군릉이 있는 강동, 성천 일대에 집중돼 있고, 이들 지명이 이미 태고적부터 전래돼 온 것이라는 것이 고려 후기에 작성된 것으로 보이는 '성주읍도록'에 의해서도 확증되고 있다. 이런 사실로 해서 단군조선을 기원전 30세기 초에 수립된 우리나라의 첫 고대국가이며 그 수도는 평양이었고, 단군의 출생지이며 고조선의 발상지인 평양이 민족의 성지라고 말하게 되는 것이다. 단군왕조의 통치체제에서 특징적인 것은 또한 '부수도제'가 실시된 것이다. 부수도란 글자 그대로 제2, 제3의 수도를 의미하는 것인데, 이것은 주로 확장된 광활한 영토를 방위할 군사전략상 필요에 따라 전선사령부 또는 예비수도로 설치된 조선의 고유한 통치제도였다. 중앙정부의 관료기구는 단군왕조의 첫 시기에 이미 비교적 갖추어진 것으로 보인다.

(3) 단군 명칭의 유래에 대한 입장

북한 학계는 일본이 반만년 전에 문명국가를 세운 우리 민족의 시조 단군을 허황한 신화적 존재로 꾸며낸 단군말살론의 주범임을 밝히면서, 이러한 논조는 오늘날까지 그대로 이어져 단군조선사에 대한 그릇된 인식을 낳고 있다고 한다. 그러면서 '단군'이란 명칭은 우리나라에 불교가 전파되기 이전 시기에 이미 역사기록에 나타난다는 것과, '우두'란 일제 어용사가들이 주장하는 것처럼 불교와 관련이 깊다는 우두전단의 '우두'에서 유래된 것이 아니라는 것을 밝힘으로써 단군이란 명칭이 불교도들에 의해 조작됐다는 견해를 논박하고 있다.

지난날 일본 제국주의자들은 조선을 강점하고 우리 민족을 야마토 민족에 동화시켜 우리나라를 영원히 저들의 식민지로 만들기 위해 '동조동근'론을 조작·유포시켰지만, 북한 학계에서는 단군신화에 대한 연구를 심화시켜 그것이 불교도들에 의해 조작된 설화가 아니라 우리 선조들 속에서 고조선 건국 초기에 발생했다는 것을 밝혔다.

(4) 조선민족의 단군역사 계승

북한 학계의 연구에 의하면 단군왕조에서 단군은 최고의 재판관, 지상의 입법자, 하늘신 숭배의 주재자, 군 총사령관이었고, 단군왕검 이후 최고 통치자의 권한은 대대로 세습됐다. 단군왕조에서 제정일치 통치체제의 특징은 무엇보다 후국제가 실시된 것이라고 할 수 있다. 후국제도의 형식은 단군왕조의 간접통치였다고 할 수 있다. 이런 실례는 고구려가 투항한 인접 소국들을 후국으로 봉한 사실과 흡사하며, 중국 주왕조의 국왕과 제후의 관계와도 어느 정도 근사했다고 볼 수 있다.

이와 같이 단군조선을 비롯한 고조선의 정치제도는 비록 오랜 시간 원시사회 토템의 유습을 본떠 범, 말, 소, 곰, 매, 해오라기, 학 등 동물 이름을 관직명으로 하고 있었으나, 그 직종을 보면 후세의 총리로부터 궁내부대신 농업, 형벌, 도덕, 군사, 보건, 지방행정을 맡은 대신 등 당시의 사회발전 수준에서는 필요한 백관이 기본적으로 갖추어져 있었던 것으로 볼 수 있다. 이 사실은 단군조선이 계급국가의 체모를 완비한 나라였으며 동시대의 다른 나라에 비해서도 발전된 정치구조를 가진 고대국가였다는 것을 말해 준다. 단군이 민족의 시조로 밝혀진 후 우리 조선민족은 단군을 원시조로 하는 단일민족이라고 말하게 됐으며, 이로부터 조선민족이 언제 형성됐는가 하는 문제가 새롭게 제기됐다.

단군조선의 건국은 흩어진 동족을 민족으로 결합시키는 데서 중요한 계기, 강력한 추동력이 됐으며, 단군조선의 건국자인 박달족은 조선민족의 형성에서 선도적 역할을 했다. 박달은 이 땅에서 기원해 역포, 만달 사람으로 이어지면서 조선옛류형사람으로 진화한 주민집단의 후손이며 조선민족의 원조상이다. 그들이 정치·경제·문화적 측면에서 이웃한 고대의 숙신, 예, 맥, 부여, 구려, 한족(그들은 거주지역이 다른 데로부터 역사기록에서 다른 명칭으로 불린 동족이었으며, 후에는 다 같이 박달(배달)민족으로 통칭된 우리 겨레다)에 영향을 주면서 포섭하는 과정에 그들간의 유대가 강화돼 결국 하나의 민족공동체로 결합되게 됐다. 이렇듯 핏줄과 언어가 같고 경제·문화생활에서의 공통성이 컸던 그들은 고조선국가의 판도 안에서 후국으로 포섭돼 상호 왕래와 접촉과 교류를 빈번히 하는 과정에서 그들간의 경제·문화적·지역적 유대는 더 강화돼 갔다.

이러한 사실은 국가가 강성해지면서 한반도와 대륙의 넓은 지역에 흩어져 고립적으로 살아온 동족들이 모두 하나의 조선민족으로 결합돼 가고 있었다는 것을 보여준다. 이승휴가『제왕운기』에서 시라, 고례, 남북옥저, 동북부여, 예, 맥이 모두 단군의 후예였다고 한 것은 역사적 근거가 있는 서술이라고 볼 수 있다.

끝으로 남북 학술교류는 지금까지 진행돼 온 방식, 즉 중국, 러시아, 일본, 미국, 유럽 등 제3국에서 개최되는 것도 나름대로 의미가 있지만, 6·15 공동선언 이후 남북간 직접접촉이 가능하게 됐으므로 장차 남북 상호 교차적 방문을 통해 추진돼야 한다. 남북 경제협력의 활성화로 대북방문의 길이 열리기는 했지만, 기존의 '민화협', '조평통', '조아태' 등의 통로로 과다비용을 지불하는 남북 학술교류는 지양돼야 한다. 아울러 학술교류는 전공별로 다양하게 추진돼야 하며, 일회적인 학술행사보다는 정례화되는 방향으로 정립돼야 하며, 단일화된 북한에서처럼 우리도 학술차원의 대북창구도 정리할 필요가 있다.

참 고 문 헌

【국내 출판물】

국토통일원, 『북한개요』(1980).
권성아, 「21세기 한국의 문화정체성과 홍익인간 교육」, 『단군학연구』, 5호(2002).
권오영, 「古朝鮮史 硏究의 動向과 그 內容」, 『북한의 고대사연구』(일조각, 1991).
_____, 「단군릉사건과 대동강문화론의 전개」, 한국역사연구회 북한사학사연구반, 『북한의 역사 만들기』(푸른역사, 2003).
김정배, 『북한의 우리고대사 인식』(1991).
문옥표, 『한국의 사회와 문화』, 제23집(성남: 한국정신문화연구원, 1995).
박이문, 「한국학의 방법론」, 『정신문화』, 통권 제12호(1982).
북한문제조사연구소, 『북한의 「단군 및 고조선」 논문자료: 제2차 학술토론회 발표』(1994).
_____, 『북한의 「단군릉」 발굴 관련자료: 사회과학원 「보고문」 및 학술논문』(1993).
사회과학원 역사연구소 편, 『조선고대사』(한마당, 1989).
서영대 편, 『북한학계의 단군신화 연구』(백산자료원, 1995).
숙명여자대학교 통일문제연구소 편, 『남북한 사회문화 비교』(숙명여자대학교 출판부, 1999).
신지호, 『북한의 개혁・개방』(한울, 2000).
안병우・도진순 편, 『북한의 한국사인인식』(한길사, 1990).
역사학회 편, 『북한의 고대사연구』(일조각, 1991).

윤이흠 편,『단군 그 이해와 자료』(서울대출판부, 1994).
이기춘 외,『북한의 가정생활 문화』(서울대출판부, 2001).
이상우 외,『북한 40년』(을유문화사, 1988).
이서행,『새로운 북한학: 분단시대 통일문화를 위하여』(백산서당, 2002).
이선복,『고고학이야기』(가서원, 1996).
_____,『최근의 단군릉 문제』, 한국사시민강좌(일조각, 1997).
이우영,『북한의 자본주의 인식변화』(통일연구원, 2000).
이종석,『새로 쓴 현대북한의 이해』(역사비평사, 2000).
이형구,「단군과 고조선사 연구의 현황과 과제」,『단군학연구』, 창간호(1999).
_____,「북한의 고조선연구」,『통일대비연구』(성남: 한국정신문화연구원, 1995).
_____,『단군과 고조선』(살림터, 1999).
_____ 편,『단군을 찾아서』(살림터, 1994).
임강택,『북한의 개혁·개방정책 추진전망』(통일연구원, 2001).
임순희,『북한의 대중문화 실태와 변화전망』(통일연구원, 2000).
전현준,『김정일 정권의 분야별 정책변화 추이분석』(통일연구원, 2001).
정성철,「단군조선의 철학사상에 대하여」,『단군과 단군조선』(살림터, 1995).
정영훈,「단군학 연구의 현황과 과제」,『단군학연구』, 창간호(1999).
_____,「북한의 민족문화유산 계승발전정책」,『한국의 정치와 경제』, 8집(성남: 한국정신문화연구원, 1996).
지교헌·심경호 외,『북한의 한국학 연구성과 분석』(성남: 한국정신문화연구원, 1991).
최태진,「단군과 대종교에 대하여」,『단군과 단군조선』(살림터, 1995).
「특집: 단군, 그는 누구인가」,『한국사시민강좌』, 제27집(일조각, 2000).
한승조 외,『남북한의 인성·사상교육』(집문당, 1998).

Bruce Cumings, "Coorporatism in North Korea?" *Journal of Korean Studies*, No.4, 1982-83; 김동춘 역,「북한의 조합주의」,『한국현대사연구 I 』(이성과현실사, 1982).

Ivan Volgyes, *Political Socialization in Eastern Europe: A Comparative Framework* (New York: Praeger Publisher, 1975).

W. T. Bluhm, *Ideologies and Attitudes: Modern Political Culture* (Princeton:

Prentice-Hall, Inc., 1994).

Young Whan Kihl, *Politics and Policies in Divided Korea: Regimes in Contest*, (Westview Press, 1984).

【북한 출판물】

김병룡,『조선민족의 원시조 단군』(동경: 학우서방, 1996).

김춘택,『조선문학사, 1』(김일성종합대학출판사, 1982).

리지린,『고조선연구』(1963).

림건상,『조선통사』, 제1판(1956).

박종원・최탁호・류만,『조선문학사: 1926-1945』(평양: 과학백과사전출판사, 1981).

사회과학원 문화연구소 편,『조선문학사: 고대・중세편』(5권 중 1권, 1977).

손영종・박영해・김용간,『조선통사, 상』, 증보판(평양: 사회과학출판사, 1991).

종홍교,『조선문학개관, 1』(평양: 사회과학출판사, 1986).

_____,『조선문학사 1』(평양: 사회과학출판사, 1991).

최덕신,『김일성, 그이는 한울님』(평양: 통일신보사, 1992).

_____,『만고의 위인 김정일』(평양: 통일신보사, 1994).

최봉익,『조선철학사개요』(평양: 사회과학출판사, 1986).

_____,『조선철학사개요: 주체사상에 의한 조선철학사(1962)의 지양』(평양: 사회과학출판사, 1986).

_____,『조선철학사상연구(고대-근세)』(평양: 사회과학출판사, 1975).

_____,「원효의 논리 사상」,『철학연구』, 20집(평양: 사회과학원출판사, 1967).

학우서방 편,『조선문학사』(평양: 교육도서출판사, 1964).

한중모・정성모,『주체의 문예리론』(평양: 사회과학출판사, 1983).

허종호,『조선 토지제도발달사』(1991. 1).

_____,「두 류형의 노예소유자사회의 토지소유에 대하여」,『력사과학』(1992-3).

홍희유・채태형,『조선교육사, 1』(평양: 사회과학출판사, 1995).

『단군과 고조선에 관한 연구론문집』(평양: 사회과학출판사, 1994).

『력사과학』(1991~1997).

『조선의 민속전통, 1~7』(평양: 과학백과사전종합출판사, 1984).

『조선고고연구』(1997~2000).

『조선통사』(1956).
『조선역사』(1963).
『조선전사』(과학백과사전출판사, 1979).
『철학연구』(1990~2000).

강민구, 「세계의 존재와 운동에 대한 견해의 력사적 고찰과 주체사상에 의한 과학적 해명」, 『철학연구』(평양: 과학백과사전출판사, 1988).
김재홍, 「민족문화 유산을 계승 발전시킬 데 대한 우리 당의 방침과 그 생활력」, 력사연구소, 『력사과학』(1965).
량만석, 「15~16세기 우리나라서 유물론과 관념론의 투쟁」, 『철학연구』(평양: 과학백과사전출판사, 1989).

〔학술분야 남북교류 현황〕

<별첨 IV-1>

회의명	주최	참가자수(명)	비고
구주한국학회 제14차 학술회의 (1990. 4. 19~23, 바르샤바)	구주한국학회	우리측: 20명 북한측: 4	· 북한은 제13차 회의(1989. 4, 런던)부터 참석
제14차 세계법률가대회 (1990. 4. 22~27, 북경)	중국 법률가협회	우리측: 3 북한측: 4	
한반도 통일문제에 관한 국제학술 심포지엄 (1990. 6. 8~9, 일본)	일본 환태평양문제 연구소	우리측: 4 북한측: 조총련 참가	· 군축관련 논문 발표
현대물리학 국제워크샵 (1990. 7. 16~18)	연변대학	우리측: 18 북한측: 5	
제3차 조선학 국제학술토론회 (1990. 8. 2~5)	오사카 아세아연구소, 북경대 조선문화연구소	우리측: 145 북한측: 11	
제11차 세계자동제어연맹 총회 (1990. 8. 13~16 모스크바)	세계자동제어연맹	우리측: 2 북한측: 3	· 자동제어분야 학술교류

<별첨 IV-2>

회의명	주최	참가자수(명)	비고
제2차 아세아·태평양지역 대화·평화협력에 관한 국제학술회의 (1990. 9. 4~6, 블라디보스톡)	소련과학아카데미	우리측: 3 북한측: 5	· 아세아 태평양지역 정치·경제문제 논의
북경아시아경기대회기념 스포츠학술회의(1990. 9. 16)	중국	우리측: 2 북한측: 3	· 대북 도핑기술 전수문제 협의
제3차 동북아경제공동체 국제 심포지엄 (1990. 10. 9~12, 북경)	국민대중국문제연구소, 중국 아·태경제연구소	우리측: 5 북한측: 5	· 동북아경제공동체 형성에 관한 논의
동북아지역 경제발전과 협력 회의 (1990. 1. 28~2. 1, 장춘, 연길)	길림대하	우리측: 13 북한측: 8	· 동북아지역 경제 발전을 위한 공동 연구 및 연구성과 교류 등 합의
구주한국학회 제15차 학술대회 (1991. 2. 22~28, 듀르당)	구주한국학회	우리측: 15 북한측: 3	

<별첨 IV-3>

회의명	주최	참가자수(명)	비고
제1차 북한·미국 학술회의 (1991. 6. 3~7, 하와이)	하와이대 한국학 연구소	우리측: 3 북한측: 3	· 두만강유역 동북아경제 기술발전을 위한 국가간 협력
제12차 WFSF 연례학술대회 (1991. 9. 16~21, 바르셀로나)	세계미래연구협의체	우리측: 12 북한측: 3	· 한국미래학회 참석
환일본해 경제권 국제심포지엄 (1991. 11. 22, 오사카)	아사히신문사	우리측: 1 북한측: 2	· 남북한, 일본, 러시아, 중국의 경제교류와 장래협의 · 두만강개발계획 필요성에 대한 의견일치
동아시아역사 국제회의 (1992. 1. 18~19, 일본 요코하마)	-	남·북한, 중·일 등 4개국 역사학자	· '역사교과서 비교기구' 결성합의
동북아역사 국제회의 (1992. 2. 3~5, 삿포로)	NIRA, NPRARC	우리측: 2 북한측: 2	· 참가국: 미, 일, 러, 중, 캐나다, 남북한 · 동북아 경제협력 문제논의

<별첨 IV-4>

회의명	주최	참가자수(명)	비고
제6차 동해 및 동지나해 해양학술회의 (1990. 3. 22~26, 듀르당)	일본 규슈대학	우리측: 25 북한측: 3	
제2차 아시아사학회 회의 (1990. 6. 20~28, 길림성)	길림성 고고학 연구소 길림성 사회과학학회	우리측: 16 북한측: 2	· 고구려유적 공동답사 및 학술연구에 관해 논의
동북아시아국제회의 (1991. 5. 27~29, 동경)	요미우리신문사, 조지 싱턴대학 중소연구소	우리측: 3 북한측: 4	· 군축관련 문제논의
기계화를 위한 한글의 로마자표기법 회의 (1991. 5. 27~31, 코펜하겐)	국제표준화기구(ISO)	우리측: 6 북한측: 4	· 한글의 로마자표기법 일부 합의
제7회 조선반도 통일문제에 관한 국제 심포지엄 (1991. 5. 31~6. 2 동경)	일본환태평양문제연구소	우리측: 3 북한측: 4	· 군축관련 문제논의

<별첨 IV-5>

회의명	주최	참가자수(명)	비고
동북아안보회의 (1992. 3. 23~25, 북경)	미 조지아공대 전략연구소 중국 세계관찰연구소	우리측: 3 북한측: 3	· 남북한 경제협력 및 한반도 안보문제 토의
평양 동북아경제포럼 (1992. 4. 28~5. 4, 평양)	북: 대외경제협력추진위원회 미: 동아시아경제연구소 일: 평양국제회의 일본실행회의	우리측: 18 북한측: 47	· 북한의 나진선봉 무역지대계획안 발표 및 토론 · 청진 등 현지시찰
제8회 한반도 통일문제에 관한 국제학술심포지엄 (1992. 5. 17~18, 동경)	환태평양연구소, 아사히신문	우리측: 11 북한측: 3	· 한반도 통일문제를 토론하는 연례 국제학술심포지엄

<별첨 IV-6>

회의명	주최	참가자수(명)	비고
기계화를 위한 한글의 로마자표기법 회의 (1992. 6. 16~17, 파리)	국제표준화기구(ISO)	우리측: 5 북한측: 4	· 한글의 로마표기법 단일화 합의 - 북측의 자음안, 남측의 모음안 수용
하와이 6개국 국제학술회의 (1992. 6. 23~25, 하와이)	Pacific Forum, CSIS (국제전략문제연구소)	우리측: 2 북한측: 3	· 이삼로(북한 군축 및 평화연구소 고문) - 통일 후 주한미군 주둔가능 발언, 물의 후 번복
중화의학회 연변분회 학술대회 (1992. 7. 2~3, 연길시)	중화의학회 연변분회	우리측: 1 북한측: 3	· 한의학분야 토의
동북아지역개발 비교연구 국제학술회의 (1992. 7. 10~12, 연변)	연변대 동북아경제연구소	우리측: 21 북한측: 5	· 동회의의 연례개최 및 남북간·북중간·남중간 관계자료 교환합의
미국언론학회 연례학술대회 (1992. 8 .5~8, 몬트리올)	미국언론학회 (AEIMC)	우리측: 21 북한측: 5	· '매스미디어와 한국의 통일' 및 '한미관계와 매스미디어'라는 주제로 발표 및 토론

<별첨 IV-7>

회의명	주최	참가자수(명)	비고
제4차 조선학 국제학술 토론회 (1992. 8. 20~22, 북경)	북경대 조선문화연구소, 오사카 경법대 아세아연구소	우리측: 90 북한측: 29	
동북아지역 경제협력포럼 (1992. 8. 25~28, 블라디보스톡)	하와이 아・태연구소(API), 구소련 사회과학원 블라디보스톡 해양연구소	우리측: 10 북한측: 4	・자유무역지대 설치 및 두만강유역개발 등
'동북아 조선민족문화의 계승과 발전' 세미나 (1993. 4. 15~17, 연변대학)	경희대 아시아・태평양지구연구소 및 연변대 동북아정치연구소	우리측: 11 북한측: 4	・언어・풍속 등 민족문화 관련 학술토의
제2회 한반도 통일문제 심포지엄 (1993. 4. 16~17, 버클리대학)	버클리 한인대학생회	우리측: 5 북한측: 4	・핵・군축 등 남북통일문제 토론 ・서울대 총학생회장 참가허용

<별첨 IV-8>

회의명	주최	참가자수(명)	비고
'러시아 연해주 발해유적 공동발굴 답사' 회의(1993. 5. 27~6. 13, 우스리스크시)	대륙연구소, 러시아 극동역사연구소	우리측: 3 북한측: 5	
고구려문화 국제학술회의 (1993. 8. 11~14, 집안시)	연변대 중국조선족연구회	우리측: 7 북한측: 5	・무용총 등 '집안' 일대의 고구려유적 답사 및 학술회의
통일을 지향하는 언어와 철학 세미나 (93. 8. 28~30, 북경)	국제고려학회	우리측: 10 북한측: 7	・언어와 철학분야 학술토의 및 향후 교류방안 협의
일본의 전후처리 문제에 대한 국제토론회 (1993. 1. 7~8, 평양)	북한 '종군위안부 및 태평양전쟁 피해자 보상대책위원회'	우리측: 2 북한측: 11	・일본에 의해 제2차 대전 기간중에 발생한 종군위안부 등에 대한 피해보상 문제 토의
제1회 세계대학생 평화세미나 (1994. 2. 11~18, 모스크바)	통일교 세계대학원리연구회	우리측: 36 북한측: 4	・주제: 21세기, 새로운 가치관과 기존 가치관의 재평가

<별첨 IV-9>

회의명	주 최	참가자수(명)	비고
통일을 지향하는 언어와 철학세미나 (1994. 2. 20~23, 북경)	국제고려학회	우리측: 9 북한측: 4	• 북한측(민족문제연구소 회장: 박승덕)은 '전민족 대단결 10대강령'에 입각한 남북한 및 해외동포 학자들의 학술교류 주장
한글 로마자표기에 관한 국제규격 제정회의 (1994. 5. 20, 스톡홀름)	국제표준화기구 (ISO)	우리측: 설창연(공업진흥청 국장) 외 2 북한측: 홍린택(북한 규격위원회 위원장)	• 국제규격 전단계의 규격안인 기술보고서 발간합의
제2회 세계대학생 평화세미나 (1994. 6. 21~26, 북경)	통일교 세계대학 원리연구회	우리측: 27 북한측: 20	• 주제: 변천하는 세계에 있어서의 청년의 역할

<별첨 IV-10>

회의명	주최	참가자수(명)	비고
동북아시아 역사연구 국제세미나 (1994. 8. 1~5, 상해)	중국 상해사범대학, 일본 도미사카 크리스천센터, 재단법인 천원	우리측: 11 북한측: 2	• 과거 일제침략 관련 5개국(러시아 포함) 학술토론
1994 한글 컴퓨터처리 국제학술대회 (1994. 8. 6~8, 연길)	연변전자정보센터	우리측: 23 북한측: 26	• 컴퓨터처리 남북표준안 마련 • 대회명칭 변경(코리아 컴퓨터처리 국제학술대회 우리글 컴퓨터처리 국제학술회의)
제3회 세계대학생 평화세미나 (1995. 2. 5~9, 북경)	통일교 세계대학원 리연구회	우리측: 178 북한측: 53	• 주제: 21세기, 새로운 문명과 청년의 역할
구주한국학회 제17차 학술회의 (1995. 1. 21~25, 프라하)	구주한국학회	우리측: 15 북한측: 5	* 북한 제16차 회의(1993. 4. 16~20, 베를린) 불참

<별첨 IV-11>

회의명	주체	참가자수	비고
제2차 조선학 국제학술 토론회 (1991. 8. 12~14)	국제고려학회 길림성 사회과학원		
제3차 조선학 국제학술 토론회 (1990. 8. 2~5)	일본 오사카 아세아연구소 북경대학 조선문화연구소		
제4차 조선학 국제학술 토론회 (1992. 8. 20~22)	중국 북경대학 조선문화연구소 일본 오사카 경제법과대학 아시아연구소	우리측: 2 북한: 30 명 등	· 언어, 문학, 역사, 경제, 정치 법률, 사회, 교육, 철학종교, 문화예술, 의료, 과학기술 분야 등에 관한 의견교환
연변대학 창립 50주년 기념 학술회의 (1999. 7. 22~23)	연변대학 민족문제연구원 한국 미래정책학연구회		
청산리전쟁 80주년 기념 학술대회 (2000. 9. 20~21)	연변대학 민족문제연구원 한국 독립운동기념회 조선 사회과학자협회		
중·조·한 청소년교육과 양성(2001. 7. 5)	중국 연변대학 여성연구중심 조선 김일성종합대학 이화여대 한국여성연구원		
중·조·한 문학학술 토론회 (2001. 7. 5)	중국 연변대학교 한국 서울대학교 조선 김일성종합대학교		
제1차 조선민족문헌 학술토론회 론문집 『21세기 조선민족문헌의 발굴과 연구』	국제학술회의 (2001. 9. 21~22)		
동방 전통문화와 현대화(2002. 10. 17~18, 중국 심양)	조선 사회과학자협회 한국 정신문화연구원 중국 연변대학민족문제연구원		
현대사회 문화건설 가운데서의 여성의 역할과 위치 (2002. 12. 23~24)	중국 연변대학여성연구중심 중국 동북사범대학 한국 이화여대 한국여성연구원 조선 김일성종합대학		
21세기 사회발전과 교육 (2003. 8. 14~15)	조선 사회과학협회 한국 교육개발원 중국 연변대학		
해방전 조선민족 대중가요 연구 (2003. 10. 6~7)	중국 연변대학예술학원 조선 2·16예술교육출판사 한국 언어문학회		
제2차 한반도 평화포럼 - 한반도 평화체제 구축과 동북아 경제협력 (2003. 8. 5)	한국 한반도평화운동본부 중국 연변대학 동북아국제정치연구소		

<별첨 IV-12>

회의명	주체	참가자수	비고
우리역사에 나타난 민족공동체 의식 (2003. 9. 20~27)	한국 정신문화연구원 조선 사회과학자협회	우리측: 20 북한측: 20 조선족학자: 5	· 민족공동체 의식, 항일운동사, 역사왜곡
영문표기 Corea가 Korea로 바뀐 내력	남측: 강만길 상지대 총장 북측: 문여호 조선사회과학원 언어학연구소장	우리측: 2 북한측: 2	· 외교문서를 통해 본 Korea와 Corea의 차이, 국사편찬위원회 아상태, 고지도에 나타난 국호표기의 변천
남북 단청문화학술토론회	대한불교조계종 조선불교도련맹 중앙위원회	우리측: 5 북한측: 20	· 우리나라 옛단청의 민족성, 벽화무덤을 통해 본 고구려 단청, 한국 단청의 계승과 전승, 단청과 한국 불교문화
남북통일 기반조성을 위한 한민족 체육학술 교류의 기본 방향	민족통일체육연구원	우리측: 2 연변측: 1 중국측: 1	· 북한체육 관련자료 전시

북한의 고조선사 연구동향과 남북한 학술교류

김 창 겸

1. 머리말

  1945년 광복과 더불어 우리민족은 좌익과 우익의 정치사상적 갈등으로 남과 북이 각각의 정권을 수립했다. 그로 인해 학문연구도 여러 제약과 더불어 많은 차이를 보였다. 특히 한국역사학에 있어서는 한민족이 시간을 두고 형성한 동일한 실체를 대상으로 연구함에도 불구하고, 물론 공통적인 경우가 더 많았다고 보겠지만, 경우에 따라서는 상반적이거나 대립적인 시각에서 결과를 도출해 낸 경우가 더러 있다.

  최근 들어 시대적 상황변화에 따라 남한 학계와 북한 학계는 이러한 역사학의 차이를 극복하고, 더구나 최근 중국의 '동북공정'(東北工程) 프로젝트 추진에 대해 남북한의 적극적인 공동대응이 시급한 상황에서 상호간에 잦은 접촉과 토론이 이루어지고 있어 상당히 고무적이라 하겠다. 하지만 아직 기회가 짧은 시간에 몇 차례에 불과해 여러 가지 미숙한 점과 보완돼야 할 점이 있다고 보겠다.

  필자는 먼저 최근까지 있었던 남북간 역사학의 교류를 2000년 6월 15일 남북정상회담을 분기점으로 해서 시대적 변화와 함께 개관해 보겠다. 그리고 역사학 중에서도 상호간에 민감한 부분인 근·현대사보다는 서로 공유하면서 공동관심사인 고대사, 특히 고조선을 중심으로 이 글을 서술하고자 한다. 우선 북한에서의 고조선사 관련 연구동향과 그 추이에 대해 알아보 겠다. 그리고 남북간 한국역사학 교류현황을 정리한 뒤, 이 중에서도 고조 선사와 관련한 남북 학술회의의 성과와 전망에 대해서 살펴보도록 하겠다. 그리하여 남북간의 고조선사 연구의 교류가 갖는 의미를 살펴보고자 한다.

2. 북한의 각 시기별 고조선사 연구동향

한국사학사에서 고조선에 대한 연구는 아주 일찍부터 있었다. 그 결과 특히 고조선의 중심지와 강역에 대한 학설은 크게 평양설(平壤說, 일명 大洞江중심설), 요령설(遼寧說, 일명 遼東중심설), 이동설(移動說)로 나눌 수 있다.

먼저 평양설은 『삼국유사』(三國遺事)의 기록에 근거를 두고 있다. 즉 일연(一然)은 단군왕검(檀君王儉)이 평양에 도읍해 조선(朝鮮)을 건국했다는 『고기』(古記)의 기록을 인용하면서 평양성은 고려시대의 서경(西京)이라는 주석을 달았다. 이러한 인식은 조선 후기에도 이어져 정약용(丁若鏞)과 한치윤(韓致奫) 등은 고조선의 중심이 압록강 이북에 있었다는 『요사』(遼史)의 기록을 비판하고 고조선의 중심은 평양에, 국경인 패수(浿水)는 압록강이라고 보았다. 이 설은 일제 강점기에 평양지역을 중심으로 일련의 낙랑유적이 발견되면서 고조선은 평양에 있었다는 것이 정설화됐다. 후에 이병도 (李丙燾) 역시 고조선의 서쪽 경계인 패수를 청천강으로 비정했는데, 이는 한동안 남한 학계에서 통설로 사용됐다.

반면 요령설은 권람(權擥)이 「응제시주」(應制詩注)에서 낙랑을 평양이 아닌 압록강 북쪽에 있다고 보았고, 기자(箕子)가 건국한 지역을 요동(遼東), 요서(遼西)로 비정하는 등 요동중심설을 본격적으로 제시했다. 이러한 견해는 조선 후기에 남인 학자들에 의해 제기됐고, 다시 북학파를 거쳐[1] 20세기에 들어 신채호(申采浩)·최남선(崔南善)·정인보(鄭寅普) 등의 민족주의 사학자들에 의해 계승됐다.[2] 이들의 연구는 고조선이 건국한 이래 위만조선의 수도인 왕검성은 줄곧 요동지방에 있었다는 것이다.

한편 이동설은 평양설과 요령설에 대한 절충적 성격을 띤 것이다. 그 핵심은 고조선의 초기 중심지는 요령에 있었는데, 후기에는 평양지역으로 바뀌었다는 것이다. 이미 조선시대에도 그 시초는 보이지만[3] 본격화된 것은 해방 이후다.[4]

그러나 이러한 고조선 연구의 전통은 1945년 광복과 더불어 남과 북이 두 개의 체제와 지역으로 나뉨에 따라 자연히 그 연구 또한 남한과 북한 학계로 갈리게 됐고, 이후 양자는 서로의 이질적인 학문적 범위와 경향을 형성하면서 별개로 발전하게 됐다.

지금부터 북한 학계의 고조선 연구동향과 추이를 살펴보겠다.[5] 북한에

---

1) 韓永愚, 『朝鮮後期史學史研究』(一志社, 1989); 朴光用, 「檀君認識의 歷史的 變遷」, 『단군: 그 이해와 자료』(서울대학교출판부, 1994), 158-178쪽.
2) 姜萬吉, 「日帝時代의 反植民史學論」, 『韓國史學史의 研究』(乙酉文化社, 1985); 李弼泳, 「檀君 研究史」, 『단군: 그 이해와 자료』(서울대학교출판부, 1994), 90-106쪽; 吳江原, 「古朝鮮 位置比定에 관한 硏究史的 檢討(2)」, 『白山學報』, 48(1997), 56-62쪽.
3) 洪汝河의 『彙纂麗史』에 그 단초를 보이고 있다. 吳江原, 「古朝鮮 位置比定에 관한 硏究史的 檢討(2)」, 『白山學報』, 48(1997).
4) 金庠基는 『詩經』 韓奕편의 韓侯를 東夷族의 일파로 보고 그들이 中原대륙에서 요동으로 3차례에 걸쳐 이동한 것으로 보았다. 「韓濊貊移動攷」, 『史海』, 창간호(1948); 『동방사논총』(1974). 그리고 이동설은 남한 학계에서 천관우와 김정학의 연구를 거쳐 임병태, 노태돈, 서영수를 비롯한 많은 학자들에 의해서 주장되고 있다. 최몽룡, 「철기문화와 위만조선」, 『고조선문화 연구』(한국정신문화연구원, 1999), 7-8쪽.
5) 북한의 고조선사 연구에 대해 정리한 글로는 다음과 같은 것이 있다. 노태돈, 「고조선과 삼국의 역사에 대한 연구동향」, 『북한이 보는 우리 역사』(을유문화사, 1989); 권오영, 「고조선사연구의 동향과 그 내용」, 『북한의 고대사연구』(일조각, 1990); 조법종, 「북한의 고조선 인식체계에 대한 고찰」, 『북한의 우리고대사 인식, 1』(대륙연구소, 1991); 조법종, 「북한학계의 고조선 연구」, 『북한의 고대사연구와 성과』(대륙연구소, 1994); 이기동, 「북한에서의 한국고대사 연구의 성과와 문제점」, 『북한의 한국학 연구 성과 분석: 역사・예술편』(한국정신문화연구원, 1997); 노태돈, 「북한학계의 고조선사 연구동향」, 『단군과 고조선사』(사계절, 2000); 오강원・윤용구, 「北韓學界의 古朝鮮・檀君 研究動向과 課題」(국사편찬위원회, 2003). 특히 이 논문 제2절의 작성에는 오강원・윤용구의 글을 많이 참조했으며 아울러 이를 허락해 준 데 감사드린다.

서의 학문적 연구는 집권세력의 정치적 의도에 의해 좌우됐다. 특히 고조선 연구는 정치변동에 따라 그 목적과 추구하는 바가 달라졌다. 필자는 북한 학계의 고조선 연구동향을 4개 시기로 구분해서 살펴보고자 한다.6)

즉 제1기(1945~57)는 식민사학 또는 일제 관학을 극복하는 대안으로 요령설이 모색되던 시기이고, 제2기(1958~66)는 1958년 종파 쿠데타사건으로 연안파와 소련파를 숙청한 이후 다양한 견해가 제기됐다가 역사학계를 중심으로 요령설이 확립되는 시기다. 그리고 제3기(1967~92)는 1967년 5월 갑산파 숙청사건 이후 주체적인 역사연구의 필요성이 대두함에 따라 이미 제2기 중반에 확립된 요령설을 고고학적인 연구를 통해 보완해 정설화한 시기다. 한편 제4기(1993~현재)는 1993년 전단군릉 발굴과 이듬해 김일성의 사망 및 김정일 등장 이후 북한 학계의 견해가 평양설로 급변하는 시기라고 하겠다.

1) 제1기: 요동설 모색기

이 시기에는 고조선 연구가 아직은 활성화되지 않았다. 그리하여 제1기 후반(1950년대 중후반)에야 위치문제를 중심으로 고조선 전반의 체계를 세우고자 하는 시도가 이루어지게 됐다.7)

제1기를 대표하는 연구자로는 홍기문(洪基文), 김무삼(金武森), 정현(鄭玄),

---

6) 그 동안 남한 학계에서는 북한 학계의 고조선 연구동향에 대해 몇 차례 정리된 바 있다. 이 중에는 북한 학계의 고조선 연구를 3기(권오영: 1945. 8~1950년대, 1960년대, 1970년대~현재)나 4기(조법종: 1945~63<1948~50 한국전쟁 이전: 고조선 요동중심설의 등장 및 강화, 1953년 한국전쟁 이후~1958: 요동설의 유지 및 일시적 퇴장, 1958~60: 평양설의 재등장, 1960~63: 요동설의 논쟁 및 요동설의 정설화[조법종, 1999, 「古朝鮮關聯研究의 現況과 課題」, 『단군학연구, 1』]>, 1963~73, 1974~93, 1993~현재. 노태돈: 1945~56, 1957~66, 1967~92, 1993~현재) 또는 5시기(오강원: 1945~57, 1958~66, 1967~73, 1974~92, 1993~현재)로 구분하는 견해가 제시됐다.

7) 조법종은 이 시기를 다시 1950년 한국전쟁을 기점으로 전기와 후기로 구분했다(앞의 글).

정세호(鄭世鎬) 등이 있다. 이 중 북한 학계에서 처음으로 고조선에 관한 연구를 시도한 홍기문의 연구는 고조선 관련 중국측 사료를 사료비판의 방식으로 재검토한 것으로 기자동래설(箕子東來說)을 부정했으며,8) 평양 일대에서 발견된 낙랑 관련 무덤・봉니(封泥)・효문묘동종(孝文廟銅鍾)・점제비(秥蟬碑) 등의 유물・유적을 조작 또는 특수집단에 의해 남겨지게 된 것으로 해석했고, 그 결과 한사군(漢四郡)의 재요동설을 추론했다.9)

그리고 김무삼은 금석학적 고찰을 통해 일인 학자들이 낙랑군 재평양설의 유력한 근거 중 하나로 삼은 점제현신사비(秥蟬縣神祠碑)의 서체가 동한(東漢)대의 동경예법(東京隷法)이 아닌 광개토대왕비(廣開土大王碑)류의 전예법(篆隷法)인 점, 비의 발견경위가 불분명한 점을 근거로 조작 가능성을 제시했다.10)

이처럼 기왕에 낙랑군의 것으로 인식되던 유물들이 한사군과 연관이 없는 것으로 해석됨에 따라 고조선의 위치 또한 적극적으로 요동지역에서 찾게 됐다.

정현은 한사군이 요동지역에 있었던 것이 분명한 만큼 위만조선의 위치를 파악하는 데는 다른 무엇보다 패수(浿水)와 패수현(浿水縣)의 소재를 확인하는 것이 중요하다고 하면서, 『한서』(漢書), 「지리지」(地理志)와 『산해경』(山海經)을 근거로 패수현을 요양(遼陽)으로, 패수를 혼하(渾河)로 비정했다.11) 따라서 위만조선은 혼하와 압록강 사이의 요동지역에 위치하고 있었던 셈이 된다.

정세호는 연(燕)나라 장수 진개(秦開)의 침공으로 고조선이 상실한 지역은 요동이 아니라 요서지역이었다고 보았다. 아울러 진한(秦漢) 교체기에 고조선이 다시 서쪽으로 진출해 대릉하(大凌河)를 경계로 중국세력과 대치

---

8) 洪基文, 「朝鮮의 古代史料로서 漢魏以前 中國文獻의 檢討」, 『歷史諸問題』, 9(1949).
9) 洪基文, 「朝鮮의 考古學에 대한 日帝御用學說의 檢討(上)・(下)」, 『歷史諸問題』, 13・14 (1949・1950).
10) 金武森, 「朝鮮金石에 對한 日帝御用學說의 檢討: 秥蟬縣의 金石學的 分析을 主로」, 『歷史諸問題』, 10(1949).
11) 鄭玄, 「漢四郡考」, 『歷史諸問題』, 17(1950).

하고 있었다고 보았다. 결국 위만의 초거지는 요하, 대릉하 사이 지역이 되고, 위만이 강탈한 준왕조선(準王朝鮮)의 본거지는 요동지역이 되는 셈이다.12)

결국 제1기는 북한 학계가 고조선 연구의 기초를 다지던 시기라고 할 수 있다. 제1기에는 일제강점기의 식민사학적 연구 분위기에서 벗어나 새로운 고조선상을 마련하는 것이 시급한 과제였는데, 이에 그 맥락을 신채호와 정인보 등 민족주의 사학자들의 연구에 두었다.

그러므로 제1기의 연구는 민족주의 사학자들에 의해 제시된 시각과 견해에 의존함으로써 새로운 자료를 발굴해 내거나 시각을 보태지는 못했지만, 다만 제1기의 연구가 향후 북한 학계에서 고조선 연구가 나아갈 방향의 대개를 열었다고 보겠다.

2) 제2기: 요동설 확립기

제2기는 고조선에 관한 다양한 연구가 진행된 시기다.13) 즉 고조선 요령설 외에 평양설이 공식적으로 제기됐다가, 두 설이 북한 학계의 수십 차례에 걸친 집단 토론과정을 거쳐 사실상 요령설의 정론화를 위한 모색기라고 볼 수 있다. 따라서 제2기는 당시까지 입장과 시각차이를 보이고 있던 역사학계와 고고학계의 견해를 일단 요령설로 묶는 데 노력한 시기라

---

12) 정세호의 1956년 논문에서 주목할 것은 준왕 집단이 한반도 남부지역이 아닌 압록강 이동의 서북한지역으로 옮겨갔다고 보고 있다는 점이다. 이와 같은 그의 견해는 이후 변형된 형태로나마 북한 학계의 주요 연구자들에게 적지 않은 영향을 미친다는 점에서 중요하다. 대표적인 예로 임건상과 이지린을 들 수 있다.

13) 이러한 변화는 1958년 3~6일 북한 조선노동당 제1차 대표자회의에서 8월 '종파쿠데타사건'으로 종결된 연안파와 소련파의 대거 숙청이 단행됐으며, 특히 이 종파의 두목으로 김두봉이 지목됐고, 그와 연결된 많은 연구자들도 함께 추출됐을 것이며(조법종, 「북한학계의 고조선 연구」, 『북한의 고대사 연구와 성과』, 1994, p.149). 이 사건이 고조선 연구에 끼친 영향 또한 컸던 것 같다. 그리하여 요동중심설이 위축되고 이후 제2기에 기존 평양중심설이 다시금 논의되게 됐다.

하겠다.

1959년부터 61년까지는 도유호(都宥浩)를 중심으로 고고학자들의 평양설이 우세했다. 그러나 1962년 7~8월에는 이지린의 요령설이 역사학계를 중심으로 지지를 받게 됐고, 1962년 말과 1963년 초에는 상황이 크게 변해 고고학계를 대표하는 도유호를 제외한 역사학계의 학자들은 대부분이 요령설을 전체 학계의 정설로 보려는 분위기가 지배적이었다.[14]

제2기의 대표적인 고조선 관련 연구자 중에 도유호·황철산(黃哲山)·박시형(朴時亨)·전주농 등은 평양설, 임건상(林建尚)·이지린·이상호 등은 요령설, 정찬영과 김석형은 이동설에 속한다.

먼저 도유호는 준왕조선과 위만조선 및 낙랑군 조선현이 동일한 지점에 있었다는 점과 평남~황해지역에서 계속 발견되는 유물과 유적이 한사군과 관련된 것이 확실하므로 낙랑군과 고조선이 평양에 중심지를 두고 있었던 것이 분명하다고 보았다. 아울러 고조선이 B.C. 3세기대에 가서야 국가단계로 진입하게 됐고, 또 위만조선의 강역은 청천강(패수)을 북계로 해서 서북한 일대였던 것으로 보았다.[15]

황철산은 낙랑군이 서한(西漢)은 물론 동한(東漢)대에 이르기까지 평양에 위치하고 있었으므로 국가로서 고조선의 중심지 또한 평양에서 찾을 수밖에 없으며, 아울러 상고시대 만주와 한반도지역에는 예맥 계통의 종족이 광범위하게 분포하고 있었는데, 이 중 고조선을 형성한 주체는 조선맥(朝鮮貊) 또는 낙랑맥(樂浪貊)이었다고 했다.[16] 고조선이 국가단계로 진입한 시기

---

14) 그러나 비록 1963년 초반까지의 토론을 통해 역사학계의 요령설이 북한 과학원의 지지를 받았다 할지라도, 1960년대 중반 이전까지는 요령설이 학계 전반의 주류를 차지하고 있기는 했으나, 국가적인 정설로 확고하게 자리를 잡지는 못했던 듯하다. 이는 『고조선에 관한 토론론문집』(과학원출판사, 1963)에 B.C. 글이 요동설·평양설·이동설 모두를 주장하고 있는 것에서도 짐작할 수 있다. 다시 말하면 1958~60년에는 평양설이 재능장했으나, 1960년 이후에는 요동설과 평양설의 논쟁을 거쳐 요동설의 정설화가 이루어지는 시기다.
15) 그 증거로 서북한지역의 문화가 B.C. 4세기대를 기점으로 지석묘 단계에서 토광묘 단계로 전환된다는 점, B.C. 3세기대에 가서야 다양한 부류의 금속제품이 본격적으로 복합하기 시작한다는 점을 들었다.

는 도유호 등과 같이 B.C. 3세기대로 보고 있는 듯하다.

박시형은 『사기』, 「조선전」 등의 기본사료를 참고해 볼 때 준왕조선과 위만조선 및 낙랑군의 중심지는 동일지점에 위치하고 있어야 한다고 하면서, 평남에서 황해지역의 한계(漢系) 유물유적이 낙랑군과 대방군의 것이 분명하고, 그러하기에 고조선과 낙랑군의 중심지를 평양으로 보는 것이 합리적이라고 보았다.17)

반면에 임건상은 도유호나 박시형 등과는 달리 요동설을 주장하고 있다. 주목되는 것은 그의 견해 대부분이 제1기에 활동했던 정세호와 흡사하다는 점이다. 즉 그 또한 정세호와 마찬가지로 고조선이 처음에 난하(灤河)를 경계로 중국세력과 대치하고 있었고, 그 강역은 요령 전 지역이며, 위만조선이 출현한 이후에는 대릉하(패수)를 경계로 한(漢)과 대치하고 있었다고 보았다. 왕검성은 험독현(險瀆縣)에 대한 응소(應邵)의 주와 지리적인 요건을 감안해 요하 하류 서안의 반산(盤山)지역으로 보았다.18)

이지린은 고조선을 요동 중심의 국가로, 고조선의 종족을 예맥계로 보았다. 즉 고조선이 초기에는 요동 개평(盖平: 盖州)에 중심을 두고 난하에서 압록강 사이 지역에, 후기에는 개평에 중심을 두고 대릉하에서 압록강 사이 지역을 강역으로 했던 것으로 보았다.19) 그러나 고조선의 국가단계 진입시점을 B.C. 8~7세기대로 본 것에서 임건상 등과 차이를 보인다.

이상호는 단군신화의 분석을 통해 고조선의 제반 문제에 접근했는데,

---

16) 단 고조선의 평양 중심을 주장하면서도 고조선이 B.C. 4~3세기대 요동지역 또한 강역화했다고 해서 다소 신축적인 견해를 보이고 있다. 과학원 고고학 및 민속학연구소, 「고조선에 관한 과학토론회」, 『문화유산』(1961-5), 78쪽; 황철산, 「고조선의 위치와 종족에 대하여」, 『고조선에 관한 토론론문집』(과학원출판사, 1963).

17) 특히 요령지역 고조선과 평양지역 고조선이 병존하고 있었다면, 이 중 한국사와 관련된 것은 당연히 평양지역의 고조선이라고 하며 평양설의 입장을 분명히 했다. 과학원 고고학 및 민속학연구소, 「고조선에 관한 과학토론회」, 『문화유산』(1961-5), 78쪽; 과학원 력사연구소, 「고조선문제에 대한 토론개요」, 『력사과학』(1961-6), 77-78쪽.

18) 그러나 서북한지역의 세형동검 관련유적을 辰國 중 馬韓의 것으로 적극 해석하는 등 정세호의 견해에서 다소 나아간 부분 또한 파악된다.

19) 리지린, 『고조선연구』(과학원출판사, 1963).

고조선의 강역과 중심지 등의 문제에 대해서는 대체로 기존의 요동설을 반영하는 정도에서 그치고 있다. 즉 임건상이나 이지린 등과 마찬가지로 고조선의 강역이 초기에는 요동 남부지역에 중심을 둔 상태에서 난하~압록강까지, 위만조선 시기에는 요동 남부지역에 중심을 둔 상태에서 대릉하~압록강까지 걸쳐 있었던 것으로 보았다.[20] 그러나 단군신화상의 기년과 팔조법금 등을 근거로, 고조선의 출현시점을 B.C. 10세기대 이전으로, 국가단계 진입시점을 B.C. 10세기대로 보는 점에서 기왕의 다른 연구자들과 커다란 차이를 보였다.

한편 정찬영은 이동설을 주장했다. 이러한 요령설과 평양설의 절충론은 고고학적인 면에서는 도유호의 견해를, 이외의 측면에서는 역사학계의 견해를 혼합한 것이다. 그는 서북한지역의 세형동검을 부장한 토광묘가 문화적인 면에서 선행하는 단계의 지석묘와는 전혀 다른 계통을 이루는 것이라고 하면서, 서북한지역 중 고조선에 대응되는 것은 B.C. 3세기부터 기원 전후까지 지속된 세형동검, 토광묘 관련유적 외에는 없다고 보았다.[21] 그렇지만 문헌에 고조선이 이보다 이른 시기 요령지역에 위치하고 있었던 듯한 기록이 있는 만큼, B.C. 4세기대에는 요하유역이나 그 서쪽에 위치하고 있었을 가능성도 있다고 보았다.

김석형은 예맥조선과 위만조선을 단선적으로 이해할 수는 없다고 하면서 위만조선을 포함한 고조선의 전개를 3기로 나누어 보았다. 즉 제1기는 B.C. 5~4세기대로 문헌에 동호족으로도 알려져 있는 예맥조선이 요하유역에 중심을 두고 있으면서 요서에서 북한지역에 걸쳐 있던 시기다. 제2기는 B.C. 3세기 초반~2세기 초반으로, 요령지역의 예맥조선이 흉노족에게 공멸당한 뒤 곧이어 요동지역에는 위만조선이, 서북한지역에는 부왕(否王)과

---

20) 과학원 고고학 및 민속학연구소, 「고조선에 관한 과학토론회」, 『문화유산』(1961-5), 79쪽; 리상호, 「단군고」, 『고조선에 관한 토론론문집』(과학원출판사, 1963); 리상호, 「기원전 4세기 이전 고조선의 서난과 중심에 대하여(상)·(하)」, 『력사과학』(1964-2·3.)

21) 과학원 고고학 및 민속학연구소, 「고조선에 관한 과학토론회」, 『문화유산』(1961-5), 78쪽; 정찬영, 「고조선의 위치와 그 성격에 관한 몇 가지 문제」, 『문화유산』(1960-3); 정찬영, 「고조선에 관한 몇 가지 문제들에 대하여」, 『고조선에 관한 토론론문집』(과학원출판사, 1963).

준왕(準王)으로 상징되는 또 다른 조선이 출현한 시기다. 제3기는 B.C. 2세기대로, 요동지역에 중심지를 두고 있던 위만조선이 준왕조선을 멸하고 도읍지를 평양으로 옮긴 시기다.22)

결국 제2기 북한 학계의 고조선 연구는 다양한 견해가 토론의 형식으로 표출됐다. 제2기 전반에는 제1기에는 표면화되지 않았던 평양설론이 도유호를 비롯한 고고학자들을 통해 적극적으로 개진됐다. 하지만 고고학계의 평양설론은 집단 토론과정을 거치면서 배제되고 점차 정리됐다.

그러나 비록 북한 학계가 제2기 전반에 있었던 토론과정을 통해 역사학계를 중심으로 요령설을 사실상 정설로 굳혔다 할지라도, 고고학적인 측면에서 증거가 불충분한 형편이었다. 그리하여 북한 학계에서는 이것을 해결하기 위해 1963~65년 기간에 중국과 공동으로 요동지역의 청동기시대 유적을 집중적으로 조사했으며,23) 그 결과 원하는 고고학적 자료를 얻을 수 있게 됐다.

3) 제3기: 요동설 보완·정설기

1967년 정치적으로는 갑산파 숙청사건을 전후해 역사학 연구 방법론에 변화가 생기면서 고조선 연구에도 변화가 생겼다.24) 즉 제3기는 제2기에 주로 역사학 방면에서 확립된 요령설이 고고학적인 면에서도 보다 보완돼 정설화된 시기다.25) 이 시기에 확립된 역사·고고학적인 견해는 비록 중

---

22) 과학원 고고학 및 민속학연구소, 「고조선에 관한 과학토론회」, 『문화유산』(1961-5), 78쪽; 김석형, 「고조선의 연혁과 그 중심지들에 대하여」, 『고조선에 관한 토론론문집』(과학원출판사, 1963).

23) 이 기간의 조사성과는 북한에서 1966년 보고서(조중 공동 고고학 발굴대, 『중국 동북지방의 발굴보고』, 사회과학출판사)로 공간됐다.

24) 1968년 북한에서는 마르크스주의 변증법의 몇몇 요소와 역사적 물질주의가 민족주의 원칙인 주체사상과 서로 긴밀히 얽혀 있다는 내용의 민족역사 연구의 새로운 접근법이 고안되고 공포됐다.

25) 이 시기를 다시 1967~75, 1976~92년으로 나누는 견해도 있다(오강원·윤용구, 앞의

간에 세부적인 면에서 수정·보강되는 과정을 거치기는 했으나, 대체로 1993년 단군릉 발굴 이전까지 지속됐다.

이 시기의 대표적인 연구로는 ⓐ B.C. 8~5세기, 비파형동검기 요동지역의 청동기문화(고조선문화)를 살펴본 김용간·황기덕의「기원전 천년기 전반의 고조선문화」(『고고민속』, 1967-2), ⓑ B.C. 5~AD 3세기, 초기 세형동검(중세형동검)기~전실묘기 서북한지역의 청동기~철기문화를 살펴본 박진욱·황기덕·정찬영의「기원전 5세기~기원 3세기의 서북조선의 문화」(『고고민속론문집』, 사회과학출판사, 1971), ⓒ 역사학적 측면에서 고조선의 전개에 대해 살펴본 이순진·장주협 편의『고조선문제연구』(1973), ⓓ 요령지역의 새로운 고고학적 조사를 적극 반영해 요서지역과 고조선의 관계문제를 보다 자세히 다루면서 고조선의 남변을 예성강으로 확정한 사회과학원 고고학연구소의『고조선문제 연구론문집』(1976), ⓔ 박진욱의「비파형단검문화의 발원지와 창조자에 대하여」(『비파형단검문화에 관한 연구』, 과학백과사전출판사, 1987), ⓕ 황기덕의「료서지방의 비파형단검문화와 그 주인」(같은 책), ⓖ 강인숙의「기원전 4~3세기 고조선의 서변」(같은 책)을 들 수 있다.

언뜻 보기에는 이들의 견해는 별개인 듯 보이나, 위의 ⓐ·ⓑ·ⓒ가 전후의 맥락을 이루면서 서로 긴밀하게 연결돼 있다고 하겠다.

이들은 비파형동검과 미송리형토기의 공반관계에 주목해 요하~청천강 사이 지역을 고조선문화로 확정했다. 아울러 고조선문화를 전국(戰國) 연계(燕系) 유물요소의 공반 여부를 기준으로 전기(B.C. 8~4세기)와 후기(B.C. 3~2세기, 세죽리―연화보유형)로 크게 나눈 뒤, 전기를 다시 전형적인 비파형동검과 미송리형토기가 공반하는 시기(B.C. 8~7세기), 변형 비파형동검과 묵방리형토기가 공반하는 시기(B.C. 7~5세기), 초기형의 세형동검(중세형동검)으로 상징되는 시기(B.C. 5~4세기)로 세분했다.

고조선문화의 중심지에 대해서는 역사학계의 견해에 따라 개주(盖州)를 중심으로 하는 요하 하류역 동안으로 보았다. 특히 고조선 및 고조선문화의 중심권이 요하 하류역 동안에서 요동반도 남단의 대련지역, 즉 요동반

글).

도 남단을 포함한 요동 남부지역으로 확정했다. 그리고 이 지역에서 그에 상응하는 유적으로 대련지역의 강상과 누상 적석총 등을 들고 있다.

이들의 견해에 의하면 강상 적석총은 중앙 묘실의 대노예소유자 부부를 중심으로 그 주변에 다양한 부문(농경, 방직, 야주)의 생산을 담당하고 있던 다수의 생산노예가 순장돼 있는 순장묘로서 강력한 노예사회 단계의 대형 귀족의 무덤이라는 것이다. 아울러 무덤의 규모나 유물의 부장 수준 면에서 각 유적간에 적지 않은 편차가 존재한다는 점을 고려해 고조선사회가 왕, 대노예소유자(강상, 누상), 중소노예소유자(와룡천), 하위지배계층(기타 소형묘), 소수의 평민과 다수의 노예로 구성돼 있었던 것으로 보았다.

이외 요동과 서북한지역의 관계에 대해서는 초기철기 시대 청천강을 경계로 그 남쪽과 북쪽의 문화양상이 다르게 전개된다는 점을 공식적으로 인정하되, 두 지역의 초기 철기문화가 계통 면에서 이전 단계에 해당하는 B.C. 5~4세기 요동지역의 초기형 세형동검 관련유적(고조선 후기)과 직접적인 관계를 맺고 있다는 견해를 제시했다. 비록 계통을 같이한다고 하더라도 동일한 시기 상이한 양상을 보이는 두 지역의 집단에 대해서는 청천강 이북의 세죽리—연화보유형은 위만조선, 청천강 이남의 세형동검문화는 마한의 문화라고 해석했다.

그러다가 ⓓ·ⓔ·ⓕ·ⓖ에 이르면 ⓐ·ⓑ·ⓒ를 거쳐서 확립된 고조선과 고조선문화에 관한 기본적인 틀이 유지되는 가운데 세부적인 면에서 약간의 수정과 보완이 이루어졌다.

먼저 1976년에 발간된『고조선문제 연구논문집』에서는 고조선의 남계를 종래(리순진·장주협 편,『고조선문제연구』, 1973)의 청천강(淸川江)에서 예성강(禮成江)으로 보았다. 즉『사기』와『삼국지』등의 관련기록을 고려해 볼 때 진국의 북계는 마한 및 백제의 북계와 동일하다고 볼 수 있는데,『삼국사기』에 백제의 북계가 패하(浿河: 현재 예성강)라고 명시돼 있으므로, 진국의 북계이자 고조선의 남계가 당연히 예성강이 될 수밖에 없다는 것이다.

그리고 박진욱ⓒ은 요서·요동·길림·서북한지역을 고조선을 포함한 고대 조선족이 분포하고 있던 지역으로 설정했다. 즉 광역의 고대 조선족 문화를 설정한 후 그 중에서 시간성은 물론 유물 복합 면에서 가장 선진적인 양상을 보인다고 판단한 요동지역을 고조선으로 파악했다. 아울러 요동지역의 선진성을 강조하기 위해 비파형동검과 미송리형토기를 새로운 기준을 통해 보다 세분한 뒤, 각 지역에 분포하고 있는 관련유물 중 가장 앞선 시기의 것이 요동지역에서 확인된다는 점을 강조했다.[26]

한편 황기덕(ⓕ)은 요서지역에 분포하고 있는 비파형동검이 B.C. 10세기대를 넘지 않는다는 점을 통해, 이 지역의 비파형동검 등 관련유물이 요동지역으로부터 파급된 것으로 인식했다. 아울러 이 지역에서도 초기형의 세형동검이 발견된다는 점을 고려해 두 지역이 B.C. 4세기대까지 유사한 과정을 거쳐 발전했다고 보았다. 또한 요서지역의 지리적 범위에 대해서는 현재의 요서지역뿐 아니라 노합하(老哈河) 유역까지를 포괄하는 단위로 보았다.[27]

요서지역에서 이러한 요동지역적 성격의 유물유적이 출현하게 된 배경에 대해서는 요동과 길림지역으로부터의 주민이동을 들고 있는데, 대릉하 유역 십이대영자유형의 주민은 발족(發族)으로, 노합하 유역 남산근유형의 주민은 발족과 동계동족(同系同族)에 속하는 맥족(貊族·東胡族)으로 파악했다. 그리고 B.C. 4세기 중엽에는 십이대영자유형의 발족이 요동지역의 고조선에 편입됐는데, 발족을 편입시킨 이후 고조선의 서변 경계는 대체로 요수(遼水: 灤河)였다는 것이다.

---

26) 박진욱은 관련 유물복합의 출현시기는 요동지역이 B.C. 12~11세기, 길림지역이 B.C. 11~10세기, 요서지역이 B.C. 9~8세기로 보았다(「비파형단검문화의 발원지와 창조자에 대하여」, 『비파형단검문화에 관한 연구』, 과학백과사전출판사, 1987). 따라서 관련 유물요소가 요동지역 중에서도 요동 남부지역에서 처음 발생한 후 요동 북부지역을 거쳐 길림지역과 요서지역으로 확산된 셈이므로, 이러한 유물요소의 계통적 기원에 대해서는 요동반도 남단의 雙砣子3期膜型으로 본 것이다(오강원·윤용구, 앞의 글).
27) 엄밀하게 말해 노합하 유역에는 赤峰, 寧城, 喀喇沁旗(錦山)만이 해당되나, 황기덕의 경우에는 西遼河 上流域 일대를 모두 포괄하는 개념으로 사용하고 있는 듯하다. 그리고 이러한 지리적 범위설정은 황기덕이 독자적으로 한 것은 아니고, 1970년대 노합하 유역이 요령성지역에 포함된 적이 있는 데다, 당시 중국 학자들이 내몽고 동남부와 요서지역을 하가점 상층문화 단일의 문화범위로 묶어 보는 시각을 고려한 것이다. 황기덕, 「료서지방의 비파형단검문화와 그 주민」, 위의 책, 1987; 「고조선국가의 기원」, 『고고민속론문집』, 12(1990).

강인숙(⑧)은 고조선의 위치문제를 파악하는 데 관건이 되는 것 중의 하나가 연나라 장성(長城)의 동단(東端)이라는 문제를 중심으로 후기 고조선의 위치를 논했다. 즉 연 장성의 동단은 현재의 요하 동쪽이 아닌 요수(난하) 하류역의 산해관이었다. 따라서 B.C. 4세기대 고조선의 서계는 대릉하 상류역 일대인 것으로 된다. 연(燕) 진개(秦開)의 침공 이후에는 일시적으로 요하 서쪽 지류 중의 하나인 요양하(繞陽河: 滿潘汗)까지 후퇴했는데, 이후 연진 교체기의 혼란을 틈타 다시 대릉하 상류역까지 진출했다고 보았다.28)

그러므로 제3기는 요동설을 고고학적인 면에서 뒷받침하는 시기라고 할 수 있는데, 요동반도 남단지역에서 강상, 누상, 와룡천 등 일련의 유적을 발굴해 냄으로써 소기의 목적을 달성했다. 그러나 요서지역의 경우에는 이 지역의 유물(비파형동검)이 고조선과 연관돼 있고, 그렇기에 요서지역 또한 고조선의 강역에 포함돼 있었을 것이라고 추정했다.

결국 제3기의 북한 학계의 고조선에 대한 연구는 전반적으로 1980년대 까지의 고고학적인 조사상황을 기존의 요령설을 염두에 두면서 보강하는 성격을 강하게 띠고 있다. 아울러 서북한지역의 유물복합을 적극적으로 고조선 관련의 것으로 포섭시킴에 따라 그간 이 지역과 관련해서 쟁점이 돼 왔던 논의를 나름의 논리로 새롭게 정리한 것이다.

4) 제4기: 평양설 급선회기

제4기는 북한 학계가 고조선의 중심지를 기존의 요령설에서 평양설로 급선회한 이후의 시기이. 북한 학계가 1993년을 기점으로 평양설로 급변하게 된 계기는 평양시 강동군 대박산에 있는 전단군릉(傳檀君陵)의 발굴과 이듬해 김일성 주석의 사망 및 김정일체제의 등장과도 관련이 있는 듯하다. 단군릉 발굴결과 석실봉토분 내부에서 2개체 분의 남녀 인골과 함께

---

28) 따라서 강인숙의 역사학적 논고를 통해 기존 요령설에 완전히 부합하지 못한 박진욱 등의 견해가 보완됐다고 할 수 있다. 강인숙, 「기원전 4~3세기 고조선의 서변」, 『비파형단검문화에 관한 연구』(과학백과사전출판사, 1987).

약간의 유물이 출토됐는데, 인골을 전자상자성공명법으로 측정한 결과 5,011±267년 전의 측정치가 산출됐으므로,29) 이 인골의 주인공은 단군 부부이고,30) 결국 B.C. 3,000년경에 단군조선이 평양을 도읍으로 해서 건국했음이 분명하다는 것이다.31)

이 단군릉발굴 사건 이후 북한 학계는 B.C. 3000년기 초 이후 근 3000여 년간 전개되는 고조선의 체계를 세우는 데 집중하게 된다. 이러한 견해를 뒷받침할 수 있는 고고학적 증거를 찾아내고, 그를 통해 세부적인 역사학적 논거를 보강하기 위해 전단군릉 발굴 이후 현재에 이르기까지 평양과 그 주변지역에 대한 고고학적인 조사가 대대적으로 행해지게 됐다. 그 결과 북한 학계는 평남과 황해도에서 10여 처 내외의 대형 취락지와 토성,32) 함북과 자강도를 제외한 북한 전역에서 14,000여기의 지석묘,33) 평양 일대에서 100여기의 석관묘34) 등을 새로 조사했다고 한다.

이러한 일련의 조사과정을 통해 단군릉 인골에 대한 연대측정치가 정확하게 산출된 것임과 B.C. 3000년기 고조선사회가 평양을 중심으로 서북한 일대에 성립돼 있었음이 분명하게 확인됐다고 한다.35)

---

29) 김교경,「단군릉에서 나온 뼈에 대한 연대측정 결과에 대하여」,『단군과 고조선에 관한 연구론문집』(사회과학원, 1994); 이형구 편,『단군과 단군조선』(살림터, 1995).
30) 사회과학원,「단군릉 발굴보고」,『단군 및 고조선에 관한 연구론문집』(사회과학원, 1994), 4-12쪽.
31) 현명호,「고조선의 성립과 수도문제에 대하여」, 이형구 편, 앞의 책.
32) 남일룡,「평양 주변의 고대 토성에 대하여」, <로동신문>, 1994년 10월 6일, 3면; 이형구 편, 앞의 책; 김종혁,「대동강 류역 일대의 고대부락터 유적에 대하여」,『조선고고연구』(1999-1); 김종혁,「고조선시기의 고대성곽에 대하여」,『단군학연구』, 8(2003).
33) 김유철,「고조선의 중심지와 그 령력」,『단군학연구』, 8(2003), 52쪽.
34) 리순진,「단군조선의 유적유물」,『조선』, 1(조선화보편집위원회, 1995), 13쪽.
35) 즉 덕천시 남양 취락지에서 5,724±751년 전의 주거지, 성천군 용산리에서 5,069±426년 선의 노예순장 지석묘, 강동군 노동자구에서 4,975±215년 전의 석관묘와 그보다 이른 시기에 축조된 토성(황대성), 상원군 용곡리에서 4,539±167년 전의 지석묘, 성천군 노동자구에서 B.C. 14세기의 지석묘가, 강동군 문선당에서 3,104±179년 전의 석관묘 등이 조사됐다고 한다. 김교경,「평양일대의 단군 및 고조선관계 유적유물들에 대한 연대측정 결과에 대하여」, <로동신문>, 1994년 10월 6일, 3면.

이 중 평양시 강동군의 황대성은 단군조선 개국 당시의 왕성으로,36) 용산리 노예순장 지석묘는 38개체의 노예를 순장할 정도의 권력을 갖춘 단군조선 시기 노예주의 것으로,37) 덕천시의 남양 취락지는 단군조선 시기의 취락지로, 나머지의 지석묘와 석관묘는 중소노예주 또는 단군조선 내 소국 지배자의 무덤으로 판단하고 있다.38) 아울러 용산리 노예순장 지석묘 등에서 팽이형토기와 청동조각이, 용곡리 5호 지석묘에서 비파형동모와 청동단추 등이 출토된 것을 통해 팽이형토기를 포함하는 비파형동검문화의 상한이 이들 유적의 연대와 유사한 것으로 보고 있다.39)

이외 서북한지역에서 세형동검의 출현이 이와 유사한 시기였을 것으로, 그리고 팽이형토기 관련유물의 하한이 B.C. 13~12세기경인 것으로 추론하고 있다. 또한 서북한지역이 비파형동검문화 단계에 해당하는 B.C. 25세기 전후에 도기와 황금장식을 제작하게 됐고,40) B.C. 12세기 이전에 철기문화의 단계로 전환했을 가능성이 있다고 주장하고 있다.41)

위와 같은 조사상황을 바탕으로 고조선사 또한 새롭게 재구성됐다. 최근까지 제시된 견해에 의하면 고조선은 왕계에 따라 전조선(단군조선)과 후조선 및 (위)만조선의 3조선으로 구분된다고 한다.42) 이 중 전조선이 농업

---

36) 리순진, 「평양일대에서 새로 발굴된 황대성에 대하여」, 이형구 편, 앞의 책.
37) 김종혁, 「새로 발굴된 성천군 룡산리순장무덤에 대하여」, <로동신문>, 1994년 10월 6일, 3면; 이형구 편, 앞의 책.
38) 석광준, 「평양일대에서 새로 발굴된 고인돌무덤과 돌관무덤에 대하여」, <로동신문> 1994년 10월 6일, 3면; 이형구 편, 앞의 책; 석광준, 「고조선의 고인돌무덤과 돌관무덤에 대하여」, 이형구 편, 『단군과 고조선』(살림터, 1999); 석광준, 「평양일대 대형고인돌무덤의 성격에 대하여」, 『단군학연구』, 8(2003).
39) 박진욱, 「고조선의 비파형단검문화에 대한 재검토」, <로동신문> 1994년 10월 6일, 3면; 이형구 편, 앞의 책; 손수호, 「팽이그릇시기 집자리의 편년에 대하여」, 『단군학연구』, 8(2003).
40) 김영진, 「평양일대에서 발굴된 고조선의 도기에 대하여」, <로동신문>, 1994년 10월 8일, 5면; 한인호, 「고조선초기의 금제품에 대하여」, <로동신문>, 1994년 10월 8일, 5면.
41) 강승남, 「단군조선시기 청동 및 철 가공기술에 대하여」, <로동신문>, 1994년 10월 7일, 3면.
42) 권승안, 「중세사서들에 반영된 고조선 3왕조에 대한 리해」, 제2차 단군 및 고조선에

공동체(환웅단계)의 수장 출신인 단군이 B.C. 3000년경 평양지역에 건국했다고 하는 단군조선이다.43) 서북한지역은 전조선의 성립과 함께 노예제사회 단계로 전환됐는데, 일반적인 노예제사회보다는 왕권과 국가의 지배력이 상당한 정도에까지 미쳤다고 한다. 그 결과 전조선대의 강역이 한반도 전지역은 물론 북류 송화강(松化江) 일대에까지 이르게 됐다고 한다.44)

전조선은 B.C. 14세기 전조선과 친연한 성격을 띠고 있던 일단의 지배층의 등장에 의해 왕계가 대체될 뿐 아니라, 이 시기를 즈음해 각 지방에 기존의 후국(侯國: 夫餘, 句麗, 辰國 등)들이 독자적인 세력으로 분립하게 된다고 한다. 이를 '후조선'이라고 하는데, 고고학적 측면에서는 비파형동검 문화가 세형동검 문화단계로 전환되는 시점이다. 후조선은 지방세력의 분립으로 잠시 위축됐으나, 곧 세력을 회복해 난하로부터 동해안에 이르는 지역을 지배하게 됐다고 한다. 그러나 후조선은 후기에 지배계층과 피지배계층간의 갈등이 첨예해져 B.C. 2세기대에 (위)만의 정변에 의해 만조선으로 대체된다.45)

만조선은 후조선을 대체한 후 평양을 그대로 정도(正都)로 했으나, 이와는 별도로 요동지역에 부도(副都: 王儉城)를 따로 두어 요령방면의 통치를 원활히 했다고 한다. 따라서 낙랑군 등이 설치된 지역은 평양 일대가 아니라 왕검성이 소재하고 있는 요동지역이 된다. 만조선이 멸망한 후 한군(漢軍)이 끝내 접수하지 못한 서북한지역에 고조선의 유민세력이 집결하게 됐는데, 그 결과 서북한~동북한 일대에 낙랑(樂浪), 대방(帶方), 황룡(黃龍), 맥(貊), 남옥저(南沃沮) 등의 소국들이 할거하게 됐다고 한다. 이 중 낙랑국은 최리(崔理)의 낙랑국으로, 고구려에 완전히 합병되기까지 평양~예성강 이

관한 남북공동학술회의 발표 요지문(2003. 10. 2).
43) 강인숙, 「단군의 출생과 활동」, 이형구 편, 『단군과 단군조선』(살림터, 1995); 강인숙, 「고조선의 건국년대와 존재기간」, <로동신문>, 1994년 10월 7일, 3면; 강인숙, 「단군의 출생지에 대하여」, 『력사과학』, 172(1999), 62 66쪽.
44) 김병룡, 「단군조선의 중심지와 령역」, <로동신문>, 1994년 10월 7일, 3면; 이형구 편, 앞의 책.
45) 손영종, 「후조선은 단군조선의 계승국」, <로동신문>, 1994년 10월 8일, 6면; 이형구 편, 앞의 책.

북 지역에서 오랜 기간 존속했다고 한다.46)

지금까지 살펴보았듯이 북한 학계에서 고조선에 대한 제4기의 연구는 단군릉 발굴이 직접적인 계기가 됐다. 사실 북한 학계에서는47) 1993년 단군릉이 정식으로 발굴·조사되고, 이어 단군릉 인골의 연대측정치를 계기로 기존에 B.C. 10세기대 이후로 편년되던 유물유적들이 일괄해서 B.C. 3000~2000년기로 상향 조정되고 있다. 아울러 단군릉 발굴 직후 고조선과 고조선문화에 관한 밑그림이 선언적으로 제시된 후, 그러한 선언적 체계를 채우기 위한 세부적인 연구물이 연차적으로 나오고 있다. 이러한 일련의 과정들을 볼 때 1993년 이후 북한 학계의 움직임이 학문 외적인 어떤 상황에 의해 빚어지게 된 것이 아닌가 한다.

이러한 상황 또는 요인에 대해서는 1980년대 후반~1990년대 초반에 조성된 북한의 독특한 정치적 상황 또는 정치적 이데올로기의 변화를 고려해 볼 수도 있고,48) 동구권 사회주의의 몰락과 1988년 올림픽으로 서울이 각광을 받으면서 정도(定都) 600주년 기념행사를 대대적으로 준비하는 것에 자극받아 단군을 매개로 평양과 평양정권을 민족중심, 통일중심, 정치중심으로 위상을 높이려는 의도이면서, 아울러 북한정권의 정통성을 확보하고 부각시킴으로써 1990년대부터 가중되기 시작한 위기국면을 전환시키려는 것이었다고 생각된다.49) 그리고 이는 최근 중국이 이른바 '동북공정' 프로

---

46) 리승혁, 「만왕조의 멸망과 락랑국에 대하여」, <로동신문>, 1994년 10월 8일, 6면; 이형구 편, 앞의 책.

47) 북한 학계에서는 이미 오래 전부터 전단군릉의 존재에 대해 알고 있었으나, 全暻農이 1963년 세간에서 말하는 傳漢王墓·傳檀君陵·傳東明王陵은 민간의 부회에 지나지 않으며, 특히 전단군릉의 경우 황당무계한 전설에 지나지 않고 고구려 귀족묘임이 분명하다고 한 이후(전주농, 「전 동명왕릉 부근 벽화무덤」, 『각지 유적정리 보고』, 과학원출판사, 1963, 171쪽) 북한 학계에서는 더 이상 전단군릉에 주의를 기울이지 않았다.

48) 이기동, 「북한 역사학의 전개과정」, 『한국사시민강좌』, 21(1997), 35-40쪽; 이기동, 「북한에서의 단군연구와 그 숭앙운동」, 『한국사시민강좌』, 27(2000), 115-122쪽; 조법종, 「고조선 관련연구의 현황과 과제」, 『단군학연구』, 1(1999), 124쪽; 박광용, 「북한학계의 단군인식과 '단군릉' 발굴」, 『역사비평』(2000년 가을), 196-198쪽.

49) 吳江原, 「최근 제기된 북한학계의 古朝鮮=平壤說에 관하여」, 『백산학보』, 46(1996), 478-479쪽.

젝트라고 해서 고구려와 발해의 역사를 자국의 역사로 편입시키려는 의도와 맞물려 있어 앞으로의 연구가 주목된다.

한편 1945년 분단이라는 비극적인 상황을 맞은 후 한반도의 남과 북은 우위를 점하기 위한 체제경쟁을 해 왔다. 남과 북의 체제경쟁은 불필요한 소모를 가져오기도 했지만, 다른 한편에서는 다양한 형태의 경쟁력을 강화시키기도 했다. 그런데 이와 같은 양상은 정치와 경제적인 면뿐만 아니라 학문적인 면 또한 마찬가지였다. 특히 고조선의 중심지에 대해서는 분단 이후 최근까지 남한 학계에서는 전통적인 견해라 할 수 있는 평양설이 주류를 이루었고, 북한 학계에서는 요령설이 주류를 이루었다. 두 학설은 양립적인 입장에서 서로가 자신의 견해를 우위에 있게 하기 위해 지속적으로 논리를 보강해 왔다.

앞에서 언급했듯이 북한에서는 고조선의 요동설이 주류였다가 1993년 전단군릉 발굴 이후부터는 평양설로 바뀌었다. 사실 고조선의 요동중심설의 전통은 오래돼 이미 조선 초기부터 확인된다. 이는 특히 일제강점기 신채호·정인보 같은 민족주의 사학자들에 의해 강조됐다. 북한 학계에서는 민족주의 사학자들의 주장에 착근하해 해방 직후부터 일제 식민사학의 경향에서 벗어난 고조선상을 확립하고자 요령설을 꾸준하게 발전시켜 나갔는데, 문헌자료와 고고자료를 결합시킴으로써 그 완성도를 높여 갔다. 그런데 지금까지 북한 학계의 연구는 언제나 결론이 전제된 상태에서 진행됐다. 이와 같은 방식으로 연구를 진행할 경우 자연 역사자료이든 고고자료이든 간에 모든 유무형의 자료가 결론에 꿰어 맞추어지는 방향으로 나갈 수밖에 없다.

그러나 역사자료와 고고자료의 해석에서 드러나는 무리성은 여러 면에서 확인된다. 북한 학계의 요령~서북한지역 청동기문화 편년체계가 그들의 전제가 바뀔 때마다 별다른 중간의 검토과정을 거치지 않은 채 큰 폭으로 변동됐다는 것을 단적인 예로 들 수 있다. 이런 현상이 벌어지게 된 가장 큰 원인은 고조선 연구를 선험적인 전제를 설정한 뒤에 진행하기 때문이다. 최근 북한 학계의 평양설로의 회귀는 역설적으로 북한 학계의 기왕의 연구방식에 문제가 있음을 스스로 입증한 것이라 생각된다. 따라서

이제부터라도 귀납과 실증을 바탕으로 새로운 고조선 연구를 진행할 필요가 있을 것 같다.50)

그리고 이러한 북한 학계의 요령설은 당시까지 평양설을 정설로 하고 있던 남한 학계에 일종의 충격을 주었다. 그리하여 절충적인 성격의 이동설51)과 지지하는 입장의 요령설52)이 제시됐고, 최근에는 요동에서 서북한 지역 토착집단의 내재적 발전을 통해 고조선이 성립하게 됐다는 평양중심설이 주장되기에 이르렀다.53) 이외 북한학설은 요령지역의 고고학적 현상을 해석하는 것에도 자극을 주었다. 1960~80년대 김용간과 박진욱이 비파형동검과 미송리형토기의 공반관계에 주목해 요동에서 서북한지역을 고조선의 문화단위로 묶었는데, 이들의 견해는 내외 학계에서 미송리형토기를 주목하는 계기를 만들었다.54) 아울러 일부의 경우 위와 같은 북한학설로부터 커다란 영향을 받기도 했다.55) 그리하여 남한 학계에서는 1980년대 후반에 이르러서 북한의 고조선 연구에 자극받아 북쪽의 연구동향에 대한

---

50) 李基東,「北韓에서의 古朝鮮 硏究」,『한국사시민강좌』, 2(1988), 91-93쪽.
51) 徐榮洙,「古朝鮮의 位置와 疆域」,『韓國史市民講座』, 2(1988); 盧泰敦,「古朝鮮 중심지의 변천에 대한 연구」,『韓國史論』, 23(1990); 林炳泰「考古學上으로 본 濊貊」,『韓國古代史論叢』, 1(1991); 吳江原,「고조선 위치비정에 관한 연구사적 검토」,『白山學報』, 46·47 (1996·1997).
52) 1980년대부터 남한 학계에 큰 영향을 미쳤다. 그리하여 尹乃鉉(『韓國古代史新論』, 一志社, 1986)은 이지린의 학설과 비슷한 느낌이 드는 몇 편의 논문을 발표했다. 李基東,「북한에서의 韓國古代史 연구의 성과와 문제점」,『전환기의 韓國史學』(一潮閣, 1999), 188쪽.
53) 宋鎬晸,『한국고대사 속의 고조선사』(푸른역사, 2003).
54) 後藤直,「西朝鮮の「無文土器」について」,『考古學硏究』, 17-4(1971); 尹武炳,「無文土器 型式分類 試攷」,『震檀學報』, 39(1975); 西谷正,「美松里洞窟出土の無文土器」,『史淵』, 115 (1977); 鄭漢德,「美松里型土器の生成」,『東北アジアの考古學』(六興出版, 1990); 林炳泰「韓國無文土器의 硏究」,『韓國史學』, 7(1986); 李恭篤·高美璇「遼東地區石築墓與弦紋壺有關問題硏究」,『遼海文物學刊』(1995-1).
55) 북한학설의 자극은 단군연구에서도 마찬가지다. 전반적으로 볼 때 단군관련 연구는 남한 학계가 북한 학계에 비해 훨씬 다양성을 띠고 있고, 그 결과 가능한 해석 대부분이 제시돼 있는 상태라고 해도 과언이 아니다. 그러나 북한의 단군연구는 여러 가지 면에서 남한 학계의 관련연구에 일정한 영향을 미친 것은 사실이다.

검토와 새로운 해석이 잦아졌다.56)

이러한 경향은 한국사의 체계적 이해와 민족통합을 위해서는 매우 고무적인 면이 있다고 하겠다. 그러므로 주변 중국과 일본이 추구하는 견강부회적인 자국사 만들기에 효과적으로 대처하기 위해서는 남북 학계의 적극적인 협조와 공동대응이 요구되며, 그 준비단계의 하나로 고조선사 연구의 교류는 절박하다.

3. 남북한 역사학분야의 교류현황 57)

1) 6·15정상회담 이전의 교류

(1) 광복직후 좌우익의 학술활동

1945년 8월 15일 광복을 맞은 한국은 사회 각 방면에서 새로운 조국 건설을 위해 활발한 움직임을 보였다. 역사학계도 마찬가지였다. 좌파와 우파 모두가 참여해 8월 16일 조선학술원을 창립하고 진단학회를 재건했다. 그리고 10월 21일에는 좌파 중심의 조선과학자동맹 결성되고, 12월 12일에

---

56) 하지만 아직까지 북한 학계에서 예민하게 반응하는 단군관과 고조선 평양설은 물론, 한반도 고고학의 편년체계 등에 대해서 남북한 두 학계간에 큰 차이를 보이고 있다.
57) 남북 역사학 교류현황에 대해서는 다음과 같은 학술회의와 글이 있다. 조동걸, 「남북 역사학의 학술교류론 서설」, 『한국 근현대사의 탐구』(경인문화사, 2003); 최광식, 「남북한 고대사학계의 학술교류」, 『국제고려학회 서울지회논문집』, 2(2000); 최광식, 「한국사학(선근대) 학술교류의 평가와 과제」, '남북한 학술교류의 성과와 과제' 학술회 발표문 (2003. 7. 4, 국제고려학회 서울지회); 정태헌, 「한국사학(근현대) 학술교류의 평가와 과제」, '남북한 학술교류의 성과와 과제' 학술회 발표문(2003. 7. 4, 국제고려학회 서울지회); 김광운, 「남북학술교류의 현황과 발전과정」, '6·15남북정상회담 이후 남북학술교류의 현황과 과제' 학술심포지엄 발표문(2004. 2. 19, 고려대 BK21 한국학교육연구단).

는 우파가 조선사연구회를 설립했다. 특히 12월 25일에는 좌파와 우파가 함께 참여한 역사학회가 창립돼 1949년에는 『역사학연구』를 간행했다.58)

이처럼 광복 직후에는 분단과 단독정부 수립이라는 냉전 심화에도 불구하고 좌우 학자가 공동의 광장에서 연구를 진행하고 있었다. 그런데 6·25전쟁을 고비로 냉전체제가 확립되면서 남과 북은 유물사관을 두고 극단적인 대립양상을 나타냈다. 이런 대립양상은 특히 1970년대 남한의 유신체제와 북한의 유일 주체체제의 대립기에는 최고에 달했다.59) 그때도 남북 역사학자가 해외에서 만나고는 있었다. 1977년 런던대학에서 출범한 유럽한국학대회(AKSE)를 비롯해서 미주나 일본에서도 한국학 연구모임이 명멸을 거듭하는 가운데 남북 학자가 자의반 타의반 만나고는 있었다.60) 그러나 여기에는 정치적 의도가 작용한 경우도 있었는데, 특히 북한에서는 일본의 조총련 조직에 의지한 조선대학교와 조선학 국제학술토론회(국제고려학회 전신)를 운영했다.61)

(2) 동구권 붕괴 이후의 학술교류

1980년대 후반에 이르러 동구권 사회주의체제가 붕괴되고, 지구상의 또 다른 분단국가였던 독일이 1989년 베를린장벽 붕괴로 탈냉전 분위기가 무르익어 1990년 10월 3일 통일된 사건과 1991년 소련이 해체되는 등 일련의

---

58) 이에 B.C. 35명 회원 명단을 보면 좌우 학자가 함께 참여하고 있었다(조동걸, 앞의 글, 563쪽).
59) 1960년대의 민족주의는 북한에서 주체사상으로, 남한에서는 주체성 확립이라는 구호로 표현됐는데, 1970년대에 이르러 북한의 주체사상은 유일사상으로, 남한의 주체성은 유신체제로 변질돼 정권강화에 악용됐다.
60) 유럽한국학회 제14차 학술회의(1990. 4. 19~23, 바르샤바, 남한 20명, 북한 4명 참가), 제2차 조선학 국제학술토론회(1990. 8. 12~14, 연변대학), 제3차 조선학 국제학술토론회(1991. 8. 2.~5, 오사카, 남한 145명, 북한 11명 참가), 제15차 학술대회(1991. 2. 22~28, 듀르당, 남한 15명, 북한 3명 참가), 제2차 아시아사학회의(1990. 6. 20~28, 중국 길림성, 남한 16명, 북한 2명 참가, 고구려유적 공동답사 및 학술연구 논의)가 개최됐다.
61) 그러다가 1990년을 전후해 소련과 동구권이 해체된 뒤부터는 정치성을 탈피해 갔다(조동걸, 앞의 글, 564쪽).

사건과 변화는 우리 한국에 대단한 충격이었다. 이러한 충격은 역사학 연구에도 심각한 영향을 미쳤다.

1980년대에 이르러 민주화운동이 발전하면서 남북교류를 요구하는 소리도 높아 갔다.62) 이와 같은 민족적 요구는 1990년 전후의 세계정세 변동과 더불어 민족주의 논리로 성장해 남북교류의 새로운 전기를 만들어 냈다. 특히 1991년 9월 18일 남북한 UN 동시가입은 그 대표적인 변화를 반영한 것이라 볼 수 있다. 그리고 1992년 8월에는 한국과 중간의 국교가 수립되고, 같은 해 11월에는 한국과 새로 독립한 러시아간에 수교가 이루어졌으며, 이런 분위기 속에서 남북간의 통일지향 화해 움직임도 급진전돼 갔다.

그러한 변화는 해외 한국학 연구에서 먼저 나타났다. 1991년 유럽한국학대회(AKSE)가 새로운 체제를 갖추고, 1992년 국제고려학회와 환태평양한국학대회(PACKS)가 창설되고, 1993년 중국에서 한국전통문화학술회의가 열리고, 미주에서도 한국학 연구가 아시아학술회의(AAS)를 중심으로 추진되는 등 종전의 정치성을 탈피하면서 남북한 학술교류가 순수성을 확보해 갔다.

한편 남한 학계에서 북한 역사학에 대한 연구가 활발하게 일어났던 것도 남북한 역사학 교류의 단면이었다. 북한 역사학에 대한 연구가 1989~91년에 집중됐던 것도63) 당시의 정세를 반영한 것이다.64)

① 1992년 1월 18~19일 일본 요코야마에서 '동아시아역사 국제회의'가

---

62) 이러한 분위기에서 1989년 10월 12일 남북교수학술교류추진위원회가 발족(위원장 洪承穆 고려대 교수)했다.
63) 남한 학계의 역사 학술지는 당시 연구 분위기를 "한국 사학계가 1990~1992간에 범학계 차원의 북한연구에 동참해 북한 사학계의 연구업적을 파악하는 데 상당한 성과를 올린 것은 다행한 일이다. 앞으로 우리 학계는 이러한 작업을 지속함은 물론 이의 연장선상에서 한번 시도됐던 남북 사학자들간의 학술교류를 성사시켜야 할 것이다. 남북 사학자들간의 교류증진은 비단 통일을 앞당기는 정치적 효과 외에 종래 이데올로기 등의 이유로 왜곡된 한국사학의 파행성을 시정하는 학문적 효과가 클 것이다. 뿐만 아니라 남북 학계의 인력이 함께 뭉치면 힉계의 연구역량이 신장돼 고고학, 미술사학을 포함한 한국사학 전분야에 걸쳐 새로운 연구의 지평이 열릴 것이 확실하다"고 했다. 柳永益, 「回顧와 展望: 韓國史學界 1990~1992 總說」, 『歷史學報』, 140(1993), 15쪽.
64) 때마침 등장한 문민정부가 조선총독부 청사를 철거하고 독도 집안시설을 강행했던 것도 1990년대의 민족주의를 대변한 것이다(조동걸, 앞의 글, 565쪽).

개최돼 남한과 북한, 일본, 중국의 역사학자가 참석해 '역사교과서 비교기구' 결성을 합의했다.

② 1992년 8월 20~22일 북경에서 제4차 조선학 국제학술토론회가 중국 북경대학 조선문화연구소와 일본 오사카 경제법과대학 아시아연구소 공동주최로 열렸는데, 남한에서 2명이 참가한 데 비해 북한에서는 처음으로 30명이라는 대규모 학자 대표단을 파견했다. 이 학술회의는 언어, 문학, 역사, 경제, 정치법률, 사회, 교육, 철학종교, 문화예술, 의료, 과학기술 등 11개 부회로 나뉘어 진행됐다. 특히 역사부회에는 강인구(한국정신문화연구원)가 「신라 적석목곽분의 기원에 대하여」, 김용환(조선사회과학자협회)이 「사회력사 연구의 방법론적 문제」, 김유철(김일성종합대학)이 「고구려의 군현제도에 대하여」, 박인근(조선사회과학원 혁명력사연구소)이 「최근시기에 발굴된 유적, 유물을 통해 본 1930년대 중엽 이후의 항일무장투쟁에 대한 고찰」, 장국종(조선사회과학원)이 「발해의 주민구성」 등의 논문을 발표했고,65) 강희웅(미국 하와이대학)·김구춘(중국연변대학교)도 참가했다.

③ 1993년 5월 27일~6월 13일 우스리스크시에서 대륙연구소와 러시아 극동역사연구소가 공동 주최한 '러시아 연해주 발해유적 공동 발굴답사' 회의가 열려 남한 3명, 북한 5명이 참가했다. 특히 남북 발해유적 발굴조사단이 구성돼 1993년 5월 30일 최초의 공동 발굴조사중 한국측 조사단은 러시아 연해주 발해 사원지에서 발해가 고구려의 전통을 계승한 우리 민족국가임을 입증하는 봉황과 연꽃문양의 수막새기와 발굴에 성공했다.

④ 1993년 8월 11~14일 (사)해외한민족연구소와 중국 조선사연구회가 주관하고 조선일보사가 후원한 고구려문화 국제학술회가 남한 7명, 북한 5명, 그리고 중국, 일본, 대만, 홍콩 등 여러 나라 학자들이 참가해 중국 길림성 집안시(고구려 국내성지)에서 열렸다. 민족사의 올바른 정립과 고구려사 연구의 활성화를 목적으로 계획됐던 이 학술회는 지금까지 미공개됐던 '장천 1호분'과 '오회분 4호묘'를 비롯해서 무용총 등 집안 일대의 답사를

---

65) 이외에도 고대사와 간접적으로 관련된 글로는 「새로 발굴된 고구려 도자기 가마터에 대하여」(김영진, 조선사회과학원 고고학연구소), 「단군신화와 원초미의식」(채미화, 연변대학)이 있다.

통해 고구려 유적을 직접 접할 수 있는 기회를 제공했고, 남·북한을 비롯한 여러 나라 학자들의 토의를 통해 고구려사 연구를 한 차원 끌어올리는 성과를 거두었다.66)

⑤ 1994년 8월 1~5일 상해에서 중국 상해사범대학, 일본 도미사카 크리스천센터, 재단법인 천원이 공동 주최한 '동북아시아 역사연구 국제세미나'가 열려 남한 11명, 북한 2명이 참가해 과거 일제침략 관련 5개국(러시아 포함) 학술토론이 있었다.

⑥ 1995년 4월 21~25일 프라하에서 유럽한국학회가 주최한 유럽한국학회 제17차 학술회의가 열려 남한 15명, 북한 5명이 참가했다.67)

⑦ 그리고 1995년 8월 4~6일까지 3일간에 걸쳐 일본 오사카에서 오사카경제법과대학(大阪經濟法科大學) 주최로 개최된 "동아시아에 있어서 원시·고대문명의 재검토—5000년 전의 동아시아—"라는 학술심포지엄에서 남북분단 이후 처음으로 남·북한의 학자가 각각 8명씩 참가한 '남북 고고·역사학자 학술대회'가 있었다.

2) 6·15정상회담 이후의 학술교류

2000년 6월 15일 평양에서 김대중 대통령과 김정일 국방위원장의 남북공동선언이 있은 뒤 남북간의 교류는 급변했다. 이런 현상은 남북간의 역사학분야 교류에도 영향을 미쳐 더욱 활발해졌다. 기관·단체별 역사학 교류의 현황을 간단하게 정리하면 다음과 같다.

---

66) 1993년 8월 중국 길림성 집안시에서 개최했던 학술회의 논문을 집대성해 1994년 7월 25일 『고구려문화 국제학술회 논문집』을 발간했다. 이에는 학술회에서 발표된 한국, 북한, 일본, 대만, 홍콩 학자들의 논문 13편과 좌담이 실려 있어 고구려사뿐만 아니라 한국고대사 및 대외관계 연구자에게 좋은 참고자료가 된다. 또 학술회의 후속행사로 조선일보사가 주관한 '아! 고구려: 1500년 전의 고구려 고분벽화전'을 열어 고구려문화에 대한 보존과 연구를 전 국민적 관심사로 끌어올렸다.

67) 한편 1993년 4월 16~20일 베를린에서 있었던 제16차 학술회의에는 북한이 불참했다.

(1) 한국독립운동기념회

2000년 9월 20~21일 중국 연길시 청년호텔에서 한국근현대사학회, 연변대학 민족문제연구원, 연변해외문제연구소와 조선사회과학자협회가 공동주최해 청산리대첩 80주년 홍기하전투 60주년 기념학술회의가 '1910~30년대 조선민족 반일 무장투쟁사 재조명'을 주제로 열렸다. 이 학술회의에 한국, 북한과 중국의 학자들이 참가해 논문발표와 토론이 있었다.[68]

(2) 일본 재단법인 조선장학회

2000년 11월 24일에 조선장학회(朝鮮奬學會) 창립 100주년 기념 고대사심포지엄'이 도쿄(東京) 아사이(朝日)생명홀에서 '지금 소생하는 동아시아의 발견'이라는 주제로 남한, 북한, 일본의 학자들이 참여했다.

이 심포지엄에 참여한 남측 단장은 이원순(李元淳, 전 국사편찬위원장), 북측 단장은 정철만(鄭哲萬, 사회과학원 고고학연구소장)이었다. 발표는 북한의 석광준(石光濬, 고고학연구소 연구원)이 「고구려 고고학의 새로운 성과」, 채태형(蔡泰亨)이 「발해의 역사와 고고학에서의 새로운 성과」, 남측의 한병삼(韓炳三, 전 국립중앙박물관장)이 「최근 발견된 백제·신라 유적 2예」, 이기동(李基東, 동국대 교수)이 「백제사·신라사의 신발견」, 일본의 니시타니(西谷正, 九州大 교수)가 「고대조선과 일본과의 교류」라는 제목의 주제발표가 있었고, 이성시(李成市)와 사오토메(早乙女雅博)의 사회로 발표자 전원(5명)과 사오토메, 가메다(龜田修一), 고지마(小嶋芳孝), 기무라(木村誠), 전호천(全浩天) 등이 참여한 토론이 있었다.[69] 주로 최근에 발견된 유물·유적의 소개와 그 의미에 대한 내용이었는데, 즉 북측은 고구려와 발해, 남측은 백제와 신라, 일본측은 총괄하는 입장에서 한국의 고대사에 대한 학술회의를 열었던 것이다. 그러나 기념학술회의인 까닭에 일회성으로 끝난 것이 아쉽다.[70]

---

68) 이때 북한의 최진혁(조선사회과학자협회 부위원장)은 「김일성 동지께서 조직 지휘하신 홍기하전투의 승리와 역사적 의의」라는 글을 발표했다.
69) 이 내용은 동국대학교 이기동 교수의 구술을 정리했다.

(3) 국사편찬위원회

① 2001년 3월 1일 일본 교과서왜곡에 대한 남북 역사학자 공동선언문을 채택했으며, ② 2001년 3월 2일 국사편찬위원회와 북한 사회과학원 력사연구소간 교류협정 사업을 합의하고, 국사편찬위원회 간행자료 총 89책을 북한 력사연구소에 기증했다.

③ 2001년 8월 7일 중국 흑룡강성(黑龍江省) 하얼빈(哈爾濱)에서 남북 역사학 국제학술회의를 개최했는데, 이성무 국사편찬위원장과 윤병석 교수 등 남북 학자 40여 명이 참가했다.

④ 2001년 9월 13일 남북 역사학 공동학술토론회 및 자료전시회의 공동개최를 합의한 금강산 실무회의가 있었다.

⑤ 2002년 10월 25~31일 중국 하얼빈에서 '일본제국주의의 동북아시아 침략'에 대한 국제학술회의를 개최해 북한 10명을 비롯해서 남한, 중국, 일본, 러시아의 학자가 참석했다. 특히 학술회의에 앞서 동녕현성, 동경성, 발해진, 목단강시에 대한 답사도 있었다.

⑥ 2003년 9월 16~23일 중국 하얼빈 징보(鏡泊)호 인근에서 '중국 동북지역 각 국민들의 생활과 항일투쟁'을 주제로 남북교류 학술대회를 열었다. 남북 학자들의 상호이해와 역사학 관련 자료교환을 목적으로 3회 째인 이번 대회에는 남북 학자는 물론 재중 동포학자와 일본 학자도 참가했다.

(4) 한국정신문화연구원

① 2001년 9월 21~22일 중국 연길(延吉)에서 한국정신문화연구원이 조선사회과학자협회와 연변대학교 민족문제연구원과 공동 주최하여 '21세기 조선문헌의 발굴과 연구'를 주제로 학술발표회를 가졌다.

② 2002년 7월 2일 장을병(張乙炳) 원장이 평양을 방문해 학술회의에 대해 논의했다.

---

70) 발표와 토론내용은 日本 雄山閣에서 李成市・早乙女雅博 편, 『古代朝鮮の考古と歷史』(2002)라는 제목의 단행본으로 출간됐다.

③ 2002년 10월 17~18일 중국 심양(瀋陽)에서 한국정신문화연구원은 조선사회과학자협회와 중국 연변대학교 민족문제연구원과 공동주최로, 남북한 학자와 중국 조선족 학자가 참가해 '동방의 전통문화와 현대화'를 주제로 기조발표와 어문·철학윤리·민속예술·역사분과의 발표(총 29개의 주제 발표)가 있었다.

④ 2003년 9월 21~22일 백두산 삼지연에서 한국정신문화연구원은 조선사회과학자협회와 공동으로 '백두산 국제학술토론회'를 '일제의 아시아 침략과 조선민족의 반일투쟁사 연구'라는 주제로 가져 장을병 원장의 기조연설 '역사의 진실과 민족사연구의 과제'와 16편의 논문(원래 18편이었으나 불참으로 2편 제외)이 발표됐다. 참가자로는 남한 20명, 북한 20명, 중국조선족 학자 5명 등 총 45명이며, 학술회의를 뒤에 묘향산, 개성 왕건릉, 평양 단군릉 등 유적지 답사를 가졌다. 특히 남북한은 2004년 5월 제주도에서 남북 학술토론회를 갖고, 8월에는 평양에서 제2회 세계한국학대회를 갖기로 잠정 합의했다. 그리고 한국정신문화연구원에서 간행한 『한국민족문화대백과사전』, 『사마방목』, 『삼국사기』 CD-ROM 등을 김일성종합대학에 전달했다.71)

(5) 월간 『민족 21』

① 2001년 2월 27일~3월 5일에는 남쪽의 사운(史雲)연구소 주최로 북한 사회과학원 력사연구소와 공동으로 평양 인민대학습당에서 '일제의 조선 강점 불법성에 대한 남북공동 자료전시회'가 개최돼 이종학(李鍾學)이 평생 모은 1,000여 점의 자료를 전시했다. 남쪽에서는 이종학, 이성무, 강영철, 김광운, 강만길, 성대경, 안병욱 등이 참석해 강만길, 안병욱의 학술발표와 남북 학자 만남의 자리가 있었다. 그리고 전시회뿐만 아니라 남북 학자들은 400여 명의 북한 청중이 모인 가운데 열린 학술토론회를 비롯해서 별도로 남북 역사학자 모임도 가졌다. 특히 뜻깊었던 일은 행사 도중 '일본

---

71) 또 학술회의를 통해 한국정신문화연구원 이서행(李瑞行)교수가 이듬해에 북한 김일성 종합대학에서 '자본주의·사회주의 윤리비교'를 주제로 강의키로 결정되었다고 한다.

당국의 역사교과서 왜곡음모를 규탄하는 남북 역사학자들의 공동성명' 발표와 고적답사가 실시됐다는 것이다.72)

② 2003년 2월 17~25일에는 평양 인민문화궁전에서 '일제의 조선인 강제 연행의 불법성에 관한 남북공동 학술토론회 및 자료전시회'가 열렸다. 남쪽에서는 민족 21, 한국학보, SBS가 참여했는데, 이 기간중인 2003년 2월 21일 남북 역사학자들이 평양 인민문화궁전에서 '일제의 조선인 강제연행의 불법성'을 주제로 학술토론회를 가졌다. 토론회에서 남쪽의 강만길(상지대), 강정숙(한국정신대연구소), 정태헌(고려대), 북쪽의 허종호(조선력사학회) 등 3명의 학자가 일제 강제연행의 실태와 불법성을 지적하는 글을 발표했다.73) 그리고 평양, 묘향산, 개성, 신천지방 답사도 실시됐다. 이번 행사는 2001년 3월 제1차 전시·토론회에 이은 두 번째로, 남북한 학자들이 우리 땅에서 정례로 여는 분단 이후 최초의 학술토론회로 자리잡았다.

③ 2003년 8월 20일 최초로 평양 김일성종합대학에서 월간『민족 21』주관으로 '국호 영문표기를 바로잡기 위한 남북토론회'를 개최했다. 즉 남과 북의 국호 영문표기가 본래 Corea인가 Korea인가 하는 주제를 놓고 남북의 학자들이 학술토론회를 개최했다. 참가자는 남측은 역사학자 등 총 60여 명이고, 북측은 조국통일연구원(원장 리종혁), 조선사회과학원 력사연구소 관계자 등 200~300여 명이다. 이 토론회에서 남측은 「외교문서를 통해 본 Korea와 Corea의 차이」(정용욱, 한국신문화연구원)와 「고지도에 나타난 국호 표기의 변천」(이상태, 국사편찬위원회)을, 그리고 북측은 「일제 이전시기까지의 국호 영문표기 자료」와 「구한말과 일제시기 국가 공문서 국호 영문표기 고증」을 발표했다.

더욱이 이 학술토론회를 마친 후 남북 역사학자들은 '남북학술교류협의회' 구성에 전격 합의했다. 이 합의는 남북학자들이 역사학뿐 아니라 여러

---

72) 그러나 준비가 부족해 남쪽도 북쪽도 발표논문을 문서로 제출하지 않고, 행사 이후 따로 자료집도 나오지 않았다.
73) 행사에는 발표자 외에도 남쪽에서 신근재(동국대 일본학연구소), 조동걸(국민대), 정창렬(한양대), 안병욱(가톨릭대), 서중석(성균관대), 노경채(수원대), 고정휴(포항공대), 김기승(순천향대), 김성보(충북대) 등 관련학자들이 대거 참석했다.

분야의 학술교류를 활성화하기 위한 것으로, 민간차원의 상설기구가 만들어진 것은 이번이 처음이다. 남북학술교류협의회는 앞으로 ⓐ 남북 공동연구와 학술회의 개최, ⓑ 학술정보 및 출판물·자료 교환, ⓒ 남북학자들 간 상호교류, ⓓ 학술교류 성과물 출판 등의 사업을 진행할 계획이다.74)

④ 2004년 2월 25일 평양 조선미술박물관에서 남북역사학자협의회가 주관하고 조선미술박물관과 고려대학교박물관이 공동 주최한 '일제 약탈문화재 반환을 위한 자료전시회 및 학술토론회'가 열렸다.

남한의 최광식, 서중석, 안병우와 북한의 허종호, 공명성이 각각 주제발표를 했으며, 강서대묘 등 고구려 벽화고분 답사도 했다. 특히 이 행사를 계기로 드디어 남북역사학자협의회가 결성된 것은 아주 큰 의의가 있다.75)

(6) 단군학회

① 2002년 10월 3일에는 평양 인민문화궁전에서 단군민족통일협의회·개천절민족공동행사준비위원회가 주최하고, 북측의 사회과학원 조선력사학회와 남측의 단군학회가 공동으로 주관해 제1차 '단군 및 고조선에 관한 공동 학술토론회'를 평양 인민문화궁전에서 가졌다.76)

② 그리고 2003년 10월 2일 평양 인문문화궁전에서 남측의 단군학회와 북측의 조선력사학회 공동주최로 제2차 단군 및 고조선에 관한 남북공동 학술토론회가 열렸다. 이 학술회의는 제1부 논문발표회(남측 5편, 북측 6편)와 제2부 토론회로 진행됐다.

---

74) <중앙일보>, 2003년 8월 20일.
75) 이 합의에 따라 남측은 2004년 4월 23일 세종문화회관에서 남북역사학자협의회 창립 총회를 개최할 예정이다. 이상의 내용은 이 행사에 직접 참여한 김광운(국사편찬위원회)의 구술에 도움을 받았다.
76) 이 내용은 단군학회, '단군 및 고조선에 관한 역사학자들의 공동 학술토론회' 요지문과 최광식, 「단군 및 고조선에 대한 남북 공동 학술토론회를 다녀와서」, 『역사비평』, 61(2002) 및 정영훈(한국정신문화연구원)·이형구(선문대) 교수의 구술에 의거해 작성했다.

(7) 한국교육개발원

2003년 8월 14~15일 중국 연길시에 있는 모아산장에서 한국교육개발원이 중국 연변대학교 민족연구원 주관으로 중국연변대학교 중·조·한·일 문화비교연구중심 및 조선사회과학자협회와 공동 주최해 '21세기 사회발전과 교육'이라는 주제로 중·조·한 교육 학술회의가 열렸다. 여기에 필자도 이 연구논문의 작성과정에서 특별한 기회가 생겨 토론자로 참가했다. 발표주제는 모두 20개였는데 대부분이 교육과 관련된 것이고, 그 중 역사학과 관계가 있는 것은 최홍빈(연변대)의 「중국 동북지구에서 의병항쟁의 반일 민족독립운동에로의 전환」, 이찬희(한국교육개발원)의 「일본의 역사왜곡과 한국교육의 대응」, 김준기가 대신 읽은 송동원(사회과학원 소장)의 「우리나라 반일 민족해방투쟁과 반일 의병투쟁에 대한 력사적 고찰」 등이 있었다.[77]

(8) 기 타

① 2002년 5월 3~4일 평양에서 '일본의 과거청산을 요구하는 아시아지역 토론회'가 열렸는데, 남쪽 서중석의 일본 교과서 왜곡문제에 관한 기조발제와 이신철의 「일본 교과서 역사왜곡의 본질과 그 대응방안 모색」 발표가 있었다.

② 2002년 8월 16일 서울에서 '8·15민족통일대회'의 일환으로 열린 독도문제를 주제로 한 학술토론회에서 남쪽의 강만길과 북쪽의 허종호(조선역사학회장)가 기조발표를 했다.

③ 2003년 3월 2일 서울 워커힐호텔에서 남측의 2003민족공동행사추진본부(준)(민족화해협력범국민협의회, 7대종단, 통일연대)와 북측의 민족화해협의회가 주최한 '평화와 통일을 위한 3·1민족대회'가 개최됐다. 이 행사의 하나로 '일본의 2차 범죄행위의 책임을 묻는 남북공동 학술토론회'가 열렸는

---

[77] 『21세기 사회발전과 교육』, 중·조·한 교육학술회의 발표집(2003).

데, 역사학 분야에서 남측은 식민지기 수탈의 통계적 실상을, 북측은 우리 국호의 영문표기가 Corea로 쓰여졌던 것이 일본이 을사조약을 전후해 'J' 다음에 오는 'K'에 맞추어 Korea로 쓰기 시작했다고 발표했다.[78]

④ 2003년 9월 29일 평양 인민문화궁전 원탁회의장에서 '우키시마마루 사건의 진상규명을 위한 평양토론회'가 열려 북한은 물론 일본 조총련계와 남한 학자들이 참가해 학술발표와 공동성명 발표가 있었다.[79]

⑤ 2004년 3월 26~27일 서울역사박물관에서 중국의 고구려사 왜곡 공동대책위원회의 주최로(주관 한국고대사학회, 서울시정개발연구원) '2004년도 고구려사 국제학술심포지엄: 고구려의 역사와 문화유산'이 개최됐다. 한국, 미국, 일본, 중국, 러시아 등 여러 나라에서 온 고구려 관련 연구자들의 발표와 토론이 있었다. 그런데 원래에는 직접 참여해 발표하기로 한 북한의 조희승(曹喜勝, 사회과학원 력사연구소장)이 사정상 참석하지 못하고 「고구려는 조선의 자주적인 주권국가」라는 제목의 논문을 보내왔다.

(9) 각종 전시회

한편 여러 차례에 걸친 학술회의와 더불어 전시회도 개최됐다.

① 2001년 2월 27일~3월 5일에 평양 인민대학습당에서 '일제의 조선강점 불법성에 대한 남북공동 자료전시회'가 남쪽의 사운연구소 주최로 북한 사회과학원 력사연구소가 공동으로 열었다. 전시된 자료는 남쪽의 서지학자 이종학이 모은 자료 1,000여 점으로, 임진왜란, 을사조약, 정미조약에서부터 한국병합 시말서, 한일병합에 관한 전보문 등 지금까지 공개되지 않은 일본 궁내성의 극비문건 원본과 사진들이었다.

② 2002년 12월 6일부터 민족화해협력범국민협의회는 서울 삼성동 코엑스 3층 특별전시장에서 '특별기획전 고구려!'를 주최했다. '평양에서 온 고

---

78) 이 문제는 5개월 뒤인 2003년 8월 20일에 평양 김일성종합대학에서 남측의 월간 『민족 21』 주관으로 '국호 영문표기를 바로잡기 위한 남북토론회'의 개최를 낳았다.

79) <로동신문>, 2003년 9월 30일, 5면. 아울러 참가자 정혜경(한국정신문화연구원)의 구술을 참조했다.

분벽화와 유물'이라는 부제가 붙은 이 행사는 북한의 조선중앙력사박물관과 재일본 조선력사고고학협회가 특별 후원했다. 전시유물 중에는 북한의 국보 4점을 포함한 고구려 유물이 분단 이후 처음으로 서울에서 선을 보여 많은 사람들의 관심을 끌었다.

③ 2003년 2월 17~25일 평양 인민문화궁전에서 '일제의 조선인 강제연행의 불법성에 관한 남북공동 학술토론회 및 자료전시회'가 열렸다.

④ 그리고 2003년 7월 28~31일에는 남한 대한불교조계종과 북한 조선불교도련맹 중앙위원회 주최로 분단 이후 민족문화재 복원을 위한 첫 교류사업으로 '남북 단청문화 전시회 및 학술토론회'가 금강산 김정숙휴양소에서 열렸다. 이 전시회와 함께 열린 토론회에서 「벽화무덤을 통해 본 고구려 단청」이라는 글이 발표되기도 했다.

⑤ 2004년 2월 25일 평양 조선미술박물관에서 남북역사학자협의회가 주관하고 조선미술박물관과 고려대학교박물관이 공동 주최한 '일제 약탈문화재 반환을 위한 자료전시회 및 학술토론회'가 열렸다.

⑥ 한편 2004년 4월 9일~6월 20일 서울 한솔동의보감 7층 컨벤션홀에서 민족화해협력범국민협의회, 중앙일보, SBS가 주최해 '우리의 땅: 살아오는 고구려'라는 주제로 '2004 남북공동기획 고구려문화전'이 열렸다.

이 전시회에는 국보 4점을 포함해 무기와 악기, 의상 등 다양한 고구려 유물과, 안악3호 무덤을 비롯한 대표적인 벽화고분 3기와 광개토왕릉비가 실물 크기의 모형으로 제작돼 전시됐다. 이들 모형은 이번 전시를 위해 북한에서 특별히 제작한 것으로, 특히, 만수대창작사와 평양미술대학, 평양건축건재대학 등의 화가와 교수진이 직접 제작에 참여했으며, 사실적인 벽화의 모사를 위해 여러 차례 실제 고분을 답사하고 적외선촬영을 통해 밑그림까지 새로 확인하는 등 제작에 심혈을 기울였다고 한다.

이처럼 남북한 역사학 분야의 학술교류는 그 범위와 주제를 대부분 '일제통치'에 초점을 맞추고 있다. 항일투쟁 관련 학술행사나 국호의 영문표기 문제 토론회, 일제의 조선·조선인·조선문화재에 대한 강제 점령·연행·약탈의 불법성에 관한 학술토론회 및 자료전시회는 모두 일제통치를 겨냥했다.[80] 그리고 가끔 고대사 부분에서도 이루어졌는데, 그 주제는 대체로 단군과 고조선에 관한 것이었고, 때로는 새로 발견된 고고학자료에 대한 경우도 있다. 한편 예술분야 및 전시회와 관련해서는 고구려문화가 공동 관심주제였다. 그러나 아직까지는 학술회, 전시회의 개최와 그 주제의 선정이 북한의 요구에 남한이 따라가는 형태를 면하지 못하고 있다.

그럼에도 불구하고 종래에는 남북공동 학술회의가 관주도로 이루어져 많은 제약이 있었을 뿐 아니라 형태만 학술회의였지 실제로는 정치·사회 행사의 성격이 짙었던 것에 비하면, 1990년대 들어서는 다양한 단체가 직접 나섬으로써 서서히 내실을 갖춰 가고 있다. 그러면서 한편으로는 남북의 역사학 분야 교류를 활성화하고 공동연구를 추진하기 위한 '남북역사학자협의회'가 발족되는 등 체계적인 학술교류를 위한 노력도 이어지고 있다.

또 학술회의 개최지도 종전의 중국 연변(延邊)이나 심양(瀋陽), 하얼빈과 일본 또는 러시아로 했던 것이 점차 당사자의 지역인 평양과 서울로 옮겨지고 있다. 이 중에서도 특히 '민족 21'과 한국정신문화연구원처럼 정례적인 학술회의를 개최함으로써 남북 학술토론회는 정례화의 궤도에 올라서는 느낌이 든다.

한편 학술회의와 함께 유적답사가 이루어지는데, 그 대상은 주로 만주 일대와 평양 근처의 고구려 유적과 단군릉을 비롯한 고대사와 관련된 것이거나, 근대 항일전적지 및 북한정권의 권력자와 관련된 것이었다.

결국 2000년 6·15선언 이후 역사학의 남북교류는 종전의 그것과 비교해 ① 교류단체·기관의 다양화, ② 항일투쟁, 단군과 고조선, 통일 후 국호문제 등 주제의 다양화 및 특별 주제화, ③ 일회성 내지는 이벤트성의 탈피와 교류의 정례화, ④ 제3국에서 이루어지던 학술교류가 제3국은 물론 남북한지역으로 상호 방문하는 형태로 변화했다.

---

80) 일제를 소재로 한 남북공동 학술토론회는 남북 참가자들의 의기투합 속에 화기애애한 분위기 속에서 진행됐다고 한다. 일제라는 문제는 남북이 공유하고 있는 역사라는 점에서 정치적 부담이 적은 소재이고, 북측은 이러한 토론회를 통해 현정세에서 일본에 대한 반발을 정치적이고 외교적으로 표출하는 것이라는 분석도 있다(<연합뉴스>, 2003년 9월 17일).

4. 고조선 관련 남북한 학술교류의 성과

1) 남북 고고·역사학자 학술대회

1995년 8월 4~6일까지 3일간 일본 오사카에서 오사카경제법과대학(大阪經濟法科大學) 주최로 개최된 '동아시아에 있어서 원시·고대문명의 재검토—5,000년 전의 동아시아—'라는 학술심포지엄에서 남북분단 이후 처음으로 남북한의 학자가 각각 8명씩 참가한 '남북 고고·역사학자 학술대회'가 있었다. 이 남북 고고·역사학자 학술대회는 일본 오사카경제법과대학 오청달(吳淸達) 부총장, 종합과학연구소 무라카와(村川行弘) 소장, 재일본 역사고고학협회 전호천(全浩天) 회장, 그리고 한국의 김정학(金廷鶴) 교수의 노고가 있었다고 한다. 이때 발표된 발표자와 논문은 다음과 같다.

(남측) 김정학,「민족사관의 재정립을 위하여—남북 고고학 연구의 성과와 과제—」.
　　　박동백,「고대 한일관계사의 연구현황과 과제—낙동강유역과 북부구주지역의 고고학 자료—」.
　　　손병헌,「고조선에 관한 고고학적 연구의 현황과 과제」.
　　　심봉근,「낙동강유역의 고고학 연구성과와 고대문화」.
　　　이형구,「고조선에 대한 재인식」.
　　　임효재,「5,000년 전의 한국—한강유역 미사리유적을 중심으로—」.
　　　조유전,「남북 학술교류에 대한 제언—남북 문화유산 공동조사의 실천방안」.
　　　최몽룡,「고대국가의 성립과 발전—위만조선—」.
(북측) 강룡성,「단군말살 책동은 조선민족 말살정책의 산물—일제의 단군말살정책에 대하여—」.
　　　김종혁,「고조선시기의 고대성곽에 대하여」.

김철식, 「고조선사 재정립이 가지는 민족사적 의의」.
석광준, 「고조선의 고인돌무덤과 돌관무덤에 대하여」.
리순진, 「새로 알려진 대동강유역 문명의 발생과 발전사에 관한 연구성과에 대하여」.
주영헌, 「단군과 고조선력사를 정립하는 데서 나서는 몇 가지 문제」.
채태형, 「단군조선에 대한 문헌사적 고찰」.
최춘근, 「고조선 연구에서 나서는 몇 가지 문제」.

발표논문의 제목에서 풍기듯이 남한 학자들은 낙동강·한강유역의 고고학자료 및 고조선에 대한 광범위한 문제를 다룬 반면, 북한은 대동강 유역의 고조선과 단군이라는 특정주제를 다루었다.[81]

2) 단군 및 고조선에 관한 남북공동 학술토론회

(1) 제1차 학술토론회

2002년 10월 3일 오후 평양 인민문화궁전에서는 남쪽의 단군학회와 북쪽의 조선력사학학회 공동주관으로 '단군 및 고조선에 관한 남북 역사학자들의 공동학술토론회'가 열렸다. 이 행사는 남북의 민간단체들이 공동주최해 10월 2~5일 평양에서 개최한 '개천절 민족공동행사'의 일환으로 열린 것으로 비록 2시간 반의 짧은 일정에 그쳤지만, 남북의 학술 연구단체가 주관해 이 땅 안에서 학술토론회를 개최한 최초의 사례였다는 점에서 의의가 크다.

이 행사의 발단은 1998년 봄에 남측의 단군학회가 북측의 사회과학원을 수신으로 단군 및 민족문제에 관한 남북공동 학술회의를 제안한 데서 비롯됐다.[82] 북한은 1993년 전단군릉 발굴을 계기로 단군이 5,011년 전에 실

---

81) 이들 글은 이형구 편, 『단군과 고조선』(살림터, 1999)에 수록돼 있다.
82) <동아일보>, 1999년 11월 20일, 30면, 「高大·金日成大, 내년 개천절 평양서 '단군학술

재했던 실존인물이며, 고조선은 지금으로부터 5,000년 전의 이른 시기에 평양지역에서 건국됐다고 주장하고 나섰다. 아울러 단군릉 발굴 이후 북한은 우리 민족을 단군을 원시조로 하는 단일민족이라 일컬으면서 반만년 유구한 역사의 자긍심과 '단군민족'으로서의 동포의식에 토대해 단결하자고 주장했다.

단군학회는 1997년 12월 '단군과 민족문제에 관한 열린 토론의 장'을 표방하면서 창립됐다. 창립 이후 북한의 단군과 고조선사 연구동향을 주목하면서 이 문제에 대해 남북이 공동의 인식을 정립할 필요가 있다는 점을 들어 북측에 학술교류를 제안했다. 그리하여 남북간에는 수 차례에 걸쳐 학술회의 일정에 대한 합의가 있었지만, 그때마다 남북관계가 순조롭지 않아 무산돼 왔는데,[83] 마침 개천절 남북공동행사가 성사됨에 이르러서야 학술회의도 그 일부로 이루어졌다.

드디어 10월 3일 아침 평양에서 100여 리 떨어진 강동군의 단군릉으로 가 개천절 민족공동행사에 참여했다. 그리고 토론장으로 옮겨 인민문화궁전에서 행사를 시작했다. 먼저 북측 허종호와 남측 윤내현의 개막사가 있었다.[84] 이어 발표된 글의 발표자와 제목은 다음과 같다.

(북측)[85] 손영종(사회과학원), 「단군 및 고조선 관계 비사들에 대한 이해—『규원

대회' 개최」.
83) 1999년 봄 북경에서 처음 실무접촉을 가진 후 그 해 겨울 단군학회 김정배 회장이 방북해 2000년 개천절에 학술토론회를 갖기로 합의해 2000년 봄 실무협의를 위해 북경에서 다시 만나 원칙적인 문제에 대해 합의했다. 2001년에는 구체적인 일정이 정해지고 금강산에서 실무접촉을 갖기로 했으나, 미국의 9·11테러사건으로 또다시 무산됐다. 그러다가 2002년 봄 김정배가 다시 방북해 올해에는 반드시 토론회를 성사시키기로 조선력사학회 허종호 회장과 합의했으며, 8월 15일 서울에서 열린 '8·15민족통일대회'에 참석하기 위해 허종호가 왔을 때 재차 확인했다. 그리고 9월에 단군관련 학술토론회를 의논하기 위해 실무자로 최광식이 평양에 들어가 학술토론회에 대한 구체적인 일정과 의전 및 공동보도문에 대해 협의하고 돌아옴으로써 성사됐다.
84) 원래 북측 허종호와 함께 개막사를 하기로 했던 남측 김정배가 건강상 불참함으로써 대신 윤내현이, 또 북측 정창규와 함께 발표회 사회를 보기로 했던 윤내현 대신에 이형구가 이를 맡았다.

　　　　　　사화』를 중심으로—」.
　　　　　　남일룡(김일성종합대학), 「평양일대 고대성곽의 성벽축조형식과 성 방어체계에 대하여」.
　　　　　　한선홍(김형직사범대학), 「고조선의 건국과 그의 사회적 성격에 대하여」.
　　　　　　서국태(사회과학원), 「최근에 발굴된 단군조선 초기의 유적과 유물」.

　　(남측)　이형구(선문대), 「강화도의 단군사적과 단군사료」.86)
　　　　　　최광식(고려대), 「남북한 단군인식의 편차와 극복방안」.
　　　　　　정영훈(정문연), 「단군민족주의 회고와 과제」.
　　　　　　윤내현(단국대), 「고조선의 도읍 위치와 그 이동에 관한 연구」.87)
　　　　　　김상일(한신대), 「문명공존론과 단군사상: 단군신화의 역사적 풀이」.

　　한편 이번 학술토론회의 커다란 성과는 공동 학술토론회에 참가한 남과 북의 역사학자 10명씩이 제출한 논문을 공동으로 출판하기로 한 것이다. 그러나 사정이 여의치 않아 단군학회는 북한 학자가 제출한 11편의 논문을 『단군학연구』, 8집(경인문화사)에 수록해 2003년 9월 30일 출판했다.88) 아울러 이 학술회의에서 한 가지 특기할 것은 북측의 요청으로 '공동보도문'이 작성돼 학술회의 말미에 양측 회장의 공동낭독으로 발표된 것이다.89) 공동보도문에는 남북이 학문적 차원에서 견해를 같이한 내용이 정리된 것으로, 그 작성과정에서는 남북간에 많은 학문적 토론이 있었다.90)

---

85) 이들 논문은 『단군학연구』, 8(2003)에 수록됐다.
86) 『단군학연구』, 7(2002)에 수록됨.
87) 「고조선의 도읍위치와 그 이동」이라는 제목으로 『단군학연구』, 7(2002)에 게재함.
88) 여기에 수록된 북한 학자의 글은 학술회의에서 발표된 4편과 다음 7편이다. 최영식, 「단군신화의 시대적 배경」; 김유철, 「고조선의 중심지와 령역」; 전대준, 「고조선의 주민구성」; 송순탁, 「대동강 류역 청동기시대 문화의 성격에 대하여」; 석광준, 「평양일대 대형 고인돌무덤의 성격에 대하여」; 손수호, 「팽이그릇시기 집자리의 편년에 대하여」; 김동일, 「고인돌무덤의 별자리—석각천문도」.
89) 그 내용의 요지는 ① 단군은 역사상 실재한 건국시조이고, ② 우리 민족은 유구한 역사를 가진 단일민족이며, ③ 고조선은 한반도와 동북아지역을 기본영역으로 한 강대국이었다는 것과, ④ 남북간 학술적 유대 및 공동협조를 강화하고, ⑤ 남북 역사학자들의 연대를 통해 민족사 연구를 심화시켜 나가자는 것이다.

(2) 제2차 남북공동 학술토론회

전년도에 이어 2003년 10월 2일 평양 인문문화궁전에서 남측의 단군학회와 북측의 조선력사학학회 공동주최로 '제2차 단군 및 고조선에 관한 남북공동 학술토론회'가 열렸다.[91] 이 학술회의는 제1부 논문발표회와 제2부 토론회로 진행됐다. 먼저 제1부 논문발표회는 남측의 이형구(선문대)와 북측의 정창렬(사회과학원)이 사회를 맡았는데, 발표자와 발표논문은 다음과 같다.[92]

(남측) 김정배(고려대), 「고조선연구의 현황과 과제」.
　　　윤내현(단국대), 「고조선의 국가구조와 성격」.
　　　서영대(인하대), 「'김선생렴백기'에 대하여」.
　　　박선희(상명대), 「고조선의 의복재료」.
　　　윤명철(동국대), 「단군신화를 통해서 본 고구려 고분벽화」.

(북측) 손수호(사회과학원), 「단군릉 발굴 이후 이룩된 고고학적 발굴 및 연구 성과에 대하여」.
　　　심유철(김일성종합대학), 「난눈조선의 봉지제도와 그 특징」.
　　　서국태(사회과학원), 「조롱박형 단지를 통해 본 고조선문화의 발원지, 중심지」.
　　　한선홍(김형직사범대학), 「고조선의 노예제도에 대하여」.
　　　남일룡(김일성종합대학), 「평양일대에서 새로 발굴된 고인돌무덤과 그

---

90) 정영훈, <교수신문>, 245호.(2002. 10. 14).
91) 개천절 남북공동행사가 단군릉 발굴 10돌을 기념해 9월 30일~10월 5일 남북한과 해외의 종교·사회단체 인사들이 참석해 평양에서 열렸는데, 이 행사는 지난해에 이어 두 번째로 열렸으며 남측의 개천절민족공동행사준비위원회와 북측의 단군민족통일협의회가 주최했다. 남측 대표단은 방북하여, 10월 3일 평양 단군릉에서 개천절 기념식을 갖고 남북합동 문화공연과 통일기원 기념식수 행사를 벌렸다. 또 남북공동학술회의와 부문단체별 상봉모임을 갖고 단군관련 유적을 답사했다.
92) 자세한 것은 『제2차 단군 및 고조선에 관한 남북공동 학술회의 토론회 발표논문집』 참조

의의」.
　권승안(김형직사범대학), 「중세사서들에 반영된 고조선 3왕조에 대한 리해」.

　제2부 토론회에는 발표자들을 비롯해서 남측의 김상일(한신대), 정영훈(한국정신문화연구원) 등과 북측의 허종호(사회과학원) 등 약 30명의 학자가 참여해 드물게도 3시간에 걸쳐 진행됐다.[93] 그리고 이번에도 남북의 합의에 의한 '공동보도문'이 발표됐다.[94]
　두 차례에 걸친 단군 및 고조선에 관한 남북 학술교류의 성과로는 ① 남북 공동연구를 합의해 추진하고, ② 학술회의 발표논문을 출판할 것에 합의했으며, ③ 학술회의의 정식순서에 공개토론회 시간이 배정돼 있었다는 점 등을 들 수 있다.

3) 고인돌 남북공동 전시회

　2002년 9월 26~28일에는 남한의 세계거석문화협회와 북한 사회과학원 고고연구소가 공동 주최한 고인돌 남북공동 전시회가 열렸다. 이 전시회는 KBS 역사스페셜 팀과 한국고대사학회 및 세계거석문화협회가 공동으로 한반도에 분포한 고인돌을 공동으로 조사하고, 북측 고인돌의 세계문화유산 등록을 위한 현황조사 및 역사다큐멘터리 제작 등의 남북공동추진위원회를 발족하고 고인돌·고조선·고구려 관련유적 공동탐방 및 토론회 개최, 학술대회 및 각종 행사를 추진, 남북 역사교류의 새 장을 여는 계기를 마련하기 위해서였다. 참가인원은 한국고대사학회 서영수(단국대), 하문식(세종대), 송호정(한국교원대)과 거석문화협회 유인학(한양대), KBS 우종택 차

---

[93] 이 부분에 대해서는 정영훈(한국정신문화연구원) 교수의 구술에 도움을 받았다.
[94] 그 내용은 ① 우리 민족은 단군을 건국시조로 한 단일민족이고, ② 고조선은 우리민족의 첫 고대국가이며, ③ 남북의 역사학자들은 단군 및 고조선 역사에 대한 공동 연구사업을 발전시켜 주체성 있는 민족사를 정립할 토대를 마련하며, ④ 남과 북의 역사학자들은 민족의 대단결과 조국통일을 위해 적극 떨쳐나선다는 것이다.

장, 김관수 촬영감독 등 6명이었다.

이 행사는 남북에서 준비한 90여 점의 고인돌 사진의 공동전시회를 국제교류회관에서 가졌는데, KBS 역사스페셜 팀이 참가해 행사의 전과정을 촬영해 남한의 시청자들에게 전시회와 토론회 및 현장답사에서 고인돌의 실제 모습을 보여주었다.[95] 특히 답사단은 북한 고고학계에서 현재 진행중인 만경대 고인돌 발굴현장을 참관했다.[96]

5. 맺 음 말

북한의 고조선사 연구동향과 최근 남북간에 있었던 역사학의 교류현황을 정리하고, 특히 고조선사 관련 학술교류에 대해 살펴보았다.

북한 학계의 단군과 고조선사 연구는 1945년 광복 직후 일제 식민사학을 극복하는 대안으로 신채호·정인보 등 민족주의 사학자들의 시각을 기본으로 하면서 민족자주와 주체를 강조했다. 이러한 이유로 북한 학계의 고조선 연구는 요령설에 입각하게 됐고, 이 설은 국가적인 지지를 받아 오랫동안 정설로 견지됐다. 그러다가 모종의 정치적 목적이 개재된 듯한 1993년 전단군릉 발굴로부터는 단군을 단군조선을 건국한 실존인물로 전제하게 됐고, 그에 따라 고조선에 관한 입장 또한 종전의 요령설에서 평양설로 급선회하게 됐다.

정치적 변화와 더불어 북한 학계의 고조선 연구는 그 경향의 차이에 따

---

95) 서영수, 「민족사의 원류를 찾아 북녘땅을 가다」, 『한국고대사연구』, 28(2002).
96) 만경대 고인돌유적은 남북한을 통틀어 처음으로 나온 형식이어서 앞으로 고인돌의 형식분류와 그 변천과정을 연구하는 데 매우 중요한 유적이다. 송호정, 「북한 역사탐방—역사학자의 눈으로 본 평양과 북한 문화유산—」, 『역사민속학』, 15(2002); 최광식, 「한국사학(전근대) 교류의 평가와 과제」, 『남북한 학술 교류의 성과와 과제』, 제4회 국제고려학회 서울지회 학술대회 발표논문집(2003. 7. 4).

라 4기(1945~57, 1958~66, 1967~92, 1993~현재)로 나눌 수 있다. 이 중 제1기는 신채호·정인보 등 민족주의 사학자들의 분석에 착근해 요령설을 모색하는 시기다. 제2기는 아직 고고학 방면에서 완전한 합의는 이루어 내지 못했지만 역사학계를 중심으로 요령설을 확립하는 시기다. 제3기는 역사학을 중심으로 확립한 요령설을 고고학적 측면에서 입증해 나가면서, 요서지역과 서북한지역을 고조선의 지역으로 포괄하는 시기다. 그리고 제4기는 전단군릉 발굴을 계기로 기존의 요령설에서 평양설로 급선회해 대동강문명권을 창출하는 시기다.

사실 1945년 이후 북한 학계의 고조선 연구는 여러 가지 면에서 문제가 있으나, 그럼에도 불구하고 종전까지 평양설을 정설로 하고 있던 남한 학계에 많은 영향을 미쳤고, 1980년대에 이르러서는 이 분야의 연구에 자극을 주어 새로운 전기를 초래했다.

역사학 전반은 물론 고조선사에 대한 남과 북 두 학계의 학설은 비록 서로 문제점을 내포하고 있지만, 동시에 큰 차이를 보이고 있다. 우리 민족의 정체성 확립과 한국사의 체계화를 위해서는 이 분야에 대한 남북 학계의 직접적인 학술교류의 활성화가 요구된다. 그리고 이미 이러한 인식의 공감대에서 과거에는 소규모이기는 하나 제3국에서의 학술회의와 제3국 학자들을 통해 직·간접의 학술교류와 자료교환이 이루어졌다. 그러다가 1980년 말부터 국제정세의 변화에 따라 남북간의 교류가 급진전되면서 학술교류도 그 시류에 편승해 큰 변화가 있었다. 특히 2000년 6·15공동선언으로 남북의 역사학자들이 평양과 서울을 상호 방문해 공동 학술발표회 및 전시회와 답사를 하는 등 역사학 교류분야에도 비약적인 발전을 맞이했다. 그렇지만 이러한 남북간의 역사학 교류는 아직까지 초보단계에 불과한 것이라, 앞으로 해결할 점을 많이 안고 있다. 특히 향후 고조선사는 물론 역사학의 학술교류를 효과적으로 달성하기 위해서는 다음과 같은 몇 가지 문제점을 우선적으로 해결해야 한다.

앞으로 남북이 공감하며 공유할 수 있는 통일된 한국사의 정립을 위해서는 무엇보다도 역사학 교류를 더욱 활발히 해 서로를 더 이해하려고 노력하고 인식의 편차를 줄여 나가야 한다. 이를 위해서는 우선 남북의 공동

관심분야로서 정치적 이념과 색채가 다른 분야보다는 덜 가미돼 있다고 할 수 있는, 더욱이 단일민족의 핵이요 고리라고 할 수 있는 단군과 고조선 관련 연구자료와 연구성과에 대한 교류부터 시작돼야 한다.

지금까지의 남북 역사연구 교류는 주로 북측에서 관심을 갖고 있는 문제에 대해서만 다루어지고 있는 실정이다. 즉 근대사분야가 일제(일본)를 대상으로 한 것이라면, 고대사분야는 단군과 고조선사 연구가 대부분이었다. 학술교류가 어느 정도 궤도에 올라서면 만주지역에 소재한 고구려유적의 UNESCO 세계문화유산 지정 등록신청을 계기로 불거진 중국과 그 역사적 귀속문제로 미묘한 상황에 봉착한 고구려는 물론, 발해와 백제·신라·가야 그리고 고려·조선 등으로 분야를 확대해 나가는 것이 좋겠다.

그리고 공동 연구주제를 설정하고 이를 남북의 연구자들이 함께 참여해 연구를 진행해야 한다. 이러한 공동연구를 통해서 연구자들은 서로의 시각을 조정해 나가야 한다. 특히 고고학적 유적과 유물을 더 과학적이고 객관적으로 연구하는 자세가 요구되며, 이러한 작업을 남북의 고대사학계와 고고학계가 공동으로 추진할 필요가 있다. 그럴 경우 공동 자료발굴을 통해[97] 교류를 증진시키고 또 공동보고서를 작성할 수도 있다면 보다 더 과학적이며 객관적인 연구성과를 얻을 수 있을 것이다.

아울러 남북에 산재한 역사현장을 상호 답사하고 관련 유물유적과 자료의 전시회를 갖는 것이다. 보다 구체적인 방법으로는 이미 몇 차례 시행됐

---

[97] 당장 고조선 관련 유적에 대한 공동발굴이 어렵다면 학문의 성격상 국가형성 이전의 유적이나 유물이 연구대상인 선사고고학에 대한 교류부터 먼저 시작할 수도 있겠다. 예를 들면 발해유적과 같은 것을 제3국을 통해 남북이 공동으로 조사하는 사업이다. 최근 국립문화재연구소의 몽골유적, 국립중앙박물관의 러시아 아무르강 하류 수추섬 유적, 한양대박물관의 아프리카 탄자니아 구석기 유적, 한국전통문화학교의 연해주 체르냐치노 지역 발해고분, 동아대박물관의 일본 쓰시마 미네마치 발굴 등 해외 각국에 원정 및 공동 발굴조사가 있었고, 반면 부산과학지방산업단지 내 삼국시대 세절유적 조사에 일본조사단이 참여한다(김태식, <연합뉴스>, 2003년 8월 4일 기사). 이러한 발굴에 북한측이 공동 참여하면 학술교류가 이루어지리라 전망한다. 특히 민족과 문화의 동질성 회복을 위해 남북 관련학자들이 서로의 이해관계에서 벗어날 수 있는 휴전선지역의 유적을 지정해 공동으로 답사하거나 발굴·조사할 수 있을 것이다.

듯이 학술발표 때에 관계 자료전시 또는 자료교환 행사도 함께 하는 것이 효과적이다.

지금까지의 남북 공동학술회의가 서울에서는 별로 없었고, 주로 평양 또는 제3국에서 이루어져 불균형적인 교류에 머물렀다. 향후에는 남쪽과 북쪽에서 교대로 공동토론회를 갖고 유적답사도 함께 함으로써 쌍방간의 진정한 학술교류가 이루어져야 할 것이다. 물론 민감한 주제에 대해서는 제3국도 좋지만, 남북을 상호 방문하면서 남북 학자는 물론 제3국의 학자들이 참여한 토론회가 돼야 하겠다.

한편 지금까지의 학술교류는 학술단체가 중심이 되지 못하고 관변기관, 종교단체, 방송언론 매체, 특수 민간단체가 주체가 됐다. 앞으로는 보다 체계적이고 조직적인 학술교류를 위해서는 정부당국의 지원 아래 학술단체가 중심이 돼서 이루어져야 한다. 그리고 이것을 담당하는 기관에서는 학술교류의 분명한 목표와 지원전략 등을 가지고 교류활동을 관리·조정·지원해 나가야 하겠다. 아울러 남북교류와 역사학의 발전을 위해 보다 확실한 남북 공동기구의 설립이 필요하다. 당장 이것이 어려우면 우선 남한이라도 북한 역사학을 연구하는 전문 학술기관을 설립하고 이곳이 중심이 돼 남북 상호 공동연구 등을 수행해 나가야 하겠다.

지금까지의 공동 학술토론회는 대체로 일회적인 이벤트로 끝나고 지속적으로 이루어지기 어려운 실정이다. 월간『민족 21』과 한국정신문화연구원, 단군학회 등이 점차 정례화를 모색하고 있지만 아직 확실하지 못한 형편이다. 북측의 학술단체와 지속적으로 공동 학술토론회를 추진하기 위한 교섭 및 연락창구가 마련돼야 하겠다. 그리하여 보다 구체적으로 학술회의와 자료전시회 등을 정례화하고 역사교과서와 논문집·자료집을 교환하는 사업을 전개해야 할 것이다.[98]

그리고 공동학술회의 결과를 반드시 공동논문집으로 간행해야 한다. 그러나 현실적으로는 공동으로 학술행사나 전시행사를 위해 연락하고 학술토론회를 가진 내용을 책으로 출판하는 데 법적 제약이 따른다. 법적 절차

---

98) 조동걸, 앞의 책, 456-458쪽.

와 제한을 최소화해야 한다.99) 아울러 공동연구를 기초로 남북의 각급 학교에서 함께 사용할 수 있는 '공동 역사교과서'의 편찬에 노력해야 한다.100)

결국 활발한 공동 학술교류 과정에서 남북간 역사인식의 편차는 점차 좁혀지게 될 것이고, 나아가 이는 민족의 동질성 회복에 이바지하게 될 것이다. 그리고 이러한 남북한의 역사학분야 학술교류를 통해서 최근 중국의 동북공정 및 일본의 역사교과서 왜곡 등 주변국가와의 사이에서 발생하는 갈등에 효과적인 대응방안이 찾아질 것이다.

참 고 문 헌

강만길, 「일제시대의 반식민사학론」, 『한국사학사의 연구』(을유문화사, 1985).
강승남, 「단군조선시기 청동 및 철 가공기술에 대하여」, <로동신문>, 1994년 10월 7일.
강인숙, 「고조선의 건국년대와 존재기간」, <로동신문>, 1994년 10월 7일.
＿＿＿, 「기원전 4~3세기 고조선의 시변」, 『비파형난검문화에 관한 연구』(과학백과사전출판사, 1987).
＿＿＿, 「단군의 출생과 활동」, 이형구 편, 『단군과 단군조선』(살림터, 1995).
＿＿＿, 「단군의 출생지에 대하여」, 『력사과학』, 172(1999).
과학원 고고학 및 민속학연구소, 「고조선에 관한 과학 토론회」, 『문화유산』(1961-5).
과학원 력사연구소, 「고조선문제에 대한 토론 개요」, 『력사과학』(1961-6).
권승안, 「중세사서들에 반영된 고조선 3왕조에 대한 리해」, 제2차 단군 및 고조선에 관한 남북공동학술회의 발표 요지문(2003. 10. 2).
권오영, 「고조선사연구의 동향과 그 내용」, 『북한의 고대사연구』(일조각, 1990).

---

99) 최광식, 「한국사학(전근대) 교류의 평가와 과제」, 제4회 국제고려학회 서울지회 학술대회 발표논문(2003. 7. 4).
100) <한국일보>, 2003년 2월 18일, 「남북 공통 역사교과서 만들었으면」.

김교경,「단군릉에서 나온 뼈에 대한 연대측정 결과에 대하여」,『단군과 고조선에 관한 연구론문집』(사회과학원, 1994).
_____,「평양일대의 단군 및 고조선관계 유적유물들에 대한 연대측정 결과에 대하여」, <로동신문>, 1994년 10월 6일.
김동일,「고인돌무덤의 별자리―석각천문도」.
김무삼,「조선금석에 대한 일제 어용학설의 검토―점제현의 금석학적 분석을 주로―」,『역사제문제』, 10(1949).
김병룡,「단군조선의 중심지와 령역」, <로동신문>, 1994년 10월 7일.
김상기,「한예맥이동고」,『사해』, 창간호(1948);『동방사논총』(1974).
김석형,「고조선의 연혁과 그 중심지들에 대하여」,『고조선에 관한 토론론문집』(과학원출판사, 1963).
김영진,「평양일대에서 발굴된 고조선의 도기에 대하여」, <로동신문> 1994년 10월 8일.
김유철,「고조선의 중심지와 그 령력」,『단군학연구』, 8(2003).
김종혁,「고조선시기의 고대성곽에 대하여」,『단군학연구』, 8(2003).
김종혁,「대동강 류역일대의 고대부락터 유적에 대하여」,『조선고고연구』(1999-1).
김종혁,「새로 발굴된 성천군 룡산리 순장무덤에 대하여」, <로동신문>, 1994년 10월 6일.
남일룡,「평양 주변의 고대토성에 대하여」, <로동신문>, 1994년 10월 6일.
노태돈,「고조선 중심지의 변천에 대한 연구」,『한국사론』, 23(1990).
_____,「고조선과 삼국의 역사에 대한 연구동향」,『북한이 보는 우리역사』(을유문화사, 1989).
_____,「북한학계의 고조선사 연구동향」,『단군과 고조선사』(사계절, 2000).
단군학회,『단군학연구』, 7(2002).
_____,『단군학연구』, 8(2003).
_____,『제2차 단군 및 고조선에 관한 남북공동학술회의토론회 발표논문집』(2003).
리상호,「기원전 4세기 이전 고조선의 서단과 중심에 대하여(상)·(하)」,『력사과학』(1964-2·3).
_____,「단군고」,『고조선에 관한 토론론문집』(과학원출판사, 1963).

리순진, 「단군조선의 유적유물」, 『조선』, 1(조선화보편집위원회, 1995).
_____, 「평양일대에서 새로 발굴된 황대성에 대하여」, 이형구 편, 『단군과 단군조선』(1995).
리승혁, 「만왕조의 멸망과 락랑국에 대하여」, <로동신문>, 1994년 10월 8일.
리지린, 『고조선연구』(과학원출판사, 1963).
박광용, 「단군인식의 역사적 변천」, 『단군—그 이해와 자료』(서울대출판부, 1994).
_____, 「북한학계의 단군인식과 '단군릉' 발굴」, 『역사비평』(2000년 가을).
박진욱, 「고조선의 비파형단검문화에 대한 재검토」, <로동신문>, 1994년 10월 6일, 3면.
_____, 「비파형단검문화의 발원지와 창조자에 대하여」, 『비파형단검문화에 관한 연구』(과학백과사전출판사, 1987).
사회과학원, 『고조선에 관한 토론론문집』(과학원출판사, 1963
_____, 「단군릉발굴보고」, 『단군 및 고조선에 관한 연구론문집』(1994).
西谷正, 「美松里洞窟出土の無文土器」, 『史淵』, 115(1977).
서영수, 「고조선의 위치와 강역」, 『한국사시민강좌』, 2(1988).
_____, 「민족사의 원류를 찾아 북녘땅을 가다」, 『한국고대사연구』, 28(2002).
석광준, 「고조선의 고인돌무덤과 돌관무덤에 대하여」, 이형구 편, 『단군과 고조선』(살림터, 1999).
_____, 「평양일대 대형고인돌무덤의 성격에 대하여」, 『단군학연구』, 8(2003).
_____, 「평양일대에서 새로 발굴된 고인돌무덤과 돌관무덤에 대하여」, <로동신문>, 1994년 10월 6일.
손수호, 「팽이그릇시기 집자리의 편년에 대하여」, 『단군학연구』, 8(2003).
손영종, 「후조선은 단군조선의 계승국」, <로동신문>, 1994년 10월 8일.
송순탁, 「대동강류역 청동기시대문화의 성격에 대하여」.
송호정, 『한국고대사 속의 고조선사』(푸른역사, 2003).
_____, 「북한 역사탐방—역사학자의 눈으로 본 평양과 북한 문화유산—」, 『역사민속학』, 15(2002).
오강원, 「고조선 위치비정에 관한 연구사적 검토(1)」, 『백산학보』, 47(1997).
_____, 「고조선 위치비정에 관한 연구사적 검토(2)」, 『백산학보』, 48(1997).
_____, 「최근 제기된 북한학계의 고조선=평양설에 관하여」, 『백산학보』, 46

(1996).

오강원·윤용구,「북한학계의 고조선·단군 연구동향과 과제」(국사편찬위원회, 2003).

유영익,「회고와 전망: 한국사학계 1990~1992 총설」,『역사학보』, 140(1993).

윤내현,『한국고대사신론』(일지사, 1986).

윤무병,「무문토기 형식분류 시고」,『진단학보』, 39(1975).

李恭篤·高美璇,「遼東地區石築墓與弦紋壺有關問題硏究」,『遼海文物學刊』(1995-1).

이기동,「북한 역사학의 전개과정」,『한국사시민강좌』, 21(1997).

_____,「북한에서의 고조선연구」,『한국사시민강좌』, 2(1988).

_____,「북한에서의 단군연구와 그 숭앙운동」,『한국사시민강좌』, 27(2000).

_____,「북한에서의 한국고대사 연구의 성과와 문제점」,『북한의 한국학 연구성과 분석—역사·예술편—』(한국정신문화연구원, 1997).

李成市·早乙女雅博 편,『古代朝鮮の考古と歷史』(日本: 雄山閣, 2002).

이필영,「단군 연구사」,『단군—그 이해와 자료』(서울대출판부, 1994).

이형구 편,『단군과 단군조선』(살림터, 1995).

_____,『단군과 고조선』(살림터, 1999).

임병태,「고고학상으로 본 예맥」,『한국고대사논총』, 1(1991).

_____,「한국 무문토기의 연구」,『한국사학』, 7(1986).

전대준,「고조선의 주민구성」.

전주농,「전동명왕릉 부근 벽화무덤」,『각지유적 정리보고』(과학원출판사, 1963).

정찬영,「고조선의 위치와 그 성격에 관한 몇 가지 문제」,『문화유산』1960-3).

_____,「고조선에 관한 몇 가지 문제들에 대하여」,『고조선에 관한 토론론문집』(과학원출판사, 1963).

정태헌,「한국사학(근현대) 학술교류의 평가와 과제」, '남북한 학술교류의 성과와 과제' 학술회 발표문(2003. 7. 4, 국제고려학회 서울지회).

鄭漢德,「美松里型土器の生成」,『東北アジアの考古學』(六興出版, 1990).

정현,「한사군고」,『역사제문제』, 17(1950).

조동걸,「남북 역사학의 학술교류론 서설」,『한국 근현대사의 탐구』(경인문화사, 2003).

조법종, 「고조선 관련연구의 현황과 과제」, 『단군학연구』, 1(1999).
_____, 「북한의 고조선 인식체계에 대한 고찰」, 『북한의 우리고대사 인식 1』 (대륙연구소, 1991).
_____, 「북한학계의 고조선 연구」, 『북한의 고대사 연구와 성과』(대륙연구소, 1994).
조중공동 고고학 발굴대, 『중국 동북지방의 발굴보고』(사회과학출판사, 1966).
최광식, 「남북한 고대사학계의 학술교류」, 『국제고려학회 서울지회 논문집』, 2 (2000).
_____, 「단군 및 고조선에 대한 남북공동 학술토론회를 다녀와서」, 『역사비평』, 61(2002).
_____, 「한국사학(전근대) 교류의 평가와 과제」, 『남북한 학술 교류의 성과와 과제』(제4회 국제고려학회 서울지회 학술대회 발표논문집, 2003. 7. 4).
최몽룡, 「철기문화와 위만조선」, 『고조선문화연구』(한국정신문화연구원, 1999).
최영식, 「단군신화의 시대적 배경」.
한영우, 『조선후기 사학사 연구』(일지사, 1989).
한인호, 「고조선초기의 금제품에 대하여」, <로동신문>, 1994년 10월 8일, 5면.
헌명호, 「고조선의 성립과 수도문제에 대하여」(1994).
홍기문, 「조선의 고고학에 대한 일제어용학설의 검토(상)·(하)」, 『역사제문제』, 13·14(1949·1950).
_____, 「조선의 고대사료로서 한위이전 중국문헌의 검토」, 『역사제문제』, 9 (1949).
황기덕, 「고조선국가의 기원」, 『고고민속론문집』, 12(1990).
_____, 「료서지방의 비파형단검문화와 그 주민」(1987).
황철산, 「고조선의 위치와 종족에 대하여」, 『고조선에 관한 토론론문집』(과학원출판사, 1963).

북한의 근대사상 연구성과와 남북한 학술교류 현황분석

최 문 형

1. 머리말

    본 연구의 목적은 북한에서 근대사상 연구성과와 남북한 근대사상 교류 현황을 분석해 통일 후 남북의 이질감 해소와 민족 동질성의 기초를 모색하는 데 있다. 60년에 가까운 분단의 역사는 남북간의 정치이념 및 체제의 이질화만 초래한 것이 아니라 사상과 문화의 이질화까지 초래했다. 남북이 통일된 조국의 미래를 예견할 때 체제통합보다는 내적인 문화적·심리적 통합이 더 중요한 문제로 부각될 것이다.
    우리는 통일이 분단 이전으로 돌아가는 소극적 차원의 재통일(reunification)이 아니라 적극적 차원의 새로운 통일(new unification)이어야 함을 인식해야 한다. 통일은 정치·경제·사회·문화·지리 등 우리 민족의 삶을 둘러싼 여러 측면을 미래의 새로운 상황과 접목시켜 하나의 민족국가를 만들어 나가는 과정이 돼야 한다. 특히 사회·문화적 측면에서 볼 때 통일은 국민의 통합이며 문화적 동질성을 회복하는 것을 뜻한다. 통일 직후 사회통합 과정에서 야기될 것으로 예견되는 문제로는 남의 '열린 체제'와 북의 '닫힌 체제'에서 비롯된 사고방식과 가치관의 차이를 극복하는 문제를 지적할 수 있고, 보다 고차원적으로는 다양한 사회적 균열을 치유할 수 있는 '사회적 관계'의 통합에 있다고 보는 견해가 있다.

그러나 무엇보다 주의해야 할 부분은 문화적 및 심리적 차원의 통합과정에서 발생하는 문제의 해결이다. 남한주민의 의식형태의 부정적 측면은 연고정실주의, 가족주의, 지역감정, 공사영역의 불분명 등이 거론된다. 이 중 북한주민들과 직접 관련시켜 볼 수 있는 것이 천민자본주의적 가치관과 성숙되지 못한 개인주의적 가치관의 문제다. 한편 북한이 폐쇄적·억압적 전체주의사회라는 점을 인정할 때 북한주민의 자아정체성 결핍은 당연시될 것이다. 동독인이 전체주의 치하에서 철저한 감시받으며 살아오는 동안 온갖 정신병적 증후군에 시달려 왔는데, 이것이 통일 이후 확연히 드러나 독일의 통합에 큰 지장을 초래하고 있다. 이를 볼 때 북한의 폐쇄성은 동독에 비해 훨씬 심각한 상황이므로 통일에 따르는 남북한 주민들의 정서적·심리적 통합의 문제는 더욱 민감하게 느껴진다는 견해다.

북한사회의 지배이념은 1955년부터 마르크스·레닌주의에서 김일성사상, 주체사상으로 대체된 '우리식 사회주의'의 형태를 가지고 있다. '우리식 사회주의'인 주체사상은 전통적인 사회주의와는 관계없는 행정적·관료적·봉건적·병영적 전체주의 독재체제다. 주체사상의 통일적 체계는 크게 철학적 원리, 사회역사 원리, 주체의 정치경제학, 그리고 실천적 방법론으로 나누어진다. 민족해방을 이끌어야 했던 북한은 집단적 주체를 개인주의에 대체시켜야 했고 더욱이 개인주의는 동아시아 문화권에서 이기주의와 같은 개념으로 이해되고 있기도 하다. 서양의 몇몇 학자들은 동구 사회주의가 무너진 후에도 중국, 북한, 베트남 등의 동아시아 사회주의국가들이 계속 존속되는 한 가지 이유를 이들 나라에는 시민사회의 전통, 즉 서구적 의미에서 개인주의적 전통이 없었다는 데서 찾고 있다.

최근 동아시아 문화권을 총체적으로 이해하고자 시도하는 동아시아 담론은 유교민주주의에 대한 관심과 유교자본주의에 대한 연구로 요약된다. 이 동아시아 담론은 결국 우리 역사에서 조선시대와 연결된 연구이기도 하다. 한국역사에서 조선조는 정치적·사회적·문화적으로 유교사상이 지배하던 시기였고, 한편으로는 지배이념이던 신유학의 한계를 지적하면서 실학이 태동한 시기이기도 하다. 또한 이 시기는 분단 이전 시대인 만큼 남북한의 문화와 사상에서 공통된 함의를 찾아낼 수 있는 시기다. 따라서 조선의 근대사상에 대한 북한의 연구성과 분석은 중요한 의의가 있다.

본 연구는 이러한 가정하에 분단 이전 남북이 공유했던 사상에 대한 접근을 시도하고자 한다. 물론 공유된 역사 속의 사상이라 하더라도 해방과 분단 이후 남북의 각각 다른 노정을 감안할 때 사상과 사상가에 대한 평가와 인식에서 남북은 상당한 이견이 있으리라 생각된다. 그리고 이러한 시각과 견해의 차이는 요즘 들어 중국 등 제3국을 통해 활발히 이루어지고 있는 남북간 학술교류를 통해 이미 많은 부분 드러나고 토론되고 있으며, 이를 통해 우리가 함께 지향할 방향성도 모색되고 있다. 그러므로 통일을 논하는 데 한국근세의 사상과 문화에 관한 북한의 연구성과를 분석하는 것은 필연적인 과제가 될 수밖에 없다. 단순히 경제체제와 정치체제, 그리고 사회체제에 관한 논의만으로는 진정한 통일의 기틀을 다질 수 없을 것이 자명하기 때문에, 통일논의에서 문화사상적 접근이 절실하게 요청되는 것이다.

따라서 본 연구는 조선조의 근대사상에 관한 북한의 연구성과와 학술교류 업적을 분석해 통일 후 사회에 대비할 수 있는 통일문화 모색에 기초적 기여를 하고자 한다. 이 분석은 크게 두 부분으로 나누어진다. 먼저 북한의 근대사상 연구현황을 조사하고 그 성격을 분석할 것이며, 다음으로는 남북한 근대사상 교류현황을 파악해 그 성과를 분석하고자 한다. 이 연구에서 근대사상의 연구범위는 실학사상으로 한정한다. 북한은 실학사상에 관해 비교적 긍정적으로 평가하고 있으며 그와 관련된 논문도 집중적으로 많은 편이기 때문이다. 물론 북한의 경우 실학을 유물론적 관점에서 연구해 남한 학계와 비교되는 부분도 많지만, 실학이 근대사상의 맹아라고 보는 입장에서는 남북이 관점을 공유하고 있는 부분도 있다. 따라서 한국사상 연구분야에서는 성리학보다는 비교적 학문교류의 가능성을 탐색해 볼 수 있는 분야이기도 하기 때문이다.

이에 관한 선행 연구업적으로는 1991년에 간행된 한국정신문화연구원의 『북한의 한국학 연구성과 분석: 철학종교·어문편』이 있다. 이 중 지교헌

교수의 「북한의 실학 연구성과에 대한 분석」은 1990년대 이전의 자료를 분석의 주요자료로 했다. 본 연구는 내용 면에서 이 연구에 후속하는 것으로 1990년대 이후 자료에 대한 분석을 주로 했다. 한 가지 아쉬운 것은 자료수집의 어려움이다. 북한은 그 체제의 특수성으로 거의 모든 연구가 김일성 주체사상으로 집약되고 있어 일반적인 철학사상 연구성과가 절대적으로 부족할 뿐 아니라 자료의 입수에도 한계가 있다. 한편으로는 남북간 학술 및 문화교류가 이제 막 물꼬를 트는 과정이므로 공동 학술회의 자료를 입수한다고 해도 그 토론과 만남의 과정은 추측에 의지할 수밖에 없고 남북간 이견에 대한 것 또한 추론에 의지할 수밖에 없다. 이러한 한계점에도 불구하고 북한의 실학사상 연구성과와 남북한 학술교류 업적분석에 관한 본 연구는 남북간의 문화적·심리적 통합에서 미진하나마 기여하는 바가 있으리라 생각된다.

2. 북한의 근대사상 연구현황

1) 북한의 실학 연구현황

1945년 이후 북한은 사회주의 이데올로기가 지배하면서 정치, 경제, 사회, 문화 등 모든 영역과 학술사상이 사회주의 이데올로기에 의해 비판되고 재정립됐다고 할 수 있고, 철학사상의 한 영역에 속하는 실학사상도 예외일 수는 없었다.

그런데 북한의 실학사상 연구는 다른 분야에 비해 매우 활발하다고 할 수 있다. 북한의 실학사상 연구의 개략적 현황을 살펴보면 그에 대한 어느 정도 긍정적 평가를 볼 수 있고 이는 북한의 실학연구의 중요한 특징이라고 할 수 있다. 그런데 실학사상에 대한 긍정적 평가는 종래의 유교사상, 불교사상, 도교사상에 대한 가혹한 비판이 선행됨으로써 행해졌음을 간과

할 수 없다. 즉 북한에서 실학사상의 선진성이나 과학성을 인정하는 것은 유교, 불교, 도교사상에 대한 비판적 평가에 이어 그러한 사상과의 관계성 속에서 가능했다는 것이다.

북한의 실학사상 연구현황[1]은 다음의 자료를 통하면 알 수 있다.

1. 사전류

『철학사전』, 사회과학원 철학연구소(1985).

2. 단행본

『조선철학사3』, 최봉익(백과사전출판사, 1991).
『조선철학사 개요: 주체사상에 의한 조선철학사(1962)의 지양』, 최봉익(사회과학출판사, 1986).
『조선철학사상연구(고대-근세)』, 최봉익(사회과학출판사, 1975).
『실학파의 철학사상과 사회정치적 견해』, 정성철(사회과학출판사, 1974).
『실학파와 정다산』, 최익한(국립출판사, 1955); (도서출판 청년사, 1989).
『다산 정약용 탄생 200주년 기념논문집』, 김석형 외(과학원 철학연구소, 1962).

3. 논문류

「조선실학의 철학적 특징」, 정성철, 『철학연구』(사회과학원 철학연구소, 1990).
「실학파 철학에서의 자연에 관한 견해와 과학기술 발전에 관한 사상」, 최동준, 『철학논문집』, 13집(김일성종합대학출판사, 1987).
「우리나라 실학발전 력사에서 <오주연문장전산고>가 차지하는 위치」, 허륜, 『력사과학』, 력사연구소(1987).
「박지원의 자연관: 그의 탄생 250주년을 기념하여」, 리용태, 『철학연구』, 21집(사회과학원출판사, 1967).
「홍대용의 선전적 우주관」, 리춘일, 『철학연구』, 19집(사회과학원출판사, 1966).
「리규경의 철학사상 및 사회 정치적 견해」, 정성철, 『철학연구』, 13집(과학원출판사, 1965).

---

[1] 지교헌, 「북한의 실학 연구성과에 대한 분석」, 『북한의 한국학 연구성과 분석』(한국정신문화연구원, 1991), 109쪽에는 총 11종 13책이 소개돼 있다. 본 연구는 그 이후의 자료도 참고로 했다.

「안정복의 력사관과 그의 조국 력사 편사에 대하여(1)」, 김사억, 『력사과학』(력사연구소, 1965).
「동강 최한기」, 『철학연구』(과학원출판사, 1963).
「리수광의 자연과학 사상」, 리용태, 『철학연구』, 6집(과학원출판사, 1963).
「리수광의 철학사상」, 류정수, 『철학연구』, 6집(과학원출판사, 1963).
「리익의 철학사상(1)」, 류정수, 『철학연구』(과학원출판사, 1964).
「최한기의 륜리사상」, 정진석, 『철학연구』(과학원출판사, 1963).
「홍대용의 철학사상」, 류정수, 『철학연구』, 5집(과학원출판사, 1963).
「다산 정약용의 미학사상에 대하여」, 최형록, 『철학연구』, 3집(과학원출판사, 1962).
「다산 정약용의 우주관」, 리용태, 『철학연구』, 3집(과학원출판사, 1962).
「다산 정약용의 륜리사상」, 정진석, 『철학연구』, 3집(과학원출판사, 1962).
「다산 정약용의 정치개혁론」, 김증식 『력사과학』(력사연구소, 1962).
「정다산의 자주사상」, 류정수, 『철학연구』, 2집(과학원출판사, 1962).
「실학파의 자연과학 사상에 대하여」, 백언규, 『력사과학』, 5집(력사연구소, 1960).
「담헌 홍대용의 선진적 사상에 대하여」, 손영종, 『력사과학』(력사연구소, 1959).
「리익의 철학사상」, 류정수, 『철학론문집』(과학원출판사, 1959).
「정다산의 생애와 학설」, 『력사과학』, 2집(력사연구소, 1956).
「연암 박지원의 사상체계」, 신구헌, 『력사과학』, 4집(력사연구소, 1955).
「정다산의 철학사상」, 리형일, 『력사과학』, 7집(력사연구소, 1955).
「정약용의 륜리도덕적 견해」, 홍태연, 『철학연구』(2000년 4호).
「최한기의 인식론 연구」, 최종동, 『철학론문집』(과학백과사전종합출판사, 1993).
「조선실학의 철학적 특징」, 정성철, 『철학연구』(1990년 4호).
「조선에서 철학사상의 발생과 발전」, 정성철, 『철학연구』(1991년 2호).
「최한기의 우주에 대한 견해」, 최동종, 『철학연구』(4호).
「홍대용의 자연관」, 리순범, 『철학연구』(1993년 3호).
「홍대용의 우주자연관과 그 진보성」, 박문성, 『철학연구』(2003년 1호).
「최한기의 리기 호상관계 문제에 대한 견해」, 최동종, 『철학연구』(1994년 4호).
「최한기의 정치사상」, 조홍수, 『철학연구』(2001년 2호).
「실학파의 애국주의 사상」, 김철석, 『철학연구』(1998년 1호).
「실학자 류득공의 발해 력사관」, 김혁철, 『력사과학』(1991년 1호).

「실학자 리종휘의 발해 력사관」, 김혁철, 『력사과학』(1992년 2호).
「실학자들의 자기 것에 대한 존중사상」, 최원철, 『철학연구』(2001년 3호).

4. 자료
「최한기의 철학사상 중에서」, 『철학연구』(사회과학원출판사, 1963).
「정다산 년표」, 『력사과학』(력사연구소, 1962).

5. 학자 소개
「조선의 진보적 철학자들: 리이」, 『철학연구』(과학원출판사, 1963년 3호).
「조선의 진보적 철학자들: 리항로」, 『철학연구』(과학원출판사, 1965년 4호).
「조선의 진보적 철학자들: 최치원」, 『철학연구』(과학원출판사, 1964년 1호).
「조선의 진보적 철학자들: 박제가」, 『철학연구』(과학원출판사, 1966년 3호).

2) 북한의 실학 연구성과 분석

(1) 조선실학의 연구성과 분석

① 「조선실학의 철학적 특징」

먼저 정성철의 논문 「조선실학의 철학적 특징」에 근거해 북한의 실학발전에 관한 연구시각을 분석해 본다.2) 정성철은 조선실학은 17세기 중엽부터 하나의 사상조류로 형성돼 19세기 중엽까지 200년 동안 지속된 조선의 애국적이며 진보적인 사상조류로 보았다. 조선철학사 발전에서 중요한 자리를 차지하는 실학의 형성·발전은 봉건시기 조선에서 철학발전의 전성기를 마련했으며 근세철학형 성의 바탕을 마련했다는 것이다.3) 조선실학이 조선철학사 발전에서 중요한 지위를 차지하게 된 것은 그 철학적 특징과 관련되는데, 그 특징을 요약하면 다음과 같다.

---

2) 정성철, 「조선실학의 철학적 특징」, 『철학연구』(1990년 4호).
3) 위의 글, 45쪽.

첫째, 조선실학의 철학적 특징은 무엇보다 먼저 사상조류로 형성·발전된 진보적인 철학사상 체계라는 데 있다. 조선실학은 선행한 진보적 사상을 체득하고 당시 '관학'(官學)으로 지배하고 있던 주자성리학의 공리공담을 배격하는 투쟁과정에서 조선의 토양 위에서 독자적으로 형성·발전됐다는 것이다. 실학에 선행한 사상이론 가운데 실학형성의 전제가 된 것은 주로 서경덕을 대표로 하는 16세기의 유물론적 자연관과 이이를 대표로 하는 16세기의 사회'개혁' 사상이었다고 본다. 실학은 선행한 기일원론적 자연관을 계승한 기초 위에서 당시 도달된 자연과학의 성과에 토대해 가일층 심화됐으며, 또 선행한 사회'개혁' 사상을 계승하면서 당시 더욱 심화된 사회경제적 모순을 해결하기 위한 사회'개혁' 사상으로 심화됐다고 한다.4)

둘째, 실학의 철학적 개념규정이다. 이 논문에 따르면 실학은 조선에서 주자성리학의 공리공담을 반대해 투쟁하는 과정에서 형성되고 발전했다고 본다. 원래 실학이라는 개념은 불교나 도교의 '공'(空), '허'(虛)에 대립해 유교에서 사용한 개념이라는 것이다. 주자성리학에서의 실학의 개념은 주로 도덕과 예절에 관한 학문을 의미했다는 것이다.

> 주자성리학이 불교나 도교의 '공허'한 학문을 지양하고 주로 륜리도덕적 문제에 관한 학문을 '실학'이라고 인정하였다면 실학파에 와서 실학은 주자성리학의 '실학'을 '공리공담'으로 낙인하고 '유민익국'(박지원), '부국유민'(정약용), '리용후생'(박지원)할 수 있는 쓸모 있는 학문을 의미하게 됐다.5)

구체적으로 보면 실학사상가들이 '쓸모 있는 학문'이라고 인정한 학문의 대상과 내용은 첫째, '유민익국'할 수 있는 정치, 경제, 군사, 교육 등의 사회'개혁' 문제이며, 둘째, 조선의 역사, 언어, 문학, 지리, 풍속 등 자체의 것에 대한 연구였으며, 셋째, 천문학, 수학, 지리학, 의학, 농학 등 자연과학과 일련의 기술에 대한 학문이었다. 조선실학은 이상과 같이 선행사상과

---

4) 위의 글.
5) 위의 글.

의 계승관계로 보나 그 형성과정으로 보나, 더욱이 그 학문대상과 내용의 특성으로 보나 그것이 조선에서 독자적으로 형성·발전된 애국적이며 진보적인 사상조류였다는 것이 명백하다.

셋째, 조선실학의 철학적 특징은 자연관과 인식론에서 중세유물론 발전의 가장 높은 단계를 이루는 유물론이라는 데 있다. 실학사상가들은 선행한 유물론을 계승하면서 당시 도달한 자연과학적 성과―부분적으로는 근대 자연과학적 성과―에 기초해 기일원론적 유물론을 가일층 심화·발전시킴으로써 중세유물론 발전의 높은 단계를 이룩했다는 것이다. 실학사상가들은 선행한 유물론자들에 비해 '기'의 개념을 심화시켰다. 실학사상가들은 다 같이 '기'를 우주만물 형성의 시원으로 인정하면서 '기'의 물질적·객관적 성격을 더욱 명백히 했다.

실학사상가들은 '기'의 물질적 성격을 명백히 하는 데서뿐 아니라 물질개념의 추상화 수준에서도 선행한 유물론자들을 능가했다. 실학사상가들은 우주만물의 형성발전에 대한 견해에서도 선행한 유물론을 발전시켰다. 우주세계 형성에 관한 실학사상가들의 견해에는 근대적 자연과학 지식이 뒷받침돼 있었다. 실학사상가들은 지구설, 지전설을 비롯한 근대적 자연과학 지식의 일정한 소유자였다. 실학사상가들은 당시 철학의 기본문제로 논의되던 '이'(理)와 '기'(氣)의 선·후차성 문제에서도 선행 유물론의 견해를 전진시켰다. 실학사상가들은 '이'와 '기'의 선·후차성 문제에서 '기'의 1차성을 주장했을 뿐 아니라 '이'를 '기'에 내재하는 법칙성으로 인정하고 '이재기중'(理在氣中)의 사상을 명백히 제기했다.6)

이러한 전적으로 긍정적인 평가와 더불어 실학사상가들의 유물론적 특징은 인식론에까지 유물론적 입장을 관통시킨 것이라고 한다. 실학사상가들은 기본적으로 사람의 인식능력을 초자연적인 것이 아니라 물질적 '기'의 특수한 산물로 인정했으며, 세계의 인식 가능성에 대한 확신을 가지고 있었다. 그들은 인식주체와 인식대상의 상호관계 문제에서 유물론적 반영론의 견지에 서 있었다. 그들은 감성적 인식과 이성적 인식을 구별하고 그

---

6) 위의 글, 46쪽.

것들은 인식에서 각각 중요한 역할을 지닌다고 인정했다.

넷째, 실학사상가들은 인식과 실천(지와 행)문제에서 주자성리학의 '지선행후'(知先行後)설을 반대하고 그 통일을 주장했다. 실학사상가들에 의해 객관세계에 대한 인식에서 상대적 및 절대적 성격의 문제와 진리의 객관성 문제, 그 기준문제, 진리인식의 합법칙적 과정문제 등에 관한 비교적 심오한 사상까지도 제기됐다. 이 모든 것은 실학의 유물론 사상이 조선에서 선행한 유물론을 더욱 심화시켜 중세유물론 발전의 가장 높은 단계를 이룩한 유물론 사상이라는 것을 말해 준다. 이것은 중세에 유물론 발전이 극히 억제당했으며 철학사 발전에서 중세유물론 발전의 단계를 구획할 수 없었던 구라파 철학사상 발전에 비한 조선철학사 발전의 특성을 규정케 하는 실학의 특성이다.[7]

다섯째, 조선실학의 철학적 특징은 변화발전관에 기초한 풍부한 변증법사상을 제기했다는 데 있다. 실학사상가들은 선행한 변증법사상을 계승하면서 모든 사물이 변화·발전해 고정불변한 것이란 없다는 변증법사상을 가일층 발전시켰다고 본다. 실학사상가들의 변증법사상에서 중요한 것은 한 사물에서 다른 사물로의 전화에 관한 사상이다. 실학사상가들은 다 같이 모든 사물 운동변화의 원인을 사물 자체에 내포돼 있는 대립적 원리의 상호작용에서 찾았으며 '천'의 의지에 의한 목적론적 견해에 반대했다.

> 실학사상가들의 변증법 상 발전에서 역사적 공헌의 하나는 변증법사상을 사회역사 영역에까지 확장하고 사회'개혁' 사상의 이론적 기초로 삼았다는 데 있다. 실학사상가들은 일치하게 세계에는 운동 변화하지 않는 사물이란 없다는 전제 밑에 "법이 오래면 폐해가 생기고 폐해가 생기면 변화시켜야 한다"는 '변법'사상을 내놓고 사회'개혁'을 요구하여 나섰다. 이리하여 실학사상가들은 변화·발전에 관한 변증법사상의 보편적 성격을 훌륭히 확증하였다.[8]

여섯째, 조선실학의 철학적 특징은 현실비판, 사회'개혁' 사상과 결합돼

---

7) 위의 글, 47쪽.
8) 위의 글.

있었다는 데 있다. 실학파의 철학은 철학을 위한 철학이 아니었다. 실학사상가들은 '실학'적 관점과 입장에서 학문의 사명은 '성명의리'나 '예론' 같은 '공리공담'이 아니라 '부국유민'에 있다고 인정했다고 평가한다.

> 실학사상가들은 이러한 '실학'적 관점과 입장으로부터 현존하는 각종 제도, 즉 토지제도, 신분제도, 군사제도, 과거제도, 조세제도 등에 대하여 예리하게 비판·폭로하였다. 실학사상가들의 애국적이며 진보적인 측면의 하나는 당시 부패무능한 통치자들과 모순에 찬 봉건사회를 비판·폭로하였다는 데 있다. 그들은 일치하게 봉건통치자들의 부패타락과 인민들에 대한 전횡과 가렴주구, 지주들에 의한 무제한한 착취와 수탈, 양반제도로 인한 생산의 감퇴, 군사제도의 문란, 쇄국정책이 나라의 쇠퇴와 인민들의 빈궁의 원인으로 된다고 비판·폭로하였다.[9]

정약용을 비롯한 실학사상가들의 봉건적인 각종 제도에 대한 비판은 봉건시기 그 어느 사상가들에 비해서도 격조가 높고 예리했다고 매우 긍정적으로 평가했다. 특히 실학사상가들은 봉건통치자들과 봉건제도에 대한 폭로비판에 멈추지 않고 당시의 역사적 조건에서는 일정한 진보적 의의를 갖는 사회'개혁'안을 제기했다. 정약용의 '여전제'는 그의 공상적 성격에도 불구하고 봉건시기 토지문제 해결의 가장 선진적인 방안이었으며 조선에서 창안된 독창적인 것이었다. 실학사상가들의 토지제도 '개혁'안은 방도의 차이에도 불구하고 다 '막비왕토'(莫非王土)의 관점에서 지주적 토지소유를 반대하고 '농자득전'(農者得田)의 원칙에서 토지문제를 해결하려고 한 데 공통점이 있다. 이들의 주장은 봉건국가에 의한 토지소유제를 전제로 한 제한성에도 불구하고 당시의 역사적 조건에서는 농민착취를 제한하고 그들의 노동력 재생산을 보장할 수 있게 한 긍정적 측면도 가지고 있었다.

일곱째, '부국유민'의 보다 적극적인 사회'개혁'안은 '북학파'로 불린 실학사상가들과 후기 실학사상가들에 의해 제기됐다고 한다. 이들은 당시 나라의 생산력발전 요구와 세계발전의 추세에 대한 일정한 인식에 기초해

---

[9] 위의 글.

국내적으로는 '중본억말'(重本抑末) 정책에 의해 억제당하던 상업, 수공업, 광업 등과 교통운수를 발전시키고 화폐류 등을 원활히 하며 대외적으로는 "교류하고 낡은 견해와 우물 안 개구리의 편견"을 버리고 '해외통상'을 발전시키며 발전된 과학기술을 적극 도입해 나라의 과학기술을 빨리 발전시킬 것을 주장했다. 실학사상가들의 주장에는 낙후한 우리나라를 개변시켜 '부국유민'하려는 애국적이며 진보적인 사상이 많이 도입돼 있었으며, 객관적으로는 자본주의적 발전의 지향이 반영돼 있었다고 보았다.

결론적으로 정성철은 그의 논문에서 실학사상을 상당히 긍정적으로 평가했다. 그러나 일면에는 실학사상이 지닌 시대역사적 한계성을 다음과 같이 지적했다.

> 이조시기 철학사상 발전의 특성과 조선 봉건사회 발전의 특성으로부터 일련의 제한성을 면할 수 없었다. 이조시기 봉건 통치계급은 주자성리학을 유일한 정치사상적 지배의 도구로 이용하면서 실학을 포함한 '이단'에 대한 탄압을 강화하였다. 당시 조선사회는 자본주의적 관계가 일정하게 발생·발전하고 있었으나 의연히 봉건적 관계가 지배하고 있었으며 왕권에 의한 전제주의적 중앙집권제가 강력한 힘으로 작용하고 있었다. 여기에다가 실학사상가 자신들도 양반계급적 제한성을 면할 수 없었다. 이러한 사정은 실학사상가들의 철학사상이 그 진보성에도 불구하고 자연관에서 중세유물론에 머물고 말았으며 변증법사상도 순환론적인 제한성을 탈피하지 못하였고 사회정치적 견해에서도 봉건제도 그 자체를 반대하는 개혁사상으로 되지 못하였다.[10]

이러한 한계에도 불구하고 실학사상은 조선의 근대 부르주아사상으로서 개화파 사상가들과 계몽사상가들에 의해 계승됨으로써 조선철학사 발전에서 자기의 지위를 뚜렷하게 차지하게 됐다고 그는 결론을 내린다.

② 『조선철학사 개요』

다음으로 최봉익의 『조선철학사 개요』에 나타난 실학사상에 관한 견해

---

10) 위의 글, 48쪽.

를 살펴보자.『조선철학사 개요』'제1장: 실학파 철학의 출현과 자본주의적 사상의 발생'에는 그 서두에 실학사상에 관한 김일성의 교시를 제시했는데, 이를 통해 실학사상에 관한 북한 학계의 전반적이고 총체적인 관점을 알 수 있다.

> 위대한 수령 김일성 동지께서는 다음과 같이 교시하셨다. "실학파의 사상을 변증법적 유물론에 끌어올리려도 안 되며 봉건사상으로 보아도 안 됩니다. 박지원의『열하일기』를 보면 우리나라에서 상공업을 발전시킬 것을 제기하였는데 이것은 결국 자본주의 길로 나갈 것을 요구한 것이라고 볼 수 있습니다.…… 실학파의 사상을 지나치게 내세워 그것을 노동계급의 혁명사상과 같이 보는 것도 잘못이며 그 진보성을 부인하는 것도 잘못입니다."[11]

이를 통해 볼 때 실학파의 사상은 노동계급의 혁명사상도 아니고 또한 봉건주의 사상도 아니다. 그것은 우리나라에서 자본주의적 관계가 형성돼 가던 초기 '부패한 반동적 봉건통치배'들을 비판하고 자본주의 길로 나갈 것을 지향한 '진보적'인 철학사상 조류라고 최봉익은 정의를 내린다. 실학파 철학은 18세기 이익의 철학에서 시작해 홍대용, 박지원, 박제가 등에 의해 심화·발전됐고 그후 19세기 상반기에 들어와 정약용, 이규경, 최한기 등에 의해 가장 높은 수준에 이르렀다. 실학파 철학은 당시 '반동적 봉건통치배'들을 반대하는 진보적 양반출신의 선진적 학자들 속에서 제창됐다는 것이다.

이 책에서는 실학파 철학의 공통적인 특징을 다음과 같이 서술하고 있다.[12] 첫째, 공리공담과 스콜라적인 논쟁을 일삼고 있던 주자성리학에 대립해 진리는 실제 사실에서 찾고 학문은 현실적으로 쓸모가 있어야 한다는 실학을 주장한 것이다. 둘째, 실학파 철학의 중요특징은 유교관념론적 자연관에 결정적 타격을 가하고 유물론적 자연관을 내세운 것이다. 특히 이들이 내놓은 유물론적인 '진적설'이나 땅이 둥글고 회선한다는 '지구지

---

11) 최봉익,『조선철학사 개요』(평양: 사회과학출판사, 1986).
12) 위의 책, 235쪽.

전설'은 중세기 형이상학에 심대한 타격을 주었다. 셋째, 우리나라에서 처음으로 자본주의적 발전의 요구를 반영한 것이다. 실학파의 사상에는 당시 자본주의적 관계발전을 억제하는 각종 봉건제도를 개혁해 상공업을 발전시키며 봉건 신분제도와 양반의 사회적 특권을 제거하고 인권의 평등, 인재등용, 만민개로―모든 사람이 다 일하고 놀고먹는 자가 없는 것―의 사회를 이룩할 것을 주장했다. 이 밖에 실학파 철학자들은 개국론, 국방론을 내놓았으며 교육을 비롯한 사회정치적 문제와 과학기술적 문제를 연구하고 발전시키는 데 중요한 관심을 돌렸고 합리적인 견해를 제기했다.

이상과 같은 실학사상의 공통적인 긍정적 요소를 추출하고 나서 다음과 같은 결론을 내리고 있다. 물론 이들의 개혁사상 가운데는 그 계급적 및 역사적 제한성으로 해서 낡은 사상에서 완전히 벗어나지 못한 본질적인 결함을 가지고 있으나, 총체적으로는 발전하는 현실을 반영한 선진적 사상으로서 실학사상은 철학사적으로 중요한 의의를 가진다고 본다.

③ 「실학사상가들의 자기 것에 대한 존중사상」

최근의 논문으로 최원철의 「실학사상가들의 자기 것에 대한 존중사상」(『철학연구』, 2001년 3호)에는 실학사상에 대한 특기할 만한 시각이 들어 있다. 그는 실학사상가들이 제기한 민족적 자부심을 갖는 사상에서 중요한 것은 자기 것에 대한 존중사상이라고 하면서 그들의 자기 것에 대한 존중사상은 우리 것을 귀중히 여기고 적극 내세우며 우리나라를 중심으로 모든 것을 고찰하자는 것이다. 그 예로 홍대용의 조국산천의 아름다움에 대한 자부심, 정약용의 우리나라 학문에 대한 중시, 이규경의 조선어의 우수성에 대한 긍지 등을 제시하면서 이는 참으로 애국적인 사상이라고 평가했다.[13]

> 큰 나라를 숭상하며 남의 것이라면 덮어놓고 우대하는 민족허무주의가 뿌리깊이 남아 있던 당시의 조건에서 자기의 것에 눈길을 돌리고 자기의 것에 대한 자부심을 가질 데 대한 실학자들의 주장은 통치배들의 사대주의적 흐름

---

13) 최원철, 「실학사상가들의 자기 것에 대한 존중사상」, 『철학연구』(2001년 3호), 37쪽.

을 거부한 애국적인 사상이였다.[14]

실학자들은 또한 우리나라를 중심으로 모든 것을 고찰할 것을 주장했다. 실학자들은 사대주의자들이 큰 나라에만 '천자'(하나님의 아들)가 있으며 그 밖의 나라는 모두 오랑캐이며 제후들만 있다는 궤변에 반대했다. 그 대표적 실례가 홍대용과 박지원의 견해였다. 홍대용은 어떤 나라나 다 자기 나라의 위치에서 본다면 자기 나라가 지구의 중심이라고 인정했다. 정약용도 같은 주장을 했다.

> 당시 도달된 자연과학적 지식에 기초하여 모든 나라가 다 지구의 중심이라는 실학자들의 주장은 큰 나라만이 지구의 중심이므로 그를 섬겨야 한다는 사대주의적 관점에 정면으로 타격을 준 견해로 된다.[15]

이러한 최원철의 관점은 이전의 실학사상 평가에 비해 새로운 관점을 보여준다. 북한은 실학사상을 연구·분석하는 데 유물론적 계급사관에 의거해 실학사상의 진보성과 과학성에 초점을 두어 왔다. 그런데 최근 발표된 최원철의 이러한 논문은 북한이 실학사상 평가에서 민족주의적 시각을 강조하기 시작했다는 사실을 보여준다. 다시 말하면 민족주의적 시각에서 본 애국사상에 대한 평가가 특징적이다. 따라서 최원철은 본 논문의 결론으로 실학사상가들의 자기 것에 대한 존중사상이야말로 바로 조선민족으로서 자부심과 긍지를 가지고 사대주의적 관점에 반대한 애국애족의 사상이며 이는 그후 개화파와 애국계몽 사상가들에게 영향을 주었다고 한다.[16]

(2) 실학사상가 연구성과 분석

최봉익의 『조선철학사 개요』(사회과학출판사, 1986)에 나타난 실학사상가

---

14) 위의 글.
15) 위의 글, 38쪽.
16) 위의 글.

에 관한 서술목차는 다음과 같다.

>제3편 봉건사회의 분해기 철학
>제1장 실학파 철학의 출현과 자본주의적 사상의 발생
>제1절 초기실학파의 대표자 이익의 철학사상
>제2절 중기실학파의 철학사상
>　1) 홍대용의 철학사상　2) 박지원의 철학사상　3) 박제가의 철학사상
>제3절 후기실학파의 철학사상
>　1) 정약용의 철학사상　2) 리규경의 철학사상　3) 최한기의 철학사상
>제2장 임성주의 유물론적 철학사상과 주자성리학을 반대하는 투쟁

한편 정성철의 『조선철학사 3』(1987)에서는 '제2편: 리조 후반기의 철학'에서 실학사상에 4, 5장을 할애했다.

>제2편 리조 후반기의 철학
>제4장 진보적 사상조류로서의 실학사상의 발생
>제1절 류형원의 철학사상
>제2절 리익의 철학사상
>제5장 진보적 사상조류로서의 실학사상의 발전
>제1절 홍대용의 철학사상
>제2절 박지원의 철학사상
>제3절 박제가의 철학사상
>제4절 정약용의 철학사상
>제5절 리규경의 철학사상
>제6절 최한기의 철학사상

이상의 목차에서 볼 수 있듯이 북한에서는 우리의 전통철학 중 실학사상을 매우 긍정적으로 평가하고 실학사상과 그 사상가에 관한 연구가 활발함을 볼 수 있다. 본 연구는 실학사상가 전체에 관한 고찰은 하지 않고 대표적인 사상가 몇 사람을 중심으로 그들에 관한 평가를 통해 북한의 실

학사상 연구현황을 살펴본다.

① 이 익

이익(호는 성호, 1681~1763)은 실학파 철학의 기초를 마련해 놓은 철학자다. 이익의 경우 진보적 양반의 입장에서 당시 반동적 봉건통치배들의 죄행과 주자철학의 반동성에 대해 비판하고 일부 새로운 견해를 내놓았다고 보았다. 이익은 진리는 낡아빠진 옛날 책에서 찾을 것이 아니라 발전하는 현실 속에서 찾아야 한다고 주장하고, 또한 봉건유학자들의 심한 독경주의와 그것이 우리나라 학문발전에 끼치는 해독성에 대해서도 일정하게 폭로했다. 그러면서 그는 주자의 글에 대해서는 "글자 하나라도 의심을 두면 망령된 것이라고 하고 대조고증을 하면 죄가 된다"고 하니 이렇게 하고서야 어찌 학문이 발전할 수 있겠는가 하면서 당시 고루한 유학자들의 독경주의, 교조주의를 비판했다.17) 이에 대한 최봉익의 평가는 다음과 같다.

> 이것은 사대주의, 교조주의에 물젖은 봉건유학자들이 우리나라의 역사와 현실을 연구하지 않고 보려고도 하지 않으면서 남의 역사나 남의 글을 앵무새처럼 따라 외우기만 하고 주자의 말과는 글자 한자만 틀리게 하여도 '사문난적'으로 몰아 참혹하게 학살하고 있는 당시 조건에서 진보적 의의를 가지는 것이었다.18)

이익은 이러한 입장에서 출발해 일정하게 진보적인 철학사상들을 내놓았다. 이익은 무엇보다 먼저 자연관에서 당시 반동적 유학자들의 관념론적 견해에 반대하면서 모든 사물을 물질적인 '기'(氣)라고 봄으로써 세계의 물질성을 인정했다. 그의 '기' 불멸사상에는 물질불멸에 관한 사상이 담겨있다. 다음으로 이익은 모든 사물현상은 시간이 오래가면 변하지 않는 것이란 없다고 하면서 이러한 변화의 원인은 음기와 양기의 호상작용으로 말미암아 발생하게 된다고 했다. 그의 견해에 의하면 '기'에는 음(陰)과 양

---

17) 최봉익, 『조선철학사 개요』(평양, 사회과학출판사, 1986), 235-236쪽.
18) 위의 책, 237쪽.

(陽) 두 측면이 있어 이 작용에 의해 모든 조화가 일어나는데, 그렇게 되는 까닭은 '기'가 왔다갔다하기 때문이라고 했다.

 이러한 견해들은 당시 반동적 주자학자들이 사물의 운동변화의 원인을 '천리'나 '천신'의 조화에서 찾는 관념론적 견해와는 근본적으로 대립되는 것이었다.[19]

 인식론문제에서도 이익은 일정하게 합리적인 견해를 내놓았다. 그는 사람이 나면서부터 안다고 하는 유교 관념론자들의 '생이지지'(生而知之)설을 비판하면서, 인간의 인식은 선천적으로 주어지는 것이 아니라 객관적인 사물이 인간의 인식기관에 작용함으로써만 형성된다고 보았다. 물론 이익은 인식과정의 두 단계에 대해 명확히 구분해서 말하지는 못했지만 인식과정이 감각·표상·판단·추리의 복잡한 사유과정을 거친다는 것은 어느 정도 이해하고 있었다. 이상과 같이 이익은 당시 고루한 반동유학자들의 관념론적 견해를 비판하면서 일련의 진보적인 견해를 내놓았다. 그러나 그는 자신이 유학자이고 양반출신이었던 만큼 유교사상을 다 부정하지는 못했으며 관념론사상을 함께 가지고 있었다.[20]

 그에게는 유교 창시자들인 공자나 맹자 또는 주자에 대한 숭배사상이 의연히 남아 있었으며 세계의 창조자, 주재자로서 '천'을 인정하는 유교관념론의 테두리에서 완전히 벗어나지 못했다. 그는 하늘에 대한 해석에서 자연적인 하늘로 보는 동시에 초자연적인 의지를 가지고 있는 것으로 해석함으로써 주재자로서의 하늘을 인정했다. 그는 또한 귀신에 대해서도 완전히 부정하지 못하고 매우 불철저한 태도를 취했다. 즉 그는 천신(하느님)의 존재와 귀신의 존재를 함께 인정하고 있었다.[21]

 사회정치적 견해에서 이익은 당시로서는 일부 진보적인 견해를 내놓았다. 그는 단편적이나마 당시 부패·타락한 봉건사회의 모순에 대해 일정하

---

19) 위의 책, 238쪽.
20) 위의 책, 238-239쪽.
21) 사회과학원 력사연구소, 『조선전사 11』(평양: 과학백과사전출판사, 1980), 300쪽.

게 폭로·비판하면서 그것을 여섯 가지 측면에서 지적했다. 그의 견해에 의하면 생산이 발전하지 못하고 사회가 어지럽게 되는 중요원인은 사회에 여섯 가지 좀(노비제도, 과거제도, 문벌제도, 잡술, 승려, 건달)이 있어 나라와 백성을 해치고 있기 때문이라고 했다. 특히 이익은 이 여섯 가지 좀의 폐해를 지적하면서 이런 폐해가 발생하게 되는 중요한 원인은 양반통치배들이 놀고먹으면서 사람들을 가혹하게 억압하고 착취하는 데 있다고 보았다.

이익은 당시 백성들의 빈천한 처지에 대해 많은 동정을 표시했다. 그는 사람은 선천적으로 '하느님'으로부터 부귀빈천한 팔자를 타고난다고 하는 종교적 관념론의 견해를 비판하면서 "사람은 귀하고 천한 것이 없다"고 했는데, 그의 이러한 사상 가운데는 인권 평등사상이 싹트고 있었다. 그러면서 그는 "저 '천하'라는 것은 세상 뭇사람들의 공공물로서 그 어느 한 사람의 소유로는 될 수 없다"고 했다. 여기에는 봉건군주의 전제정치를 부정하는 인권사상이 제기되고 있다.[22]

이익은 그 자신이 가난하고 벼슬이 없는 빈천한 양반선비로서 당시 반동적 봉건통치배들에 의해 압박받고 착취받는 근로인민들의 비참한 처지에 대해 일정한 동정을 표시하기는 했으나, 양반계급의 입장을 떠나서 근로인민의 이익과 요구를 대변할 수는 없었다.[23]

② 홍대용

홍대용(호는 담헌, 1731~83)은 18세기 중기실학파의 대표자의 한 사람으로서 철학자이며 자연과학자다. 특히 홍대용의 우주자연관에 관한 연구는 최근 『철학연구』(2003년 1호)에 실려 있다.[24] 홍대용의 우주자연관은 기일원론적 유물론에 기초한 것으로, 유물론철학과 동방 천문학사에서 뚜렷한 지위를 차지한다고 본다. 홍대용은 성리학에 대한 교조와 독경적인 연구방법에 매달리던 유학자들을 비판하면서 주자학의 자연관 자체를 비판하고 실증적 방법을 중시할 것을 주장했다.

---

22) 위의 책, 239쪽.
23) 위의 책, 240쪽.
24) 박문성, 「홍대용의 우주자연관과 그 진보성」, 『철학연구』(2003년 1호), 41-42쪽.

홍대용의 기일원론적 유물론의 진보성은 우선 기의 물질적 성격을 강조하면서 '질' 개념을 새롭게 제기하고 해명하려 하였으며 유물론의 성과들을 고수하고 계승 발전시켰다는 데 있다.……홍 대용의 기일원론적 유물론의 진보성은 또한 중세 전통적인 '음양오행설'의 결함을 극복하고 선진적이며 과학적인 유물론적 우주생성 리론으로 기일원론적 과학론의 우수성을 립증하려 한 것이다.25)

홍대용의 자연관에서 중요한 것은 유학자들의 관념론적 견해를 부정하고 유물론적 사상을 제기한 것이다. 그는 또한 유교 관념론자들의 지구는 우주의 중심이며 움직이지 않는다는 '지정설'을 부정했고, 은하계와 일식, 월식의 원인 등 천체현상과 기상현상에 대한 유교의 신비적 견해에 대해서도 비판하고 유물론적 견해를 내놓았다.26) 홍대용은 유물론적 자연관에 기초해 기일원론을 주장했는데, 우주자연계에 대한 홍대용의 이와 같은 견해 속에는 유물론적 사상이 많이 표현되고 있다. 특히 그는 선행 기일원론자들이 잘 풀지 못하고 있던 물질적 '기'로 돼 있는 우주공간의 무한성과 그 속에 있는 천태만상의 모든 사물의 운동·변화과정을 밀접히 결부시켜 고찰함으로써 존재론에서 한 걸음 더 전진했다.27)

홍대용은 자연계 사물현상의 발생·발전과 그 원인에 대해서도 유교 관념론자들의 형이상학적 견해에 반대하고 일부 변증법적 견해를 내놓았다. 그는 자연은 단순한 형태에서 고급한 형태로 변화·발전한다고 보면서 그것은 모두 사물 자체의 원인으로 그렇게 된다고 했다. 그는 자연계의 발전에서 사회에 이르기까지 비록 윤곽적이나마 세계는 발생 이래 낮은 단계에서 높은 단계로, 단순한 것에서 복잡한 것으로 점차 변화·발전해 지금에 이르렀다는 것을 소박하게 말하고 있다. 따라서 홍대용의 자연관에는 소박하나마 세계의 물질적 통일성에 관한 사상이 그 기초에 놓여 있으며, 세계만물을 물질적 기 운동의 역사적 발전과정의 산물로 이해하는 유물론

---

25) 위의 글, 42쪽.
26) 최봉익, 앞의 책, 241-242쪽.
27) 위의 책, 242쪽.

적이며 변증법적인 사상이 관통돼 있다. 홍대용의 철학사상에는 소박하나마 자연과 사회에 대한 변증법적인 요소가 다분히 포함돼 있다.28)

이것은 그가 자연, 사회를 발전의 견지에서, 변화의 견지에서 고찰한 것으로서 유교의 '천도불변', '인도불변'의 형이상학적 견해와는 근본적으로 대립되는 변증법적인 고찰이다. 홍대용의 이러한 견해는 당시 고루한 유학자들이 봉건사회를 영원불변한 것으로 합리화하려는 반동사상에 커다란 타격을 주었다.29)

다음으로 인식론에서 홍대용은 인식의 원천에 대해 말하면서 사람의 인식은 객관적 사물에 감각기관이 작용함으로써 형성된다고 보아 인식론에서 인식대상의 중요성을 강조했으며, 사람의 감각기관이 아무리 총명해도 인식대상이 없거나 또는 그것이 똑똑하지 못할 때는 객관사물을 정확히 인식할 수 없다고 말하고 있다. 반대로 그는 인식대상만 있고 감각기관이나 사유기관이 작용하지 않으면 인식은 성립될 수 없다고 했다.

인식의 원천에 대한 이러한 견해들은 주관관념론자들이 인식의 원천을 순수 주관적인 의식에서 찾거나 또는 객관관념론자들이 그것을 초자연적인 관념이나 정신에서 찾은 것과는 근본적으로 대립되는 진보적인 견해이다.30)

다음으로 홍대용은 봉건시기 철학에서 인식론의 중요한 범주의 하나인 '지'(知)와 '행'(行), 즉 아는 것과 행동하는 것, 지식과 실천의 상호관계에 대해서도 합리적인 견해를 내놓았다. 홍대용은 유교 관념론자들의 '선지행후'(先知後行)를 부정하면서 사람이 진리를 탐구하려면 '지'와 '행'을 선후로 갈라놓을 것이 아니라 이 양자를 동시에 병진시켜야 한다고 주장했다. 그러면서 그는 경을 읽어 아무리 많이 안다고 해도 그것이 행동과 결부되지 않을 때에는 참다운 지식이 될 수 없으며 하나의 망상에 지나지 않는다고

---

28) 정성철, 『조선철학사 2』(평양: 과학백과사전출판사, 1987), 291쪽.
29) 최봉익, 앞의 책, 243쪽.
30) 위의 책, 243-244쪽.

했다. 그의 이러한 견해는 결국 인식에서 행동과 실용이 갖는 중요성을 강조한 것으로 당시 유물론적 인식론 발전에 적지 않은 기여가 된다.

홍대용의 철학사상에서 중요한 부분을 차지하는 것은 그의 무신론사상이다. 그는 자연계에 대한 유물론적 이해에서 출발해 당시 유포되고 있던 각종 종교미신설의 허황성을 폭로·비판했다. 그는 '천명'(天命)에 대한 그릇된 주장을 비판하면서 하늘은 '기'이며 '우주에 충만된 것은 기'라고 했다.31) 이상과 같은 그의 견해 가운데는 당시 많이 유포돼 해독을 끼치고 있던 '영혼불멸설'이나 각종 잡귀신을 비판하는 무신론사상이 내포돼 있는 것으로 봉건 말기 우리나라 무신론사상의 발전에 일정하게 기여했다.32)

그런데 홍대용의 철학사상에서 가장 보수적인 부분은 윤리도덕적 견해라고 한다. 그는 봉건도덕적 규범의 보편성에 대해 의심하지 않았을 뿐 아니라 그것이 선천적으로 인간의 성(性)에 구비돼 있다고 생각했다. 그는 인간의 본래 성에 도덕의식이 구비됐으나, 그 발현에서 성인과 보통사람이 구별되는 것은 보통 사람은 기의 구속을 받기 때문이라고 인정했는데, 그의 이러한 견해는 관념론적이며 봉건적이다. 이러한 성격에 관해 『조선철학사 2』에서는 다음과 같은 평을 내리고 있다.

> 이것은 낡은 봉건제도의 부패타락에 상응하게 도덕적 타락상도 명백히 노출되었으나 새로운 도덕발생의 사회물질적 조건은 형성되지 못하였으며 따라서 새로운 도덕의 담당자도 출현하지 못한 시대적 조건을 반영한 윤리도덕 사상으로서 추상화된 봉건적 도덕규범을 이상화한 데 불과하다.33)

사회정치적 견해에서 홍대용은 당시 반동적 '봉건통치배들'의 죄행과 봉건제도의 폐해에 대해 비판하면서 진보적인 견해를 내놓았는데, 그의 이러한 견해는 당시 나라의 토지가 봉건 대관료배들과 대지주들의 수중에 집중되는 것을 막고 토지로 하여금 자본주의적 사유제로 나갈 것을 요구

---

31) 박문성, 앞의 글, 42쪽.
32) 최봉익, 앞의 책, 245쪽.
33) 정성철, 앞의 책, 298쪽.

한 것이었다. 다음으로 홍대용은 봉건사회의 신분제도, 특히 양반계층에 대한 견해에서도 고루한 유학자들과 달리 일부 합리적 사상을 제기했다. 홍대용은 우리나라가 극도로 쇠퇴하고 빈궁하게 된 중요원인의 하나가 바로 놀고먹는 자들이 많기 때문이라고 하면서, 무위도식하는 양반신분에 대해 비판하고 봉건적 문벌제도와 세습적 양반 신분제도의 불합리성을 비판하면서 재능을 본위로 인재를 선발해야 한다고 주장했다.

이 밖에도 그는 교육문제, 국방문제들에 대해서도 일정하게 진보적인 견해를 내놓았다. 홍대용은 당시 사대주의자들의 비굴한 행동을 배격하면서 사람은 어디까지나 자기 나라를 존중히 여기는 입장에 서야 한다고 강조했다. 홍대용의 이러한 사상은 당시 우리 인민을 사대주의의 영향에서 벗어나도록 계몽·각성시키고 민족자주 의식을 높이는 데 긍정적 작용을 했다. 그러나 홍대용 자신이 봉건양반 출신이었고 유교사상의 영향에서 완전히 벗어나지 못하고 있었던 만큼 사대주의, 대국주의에 대한 그의 입장은 철저하지 못했다.[34]

③ 박지원

박지원(호는 연암, 1737-1805)은 실학을 연구하고 부패·타락한 봉건통치배들의 죄행을 비판·폭로하는 과정에 일정하게 진보적인 철학 및 사회정치적 견해를 내놓았다. 박지원은 실용적인 학문을 해 나라의 부강발전과 백성들의 생활안정에 도움을 주자고 주장했다. 박지원은 농업, 수공업, 상업과 과학기술적인 문제를 실용적인 학문으로 여겼을 뿐 아니라 여기에 종사하는 농민, 장공인, 상인들의 생활문제 해결을 위한 학문연구를 실학이라고 인정했다. 실학에 대한 이와 같은 관점으로부터 박지원은 주자성리학뿐 아니라 불교, 천주교의 교리도 다 반대하고, 경제기술적인 문제와 사회적인 문제를 널리 연구했으며 일련의 사회개혁안을 내놓았다.

박지원의 철학적 세계관은 자연과학적 견해와 밀접히 결부돼 있었다. 그는 자연과학, 특히 천문학의 연구성과에 기초해 우주자연에 대한 진보적

---

[34] 위의 책, 246-248쪽.

견해를 내놓았다. 박지원의 사상체계에서 중요한 의의와 혁명성을 가진 것은 그의 지구 지동학설이다.

그는 수천 년을 두고 영원불변의 신조로써 믿어 오던 천동설을 부인하여 나섰다. 18세기 박지원의 생존시기에도 이 천동설은 신성불가침의 교조로써 도학(道學)의 중요한 리론적 근거로 되여 있었으며 이에 대하여 조금만 의심을 갖더라도 그는 사문난적(斯文亂賊)으로 주목을 받게 되였으며 이단자로 불리였다. 박지원이 이렇게 이 시기에 지동학설을 주장하고 나섰다는 것은 봉건과 미신과 유심론에 대한 도전이요 도학에 대한 반항이였다.35)

박지원은 자연현상에 대한 변증법적 이해를 사회현상에까지 확장시켜 고찰하면서 주자성리학의 형이상학적 견해에 반대했다. 그는 자연사물이 끊임없이 변화·발전하는 것과 마찬가지로 사회에도 "성인도 어찌할 도리가 없는" 변화발전의 합법칙성이 작용한다고 인정했다. 주자성리학적 형이상학자들은 하늘과 땅, 해와 달이 천도(天道)에 준해 성인이 만든 인도(人道)이기 때문에 절대로 어길 수 없는 불변하는 천리라고 주장해 봉건제도 자체는 물론 봉건사회의 법과 도덕, 풍속도 영원하다고 했다. 그러나 이러한 점으로 박지원의 변증법사상은 일련의 제한성을 면할 수 없다고 보았다.

그러나 박지원의 변증법사상에는 일련의 제한성이 있다. 그의 변증법사상은 당시 자연과학 발전의 미숙성으로 하여 아직까지도 소박성과 직관성을 면할 수 없었다. 또한 그의 사상에는 순환론적 사상도 다분히 포함돼 있었다. 그는 모든 사물에 대해 말하였으나 사물의 질적 변화의 사상에까지는 이르지 못하고 순환하는 것으로 이해했다. 즉 식물의 종자가 부정의 부정을 통해 종자로 되어서도 역시 종자로 존재하는 것과 같이, 사회도 변화하여 부정은 되나 그 사회성격에서의 혁명적 변화를 초래한다고 생각하지 못하였다.36)

한편 박지원은 옛것을 맹목적으로 추종하는 교조적 태도와 큰 나라를

---

35) 신구현, 「연암 박지원의 사상체계」, 『력사과학』, 4(1955), 18쪽.
36) 정성철, 앞의 책, 316쪽.

우주의 중심이라고 숭상하면서 우리나라의 역사를 무시하고 왜곡하는 사대주의적 경향에 대해서도 비판했다. 그러나 그는 공자, 맹자의 학설을 전제로 했기 때문에 사대주의를 철저히 비판할 수 없었다. 사회정치적 견해에서도 박지원은 봉건통치배들의 죄행과 학정을 폭로·비판하면서 진보적인 사회개혁안을 내놓았다. 그는 봉건 토지제도의 폐해를 지적하면서 당시 사회의 문란이 토호지주들의 토지겸병과 독점에 있다고 보았다. 그러면서 그는 이런 폐해를 제거하기 위해서는 전국의 토지를 호구수로 나누어 매 사람이 균등하게 소유하게 하고 규정된 면적 이상의 토지를 소유하지 못하도록 법적으로 제한한다면, 토지겸병은 없어지고 재산이 균등해wu 백성들이 안착할 수 있고 농사와 교육을 장려할 수 있게 될 것이라고 했다. 그의 이러한 사상은 당시 토지겸병을 못하게 하고 그 폐해를 방지하는 데 있어 일정한 의의가 있었으나 봉건적 토지소유 제도와 토지에 대한 사적 소유를 전제로 한 것이었다.

다음으로 박지원은 봉건적 신분제도를 예리하게 비판했다. 그는 놀고먹는 부패·타락한 양반이 나라를 약화시키고 경제를 파탄으로 이끄는 중요한 근원이라고 인정했다. 이로부터 그는 아무 것도 하는 일 없이 놀면서 기생충 생활을 하는 부패·무능하고 무위도식하는 양반을 제거할 것을 주장했다. 박지원은 봉건 양반도덕의 타락상과 허위성을 전면적으로 비판·폭로했으며 근로하는 사람들의 도덕적 우월성을 강조했다. 그러나 봉건적 신분제도와 양반제도 자체를 폐지하는 사상은 제기하지 못했으며 봉건사회의 신분 등급제도와 양반의 특권적 지위를 인정했다. 따라서 박지원이 반대하는 양반은 부패·타락하고 무위도식하는 양반, 아무런 관직 없이 세습적 특권을 가지고 다른 사람을 지배하면서 살아가는 양반이었다. 박지원은 이 밖에도 양반 내부에서의 인재등용과 적자, 서자의 차별, 노비의 일종인 사노비 등을 없애는 사상도 제기했다. 그러나 이러한 박지원의 봉건 신분제도에 관한 견해에 관해 최봉익은 다음과 같이 비판했다.

> 박지원의 봉건적 신분제도를 반대하는 사상은 당시의 조건에서 진보적 의의를 가지였으나 양반계급의 입장에서 벗어나지는 못한 것이었다.[37]

신구현 또한 비슷한 관점에서 박지원의 사상을 비판했다.

> 박지원은 확실히 현실주의자면서 몽상가였다. 그의 견해에는 확실히 강한 면과 약한 면이 뚜렷이 반영되고 있었다. 한편으로 봉건적 착취에 대한 강력한 비판, 지주, 관료, 토호, 렬신들의 전횡에 대한 폭로, 그 결과로 빚어진 인민대중의 빈궁과 피로에 대한 동정, 조국과 인민에 대한 고상한 사랑, 딴편으로는 나라의 인민들의 복리향상을 위해 이바지하였다는 현명한 고대의 제왕과 지주관료의 사대부 대신에 세련되고 선량한 사대부에 대한 흠모, 폭력에 의하지 않더라도 이러한 선각자들의 출현에 의한 농민문제 해결에 대한 환상과 설교가 동시에 반영되여 있다.[38]

총체적으로 박지원의 사상은 진보적 양반계급과 봉건국가의 입장을 대변하면서도 객관적으로는 농민과 시민들의 이해를 일정하게 반영한 사상으로서 18세기 우리나라의 실학사상을 풍부히 하는 데 기여했다. 이에 관한 신구현의 평가는 다음과 같다.

> 박지원의 사상에는 조국과 인민의 자유와 행복을 지향하는 애국주의 사상이 붉은 실마리로써 일관하고 있다.…… 이는 박지원에 대한 우리들의 존경과 사랑의 감정을 자아내게 한다.…… 박지원의 제한성—인민들의 '영원한' 행복과 자유를 토지소유의 제한정책, 즉 분산적인 개인경리에서 찾으려고 하였으며, 또 그렇게 확신한 박지원의 사상과 견해의 제한성—은 로동계급과 그의 선봉대인 맑쓰-레닌주의당의 령도가 없는 조건하에서 인민들이, 사상가들이 가질 수 있는 환상이라는 것과, 오늘 공화국 북반부에서 로동당의 령도로써 수행되는 농촌경리도 포함한 전반적 사회주의 건설투쟁이야말로 우리들의 영원한 행복과 자유실현을 위한 유일한 길이라는 것을 확신케 한다.[39]

---

37) 최봉익, 앞의 책, 252쪽.
38) 신구현, 앞의 글, 17쪽.
39) 위의 글, 27쪽.

④ 정약용

정약용(호는 다산, 1762~1836)은 봉건시기 우리나라의 유교철학을 실학의 견지에서 분석·비판하면서 일련의 선진적 견해를 내놓았다. 그는 『주역』을 비롯한 유교경전에 대해 새로운 해석을 가하면서 당시 유교 정통파로 자처하던 유학자들의 보수적이며 교조적인 고루한 견해를 비판했다. 특히 정다산은 당시 고루한 유학자들이 주자의 학설을 맹목적으로 따르면서 모든 것을 '이'(理)에서 출발해 보고 해석하려는 관념론적 견해에 대해 비판했다.

그는 유교철학의 근본원리인 '태극'(太極)설을 비판했다. 정다산은 '이'와 '기'의 상호관계 문제에 대해서도 종래 유학자들의 '이선기후'(理先氣後), '이발기수'(理發氣遂)의 관념론적 견해를 부정하면서 "기가 근본이며 이는 거기에 붙어다니는 부속물에 지나지 않는다"고 단정했다. 이것은 그가 이기 상호관계 문제에서 이 일원론자들과 달리 '기'를 중요시했다는 것을 말해 준다.[40] 그는 원래 중국 송나라 유학자들이 우주간의 모든 사물현상을 하나의 '이'에 귀착시키고 있는 데 대해 비판하면서 "이것은 불교의 원리나 노자의 사상에 근거해 억지로 만들어 낸 이론에 불과한 것으로서 아주 그릇된 것이다"고 했다. 정다산은 또한 주자학적 유교 관념론자들이 전통적으로 주장해 오던 '음양오행설'의 비과학성에 대해서도 비판했다.

이상과 같이 정다산은 세계시원에 관한 문제에서 유교철학의 전통적인 관념들을 비합리적인 것으로 보면서 세계의 시원을 물질적인 '기'라고 말하였다. 그는 원래 '기'라는 것은 물질적 실체를 표상한 것으로서 이것이 분화되고 운동 작용하면서 하늘, 땅, 사람을 비롯해서 우주공간의 모든 사물이 발생하고 변화 발전한다고 하였다. 이와 같이 정다산은 자연계의 모든 사물현상은 모두 물질적 실체인 '기'를 근원으로 하여 발생되었다고 보았다. 이것은 우주의 시원과 형성에 대한 견해에서 그가 소박하나마 유물론적 견해를 가지고 있었다는 것을 말하여 주는 것이다.[41]

---

40) 위의 책, 257쪽.
41) 위의 책, 258쪽.

정다산은 또한 세계의 사물현상은 물질적인 '기'로 형성될 뿐 아니라 이것들은 끝없이 변화하고 부단한 운동과정에 있다고 보았다. 그는 또한 사물의 발생변화를 서로 성질이 다른 물건의 결합과 격렬과정을 통해서도 이루어지는 것이라고 했다. 이와 같이 정다산의 철학사상에는 변증법적 사상요소도 많이 내포돼 있었다.

그러나 그는 세계의 시원과 사물현상들의 변화발전에 대한 견해에서 유교적 관점을 완전히 떠나지 못했다. 그는 음양이 작용하는 이치 우에 분명히 존재하는 '하늘'이 있으며 '태극' 우에 분명히 조화의 근본이 있다고 함으로써 세계의 지배자로서의 '하늘'의 존재를 인정했다. 뿐만 아니라 그는 하늘에는 '리'도 아니고 '기'도 아닌 '상제'나 '신'이 존재하여야 한다고 하면서 그것을 두려워하고 섬겨야 한다고 하였다. 그는 "신은 기질을 가지지 않았으므로 기라고도 할 수 없으며 신은 인간을 밝게 감시하고 있으므로 무형한 리라고도 할 수 없다. 만일 밝은 신이 존재하지 않는다면 권력 있는 제왕이나 홀로 거처하는 학자들이 무엇을 두려워하며 경계하고 자기 행동을 삼가겠는가"라고 하면서 '신'의 존재를 합리화하였다.[42]

이것은 그의 세계관의 제한성을 여실히 보여주고 있다. 인식론에서 정다산은 고루한 유교 관념론자들의 관념론적 인식론을 비판하면서 일부 합리적인 견해를 내놓았다. 정다산은 인식은 외계사물이 감각기관을 통해 마음에 전달됨으로써 이루어진다고 보았다. 그는 인식에서 감각적 인식과 사유는 다같이 매우 중요한 것이라고 하면서, 생각만 하고 배우지 않는다거나 또는 배우기만 하고 생각하지 않는 것은 인식에서 다같이 해롭다고 했다. 이것은 그가 사람이 객관적 사물을 인식하는 데서 감각, 경험적 지식과 논리적 사유의 결합을 매우 중시하고 있었다는 것을 말해 준다. 그런데 이러한 사상의 맹아는 일찍이 이율곡에게서 싹트고 있었다. 정다산의 논의는 이율곡이 퇴계의 이발(理發)설을 부인하면서 사단과 칠정에 관해 주장한 유물론적 견해의 발전으로 볼 수 있다.[43]

---

42) 위의 책, 259쪽.

정다산은 인식론의 이러한 유물론적이며 합리적인 요소들을 적지 않게 제기하였으나 그의 인식론에는 '천명'을 개입시킴으로써 관념론적 한계를 벗어나지 못한 근본 제한성을 가지고 있다. 그는 사람이 어느 시각에 남을 해코지 하는 생각이 발생하면 마음 한 구석에서는 그래서는 안 된다는 소리가 들리는 것 같은데, 이것이 바로 '하늘'의 명령이다. '하늘'의 명령은 사람의 감성적 인식을 통하지 않고 '도심', 즉 '하늘'이 사람에게 부여한 그 어떤 선천적인 마음을 통하여 인식하게 한다고 하였다. 이것은 완전한 관념론이다.[44]

정다산은 또한 불철저하게나마 무신론적 사상도 다소 제기했다. 그는 여러 가지 신비설과 미신의 비과학성을 폭로했다. 이것은 당시 사람들을 미신의 유혹으로부터 각성시키는 데서 일정한 의의를 가지는 것이며 특히 무신론사상 발전에 일정한 기여로 된다. 총체적으로 정다산은 비교적 진보적이며 유물론적인 견해를 내놓음으로써 선행사상에 비해 한 걸음 더 전진한 측면이 있으나 많은 면에서 부족한 점도 가지고 있었다.

정약용의 철학사상에서 중요한 내용을 이루는 것은 윤리도덕적 견해다. 그 중 중요한 것은 인성에 대한 견해라 하겠다. 홍태연은 「정약용의 륜리도덕적 견해」라는 논문에서 그에 관한 북한 학계의 입장을 정리했다.[45] 정약용은 인간의 본연에 대한 독자적인 견해에 기초해 모든 사람이 본연지성에서는 같으나 기질지성에 따라서 선하기도 하고 악하기도 하다는 주자성리학적 견해를 강하게 비판하면서, 당시 유학자들 속에서 성인으로 떠받드는 요, 순이나 가장 악하다고 인정되는 걸, 주는 '성'에서 차이는 없으며 다만 후천적인 교육의 산물이라고 했다.

> 이는 봉건적인 신분제도를 도저히 변화시킬 수 없는 절대적이고 영원한 것으로 합리화하는 주자성리학적 견해에 타격을 주는 데서 중요한 의의를 가진다. 특권적인 양반계급과 백성들 사이에 지배와 복종의 관계가 있게 되고 그것이 선천적 '성'에 의해 규제되는 것이라면 어쩔 수 없이 백성들은 그 운명에

---

43) 리형일, 「정다산의 철학사상」, 『력사과학』, 7(1955), 35-36쪽.
44) 최봉익, 앞의 책, 260쪽.
45) 홍태연, 「정약용의 륜리도덕적 견해」, 『철학연구』(2000년 4호), 40-42쪽.

순종할 수밖에 없는 것이다. 그러나 사람들의 지위가 선천적 '성'에 의해서가 아니라 후천적 교육교양에 의한 것이라면 얼마든지 그것을 변경시킬 수가 있으며 따라서 사람들은 자기 처지를 개선하기 위해서 투쟁할 수 있게 된다. 여기에 주자성리학의 선천적인 인성론을 반대하는 정약용의 견해가 가지는 역사적 진보성, 합리성이 있는 것이다.46)

그러나 정약용의 인성론에는 치명적인 약점도 있다고 평가했다. 다음의 인용문을 보자.

> 정약용은 봉건적인 신분계급적 차별성의 선천성을 반대하였지만 그 근원을 후천적 교육교양에서 찾음으로써 과학적 견해에 이르지는 못하였다. 실제적으로 신분계급적 차별은 교양교육의 차이에서 오는 것이 아니라 사회제도와 사회계급의 근본적인 차이에서 오는 것이다.47)

차별과 대립을 없애자면 혁명을 통해 선진적인 사회제도를 세우고 계급적 대립을 청산해야 한다는 것이다. 정다산은 사회정치적 견해에서도 일정하게 진보적 견해를 내놓았다. 그는 봉건통치배들의 죄행을 폭로했다. 정다산은 봉건통치배들의 학정과 죄악상을 일정하게 폭로하고 그들을 끝없이 증오하면서 그들에 의해 가혹하게 억압당하고 착취받고 있는 백성들의 비참한 처지에 대해 일정한 동정을 표시했다. 그러면서 그는 봉건통치배들과 백성들의 신분적 예속관계와 각종 착취형태의 참혹성에 대해 폭로했다.

그의 견해에 의하면 사람은 본래부터 '평등'한 관계에 있었으며 옛날에는 신분적 차별도 없이 모두 자유롭게 집단을 형성하고 살아왔다는 것이다. 그러던 것이 후에 통치자와 피통치자가 생기고 높고 낮은 신분적 구별이 발생하여 양반, 상민으로 갈라졌으며 국왕과 귀족들은 백성의 우에 올라앉아 억압과 착취를 하게 되었다고 하면서 자기의 생각 같아서는 차라리 우리나라의 모든 사람들을 모조리 양반으로 만들고 싶다고 했다. 그렇게 되면 나라에 한 명의 양

---

46) 위의 글, 41쪽.
47) 위의 글.

반도 없어지고 말 것이다. 왜냐하면 젊은 사람이 있기 때문에 늙은 사람이 있고 천한 사람이 있기 때문에 귀족들도 있게 되기 때문이다. 차라리 전체 백성이 다 존귀한 사람으로 된다면 거기에는 특별히 높은 신분을 가진 양반이란 것도 아주 없어지고 말 것이라고 하였다.[48]

여기에는 존비귀천의 봉건적 신분제도에 대한 그의 불만이 반영돼 있다. 이 밖에도 그는 봉건사회에서 지방차별, 문벌차별, 첩 자식에 대한 천대 등 각종 신분적 차별에 대해 비판했다. 한편 그는 백성의 물질적 생활안정을 도덕적 수양과 교육보다 선차적인 것으로 보았다.

> 그러나 정약용에게 있어서 백성들의 물질적 생활안정은 어디까지나 봉건적 악정에 의해 령략될 대로 령략된 농민들의 생활을 어느 정도 추켜세우고 봉건제도를 보다 유지 공고화하기 위한 생활안정이였다.[49]

그러므로 정약용의 윤리도덕적 견해는 당시 조건에서는 합리적이고 진보적인 내용이 담겨 있지만, 사회역사적 및 사회계급적 제한성으로 보수적 성격이 강했으며, 봉건적인 윤리도덕적 견해에서 벗어나지 못한 것으로 평가하고 있다.

한편 「다산 정약용의 륜리사상」을 보면 정약용의 윤리사상을 노동에 관한 진보적 견해, 민주주의적 인도주의, 민족자주적 애국주의, 가족관계에서 도덕적 의무로 분류하고 이들을 평가함에 있어 긍정적 관점에서 접근했다.[50] 총체적으로 정다산의 철학사상은 내용에서 유교적 한계를 벗어나지 못했으나 그가 제기한 일부 견해는 자본주의적 요구를 반영한 것이었다.

⑤ 최한기

최한기(호는 동강, 1803~79)는 이조 봉건말기에 극도로 반동화된 유교성

---

48) 최봉익, 앞의 책, 263쪽.
49) 홍태연, 앞의 글, 42쪽.
50) 정진석, 「다산 정약용의 륜리사상」, 『철학연구』(1962년 3호), 33-35쪽.

리학을 반대하고 일원론철학과 실학사상을 발전시켜 실학사상과 부르주아 계몽사상 사이에 다리를 놓는 역할을 한 진보적인 사상가로 보았다. 그는 양반출신의 애국적인 선비로서, 당시 급격히 자라나는 사회적 모순과 민족적 위기를 어느 정도 자각하고 세계발전의 대세에 맞추어 정치, 경제, 문화 등 여러 면에 걸쳐 새로운 개혁과 개변이 있어야 한다는 것을 주장하고 일련의 진보적인 철학 및 사회정치적 견해를 내놓았다는 것이다.

최한기는 이조 봉건시기 봉건 통치계급의 지배적 사상도구였던 '이학'(理學)에 대립해 '기학'(氣學)이라는 새로운 유물론적 철학사상을 내놓음으로써 우리나라 봉건말기 유물론적 철학사상 발전에 기여했다. 최한기의 '기학', 즉 '기'에 관한 학문은 우리나라 고대부터 발생·발전해 오던 '기'에 관한 유물론적 사상의 높은 발전이었다. 그는 선행시기 우리나라 철학사에서 진보적인 사상조류로 발전해 오던 기 일원론 철학을 비판적으로 분석·종합하고, 당시 도달한 자연과학의 새로운 성과에 토대해 더욱 심화시켰으며, 일련의 철학적 문제에 대해 새로운 견해를 제기했다.

세계의 시원과 형성문제에 대해 그는 종래의 기 일원론자들의 사상을 계승·발전시키면서 여기에 새로운 합리적 해석을 가했다. 최한기는 성리학자들이 절대적인 정신적 실체로 내세우는 '이'에 대해서도 그것이 물질적 기에 내재하고 있는 법칙(조리)에 불과하다고 인정했다. 그는 이를 기의 운동변화 법칙으로 이해하면서 이와 기가 분리돼 있는 것은 사유 속에서뿐이며 그것을 객관세계에 확장하면 오류에 빠진다고 하면서 '이'를 둘로 나누어 보았다. 즉 그에 의하면 이는 물질적 기의 운동변화 법칙과 주관의 식에 반영된 사유의 법칙으로 나누어진다.[51] 그런데 객관적 자연법칙은 물질적 자연과 통일돼 있지만 주관적 사유법칙은 객관적 인식대상과 분리될 수 있다는 것이다.

이것은 당시 이 일원론적 관념론의 정통을 타격했음을 보여준다. 최한기의 이러한 견해는 이가 기와 분리될 수 없으며 분리시키는 것은 주관이지 객관세계 그 자체에는 없다는 심오한 이해다. 그는 유물론적 입장에서

---

51) 최종동, 「최한기의 리기 호상문제에 관한 견해」, 『철학연구』(1994년 4호), 36쪽.

출발해 이의 일차성, 그 객관성을 주장하는 관념론자들에 반대해 사유의 법칙으로서 이를 기에 앞세우는 것은 주관에 의한 객관세계에 대한 왜곡이라고 정당하게 비판했다. 최한기는 유물론과 관념론을 대치시키고 관념론의 허황성에 대해 신랄히 폭로했다.[52]

최한기는 유물론적 입장을 인식론에까지 관통시켜 사람의 인식능력을 초자연적인 것이 아니라 물질적 기의 특수한 산물로 보았으며 세계에 대한 인식 가능성에 확신을 가지고 있었다.[53] 인식을 객관세계 사물의 법칙성으로 이해한 최한기의 유물론적 인식론과 사물의 인식법칙을 해명한 논리학 등에는 그의 변증법사상이 기초에 놓여 있다.

그의 변증법사상을 관통하는 사상은 바로 '변통'사상이다. 그에게 있어서 '변통'이란 바로 사회와 인간이 자연법칙을 어기고 전진에 장애를 조성하였을 때 그 장애를 사람의 노력으로 제거하고 자연법칙에 순응시키는 행위, 즉 '개혁', '변법'을 의미한다.[54]

다음으로 최한기는 도교관념론의 기본범주인 '도'(道)와 불교를 비롯한 주관관념론의 출발적인 개념인 '공'(空), '신'(心)의 관념론적 본질을 비판했다. 그의 견해에 의하면 도교나 불교는 모두 '허무'를 숭상하고 천주교나 회교는 '신'을 숭배하고 있는데, 근래에 와서 '기'에 관한 학설이 점차 발전하고 실험기구가 구비돼 물질세계의 진실이 더욱 명백하게 알려짐에 따라 그 허위성이 똑똑히 드러나고 있다고 하면서, '도'라는 것은 물질적 '기'의 운동과정을 표시하는 하나의 개념에 지나지 않는 것이라고 했다.[55]

최한기는 사람의 인식은 객관적 사물과 감각기관의 접촉, 그리고 실제 생활과정에서 얻어지는 여러 가지 경험에 의해서만 형성되고 풍부해진다고 보았다. 이것은 인식에 대한 유물론적 견해로서 관념론적 인식론과는

---

52) 위의 글, 37쪽.
53) 최종동, 「최한기의 인식론연구」, 『철학론문집 20』(과학백과사전종합출판사, 1993), 186쪽.
54) 위의 글, 196쪽.
55) 최봉익, 앞의 책, 271쪽.

근본적으로 대립되는 것이다. 최한기는 그때까지 인식론에 중요하게 논의돼 오던 '지'와 '행', 다시 말해 인식과 실천의 상호관계 문제에서도 일정하게 합리적인 견해를 내놓았다.

> 일반적으로 유물론적 경향을 가진 철학자들은 행동의 선차성과 지식의 후차성, 즉 '行先知後'를 주장했다. 이 경우에는 사람의 인식이 감각, 경험, 실험을 통해서만 성립되므로 지식은 행동의 결과에서 얻어진다는 것이다. 그런데 홍대용, 박지원, 정약용 등은 다같이 '知先行後'설이나 '행선지후'설을 반대하고 아는 것과 실행하는 것과의 관계를 통일적으로 파악하려고 하면서 '지행병진'을 주장했다.…… 최한기는 '지행합일'설과 '知行竝進'론은 바로 흐리멍텅하게 지와 행을 조화시키는 술책이라고 하면서 일부 유물론자들이 주장한 '지행병진'설도 반대하였다.[56]

최한기는 '지선행후'(知先行後)의 관념론적 견해를 반대하면서 '행선지후'(行先知後), 즉 먼저 실천이 있은 다음에야 비로소 아는 것이 있게 된다고 했다. 최한기는 총체적으로 볼 때 인식에서 주체적 요인의 결정적 역할을 옳게 이해하지 못하고 수동적인 반영론적 입장에서 벗어나지 못했다. 또한 그는 인간인식의 생리적 기초를 과학적으로 이해하지 못하고 사유기관을 '심'(心)으로 이해하는 제한성을 발로시켰으며, 인식의 기초로서 실천을 제대로 이해하지 못하고 인식과정의 변증법적 문제를 제기한 데 지나지 않았다. 그리고 그의 인식론은 전반적인 문제에서 경험적인 것을 생동하게 서술하는 소박성을 면하지 못했다.[57]

사회정치적 견해에서도 최한기는 당시 개화사상의 선구자로서 일련의 새로운 주장을 들고 나왔다. 그는 봉건사회의 부패·타락한 각종 낡은 제도를 비판하면서 그것을 새로운 현실발전에 맞게 개혁할 것을 주장했다. 그의 정치사상에서 중요한 것의 하나가 '평등' 및 '민주주의'에 관한 사상이다. 최한기의 정치적 이상은 '계몽'된 군주와 '인재'에 의한 '인정'(仁政

---

56) 최종동, 「최한기의 인식론 연구」, 213-214쪽.
57) 위의 책, 276쪽.

의 실시다. 그의 이러한 정치적 이상은 물론 봉건적 '이상정치'론이었으나, 그의 정치이념에는 당시의 사회역사적 조건을 반영해 '평등' 및 초기 '민주주의' 사상요소가 있었다. 그는 사회성원에 대한 치안을 위해 자기를 헌신하는 정치가 곧 '위민치안'(爲民治安)이라고 하고 나라의 '위민치안'은 결국 '인재'에 의해 결정된다고 하면서 '인재'등용 문제를 매우 중시했다.

> 최한기는 나라의 치란이 인민대중에 의해서가 아니라 '인재'에 의해 결정된다는 선발된 '인재'중심의 사관을 벗어날 수는 없었다. 그러나 그의 '인재'등용 사상은 종래 주자성리학자들의 '인재'등용 사상이 기껏해야 량반 내부에서의 '인재'등용의 기회평등에 관한 사상에 머물었다면 그의 사상은 량반계급의 범위를 벗어나 '인재'등용에서의 '평등'문제로 제기됐다는 데 있었다.[58]

그는 봉건제왕에 대한 무조건 숭배와 복종을 반대했다. 그는 "제왕을 존중히 하는 것은 나라와 천하를 편안히 하자는 것이다. 그러나 만약 이 권위가 나라와 백성들을 편안케 하는 데 관심을 돌리지 않는다면 그것은 썩어빠진 것이다. 만약에 백성들의 편안한 생활을 해친다면 그것은 도리어 원수이다"고 했다.[59] 심지어 그는 봉건사회의 왕도 백성들을 존중하며 하늘처럼 섬겨야 한다고 했다. 그는 "왕은 백성으로써 하늘을 삼는다. 하늘을 존경한다는 것은 곧 백성을 존경하고 섬긴다는 것이다." 물론 그가 여기서 말하고 있는 '백성'은 주로 봉건왕권의 지배하에 있는 모든 계급계층을 가리키는 것으로, 여기에는 수공업자, 상인, 농민, 심지어 지주, 자본가도 포함돼 있다고 볼 수 있다. 그의 이러한 견해에는 봉건 전제주의에 대한 비판과 민주주의적 사상이 들어 있으며 당시로서는 진보적 의의를 가진 것이었다.

그의 '민주주의'사상은 비록 관리에 의한 중앙집권적 통치를 전제로 했으나 봉건적 전제주의와 세도정치가 지배하던 당시의 조건에서 인민대중의 자주성을 일성하게 인정한 진보적인 견해다. 그러나 그의 '민주주의'사

---

58) 조홍수, 「최한기의 정치사상」, 『철학연구』(2001년 4호) 40-41쪽.
59) 최봉익, 앞의 책, 276쪽.

상은 '민권'사상을 내포하고 있으나 '사민'(士民)의 완전한 평등을 전제로 하는 민주주의사상에까지는 이르지 못했으며, 또한 그가 언급한 백성, 대중은 법권적 의미에서 대중, 공민이 아니라 추상적인 것이었다.60)

이상에서 보는 바와 같이 최한기는 개화사상의 선구자로서 개명한 양반계급의 입장에서 일련의 진보적 사상을 내놓았다. 귀천의 차별을 반대한 최한기의 사상은 '인재'등용에서 신분등급제에 기초한 귀천이 엄격히 제정돼 있던 당시의 조건에서, 신분에 대한 돌파구를 형성한 '평등'사상의 요소였다고 할 수 있다. 여기에는 초기 '민주주의'사상이 다분히 내포돼 있다.61) 그의 사상에서 긍정적 요소는 후에 개화사상가들에 의해 계승되고 더욱 발전됐다.

3. 남북한 학술교류 현황

1) 남북한 학술교류 성과

실학사상 분야는 예술, 어문, 고대사상 분과에 비해 인식의 차이점과 불일치로 인해 학술교류에 난항을 느끼는 주제다. 따라서 교류성과가 상대적으로 적다. 그럼에도 불구하고 실학사상과 관련된 몇 가지 성과를 분석하면 다음과 같다.

1. '제2차 조선학 국제학술토론회', 1991. 8. 12~14, 연변대학
   주최: 국제고려학회, 길림성사회과학원
2. '제3차 조선학 국제학술토론회', 1990. 8. 2~5, 오사카
   주최: 오사카 아세아연구소, 북경대학 조선문화연구소

---

60) 조홍수, 앞의 글, 42쪽.
61) 위의 글, 41쪽.

3. '제4차 조선학 국제학술토론회', 1992. 8. 20~22, 중국 북경
   주최: 중국 북경대학 조선문화연구소, 일본 오사카 경제법과대학 아시아연구소
   ※ 이 국제학술회의에 조선에서는 대규모적인 학자 대표단으로 처음으로 30명을 국제학술토론회의에 파견했다. 이 회의는 언어, 문학, 역사, 경제, 정치법률, 사회, 교육, 철학종교, 문화예술, 의료, 과학기술 등 11부회로 나뉘어 진행된 학술토론회의였다. 이 중 '철학종교부회'에서는 다음의 주제가 발표됐다.
   김철앙(일본 조선대학 교수), 「리조시기 실학사상의 몇 가지 특징에 대하여」.
   남명진(한국 충남대학 교수), 「한국역학의 특질」.
   민동근(한국 충남대학 교수), 「우리민족의 훌륭한 도덕적 성품에 관한 고찰」.
   김정수(조선 사회과학원 실장), 「현대철학에서 인도주의 리념과 관련한 몇 가지 문제」.
   김주철(조선 사회과학원 연구사), 「종교의 본질에 대한 새로운 고찰」.
   정성철(조선 사회과학원 실장), 「조선의 독자적 사상조류로서의 실학과 그의 몇 가지 철학적 특성」.

4. '동방 전통문화와 현대화' 국제학술회의, 2002. 10. 17~18, 중국 심양
   주최: 조선사회과학자협회, 한국정신문화연구원, 중국 연변대학 민족문제연구원

5. '제2차 한반도 평화포럼: 한반도 평화체제 구축과 동북아경제협력', 2003. 8. 5, 중국 연변대학
   주최, 주관: 한국 한반도평화운동본부, 중국 연변대학 동북아국제정치연구소
   '남북한 학술교류의 성과와 과제'
   주최, 주관: 국제고려학회
   기조연설: 김민수(국제고려학회 고문, 동숭학술재단 이사장), 「북한연구의 어제와 오늘: 언어분야를 중심으로 한 북한 연구사의 전개」.
   역사분야:
   최광식(고려대 한국사학과), 「한국사학(전근대) 교류의 평가와 과제」.
   정태헌(고려대 한국사학과), 「남북한 학술교류의 성과와 과제: 한국사(근현대사)」.
   김영두(원광대 원불교학과), 「북한 학술교류 경과와 향후 과제」.
   소강춘(전주대 국어교육과), 「국어 관련분야의 남북교류 현황과 교류협력 방안」.
   오형근(동국대 명예교수), 「대승적 화쟁과 남북한 화합」.

김상호(부산외대 무역학과), 「상사 분쟁해결을 위한 남북한 협력의 성과와 과제」

최기선(한국과학기술원 전산학과), 「ISO2382정보기술용어 표준화를 위한 남북한 학술교류」.

2) 남북한 학술교류 성과분석

남북한은 1990년 9월 제1차 남북 고위급회담을 시작으로 1992년 5월 제7차 회담에 이르기까지 2년 10개월에 걸친 정부간 공식회담을 지속시켰고, 그 성과로 '남북 사이의 화해와 불가침 및 교류협력에 관한 합의서'가 양측 정부에 의해 공식적으로 서명·발효됐다. 이로 인해 남북한간 관계개선에 획기적인 전기를 마련하게 됐는데, 남북간의 교류협력 문제는 부분적인 접근이 아니라 남북한의 공동이익과 민족동질성을 회복하기 위한 총체적인 접근이 이루어져야 한다. 그리고 이러한 민족동질성의 회복에서 중요한 역할을 하는 것이 학술교류라고 볼 수 있다.

우리 정부는 1970년부터 우리 통일정책의 합리성과 현실성을 대내외에 인식시키고 해외학자 및 연구소와 유기적 협조체제를 기하는 한편, 한반도 문제에 대한 해외 학자·전문가들의 의견수렴과 정책개발을 위한 자료수집을 위해 각종 국제학술회의를 주최 또는 후원해 왔다. 특히 88서울올림픽을 기점으로 국제긴장이 완화되고 중·소를 비롯한 동구공산권의 민주화개혁이 촉진되면서 이들 국가와의 교류·협력도 확대·발전되고 있는 추세에 따라 종래의 미주 및 분단국 중심의 국제학술회의에서 탈피해 개최지역을 중국과 소련을 비롯해 동구지역에까지 확대해 개최해 오고 있다.

우선 남북 상호간의 비정치적인 학술, 과학, 기술 정보교환이 이루어지면 정치적 통합으로 진전되는 통로를 마련할 수 있다. 왜냐하면 남북한간 학술교류는 자료, 정보의 이동뿐 아니라 인원의 이동도 유발하기 때문이다. 다시 말해 남북한 학술교류는 현시점에서 우리가 할 수 있는 가장 가능성이 큰 분야로 이를 통해 우리 언어와 민족사를 통일하는 탈이데올로기, 탈체제 차원의 동질성 회복을 전개할 수 있으며, 나아가 긴장완화, 통일에 기여할 수 있다고 본다. 통일이 되기까지 남북 학술교류는 특별히 순수학문이나 기초과학 같은 분야에서 긍정적 가능성의 장을 제공할 것이다.

남북간의 학술교류는 대부분 중국지역에서 개최되고 있는데, 이는 우리의 해당단체들이 중국 연변 등지의 동포학자·단체들의 북한과의 교류경험과 지리적 근접성을 감안해 남북 학자들이 공동으로 참여하는 학술행사를 많이 추진하고 있기 때문으로 볼 수 있다. 이처럼 남북간 학술교류가 제3국이나 나아가 상대방 지역에서 당사자간의 합의 및 계약에 따라 연계성을 가지고 이루어질 때 민족의 동질성 회복과 사회문화 공동체형성을 위한 중요한 기초를 제공할 것이다. 얼마 전 민족통일연구원이 통일문제에 관한 국민 여론조사를 실시한 바 있는데, 이 조사를 통해 북한에 대한 거부감정이 상당히 줄어들고 국민 대다수가 교류 및 협력의 강화가 통일에 이르는 가장 구체적인 정책수단임에 동의했음을 알 수 있다.

'교류 및 협력강화'를 통한 통합은 이미 통일의 선배국인 서독이 분단과 더불어 채택해 온 독일 통합정책의 큰 방향이었다. 우리가 여기서 배우는 가장 중요한 시사점은 교류·협력의 강화가 통일에 이르는 가장 효과적인 수단이라는 것이다. 많은 영역의 교류·협력 중에서도 교수와 학술교류는 특히 중요하다. 이는 남북한간 동질성 회복의 가장 중요한 근간이고 다른 영역의 교류와 협력을 뒷받침해 줄 토대가 되는, 모든 교류·협력분야 중에서도 가장 정치성이 낮은 분야이기 때문이다.

4. 맺음말

이상으로 북한 학계의 실학 연구성과와 남북한 학술교류 현황을 살펴보았다. 실학사상에 대한 연구에서는 북한에서 의미를 부여하는 전통사상이 『철학연구』 시리즈에 나타난 '조선의 진보적 철학자들'의 목록에서 보이는 것처럼 주로 실학사상가들에게 집중돼 있음을 알 수 있다. 북한에서 실학사상 연구의 특징은 '주체사상'에 의거한 일정한 지침에 따라 긍정적 평가를 내렸음을 알 수 있다.

정성철은 조선실학을 17세기 중엽부터 하나의 사상조류로 형성돼 19세기 중엽까지 200년 동안 지속된 조선의 애국적이며 진보적인 사상조류로 보았다. 조선철학사 발전에서 중요한 자리를 차지하는 실학의 형성·발전은 봉건시기 조선에서 철학발전의 전성기를 마련했으며 근세철학 형성의 바탕을 마련했다는 것이다. 조선실학이 조선철학사 발전에서 중요한 지위를 차지하게 된 것은 그 철학적 특징과 관련되는데, 그 특징을 요약하면 다음과 같다. 조선실학의 철학적 특징은 무엇보다 사상조류로 형성·발전된 진보적인 철학사상 체계라는 점, 자연관과 인식론에서 중세유물론 발전의 가장 높은 단계를 이루는 유물론이라는 점, 변화발전관에 기초한 풍부한 변증법사상을 제기했다는 점, 현실비판, 사회'개혁' 사상과 결합돼 있었다는 점에 있으며, 실학파의 철학은 철학만을 위한 철학은 아니었다는 것이다.

이처럼 북한에서는 실학사상을 상당히 긍정적으로 평가했으나 일면에는 실학사상이 지니는 시대역사적인 한계성도 지적했다. 실학사상은 이조시기 철학사상 발전의 특성과 조선 봉건사회 발전의 특성으로부터 일련의 제한성을 면할 수 없었다는 것이다. 이조시기 봉건 통치계급이 주자성리학을 유일한 정치사상적 지배의 도구로 이용하면서 실학을 포함한 '이단'에 대한 탄압을 강화했던 것이 하나의 이유이고, 실학사상가 자신들도 양반이라는 계급적 제한성을 면할 수 없었다는 것이다. 이러한 사정으로 실학사상가들의 철학사상은 그 진보성에도 불구하고 자연관에서 중세유물론에 머물고 말았으며, 변증법사상도 순환론적인 제한성을 탈피하지 못했고, 사회정치적 견해에서도 봉건제도 그 자체를 반대하는 개혁사상이 되지 못했다는 것이다.

한편 실학사상에 대한 최근의 논문(최원철, 「실학사상가들의 자기 것에 대한 존중사상」, 『철학연구』, 2001년 3호)에는 실학사상에 대한 특기할 만한 시각이 들어 있다. 실학사상가들이 제기한 민족적 자부심 사상에서 중요한 것은 자기 것에 대한 존중사상인데, 이는 우리 것을 귀중히 여기고 적극 내세우며 우리나라를 중심으로 모든 것을 고찰하자는 것으로서, 이는 참으로 애국적인 사상이라고 평가한 것이다. 북한은 실학사상을 연구하고 분석하는 데 있어 다른 사상과 마찬가지로 그들의 유물론적 계급사관에 의거해 실학사상의 진보성과 과학성에 초점을 두어 왔다. 그런데 최근 발표된 최원철의 이러한 논문은 북한이 실학사상 평가에서 민족주의적 시각을 강조하기 시작했다는 것을 반영해 주며, 민족주의적 시각에서 본 애국사상에 대한 평가가 특징적이다. 이러한 관점모색은 일찍이 정성철이 그의 논문에서 밝혔듯이 '조선화'(한국화)라는 주체적 입장에서 한국사상의 발전을 보는 하나의 시각을 다시금 일깨운 것인지도 모른다.[62]

정성철의 「조선에서 철학사상의 발생과 발전」(『철학연구』, 1991년 2호)을 보면 조선에서 기 일원론적 유물론은 실학사상가들의 철학사상에서 더욱 심화됐다고 평가한다. 실학사상가들은 선행한 유물론을 계승하면서 당시 발전된 자연과학 성과에 기초해 기 일원론적 유물론을 더욱 심화·발전시킴으로써 중세유물론 발전의 가장 높은 단계를 이루었다는 것이다. 이 시기 유물론의 특징은 인식론에까지 유물론적 입장을 관통시켰다고 한다. 또한 실학사상가들의 변증법사상 발전에서 역사적 공헌은 변증법사상을 사회역사 영역에까지 확장시켜 사회개혁 사상의 이론적 기초로 삼았다는 데 있다고 본다. 물론 실학사상가들의 사회정치적 '개혁'안은 사회역사적 및 양반계급적 제한성으로 인해 봉건제도 자체를 반대하는 개혁사상으로는 되지 못했으나, 객관적으로는 부분적으로 '인민'들의 자주적 지향과 요구가 반영됐으며 자본주의 발전의 지향이 내포됐다는 것이다.[63]

이처럼 북한의 실학사상 연구는 김일성 주체사상을 유일하고 정확한 지침으로 삼아 연구했으며 인민적인 것과 반동적(봉건적)인 것을 철저히 구분했다. 뿐만 아니라 관념론적인 것과 유물론적인 것, 형이상학과 변증법을 철저히 구분해 관념론과 형이상학을 비판하는 동시에 유물론과 변증법

---

62) 정성철, 「조선에서 철학사상의 발생과 발전」, 『철학연구』(1991년 2호, 41-42쪽.
63) 위의 글, 42-44쪽.

을 옹호해 실학사상 일반을 철학적·경제적·정치적·사회적·혁명적·이데올로기적 측면에서 분석하고 평가했다.

일단 북한의 실학사상 연구는 김일성 주체사상을 절대적 지침으로 받아들임으로써 학문적 본질에 속하는 합리적 객관성 확보에 실패했다고 본다. 북한의 한국철학사 연구는 그 지침과 기준을 주체사상에 두고 있으며 유물론 및 변증법 사관에 입각해 서구중심주의, 사대주의 등 비자주적 성향을 지양하는 데 두고 있음을 알 수 있다. 따라서 본 연구자는 북한의 철학사 연구가 주체사상이 가지는 두 가지 잣대, 즉 유물론과 자주성의 지향이라는 두 가지 기준에 의해 이루어졌다고 분석한다. 특히 자주성의 문제는 '조선화'라는 용어에 의해 표현되고 있다.

해방 후 분단과 더불어 전통사상에 대한 연구도 분단됐다. 그러나 실학사상에 대한 연구는 사관과 방법론의 차이에도 불구하고 상대적으로 이질화가 적었다. 여기에는 해방 전의 연구성과를 공동의 자산으로 했다는 이유가 있다. 특히 실학에 대해서는 남·북의 여러 학자 사이에 공유되고 있는 것이 많음이 주목된다. 이것은 앞으로 남한과 북한의 학계가 전통사상 연구 및 학술교류에서 공통의 학설을 형성하기 위한 소중한 토대가 될 수 있으리라 생각한다.

참 고 문 헌

1. 사전류

사회과학원 철학연구소, 『철학사전』(1985).

2. 단행본

김석형외, 『다산 정약용 탄생 200주년 기념 논문집』(과학원 철학연구소, 1962).
정성철, 『실학파의 철학사상과 사회정치적 견해』(사회과학출판사, 1974).
최봉익, 『조선철학사 개요: 주체사상에 의한 조선철학사의 지양』(사회과학출판사, 1986).

_____, 『조선철학사상연구(고대-근세)』(사회과학 출판사, 1975).
_____, 『조선철학사 3』(백과사전출판사, 1991).
최익한, 『실학파와 정다산』(평양: 국립출판사, 1955); (도서출판 청년사, 1989).
『조선전사 9: 중세편 리조사 2』(사회과학원 력사연구소, 1980).

3. 논문류

김사억, 「안정복의 력사관과 그의 조국 력사 편사에 대하여(1)」, 『력사과학』(력사 연구소, 1965).
_____, 「동강 최한기」, 『철학연구』(과학원출판사, 1963).
김중식, 「다산 정약용의 정치개혁론」, 『력사과학』(력사연구소, 1962).
김철석, 「실학파의 애국주의사상」, 『철학연구』(1998년 1호).
김혁철, 「실학자 류득공의 발해 력사관」, 『력사과학』(1991년 1호).
_____, 「실학자 리종휘의 발해 력사관」, 『력사과학』(1992년 2호).
류정수, 「리수광의 철학사상」, 『철학연구』, 6집(과학원출판사, 1963).
_____, 「리익의 철학 사상(1)」, 『철학연구』(과학원출판사, 1964).
_____, 「조선철학사 연구에서의 과학적 방법론에 대하여」, 『철학연구』(과학원출판사, 1966).
_____, 「리익의 철학사상」, 『철학론문집』(과학원출판사, 1959).
_____, 「정다산의 생애와 학설」, 『력사과학』, 2집(력사연구소, 1956).
_____, 「정다산의 자주사상」, 『철학연구』, 2집(과학원출판사, 1962).
_____, 「홍대용의 철학사상」, 『철학연구』, 5집(과학원출판사, 1963).
리순범, 「홍대용의 자연관」, 『철학연구』(1993년 3호).
리용태, 「박지원의 자연관:그의 탄생 250주년을 기념하여」, 『철학연구』, 21집(사회과학원출판사, 1967).
_____, 「리수광의 자연과학 사상」, 『철학연구』, 6집(과학원출판사, 1963).
_____, 「다산 정약용의 우주관」, 『철학연구』, 3집(과학원출판사, 1962).
리춘일, 「홍대용의 선전적 우주관」, 『철학연구』, 19집(사회과학원출판사, 1966).
리형일, 「정다산의 철학사상」, 『력사과학』, 7집(력사연구소, 1955).
박문성, 「홍대용의 우주자연관과 그 진보성」, 『철학연구』(2003년 1호).
백언규, 「실학파의 자연과학사상에 대하여」, 『력사과학』, 5집(력사연구소, 1960).
손영종, 「담헌 홍대용의 선진적 사상에 대하여」, 『력사과학』(력사연구소, 1959).

신구헌, 「연암 박지원의 사상체계」, 『력사과학』, 4집(력사연구소, 1955).
정성철, 「조선에서 철학사상의 발생과 발전」, 『철학연구』(1991년 2호).
_____, 「조선실학의 철학적 특징」, 『철학연구』(사회과학원 철학연구소, 1990).
_____, 「리규경의 철학사상 및 사회정치적 견해」, 『철학연구』, 13집(과학원출판사, 1965).
_____, 「조선실학의 철학적 특징」, 『철학연구』(1990년 4호).
_____, 「조선에서 철학사상의 발생과 발전」, 『철학연구』(1991년 2호).
정진석, 「최한기의 륜리사상」, 『철학연구』(과학원출판사, 1963).
_____, 「다산 정약용의 륜리사상」, 『철학연구』, 3집(과학원출판사, 1962).
조홍수, 「최한기의 정치사상」, 『철학연구』(2001년 2호).
최동준, 「실학과 철학에서의 자연에 관한 견해와 과학기술 발전에 관한 사상」, 『철학론문집』, 13집(김일성종합대학출판사, 1987).
최종동, 「최한기의 인식론연구」, 『철학론문집』(1993).
_____, 「최한기의 우주에 대한 견해」, 『철학연구』(4호).
_____, 「최한기의 리기 호상관계 문제에 대한 견해」, 『철학연구』(1994년 4호).
최원철, 「실학자들의 자기 것에 대한 존중사상」, 『철학연구』(2001년 3호).
_____, 「조선의 진보적 철학자들: 리항로」, 『철학연구』(과학원출판사, 1965년 4호).
_____, 「조선의 진보적 철학자들: 최치원」, 『철학연구』(과학원출판사, 1964년 1호).
_____, 「조선의 진보적 철학자들: 박제가」, 『철학연구』(과학원출판사, 1966년 3호).
최형록, 「다산 정약용의 미학사상에 대하여」, 『철학연구』, 3집(과학원출판사, 1962).
허륜, 「우리나라 실학발전 력사에서 『오주연문장전산고』가 차지하는 위치」, 『력사과학』(력사연구소, 1987).
홍태연, 「정약용의 륜리도덕적 견해」, 『철학연구』(과학백과사전종합출판사, 2000년 4호).

북한의 한민족예술 연구성과 및 남북 예술교류 현황분석

이 애 순

1. 서언: 연구의 의의 및 기존연구 검토

지난 한 세기는 우리 민족으로 놓고 말할 때 민족분단의 비운으로 말미암아 학문의 여러 연구분야에서 객관적이고 과학적인 학문연구와 연구성과의 공유를 기대하기 어려웠다. 21세기 들어서면서 지구촌 전체가 다른 문화, 심지어 완전히 다른 문화권 문화와의 교류, 상호이해와 포용 및 융합이 그 전 시기보다 훨씬 더 자유로워지면서 서로 같은 문화권 문화와의 교류 및 상호이해 포용 및 융합 등의 필요성은 더욱 자연스러운 일로 됐다. 아울러 부동한 국가, 민족, 지역 사이의 문화적인 대화는 서로의 공존에 아주 유리하며 그러한 문화적인 대화를 충분히 실현하자면 반드시 국가적이거나 민족·지역적인 한계에서 벗어나 인류문화 발전의 보편적 원리에 의존해 연구돼야 할 것이라는 데 지구촌 전체가 공감하고 있다. 이러한 조류에 힘입어 남북한문화는 서로 상대방에 대해 배나석이고 부정적이던 데로부터 직접적이거나 간접적인 교류를 통해 상호간에 서로 이해하려는 적극성을 보이면서 민족의 통일과제가 급속히 부상됨은 물론, 여러 분야에서 북한에 대한 이해를 점점 넓고 가깝게 접근하면서 깊이를 더해 가려는 노력을 아끼지 않는 상황이 도래되고 있다.

한편으로 예술분야는 비록 북한에 대한 연구나 이해 면에서 전반적인 문화분야, 특히는 문예영역의 문학분야보다 많이 뒤떨어진 상황이지만, 어쨌든 그 연구나 이해의 조짐이 요즘 들어 강하게 시사되고 있는 것만은 사실이다. "공연예술은 하는 자와 보는 자, 즉 남과 북의 양켠 사람들을 한자리에 모으고 묶는 강한 직접성을 속성으로 하며, 이 가운데서도 무용은 하나됨의 순간마저 아주 밀도 높게 이룩할 수 있으므로 북한무용에 대한 포괄적인 인식은 강조된다 할 것이다."[1] 특히 공연예술 중에서 음악과 무용 등은 그 언어가 추상적인 특징을 갖고 있음으로 말미암아 내용 면에서 정치적 색채가 줄어들면서 쌍방의 교류장벽이 다른 분야보다 많이 낮은 것으로 보인다. 그로 인해 이질성보다 동질성이 더 도드라지게 되고 통일된 문화공동체로 복귀할 수 있는 접점모색에서 가장 쉽게 접근할 수 있는 장점을 갖고 있다는 점에서 예술분야의 연구성과 분석은 전반적인 문화분야에서 특수한 의의가 있지 않을까 생각된다.

다른 한편으로 지금까지 예술분야에서 북한의 연구나 그 이해는 무대공연 예술이나 외면적으로 표현된 창작분야에 많이 접근함으로써 그 이해가 편협했다. 사실 예술창작은 개인의 창작 자율성을 많이 띠기에 북한의 절대적인 주류문화가 예술 전반으로의 침투를 도외시하지 못한다 하더라도 예술 자체의 발전법칙과 특성 및 개인 창작자의 서로 다른 창작특징으로 말미암아 예술 전면모의 특징을 파악하는 데 제한성이 있기 때문이다. 그것은 어디까지나 개인의 자율성을 띤 예술로서의 영역이지 예술이론, 예술사, 예술비평 등의 면에서 실천을 전면적으로 어울러 과학적으로 분석하고 평가하는 과학으로서의 예술학이 아니기 때문이다. 그러므로 비교적 객관적이고 전체적인 시각으로 예술발전의 특징을 이론적으로 규명하고 학문정비를 목적으로 하는 교육분야의 정비된 학문이나 이론영역의 연구를 중심으로 고찰하는 것이 더욱 전체적이고 핵심적일 수 있다. 이 면에서 예술연구성과 분석은 더욱 선결적이고 특수한 의의가 있지 않을까 생각된다.

---

1) 김채현, 「북한무용의 개론적 이해」, 김문환, 『북한의 예술』(을유문화사, 1990).

지금까지 북한예술에 대한 기존 연구를 검토해 보면 거의 전체가 그 한 분야에서 개척적 의의가 있고 후자의 연구에 디딤돌을 마련했다는 면에서 어떻게 강조해도 지나치지 않음에도 다음과 같은 제한성을 띠고 있다.

그 하나는 연구에 사용된 문헌자료는 시간적으로 거의 1970년대 이후의 문헌자료가 중심을 이루었다. 물론 국한적으로 그 전의 자료를 제3국을 통해 접근하고 있지만 거의 전면모를 보일 수 있는 양의 자료는 거의 포섭하지 못하고 있는 상황이다(문학의 경우에는 연구에서 1970년대 이전의 연구를 포함하고 있어 예술영역보다는 그 연구가 앞서고 있다). 사실 북한의 예술연구는 1945년부터 시작해 "우리 민족을 부흥시키고 우리 나라를 민주주의적 독립국가로 만들기 위해서는 자기의 문화인, 예술인, 과학자, 기술자가 있어야 합니다"라는 정신에 따라 허정숙 문화상을 직접 서울에 파견해 예술명인들을 평양으로 소환하는 일을 담당하게 하는 등[2] 명인 예술가들을 적극 흡인했는데, 그들이 선두를 끌고 북한에서 많은 개척적인 성과를 거두었던 것이다. 그 시기 연구성과에는 거의 남북한이 함께 공유할 수 있는 자료나 성과의 성격과 함께 동질성이 많이 함유됐다는 점을 간과해서는 안 된다. 또한 이 시기의 연구성과는 비록 1960년대 말부터 70년대에 들어서면서 인물의 잠적과 함께 매몰되는 점도 있었으나, 70년대 말부터 80년대 시기에 들어서면서 회복의 조짐을 보였으며, 90년대에 들어와서는 회복이 하나의 강한 조짐으로 나타났기에 그에 대한 고찰은 연구성과의 분석에서 중요한 역할을 한다고 해도 과언은 아니라고 본다.

두 번째는 1970년대 이후의 문헌자료를 중심으로 검토하면서 진행된 연구도 구체적인 연구성과에 많이 접근하지 못했거나 접근했다 하더라도 제한성을 갖는다는 점이다. 바로 앞에서 제기하다시피 예술공연 자체에 대한 접근연구가 대부분이고 연구성과에 대한 검토는 많이 빈약한 점이 제한성으로 나설 뿐 아니라, 일부 연구성과에 접근했다는 연구도 선입견을 갖고 연구에서 나타나는 주체예술 관점을 꼭 선도되는 관점으로 내세우는 외면

---

2) 장추화의 회억에 의하면 6·25 때 허정숙이 서울로 나와 예술인들을 1, 2, 3대로 묶어 평양으로 소환시켰는데, 그때 장추화는 김선영, 김형로, 정남희, 림소양, 조상선, 안기영 등 7명으로 묶인 1대에 편입돼 평양으로 소환됐다고 한다.

적 격식만을 파악하고 내용 면에서 예술의 여러 종류가 자체의 특수법칙을 홀시 하지 않음과 더불어 자체의 민족특징을 살림에 노력했다는 등 내면적 합리성을 보아내지 못한 점이다. 예를 들어 같은 저자가 쓴 1987년에 출판된 『무용예술 기초』와 2000년에 재판된 『무용예술 기초』는 기술(記述) 면에서 일부 변화를 보이면서도 모두 예술 자체의 특수법칙에 충실하는 한편 기초이론의 천명에서 자기 민족예술의 전통특성을 살리려는 노력을 보였는데, 이러한 점은 간과해서는 안 될 것이라고 본다.

  세 번째는 연구시각이 비교적 좁아졌다는 점이다. 그 하나는 예술성과를 분석하는 데 그러한 성과가 나올 수 있는 국가적인 정책과 구체적인 조치 등 변동원인을 살피면 역으로 그 연구성과에서 나타나는 합리적인 면이 더 뚜렷해질 수 있는 점을 도외시하지 않았나 생각된다. 예를 들면 구체적인 무용분야에서 보면 1970년대까지 무용교육의 이론적 교재의 결여 등 학문정비가 매우 결핍됐던 전단계에 비해 1980년대에 들어서면서 새로운 기초 이론적인 저서가 속속 출현되는데, 그 배경에는 "무용예술 부문에서는 춤동작을 비롯한 무용언어의 요소와 그 형상원리를 보다 과학적으로 해명하고 해당한 개념과 범주를 정확하게 규정하여야 한다. 그리하여 무용예술을 보다 과학적인 이론에 기초하여 발전시켜야 한다"[3]는 사상과 그것을 관철할 수 있는 대책으로 1970년대 말부터 학자 팀을 묶어 연속 몇 년간 금강산에 들어가 연구성과를 내게 한 원인이 많이 작용한 것이라고 본다. 이러한 국가적 관여와 배려로 전례 없던 통속적이면서 과학적인 '무용표기법'도 창제됐고 예술을 과학적 이론에 기초해 발전시킨다는 과학성의 추구가 짙게 나타나지 않았나 싶다. 다른 하나는 주체예술 사상과 예술론 등에 대해 거의 부정적 시각으로 보면서 그 속에도 일부 합리적인 면이 있음을 도외시하고 아예 파헤치려 하지 않은 점이다. 바로 철학자 헤겔이 말했듯이 "일체 존재하는 것은 모두 합리적이다"는 관점에 수긍하면서 세심하게 검토해 보면 지금까지 부정적으로만 보았던 주체예술 사상도 일부 편협점이 없지 않지만, 그 형성과정에서 끊임없이 보완을 거치면서 점

---

3) 김정일, 『무용예술론』, 144쪽.

차 확립됐기에 어떤 면에서 공감할 수 있는 합리적 요소를 갖고 있음으로 해서 특수법칙을 갖는 예술을 분석함에 있어 접합이 그다지 어색함이 없었지 않았을까 한다. 그것을 파헤침으로써 객관적이고 전면적인 연구와 함께 동질성을 회복할 수 있는 접점이 더 늘어날 수 있지 않을까 생각된다.

 네 번째는 예술성과의 분석에서 유일사상 체계의 확립을 전후로 연구를 크게 두 개 단계로 나누어 고찰하는 한편 후 시기의 성과에 치중했을 뿐 아니라 후 시기 발전의 매 단계에서 일부 세부적인 변화를 보인 시기적 특징을 파악하지 못한 점이다. 유일사상 체계가 확립된 후에 기술된 예술영역 여러 분야의 예술사는 여러 시기마다 변화를 보이고 있는데 1970년대, 80년대, 90년대에 거쳐 모두 세 번 씌어지면서 매번마다 역사에 대한 평가가 일부 변화를 보이며 일부 부동한 역사시각이 부여되고 있다고 본다. 이는 본론에 들어가 상세하게 검토하려 한다.

 본 연구는 바로 기존 연구의 상기한 제한성을 극복하는 한편 중국이라는 지정학적 특수성으로 남한에서의 자료고찰의 제한성을 보완하거나, 연구성과로서는 아직 반영되지 않고 있지만 지속적인 교류로 인해 직접 역사적인 변화를 실감할 수 있었거나 고찰할 수 있었고 그 영향 또한 직접 받은 역시가 있은 우세를 살리면서 연구를 진행하려 한다. 물론 남한보다 우세는 있다 하더라도 제한성을 완전히 극복하기에 필요한 전면적인 연구 접근에는 마찬가지로 제한성을 갖는 열세도 있다. 하나는 중국의 경우도 북한의 1970년대 이전의 일부 자료가 많이 이가 빠져 있고 직접 북한에 갔다 해도 70년대 이전의 자료는 일부를 제외하고는 거의 접근하지 못하거나 접근했다 하더라도 역시 제한성을 갖는다. 그러나 북한 예술발전에서 가장 특수성을 갖는 모든 문화와 예술 전체가 하나의 사상체계 및 그 방법에 따라 발전하는데, 예술연구도 그 선을 벗어나지 못하고 있다. 예를 들면 어느 한 영역의 역사서 한 책을 보면 시대구분과 함께 나타나는 내용의 선택을 포함한 기본적인 역사관이 다 동일하게 나타나기에 기본적인 역사연구 시각은 모두 파악할 수 있다. 특히 문학의 경우는 거의 전반적인 문예영역에서 선도적 역할을 했고 그 연구가 체계적이고 전면적이 됐기에 그것으로 다른 예술분야 자료의 결여를 일부 보완할 수 있다. 다른 하나는 본 연구가 예술연구 성과를 대상으로 하는 포괄성을 갖긴 하나 그 자체가 워낙 음악, 무용, 미술, 연극, 영화 등 전체적으로 접근하자면 자료적으로나 시각적으로 너무 넓어 하나의 과제로 다루기는 넘쳐나는 감이 없지 않아 있기 때문이다. 그 전체를 포괄하자면 각 분야를 다른 한 개 대상으로 구체적으로 세세히 연구해야 될 줄로 안다. 하기에 본 연구는 각 분야로의 구체적인 접근보다 여러 분야를 포괄할 수 있는 총체적 접근방법으로 연구를 진행하려 한다.

상기한 우세를 발휘하는 한편 본 연구는 가능한 한 전면적인 연구성과의 총체적 접근과 함께 기존 연구에서 미흡했던 1970년대 이전의 북한 민족예술 연구성과에 중점을 두고 그 분석에 세심한 배려를 아끼지 않으려 하며 전면적이고 객관적인 이론연구와 실천적인 교류현황 분석 및 그 대책의 마련에 일부 적은 힘이라도 이바지하려 한다.

그 외에 본 연구에서는 북한의 '한민족예술 연구성과'로 '한국예술 연구성과'라는 개념을 대체하려 한다. 그것은 이미 우리가 북한의 예술 연구성과를 대상으로 삼고 남한이나 북한이라는 개념을 확립하고 제기한 이상 '한국 예술연구성과'라 하면 문법상 지금의 한국에 존재하는 예술만을 연구한 성과라는 인상이 있을 수 있기 때문이다.

2. 북한의 한민족예술연구성과 분석

1) 분단 이후 1960년대 이전 연구성과의 총체적 접근

(1) 예술발전의 토대: 분단 전까지의 제도적 정비와 정책마련

이 시기 북한의 민족예술 연구성과에 접근하자면 우선 북한예술의 전면적인 연구와 발전을 가져오기 위한 국가적 행위, 제도적 정비와 정책을 고찰할 필요가 있다. 북한에서 평화적 민주건설 시기라고 불린 1945년 8월부터 1950년 6·25에 이르기까지는 주로 제도적 정비를 이루는 시기라 할 수 있다. 1945년 10월에 해주음악학원(1947년 10월에 해주음악전문학교로 개편)을 설립하고 1946년 3월 문학예술인의 첫 조직인 북조선예술총연맹을 건립한 후 1946년 10월에는 이것을 북조선문학예술총동맹으로 개편했다. 그 밖에도 여러 지역에 음악학원, 음악연구소, 강습소 등 음악간부 양성기관을 세웠다. 1946년 7월에는 국가가 관리·운영하는 첫 음악 연주단체인 중앙교향악단(1947년 1월에 국립교향악단으로 개칭)이 창립됐으며, 9월에는 국립최승희무용연구소(후에는 국립최승희무용극장, 국립무용연구소, 국립무용학교로 개칭)가 창립되고, 1947년 2월 6일 평양 근교에 본격적인 영화촬영소인 '조선예술영화촬영소'를 설립했으며, 동년 4월에는 조선고전악연구소가 설립됐고, 9월에는 평양음악전문학교를 내왔으며(1949년 3월 4일 전문부와 학부과정을 동시에 포함한 고등교육 체계를 갖춘 국립음악학교로 개편), 같은 해 9월에 '평양국립미술학교'(평양미술대학의 전신), 10월에는 '해주음악전문학교'(전신은 해주음악학원)를 창설해 그것이 그후 '평양음악무용대학'의 모태로 되게 했다. 해방 후에는 또한 평양에 발족한 여러 음악무용 예술단체들을 통합하는 조치를 취해 1948년 2월에는 북조선가극단, 국립교향악단, 국립합창단, 북조선고전악연구소를 통합해 국립예술극장을 내왔다.[4] 국립예술극장의 창설은 국가가 관리·운영하는 체계를 세우고 음악과 무용 사이의 창조적 연계를 강화해 음악무용 종합공연과 함께 가극, 창극, 무용극 등 종합예술 분야를 보다 본격적으로 발전시킬 수 있게 하는 조치였다고 한다. 1949년 3월에는 '평양전문학교'와 '해주음악전문학교'(1945년 10월 해주음악학원의 후신)를 통폐합해 본과 3년, 연구부 2년 학제를 가진 국립음악학교(평양음악대학 및 평양음악무용대학의 전신)를 세웠다.

또한 무대예술에 대한 사회적 요구가 더욱 높아지고 인민들 속에서 예술적 소양이 날로 높아짐에 따라 행정국과 근로단체 산하에 예술단을 조직했다. 하여 이 시기에 보안간부훈련 대대부협주단으로 발족한 조선인민

---

4) 이차윤·우연호·박우영·김길남, 『조선음악사』, 2판(조선: 예술교육출판사, 1994).

군협주단과 내무국협주단, 교통국예술단이 조직된 데 이어 노동자예술단, 농민예술단, 청년예술단이 조직됐다. 중앙 예술단체와 함께 지방 예술단체도 많이 조직됐는데 평안북도와 황해도, 함경남도에 예술연구소가 조직됐고 각 지방에 조직됐던 소규모 각종 예술단체가 1947년 4월 17일 북조선인민위원회 결정으로 도 이동예술대로 통합됐으며, 그후 1949~50년에 도립예술단으로 개편됐다. 각 도에는 또한 도 농민이동예술대가 조직돼 활동했는데, 도 농민이동예술대 역시 도 이동예술대와 마찬가지로 음악, 무용, 화술 등을 포함한 종합 예술단체로 발족했다. 그 외 여러 공장, 광산, 기업, 가도 등의 부문에서도 정상적인 예술 서클활동을 벌여 예술작품을 창작하거나 공연하고 보급함으로써 전체적인 예술수준을 높였다.

정책적인 면에서도 1946년 5월 24일 북한 각도인민위원회, 정당, 사회단체, 선전원, 문화인, 예술인대회에서 "문화인들은 문화전선의 투사로 돼야 한다"는 결정을 내려 혁명화, 대중화, 민족화의 방향을 제기했다. 1947년 3월 28일 당중앙위원회 상무위원회 제29차 회의결정인 '북조선에서의 민주주의 민족문화 건설에 관하여'에서는 민족문화 유산에 대해 보다 깊은 관심을 가지고 연구하며, 고상한 민족적 특성과 민족적 향기가 침투된 새롭고 우수한 민족적 형식을 창조하는 문제를 작가, 예술인의 중요한 과업의 하나로 지적함으로써 전문 예술단체는 물론 예술소조에서도 민족예술 유산을 발굴·수집·정리·보존하고 계승·발전하며, 그것을 기조로 새로운 민족예술을 창조하는 사업을 전국가적인 사업으로 진행하게 했다. 1951년 6월 30일에는 '우리 문학예술의 몇 가지 문제에 대하여'를 제시해 문학예술 실천문제와 기본이론을 내 놓았으며, 1951년 12월 12일 세계청년학생축전에 갔던 예술인들과의 접견석상에서 예술이 반드시 민족적 형식, 민주주의 내용의 인민예술, 국제주의 정신으로 일관된 예술, 예술작품의 가치기준을 심각한 사상성, 높은 예술성, 세계적 예술, 인민의 투쟁의 무기가 돼야 하는 것으로 그 전 시기보다 더 명석하게 규명하고 있다. 1958년에는 '작가, 예술인들 속에서 낡은 사상잔재를 반대하는 투쟁을 힘있게 벌릴 데 대하여'를 제기함으로써 일부 그 전시기에 제기된 이론과 실천문제에 대한 평가를 수정했으며, 1960년 11월 27일에는 작가, 작곡가, 영화, 낭송인들과의 담화에서 '천리마시대에 맞는 문학예술을 창조하자'는 지시를 내림으로써 문학예술이 현실의 시대상을 반영해야 한다고 언급했다. 1964년 11월 7일에는 문학예술가들과의 담화에서 '혁명적 문학예술을 창작할 데 대하여'를 제시하면서 당의 유일사상과 어긋나는 수정주의, 좌경기회주의, 사대주의, 자산계급사상, 봉건유교사상, 종파주의, 지방주의, 가족주의 등 반혁명적 사상요소와 투쟁할 것을 제시했다. 특히 "민요, 음악, 무용 등 각 부문에서 우리 민족에게 고유한 우수한 특성을 보존하는 동시에 새 생활이 요구하는 새로운 리듬, 새로운 선율, 새로운 율동을 창조하여야 하며 우리 인민이 가지고 있는 풍부하고 다양한 예술형식에 새로운 내용을 담을 줄 알아야 한다"[5])는 지시에 의해 가면무용극 '봉산탈놀이' 등의 예술유산이 발굴되고 유산보존회를 중심으로 민족예술 유산을 발굴·정리·보존하거나 그것을 토대로 재창조하는 사업을 벌였다.[6])

상기한 제도적 정비 및 정책에 대한 개략적인 고찰을 통해 우리는 분단 전 북한의 예술영역의 극단, 연구소, 학원 건립 등 제도적 정비와 그에 따른 정책적 마련은 한 예술실체가 창조와 표현을 중심으로 하는 예술단체, 전통예술을 연구하는 연구단체, 예술인재들을 양성하는 인재양성 기지인 학원 등이 다원적인 역할을 하면서 각기 창작·표현하고 예술전통을 발굴·정리·보존·연구하며 예술인재를 양성하는 성격을 갖게 함으로써 한 실체 내에서 모든 실천이 전면적으로 진행되는 한편, 체계적으로 이론정립을 이루는 데 굳건한 토대를 마련했음을 명시해 준다. 구체적인 예로 1946년 9월 최초로 유일하게 나라에서 개인의 명의로 꾸리게 한 '국립최승희무용연구소'는 국립최승희무용극장, 국립무용연구소, 국립무용학교 등의 명칭으로 바뀌면서 발전했는데, 전통무용을 발굴·정리해 훈련체계를 구성하거나, 그것을 기조로 새로운 창작무용을 창작하고 공연하며, 그 속에서 무용인재를 양성하는 등 세 가지 기능을 동시에 발휘하면서 무용발전에서 중요한 역할을 했다. 동시에 북한에서는 일찍이 1950년대 초부터 예술에서

---

5) 『김일성저작선집』, 1권, 294쪽.
6) 이영환·정남선, 『조선무용사』, 2(조선: 예술교육출판사, 1986) 참조

조기교육 제도를 실시해 전문예술인에 대한 뒷받침을 국가차원에서 시행했을 뿐 아니라 일반교육에도 예술교육이 침투되게 함으로써 어릴 때부터 학생마다 한 가지 악기나 한 가지 예술기능을 익히게 하는 등 교육제도를 실시했고 예술 서클활동을 넓게 진행해 일반대중 속에 예술을 전면적으로 보급함으로써 예술이 전 사회적으로 전파되고 뿌리를 내리게 했다. 그러한 정책으로 하여 비록 단적이기는 하나 최승희의 제자 장추화가 말한 것처럼 "조선은 최승희로 하여 노인, 성인, 아동 할 것 없이 온 나라가 춤추는 나라로 됐던 것이다."7)

이러한 제도적 정비와 정책적 마련은 그후 민족예술 인재를 양성하고 전통예술을 발굴·정리·보존하며, 그것을 기조로 새로운 민족예술을 발전시키며, 전체적인 나라의 예술수준을 높이고 그에 대한 연구를 진척시키는 데 체계적이고 실천적인 토대의 마련과 함께 그후의 예술발전에 비교적 굳건한 디딤돌을 마련해 주었다고 본다.

(2) 분단 이후 1960년대까지 연구의 총체적인 접근

8·15 직후 북한에서는 전통예술 가운데 어떤 부분을 유산으로 계승해야 할 것인가 하는 실천적 문제의식에서 출발해 연구를 진행했는데 1951년 6월 30일 '우리 문학예술의 몇 가지 문제에 대하여'란 지시와 동년 12월 12일 '우리 혁명에서의 문학예술의 임무' 등에서는 민족적 형식과 민주주의적 내용의 인민예술, 국제주의 정신으로 일관할 것과 예술작품의 가치기준을 심오한 사상성과 높은 예술성을 가진 세계적인 예술로 되게 해야 한다는 것으로 규명하고 그 실현을 위한 방도도 구체적으로 지적했다. 하여 여러 영역에서 연구성과가 쏟아져 나왔던 것이다.

① 저서영역 연구성과에 대한 접근

이 시기 우선 역사유산에 대한 정리작업으로 저서영역에서는 1956년

---

7) 1998년 12월 평양에서 필자와 장추화의 대담내용.

6월과 1959년 8월에 조선 과학원출판사 출판의 『삼국사기, 상·하』[8]와 1960년 1월 과학원출판사 출판의 『삼국유사』[9]를 펴냈으며 연구저서로는 『이두연구』와 『향가해석』(홍기문) 등이 출판됨과 아울러 1966년 조선 군중문화출판사 출판의 『선조들의 문예활동』(역사문고),[10] 1956년 국립출판사 출판의 『악학궤범』(성현 저, 염정권 역) 등을 펴냈다. 이러한 역사문헌은 원문인 고문 그대로를 옮기는 한편 주로는 순 우리말로 번역하고 해석을 가하는 등 민족성의 체현과 더불어 대중성의 접근을 보였다. 이는 역사, 문학, 민속, 예술 등에 대한 연구와 함께 기타 분야의 연구자들이 고전문헌에 쉽게 접근하게 하는 한편 예술연구에 필요한 자료바탕을 마련해 준 점이다. 이러한 특징은 『악학궤범』 서두의 모범예문을 고찰하면 잘 나타나고 있다. "1. 현존 태백산 서고본, 영인본을 대본으로 한 원문 및 원주의 번역문에 있어서 특수용어들에 대한 간략한 주해와 각반 필요사항에 대한 주해를 붙여 독자의 편의를 도모하였다. 2. 용어는 특수한 경우를 제외하고는 현대어를 기준으로 하고 철자법도 현행 철자법을 기준하였다. 단 원형을 보존할 필요가 있는 고어의 철자 및 특수용어들에 대하여는 원형을 보존하는 자형 및 철자와 기호들을 그대로 두었다. 3. 원본에 오각이나 또는 연문(衍文)이 있거나 혹은 탈자(脫字)가 있다고 인정되는 개소는 이를 각각 시정하고 간단한 설명을 삽입해 독자들로 하여금 재검토하는 데 주의를 돌리게 하였다. 4. 본문과 원주의 역문은 활자의 대소를 달리하고 인용문에 대하여는 적당한 부호를 사용하여 구별하였다. 5. 도표는 부득이 원문의 그대로를 삽입하였다." 보다시피 이에는 연구자들이 쉽게 다가갈 수 있는 지름길을 마련해 주기 위한 노력이 뚜렷하게 나타나고있다.

민속 및 민속예술 연구에서는 1955년 조선 국립출판사가 『조선의 민간오락』,[11] 1956년 조선국립출판사가 『우리나라의 탈춤놀이』(신영돈),[12]

---

8) 상반부는 우리말로, 하반부는 한자 원문을 실었음. 상책은 1958년 6월에 출판되고 하책은 1959년 8월에 출판됨.
9) 모두 634쪽으로 된 정덕본 해석본.
10) 모두 129쪽으로 된 책자.

1958년 조선 과학원출판사가 『조선민속 탈놀이연구』(김일출),13) 1964년 조선군중문화출판사가 『조선의 민속놀이』,14) 1966년 조선문학예술총동맹출판사가 『조선민간극』(권택무)을 펴냈다. 특히 그 가운데서 『조선민속 탈놀이연구』는 저서형식으로는 처음으로 전통적인 탈놀이를 체계적으로 연구했다. 연구는 서론부터 시작해 제1편에서는 원시적 탈놀이의 전해져 내려온 모습, 처용무, 가면검무, 향악 <5기>, 나례와 나희 등을, 제2편에서는 사자놀이부터 시작해 산대놀이, 황해도 탈놀이에 대해 종적 시각과 횡적 시각을 도입해 고찰하면서 간단한 결론까지 형성하기에 이른다. 그 외 '부록 1'에서는 백제 가면무, 평양의 산대놀이, 개성 탈놀이, '부록 2'에서는 '봉산탈놀이' 대본, 도판 등을 실어 체계적인 연구와 함께 자료적 가치의 추구를 보이고 있다. 하여 이 저서는 수십 년을 내려오면서 남북한이 분단된 상황에서 남북한을 막론한 전체적인 조선 민속예술 관련 연구자들이 모두가 공유하고 참조할 수 있는 연구성과가 되고 있다.

민족예술 역사 및 이론연구에서는 음악영역에서 1955년 조선작곡가동맹이 『음악유산 계승의 제문제』,15) 1956년 조선작곡가동맹중앙위원회가 『해방 후 조선음악』을 펴냈고 1966년에는 평양 고등교육도서출판사가 『조선음악사』(문종상·문하연)를 펴냈다. 『해방 후 조선음악』에서는 이히림의 「해방 후 10년간의 조선음악」, 나화일의 「해방 후 10년간의 아동음악」, 주영섭의 「국립예술극장 연혁」, 한웅만의 「국립민족예술극장 연혁」, 한병각의 「지방 예술활동」, 문종상의 「국립음악대학 연혁」, 「조선작곡가동맹 연혁」, 이히림의 「해방 후 조선음악과 조선인민 음악생활에 준 쏘베트 음악의 영향」 등을 고찰하면서 이론정립을 위해 자료를 정리하고 있다. 연극·영화영역에서는 1955년 8월에 국립출판사에서 이상호

---

11) 모두 246쪽으로 된 저서.
12) 신영돈, 『조선』(국립출판사), 모두 191쪽.
13) 모두 260쪽으로 됨.
14) 모두 322쪽으로 된 책자.
15) 모두 202쪽으로 됨.

가 주필로 쓴 『영화예술의 제문제』, 1956년 국립출판사에서 한효의 『조선연극사 개요』를 펴냈으며, 무용영역에서는 1957년 4월 20일 국립출판사에서 『무용예술의 기초』(김제홍·유영근)를 출간해 조선 민족무용의 문제와 함께 무용의 개념 및 무용의 몇 가지 형태, 무용작품 창조과정, 클래식 발레 기본훈련의 의의 및 기교해설, 외국 민족무용 기본훈련의 의의 및 기교해설, 무용서클의 조직운영과 창작과정에서 제기되는 몇 가지 문제 등 과제에 대해 처음으로 비교적 체계적으로 정립하고 있다. 1958년 1월에는 조선예술출판사가 『조선 민족무용 기본』과 『무용극 대본집』(최승희)을 펴냈고 1960년에는 평양교육도서출판사가 『고전무용의 기초』(무용학교용), 1964년에는 조선문학예술총동맹출판사가 『조선 아동무용 기본』을 펴냈다. 미술영역에서는 1954년 조선노동당출판사가 『고구려 백제 신라의 미술』, 1955년에는 국립출판사가 『조선미술사 개요』(이여성), 1957년 국립출판사가 『석굴암』(김재선), 1958년 조선 과학원출판사가 『고구려 고분벽화 연구』(김용준)를 펴냈다.

이 시기 연구에서 특별하게 지적해야 할 것은 최승희의 『조선 민족무용 기본』과 『무용극대본』, 『조선 아동무용 기본』 등인데 이들 저서는 당대시기뿐 아니라 21세기 들어서서도 남북한이나 한반도 외 한민족 무용예술 분야에서 아직 과학적이고 체계적으로 무용예술의 훈련체계를 세우지 못하고 있는 상황에 비추어 최초이면서도 그후 훈련체계의 끊임없는 재해석이나 발전에 굳건한 디딤돌을 마련해 줌은 물론 남북한이 공유할 수 있는 연구성과라는 점에서 주목되는 성과로 나서고 있다.

상기한 최승희의 연구성과를 제외한 많은 연구서적에서는 주로 예술 여러 영역에 이르는 기본이론, 기본역사, 비평 등의 면에서 고대 및 근현대 예술역사 제분야에 대한 이론정립을 주요목표로 우선 전통적 예술자료 발굴과 정리, 역사적인 예술발전에 대한 자료정리와 연구에 모를 박고 우선적으로 객관적인 자료기초를 마련했다. 비로 문학이론가 김하명이 제기한 바와 같이 이 시기 문학을 비롯한 민족예술 유산에 대한 발굴, 수집 및 정리는 "문학예술 연구에 필요한 자료토대를 더욱 튼튼히 축성하는 데 이바지하"였던 것이다.

그러나 1950년대까지의 연구는 자료토대를 마련하는 데 비교적 크게 이바지하고 있으나, 역사에 대한 연구에서는 아직 개요형식이나 단대사(斷代史) 기술(記述)형식을 중심으로 그에 대한 명확한 역사관점은 그다지 개입되지 않은 점에서 제한성을 갖고 있었다. 그리고 예술 여러 영역의 연구가 그다지 평형을 이루지 못하고 있다는 면에서도 일부 제한성을 나타낸다. 예를 들면 문학영역은 물론 미술영역이나 음악영역에서는 자료나 역사 연구성과로 일부 저서를 펴내고 있지만, 무용영역 등에서는 그때까지도 자료 축적 단계에 놓여 있어 잡지나 일부 논문에서만 그 역사나 자료를 다룬 상황이다. 반면 앞에서 제기했듯이 무용영역에서는 새로운 예술실체 창조에 앞서고 있는데, 바로 최승희에 의해 새로운 고전의 창조라는 시각으로 전통 무용예술을 바탕으로 새로운 훈련체계를 창조해 냈다. 1960년대 들어서면서 상기한 문제는 일부 해되고 있음도 어렵지 않게 고찰할 수 있다.

다음은 이 시기에 그러한 자료를 바탕으로 나름대로 예술실천 가운데서 제기되는 문제에 대해 기본이론 정립 및 명석한 관점과 방향제시를 목적으로 연구를 진행했음도 보여주고 있다. 그 예로 1954년 국립출판사가 펴낸 『예술의 제문제』에서는 구서련의 예술평론가와 창작자들의 예술실천 문제에 대한 실천이론 관점, 생애와 예술 등의 글을 실었다. 이 저서는 주로 문종상의 「민족 음악유산 계승발전 사업에서의 몇 가지 문제」, 박문원의 「미술유산 계승에 있어서의 몇 가지 문제」, 김창석의 「희극적인 것과 희극에 대하여」 등의 글을 실으면서 예술실천에서 일련의 문제에 대한 기본이론을 피력하는 한편 전통 예술유산에서 나서는 기본문제에 대한 이론 정립을 시도하고 있다. 물론 1955년 조선작곡가동맹이 출판한 『음악유산 계승의 제문제』에서는 전통적인 음악유산을 어떻게 계승할 것인가에 대해 202쪽의 큰 폭을 차지하고 전문적으로 다룬 점이 주목된다.

그 다음은 이 시기 전통과 근·현대의 예술역사를 다룬 연구 가운데 침투된 역사적 시각의 문제다. 그것은 곧 고대예술에 대한 자료정리와 더불어 이론정립뿐 아니라 현대예술과 함께 당대에 진행되는 실천의 매 단계마다 비록 짧디 짧은 10년 기간이라 하더라도 기본맥락에 따르는 사적 총화와 이론적 정리가 따라감으로써 예술연구의 시작부터 과학성과 체계성을 보장하려는 노력을 보여준 점이다. 이와 동시에 시사해 주는 것은 민족예술 유산계승에 관한 문제와 1955년 국립출판사가 출간한『예술과 체험』이란 연구논문집 가운데서 김창석의 글「예술에서의 사회주의적 내용과 민족적 형식에 대하여」16) 등에 대한 연구에서 보다시피 기본이론과 실천이론에 대한 이론정비는 일찍이 1950년대부터 비교적 뚜렷한 기본이론 토대를 이루면서 발전했다는 점도 주목된다. 이와 관련해『조선예술』1962년 5월호에 강호가 제1편을 실은 후 2편부터는 김재하가 7편까지「우리나라에서 사회주의 사실주의 연극의 발생발전」이라는 장편의 글을 마무리해 실었다. 그와 함께「조선연극 개관」이라는 장편의 글도『조선예술』1962년 8월호부터 시작해 장장 13기에 달하는 연구를 보이고 있다. 이는 비록 짧은 현대예술 역사라 하지만 그에 대해 제때의 평가는 물론 새로운 예술관점의 수립과 함께 이론적 정립을 꾀하는 단적인 예라고 할 수 있다.

② 논문영역 연구성과에 대한 접근

논문영역에서는 1956년 9월 창간된『조선예술』,17) 1955년에 창간된『조선음악』과 1956년에 12월 6일 창간된 <문학신문>18) 등을 중심으로 예술연구가 진행됐는데, 이러한 연구에서도 상기 저서들과 마찬가지로 전통예술에 대한 자료 및 사적정리와 더불어 시기마다 그 예술발전에서 실천문제를 둘러싸고 기본실천에 대한 연구와 이론정립을 진행한 점을 고찰할 수 있다. <문학신문>은 문학단신, 뉴스, 평론, 동향 등의 내용으로 꾸며졌는데, 문학을 중심으로 다루는 한편 음악, 무용, 연극 등의 예술분야도 포섭하면서 모두 다루고 있어 당시 문학예술 분야 전체에서 핵심역할을 한 전문지로 볼 수 있다. 그 속에서 문학평론이 선두를 끌면서 예술실천에서 기본적인 문제를 풀어 나갔으며 문학평론가나 문학가들이 다른 예술분야의 평론에도 적극적으로 관여하면서 이론적으로 리드한 점도 고찰할 수 있다. 이

---

16) 평론집『예술과 체험』중 김창석 글(국립출판사, 1955년 5월).
17) 주필: 박석정, 편집위원: 서만일, 안기옥, 리면상, 최승희.
18) 작가동맹 중앙위원회 기관지인 <문학신문>은 최초에는 주간 신문으로 발행하다 1959년부터는 주 2회 발행.

는 한편으로는 예술, 기타 영역에 아직 이론이나 평론가 대오가 형성되지 않은 상황에 비추어 문학가들이 직접 예술, 기타 장르의 평론이나 연구에 관여한 원인도 있겠지만 문학예술 영역에서 문학이 모든 문학예술 일반을 포섭할 수 있는 포섭력과 기본이론으로서 넓은 외연을 갖고 있는 우세를 발휘하고 있음도 명시해 준다.

예술영역의 여러 분야에서 진행된 연구는 여러 장르의 연구회, 연구소 등을 중심으로 매 시기마다 새로운 미학이론과 실천문제에 대해 토론하고 있는데, 논문영역에서는 중점적으로 아래와 같은 몇 가지 문제를 갖고 토론과 함께 연구가 진행되고 있다.

우선 연구에서 주목되는 것은 해방 후의 문학예술이 '카프'문학의 혁명적 전통계승 및 사회주의 사실주의 예술을 확립하는 문제다. 영화평론가 추민은 『조선예술』 1956년 창간호에 쓴 「조선 영화예술의 혁명적 전통」이란 글에서 조선 영화예술이 '카프'의 영향 밑에 자라났으며 그에 대한 이해는 현실적 의의가 있다고 보는 관점을 제기했고 8·15해방 후의 실천이 '카프'예술의 혁명적 전통을 계승하면서 발전했다고 보고 있으며, 제10기에는 「조선연극이 걸어 온 길: 그 혁명적 전통에 대하여」란 글에서 "카프 작가들의 사실주의 희곡은 20년대 말부터 30년대 초 조선의 진보적 혁명적 연극운동 촉진에 하나의 힘있는 원동력으로 된다"고 보고 있다. 사회주의적 사실주의 창작방법의 확립에 대해서는 이선용이 「국립예술극장의 10년」이란 글에서, 국립예술극장이 발전하는 가운데 행동지침을 예술의 민중적 성격을 견지하고 민족고전을 계승·발전했으며 선진예술을 섭취하고 도입했고 예술에서 자산계급 문예사조와의 투쟁을 견지했으며 사회주의적 사실주의 창작방법을 확립했다고 제기하고 있다. 장추화는 1958년 9월 4일 <문학신문>에 쓴 「무용예술의 개화발전」이란 글에서 '카프'의 영향하에 조선의 무용예술은 점차 새로운 변화의 길로 들어서게 됐다고 보고 있다. 이와 함께 조선 현대무용에서 특히 최승희를 사회주의적 사실주의 무용의 선구자로 보면서 카프 문학운동의 고무하에 최승희는 "일제의 억압과 오랜 봉건적 질곡 속에서 방황하는 민족 무용예술의 부흥발전을 위한 투쟁에서 새 길을 개척하였다"고 보았다. 영화영역에서도 일찍 1957년 9월호

『조선예술』에 김학섭의 「사회주의 사실주의 창작방법과 영화예술」(15쪽)이라는 글이 발표돼 예술실천에서 이론적 기초를 마련해 주었다.

다음 연구에서 주목되는 것은 곧 민족적 특성과 현대성문제 토론이다. 이 시기 예술의 민족적 특성과 관련해 예술 여러 영역에서 많은 연구가 진행됐는데, 예를 들면『조선예술』1958년 5월호에 강호의 「무대미술에서의 조선화법 도입과 민족적 특성에 대한 몇 가지 문제」(59쪽), 김영규의 「무용극 음악에서의 민족적 풍격과 극적 형상」(86쪽), 1959년 8월호에 문종상의 「우리 음악에서 민족적 특성을 강화하기 위한 실천적 문제」(13쪽), 김찬범의 「영화음악에 민족음악을 도입할 데 대하여」(18쪽), 서성대의 「무대분장에서의 민족적 특성」(51쪽), 이면상의 「민족음악의 발전을 위한 몇 가지 문제」(32쪽), 유창선의 「우리 무대예술의 민족적 특성」(37쪽), 1960년 5월호에 김인의 「연극에서의 민족적 풍격을 구현하기 위하여」(14쪽), 황병철의 「연주에서의 민족적 특성구현을 위하여」(25쪽), 안일의 「연출가와 민족적 특성」(7쪽), 성두원의 「무대미술에서의 민족적 특성구현에 대한 문제」(22쪽), 최경애의 「민속무용의 계승발전을 위한 몇 가지 문제」(46쪽) 등이 발표돼 민족적 특성에 관한 토론이 일찍이 북한에서 활발하게 진행됐음을 명시해 준다.

예술의 민족적 특성연구에서 가장 주목되는 것은 곧 무용예술에서 최승희가 쓴 「조선 무용동작과 그 기법의 우수성 및 민족적 특성」[19]이란 글이다. <문학신문> 몇 기에 걸쳐 쓴 이 글은 약 이만여 자의 무게 있는 큰 폭의 글로서 최승희의 이론연구에서 중요한 위치를 차지한다. 이 글은 크게 두 부분으로 나누어지고 세 개 측면으로 연구되는데, 첫째 측면으로는 한 민족무용이 전통적으로 내려오면서 고대부터 근대, 현대에 이르기까지 어떤 형태로 어떤 우수성을 보이면서 발전했고 어떤 특징을 갖고 있는가 하는 형태적인 특징에 대한 고찰을 했고, 둘째 측면으로는 조선 민족무용이 다른 나라의 민족무용과 구별되는 어떤 민족적 특성을 갖고 있는가를 고찰하면서 그것을 규정짓는 기본요소에 대해 파악하고 있으며, 셋째 측면으

---

[19] <문학신문>, 1966년 3월 22, 25, 29, 4월 1일에 실림.

로는 그러한 우수성과 특성을 파악한 기초 위에서 어떻게 시대의 요구에 맞게 발전시키겠는가를 풍부한 실천으로 입증하면서 제시한 것이다.

이 글에서 집중적으로 반영되는 예술관은 곧 민족무용의 발전과 새로운 창조는 철저히 고대 무용전통이나 그후의 근대·현대 무용유산에 대한 전면적인 인식을 굳건한 바탕으로 해야 한다는 '전면 인식관'과 상기한 전면적 인식을 바탕으로 반드시 그것이 같은 유형의 실체들과 구분되는 본질적 특성을 파악하는 '본질 파악관', 그에 따르는 민족 무용전통은 고정된 것이 아니라 시대의 발전에 따라 부단히 발전시켜야 한다는 '민족무용 발전관'을 반영하고 있다.

상기한 민족적 특성과 관련해 예술발전의 현대성문제도 제기됐는데 그전 시기 무용영역에서 최승희는 『조선예술』 1957년 3월호 「형제나라들의 방문공연」이란 글에서 고전발레를 원만히 연구한 기초 위에서 우리 무용의 새로운 스킬을 개척하는 문제를 중심적인 연구과제로 제기했다. 무용예술연구회 회의에서는 '클래식 발레의 창조적 도입문제'[20]라는 토론에서 클래식 발레의 제반 수법 경험의 창조적 도입, 주인공의 행동무용 형상에 관한 문제를 갖고 논의했는데, 기교동작의 도입 등은 반드시 조선의 정서와 맛이 상실되지 않게 창조적으로 적용해야 하며 우선 조선 민족무용에 대한 다양한 기교형식과 율동을 충분히 체득한 기초 위에서 클래식 발레를 도입해야 함을 제기했다. 동 시기 영화평론가인 추민은 <문학신문> 1957년 7월 4일자 「민족무용과 문학정신」이란 글에서도 무용극 '심청전'이 외래형식을 그대로 답습함을 비판하고 창조적으로 도입해야 한다는 외래무용 접수관을 제기하고 있다.

이 시기 무용영역에서는 『조선예술』 1962년 12기에 최필훈이 「무용극 발전에서의 새로운 혁신」이란 글을 실어 무용극 '붉은 기발'의 창조를 계기로 새로운 미학 실천적 문제 6가지를 제기하고 있는데 그 가운데서 무용언어의 현대성문제를 제기하고 있으며, 이영환의 「무용작품에서 민족적 특성과 현대성의 구현문제」[21]와 최승근의 「무용창작에서 민족적 특성과

---

20) 『조선예술』(1957년 5기), 92-96쪽.

현대성의 구현」,22) 연극분야에서는 강성만이 「예술적 혁신성과 현대성의 제문제」23)란 글에서 상기한 문제에 대한 필자들의 견해를 피력하고 있다. 상기한 토론에 즈음해 최승희는 1965년 『조선예술』 제4기에 기존 연구에 비추어 「예술적 전통과 예술적 창조」24)란 글을 발표해 이론 재정립을 진행했다. 이 글에서 최승희는 예술적 전통의 힘, 예술적 혁신의 힘, 예술적 창조의 힘의 조화에 의해 모든 문화가 창조되고 부단히 혁신된다는 전통과 혁신 및 창조 사이의 변증법적 관계를 천명했다. 우선 이 글에서는 모든 예술의 혁신과 창조발전은 그 예술적 전통에 의거한다는 주장을 보인다. 그에 튼튼히 토대해야 부단한 혁신과 창조가 이루어진다는 것이다. 그것은 토대가 혁신과 창조의 원천이고 마를 줄 모르는 샘으로서, 혁신과 창조는 영원히 마를 줄 모르는 전통에서 당대에 맞는 고전적인 것을 발굴하고 보충받아야 하며, 그것을 이루자면 전통에 대해 부단히 연구하고 그 힘을 발굴해야 한다는 것이다. 다음은 예술적 혁신이란 예술적 전통에 튼튼히 의거해 과거의 것보다 더 훌륭한 것, 다시 말하면 새로운 것을 만들어내는 것이라고 보는 것으로, 그러한 혁신은 당대의 미학적 요구에 적응해야 하며 그 방법은 곧 과거의 무용적 재부에서 약한 것은 강하게 하고, 거친 것은 연마하며, 잃은 것은 되살리고, 없는 것은 새로 만들어야 한다는 것이다. 그 다음은 예술적 창조에 대한 천명인데, 이는 예술적 혁신과 긴밀히 연계되는 것으로, 무용예술이 시대생활의 전진과 함께 전진하며, 인간의 장성과 함께 장성해야 하기에 부단히 새로운 예술적 창조가 이루어져야 한다는 것이다. 이러한 예술관은 전반 예술영역에서 시종 관철되는 중요한 주장이었음을 그후의 실천과 연구에서 증명하고 있다.

그 다음은 전통예술 유산계승과 발전문제에 대한 토론이다. 1962년 3월 11일 김일성의 '전통과 계승에 대한 문제'의 재천명으로 토론은 점점 집중돼 갔는데 북한에서는 이 교시를 계기로 획기적인 개화기의 특징을 이루

---

21) 『조선예술』(1964년 제1기), 36-39쪽.
22) 『조선예술』(1966년 제8기), 47-48쪽.
23) 『조선예술』(1963년 제3기), 7-8쪽.
24) 『조선예술』(조선: 평양, 1965년 제4기).

었다고 보고 있다. 사실 『조선예술』 1957년 8월호에 발표된 한형원의 「민족고전 계승사업에서 제기되는 몇 가지 문제들에 대하여: 무용극, 창극 <심청전>을 중심으로」와 1960년 9월호에 실린 민족음악연구소의 「창극연기 형식과 판소리의 연기적 요소 계승문제」에서 이 문제를 둘러싸고 토론이 진행됐고, 사실 그 훨씬 전인 1950년대 초에 이미 구체적인 실천을 바탕으로 이러한 토론이 시작됐다. 그것은 1955년 조선작곡가동맹 중앙위원회에서 펴낸 『음악유산 계승의 제문제』에서 비교적 뚜렷하게 나타나고 있다. 이 책에는 이히림의 「인민음악 유산 계승과 현대성」, 한시형의 「조선장단에 대하여」, 국립고전예술극장 조사연구실의 「조선 민족악기 유래에 대하여」 등(그 외 외국 학자들의 글인 게 아쁘라샨의 「음악의 민족적 특수성에 관하여」, 일 끄닛뻬르의 「꼬쓰모뽈리찌즘을 반대하고 로씨야 민족스타일을 위하여」, 려기의 「민간음악의 우수한 전통을 연구 섭취하자」, 게오르기 후브로의 「음악과 현대성: 쏘베트 음악발전의 제과업」 등의 글도 실음)을 실었는데 그 가운데서 「고전음악의 발전을 위하여: 1954년 10월 음악관계자 좌담회 회의록 발췌」는 비교적 중요한 글로서 이 토론에서 일찍이 고전음악을 발전시키는 사업에서 제기된 몇 가지 문제, 즉 성악에서 탁성 제거, 남녀성부의 분리확립 및 악전에 관한 문제가 논의됐음을 고찰할 수 있다.

필자가 이 토론의 글을 중요하게 보는 원인은 곧 그후 시기 실천에서 제기되는 전통유산의 계승에 관한 견해나 그후 시기 실천에서 제거되거나 주장된 관점이 이미 이 토론에서 결론이 대체로 나고 있었기 때문이다. 예를 들면 1994년 예술교육출판사에서 출판된 이차윤·우연호·박우영·김길남의 『조선음악사』를 보면 1956년 1월 7일 창극 '춘향전'과 1958년 12월 27일 창극 '선화공주'를 보고 한 지시에서 고전작품 등을 각색하는 데 판소리의 쐑소리를 없애고 아름다운 소리를 내는 문제, 남녀성부를 구분하는 문제 등에 대해 밝혀 주었다고 했는데, 사실 1954년 10월 전문가들이 참여한 이 토론에서 이 문제와 관련된 허다한 문제에 대해 이미 견해상의 기본일치를 가져왔다. 또한 이 토론의 내용에서 제기하다시피 "탁성문제, 남녀성부 문제는 오늘 비로소 제기된 문제가 아니라 이미 오래 전부터 사회여론이 이 문제의 해결을 요구하고 있었다"고 지적하고 있는데, 1947년 고전음악연구소를 국립예술극장에 귀속시키고 창작과 공연실천을 거치면서 연구에서 이러한 문제가 제기되고 있었고 집중적으로 이 토론에서 금후의 방향이 제시됐다. 그 외 이 토론에서는 고전악기를 과감하게 개조할 단계가 왔다고 지적하고 있는데, 북한에서 제기되는 고전악기의 개량이 이 토론 후부터 이미 시작됐다고 볼 수 있다는 점에서 우리에게 북한의 악기개량 시작점에 대한 새로운 시각을 제시해 주고 있다. 이는 일부 기존 연구에서 북한의 악기개량이 1960년대부터 시작됐다는 견해에 대한 반증이라고 할 수 있다.

다른 하나는 연구에서 현실과 생활진실의 구현문제에 대한 토론이다. 그에는 1958년 10월 14일 '자산계 급반동사상을 반대해야 한다'는 관점제기와 1960년 11월 27일 지시와 관련해 '현실은 창작의 어머니, 예술발전의 원천'이란 관점을 제기, 그 지시로 하여 그후의 실천에 새로운 창작적 앙양을 이룩한 전환의 시기를 마련하고 특징지어 주었다는 데 전제를 두고 있다. 그 지시에서는 미학이론 실천상 문제가 구체화되는데 인민예술 창작을 강화하는 문제, 현실에 침투하는 문제, 현대성 구현에 대한 문제, 민족적 특성을 구현하는 문제, 전형창조에 대한 문제, 창작에서 신비성, 소극성을 극복하는 문제, 창작사업을 대중화하는 등의 문제를 제기하고 있다. 그것을 전제로 해서 김의범의 「생활진실의 구현문제」, 유영근의 「현실생활과 무용언어」 등의 글이 간행물을 통해 발표됐다.

또 다른 하나는 연구에서 나타나는 '민족예술을 앙양시킬 데 관한' 대토론이다. 그에는 민속예술을 예술적으로 해석함과 아울러 고전으로 정립해야 하는 등의 문제가 제기되고 있다. 『조선예술』 1958년 제3기 함귀봉의 「민족 무용예술의 새로운 앙양을 위하여」라는 글에서는 민족무용을 예술적으로 해석하는 문제, 유산발굴에서 경향성의 문제, 조선율동을 전인민적 운동으로 보급하는 문제를 제기하고 있는데, 유산발굴에서의 경향성문제에서는 주로 고전 인민예술을 풍속물로 대체함으로써 안일성과 형식성이 발로됨을 문제로 보았고, 고전유산 원형의 깊이를 연구하지 못함으로써 주관적으로 창작한 작품을 고전유산 원형인 듯 내세우는 문제도 지적했으며, 현대적 주제의 반영이 어렵다고 해서 고전예술 혹은 민속예술로 피난하고 있는 등의 문제점을 지적했다.

결론적으로 말하면 분단 이후 1970년대 전까지 진행된 북한의 민족예술 연구성과이면서 실태로 볼 수 있는 것은 주로 그후 시기 주체예술 사상의 주된 내용이 되는 고전예술 유산의 계승문제, 민족적 특성의 구현문제, 상기를 기조로 새로운 창조를 하면서 민족예술이 발전해야 한다는 현대성의 구현문제가 이미 이 시기에 이론적으로 정립되기 시작됐고 그 외 현대예술 역사발전의 전통유산을 카프 문학예술로, 사회주의 사실주의예술의 발생과 발전으로 보고 그것을 구현해야 된다는 문제에 대한 연구도 이 시기에 주된 관점으로 일찍이 1950년대에 중심을 이루고 진행되면서 이론정립이 진행됐음을 고찰할 수 있다. 상기한 연구와 더불어 예술역사 정립이나 기본이론 연구에서 이 시기에 벌써 남북한이 공유할 수 있는 괄목할 만한 연구성과이거나 새로운 예술실체(예술장르), 이론실체가 생성돼 지금까지도 시대에 떨어지지 않는 역사적 의의나 현실적 의의를 갖는 연구성과가 생성됐음을 우리는 객관적으로 고찰할 수 있다고 본다. 이 면에서 주체예술 사상이 갖는 내용상의 일부 합리성이 표현되지 않을까도 사료된다.

2) 1970년대 이후 연구성과에 대한 총체적 접근

(1) 1970년대 연구성과에 대한 접근

북한에서는 1960년대 후반기부터 본격적으로 주체사상이 거론되면서 1970년대 11월에 열린 제5차 당 대표대회에서 주체사상을 공식 제안했으며 1970년대 중반에 주체사상을 민족예술 연구에 전면적으로 적용시켰다. 이로부터 전 단계와는 다른 예술연구 상황이 벌어지기 시작하는데, 1970년대 후반부는 새로운 주체 문예이론들이 제출되고 그것을 바탕으로 민족예술 연구의 방법론적 기틀을 마련하게 되는 점이다. 이 시기에는 전 시기에 제기된 현대예술 발전에서 카프 문학전통이 사라지고 반면 항일투쟁 시기 혁명예술 전통이 바야흐로 제기되며 그와 함께 새로운 예술장르로 부상된 혁명가극이 구심점을 이루고 창작되는 한편 그에 대한 연구나 이론정립이 중심을 이루고 진행된다. 북한에서는 이 시기를 주체예술 사상이 확립된 시기라 보고 있다. 그러한 변화는 역사연구에서는 주로 고대예술 역사에 대한 연구보다 근·현대 예술사에 대한 기술(記述)과 평가에서 뚜렷하게 나타나고 있다.

1976년 5월에 출판된 유영근의 『조선무용사(1)』에서만 보더라도 제1편에서는 원시 및 고대시기부터 20세기 초의 무용예술에 대해 기술하고 있는데, 그 가운데 19세기 말부터 20세기 초의 예술서술에서 역사배경의 서술과 함께 "선행시기 문학예술의 진보적이며 인민적인 사상, 과거의 애국주의사상은 이 시기에 이르러 반봉건, 반침략의 애국사상으로 발전하여 근대 자본주의사회 발전에 대한 지향과 결부되게 됐다"(189쪽)고 제기하면서 주로는 김형직이 창조한 애국적이며 혁명적인 가요예술 등을 대서특필했다. 동시에 인민창작 무용인 '돈돌라리', '물장고춤', '봉죽놀이', '박판춤'이나 반일의병 춤 '군바바' 등 인민적 성격의 무용이 창작돼 광범한 인민들 속에서 추어지면서 높은 발전을 이룩했다고 보고 있다. 제2편에서는 장장 1장부터 4장까지 20세기 중엽부터 현대예술의 역사는 주로 김일성이 항일혁명 문학예술을 높이 사고 혁명음악, 혁명연극, 혁명무용, 혁명적 군중예술을 집중적으로 기술·평가하고 있다.

그로부터 시작해 항일 혁명예술과 함께 그것을 기조로 창조됐다는 혁명가극에 대해 높이 사면서 '피바다'를 불후의 고전적 명작으로, '꽃 파는 처녀'를 불멸의 기념비적 명작으로 명명하는 동시에, 그후 창작된 가극을 모두 혁명가극으로 통칭하고 높이 사는 연구의 편파를 보이고 있다. 그후에는 연구가 가극형식을 아예 '피바다'식 가극예술로 명명하고 '피바다'식 가극무용, 가극음악 및 창작원칙, 창작방법 등에 대한 연구 일색으로 발전했으며, 주체적 문예사상이 일관되면서부터는 점차 그러한 연구를 주체음악, 주체연극, 주체무용, 주체미술, 주체교예 등으로 명명하면서 그에 대한 연구를 진행했다.

1970년대 중반부터 시작해 말에 이르러서는 다시 연구에서 미세한 변화를 보이기 시작하는데, 내용 면에서 정치공리성의 강조로부터 형식 면의 새로운 변화와 분석에 돌려지는 변화를 보이기 시작한다. 그 연구의 초점이 외면적으로는 주체예술 사상으로 모든 예술이나 민족예술의 합리성을 분석하고 접근하는 면을 보이더라도, 내면적으로 연구의 내용을 살펴보면 민족적 특성천명으로의 회귀, 예술 본체의 성격이나 예술의 과학성 접근으로 돌려졌으며, 민속예술에 대해서도 다시 속속 발굴하고 자료정립을 시작했다는 점이 주목된다. 이 시기 연구성과로는 저서영역에서 1973년 사회과학출판사에서 『우리나라의 민속유산』, 1976년 5월 문화예술부교재출판사에서 유영근의 『조선무용사(1)』, 1978년 평양 교육도서출판사에서 박동식의 『조선음악사』(심의용) 등이 주목되며, 논문영역에서는 1970년대 중반부터 민족적 형식에 대한 천명, 예를 들면 「조선화 화법과 창작적 특성에 맞게 소묘, 습작을 더욱 완성해 나가는 것은 우리 미술발전의 필수적 요구」,[25] 성두원의 「미술의 종류와 형태들을 민족적 바탕 우에서 발전시킬 데 대한 지도적 지침」,[26] 「민속무용 창작에서 새로운 혁신을 이룩하기 위하여」[27] 등이 주목된다. 예술의 본원적 혹은 자율성에 대한 연구, 예를 들면 예술의 기량문제에서 황민명의 「선율의 화성화를 어떻게 할 것인가」,[28] 전국선의 「금관악기의 연주호흡」,[29] 정영일의 「춤동작을 무용문법의 요구에 맞게」,[30] 박종성의 「무용훈련을 잘하는 것은 예술기량을 높이는 기본고리」[31] 등의 글과 다시 자료적으로 발굴되고 소개되기 시작한 민속예술 종류들이며, 그 외 주목되는 특수한 예술현상으로는 국가적으로 학자팀을 구성한 후 금강산에 들어가 전문연구와 함께 이론저서 집필에 착수하게 한 것이다. 이는 민족예술이 과학성으로 접근하거나 체계화를 이루게 하려는 노력임에 틀림없다. 그에 대한 연구성과는 1980년대 중반에 들어서면서 집중

---

25) 정종여·최동준, 『조선예술』(1975년 5월), 38쪽.
26) 위의 책, 19765년 2월, 64쪽.
27) 위의 책, 1978년 5월, 16쪽.
28) 위의 책, 1980년 1월부터 시작해 12월에 나누어 연구.
29) 위의 책, 1979년 8월, 48쪽.
30) 위의 책, 1980년 7월, 65쪽.
31) 위의 책, 1979년 8월, 32쪽.

적으로 체현되고 있다.

(2) 1980년대 연구성과에 대한 접근

전 시기에 제시됐던 주체예술 사상은 1980년대에 들어서서는 독자적인 체계로 자리를 잡아가면서 예술사 서술이나 연구에서 그대로 체현됐다. 동시에 1980년대에 들어서면서 조선 민족예술을 보존하라는 국가의 지시, 국가의 주체예술 사상에 대한 개입에 따라 민족예술이 전면적으로 발굴·정리되고 출판되기 시작하는데, 음악영역에서는 근 5년간 민족음악 총서인 『조선 민족음악 전집』 전 35권이 집필되고 출판되기 시작해 중세가요, 궁중음악, 판소리편, 민요편, 창극가극편, 민족음악 독주, 중주편, 관현악편, 무용곡편 등으로 지금까지 7권이 출판되고, 조선문예출판사의 출판으로 1979년부터 1988년까지 『민요연구 자료집』 1~9집을 펴냈다. 무용영역만 보더라도 70년대 말부터 시작해 1990년대 초까지 『조선예술』에 속속 민속무용이 발굴되면서 20여 종류가 자료로 소개됐다. 그러한 자료를 바탕으로 1989년 7월 제13차 세계청년학생축전에 7만 명이 출연한 민속무용 집대성자 '축전의 노래' 대땅상 민속무용을 표현하기에 이르렀던 것이다. 그 외 그 전 시기에 부정됐던 일부 예술실체가 서서히 다시 부흥되는 조짐을 보인 점이 주목된다. 바로 이 시기에 북한에서는 1980년대 후반기에 들어서면서부터 민족음악을 '전통음악'과 동일한 관계에서 정립하고 있는 점도 주목된다.

논문영역에서 봐도 1985년 2월호 『조선예술』에 실린 글 「조선적인 것을 바탕으로 해야 한다」, 같은 호 정봉석의 「절가에 기초한 음악형식론의 창시는 우리 당이 이룩한 빛나는 업적」, 같은 해 11월호 현수응의 「우리식의 합창과 관현악형식의 독창성」, 1989년 5월호 「민족가극 '춘향전'이 기념비적 걸작으로 창조되기까지」, 1986년 4월호 이차윤의 「중세기 우리나라의 귀중한 악보유산」, 1989년 7월호 한남용의 「민족음악의 본색을 잘 살리려면」 등의 글에서 민족음악의 본색을 잘 살리는 것이 바로 전통음악 자체를 잘 보존하고 올바르게 계승·발전시키는 것이고 또 민족음악만이 인민들의 사상감정을 가장 섬세하게 표현할 수 있는 것으로 보면서 전통예술 유산의 합리성과 특징을 파헤치려는 노력을 보였다.

그 전 시기 실천이나 이론연구에서 예술자율성과 과학성에 대한 접근은 이 시기에 연구성과로 집중적으로 선보이는데, 저서영역에서 1985년 예술교육출판사가 출간한 박우영의 『조선음악사(1)』, 1986년 이영환・정남선의 『조선무용사(2)』, 1987년 사회과학출판사가 출간한 함덕일의 『조국해방전쟁 시기 음악예술』, 동해 과학백과사전출판사가 출간한 김순영 등의 『조선미술사(1)』, 1988년 조대일의 『조선공예사: 고대, 중세편』, 1989년 예술교육출판사가 출간한 박형섭의 『조선민요 연주이론』 등 역사정립을 중심으로 한 성과가 저서로 집필・출판됐다. 무용영역만 보더라도 1987년 9월 문예출판사가 출간한 평양음악무용대학 무용표기연구실의 『무용표기법』은 물론, 대학교과서로서 이론저서들이 속속 출현하면서 1985년 이만순의 『무용용어 해설』로부터 시작해 1987년의 『무용 기초이론』, 1984년 김창환의 『무용창작 기본』, 1988년 정영일의 『무용기법』 등 예술본체나 자율성에 접근하는 연구가 대두되고 출판됐다.

상기 연구에서 주목되는 점은 자율성이나 본체성에 접근하는 연구성과가 기초이론을 정립하는 한편 기초 예술이론의 천명에서 본 민족의 예술 특성을 체현시키면서 기초이론을 규명하는 것을 잊지 않았다는 것이다.

이 시기 『무용표기법』 등의 창제는 곧 무용예술이 과학성으로 접근한 결과로, 그에는 해부학적인 분석을 기초로 하면서 과학적으로 창제해 무용예술뿐 아니라 모든 형체예술에 적용되게 하는 일반성 연구가 실속 있게 스며 있었고 그러한 표기법이 전문가뿐 아니라 광범한 대중 속에 침투되게 하는 통속성도 지니게 하는 등 지금까지 여러 나라에서 창제된 무용표기법의 그 어느 성과보다도 우세를 지니고 있다는 점이 높이 평가할 만한 성과라고 본다.

(3) 1990년대의 연구성과에 대한 접근

1990년대 들어서면서 민족예술 연구에 새로운 조짐이 확연히 보이기 시작하는데, 일찍이 1950년대 말이나 1960년대 말에 매몰됐던 예술가들에 대한 재평가와 함께 그들이 창조한 예술창조 실체에 대해서도 회복하기 시작했고, 그 시기에 제기됐던 전통예술 유산이나 근·현대 예술전통 유산이 전면적으로 회복되는 조짐도 강하게 비치고 있다. 예를 들면 문학가 한설야나 무용가 최승희 등에 대한 회복이 그것이다. 이로써 최승희가 창조했던 민족무용극이나 무용조곡 형식도 회복돼 창작·공연되기에 이르고 있다.32) 그 외 현대예술사 연구에서도 그 전 시기에 없던 해방 전 계몽가요, 최승희 및 그 예술실체를 다시 평가·서술하고 있으며 고대예술사에서는 그 전 시기에 없던 발해 및 후기신라 시기 예술도 새롭게 기술되면서 연구되고 있다. 예를 들면 같은 저자에 의해 집필된 1976년『조선무용사』1집과 1994년의『조선무용사(상)』은 1970년대 전과 1970년대 이후 양 시기에 관점상에서 크게 변하지 않은 고대무용사의 기술에서도 전자가 고대, 중세, 근세 등의 구별이 없이 시기적으로 그 발전을 살펴본 데 비해, 후자는 원시 및 고대시기, 중세, 근세로 구분해 무용역사를 살펴보는 등의 변화를 보였다. 중세무용에서 전 시기에 없던 '발해 및 후기신라 시기(7세기 중엽~10세기 초)의 무용'을 전문 절로 설치했을 뿐 아니라 근세무용에서 그 전 시기에 대서특필했던 제2편(고대부분을 제1편으로)의 내용은 회피하고 고대사 범주에 넣었던 19세기 중엽부터 20세기 초의 무용을 인민창작 무용만으로 기술하는 변화를 보였다. 이는 고대예술사 연구의 새로운 시각인 동시에 20세기 초 무용사에 대한 재조명의 필요성을 느낀 결과로 연구에서 신중성을 보인 새로운 현상이라 하겠다. 금년 들어 문학가 한설야와 함께 2월에 무용가 최승희를 애국자열사릉에 정식 안장하고 여태껏 공개하지 않고 시인하지 않은 최승희의 별세 연대도 1969년 8월 8일로 밝혔는데, 이는 아직 출판되지 않은 무용사 하집이 바로 그러한 변화에 기반을 두고 전 시기 역사에서 제외됐던 최승희의 무용실체거나 그 발전을 신중하게 전면적으로 기술되고 객관적으로 다루게 될 것이라는 기대가 가게 한다.

---

32) 필자도 그러한 배경에 힘입어 1998년 방문학자로 갔을 때 최승희의 무용예술에 관해 장추화 등 그의 제자들을 찾아 확인할 수 있었고, 2001년에 펴낸『최승희 무용예술 연구』란 저서 중 '최승희와 조선무용' 부분을 마무리할 수 있었다.

고전예술 유산에 대한 전면적인 회복은 이현길 편집의 『「위대한 령도자 김정일 동지의 사상이론」 문예학(1)』[33])에서 "최근 10여 년 동안만 하여도 고전 문학예술 유산에 대한 조사발굴 및 연구사업이 폭넓고 깊이 있게 진행됐으며 이 과정에 백 수십 편의 고전소설들과 고대, 중세 시문학의 발전 면모를 보여주는 수천 편의 시가들 그리고 설화, 패설, 기행문 등 다양한 형식의 수많은 작품들이 발굴돼 100여 권에 달하는 고전문학 작품집과 단행본들이 새로 출판되고 민족 고전문학에 대한 새로운 연구성과들이 세상에 나왔을" 뿐 아니라, "최근년간 1만여 편의 다양한 내용과 형식의 민족음악 유산이 발굴 수집되고 2천여 편의 민요가 채보, 정리돼 영구 보존할 수 있게 된 것도 민족고전 문학예술 유산을 조사 발굴하고 계승 발전시키는 사업에서 이룩된 귀중한 성과의 하나이다. 여러 지방의 민족무용을 발굴하여 다시 무대에 올리는 사업도 적극 추진됐다"고 밝히고 있는 데서 잘 나타난다. 음악영역에서는 전통음악 유산뿐 아니라 해방 전 창작된 창가, 예술가요, 유행가, 동요, 신민요 등을 민족음악 유산에 넣고 발굴·정리해 '계몽기가요 600곡집'을 펴냈고, 그 외 저서영역에서 1991년 6월 문예출판사에서 남영일의 『민족음악의 계승발전』, 1992년 3월 예술교육출판사에서 엄하진의 『조선민요의 유래(1)』, 박우영의 『우리나라 근대 및 현대 초기의 진보적 음악』, 1994년 3월에는 이차윤·우연호·박우영·김길남의 『조선음악사(2판)』를 펴냈다. 그 외 1995년 평양출판사에서 최창호의 『민족수난기의 신민요와 대중가요들을 더듬어』와 『민요 따라 삼천리』 등을 펴내 가요의 유래와 작자 등을 객관적으로 밝히고 객관적이고 전면적인 음악사를 집필하는 데 도움을 주려는 의도를 확연히 드러내고 있다. 남영일의 『민족음악의 계승발전』에서는 크게 '민족음악 유산과 그 계승발전의 참된 길'과 '민요와 그 창법의 계승발전' 등 구체적으로 민족음악 유산을 성악유산, 기악유산, 민족극 음악유산·창극으로 지적하고 계승발전의 원칙과 과업 및 방도를 제기했고, 민요와 그 창법의 계승발전을 민요의 재창조 보급과 민요바탕의 새로운 가요창작 등으로 지적하면서, 재창조 보급에

---

33) 평양: 사회과학출판사, 1996, 201쪽.

서는 민요원형을 그대로 살리는 것과 현실발전의 요구에 맞게 개작하는 것, 민요를 여러 가지 음악형식으로 편곡하는 것 등으로 보고 있다.

저서영역에서는 1990년 조선미술출판사에서 김정수의 『조선조각사(1): 고대중세편』, 1991년 량연국의 『조선조각사(2): 현대편』, 박현종의 『조선공예사: 현대편』 등 역사연구 저서와 1994~1995년에 민족의 민속전통에 대한 집대성작인 『조선의 민속전통』 1~7집을 펴냈으며, 무용영역에서만 보더라도 1991년 5월 문예출판사에서 박종성의 『조선 민속무용』, 1990년부터 시작해 1994년까지 매년 오영옥, 홍영희, 김창조, 김운선 등이 『민속무용 기본』을 전 4집으로 나누어 예술교육출판사에서 펴냈으며 1994년에는 유영근·목영철의 『조선무용사(상)』을, 1996년에는 이순정·차승진 등의 『조선민속무용자료집(1)』을 펴냈다. 무용이론 영역에서 새로운 돌파를 보이는 연구성과로는 1991년 배윤희의 『무용작품분석』,[34] 1992년 정영일의 『무용교수법』,[35] 1993년 조태욱·한영애의 『무용언어 이론』, 2001년의 정영일의 『무용기법 원리』, 배윤희의 『무용작품 해설』 등 새로운 이론실체가 연구되고 출판됐다.

예술사 집필에서 주목되는 것은 앞에서 보았지만 그 전 시기에 없던 발해 및 후기신라 시기의 예술을 한 장으로 설치하고 기술한 점이다. 『조선음악사』의 경우는 '발해 및 후기신라 시기의 음악'에서 민요와 향가, 기악의 발전과 발해음악의 대외적 영향에 대해 기술하고 있으며, 『조선무용사(상)』의 경우에는 이 시기 무용발전 개관과 함께 인민창작 무용, 궁중무용, 이 시기 무용예술의 특징을 기술하고 있는데, 공동으로 "발해 및 후기 신라 시기 예술은 그 발전의 전반적 추향으로 보아 세 나라 시기와 같은 왕성한 창조적 상승기를 이루지는 못했으나 앞선 시기에 이룩된 민족예술의 우수한 전통을 공고하게 계승하면서 인민창작 예술이나 궁중예술 등 여러 분야에서 일련의 새로운 발전을 가져왔다"는 새로운 관점을 보이고 있다.

이 시기 주목되는 민족 예술성과 집대성적의 하나도 1995년 과학백과

---

[34] 조선: 예술교육출판사.
[35] 조선: 예술교육출판사.

사전종합출판사에서 『조선의 민속전통』(1~7)을 펴 낸 것이다. 이 책의 1집은 식생활풍습, 2집은 옷차림풍습, 3집은 주택과 가족생활 풍습, 4집은 노동생활 풍습, 5집은 민속명절과 놀이, 6집은 민속음악과 무용, 7집은 구전문학과 민속공예로 구성됐다. 이 가운데 민족예술 전통인 민속놀이, 민속음악과 민속무용을 직접 다룬 것은 5집과 6집으로서 5집은 민속 명절놀이와 함께 민속놀이를 다루었는데, 선적인 역사적 변천과 함께 민속놀이의 여러 장르를 다루었고 6집은 선적인 민속예술의 역사개관으로부터 면적으로 각 장르를 다루고 있다.

민속놀이에서는 민속놀이의 역사적 변천을, 무술연마 놀이에서는 활쏘기, 칼쓰기, 창 쓰기, 수박희(수박놀이), 석전(돌팔매놀이), 말타기를, 체력단련 놀이에서는 씨름, 밧줄 당기기, 차전놀이, 짐 나르기 놀이, 달리기, 윷목놀이와 투호, 널뛰기, 그네뛰기, 놋다리놀이, 장치기, 그 밖의 구기놀이(공차기, 공 던지기, 포구, 수구), 기교놀이를, 지능겨루기 놀이에서는 장기, 바둑, 윷, 람승도, 종정도, 성불도, 작성도놀이, 쌍육, 시패와 가투놀이를, 인형 및 탈놀이에서는 꼭두각시 놀이, 봉산, 양주, 통영의 탈놀이, 사자놀이, 소놀이와 거북이놀이를, 어린이 민속놀이에서는 체력단련 놀이, 지능겨루기 놀이를, 민속놀이의 계승발전에서는 체력단련 놀이, 지능겨루기 놀이, 인형극과 탈놀이, 어린이 민속놀이를 다루고 있다.

민속음악에서는 민속음악의 역사개관에서 원시음악의 발생발전, 고대의 민속음악, 중세기의 민속음악, 근대의 민속음악을 다루고 민요에서는 노동민요, 세태민요, 민속놀이 민요, 사회정치 민요, 민요의 특징을 다루었으며, 동요에서는 유희동요, 생활세태 동요, 풍자 및 해학동요, 지능동요, 동요의 특징을, 민족악기에서는 관악기, 현악기, 타악기, 민족악기의 특징을 민간기악곡에서는 '삼현영산', '신아우', '산조'를, 민속극음악에서는 판소리, 창극을, 민간음악단에서는 사당패, 농악대, 삼현육각(육재비)을, 민속음악의 계승발전에서는 민요 발굴정리, 재형상, 민요풍의 노래창작을, 민족악기에서는 민족악기의 개량, 개량된 민족악기의 종류를 극음악에서 창극, 가극의 발전, 민족가극 '춘향전'의 창조 등을 다루고 있다.

민속무용에서는 민속무용의 역사개관에서 민속음악과 같이 원시, 고대,

중세기, 근대의 민속무용으로 다루고, 노동생활 무용에서 농업, 수공업, 어업 및 수렵, 광업 및 토목 무용, 노동생활 무용의 특징을, 전투생활 무용에서 무술훈련 무용, 군사무용, 군민관계 무용, 전투생활 무용의 특징을, 세태생활 무용에서 민속놀이 무용, 정서생활 무용, 세태생활 무용의 특징을, 민간탈춤에서 서해안, 중부, 동해안, 남해안지방 등의 탈춤, 민간탈춤의 특징을, 민속무용의 계승발전에서 민속무용의 발굴정리, 재형상, 민속무용 풍격의 춤 창작, 민속무용 조곡 '계절의 노래' 창작 등을 다루고 있다.

상기한 연구에서 볼 수 있는 바와 같이 1970년대 전에 제기되고 토론됐던 '전통예술 유산의 계승과 발전'이란 명제는 이 시기에 와서 이론적으로 확고히 정립되고 있다. 북한은 민족예술을 발굴·정리하는 사업을 민족의 예술을 살려나가는 것으로서 세계 예술보물고를 풍부히 해 나가고 그것을 연구해 민족예술을 발전시키는 데 중요한 일로 삼고 있다. 북한에서는 발굴과 정리를 두 가지로 인식하고 있는데, 그 하나는 문헌적으로 반영된 전통예술을 번역하고 재출판하는 것과 마을을 돌아다니며 지금도 살아남아 행해지는 전통예술을 발굴해 전문가들을 통해 다시 재형상화해서 표현하게 하는 것, 그러한 전통예술 풍을 바탕으로 재창조해 무대예술화하는 것, 그리고 전통예술을 기조로 창조한 무대예술화한 창작품, 즉 전통예술을 발굴·수집·정리하는 것뿐 아니라 발전의 하나로 재형상·재창조·창조하는 것 등도 발굴사업의 하나로 이해하고 있다. 전통예술에 대한 연구에서는 민족예술의 우수성을 밝히는 것과 민족예술의 특성을 논증하는 것, 민족예술의 계승에서 제기되는 방법적인 문제를 밝히는 것 등을 그 기본과업으로 보고 있다. 그 기본조건으로 모든 분야에서 주체를 내세우는 문제를 중심과제로 삼음은 물론이다.

김하명은 1995년 4월 『조선어문』에 발표한 「당의 현명한 령도 밑에 우리나라 문학예술이 걸어온 자랑찬 50년」이란 글에서 "70년대에 들어서서는 문예계의 역량을 총동원하여 이 사업을 총화하면서 힘있게 벌림으로써 전국 방방곡곡에 흩어져 빛을 보지 못하고 인멸되어 가던 수천 수만의 귀중한 유산들을 단 몇 해 사이에 발굴, 수집, 정리해 정확히 평가 처리했다. 그리하여 우리의 한민족 문화보물고를 더욱 풍부히 하고 우리 인민의 유구한 역사와 문화를 더욱 빛내일 수 있게 했으며 우리나라 문학예술 연구에 필요한 자료토대를 튼튼히 축성하는 데 이바지하였다"고 지적했다. 이는 북한이 나름대로 문학예술을 발전시키는 데 전통유산의 발굴, 수립, 정립을 문학예술 연구의 튼튼한 자료토대로 삼고 있음을 시사해 준다.

정리해 말하면 북한의 민족예술 연구는 근 반세기 동안 민족예술 유산을 수집·정리하고 정확히 평가하는 일을 국책으로 삼아 추진해 왔으며, 그것을 민족의 역사와 슬기를 빛내며 민족문화의 보물고를 풍부히 하기 위한 역사적인 사업으로, 예술의 합리적 발전과정을 구체적 자료에 기초해 과학적으로 깊이 있게 해명하고 체계화하기 위한 기초적인 작업으로 간주하고 추진하면서 "민족문화 유산을 발굴 수집해 정확히 평가하지 않고서는 자기 민족의 우수한 문화유산을 올바로 계승 발전시킬 수 없으며, 자기 나라의 예술의 역사도 과학적으로 정립 체계화할 수 없다. 또한 사람들의 민족적 긍지와 자부심도 높여줄 수 없다"[36])는 관점에서 그 의의를 평가하고 있음을 시사해 준다.

1970년대 전에 제기됐던 근·현대 예술전통 유산에서 제기된 카프 문학예술을 비롯한 사실주의예술의 전통, 1970년대 이후에 제기됐던 항일혁명예술전통 유산 등에 대해 이 시기에 와서 이론적으로 더 세분해 뚜렷이 정립하고 있는데, 사실주의전통을 사회적인 비판을 기본으로 하는 비판적 사실주의와 새 사회 건설까지도 반영하는 사회주의적 사실주의, 인간의 자주성과 나라와 민족의 자주성을 전면적으로 취급하는 주체사실주의 형태로 나누어 정립하고 있다. 이 면의 연구는 『예술교육 론문집』 1994년 4월호에 발표한 장명욱의 「20년대 우리나라에서의 사실주의의 형태와 작품」이란 글에서 잘 드러나고 있다.

이 글에서는 전통유산이 되는 1920년대 사실주의 형태와 작품에 대해 "20년대 전반기의 사실주의 작품들에서는 당시 사회현실을 진실하게 보여주면서 가난한 근로인민들에 대한 끝없는 동정과 착취제도에 대한 예리한 비판, 그리고 그들의 항거와 반항의 정신을 생동하게 형상함으로써 비판적

---

36) 최웅권(중국 연변대학 교수), 『북한의 고전소설 연구』(지식산업사, 2000).

사실주의의 특징을 확증하고 있다"고 보고 있으며, "20년대 후반기에 들어서면서 우리나라에서는 시대적 요구를 자각한 진보적 계열의 창작가들에 의해 혁명적 낭만주의, 비판적 사실주의를 비롯한 종래의 진보적인 창작방법들이 비판적으로 총화되고 그에 토대하여 한 계단 발전된 보다 혁명적이며 전투적인 사실주의의 다른 형태인 사회주의적 사실주의가 형성 발전하기 시작하였다"고 보고 있고, "20년대 우리나라에서는 사회주의적 사실주의뿐만 아니라 새 형의 주체사실주의도 형성 발전"했는데, "주체사실주의는 자주시대의 요구에 맞게 사람 중심의 새로운 철학적 원리를 문학예술 창작에 구현하는 과정에 형성된 우리 시대의 가장 올바른 문예사조이며 창작방법"이라고 보았으며, 주체사실주의를 "사람 중심의 철학적 세계관에 기초한 가장 높은 형태의 사실주의 창작방법"으로 규명하고 있다.

그 외 이 시기의 연구에서 새롭게 보여주는 것은 창가,[37] 예술가곡,[38] 동요, 유행가,[39] 신민요 등을 계몽기가요로 규정짓고 근·현대예술의 전통유산 범주에 넣으면서 그 유래와 특징에 대해 밝히고 있을 뿐 아니라 그 속에 있는 전통요소를 밝히면서 발전시켜야 한다는 주장을 펴는 한편,『계몽기가요 600곡집』등 저서를 펴내고 있는 점이다. 그러한 관점은 2003년 10월 6~7일 중국 연변대학교 예술대학에서 펼쳐진 '해방 전 조선민족 대중가요 연구'에 집중적으로 반영됐다. 박형섭은 「계몽가요의 종류에 대하여」에서 "계몽가요로부터 현대적 발전의 길에 들어선 우리나라 민족음악은 카프시기를 전후한 역사적 시기를 거쳐 다양한 종류와 양상으로 발전해 왔다"[40]고 보고 있다. 장영철은 「계몽기가요의 특성」[41]에서 "계몽기가요들은 반일사상을 담는 경우에도 은유적 수법으로 형상하는 데 그치거나 식민지 노예의 운명을 한탄하는 데 머물렀으며 적지 않은 대중가요들은 비가의 울타리에서 벗어나지 못하였다. 가요에 대한 일제의 가혹한 탄압과

---

37) 창가를 계몽창가로도 지칭.
38) 북한에서는 예술가요를 서정가요로도 지칭한다.
39) 유행가를 대중가요라고도 지칭.
40) 2003년 국제학술회의『해방전 조선민족 대중가요 연구 론문집』, 12쪽.
41) 위의 책, 82쪽.

창작가들의 세계관의 제한성 등으로 하여 계몽기가요들은 조국광복의 길, 반제반봉건 투쟁의 뚜렷한 방향을 밝히지 못하였다"고 그 제한성을 지적하면서도 "역사적으로 형성 공고화되어 온 민족음악의 리듬적 바탕에서 시대와 인민들의 정서에 맞는 새로운 리듬형태도 적극 탐구 이용되고 있다. 계몽기가요의 음악적 특성은 이외에도 당대 인민들의 정서적 기호를 잘 구현한 선율음조들과 선율 발전수법 그리고 인민음악의 기본형식인 절가형식을 기본바탕으로 하여 간결하고 통속적인 구조형식들을 잘 살려 쓴 것 등 여러 측면에서 찾아볼 수 있다. 계몽기가요 음악형식적 특성들은 당시 전반적인 민족음악 예술발전에 적지 않은 영향을 주었으며 이것은 광복 후의 예술발전에도 일정한 작용을 하였다"고 보고 있다. 김동수는 「계몽기가요의 역사적 및 현실적 의의에 대하여」[42]에서 북한에서 "민족수난의 시기 우리 인민들 속에 널리 유행되었던 대중가요를 비롯한 계몽기가요"는 역사적 및 현실적 의의를 가지고 있다고 보고 있으며, "그것을 우리나라 민족음악의 귀중한 유산으로 평가"하고 그것을 발굴·정리하고 보급해야 한다고 밝혔다. 그러한 관점과 국책으로 최근 공연되는 북한의 프로그램에는 신민요는 물론 그 전 시기 무대에서 사라졌던 대중가요라고 지칭되는 유행가들이 빠지지 않고 있다.

정리해 말하면 이 시기에 와서 연구는 선행시기의 이론적 문제를 더욱 확고하게 정립하는 한편 역사에 대한 새로운 관점, 그리고 선행시기에 도외시됐던 전통유산을 다시 발굴·정리해 이론적으로 정립하고 있으며 그 특징과 그 속의 합리성 등을 제시하는 데 주안점을 두고 연구함으로써 남북한 사이에 현격한 이질감이 점점 줄어들게 했다.

---

[42] 위의 책, 150쪽.

3. 남북한 예술교류 현황 및 향후 보완대책

1) 남북한 예술 및 학술교류 현황

　남북한 예술교류는 분단 전의 19948년 남북협상에서 교류공연이 있은 후 그 동안 아주 침체됐다가 1985년 9월 21~22일 진행된 '남북 이산가족 고향방문단 및 예술공연단 교환방문', 그후 1990년 10월 14~24일 평양에서 '범민족 통일음악회', 12월 8~13일 남북송년 통일 전통음악회를 서울에서 다시 물꼬를 튼 후 또다시 침체됐다가, 1998년부터는 다시 거의 매년 교류가 있었다. 1998년 5월 2~12일 한국의 리틀엔젤스예술단의 북한공연이 있었고, 10월 31일~11월 7일 윤이상통일음악회가 평양에서 열렸으며, 1999년 12월 5일에는 평양에서 2000년 평화친선 음악회의가 열려 한국기수들이 참여했고, 12일 20에는 민속통일 음악회를 평양에서 열어 남북 예술인들의 공연 및 녹화중계가 있었으며, 12월 22~25일 서울에서 아·태평화위 농구 대표단 방문과 병행한 평양교예단 공연이 있었다. 2000년에는 5월 26~28일 서울에서 평양학생소년예술단의 공연이 있은 후부터 거의 매달 예술교류가 있었는데, 6월 4~10일 서울에서 평양교예단의 공연이 있었고 7월 22일에는 한국에서 최초로 북측영화 '불가사리'가 영화관에서 개봉됐으며, 8월 18~24일 서울에서 남북교향악단 합동연주회가 있었다. 같은 시기 20~22일 서울에서 조선국립교향악단 공연이 있었으며 8월 5~12일에는 한국 대중가수들의 방북공연이 있었고, 9월 12일에는 남북 공동생방송 방영인 KBS의 '백두에서 한라까지' 프로가 방송됐다. 11월 11~18일 한국의 영화인 10명이 평양을 방문했으며 12월 11~21일에는 일본 조총련 금강산가극단 초청공연이 서울과 부산에서 있었다.

　2001년 들어서는 2월 1~2일 '춘향전' 남북 합동공연이 평양봉화예술극장에서 개최돼 한국의 남원시립창극단의 창무극 '춘향전'이 2월 1일 공연되고 조선 민족예술단의 민족가극 '춘향전'이 2월 2일 공연됐다. 3월 23일에는 남북 최초 합작 애니메이션 '게으른 고양이 딩가'가 ㈜하나로통신 협력, 북 삼천리 총회사와 공동제작을 추진해 5월 5일 어린이날에 한국에서 첫선을 보였고, 4월 7일과 11에는 한국의 가수 김연자가 평양과 함흥에서 공연했다. 6월 7~9일 '메종드 이영희' 한복패션쇼 2회 및 한복전시회가 평양 청년중앙회관에서 개최됐고, 6월 7일에는 남북 공동사진전 '백두에서 한라까지'가 개최돼 6월 14~24일에는 평양 인민대학습당에서, 8월 14~23일에는 서울 세종문화회관에서 사진 100점이 전시됐다. 2002년 들어서도 5월 15~25일 남북 평화미술축전이 개최돼 북한인 120여 명의 작품이 출품됐으며 8월 2일에는 남북 나운규 '아리랑'기념사업 협력이 합의돼 10월 17일 나운규 탄생 100주년에 아리랑 주제 다큐멘터리 평양 국제영화축전 출품 및 유현목 감독작 '아리랑' 상영세미나 개최 등이 합의됐다. 8월 15~16일 8·15민족통일대회에는 서울에서 예술인 43명 포함해 민족단합대회, 놀이마당, 남북합동 예술공연, 사진미술전람회와 함께 북한 공연예술단의 공연을 진행했으며 9월 20~21일에는 평양에서 KBS 교향악단의 공연이 있었다.[43]

학술교류는 공연분야보다 그다지 활성화되지 못했으나 독립적인 학술교류는 아니더라도 비교적 늦은 1990년부터 제3국을 통해 가끔 진행됐다. 1990년 8월 2~5일 일본 오사카에서 오사카 경제법과대학 아세아연구소와 북경대학 조선문화연구소의 주최로 '제3차 조선학 국제학술토론회'가 열렸는데, 이 회의에 한국은 145명, 북한은 11명의 학자가 참가했으며 그 가운데는 예술분야의 발표자도 포함됐다. 1992년 8월 20~22일 중국 북경에서 북경대학 조선문화연구소와 일본 경제법과대학 아세아연구소의 주최로 '제4차 조선학 국제학술토론회'가 열렸는데 한국에서는 90명의 학자가, 북한에서는 29명의 학자가 참여했다. 이 회의에도 문화예술분과의 토론으로 예술학분야 학자들이 참여해 예술 연구성과를 교류했다. 1997년 8월 7~11

---

43) 강석승, 「남북문화예술교류의 현황과 과제」, 『동방 전통문화와 현대화』(국제학술회의 논문집, 2002. 10) 참조.

일 일본 오사카에서 '제5차 조선학 국제학술토론회'가 국제고려학회 주최로 열렸다. 이 회의에도 예술관련 학자들의 발표가 있었다. 2001년 7월 5일 연길에서 재중 조선-한국문학연구회와 연변대학조문학부 주최로 '해방 후 조선-한국 문학발전과 특징연구' 국제학술회의가 개최돼 북한은 김일성종합대학 문학대학 4명이 참가하고 3명이 발표를 했다. 동년 9월 21~22일 연길에서 연변대학 주최로 '21세기 조선 민족문헌의 발굴과 연구' 국제학술회의가 열렸는데 북한에서 5명의 학자가 발표했고 그 가운데 예술관련 논문도 있었다. 2002년 10월 17~18일 심양에서 조선사회과학자협회, 한국정신문화연구원, 중국연변대학민족연구원의 주최로 '동방전통문화와 현대화'란 주제로 국제학술회의가 열렸는데 북한학자 6명이 발표했다. 상기한 국제학술회의에서도 예술관련 학자들이 동참해 발표했으며 서로간의 예술연구성과를 선보였다. 동년 12월 23~24일 연길에서 연변대학 여성연구중심, 동북사범대학, 이화여대 한국여성연구원, 조선 김일성종합대학 주최로 '현대사회 문화건설 가운데서의 여성의 역할 및 위치' 국제학술회의가 개최됐는데, 예술부문에서 여성의 역할에 관한 연구논문이 발표됐다. 북한에서는 4명이 참가하고 2명이 발표했다. 2003년 10월 6~7일 연길에서 중국 연변대학 예술학원, 조선2·16예술교육출판사, 한국 언어문학회 주최, 한국 한민족문화교류협회와 연변대학 예술연구소 주관으로 '해방 전 조선민족 대중가요연구' 국제학술회의가 열렸는데 이는 예술분야에서는 처음으로 주제관련 음악회와 함께 독립적으로 개최된 것이다. 남북 학자들이 참여한 국제학술회의로서 한국 16명, 북한 7명이 참여했고 북한 학자 4명이 해방 전 대중가요에 대해 발표했다.

상기 고찰하다시피 예술학 관련 남북한 학자 교류의 장은 주로 제3국인 일본 오사카 경제법과대학 아시아연구소와 중국 북경대학 조선문화연구소가 선두를 끌고 조직된 국제고려학회의[44]의 5차 학술회의를 통해 이루어졌는데, 그것은 주로 국제고려학회 산하에 문화예술부회가 설치돼 매번 학술회의마다 예술분과 파트를 조직했기 때문이며, 예술이 비교적 발전하고

---

44) 국제고려학회는 국제적인 학술단체로서 이미 10여차의 국제학술회의를 부동한 국가와 지역에서 개최한 바 있다.

보급된 북한은 매번 학술회의 때마다 예술관련 학자들을 파견해 동참하게 했기 때문이다. 중국 연변대학 민족연구원은 마찬가지로 산하에 예술연구소를 설치해 매번 국제학술회의 때마다 예술분야의 발표를 시도했기 때문에 다른 분야의 학술교류와 비길 때는 수량이 극히 적지만 예술학 관련 학술교류 분야에서는 가장 눈에 뜨이게 학술교류가 이루어졌다. 한국정신문화연구원도 이 면에서 중국 연변대학 민족연구원이나 국제고려학회와 적극 동참해 북한 예술학 관련 연구파트를 설치해 나름대로 예술분야를 포섭하고 그 교류의 장을 열어 주는 적극적인 역할을 했다.

지금까지 남북한 예술교류의 실태 고찰을 통해 볼 수 있듯이 실천적인 예술공연 교류는 학술교류에 비해 퍽 활발히 진행된 특징을 보인다. 특히 다른 분야의 교류보다는 확실히 서로 이질감을 그다지 느끼지 않을 정도로 공감대가 형성되고 있음을 볼 수 있다. 그것은 서언에서도 언급했다시피 공연예술 종류에서 음악과 무용 등은 그 언어가 추상적인 특징을 갖고 있으므로 이데올로기적 요소가 퍽 줄어들면서 서로간의 교류장벽이 다른 분야보다 훨씬 낮기 때문인 것으로 보인다. 특히 서로간의 교류에서 쌍방은 모두 프로그램의 선택에서 내용적으로 가장 쉽게 다가갈 수 있는 민족예술 특성을 구현하기에 많이 힘쓰며 깊이 다가갈 수 있는 민족정서의 포착과 함께 가장 가까이 다가갈 수 있는 대중예술을 교류의 주요내용으로 삼아 서로간 예술의 이질성을 많이 극복하려는 노력을 보였다.

예술학 관련 학술교류에서는 처음에는 제3국을 통한 우회적 접촉에서 직접접촉으로 발전했고, 국제학술회의의 진행과정에서 처음에는 대상에 대해 극히 배타적인 면을 많이 나타냈으며 매번 학술회의마다 팽팽한 분위기가 감돌았었는데, 점차 서로 거듭 접촉하면서부터는 서로간에 학술관점 면에서 이질감을 시인하면서 포용성을 많이 띠고 상대방을 요해하려는 노력을 많이 기울이고 있는 편이다. 그 내면에는 서로 비정상적인 궤도를 통해 이미 연구성과를 포섭하면서 이해를 거듭한 것뿐 아니라 특히 민간 차원에서 한국 학자들이 일찍 포용성을 많이 보여 학술교류의 팽팽한 분위기를 풀어 나가는 데 심히 너그러운 태도를 보였고, 등거리역할을 하는 중국 학자들도 남북 학자들과의 관계에서 매개역할을 적극적으로 해 나가면서 학술회의의 계획부터 진행과정 및 지속적인 개최에 매우 큰 힘을 기울인 것으로 보인다.

남북한 학술교류에서 최근 들어 국제학술회의 내용 면에서 가장 주의를 불러일으키는 점은 북한에서 예전과 달리 점차 순수 학문적 목적과 방법을 표방하는 변화를 가져오고 있다는 것이다. 이 면에서 가장 최근인 2003년 10월 6~7일 연변대학 예술학원에서 개최된 '해방 전 조선민족 대중가요연구' 국제학술회의가 가장 좋은 예가 되겠다. 이 회의를 계획하는 기간 북한에서는 시종 회의에 적극 참여하려는 의도를 보였고, 해방 전 많이 불렸고 또 그 동안 북한에서 제일 중요한 민족유산으로 삼았던 항일가요에 대해 주동적으로 회의내용에 포함시키지 말 것을 회의 주최측에 제안했다. 이는 북한에서도 남북교류에서 정치적 요소를 줄여 가면서 서로 공동으로 접근할 수 있는 접점모색과 비교적 객관적인 연구에 주의를 돌리고 있음을 단적으로 설명하는 것으로 향후 교류에 고무적인 일이라 할 수 있다.

2) 남북한 예술교류의 향후 보완대책

남북한 예술교류는 2000년 6월 정상회담에서 제기된 '남북공동선언'과 '남북기본합의서' 정신을 살려 가는 데 기본을 두고 진행되는 추세를 보이고 있다. "남북간의 이러한 약속을 통해 문화예술 교류의 투명성과 국민적 공감대를 확산하고 지속성과 호혜성을 담보함으로써 통일 순수기능적 역할을 강화해 나갈 수 있는 길이 마련된 셈이다."45) 향후 학술교류의 도경은 아직까지는 제3국을 통한 우회적이거나 직접적인 접촉의 개최가 필요한 시기라고 보며, 그 면에서 남북한을 제외한 해외 한민족문화권인 중국 조선족 학자들의 역할은 절대 지나칠 수 없다. 그것은 지정학적으로 연변은 북한과 인접돼 있고 사회주의권 문화리는 면에서 수십 년간의 교류를 지속했던 연고로 인적 연줄의 역할을 하고 있으며 북한과 중국 학자들 사

---

45) 강석승, 위의 글.

이에 아직까지도 많은 공감대가 형성되고 있어 중국 학자들을 통한 남북한 교류는 비교적 쉽게 접근할 수 있는 도경이기 때문이다.

가장 중요한 것은 이 글의 목적이 곧 남북한 연구의 접점모색에 있고 연구성과와 각 학문간 교류실태 분석을 토대로 남북 학술교류 발전방안 및 학문통합 과정개발을 통해 그 목적에 도달하기 위한 데 있는 만큼 앞에서의 연구성과 분석과 교류현황 분석결과에서 접점을 모색해야 할 줄로 안다. 앞에서의 고찰과 연구에서 우리는 북한의 예술 연구성과가 많은 제한성을 갖고 있더라도 연구성과와 교류현황을 분석하면서 남북 서로간에 모색할 수 있는 학문 재통합의 접점이 잠재된 요소로 존재하고 있다는 것을 볼 수 있었다. 그 가운데서도 가장 주목되는 접점은 아래와 같은 몇 가지에서 찾을 수 있지 않을까 생각된다.

그 하나는 남북간에 고대예술 유산부분에서 그 역사적 전통이 동일함에 공동의 논의가 가능한 접점을 두어야 할 줄로 안다. 그것은 이 부분의 연구가 근·현대보다 쌍방의 견해차이가 현격하지 않기 때문이다. 우선 고대역사나 근·현대역사 등의 면에서 역사적 예술전통 유산으로 될 수 있는 모든 부분에 대해 서로간의 연구성과의 공유가 가능한 점을 모색해야 한다. 다음은 고대예술 유산에 대한 재조명 노력, 그 속에서 전통유산의 특성, 우수성을 찾아보려는 노력이 보여주는 총체적인 방향에서 그 접점을 찾을 수 있다. 그 다음은 근·현대 예술유산에 대해 남북이 예술 창조과정에서 전통을 그대로 옮김이 아니라 계승·발전시키려는 노력에서 동질성을 찾을 수 있으며, 다음은 전통을 토대로 하면서 당대에 새로운 창조를 추구하는 노력에서 동질성을 찾을 수 있다.

북한은 고전 문학예술 유산의 범주를 고대부터 중세, 근대까지 포함할 뿐 아니라 현대시기의 발전에서 고전 문학예술 창작기법으로 창작된 문학예술 유산도 그 속에 포함시킨다. 그것은 현대 문학예술 창작기법으로 창작된 작품도 고전 문학예술 형상 및 수법의 특징적인 요소를 지니고 있다고 보기 때문이다. 이는 고전이란 개념을 역사적으로 내려오면서 전해지는 것뿐 아니라 그에 대한 당대인의 인지 및 재해석, 평가 등으로 '역사유전'과 '당대인지' 두 가지 요소로 구성되는 것으로 이해하는 데서 오는 것이다. 이는 근·현대의 예술창조에 대해 한국에서 규명한 본격적인 창작예술이거나 혹은 예술전통의 현대화라는 명제와 흡사한 관점인데, 이는 전통 자체가 고정 불변한 것이 아니고 부단히 과거 전통에 대한 정당한 발전과 현대의 새로운 창조로서, 과거의 창조가 오늘날의 전통이 되고 오늘날의 새로운 창조가 미래의 전통으로 될 수 있다는 데 공통점을 보이는 접점이 찾아진다고 보겠다.

다른 하나는 동일한 민족문화의 동질성은 물론 우리들이 늘 이질적이라 보아 오던 현상 속에서 내적인 동질요소를 파헤치는 데서도 그 접점이 가능하지 않을까 생각된다. 한국의 언어학자인 김민수 교수는 평화통일을 전제한 언어통일의 방안을 구체적으로 첫째는 대립의 절충, 둘째는 복수의 수용, 셋째는 제3방안의 채택 등을 세 통일원칙으로 제기하고 있다.[46] 대립의 절충은 어떤 면에서 보면 부정적일 수 있으나 동일한 민족문화를 갖는 민족이 서로간에 이질감을 해소하고 단절과 거부가 아닌 개방과 이해의 입장에서 되도록 상대방을 긍정적으로 보는 눈을 가진다면, 민족문화의 동질성 회복은 물론 민족문화의 풍부성까지 가져올 수 있어 일거양득이 되지 않을까 본다. 다른 민족은 이질적인 문화까지도 수용해 자기 문화 속에 용해시켜 자기화하는데, 동일한 문화를 가진 같은 민족은 이러한 면이 더 가능하지 않을까 사료된다. 이러한 포용은 무조건적이지 않고 명석한 예술 수용관을 바탕으로 해야 함은 물론이다.

그 다음 하나는 끈끈한 민족혈연의 정으로 이끌어 가면서 서로간의 이질감을 해소해야 될 줄로 안다. 비록 학술연구는 전면적이고 과학적이며 객관적인 시각이 가장 선두로 돼야 하지만, 교류의 초기단계에는 어쩔 수 없이 민족의 가장 원초적인 의식으로 반세기의 냉전대상을 접근함이 무엇보다도 더 수요되지 않을까 생각된다. 그러한 형식으로 서로간에 갖는 민족적 정서를 가장 쉽게 공감할 수 있는 민족예술 프로공연의 도입도 좋은 방도라고 생각된다. 지금까지 지켜본 제3국을 통한 남북한 학술교류는 바로 발표된 논제내용을 제외한 축사나 폐막사의 내용, 그리고 진행과정에서

---

46) 국제고려학회 서울지회 편,『남북한 학술교류의 성과와 과제』(제4회 국제고려학회 서울지회 학술대회 발표논문집, 2003. 7. 4).

모두 민족혈연의 정을 가장 선결된 조건으로 내세우는 것으로, 그리고 예술학 관련 학술회의에서 회의주제에 관련되는 민족예술 프로공연 형식을 정도가 부동하게 도입하는 것으로 쌍방이 쉽게 접근하면서 화기애애한 분위기를 마련했는데, 이는 학술교류가 지속될 수 있는 바탕이 됐다고 본다.

어느 때인가 한 한국의 국회의원이 냉전체제에서 냉전대상의 만남을 마치도 서로 생면부지의 처녀총각이 만나 접촉하는 것과 마찬가지로, 처음 만나 맨 처음은 서로 대화를 나누면서 상대방의 심사를 알아보고 상대방을 요해하는 것이고, 그 다음은 서로간에 손수건 같은 문물교환을 하는 것으로서 서로 가까이 접근하는 것이며, 그 다음은 서로간에 정을 나누고 결혼을 약속하게 된다고 비유한 기억이 난다. 바로 남북한의 민족예술 연구성과나 예술교류도 그와 마찬가지로 그 단계적으로 발전해 가는 시간이 수요되며, 서로가 거듭 만나는 가운데 이해를 시작하고 서로간의 연구성과를 공유하면서 이해를 깊이하며 서로간의 견해를 허심탄회하게 털어 놓는 가운데 학술견해의 재통합이 서서히 이루어지게 될 것이라고 믿어 의심치 않는다. 필자가 묻혀 있는 집단의 각자는 어떻게 보면 이혼한 부모들 사이에 끼여 있는 딸들의 마음처럼 양 부모의 재혼을 기다리고 기원하며 추진해 나가는 역할을 마다하지 않을 것이다.

이상으로 공동연구자의 한 사람이면서 또 제3자의 시각으로 '북한의 민족예술 성과와 남북한 예술교류의 현황 및 분석'을 나름대로 긍정적인 시각을 많이 도입하면서 연구를 시도했다. 워낙 예술학 전체를 아우르는 넓은 테마이고 문헌자료나 시간, 수준의 제한으로 연구의 미성숙은 피치 못할 것이라고 생각되는 한편 동업자들의 기탄 없는 지적이 있기를 바라면서 본 연구를 잠정적으로 줄이는 바이다.

참 고 문 헌

*주체 예술이론

김재홍,『주체의 미학관과 조형미』(조선미술출판사, 1992).
홍의정,『주체미술의 대전성기』(조선미술출판사, 1987. 4).
『우리식 문학예술사 업체계의 확립과 작가, 예술인대오 육성: 친애하는 지도자 김정일동지의 문학예술업적 3』(문예출판사, 1990).
『주체조선의 조각』(외국문출판사, 1985).
박동식 외,『우리식의 무용, 연극 및 교예음악: 주체음악총서(8)』(문예출판사, 1991).
김경희 외,『「피바다」식 혁명가극』(문예출판사, 1991. 4).
함덕일(편),『「피바다」식 가극의 방창에 관한 연구』(사회과학출판사, 1984. 4).
김정웅,『문학예술 건설경험』(사회과학출판사, 1984. 9).
남용진・주문걸,『주체적무용, 교예예술의 새로운 전환: 친애하는 지도자 김정일동지의 문학예술업적(10)』(문학예술종합출판사, 1995).
남영일,『민족음악의 계승발전: 주체음악총서(10)』(문예출판사, 1991. 6).
이현길 (편),『문예학 1: 위대한 령도자 김정일 동지의 사상이론』(사회과학출판사 1996).
_____,『문예학 2: 위대한 령도자 김정일 동지의 사상이론』(사회과학출판사 1996).
_____,『문예학 5: 위대한 령도자 김정일동지의 사상이론』(사회과학출판사 1998).
차영애 (편),『문예학 3: 위대한 령도자 김정일 동지의 사상이론』(사회과학출판사 1996).
_____,『문예학 4: 위대한 령도자 김정일동지의 사상이론』(사회과학출판사 1998).
김정일,『주체문학론』(조선: 로동당출판사, 1992. 7).
_____,『영화예술론』(1974. 4).
_____,『음악예술론』(1991. 7).
_____,『건축예술론』(1991 .5).
_____,『무용예술론』(조선: 로동당출판사, 1992. 5).
_____,『미술론』(조선: 로동당출판사, 1992. 6).

_____,『연극예술에 대하여』(조선: 로동당출판사, 1988. 8).
_____,『가극예술에 대하여』(조선: 로동당출판사, 1987. 4).
안희열,『문학예술의 종류와 형태: 주체적 문예이론 연구(22)』(문학예술종합출판사, 1996. 5).

※ 고전문학 연구
박현균 편,『조선고전문학연구(1)』(문학예술종합출판사, 1993. 4).
장명욱,「20년대 우리나라에서의 사실주의의 형태와 작품」,『예술교육 론문집』(1994년 4월).

*예술사
김순영 외,『조선미술사 1』(과학백과사전출판사, 1987).
김정수,『조선조각사(1): 고대-중세편』(조선미술출판사, 1990. 10).
양연국,『조선조각사(2): 현대편』(조선미술출판사, 1992).
박현종,『조선공예사 2: 현대편』(조선미술출판사, 1991. 2).
리여성,『조선미술사 개요』(국립출판사, 1955).
문종상·문하연,『조선음악사』(평양: 고등교육도서출판사, 1966).
박동식,『조선음악사』(평양: 교육도서출판사, 1978. 2).
리차윤·우연호·박우영·김길남,『조선음악사』(예술교육출판사, 1994).
조대일,『조선공예사 1』(과학백과사전종합출판사, 1988. 4).
『조선무용사(1)』(문화예술부교재출판사, 1976).
『조선무용사(2)』(1986).
유영근·목영철,『조선무용사(상): 고대-근세무용』(예술교육출판사, 1994).

*전통예술 연구
『고구려 백제 신라의 미술』(조선: 로동당출판사, 1954).
김일출,『조선민속 탈놀이연구』(과학원출판사, 1958).
신영돈,『우리나라의 탈춤놀이』(국립출판사, 1956).
엄덕선,『조선민속 탈춤연구』(문학예술종합출판사, 2000).
리순정,『우리나라 민속무용의 특성』(예술교육출판사, 1994).
_____,『우리나라 민속무용』(예술교육출판사, 1991).
『조선의 민간오락』(국립출판사, 1955).
『조선의 민속놀이』(군중문화출판사, 1964).
『우리나라의 민속유산』(사회과학출판사, 1973).

『조선민속학(류학생용)』(김일성종합대학출판사, 2002).
최창호, 『민요따라 삼천리』(평양출판사, 1995).
＿＿＿, 『민족수난기의 신민요와 대중가요들을 더듬어』(평양출판사, 1995).
최옥희, 『고전문예작품 사화집』(예술교육출판사, 1991. 6).
엄하진, 『조선민요의 유래 1』(예술교육출판사, 1992. 3).

*예술사 연구
조선작곡가 동맹중앙위원회, 『해방 후 조선음악』(1956).
함덕일, 『조국해방전쟁 시기 음악예술』(사회과학출판사, 1987).
박우영, 『우리나라 근대 및 현대 초기의 진보적 음악』(예술교육출판사, 1992).

※ 예술이론 연구:

조선작곡가동맹, 『음악유산 계승의 문제』(1955).
『무용이론』, 평양음악무용대학 무용이론강좌(조선: 고등교육도서, 1972).
김창환, 『무용창작 기본』(조선: 예술교육출판사, 1984).
이만순, 『무용기초 이론』(조선: 예술교육출판사, 1987).
＿＿＿, 『무용기초 이론』(조선: 2·16예술교육출판사, 2001).
＿＿＿, 『무용용어해설』(조선: 예술교육출판사, 1985).
징영일, 『무용기법』(조선: 예술교육출판사, 1988).
＿＿＿, 『무용기법 원리』(조선: 2·16예술교육출판사, 2001).
＿＿＿, 『조선춤가락 창작기법』(조선: 예술교육출판사, 2000).
＿＿＿, 『무용교수법』(조선: 예술교육출판사, 1992).
조태욱·한영애, 『무용언어 이론』(조선: 예술교육출판사, 1993).
배윤희, 『무용작품 분석』(조선: 예술교육출판사, 1991).
윤이상음악연구소, 『윤이상음악연구』(음악논문집, 1994. 5).

*전통예술수집정리:
『조선민족악기총서』(평양출판사, 1985. 4).
박형섭 편, 『조선 민족악기』(문학예술종합출판사, 1994. 6).
『고전무용의 기초(무용학교용)』(평양: 교육도서출판사, 1960).
오영옥 외, 『민속무용 기본 1』(평양: 교육도서출판사, 1990).
홍영희 외, 『민속무용 기본 2』(평양: 교육도서출판사, 1991.)
김창조·김운선, 『민속무용 기본 3』(평양: 교육도서출판사, 1993).

오영옥,『민속무용 기본 4』(평양: 교육도서출판사, 1994).
『조선의 민속전통 1』(조선: 과학백과사전종합출판사, 1994).
『조선의 민속전통 2』(조선: 과학백과사전종합출판사, 1994).
『조선의 민속전통 3』(조선: 과학백과사전종합출판사, 1994).
『조선의 민속전통 4』(조선: 과학백과사전종합출판사, 1994).
『조선의 민속전통 5』(조선: 과학백과사전종합출판사, 1994).
『조선의 민속전통 6』(조선: 과학백과사전종합출판사, 1995).
『조선의 민속전통 7』(조선: 과학백과사전종합출판사, 1995).
리순정・차승진,『조선민속무용 자료집 1』(예술교육출판사, 1996).

*무용소품집:
리호인 (편),『무용소품집: 목동과 처녀』(문예출판사, 1991. 9).
_____,『무용소품집: 조국의 진달래』(문예출판사, 1988. 2).
평양음악무용대학 무용표기연구실,『무용표기법』(1987. 9).

*희곡집:
『송영 희곡집: 일체 면회를 거절하라』(작가동맹출판사, 1955).
『유격대의 아들 희곡집』(1956).
김병두 편,『장막희곡집: 승냥이』(1957).
『박령보 희곡집: 승리자의 군상』(공화국10주년기념, 1958).
『한태권 희곡집: 화전민』(1958).
『신고송 희곡집: 선구자들』(1955).
『가극대본집: 남강마을 녀성들 외 3편』(조선문예출판사, 1975. 4).
『희곡 춘향전 량반전』(국립출판사, 1956).
조운・박대원・김아부,『조선창곡집』(국립출판사, 1955).
『박령보 희곡집: 해바라기』(조선작가동맹출판사, 1961).
『조령출 희곡집』(조선작가동맹출판사, 1961).
『박혁 희곡집: 조선의 어머니』(조선작가동맹출판사, 1961).
김승구・조령출,『희곡 춘향전 량반전』(국립출판사 1956).

*예술이론 및 평론:
맑스・엥겔스,『예술론』(조선작가동맹출판사, 1957).
『예술의 제문제』(국립출판사, 1954).
『극문학 발전의 제문제』(조선작가동맹출판사, 1957).

김제홍,『유영근무용예술의 기초』(국립출판사, 1957).
엄호석,『문예의 기본』(국립출판사, 1952).
리상호,『영화예술의 제문제』(국립출판사, 1955).
＿＿＿＿,『예술과 체험』(국립출판사, 1955).
하경호,『조선화 형상리론』(조선미술출판사, 1986. 12).
정성무,『시대와 문학예술형태』(사회과학출판사, 1987).
『문예론문집 1』(사회과학출판사, 1976).
『문예론문집 5』(사회과학출판사, 1990).
리옥희 (편),『명가요창작리론』(사회과학출판사, 1987).
『조선로동당 제4차 대회경축-전국예술축전 써클부문 입상작품선집』(군중문화출판사, 1963).

*민속무용 자료
「"닭춤"」,『조선예술』(1979. 7).
「"농악무"(1)」,『조선예술』(1979. 8).
「"농악무"(2)」,『조선예술』(1979. 9).
「"룡고무"」,『조선예술』(1979. 8).
「"활춤"상식」,『조선예술』(1982. 9).
「"돈돌라리"상식」,『조선예술』(1985. 12).
「"칼춤"상식」,『조신예술』(1985. 11).
「"삼동동어깨춤"상식」,『조선예술』(1986. 4).
「"군바바"상식」,『조선예술』(1986. 6).
「"꽃놀이자료」,『조선예술』(1986. 10).
「"탈춤"」,『문예참고자료』(1988. 3).
「"무동무"상식」,『조선예술』(1989. 8).
「"돈돌라리"에 대하여」,『조선예술』(1989. 10).
「"야장춤"」,『조선예술』(1989. 11).
「"3인무"에 대하여」,『조선예술』(1990. 1).
「"한삼춤"에 대하여」,『조선예술』(1990. 5).
「"류두놀이춤"」,『조선예술』(1990. 6).
「"활춤"에 대하여」,『조선예술』(1990. 10).
「"고창춤"상식」,『조선예술』(1992. 5).
「"넉두리춤"의 유래와 률동적 특징」,『조선예술』(1992. 6).
「"연군춤"상식」,『조선예술』(1992. 1).

배윤희, 「황해남도 배천지방 "농악무"를 놓고」, 『조선예술』(1991. 11).
『조선음악년감』, 『조선음악전집』, 『조선영화년감』 등.

※ 신문잡지
『조선예술』, 『문학신문』, 『조선음악』, 『조선영화』 등.

※ 남한의 연구자료:
최웅권, 『북한의 고전소설 연구』(지식산업사, 2000).
김문환 외, 『북한의 예술』(을유문화사, 1990).
『남북한 학술교류의 성과와 과제』(제4회 국제고려학회 서울지회 학술대회 발표논문집, 2003. 7. 4).
정재훈·조유전 외, 『북한문화예술의 이해 10: 북한의 문화유산 II』(고려원, 1990).

※ 북한예술 관련연구 수록 국제학술회의 논문집
『새천년을 향한 조선족의 현황과 미래 국제학술회의 논문집』(연길: 연변대학 민족문제연구원, 1999. 9).
『해방 후 조선-한국 문학발전과 특징연구 국제학술회의 논문집』(연길, 주최: 재중 조선-한국문학연구회 연변대학 조문학부, 2001. 7).
『제4차 조선학 국제학술토론회 논문개요』(북경, 주최: 북경대 조선문화연구소, 일본경법대 아세아연구소, 1992. 8).
『21세기 조선 민족문헌의 발굴과 연구 국제학술회의 논문집』(연길: 연변대학 민족연구원, 2001. 9).
『동방 전통문화와 현대화 국제학술회의논문집』(심양, 주최: 조선사회과학자협회, 한국정신문화연구원, 중국연변대학민족연구원, 2002. 10).
『현대 사회문화 건설 가운데서의 여성의 역할 및 위치 국제학술회의 논문집』(연길, 주최: 연변대학 여성연구중심, 동북사범대학, 이화여대 한국여성연구원, 조선김일성종합대학, 2002. 12).
『21세기 사회발전과 교육』(연길, 2003. 8, 주최: 조선사회과학자협회, 한국교육개발원, 중국 연변대 중조한일문화비교연구중심).
『해방 전 조선민족 대중가요 연구 국제학술회의 논문집』(연길, 주최: 중국연변대학예술학원, 조선2·16예술교육출판사, 한국언어문학회. 주관: 한국한민족문화교류협회, 중국: 연변대학예술연구소, 2003. 10).

남북 사회문화교류와 북한의 한국학

초판 제1쇄 찍은날 : 2004. 6. 5
초판 제1쇄 펴낸날 : 2004. 6. 15

지은이 : 이서행 외 7인
펴낸이 : 김 철 미
펴낸곳 : 백 산 서 당

등록 : 제10-42(1979.12.29)
주소 : 서울 서대문구 홍제동 330-288
전화 : 02)2268-0012(代)
팩스 : 02)2268-0048
이메일 : bshj@chol.com

값 30,000원

ⓒ 한국정신문화연구원

ISBN 89-7327-344-2 03340